UTB Mittlere Reihe 2037

W0076462

UTB
FÜR WISSEN
SCHAFT

Eine Arbeitsgemeinschaft der Verlage

Wilhelm Fink Verlag München
A. Francke Verlag Tübingen und Basel
Paul Haupt Verlag Bern · Stuttgart · Wien
Hüthig Fachverlage Heidelberg
Verlag Leske + Budrich GmbH Opladen
Lucius & Lucius Verlagsgesellschaft Stuttgart
Mohr Siebeck Tübingen
Quelle & Meyer Verlag Wiesbaden
Ernst Reinhardt Verlag München und Basel
Schäffer-Poeschel Verlag Stuttgart
Ferdinand Schöningh Verlag Paderborn · München · Wien · Zürich
Eugen Ulmer Verlag Stuttgart
Vandenhoeck & Ruprecht in Göttingen und Zürich

Dieter Hoffmann

Arbeitsbuch
Deutschsprachige Lyrik seit 1945

A. Francke Verlag Tübingen und Basel

Dieter Hoffmann geb. 1962, studierte Sprachwissenschaft, Geschichte, Erziehungswissenschaft und Psychologie an der Pädagogischen Hochschule Weingarten und der Fernuniversität Hagen; 1995 Promotion an der Universität Bremen; nach Leitung von Projekten in der Erwachsenenbildung 1993-1998 als Gastdozent für deutsche Sprache und Literatur in Saratov / Rußland tätig, seitdem Lehrbeauftragter für moderne deutsche Lyrik.

Einbandgestaltung unter Verwendung einer Collage von Ilka Hoffmann.

Die Deutsche Bibliothek – CIP-Einheitsaufnahme

Hoffmann, Dieter:
Arbeitsbuch deutschsprachige Lyrik seit 1945 / Dieter Hoffmann. –
Tübingen ; Basel : Francke, 1998
  (UTB für Wissenschaft: Mittlere Reihe ; 2037)
  ISBN 3-8252-2037-0 (UTB)
  ISBN 3-7720-2262-6 (Francke)

© 1998 · A. Francke Verlag Tübingen und Basel
Dischingerweg 5 · D-72070 Tübingen
ISBN 3-7720-2262-6

Einbandgestaltung: Jürgen Reichert, Stuttgart
Satz: Nagel, Reutlingen
Druck: Gulde, Tübingen
Bindung: Nädele, Nehren
Printed in Germany

ISBN 3-8252-2037-0 (UTB-Bestellnummer)

Inhalt

Benutzerhinweise

Der vielfältige Wandel der menschlichen Lebensbezüge, der infolge von Rationalisierung und Industrialisierung eingetreten ist, hat auch in der Lyrik mannigfachen Niederschlag gefunden. Mit dem Zusammenbrechen der alten geistigen und sozio-ökonomischen Systeme lösten sich auch im Mikrokosmos der Dichtung die alten Formen und Konventionen auf, ein Prozeß, der sich seit der Jahrhundertwende immer mehr beschleunigte.

Freilich waren die Dichter in diesem Prozeß nicht nur die passiv Betroffenen; vielmehr versuchten sie, die Auflösung aller Ordnungen kreativ zu nutzen, indem sie auch die traditionellen Strukturen der Sprache lockerten. Indem sie so das Medium des Denkens aus allzu engen Konventionen befreiten, eröffneten sie dem menschlichen Geist eine Freiheit, die für diesen unerläßlich ist, will er sich nicht von dem von ihm selbst angestoßenen epochalen Wandel überrollen lassen.

Dies ist auch der Grund dafür, daß es sich bei dem vorliegenden Band um ein *Arbeitsbuch* handelt. Denn die moderne Lyrik will den Leser ja nicht in erster Linie durch ihren Wohlklang bezaubern, sondern ihn vielmehr teilhaben lassen an der in ihr zum Ausdruck kommenden – sprachlich vermittelten – geistigen Freiheit. Diese aber kann sich nur in einem freien Mit-Denken und Mit-Tun des Lesers entfalten, in seinem Bemühen also, die jeweiligen Gedichtstrukturen in einem eigenen kognitiven Akt zu erschließen. Nur so kann er sie sich im Wortsinn an-eignen, können sie für ihn geistiges Eigentum werden und ihn in seiner geistigen Freiheit bestärken. Diese Freiheit wird von modernen Gedichten nicht nur gefördert, sondern auch vorausgesetzt, indem sie sich der Festlegung auf bestimmte Interpretationen in besonderem Maße widersetzen. So vollendet sich der Prozeß der Gedichtentstehung gewissermaßen erst im Akt des Lesens, der die im Gedicht angelegten Bedeutungen in je anderer Akzentuierung aktualisiert.

Auf der anderen Seite macht gerade die sprachkreative Abwandlung konventioneller Strukturen in modernen Gedichten eine hohe sprachliche Kompetenz auf seiten des Lesers erforderlich. Ebenso setzen diese in ihrer Eigenart, mit wenigen Worten komplexe Verweisungszusammenhänge aufzurufen, ein ebenso komplexes Vorwissen beim Leser voraus. In diesem Buch wird deshalb versucht, die Arbeit an den Gedichten durch Erläuterungen zu den in ihnen gestreiften Wissensbereichen zu erleichtern. Damit soll dem Leser sozusagen das Handwerkszeug für seine eigene Deutungsarbeit bereitgestellt werden.

Als Unterstützung hierfür ist auch der Begleittext gedacht, der die einzelnen Gedichte bzw. die dichtungstheoretischen Positionen, von denen sie beeinflußt sind, miteinander verbindet. Er trägt der Tatsache Rechnung, daß ein Gedicht stets in einem größeren sozio-politischen und geistigen Zusammenhang steht und nur angemessen verstanden werden kann, wenn dieser bei seiner Interpretation berücksichtigt wird. Die Analysevorschläge für die einzelnen Gedichte zerfallen dementsprechend auch jeweils in zwei Teile: einen allgemeineren, den Gedichten jeweils vorangestellten Teil, der auf die Einordnung des Gedichts in die zuvor erläuterten Zusammenhänge abzielt, und einen detaillierteren, der der Feinanalyse des jeweiligen Gedichts dienen soll.

Die im Anhang aufgeführten Interpretationen zu den einzelnen Gedichten entsprechen der Sichtweise des Autors. Sie sollten auf keinen Fall vor dem Abschluß der eigenständigen Arbeit an den Gedichten gelesen werden. Liest man sie sich im Anschluß an diese durch, können sie eine Art Orientierungshilfe sein, wie es jeder Dialog über komplexe geistige Zusammenhänge darstellt. Sie sollten jedoch nicht als 'Lösungen' verstanden werden, wie es sie etwa bei mathematischen oder grammatikalischen Aufgaben gibt. Vielmehr wird der Vergleich mit anderen Interpretationen in jedem einzelnen Fall zeigen, daß jedes Gedicht – in einem bestimmten Rahmen – eine Vielzahl unterschiedlicher Deutungen zuläßt. Wenn die eigene Interpretation von der in dem Buch aufgeführten abweicht, muß sie demnach auch keineswegs 'falsch' sein.

Die Arbeit an den Gedichten erleichtern sollen ferner:

- Angaben zum **E**ntstehungs- oder **V**eröffentlichungsjahr der Gedichte (z.B. **e** 1948; **v** 1972)
- Kurzbiographien der behandelten Dichter
- Erläuterungen der verwendeten Fachbegriffe und Fremdwörter
- Literaturhinweise zur weitergehenden Beschäftigung mit einzelnen Aspekten der Thematik
- ein Sach- und Personenregister, über das sich z.B. Querverbindungen zwischen den einzelnen lyrischen Richtungen herstellen oder

Begriffserläuterungen auffinden lassen, die in einem früheren Zusammenhang aufgeführt worden sind

- optische Hervorhebungen der einzelnen Textbausteine, wie insbesondere
  - dunkelgraue Raster bei einführenden Aufgaben, die den behandelten Gedichten vorangestellt sind
  - hellgraue Raster bei vertiefenden Aufgaben, die den behandelten Gedichten nachgestellt sind
  - unterschiedliche Schrifttypen für Gedichte und einführende Texte
  - Sternchen (*) bei den jeweils erläuterten Fachtermini.

Abschließend noch ein Wort zu der Auswahl der Gedichte. – Da das Buch einen Bogen spannt von der unmittelbaren Nachkriegszeit bis zur Mitte der 90er Jahre, konnten für die einzelnen lyrischen Richtungen jeweils nur einige wenige Gedichte berücksichtigt werden. Diese wurden dann nach Maßgabe ihres exemplarischen Charakters für erstere ausgewählt, so daß man manche Einzelerscheinungen, die sich einer klaren Einordnung entziehen, vermissen wird. Auch im Rahmen der Darstellung der einzelnen Richtungen wurde keine Vollständigkeit – im Sinne einer Aufzählung aller diesen zugerechneten Dichter – angestrebt. Das Buch möchte damit den Bedürfnissen des Lesers entgegenkommen, dem es zunächst darum gehen muß, sich eine tragfähige Struktur des zu überblickenden historischen Zeitraums zu erarbeiten, ehe er diese – durch Ergänzung der einzelnen Seitenstränge – sukzessive erweitern kann.

Wemmetsweiler, im Juli 1998   Dieter Hoffmann

1. Dichtung im Angesicht des Zusammenbruchs: Trümmerlyrik und andere Gedichte der unmittelbaren Nachkriegszeit

Am 9. Mai 1945 hatte Deutschland kapituliert – der Zweite Weltkrieg war zu Ende. Einen Tag später wandte sich Thomas Mann über die BBC in einer Rundfunkansprache an das deutsche Volk:

> *Deutsche Hörer! – Wie bitter ist es, wenn der Jubel der Welt der Niederlage, der tiefsten Demütigung des eigenen Landes gilt! (…) Ich sage: es ist trotz allem eine große Stunde, die Rückkehr Deutschlands zur Menschlichkeit. Sie ist hart und traurig, weil Deutschland sie nicht aus eigener Kraft herbeiführen konnte. Furchtbarer, schwer zu tilgender Schaden ist dem deutschen Namen zugefügt worden, und die Macht ist verspielt. Aber Macht ist nicht alles, sie ist nicht einmal die Hauptsache, und nie war deutsche Würde eine bloße Sache der Macht. Deutsch war es einmal und mag es wieder werden, der Macht Achtung, Bewunderung abzugewinnen durch den menschlichen Beitrag, den freien Geist.[1]*

Der freie Geist – das war stets eine Sache der Schriftsteller gewesen. Aber hatte nicht das Volk der 'Dichter und Denker' die entscheidende Grundlage eines freien Geistes – die Sprache – durch ihren Mißbrauch unter der Herrschaft der Nationalsozialisten verloren? Wie konnte in einer Sprache, in der die Todesurteile von Auschwitz befohlen worden waren, ein 'freier Geist' leben?

Den meisten deutschen Dichtern war es deshalb in der 'Stunde Null' nicht so sehr um den 'deutschen Geist' getan. Wichtiger war es ihnen zunächst, überhaupt erst einmal eine Sprache zu finden, in der sie wieder schreiben konnten. Wolfgang Borchert stellte hierzu fest:

> *Wir brauchen keine Dichter mit guter Grammatik. Zu guter Grammatik fehlt uns Geduld. Wir brauchen die (…), die zu Baum Baum und zu Weib Weib sagen und ja sagen und nein sagen: laut und deutlich und dreifach und ohne Konjunktiv. (…) Denn unser Schlaf ist voll Schlacht. Unsere Nacht ist im Traumtod voller Gefechtslärm. (…) Und unser Morgen ist voller Alleinsein.[2]*

Auch Wolfgang Weyrauch war der Ansicht, daß die Literatur der unmittelbaren Nachkriegszeit wieder bei Null anfangen müsse und bezeichnete sie deshalb als *Literatur des Kahlschlags*. Gleichzeitig fiel ihm auf, daß nicht alle Deutschen der neuen Literatur positiv gegenüberstanden:

> *Die Männer des Kahlschlags (...) setzen sich dem Spott (...) aus: Ach, diese Leute schreiben so, weil sie es nicht besser verstehen. Aber die vom Kahlschlag [benutzten ganz bewußt] die Methode der Bestandsaufnahme. Die Intention der Wahrheit. Beides um den Preis der Poesie. Wo der Anfang der Existenz ist, ist auch der Anfang der Literatur. Wenn der Wind durchs Haus geht, muß man sich danach erkundigen, warum es so ist. Die Schönheit ist ein gutes Ding. Aber Schönheit ohne Wahrheit ist böse. Wahrheit ohne Schönheit ist besser.[3]*

Wie Weyrauch, so konstatiert auch Heinrich Böll in seinem *Bekenntnis zur Trümmerliteratur* deren weitgehend negative Aufnahme in der deutschen Öffentlichkeit. Für Böll sind die Bezeichnungen

> *Kriegs-, Heimkehrer- und Trümmerliteratur (...) als solche (...) berechtigt: Es war Krieg gewesen, sechs Jahre lang, wir kehrten heim aus diesem Krieg, wir fanden Trümmer und schrieben darüber. Merkwürdig, fast verdächtig war nur der vorwurfsvolle, fast gekränkte Ton, mit dem man sich dieser Bezeichnung bediente: Man schien uns zwar nicht verantwortlich zu machen dafür, daß Krieg gewesen, daß alles in Trümmern lag, nur nahm man uns offenbar übel, daß wir es gesehen hatten und sahen.[4]*

■ Bestimmen Sie an den folgenden beiden Gedichtbeispielen näher Wesen und Intention der Trümmerlyrik. Klären Sie dabei insbesondere das Wahrheitsverständnis der Kahlschläger und zeigen Sie genauer, was hier unter "Bestandsaufnahme" (Weyrauch) zu verstehen ist.

GÜNTER EICH

Inventur

Dies ist meine Mütze,
dies ist mein Mantel,
hier mein Rasierzeug
im Beutel aus Leinen.

5   Konservenbüchse:
Mein Teller, mein Becher,

ich hab in das Weißblech
den Namen geritzt.

Geritzt hier mit diesem
10   kostbaren Nagel,
den vor begehrlichen
Augen ich berge.

Im Brotbeutel sind
ein Paar wollene Socken
15   und einiges, was ich
niemand verrate,

so dient es als Kissen
nachts meinem Kopf.
Die Pappe hier liegt
20   zwischen mir und der Erde.

Die Bleistiftmine
lieb ich am meisten:
Tags schreibt sie mir Verse,
die nachts ich erdacht.

25   Dies ist mein Notizbuch,
dies meine Zeltbahn,
dies ist mein Handtuch,
dies ist mein Zwirn.

(e 1945)

1. Welche Dinge sind dem 'Ich' des Gedichts (dem *lyrischen Ich*) besonders
wichtig? Wie erklären Sie sich sein Bedürfnis, sich seines Besitzes in der
Weise des ausdrücklichen Benennens zu versichern?

2. An welchen Stellen in dem Gedicht werden Schreibvorgänge angesprochen bzw. angedeutet? Welchen Wert mißt das lyrische Ich
diesen bei?

HANS BENDER

Heimkehr

Im Rock des Feindes,
in zu großen Schuhen,
im Herbst,
auf blattgefleckten Wegen
5 gehst du heim.
Die Hähne krähen
deine Freude in den Wind,
und zögernd hält
der Knöchel
10 vor der stummen,
neuen Tür.

(v 1949)

1. Beschreiben Sie zunächst Ihre Eindrücke von dem Kriegsheimkehrer. Wie wirkt seine Gestalt auf Sie? Begründen Sie Ihre Ansicht mit Stellen aus dem Gedicht.

2. Das Gedicht greift die Situation vieler Kriegsheimkehrer auf, die sich in ihrer alten Heimat nicht mehr zurechtfanden. – Wie werden in dem Gedicht diese Orientierungsprobleme ausgedrückt? Womit hängen sie Ihrer Meinung nach zusammen?

3. Der Satz *"Die Hähne krähen / deine Freude in den Wind"* läßt sich auf zweierlei Weise verstehen:

   • Die Hähne drücken in ihrem Schrei die Freude des Heimkehrers aus.
   • Die Hähne schreien die Freude des Heimkehrers in den Wind, d.h. seine Freude wird 'fortgeweht'.

   Welche Interpretation scheint Ihnen vor dem Hintergrund des Gedichtzusammenhangs passender? –

4. Welche Funktion kommt der Metonymie* *"der Knöchel"* in Vers 9 zu?

---

* **Metonymie:** nach dem Prinzip 'pars pro toto' ('ein Teil für das Ganze') Identifizierung eines Teils einer Gesamtheit oder eines zu dieser in enger Beziehung stehenden Aspektes mit dieser selbst (z.B. 'Paris' für 'die französische Regierung' oder 'Schiller' für 'Schillers Werke')

Während einige Dichter sich auch sprachlich um einen Neuanfang bemühten, blieben andere traditionellen Schreibweisen und Dichtungsformen treu. Dies bedeutete jedoch nicht unbedingt, daß auch die Inhalte ihrer Gedichte althergebrachten Thematiken folgten. Vielmehr setzten sich gerade einige der Form nach traditionelle Gedichte in besonders radikaler Weise mit der Frage der Schuld der Deutschen an dem Kriegsgeschehen auseinander. Andere warnten schon früh vor einer Verdrängung der nationalsozialistischen Vergangenheit, in der sie die Gefahr eines erneuten Aufkommens faschistischer oder imperialistischer Tendenzen sahen.

THEO PIRKER

Die Geißel

Ich bin die Trommel des Todes gewesen,
die er weit bis nach Rußland getragen,
die er mit knöchernem Schlegel geschlagen
und alles Leben ward stumm!

5   Ich bin die Geißel der Not gewesen,
die sie hoch über geschlagenen Völkern geschwungen,
ich bin reißend durch Menschenherzen gesprungen,
und Blut war die Spur!

Ich bin der Pfeil des Krieges gewesen,
10   von seines Bogens schwirrendem Sehnenstrang
sauste ich zischend, daß alle bang
sich neigten wie Sklaven!

17

Nun brennen die Feuer,
nun werfen die Engel

15　mit gerechten Gesichtern

ins Verderben
die Trommel,
die Geißel,
den Pfeil!

(v 1947)

1. Mit welchen Bildern thematisiert das lyrische Ich seine Schuld an dem vergangenen Krieg? Lassen sich die Bilder auf konkrete Kriegsereignisse zurückführen?

2. Das lyrische Ich stellt sich in dem Gedicht als bloßes Werkzeug – des Todes, der Not, des Krieges – dar. Wer verbirgt sich dann hinter den – zu Allegorien* verbildlichten – Abstrakta 'Tod', 'Not', 'Krieg'? Welche Gefahren sind mit einer solchen Darstellungsweise verbunden?

3. Die letzte Strophe läßt sich in Beziehung setzen zu den Entnazifizierungsverfahren, die in Deutschland nach Kriegsende unter Leitung der Alliierten durchgeführt wurden. Welche Kritik an diesen Verfahren kann man aus dem Gedicht herauslesen?

4. Untersuchen Sie das Metrum* des Gedichts: An welchen Stellen werden durch rhythmische Abwandlungen des Grundmetrums besondere Betonungszeichen gesetzt? Inwiefern kommt diesen bedeutungsunterstützende Funktion zu?

5. Welche anderen formalen Mittel setzt das Gedicht ein, um eine Verstärkung der Aussagewirkung zu erzielen?

---

* **Allegorie**: bildhafte, häufig personifizierende Darstellung einer abstrakten Idee; verkörpert diese – im Gegensatz zum Symbol, das lediglich auf das Gemeinte verweist – unmittelbar

Metrum: Versmaß, Taktart; die wichtigsten *Metren* sind *Jambus* (auf eine unbetonte Silbe folgt eine betonte usw.), *Trochäus* (betont-unbetont usw.), *Anapäst* (zweimal unbetont-betont usw.) und *Daktylus* (betont-zweimal unbetont usw., gelegentlich mit einer unbetonten Silbe als Auftakt). Der *Rhythmus* kann vom *Metrum* sowohl direkt – durch Abwandlungen desselben in einzelnen Versen – als auch indirekt – wenn einzelne Silben gegen das *Metrum* betont werden müssen – abweichen. Hierdurch können einzelne Stellen des Gedichts in ihrer Bedeutung besonders hervorgehoben werden.

KLAUS VON KÜLMER

Heute wie damals

Aus dem Maul der mechanischen Sprechmaschinen
Trieft – heute wie damals – geifernder Haß.
Schwarzbefrackte legen modernste Zeitzünderminen
Heute wie damals – unter das Pulverfaß.

5 Zwischen den Zeilen offiziöser Organe
Heute wie damals – Lüge, Verleumdung, Betrug
Und bombengespickte Äroplane
Sind – heute wie damals – über den Grenzen im Flug.

Heute wie damals: die Parole heißt immer noch Krieg!
10 Und immer noch brüten in Kabinetten
Die Minister mit einigen neuen, netten
Wahrscheinlichkeitsrechnungen über den Sieg!

(v 1947)

V. 7:   Äroplan: Flugzeug (vgl. engl. 'aeroplane'/'airplane')

1. In den Fügungen *'mechanische Sprechmaschinen'* (Vers 1), *'Schwarzbefrack-te'* (Vers 3), *'offiziöse Organe'* (Vers 5) und *'bombengespickte Äroplane'* (Vers 7) spricht das Gedicht vier Voraussetzungen für die Entstehung von Kriegen an. – Um was für Voraussetzungen handelt es sich Ihrer Ansicht nach hierbei?

2. Die letzte Strophe spricht die Kontinuität von Kriegsplanungen auch nach Ende des Zweiten Weltkriegs an. – Welche welt- und deutschland-politischen Ereignisse der Nachkriegszeit könnten hierfür als Beleg angeführt werden?

3. Können Sie hinsichtlich des Einsatzes des Metrums Ähnlichkeiten mit dem Gedicht Pirkers feststellen?

Neben Gedichten, die sich mit der Problematik des Neuanfangs nach Ende des Zweiten Weltkriegs auseinandersetzten, sowie Schuld- und Anklagegedichten wie denen von Pirker und von Külmer gab es in der unmittelbaren Nachkriegslyrik noch eine weitere Gruppe von Gedichten, die sich speziell der Trauer um die Verstorbenen und das Verlorene widmeten. Erstaunlicherweise waren derartige Gedichte relativ selten, was Alexander und Margarete Mitscherlich später zu der Diagnose führte, die Deutschen litten unter einer *"Unfähigkeit zu trauern"*.[5]

■ Auch in den beiden folgenden Klagegedichten wird Kritik an einzelnen Kriegshandlungen und der Haltung der Deutschen diesen gegenüber in der Nachkriegsgesellschaft geübt. Vergleichen Sie die Form der Kritik mit den Anklagen in den Gedichten von Pirker und von Külmer – welche erscheint Ihnen wirkungsvoller?

STEPHAN HERMLIN

Terzinen

Die Worten warten. Keiner spricht sie aus:
Auf ihren Lidern eine Handvoll Nacht,
Ihr Haar wärmt Nest und Brut der Wintermaus.

Aus ihrem Säumnis ist mein Traum gemacht,
5   Mein langer Tag aus ihrer Endlichkeit.
Die Schwalben sind vom Winde überdacht.

Nur sie sind ganz allein im Fluß der Zeit,
Die Uhren schlagen ihre Namen fort,
Vermächtnis, Schwur und Mahnmal ungeweiht.

10   Der Regen wäscht aus Tafeln Wort um Wort,
Rinnt auf Mont-Valérien und Plötzensee.
Die Schwalben liegen in der Hand des Nord.

Ich weiß noch, wenn ich dann im Dunkel steh:
Den Blick voll Bläue, Hand und Atemzug,
15   Die Abende von lauem Gold wie Tee.

Die Unerschrockenheit, die sich betrug,
Als sei die nächste Woche schon gewiß,
Die Stadt erfüllt mit Geisterfahnenflug,

Mit Fahnen, die der Wind der Zukunft spliß.

20 Geknebelt mit Gesängen gingen sie
Dahin. Jetzt schmilzt ihr Fleisch vom Rattenbiß

Sechs Fuß tief in des Wartens Euphorie,
Wenn sich die Regensäulen auf sie lehnen.
Der Schwalbensturz allein vergißt sie nie,

25 Die langsam treiben unter den Moränen.

(e 1946/47)

Terzine: dreizeilige Strophenform, bei der der Reim des zweiten Verses jeder Strophe den Reim für den ersten und dritten Vers der jeweils nächsten Strophe vorgibt
V. 11: **Plötzensee**: Strafanstalt, in der die Nationalsozialisten viele Widerstandskämpfer (u.a. die aus der 'Roten Kapelle' – dem kommunistischen Widerstand – hervorgegangenen und die Verantwortlichen für das Attentat auf Hitler vom 20. Juli 1944) hinrichteten
V. 11: **Mont-Valérien**: Festung in Paris, in der zwischen 1941 und 1944 zahlreiche Widerstandskämpfer von den Nazis hingerichtet wurden
V. 19: **spliß**: (von 'spleißen'); hier: spalten, zerteilen
V. 25: **Moräne**: Gesteinsmasse, die von einem Gletscher an ihre Stelle gerückt worden ist

1. Das Gedicht stammt aus dem Zyklus *Die Erinnerung*. Versuchen Sie zunächst, die einzelnen Aspekte der Erinnerung anhand der Strophen 4 bis 7 zu rekonstruieren.

2. Stellen Sie die Bilder zusammen, mit denen das lyrische Ich seiner Trauer um die gefallenen Freunde Ausdruck verleiht, und erläutern Sie diese.

3. Die Terzinenform kann dem Dichter dazu verhelfen, neben formalen auch inhaltliche Verbindungen zwischen den einzelnen Strophen herzustellen – dies gilt beispielsweise für die Verse 20, 22 und 24. Erläutern Sie vor diesem Hintergrund das Paradoxon* *"in des Wartens Euphorie"* (Vers 22).

---

* **Paradoxon**: verbindet als Stilmittel zwei scheinbar unvereinbare Begriffe miteinander, um eine Aussage höheren Wahrheitsgehalts zum Ausdruck zu bringen; vgl. *Paradoxie*, *paradox*: einen scheinbar unauflöslichen Widerspruch in sich enthaltend

WOLFGANG BÄCHLER

Die Erde bebt noch

Die Erde bebt noch von den Stiefeltritten.
Die Wiesen grünen wieder Jahr für Jahr.
Die Qualen bleiben, die wir einst erlitten,
ins Antlitz, in das Wesen eingeschnitten.
5   In unseren Träumen lebt noch oft, was war.

Das Blut versickerte, das wir vergossen.
Die Narben brennen noch und sind noch rot.
Die Tränen trockneten, die um uns flossen.
In Lust und Fluch und Lächeln eingeschlossen
10   begleitet uns, vertraut für immer, nun der Tod.

Die Städte bröckeln noch in grauen Nächten.
Der Wind weht Asche in den Blütenstaub
und das Geröchel der Erstickten aus den Schächten.
Doch auf den Märkten stehn die Selbstgerechten
15   und schreien, schreien ihre Ohren taub.

Die Sonne leuchtet wieder wie in Kindertagen.
Die Schatten fallen tief in uns hinein.
Sie überdunkeln unser helles Fragen.
Und auf den Hügeln, wo die Kreuze ragen,
20   wächst säfteschwer ein herber neuer Wein.

(v 1947)

1. Strukturieren Sie das Gedicht, indem Sie den einzelnen Strophen Überschriften geben.

2. Welche formalen Besonderheiten weist das Gedicht auf, und wie unterstützen diese dessen Aussage?

3. In dem Gedicht finden sich Parallelen zu dem eingangs zitierten Text von Wolfgang Borchert sowie zu den Gedichten von Hermlin, Pirker und von Külmer. Stellen Sie die Parallelen zusammen und äußern Sie sich zu den Unterschieden in Formgebung und inhaltlicher Akzentuierung.

4. In welchem Verhältnis stehen Vergangenheit und Zukunft in dem Gedicht zueinander? Welche Zukunftsprognose läßt sich aus den beiden Schlußversen des Gedichts ableiten?

Eine spezielle Untergruppe der Trauergedichte stellen jene Gedichte dar, die das Leiden und Sterben der Juden in den Konzentrationslagern der Nationalsozialisten thematisierten. Diese größtenteils von Juden selbst geschriebenen Gedichte boten Anlaß zu heftigen Auseinandersetzungen über die Möglichkeiten von Lyrik 'nach Auschwitz': War es möglich, den nationalsozialistischen Völkermord an den Juden dichterisch zu beschreiben? Mußte dieser dadurch nicht verharmlost, ja: beschönigt werden?

■ Bilden Sie sich anhand des folgenden Gedichts zunächst eine eigene Meinung über die Möglichkeiten von Lyrik 'nach Auschwitz'. Berücksichtigen Sie dabei besonders die Form des Gedichts und vergleichen Sie diese mit den obigen Gedichtbeispielen.

PAUL CELAN

Todesfuge

Schwarze Milch der Frühe wir trinken sie abends
wir trinken sie mittags und morgens wir trinken sie nachts
wir trinken und trinken
wir schaufeln ein Grab in den Lüften da liegt man nicht eng
5 Ein Mann wohnt im Haus der spielt mit den Schlangen der schreibt
der schreibt wenn es dunkelt nach Deutschland dein goldenes Haar
                                    /Margarete
er schreibt es und tritt vor das Haus und es blitzen die Sterne er
                               /pfeift seine Rüden herbei
er pfeift seine Juden hervor läßt schaufeln ein Grab in der Erde
er befiehlt uns spielt auf nun zum Tanz

10 Schwarze Milch der Frühe wir trinken dich nachts
wir trinken dich morgens und mittags wir trinken dich abends
wir trinken und trinken
Ein Mann wohnt im Haus der spielt mit den Schlangen der schreibt
der schreibt wenn es dunkelt nach Deutschland dein goldenes Haar
                                    /Margarete
15 Dein aschenes Haar Sulamith wir schaufeln ein Grab in den Lüften
                               /da liegt man nicht eng

Er ruft stecht tiefer ins Erdreich ihr einen ihr andern singet und spielt
er greift nach dem Eisen im Gurt er schwingts seine Augen sind blau
stecht tiefer die Spaten ihr einen ihr andern spielt weiter zum Tanz auf

Schwarze Milch der Frühe wir trinken dich nachts
20 wir trinken dich mittags und morgens wir trinken dich abends
wir trinken und trinken
ein Mann wohnt im Haus dein goldenes Haar Margarete
dein aschenes Haar Sulamith er spielt mit den Schlangen

Er ruft spielt süßer den Tod der Tod ist ein Meister aus Deutschland
25 er ruft streicht dunkler die Geigen dann steigt ihr als Rauch in die Luft
dann habt ihr ein Grab in den Wolken da liegt man nicht eng

Schwarze Milch der Frühe wir trinken dich nachts
wir trinken dich mittags der Tod ist ein Meister aus Deutschland
wir trinken dich abends und morgens wir trinken und trinken

der Tod ist ein Meister aus Deutschland sein Auge ist blau
     er trifft dich mit bleierner Kugel er trifft dich genau
     ein Mann wohnt im Haus dein goldenes Haar Margarete
     er hetzt seine Rüden auf uns er schenkt uns ein Grab in der Luft
     er spielt mit den Schlangen und träumet der Tod ist ein Meister aus

                                                                /Deutschland
35   dein goldenes Haar Margarete
     dein aschenes Haar Sulamith.

                                                                (e 1945)

Fuge: Eine Fuge ist ein Musikstück für mehrere Stimmen, die das Thema des Stückes in unterschiedlicher Weise variieren. Neben Fugen mit nur einem Thema gibt es auch Fugen, in denen zwei oder mehr Themen – meist als Gegensätze – aufeinander bezogen werden (Doppelfuge, Tripelfuge etc.). Wesentliche Bestandteile der Fuge sind
– die Durchführungen, d.h. Variationen des Themas;
– die Zwischenspiele, die vom Thema unabhängig sein können, meist aber einzelne Aspekte des Themas zusätzlich variieren oder erweitern;
– die Engführung, in der – meist in der letzten Durchführung des Themas – Aspekte des Themas bzw. der Themen einander besonders schroff gegenübergestellt werden.

V. 1: **Schwarze Milch**: Für das Oxymoron* werden folgende Quellen vermutet:

1. Strophe eines Gedichts von Rose Ausländer aus dem Jahr 1939:
   Nur aus der Trauer Mutterinnigkeit
   strömt mir das Vollmaß des Erlebens ein.
   Sie speist mich eine lange, trübe Zeit
   mit **schwarzer Milch** und schwerem Wermutwein.[6]
   (Celans Mutter wurde – ebenso wie sein Vater – 1942 von den Nationalsozialisten in einem Konzentrationslager ermordet.)

2. Strophe eines Gedichts von Alfred Margul-Sperber über die verstorbene Mutter aus dem Jahr 1939:
   Ihre Augen, unaussprechlich lind,
   Sehn mich an mit fernem Sternenblinken;
   Und sie flüstert: Willst du nicht, mein Kind,
   Von der **dunklen Milch** des Friedens trinken?[7]

3. Klagelied des Propheten Jeremias nach der – als Strafe Gottes verstandenen – Zerstörung Jerusalems aus dem Alten Testament (Kapitel 4,7/8):

---

* **Oxymoron**: Als Stilmittel dem *Paradoxon* verwandt; verbindet als *Contradictio in adjecto* ein Adjektiv mit einem scheinbar nicht zu diesem passenden Substantiv, um damit beispielsweise eine zwiespältige oder komplexe Gefühlslage zum Ausdruck zu bringen; als *addierende Zusammensetzung* in gleicher Absicht direkte Verbindung zweier Adjektive (vgl. die Wendung *"traurigfroh"* aus Hölderlins *Heidelberg*-Gedicht).

Ihre <d.h. Jerusalems> *Fürsten waren reiner denn der Schnee und* **klarer denn Milch** *(...).* **Nun aber** *ist ihre Gestalt* **so dunkel vor Schwärze**, *daß man sie auf den Gassen nicht kennt.*

V. 1: wir trinken: verweist vor dem Hintergrund des Oxymorons 'schwarze Milch' ebenfalls auf eine Rede des Propheten Jeremias aus dem Alten Testament (Kapitel 25, 15/16), die dieser vor der Zerstörung Jerusalems hielt:

> Denn also spricht der Herr zu mir, der Gott Israels: Nimm diesen Becher Wein voll Zorn von meiner Hand und schenke daraus allen Völkern, zu denen ich dich sende, daß sie trinken, taumeln und toll werden vor dem Schwert, das ich unter sie schicken will.

V. 6: **Margarete:** vgl. die gleichnamige Figur (Gretchen) aus Goethes Drama *Faust* sowie die daraus abgeleiteten Formen (Gretel) und ihre Konnotationen*

V. 15: **Sulamith**: Name der Braut aus dem Hohelied Salomos (Altes Testament, Kapitel 4,12; 7,1; 7,6):

> Meine Schwester, liebe Braut, du bist ein verschlossner Garten, eine verschlossne Quelle, ein versiegelter Born*.
> Kehre wieder, kehre wieder, o Sulamith! Kehre wieder, kehre wieder, daß wir dich schauen! (...) Das Haar auf deinem Haupt ist wie der Purpur des Königs, in Falten gebunden.
> Sulamith selbst sagt über sich in dem Hohelied (Kapitel 1,5):
> Ich bin schwarz, aber gar lieblich, ihr Töchter Jerusalems.

V. 9: **spielt auf nun zum Tanz**: läßt angesichts des religiösen Gesamtzusammenhangs des Gedichts an die ekstatischen Elemente die auch in Celans Heimat, der Bukowina, verbreiteten Chassidismus denken, der u.a. durch Gesang und Tanz eine mystische Vereinigung mit Gott herzustellen versuchte (die Bukowina gehörte bis 1918 zu Österreich-Ungarn und wurde nach dem Ersten Weltkrieg Rumänien zugeschlagen; nach dem Zweiten Weltkrieg fiel der nördliche Teil, in dem sich auch die Hauptstadt Czernowitz befindet, an die Ukraine)

1. Celan hat sein Gedicht in der Form einer Doppelfuge geschrieben. Stellen Sie fest, wie die beiden Themen heißen und arbeiten Sie dann deren Durchführung heraus. Beachten Sie dabei insbesondere
   – die Stellung der beiden Themen zueinander – wie werden sie metrisch und von der äußeren Form her gekennzeichnet?

---

* **Konnotation**: Nebenbedeutung.
Born: altes Wort für 'Brunnen'

26

- die Ergänzung der Themen um zusätzliche Aspekte in den beiden Zwischenspielen (Strophe 3 und 5);
- die Engführung der Themen in der letzten Durchführung (Strophe 6).

2. Charakterisieren Sie den Mann in dem Gedicht anhand der für ihn typischen Handlungen und Redeweisen. Berücksichtigen Sie dabei besonders den Gegensatz zwischen seinem Verhalten gegenüber 'Margarete' und gegenüber den Juden – wie erklären Sie sich dieses?

3. Vergleichen Sie die Wir-Sätze des ersten mit den Er-Sätzen des zweiten Themas hinsichtlich der Aktivität der Handelnden – auf wen bzw. was ist sie jeweils gerichtet? – Legen Sie anschließend anhand obiger Erläuterungen zu dem Gedicht dar, wie Worte und Handlungen des Mannes von dem 'lyrischen Wir' religiös uminterpretiert werden. Wie erklären Sie sich dieses Bedürfnis nach Uminterpretation?

4. Ein Klassenkamerad und Freund Celans in Czernowitz, Immanuel Weißglas, schrieb 1944 ein Gedicht mit dem Titel *Er*, auf das sich Celan bei der Abfassung seiner *Todesfuge* offensichtlich bezog. Vergleichen Sie das Gedicht mit dem Werk Celans und weisen Sie Unterschiede und Gemeinsamkeiten nach:

> Wir heben Gräber in die Luft und siedeln
> Mit Weib und Kind an dem gebotnen Ort.
> Wir schaufeln fleißig, und die andern fiedeln,
> Man schafft ein Grab und fährt im Tanzen fort.
>
> ER will, daß über diese Därme dreister
> Der Bogen strenge wie sein Antlitz streicht:
> Spielt sanft vom Tod, er ist ein deutscher Meister,
> Der durch die Lande als ein Nebel schleicht.
>
> Und wenn die Dämmrung blutig quillt am Abend,
> Öffn' ich nachzehrend den verbissnen Mund,
> Ein Haus für alle in die Lüfte grabend:
> Breit wie der Sarg, schmal wie die Todesstund.
>
> ER spielt im Haus mit Schlangen, dräut und dichtet,
> In Deutschland dämmert es wie Gretchens Haar.
> Das Grab in Wolken wird nicht eng gerichtet:
> Da weit der Tod ein deutscher Meister war.[8]

5. Versuchen Sie nun selbst, die Möglichkeiten von 'Lyrik nach Auschwitz' zu beurteilen. Berücksichtigen Sie dafür auch die folgenden Kritikeraussagen:

Durchs ästhetische Stilisationsprinzip (…) erscheint das unausdenkliche Schicksal doch, als hätte es irgend Sinn gehabt; es wird verklärt, etwas von dem Grauen weggenommen, damit allein schon widerfährt den Opfern Unrecht (Theodor W. Adorno).[9]

Warum aber die Fugenform? Kafkas Text 'Von den Gleichnissen' enthält den Passus*: 'Gleichnisse wollen eigentlich nur sagen, daß das Unfaßbare unfaßbar ist.' Im Gegensatz zur mathematischen Gleichung hat das Gleichnis keine Lösung und vereitelt so seine Rückübersetzung in jene Wirklichkeit, für die es einsteht. Wir sind gezwungen, es auf sich beruhen zu lassen (Ursula Jaspersen).[10]

Celans Todesfuge (…) und ihre Motive, die schwarze Milch der Frühe, der Tod mit der Violine, ein Meister aus Deutschland, alles das durchkomponiert in raffinierter Partitur – bewies es nicht schon zu viel Genuß an Kunst, an der durch sie wieder 'schön' gewordenen Verzweiflung? (Reinhard Baumgart)[11]

Die Wiederkehr des Schönen in Celans 'Todesfuge' beruht in der Spannungsweite und Widerspruchsdichte, die das Schöne der früheren Kunst so nicht kennt! (…) Denen, die Celans Gedicht zu schön finden, darf man antworten, ein Gedicht – auch ein modernes – kann gar nicht schön genug sein, wenn es nur nichts beschönigt (Walter Müller-Seidel).[12]

Während Celans *Todesfuge* sich dem Leiden der ermordeten Juden zuwendet, thematisiert das folgende Gedicht den Schmerz der Zurückgebliebenen. Viele Juden, die die nationalsozialistischen Verfolgungen überlebt hatten, litten nach dem Krieg an Schuldgefühlen, weil es ihnen zwar gelungen war, sich selbst zu retten, sie die Ermordung ihrer oft nächsten Anverwandten jedoch nicht hatten verhindern können. Für die Literatur der Überlebenden ist deshalb auch der Begriff *lazarenische Literatur* (Cayrol)[13] geprägt worden. Er charakterisiert die Zurückgebliebenen – in Anlehnung an den von Jesus Christus vom Tode auferweckten Lazarus – als 'lebende Tote', deren Gedanken und Literatur von dem Schicksal ihrer getöteten Angehörigen sowie von dem eigenen Leid der Verfolgung erfüllt sind.

---

* **Passus**: Stelle in einem Text

NELLY SACHS

Chor der Geretteten

Wir Geretteten,
Aus deren hohlem Gebein der Tod schon seine Flöten
                           schnitt,
An deren Sehnen der Tod schon seinen Bogen strich –
Unsere Leiber klagen noch nach
5   Mit ihrer verstümmelten Musik.
Wir Geretteten,
Immer noch hängen die Schlingen für unsere Hälse
                           gedreht
Vor uns in der blauen Luft –
Immer noch füllen sich die Stundenuhren mit unserem
                     tropfenden Blut.
10   Wir Geretteten,
Immer noch essen an uns die Würmer der Angst.
Unser Gestirn ist vergraben im Staub.
Wir Geretteten
Bitten euch:
15   Zeigt uns langsam eure Sonne.
Führt uns von Stern zu Stern im Schritt.
Laßt uns das Leben leise wieder lernen.
Es könnte sonst eines Vogels Lied,
Das Füllen des Eimers am Brunnen
20   Unseren schlecht versiegelten Schmerz aufbrechen
                           lassen
Und uns wegschäumen –
Wir bitten euch:
Zeigt uns noch nicht einen beißenden Hund –
Es könnte sein, es könnte sein
25   Daß wir zu Staub zerfallen –
Vor euren Augen zerfallen in Staub.
Was hält denn unsere Webe zusammen?

Wir odemlos gewordene,
Deren Seele zu Ihm floh aus der Mitternacht
30   Lange bevor man unseren Leib rettete
In die Arche des Augenblicks.
Wir Geretteten,
Wir drücken eure Hand,
Wir erkennen euer Auge –
35   Aber zusammen hält uns nur noch der Abschied,
Der Abschied im Staub
Hält uns mit euch zusammen.

(v 1947)

V. 27: **Webe**: einfache Kleidung aus Leinen (z.B. Totenhemd); vgl.
'Gewebe'
V. 28: **Odem**: altes Wort für 'Atem'
V. 31: **Arche**: Anspielung auf die Arche Noah – das Schiff, in dem
Noah sich, seine Familie und viele Tierpaare vor der Sintflut
rettete

1. Unterteilen Sie das Gedicht in einzelne Abschnitte und erläutern Sie so
    den Argumentationsgang des Gedichts. Gibt es Bilder oder bestimmte
    sprachliche Wendungen, über die die einzelnen Abschnitte miteinander
    korrespondieren*? Welche inhaltlichen Verbindungen ergeben sich
    hierdurch?

2. Nelly Sachs hat ihr Bedürfnis zu dichten einmal mit der Wendung
    begründet, ihre *"Metaphern"* seien ihre *"Wunden"*.[14] Erläutern Sie diesen
    Ausspruch mit Hilfe einzelner Metaphern aus dem Gedicht.

3. Wie wird das Verhältnis der überlebenden Juden zu ihren Mitmenschen
    in dem Gedicht beschrieben?

4. Rose Ausländer, selbst Dichterin und als Jüdin den nationalsozialisti-
    schen Verfolgungen nur knapp entkommen, schreibt zu den Reaktionen
    der jüdischen Dichter auf diese:

---

*   **korrespondieren**: (hier:) zueinander in Beziehung stehen

Der unerträglichen Realität gegenüber gab es zwei Verhaltensweisen: entweder man gab sich der Verzweiflung preis, oder man übersiedelte in eine andere Wirklichkeit, die geistige. Wir zum Tode verurteilten Juden waren unsagbar trostbedürftig. Und während wir den Tod erwarteten, wohnten manche von uns in Traumworten – unser traumatisches Heim in der Heimatlosigkeit. Schreiben war Leben. Überleben.[15]

Läßt sich die von Ausländer beschriebene Gefühlslage der verfolgten Juden auch an dem Gedicht von Nelly Sachs belegen? Ergeben sich von hier aus auch Verbindungslinien zu Celans *Todesfuge*?

5. Diskutieren Sie Adornos Ablehnung von Lyrik 'nach Auschwitz' vor dem Hintergrund der eigenen lyrischen und dichtungstheoretischen Bezugnahmen jüdischer Dichter auf den nationalsozialistischen Völkermord an den Juden.

2. Dichtung im Zeichen der Tradition

Nicht alle Dichter waren 1945 der Ansicht, man habe eine 'Stunde Null' erreicht und müsse nun in Form und Inhalt der Dichtung einen radikalen Neuanfang suchen. Vor allem solche Lyriker, die schon vor dem Zweiten Weltkrieg bzw. auch schon vor der Machtübernahme durch die Nationalsozialisten im Jahr 1933 zu schreiben begonnen hatten, schrieben auch nach dem Krieg häufig weiter in dem seinerzeit begründeten Stil. Viele von ihnen hatten auch während des Krieges ihre lyrische Produktion nicht eingestellt und erlebten so das Kriegsende für ihre Dichtung nicht als so radikalen Bruch wie jene meist jüngeren Dichter, die erst nach Kriegsende ihre schriftstellerische Tätigkeit aufnahmen.

Unter den lyrischen Konzepten, für die sich eine über das Kriegsende hinausgehende Kontinuität feststellen läßt, ist die sogenannte *naturmagische Schule* von besonderer Bedeutung. Sie wurde in den 30er Jahren begründet und ist vor allem mit den Namen Oskar Loerke und Wilhelm Lehmann verbunden. In Anknüpfung an diese beiden Dichter veröffentlichten in den 30er Jahren auch einige jüngere Dichter (z.B. Günter Eich, Peter Huchel und Elisabeth Langgässer) in der Dresdner Kunstzeitschrift *Die Kolonne* Gedichte im Stil der *Naturmagie*. Für diese ist deshalb auch die Bezeichnung *Kolonne-Kreis* anzutreffen.

Nachdem Loerke bereits 1941 verstorben war und Eich und Huchel sich nach einigen Anklängen an die *naturmagische Schule* bald nach Kriegsende von dieser abwandten (vgl. Kap. 3), wurde Lehmann in der Nachkriegszeit zu deren bedeutendstem Vertreter. Den Grundgedanken der *naturmagischen Dichtung* beschreibt er folgendermaßen:

> *Wir wurden aus dem Paradies der alten Einheit vertrieben. Diese Vertreibung bedeutet den Beginn des Dichtens, des Schreibens. Wir verloren das Ganze, wir wurden selbst Teil, um uns als Teil des Ganzen zu erinnern und uns seiner in der Sehnsucht zu vergewissern.*[16]

Das 'Paradies der alten Einheit' sei dabei aus deren einzelnen Teilen abzuleiten:

Wir können, wenn wir uns sprachlich in der Welt zurecht finden, das heißt: Wesen und Dinge benennen wollen, nicht die Welt als Ganzes in den Mund nehmen, sondern müssen ihrer mit Hilfe der Partikularität* inne werden.

Lehmann ist jedoch davon überzeugt,

daß es möglich ist, mit Hilfe einer Einzelheit einer Ganzheitsvorstellung nahe zu kommen.[17]

Dichten erhält damit hier magischen Charakter, indem sie das Wesen des einzelnen Dings im Akt des Betrachtens und Benennens bannen will:

Es gibt eine Art Betrachtung, die mit dem Betrachteten eine magische Bindung eingeht.[18]

An anderer Stelle heißt es:

Der wahre Mystiker schließt die Augen nicht, er öffnet sie weit. Er sieht so genau hin, so angestrengt, daß sein Blick die Phänomene zum zweiten Mal erschafft.[19]

Die Genauigkeit des Benennens drückt sich in der *naturmagischen Dichtung* im Rückgriff auf eine botanisch-präzise oder doch zumindest dichterisch unverbrauchte Begrifflichkeit aus. Diese erhält jedoch mystischen Charakter durch die Verbindung mit dem Mythos, die die Beschreibung des jeweiligen Augenblicks über dessen vergänglichen Charakter hinaushebt ins Gleichnishafte:

An die Stelle der Geschichte tritt der Mythos als der erzählerische Ausdruck unserer Erde. Ohne ihn wäre sie fassungslos. Als charakteristische, immer wiederholte, menschlich verständliche Situation meldet er sich, zeitlose Gegenwart, überall in meiner Dichtung an.[20]

■ **Zeigen Sie an den beiden folgenden Gedichten zentrale Elemente der *naturmagischen Dichtung* auf. – Inwiefern ist auch Günter Eichs Gedicht *Inventur* (vgl. Kap. 1) von der *naturmagischen Schule* beeinflußt?**

---

* **Partikularität**: Einzelheit, Teilaspekt

WILHELM LEHMANN

Februarmond

Ich seh den Mond des Februar sich lagern
Auf reinen Himmel, türkisblauen.
In wintergelben Gräsern, magern,
Gehn Schafe, ruhen, kauen.

5   Dem schönsten folgt der Widder, hingerissen.
Die Wolle glänzt, gebadete Koralle.
Ich weiß das Wort, den Mond zu hissen,
Ich bin im Paradiese vor dem Falle.

(v 1954)

V. 8: **Falle**: Sündenfall (d.h. das Sündigen von Adam und Eva, das
zu ihrer Vertreibung, dem 'Fall' aus dem Paradies führte)

1. Zentral für die Darstellung der Einheit des Seins in dem Gedicht ist die
    Verbindung von Mond, Gräsern und Schafen – zeigen Sie, durch welche
    dichterischen Mittel eine Verbindung zwischen ihnen hergestellt wird.

2. Auf welche Weise wird in dem Gedicht zum Ausdruck gebracht, daß die
    Einheit der Natur durch das lyrische Ich gestiftet wird?

3. Wie erklären Sie sich die Rückversetzung des lyrischen Ich in das
    Paradies 'vor dem Sündenfall'? Welche Bedeutung kommt der Mond-
    metapher in diesem Zusammenhang zu?

WILHELM LEHMANN

Atemholen

Der Duft des zweiten Heus schwebt auf dem Wege,
Es ist August. Kein Wolkenzug.
Kein grober Wind ist auf den Gängen rege,
Nur Distelsame wiegt ihm leicht genug.

Der Krieg der Welt ist hier verklungene Geschichte,
Ein Spiel der Schmetterlinge, weilt die Zeit.
Mozart hat komponiert, und Schakespeare schrieb
/Gedichte,
So sei zu hören sie bereit.

Ein Apfel fällt. Die Kühe rupfen.
Im Heckenausschnitt blaut das Meer.
Die Zither hör ich Don Giovanni zupfen,
Bassanio rudert Portia von Belmont her.

Auch die Empörten lassen sich erbitten,
Auch Timon von Athen und König Lear.
Vor dem Vergessen schützt sie, was sie litten.
Sie sprechen schon. Sie setzen sich zu dir.

Die Zeit steht still. Die Zirkelschnecke bändert
Ihr Haus. Kordelias leises Lachen hallt
Durch die Jahrhunderte. Es hat sich nicht geändert.
Jung bin mit ihr ich, mit dem König alt.

(e 1947)

V. 11: **Don Giovanni**: Hauptperson der gleichnamigen Oper von
Mozart; ital. Bezeichnung für *Don Juan*, den großen Frauenver-
führer der Weltliteratur
V. 12: **Bassanio**, **Portia**, **Belmont**: Liebespaar (*Bassanio*, *Portia*)
und Ort (*Belmont*) aus Shakespeares Drama *Der Kaufmann von
Venedig*
V. 14: **Timon von Athen**: Hauptperson aus dem gleichnamigen
Drama von Shakespeare; dort als reicher Mäzen gezeigt, der von
seinen Freunden übervorteilt wird und sich dadurch zum Men-
schenfeind entwickelt; soll auf einen Athener Bürger aus dem
5. Jahrhundert vor Christus zurückgehen
V. 14: **König Lear** <liːa>: Hauptperson aus dem gleichnamigen
Drama von Shakespeare; geht zurück auf einen Meeresgott, der
– als sagenhafter König von Britannien – seinen beiden älteren
Töchtern vor seinem Tod sein Reich vererbt, von diesen verstoßen
wird und nur mit Hilfe seiner zuvor verkannten jüngsten Tochter
Kordelia Besitz und Macht zurückerlangen kann
V. 17: **Zirkelschnecke**: auch 'Hainschnirkel-' oder 'Hainbänder-
schnecke': Schneckenart mit gestreiftem (fachsprachl. 'gebänder-
tem') Haus
V. 17: **bändern**: mit Bändern versehen; hier Anspielung auf den
Entwicklungsgang der Zirkelschnecke, deren Bänder sich nach dem

1. Welche Assoziationen weckt der Titel des Gedichts in Ihnen?

2. Zeichnen Sie den Gedanken- und Gefühlsgang des lyrischen Ich nach, indem Sie den einzelnen Strophen charakterisierende Überschriften geben oder ihren Inhalt mit kurzen Stichworten skizzieren.

3. Auf welche Weise werden Natur und Mythos in dem Gedicht miteinander verbunden?

4. Das Gedicht spricht an mehreren Stellen und in unterschiedlichen sprachlichen Wendungen einen Stillstand der Zeit an. Suchen Sie diese Stellen heraus und erläutern Sie ihre Beziehung zu dem Titel des Gedichts. – Inwiefern faßt der Chiasmus* des Abschlußverses diesen Sinnkomplex zusammen?

5. In einem anderen Gedicht schreibt Lehmann: *"Sanft hat in Dichtermund das Grauen sich gebettet."*[21] – Erläutern Sie mit Hilfe dieses Satzes Strophe 4 des Gedichts.

Wie Lehmann, blieb auch die bereits 1950 an multipler Sklerose gestorbene Elisabeth Langgässer über das Kriegsende hinaus ihrem *naturmagischen Stil* treu. Im Unterschied zu Lehmann ging es Langgässer in ihrer Lyrik jedoch auch darum,

> den christlichen Kosmos in eine antike Naturwelt einzubeziehen; vielmehr, diese Natur durch den Blick des Christen zu verwandeln.

Demgemäß hält sie sich auch nicht für einen

> Lyriker im strengen Sinn, sondern meine Verse sind Teile einer Liturgie. Man kann sie eigentlich nur theologisch verstehen (...) Sie sind reine Mysteriengedichte.[22]

Besonders deutlich wird dies etwa an ihrem während des Krieges entstandenen und 1947 veröffentlichten Zyklus *Der Laubmann und die Rose*, in dem die Rose von sich sagt:

---

* **Chiasmus**: symmetrische Überkreuzstellung von Satzteilen

Mein Ursprung ist der Hauch.
Ein Hauch ist nichts. Und ist der Name auch.
Erfühlt es tief. Mein Ende ist der Duft.[23]

Vor diesem mystischen Hintergrund ist auch ihre Kritik am
18. Jahrhundert zu sehen, das für sie eine Zeit war, die

> *schon die Totalität* des Menschen aufklärerisch zu zersetzen und seine stilleren Kräfte, die bildenden und dämonischen, zu leugnen, zu verspotten und einer fruchtlosen ratio* zu unterwerfen begann.*[24]

■ **Verdeutlichen Sie Langgässers Abwehrhaltung gegenüber dem Rationalismus anhand des folgenden Gedichts.**

ELISABETH LANGGÄSSER

Frühling 1946

Holde Anemone,
bist du wieder da
und erscheinst mit heller Krone
mir Geschundenem zum Lohne
5   wie Nausikaa?

Windbewegtes Bücken,
Woge, Schaum und Licht!
Ach, welch sphärisches Entzücken
nahm dem staubgebeugten Rücken
10   endlich sein Gewicht?

Aus dem Reich der Kröte
steige ich empor,
unterm Lid noch Plutons Röte
und des Totenführers Flöte
15   gräßlich noch im Ohr.

---

* **Totalität**: Ganzheit
   ratio: Vernunft, logischer Verstand

Sah in Gorgos Auge
eisenharten Glanz,
ausgesprühte Lügenlauge
hört' ich flüstern, daß sie tauge
20 mich zu töten ganz.

Anemone! Küssen
laß mich dein Gesicht:
Ungespiegelt von den Flüssen
Styx und Lethe, ohne Wissen
25 um das Nein und Nicht.

Ohne zu verführen,
lebst und bist du da,
still mein Herz zu rühren,
ohne es zu schüren –
30 Kind Nausikaa!

(v 1951)

V. 1: **Anemone**: Buschwindröschen: kleine, weiß-rosa blühende
Blume; im Frühling vor allem in Laubwäldern in großer Anzahl
anzutreffen

V. 4: **Geschundenem**: Anspielung auf Homers *Odyssee*, in der der
ebenfalls 'geschundene' (nämlich schiffbrüchige) Odysseus von
Nausikaa am Strand aufgelesen und in das Haus ihres Vaters
geführt wird

V. 5: **Nausikaa**: in Homers *Odyssee* besonders hübsche Tochter
des Phäakenkönigs Alkinoos (die Phäaken lebten als Seefahrervolk
glücklich und sorglos auf der Insel Scheria, die mit dem heutigen
Korfu identisch sein soll)

V. 13: **Pluton**: in der griechischen Mythologie Herrscher über die
Unterwelt, das Reich der Toten

V. 16: **Gorgo**: in der griechischen Mythologie weibliches Ungeheuer mit Schlangenhaaren, dessen Blick jeden, der in seine
Augen sah, zu Stein verwandelte

V. 18: **Lauge**: hier: scharfe, ätzende Flüssigkeit

V. 24: **Styx**: Fluß in der Unterwelt

V. 24: **Lethe**: Fluß in der Unterwelt, aus dem die toten Seelen das
Vergessen trinken

1. Über die Assoziationskette 'Anemonen – Meer – Unter Wasser – Unterwelt' verbindet Langgässer in ihrem Gedicht Natur und Mythos miteinander – belegen Sie dies anhand der aufeinander verweisenden Metaphern* und mythologischen Anspielungen.

2. Wie bei Lehmann, mündet auch Langgässers Gedicht in ein Lob von Zeitlosigkeit und Gleichmut – zeigen Sie dies anhand der letzten beiden Strophen des Gedichts.

3. Der Titel des Gedichts setzt dessen Inhalt zu einer konkreten Zeit in Beziehung – wie spiegelt sich dies in dem Gedicht wider? – Vergleichen Sie die Widerspiegelung der Zeitsituation mit den Beispielen für *Trümmerlyrik* im ersten Kapitel.

4. Hans Werner Richter, der sich als Initiator der *Gruppe 47* in besonderem Maße für einen Neuanfang in der deutschen Literatur einsetzte, kritisierte Gedichte wie die der *naturmagischen Schule* mit den Worten:

Die Träumer in der deutschen Literatur sind schon wieder im Aufbruch. Sie haben ein neues und doch uraltes Wort zu ihrem Leitmotiv erhoben. Es heißt Verinnerlichung. Es bezeichnet die Abkehr von der Welt der Wirklichkeit und ist nur eine Wiederbelebung dessen, was gestern war. <Es> bedeutet in seiner letzten Resignation die Weltflucht, die Flucht nach Innen, um die Welt der Trümmer nicht zu sehen (...). Aus jenem Ideal voll Eigenbrötelei und Weltabgewandtheit ist das Verhängnis unserer Geschichte entstanden. 'Eine Mauer um uns baue', das war das Wort, mit dem man sich von der Welt abwandte, um sie denen zu überlassen, die sie mit Blut und Eisen zu regieren versuchten. (...) Nun, wo der Traum zum Alpdruck geworden ist, versucht man erneut zu fliehen. Aber diese Flucht ist gleich dem Traum des Totengräbers, der sein eigenes Grab nicht zu sehen vermag. Verinnerlichung – das ist die Restauration des Vergangenen.[25]

Wilhelm Lehmann begegnete solchen Forderungen nach einem stärkeren Zeitbezug der Literatur mit folgenden Argumenten:

Lyrik als Widerstand gegen zeitgenössische Verhältnisse wird von vornherein auf das eigentlich Lyrische als ein zeitloses Element verzichten müssen. – In

---

* **Metapher**: sprachliches Bild, das aus der Verbindung zweier Sinnbereiche miteinander entsteht. Ein Spezialfall der *Metapher* ist die *Synästhesie* (wörtlich 'Zusammen-Empfindung'), bei der über verschiedene Kanäle (z.B. Hören und Sehen) gewonnene Sinneseindrücke miteinander verbunden werden (z.B. bei Clemens Brentano: "*Golden wehn die Töne nieder*").

Auch Georg Britting, der ebenfalls schon vor dem Zweiten Weltkrieg
Gedichte veröffentlicht hatte, steht für eine Kontinuität naturlyrischer
Produktion in der Nachkriegszeit. Im Unterschied zu den ausschließlich
naturmagisch orientierten Lyrikern finden sich bei ihm jedoch auch
Anklänge an den *Expressionismus*, die ironische* Elemente in seine
Gedichte einfließen lassen.

■ **Verdeutlichen Sie Unterschiede und Gemeinsamkeiten zwischen
Brittings Nachkriegslyrik und den rein *naturmagischen* Gedichten
Lehmanns und Langgässers anhand des folgenden Gedichts.**

GEORG BRITTING

Sonnenblumen

Wo, eisenumgittert,
Im Vorgärtchen,
Die Sonnenblume
Ihr mächtiges Haupt
5   Hebt zu dem Fenster hinauf,

---

* **Ironie**: uneigentliche Rede; Redeweise, die das Gegenteil dessen meint, was sie
oberflächlich zum Ausdruck bringt und dabei u.a. durch Übertreibungen oder
Verbindung mit unpassenden Inhalten die bezeichneten Zusammenhänge kritisiert

Und ihr gespiegeltes Bild
Neidvoll und lachend erblickt:
Der Schwester Gesicht
Im goldenen Kleide –
10 im Winde
Schwanken sie beide,
Wie es dem Winde gefällt,
Und trunken vom Licht
Verneigen voreinander sie sich,
15 Die Getrennten,
Und reden, du hörsts nicht,
Von ihrer sprachlosen Welt.

(v 1951)

1. Versuchen Sie, das Gedicht über eine formale Analyse (Reim, Assonanzen*, Metrum, Interpunktion) zu strukturieren.

2. Im ersten sowie in den letzten beiden Versen des Gedichts wird die Natur als in ihrem Wesen für den Menschen letztendlich unzugänglicher Bereich dargestellt – auf welche Weise geschieht dies?

3. Vergleichen Sie den Schluß des Gedichts mit den beiden Schlußversen in Lehmanns Gedicht *Februarmond*. – Welche Unterschiede in der Beziehung zur Natur lassen sich feststellen?

4. Die Sonnenblume erscheint bei Britting oft in der gleichen Bedeutung wie der Löwe (in seiner Attribuierung* als 'König der Tiere'). Erläutern Sie diese Analogiebildung und zeigen Sie, wo sie in dem Gedicht zum Ausdruck gelangt. Inwiefern wird die Analogie im weiteren Verlauf des Gedichts ironisiert?

5. *"Dichtung"*, sagt Lehmann, sei *"Sprache als die Welt noch einmal"*.[27] – Könnte man das Gedicht auch als Kommentar zu diesem dichtungstheoretischen Postulat verstehen? Wie würde dieser Kommentar dann lauten?

---

* **Assonanz**: Halbreim, der auf der Übereinstimmung von Vokalen (bei sich unterscheidenden Konsonanten) in mehreren Worten beruht
Attribuierung: Kennzeichnung (durch Verbindung mit einem *Attribut*)

Der Pfarrerssohn und Arzt Gottfried Benn galt seit dem Erscheinen seines ersten Gedichtbandes *Morgue und andere Gedichte* aus dem Jahr 1912, in dem er mit einem provozierend offenen Stil Tabu-Themen wie Krankheit, Sterben und Tod anging und so schon früh seine *Ästhetik des Häßlichen* entfaltete, als einer der großen deutschen *Expressionisten* und damit auch als wichtiger Vertreter der dichterischen Avantgarde. So wurden auch für die jüngste deutsche Lyrik einige dichtungstheoretische Grundsätze, die Benn u.a. 1951 in seinem Vortrag *Probleme der Lyrik* aufgestellt hatte, maßgeblich (vgl. Kap. 7).

Für Benns eigenes dichterisches Schaffen der Nachkriegszeit ist indessen eher eine Konzeption ausschlaggebend, wie sie in den 1946 erstmals – zunächst als Privatdruck, da Benn aufgrund seiner profaschistischen Haltung der Jahre 1933/34 von den Alliierten Publikationsverbot erhalten hatte – veröffentlichten *Statischen Gedichten* zum Ausdruck kommt. Der Ausdruck 'statisch*' ist hierfür insofern charakteristisch, als Benn das *"moderne lyrische Ich"* nach dem Zusammenbruch der großen Ideengebäude der Menschheit als unberührt von historischen Entwicklungsverläufen kennzeichnet:

> *Dies Ich ist völlig ungeschichtlich, es fühlt keinen geschichtlichen Auftrag, weder für ein halbes Jahrhundert noch für ein ganzes, ihm nützt nichts der Ausblick und das Versprechen auf angebliche Geisteszusammenhänge, ideelle Befruchtungen, Verzweigungen, Integrationen oder Auferstehungen, es schreitet seinen Kreis ab – Moira*, den ihm zugewiesenen Teil – es blickt nicht über sich selbst hinaus.*[28]

Benns ungeschichtliche Dichtungskonzeption gründet zu einem wesentlichen Teil in seiner öffentlichen Befürwortung der nationalsozialistischen Machtergreifung, die er erst 1934 (nach den Ereignissen um den sogenannten Röhm-Putsch, als Hitler zahlreiche Gegner in einer Blitzaktion umbringen oder verhaften ließ) widerrief. In dem Bemühen, seine Fehleinschätzung der Nationalsozialisten – er erhoffte von ihnen eine *"Vereinigung von Geist und Macht"*[29] – zu verarbeiten, zog sich Benn auf eine Position zurück, die Geschichte und Gesellschaft zu einer Welt

---

* **statisch**: Der Ausdruck kann **1.** der Bezeichnung eines physikalischen Gleichgewichts und **2.** der Kennzeichnung von Stillstand in einem Enwicklungsverlauf dienen
Moira: Schicksalsgöttin aus der griechischen Mythologie (die drei *Moiren* stellte man sich als Spinnerinnen des menschlichen Lebensfadens vor); auch *synonym* (gleichbedeutend) mit 'Schicksal' verwendet

der *"Leere"* erklärte, die in sich sinnlos sei und der der einzelne Mensch hilflos ausgeliefert sei.[30] Die Würde eines Menschen erweist sich demnach nicht in seiner Fähigkeit, autonome Entscheidungen zu fällen, sondern in der Art und Weise, wie er das ihm zugewiesene Schicksal trägt:

> *Immer alles gewußt zu haben, immer recht behalten zu haben, das alleine ist nicht groß. Sich irren und dennoch seinem Inneren weiter Glauben schenken müssen: – das ist der Mensch (…), und jenseits von Sieg und Niederlage beginnt sein Ruhm. Der Ruhm nämlich, das auf sich genommen zu haben, was der uns zugemessene Teil, was die Moira, man kann natürlich auch sagen der Zufall und die Gegebenheit, uns bestimmte.*[31]

Ist der Einzelne machtlos gegenüber den gewöhnlichen geschichtlichen und gesellschaftlichen Prozessen, so eröffnet sich ihm in der Kunst eine Art Gegen-Reich, in dem Freiheit und Selbstbestimmung möglich sind:

> *Aus der Sinnlosigkeit des materiellen und geschichtlichen Prozesses erhob sich eine neue Realität, geschaffen von den Beauftragten der Formvernunft, die zweite Realität, erarbeitet von den langsamen Sammlern und Herbeiführern gedanklicher Entscheidungen.*[32]

Wer zu den *Beauftragten der Formvernunft*, zu den Dichtern also, zu zählen ist, bestimmt sich nach dem Maß des dem Einzelnen zugefügten Leids – danach, wie stark er vom Schicksal *"gezeichnet"* ist: *"Nur der Gezeichnete wird reden."*[33] Benn gelang es so, seinen eigenen historischen Fehler in eine Auszeichnung durch das Schicksal umzuinterpretieren, das ihn einer besonderen Prüfung unterzogen habe. Die Bestimmung des 'Aus-Gezeichneten', des durch besonderes Leid mit einem Zeichen Versehenen, rückte dabei immer mehr in die Nähe der Gestalt Christi, der ja auch durch sein Leid in besonderer Weise (aus-)gezeichnet war und der ebenfalls der diesseitigen Welt jede Sinnperspektive abgesprochen hatte mit den Worten: *"Mein Reich ist nicht von diese Welt."* Hierzu paßt auch, daß Benn die 'Ausgezeichneten' zu einer Elite erklärte, deren Erfahrungswelt nicht für jeden erreichbar sei: *"Es ist die Lehre nicht für jeden"*.[34]

GOTTFRIED BENN

Nur zwei Dinge

Durch so viele Formen geschritten,
durch Ich und Wir und Du,
doch alles blieb erlitten
durch die ewige Frage: wozu?

5   Das ist eine Kinderfrage.
Dir wurde erst spät bewußt,
es gibt nur eines: ertrage
– ob Sinn, ob Sucht, ob Sage –
dein fernbestimmtes: Du mußt.

10   Ob Rosen, ob Schnee, ob Meere,
was alles erblühte, verblich,
es gibt nur zwei Dinge: die Leere
und das gezeichnete Ich.

(e 1953)

1. Auf welche Weise wird der passive Charakter des 'gezeichneten Ich' gegenüber dem Weltgeschehen in dem Gedicht zum Ausdruck gebracht?

2. In seinem in den 20er und 30er Jahren vielgelesenen Buch *Der Untergang des Abendlandes* stellt Oswald Spengler die These auf, daß alle Kulturen nur eine begrenzte Lebensdauer haben, da sie – wie auch die organische Welt – dem Gesetz von Blüte, Reife und Verfall unterliegen.

Die gegenwärtige Kultur des Abendlandes sah Spengler im Verfalls-
stadium befindlich. – Weisen Sie Anklänge an diese Theorie in dem
Gedicht nach.

3. Arbeiten Sie Vokalharmonien, Alliterationen*, Anaphern*, Wiederho-
lungen und Enjambements* aus dem Gedicht heraus – inwiefern kommt
diesen Stilmitteln und syntaktischen Varianten sinnunterstützende
Bedeutung zu?

4. In einem anderen Gedicht Benns heißt es:

   Wer altert, hat nichts zu glauben,
   wer endet, sieht alles leer.[35]

   Könnte man das Gedicht auch als Beschreibung eines exemplarischen
   Lebenswegs lesen? – Wie würden Sie diesen charakterisieren?

5. Welche Gemeinsamkeiten und Unterschiede zur Lyrik der *naturmagischen Schule* können Sie entdecken? Läßt sich Richters weiter oben
wiedergegebene Kritik an neuen Tendenzen der Verinnerlichung in der
deutschen Literatur auch auf Benn beziehen?

---

* **Alliteration**: Übereinstimmung von Konsonanten zu Beginn von aufeinander
folgenden betonten Silben; vgl. *alliterieren*: Alliteration zeigen
Anapher: Wiederholung eines Wortes oder einer Wortgruppe am Anfang von
aufeinander folgenden Versen
Enjambement <anshamb'man>: Aufteilung eines Satzteils auf mehrere Verse

3. Auf dem Weg zur hermetischen Lyrik: Dichtung an der Grenze zum Sagbaren

Schon seit der Jahrhundertwende gab es in der deutschen Dichtung Tendenzen zu immer komplexeren Ausdrucksformen und zu immer verschlüsselteren Bildern. Hierin spiegelte sich die allgemeine geistesgeschichtliche Entwicklung wider, die infolge des naturwissenschaftlichen Erkenntnisfortschritts in eine Infragestellung aller bisher gültigen geistigen Orientierungssysteme – insbesondere in ihren metaphysischen Komponenten – eingemündet war. Die Industrialisierung – als sichtbarer Ausdruck und Umsetzung der naturwissenschaftlichen Entwicklung – beschleunigte diese Tendenzen hin zu einer radikalen Orientierung am Diesseits, in der die Frage nach Sinn und Zweck des Daseins schlicht als unwirtschaftlich galt.

Dichter wie etwa Rainer Maria Rilke reagierten auf diese Entwicklung mit einer Abkopplung von der gesellschaftlichen Realität und der Konstruktion einer dichterischen Gegenwelt, in der sie sich der Sinnfrage kompromißlos stellten und sich dem Augenblickscharakter des Daseins, wie es die Industrialisierung in den Vordergrund stellte, zu entziehen suchten. Die brüchig gewordene Ordnung der Welt führte dabei jedoch dazu, daß sie in ihre Dichtung immer komplizietere sprachliche Formen und Bilder einführen mußten, um die komplexe Wirklichkeit in ihren Gedichten zu verarbeiten. Daß dies mit den Mitteln der Sprache überhaupt möglich sei, wurde dabei zunehmend in Frage gestellt. Ein berühmtes Zeugnis für den radikalen Zweifel an der Übertragbarkeit von außersprachlicher Realität in Sprache ist etwa der *Brief des Lord Chandos* (1901/02) von Hugo von Hofmannsthal, in dem dieser darlegt, wie ihm das zuvor Selbstverständliche plötzlich fragwürdig erschien.

Beide Tendenzen – der Verlust metaphysischer Orientierungen und die Infragestellung des Verhältnisses von Sprache und Wirklichkeit – wurden auch in der Philosophie thematisiert und wirkten von da aus auch auf die Literatur verstärkt zurück. Von großer Bedeutung für die Nachkriegsdichtung sind insbesondere – für den Aspekt des Sprachzweifels – Ludwig Wittgensteins 1921 veröffentlichter *Tractatus logico-philosophicus* sowie – für die Thematisierung der Daseinssituation des modernen Menschen – Martin Heideggers sogenannte *Existenzphilosophie*, am prägnantesten zum Ausdruck gebracht in seinem Hauptwerk *Sein und Zeit* (1927). Heideggers Beschreibung des schutzlosen *Geworfenseins* des Einzelnen, der nur durch ein *Vorlaufen in den Tod*, d.h. eine radikale Auseinandersetzung mit seinem *Zum-Tode-Sein*, zu einer Sinnbestimmung seines Daseins gelangen kann, übte auf viele Nachkriegsdichter großen Einfluß aus. So promovierte etwa Ingeborg Bachmann 1950 über *Die kritische Aufnahme der Existenzphilosophie Martin Heideggers*.

■ **Arbeiten Sie aus dem folgenden Gedicht die Anklänge an die Existenzphilosophie heraus.**

INGEBORG BACHMANN

Erklär mir, Liebe

Dein Hut lüftet sich leis, grüßt, schwebt im Wind,
dein unbedeckter Kopf hat's Wolken angetan,
dein Herz hat anderswo zu tun,
dein Mund verleibt sich neue Sprachen ein,
5   das Zittergras im Land nimmt überhand,
Sternblumen bläst der Sommer an und aus,
von Flocken blind erhebst du dein Gesicht,
du lachst und weinst und gehst an dir zugrund,
was soll dir noch geschehn –

10   Erklär mir, Liebe!

Der Pfau, in feierlichem Staunen, schlägt sein Rad,
die Taube stellt den Federkragen hoch,
vom Gurren überfüllt, dehnt sich die Luft,
der Entrich schreit, vom wilden Honig nimmt
15   das ganze Land, auch im gesetzten Park
hat jedes Beet ein goldner Staub umsäumt.

Der Fisch errötet, überholt den Schwarm
und stürzt durch Grotten ins Korallenbett.
Zur Silbersandmusik tanzt scheu der Skorpion.

20   Der Käfer riecht die Herrlichste von weit;
hätt ich nur seinen Sinn, ich fühlte auch,
daß Flügel unter ihrem Panzer schimmern,
und nähm den Weg zum fernen Erdbeerstrauch.

Erklär mir, Liebe!

25   Wasser weiß zu reden,
die Welle nimmt die Welle an der Hand,
im Weinberg schwillt die Traube, springt und fällt.
So arglos tritt die Schnecke aus dem Haus!

Ein Stein weiß einen andern zu erweichen!

30   Erklär mir, Liebe, was ich nicht erklären kann:
sollt ich die kurze schauerliche Zeit
nur mit Gedanken Umgang haben und allein
nichts Liebes kennen und nichts Liebes tun?
Muß einer denken? Wird er nicht vermißt?

35   Du sagst: es zählt ein andrer Geist auf ihn …
Erklär mir nichts. Ich seh den Salamander
durch jedes Feuer gehen.
Kein Schauer jagt ihn, und es schmerzt ihn nichts.

(v 1956)

1. Ingeborg Bachmann selbst schreibt über den Anfang des Gedichts:

*In der ersten Strophe beobachtet das 'Ich' (…) einen anderen Menschen,
der liebt, diesen Zustand, in dem sich jener befindet und der ihm merkwürdig erscheint und ihn die Liebe um eine Erklärung bitten läßt. In den
nächsten beiden Strophen wird das Bild erweitert.*[36]

Mit welchen Bildern wird der Zustand des Liebenden in der ersten
Strophe beschrieben? Auf welche Weise wird in den nächsten beiden
Strophen *"das Bild erweitert"*?

2. Über das lyrische Ich schreibt Ingeborg Bachmann in ihrem Kommentar zu dem Gedicht, es stehe *"verzweifelt außerhalb"*[37] – an welchen Stellen und mit welchen Bildern wird dies zum Ausdruck gebracht? Wie erklären Sie sich dieses 'Außerhalb-Stehen'?

3. Der Schluß des Gedichts läßt sich auf zweierlei Weise verstehen:
   - Das lyrische Ich steht zwar 'außerhalb', doch gibt es eine andere, geistige Welt, in der es 'zu Hause' ist.
   - Das lyrische Ich ist einem anderen, analytischeren Geist als dem der Liebe verpflichtet und muß deshalb einsam und emotionslos durchs Leben gehen.

   Welche Interpretation scheint Ihnen eher zu dem Gedicht zu passen?

Außer Gedichten schrieb Ingeborg Bachmann auch Romane und Hörspiele. Deren wohl berühmtestes – *Der gute Gott von Manhattan* (1958) – handelt von einem Liebespaar, das sich in der Absolutheit seiner Liebe immer weiter von der Gesellschaft entfernt und deshalb vom *guten Gott* zum Tode verurteilt wird. In ihrer Rede zur Verleihung des Hörspielpreises der Kriegsblinden, den sie für *Der gute Gott von Manhattan* erhielt, äußerte Bachmann sich zu dem Hörspiel wie folgt:

> *Es ist auch mir gewiß, daß wir in der Ordnung bleiben müssen, daß es den Austritt aus der Gesellschaft nicht gibt und wir uns aneinander prüfen müssen. Innerhalb der Grenzen aber haben wir den Blick gerichtet auf das Vollkommene, das Unmögliche, Unerreichbare, sei es der Liebe, der Freiheit oder jeder reinen Größe. Im Widerspiel des Unmöglichen mit dem Möglichen erweitern wir unsere Möglichkeiten. Daß wir es erzeugen, dieses Spannungsverhältnis, an dem wir wachsen, darauf, meine ich, kommt es an; daß wir uns orientieren an einem Ziel, das freilich, wenn wir uns nähern, sich noch einmal entfernt.*[38]

■ **Erläutern Sie anhand des folgenden Gedichts Ingeborg Bachmanns Utopieverständnis. Welche Rolle spielt die Liebe darin?**

49

INGEBORG BACHMANN

Lieder auf der Flucht (VII)

Innen sind deine Augen Fenster
auf ein Land, in dem ich in Klarheit stehe.

Innen ist deine Brust ein Meer,
das mich auf den Grund zieht.
Innen ist deine Hüfte ein Landungssteg
für meine Schiffe, die heimkommen
von zu großen Fahrten.

Das Glück wirkt ein Silbertau,
an dem ich befestigt liege.

Innen ist dein Mund ein flaumiges Nest
für meine flügge werdende Zunge.
Innen ist dein Fleisch melonenlicht,
süß und genießbar ohne Ende.
Innen sind deine Adern ruhig
und ganz mit Gold gefüllt,
das ich mit meinen Tränen wasche
und das mich einmal aufwiegen wird.

Du empfängst Titel, deine Arme umfangen Güter,
die an dich zuerst vergeben werden.

Innen sind deine Füße nie unterwegs,
sondern schon angekommen in meinen Samtlanden.
Innen sind deine Knochen helle Flöten,
aus denen ich Töne zaubern kann,
die auch den Tod bestricken werden ...

(v 1956)

V. 18: **Titel**: hier: Besitztitel, Rechtsanspruch auf einen bestimmten Besitz

1. Ordnen Sie die Bildkomplexe des Gedichts folgenden Beziehungs-kategorien zu:

   • Liebe und Erkenntnis;
   • Liebe und Heimat;
   • Liebe und Tod.

   Welche Utopien werden hier jeweils zum Ausdruck gebracht? Wie werden die einzelnen Bildkomplexe durch die Stropheneinteilung miteinander verbunden?

2. Wovor sind die Liebenden *"auf der Flucht"*?

3. Kann man das Gedicht auch als Verständnishilfe für das Gedicht *Erklär mir, Liebe* (insbesondere für dessen Schluß) nutzen? Inwiefern führt es die dort geäußerten Gedanken weiter?

4. Seit sie 1953 den Preis der *Gruppe 47* erhalten hatte, galt Ingeborg Bachmanns Dichtung als Beleg für die Möglichkeit formschöner Poesie auch nach den Grauen des Zweiten Weltkriegs. Sie selbst wehrte sich gegen die Reduzierung ihrer Gedichte auf Kunstgenuß und hob ihr Bemühen um eine Beteiligung an der Erneuerung der deutschen Sprache hervor:

   Eine neue Sprache muß eine neue Gangart haben, und diese Gangart hat sie nur, wenn ein neuer Geist sie bewohnt.

   Der Schriftsteller müsse der Sprache deshalb

   eine Gangart geben, die sie nirgendwo sonst erhält außer im sprachlichen Kunstwerk. Da mag sie uns freilich erlauben, auf ihre Schönheit zu achten, Schönheit zu empfinden, aber sie gehorcht einer Veränderung, die weder zuerst noch zuletzt ästhetische Befriedigung will, sondern neue Fassungs-kraft.[39]

   Wie beurteilen Sie selbst den Beitrag der Lyrik Ingeborg Bachmanns zur Erneuerung der deutschen Sprache? Welche Unterschiede zu den – stärker an der dichterischen Tradition orientierten – Gedichten der *naturmagischen Schule* (vgl. Kap. 2) lassen sich feststellen?

Die dichterischen Anfänge von Günter Eich und Peter Huchel gehen auf die 30er Jahre zurück, als beide Gedichte im Stil der *naturmagischen Schule* veröffentlichten. Nach dem Krieg wandten sich beide Dichter bald von dieser lyrischen Richtung ab, da sie das Vertrauen der *Naturmagiker* in die Kraft des Wortes, das Wesen der Dinge zu bannen, nicht mehr teilten. Trotz ihrer Schwierigkeiten, *"dem Schweigen ein Wort abzuringen"* (Huchel)[40], behielt ihre dichterische Produktion jedoch eine wichtige Orientierungsfunktion für sie. Für Eich galt dies gerade angesichts des prinzipiell prekären Verhältnisses des Menschen zur Wirklichkeit:

> *Wir wissen, daß es Farben gibt, die wir nicht sehen, daß es Töne gibt, die wir nicht hören. Unsere Sinne sind fragwürdig; und ich muß annehmen, daß auch das Gehirn fragwürdig ist.*

So laufe er, Eich, durch die Welt *"wie ein taubstumm Blinder"*. Eben dies sei die entscheidende Motivation für seine lyrische Produktion:

> *Ich schreibe Gedichte, um mich in der Wirklichkeit zu orientieren. Ich betrachte sie als trigonometrische Punkte* oder als Bojen, die in einer unbekannten Fläche den Kurs markieren. Erst durch das Schreiben erlangen für mich die Dinge Wirklichkeit. Sie ist nicht meine Voraussetzung, sondern mein Ziel. Ich muß sie erst herstellen.*[41]

Die Wurzeln von Eichs dichtungstheoretischer Position in der *Naturmagie* werden aus folgenden Sätzen deutlich, die von der prinzipiellen Möglichkeit einer Einheit von Wort und Ding ausgehen:

> *Ich bin Schriftsteller, das ist nicht nur ein Beruf, sondern die Entscheidung, die Welt als Sprache zu sehen. Als die eigentliche Sprache erscheint mir die, in der das Wort und das Ding zusammenfallen. Aus dieser Sprache, die sich rings um uns befindet, zugleich aber nicht vorhanden ist, gilt es zu übersetzen. Wir übersetzen, ohne den Urtext zu haben. Die gelungenste Übersetzung kommt ihm am nächsten und erreicht den höchsten Grad von Wirklichkeit.*[42]

■ **Erläutern Sie an den beiden folgenden Gedichten die Orientierungsfunktion von Lyrik im Sinne Eichs.**

---

* **trigonometrische Punkte**: mit Hilfe der *trigonometrischen* (Winkel-) Funktionen bestimmbare feste Bezugspunkte, die vor allem bei der Landvermessung eine wichtige Rolle spielen

GÜNTER EICH

Der große Lübbe-See

Kraniche, Vogelzüge,
deren ich mich entsinne,
das Gerüst des trigonometrischen Punkts.

Hier fiel es mich an,
5 vor der dunklen Wand des hügeligen Gegenufers,
der Beginn der Einsamkeit,
ein Lidschlag, ein Auge,
das man ein zweites Mal nicht ertrüge,
das Taubenauge mit sanftem Vorwurf,
10 als das Messer die Halsader durchschnitt,
der Beginn der Einsamkeit,
hier ohne Boote und Brücken,
das Schilf der Verzweiflung,
der trigonometrische Punkt,
15 Abmessung im Nichts,
während die Vogelzüge sich entfalten,
Septembertag ohne Wind,
güldene Heiterkeit, die davonfliegt,
auf Kranichflügeln, spurlos.

(v 1955)

Großer Lübbe-See: zwischen Szczecin (Stettin) und Szczecinek
(Neustettin) im Westen der Pommerschen Seenplatte gelegenes
Gewässer (Eich wurde in Lebus an der Oder geboren und ver-
brachte seine Kindheit teilweise in der Mark Brandenburg)

1. Das Gedicht besteht aus 19 Versen, so daß Vers 9 sein Zentrum
   darstellt. Weisen Sie unter Berücksichtigung von Heideggers Existenzphilosophie nach, daß das formale dem inhaltlichen Zentrum des
   Gedichts entspricht. Welche Funktion kommt der Umrahmung des
   Gedichtzentrums durch die Verse 6 und 11 zu?

2. Mit welchen Bildern veranschaulicht Eich die Begrenztheit und
   fehlende Strukturiertheit der Wirklichkeit?

PETER HUCHEL

Das Zeichen

Baumkahler Hügel,
noch einmal flog
am Abend die Wildentenkette
durch wäßrige Herbstluft.
5   War es das Zeichen?
Mit falben Lanzen
durchbohrte der See
den ruhlosen Nebel.

Ich ging durchs Dorf
10   und sah das Gewohnte.
Der Schäfer hielt den Widder
gefesselt zwischen den Knien.
Er schnitt die Klaue,
er teerte die Stoppelhinke.
15   Und Frauen zählten die Kannen,
das Tagesgemelk.
Nichts war zu deuten.
Es stand im Herdbuch.

Nur die Toten,
20   entrückt dem stündlichen Hall
der Glocke, dem Wachsen des Epheus,
sie sehen
den eisigen Schatten der Erde
gleiten über den Mond.
25   Sie wissen, dieses wird bleiben.
Nach allem, was atmet
in Luft und Wasser.

Wer schrieb
die warnende Schrift,
30 kaum zu entziffern?
Ich fand sie am Pfahl,
dicht hinter dem See.
War es das Zeichen?

Erstarrt
35 im Schweigen des Schnees,
schlief blind
das Kreuzotterndickicht.

(v 1963)

───────

V. 6:   **falb**: fahl, farblos
V. 14: **Stoppelhinke**: Klauenentzündung von Schafen, die durch
Schmutz oder Nässe auf den Stoppelfeldern beim Weiden der
Schafe entstehen kann und mit einer Lösung aus Holzteer und
Brennspiritus behandelt wird
V. 18: **Herdbuch**: Herdebuch: Stammbuch von Zuchttieren bei
Züchtervereinigungen

1. Verdeutlichen Sie zunächst den äußeren Aufbau des Gedichts, indem sie
    den einzelnen Strophen Überschriften geben.

2. Bildersprache und beschriebene Landschaft des Gedichts weisen starke
    Anklänge an Eichs Gedicht *Der große Lübbe-See* auf. Zeigen Sie dies
    insbesondere für die darin erscheinenden Bildkomplexe *"Vogelzüge"*,
    "das Schilf der Verzweiflung", *"der trigonometrische Punkt"* sowie
    "Septembertag ohne Wind": In welcher Weise greift Huchel diese
    Bildkomplexe auf? Wie verändert er sie?

3. In Strophe 2 und 3 werden der Landschaft des Sees zwei Gegenwelten
    gegenübergestellt. Beschreiben Sie diese Gegenwelten zunächst mit
    Ihren eigenen Worten. Zeigen Sie dann, was beide miteinander
    verbindet und sie von der in den übrigen Strophen beschriebenen Welt
    des lyrischen Ich unterscheidet.

4. In der Spätphase seines Schaffens gab Günter Eich seinen Glauben an
    das Vorhandensein eines 'Urtextes', in dem die Einheit von Wort und
    Bild noch gewahrt sei, auf. Huchels Gedicht läßt sich als Kommentar
    hierzu lesen: Wie wird darin die zunehmende Schwierigkeit einer
    Entzifferung des 'Urtextes' zum Ausdruck gebracht?

55

5. Erläutern Sie den Gefühlswert von Strophe 5, indem Sie alle Substantive mit Adjektiven beschreiben. Kommentieren Sie die Folgen für
die so dargestellte Situation des modernen Dichters anhand der
folgenden Verse Günter Eichs:

> Die Kastanien blühn.
> Ich nehme es zur Kenntnis,
> äußere mich aber nicht dazu.[43]

6. Zeigen Sie, inwiefern sich die Aussage der Schlußstrophe des Gedichts
von der dichtungstheoretischen Position Lehmanns (vgl. Kap. 2) sowie
von folgendem Gedicht Joseph von Eichendorffs unterscheidet:

> Schläft ein Lied in allen Dingen,
> die da träumen fort und fort
> und die Welt hebt an zu singen,
> triffst du nur das Zauberwort.[44]

Wie kaum ein anderes Werk der Weltliteratur hat Daniel Defoes 1719
erschienener Roman von dem schiffbrüchigen *Robinson Crusoe*, den es auf
eine einsame Insel verschlägt, die Weltliteratur beeinflußt. Zahlreiche
Autoren versuchten, im Stil Defoes Abenteuerromane – sogenannte
Robinsonaden – zu schreiben, so daß die Figur schließlich zu einem
eigenständigen Motiv wurde, dessen Variierung in den unterschiedlichen
Epochen Auskunft geben kann über den Wandel der Literatur und ihr
Verhältnis zur Wirklichkeit. Auch als Chiffre* für die Situation des
modernen Menschen scheint sich die Romanfigur in besonderer Weise
zu eignen und wird in diesem Sinne auch von zahlreichen Dichtern
zitiert. Dies hängt, wie Benno von Wiese verdeutlicht, nicht zuletzt
damit zusammen, daß sie – wie jede Chiffre – *"vieldeutig"* ist:

> Robinson kann der auf eine Insel verschlagene, isolierte Einzelmensch sein, der
> jeden Zusammenhang mit anderen menschlichen Wesen verloren hat; er kann
> indessen auch der homo faber* sein, der die Entwicklung der Menschheit von
> ihren Anfängen bis zur Spätzeit noch einmal, für sich allein, wiederholen muß.
> Schließlich läßt sich auch an den geretteten Robinson denken, der durch ein

---

* **Chiffre**: Geheimzeichen; in der modernen Dichtung die nur aus dem Zusammenhang heraus, häufig auch nur durch die vergleichende Analyse mehrerer
Gedichte desselben Autors zu deutende Anspielung auf einen komplexen Verweisungszusammenhang mittels vordergründig einfacher Begriffe
homo faber: der die Natur mit Hilfe von Technik und Werkzeugen beherrschende
Mensch

*Schiff in seine Heimat zurückgeführt wird. Ebenso braucht Robinsons Insel nicht immer das Unheil von **Exil** und Verbannung zu bedeuten; sie kann dort zum **Asyl** werden, wo die Welt draußen als eine schlechte und verdorbene Gesellschaft interpretiert wird.[45]*

■ **Welche Aspekte der Robinsonfigur stehen in den beiden folgenden Gedichten im Vordergrund?**

KARL KROLOW

Robinson I

Immer wieder strecke ich meine Hand
Nach einem Schiff aus.
Mit der bloßen Faust versuche ich,
Nach seinem Segel zu greifen.
5   Anfangs fing ich
Verschiedene Fahrzeuge, die sich
Am Horizont zeigten.
Ich fange Forellen so.
Doch der Monsun sah mir
10 Auf die Finger
Und ließ sie entweichen,
Oder Ruder und Kompaß
Brachen. Man muß
Mit Schiffen zart umgehen.
15 Darum rief ich ihnen Namen nach.
Sie lauteten immer
Wie meiner.

Jetzt lebe ich nur noch
In Gesellschaft mit dem Ungehorsam
20 Einiger Worte.

(e 1958)

———

V. 9: **Monsun**: Wind in Südostasien, der jedes halbe Jahr die Richtung wechselt und im Sommer hierdurch die Regenzeit einleitet

1. Interpretieren Sie die für das Gedicht zentrale Schiffsmetapher, indem Sie von den folgenden Sätzen diejenigen zu Ende führen, die Ihnen sinnvoll erscheinen:

   - Es handelt sich gar nicht um wirkliche Schiffe; die Schiffe existieren nur in Robinsons Phantasie. Das sieht man daran, daß …
   - Robinson kann die Schiffe nicht erreichen, weil …
   - Statt von 'Schiffen' könnte man auch von 'Brücken' sprechen, denn …
   - Auch das Benennen taugt nicht als Brücke zu …, da …

2. Erläutern Sie mit Hilfe folgenden Ausspruchs Theodor W. Adornos den in dem Gedicht konstatierten *"Ungehorsam"* der Worte:

   Die Sprache ist selbst ein Doppeltes. Sie bildet (…) den subjektiven Regungen gänzlich sich ein (…). Aber sie bleibt doch wiederum (…) das, was die unabdingbare Beziehung auf Allgemeines und die Gesellschaft herstellt.[46]

CHRISTA REINIG

Robinson

manchmal weint er wenn die worte
still in seiner kehle stehn
doch er lernt an seinem orte
schweigend mit sich umzugehn

5 und erfindet alte dinge
halb aus not und halb im spiel
splittert stein zur messerklinge
schnürt die axt an einen stiel

kratzt mit einer muschelkante
10 seinen namen in die wand
und der allzu oft genannte
wird ihm langsam unbekannt

(v 1963)

1. In einem Kommentar zu der Entstehungsgeschichte des Gedichts führt Christa Reinig aus, sie habe damals ein Gedicht über einen Strafgefangenen schreiben wollen. Da sei ihr Blick auf ein Theaterplakat mit der Aufschrift *'Robinson soll nicht sterben'* (Stück von Friedrich Forster), gefallen, was sie zu ihrem Gedicht inspiriert habe.[47] – Inwiefern kann man sagen daß Robinson sich in dem Gedicht dagegen wehrt zu 'sterben'? Können Sie weitere Anklänge an die Entstehungsgeschichte des Gedichts finden?

2. Vergleichen Sie die Robinson-Gedichte Krolows und Reinigs in bezug auf den Umgang mit der Einsamkeit, die Selbstreflexion und den Wirklichkeitsbezug in ihnen. – Welchem Robinson geben Sie eher eine 'Überlebenschance'?

3. Sammeln Sie Assoziationen zu 'Muschel'. Überlegen Sie dann, welchen Sinn es haben könnte, daß Robinson seinen Namen gerade mit der Kante einer Muschel schreibt.

4. Während Krolow die gesellschaftliche Gebundenheit von Sprache betont, stellt Reinig eher die Möglichkeiten ihrer individuell-kreativen Anverwandlung und Veränderung in den Vordergrund. – Begründen oder widerlegen Sie diese These anhand von Reinigs Gedicht. Berücksichtigen Sie hierfür auch die formalen Unterschiede zwischen den beiden Gedichten sowie folgende Bemerkung aus einer Interpretation Wulf Segebrechts zu dem Gedicht: *"Das Neue ist möglich geworden auf der Grundlage des Vertrauens zu dem Alten"*.[48]

5. Christa Reinig lebte bis 1964 in der DDR. Seit 1951 wurden ihre Arbeiten dort nicht mehr gedruckt, so daß sie sich – wenn sie auch in westdeutschen Verlagen publizieren konnte – in ihrem eigenen Staat isoliert fühlen mußte. Inwieweit spiegelt sich diese Situation in dem Gedicht wider?

Die Ereignisse des Zweiten Weltkriegs erscheinen bei der *hermetischen Lyrik* nahestehenden Dichtern häufig in stark chiffrierter* Form. Weniger als – wie in der politischen Lyrik – um die Bloßlegung der äußeren und innerpsychischen Voraussetzungen für Phänomene wie

---

* **chiffrieren**: etwas verschlüsselt (mit Hilfe von *Chiffren*) ausdrücken

Faschismus und Imperialismus ging es ihnen um die Verarbeitung der eigenen Erlebnisse aus den Kriegsjahren. Deren traumatischer Charakter – so bezeichnet etwa Johannes Bobrowski die *"Wahl dieses Themas"* (gemeint sind die Auseinandersetzungen zwischen dem deutschen Volk und *"den Völkern im Osten"*) als *"Kriegsverletzung"*[49] – brachte es dabei mit sich, daß die Vergangenheit in den Gedichten bevorzugt in der Form einer Heimsuchung erscheint. Die Gedichte selbst nehmen häufig die Form eines Traumes an, in dem die gewöhnlichen Gesetze der Wirklichkeit aufgehoben sind. Daß es hierbei nicht um eine Verschleierung von Zusammenhängen geht, diese vielmehr auf einer anderen Ebene thematisiert werden sollen, belegt folgende Aussage Bobrowskis:

> Es muß aber sichtbar werden am meisten: die Rolle, die mein Volk dort bei den Völkern gespielt hat. Und so wird die Auseinandersetzung mit der jüngsten Zeit, für mich: der Krieg der Nazis, einen wesentlichen und sicher den gewichtigsten Teil ausmachen. So werde ich in den Gedichten stehen, uniformiert und durchaus kenntlich.[50]

■ Arbeiten Sie an den beiden folgenden Gedichten die Bezüge zum Zweiten Weltkrieg bzw. zur Zeit des Nationalsozialismus sowie deren traumähnliche Darstellungsform heraus.

JOHANNES BOBROWSKI

Kloster bei Nowgorod

Strom, schwer,
den die Lüfte umdrängen, alt,
Geister der tiefen
Ebene, redend im Regen
5   uferhinab. Der Hecht
steht unterm Schilf.

An dem weißen Gemäuer
Glockenschläge Licht,
Über die Dächer sinkend

10   das Hungertuch Nacht, von verstummten
Vögeln durchstürzt.

Türen, leer, der steinerne
Pfad, auf verwachsener Stufe
der Greis mit dem weißen Scheitel,

15   wenn Gesang im ertönenden Bogen
aufsteht, Wind tritt ins erzene
Tor, silberner steigt,
flossenstarrend
der Hecht aus dem Grund.

(v 1962)

——————

V. 10: **Hungertuch**: Der Begriff verweist auf die Altartücher der
Fastenzeit, die als Dank an Gott nach dem Ende einer Hungersnot
aus dem Jahr 1472 gestiftet wurden
V. 16: **erzen**: aus Bronze
V. 18: **flossenstarrend**: Neologismus; vgl. a) starre (unbewegliche)
Flossen; b) waffenstarrend: mit vielen Waffen; c) anstarren: starr
ansehen

1. Aus welchen Bildern wird deutlich, daß das Kloster zerstört und bereits
   'an die Natur zurückgefallen' ist? Bei welchen Bildern handelt es sich
   um Metaphern, und wie sind diese aufgebaut?

2. Die erste und die dritte Strophe weisen eine Reihe von formalen
   Parallelen auf, die auf inhaltliche Zusammenhänge hindeuten. Erläutern
   Sie dies insbesondere für die folgenden Verse:

   •   *Strom, schwer* (Strophe 1, Vers **1**) – *Türen, leer* (3/**1**)
   •   *Geister* (1/**3**) – *Greis* (3/**3**)
   •   *redend im Regen* (1/**4**) – *Gesang im ertönenden Bogen* (3/**4**)

3. Das Gedicht enthält eine Reihe von Vokalharmonien. Arbeiten Sie diese heraus und überlegen Sie, inwiefern sie sinnunterstützende oder onomatopoetische* Funktion haben könnten. Berücksichtigen Sie dabei auch die unterschiedliche Wirkung dunkler und heller Vokale. – Kommt auch einzelnen Konsonanten in dem Gedicht eine solche Funktion zu?

4. Welche Wirkung wird durch die Verbindung von Ellipsen* und Enjambements erzielt?

5. Arbeiten Sie die Besonderheiten des Metrums in dem Gedicht heraus – Inwiefern kommt dem Rhythmus bedeutungsunterstützende Funktion zu?

6. Die abwärts weisende Bewegung der ersten beiden Strophen wird in der letzten Strophe von einer aufwärts gerichteten Bewegung abgelöst. Zeigen Sie dies an der Wortwahl in den Strophen und erläutern Sie die Bedeutung dieses Bewegungsrhythmus für den Gesamtzusammenhang des Gedichts.

7. Das Bild des Hechtes ist in der ersten und der dritten Strophe zu finden. Erläutern Sie die ambivalente* Bedeutung des Bildes und zeigen Sie, wie es sich am Ende gegenüber dem Anfang des Gedichts verändert. Berücksichtigen Sie für Ihre Deutung auch folgende Ausschnitte aus weiteren Gedichten Bobrowskis:

   a) *um Mittag*
   steigt an die Fläche leise
   mit den glänzenden Flossen
   der Fisch, ein alter
   Räuber.[51]
   b) *Heiliges schwimmt,*
   ein Fisch,
   durch die alten Täler (...)[52]

---

* **onomatopoetisch**: lautmalend
Ellipse: durch Weglassen einzelner Satzteile (z.B. das Prädikat) verkürzter Satz; vgl. *elliptisch*
ambivalent: doppeldeutig, zwiespältig; vgl. *Ambivalenz*

ELISABETH BORCHERS

eia wasser regnet schlaf

I

eia wasser regnet schlaf
eia abend schwimmt ins gras
wer zum wasser geht wird schlaf
wer zum abend kommt wird gras
5   weißes wasser grüner schlaf
großer abend kleines gras
es kommt es kommt
ein fremder

II

was sollen wir mit dem ertrunkenen matrosen tun?
10 wir ziehen ihm die stiefel aus
wir ziehen ihm die weste aus
und legen ihn ins gras

    mein kind im fluß ist's dunkel
    mein kind im fluß ist's naß

15 was sollen wir mit dem ertrunkenen matrosen tun?
    wir ziehen ihm das wasser an
    wir ziehen ihm den abend an
    und tragen ihn zurück

        mein kind du mußt nicht weinen
20   mein kind das ist nur schlaf

was sollen wir mit dem ertrunkenen matrosen tun?
    wir singen ihm das wasserlied
    wir sprechen ihm das grasgebet
    dann will er gern zurück

III

25 es geht es geht
ein fremder
ins große gras den kleinen abend
im weißen schlaf das grüne naß

und geht zum gras und wird ein abend

30   und kommt zum schlaf und wird ein naß

eia schwimmt ins gras der abend

eia regnet's wasserschlaf

(v 1960)

V. 1: **eia**: zärtlicher Ausdruck beim Liebkosen von kleinen Kindern; wird als solcher auch in Wiegen- und Krippenliedern verwendet (vgl. z.B. das Kirchenlied *Zu Bethlehem geboren*)

V. 9: **was sollen wir mit dem ertrunkenen matrosen tun**: Anspielung auf das englische Seemannslied *What shall we do with the drunken sailor?* ('Was sollen wir mit dem **be**trunkenen Matrosen tun?')

1. Welche traumähnlichen Elemente finden sich in dem Gedicht?

2. Das Wasser erscheint in dem Gedicht als Bild für das Unbewußte. – Erläutern Sie anhand der unterschiedlichen Begriffe und Begriffskombinationen, in denen 'Wasser' in dem Gedicht verwendet wird, die Darstellung des Unbewußten in dem Gedicht. In welchem Verhältnis stehen 'Abend' und 'Gras' zu dem Bildkomplex 'Wasser'?

3. Wenn das Wasser das Unbewußte darstellt, so ist 'der Fremde' offenbar ein bislang unbekannter bzw. verdrängter Inhalt, der aus diesem aufsteigt. – Erläutern Sie den Umgang mit diesem anhand von Teil II des Gedichts. Woran zeigt sich die Widerständigkeit des 'Fremden'? Wird die Verdrängung fortgesetzt oder wird der Inhalt ins Bewußtsein integriert?

4. Das Gedicht erhält seine besondere Spannung durch die Verbindung des – weiblich-mütterlichen – Wiegenlieds mit dem – männlich-abenteuerlichen – Seemannslied. – Zeigen Sie, wie die beiden Liedformen in dem Gedicht aufgegriffen und wie sie miteinander verbunden bzw. einander gegenübergestellt werden.

5. Der letzte Gedichtteil ist die spiegelbildliche Umkehr des ersten Teils. – Weisen Sie im Detail nach, welche Umkehrungen und Vertauschungen in Teil III gegenüber dem ersten Teil vorgenommen werden und überlegen Sie, welcher Sinn sich hieraus für das Gedicht ergibt.

Der Zweite Weltkrieg, der noch einmal das Zerstörungspotential des Menschen und seine mangelnde Lernfähigkeit vor Augen geführt hatte, machte es noch schwieriger, an einen Sinn des menschlichen Daseins zu glauben. Nachdem auch der Sprachzweifel durch den nationalsozialistischen Sprachmißbrauch eine Radikalisierung erfahren hatte (vgl. Kap. 1), versuchten einige Dichter, eine eigene dichtungssprachliche Realität zu schaffen, die – unbefleckt von der Alltagsrealität und ihrer Sprache – die Reflexion über die Sinnstrukturen des menschlichen Daseins neu ermöglichen sollte. Möglich war dies allerdings nur über eine immer stärkere Chiffrierung der dichterischen Aussage, was eine immer schwierigere Zugänglichkeit dieser Dichtung zur Folge hatte – sie wirkte 'hermetisch verschlossen' und wurde deshalb in ihren extremen Ausprägungen (wie sie etwa bei Ernst Meister oder im Spätwerk Paul Celans anzutreffen sind) auch als *hermetische Lyrik* bezeichnet.

Paul Celan beschreibt seine Gedichte als das Ergebnis einer besonderen Form von Konzentration, des Sich-Einlassens auf die Welt, das er mit einem Zitat des französischen Philosophen Nicole Malebranche (1638–1715) umschreibt: *"Aufmerksamkeit ist das natürliche Gebet der Seele."* Auf diese Weise werde das Gedicht

> *zum Gedicht eines – immer noch – Wahrnehmenden, dem Erscheinenden Zugewandten, dieses Erscheinende Befragenden und Ansprechenden; es wird Gespräch – oft ist es verzweifeltes Gespräch. (...) Wir sind, wenn wir so mit den Dingen sprechen, immer auch bei der Frage nach ihrem Woher und Wohin: bei einer 'offenbleibenden', 'zu keinem Ende kommenden', ins Offene und Leere und Freie weisenden Frage.*[53]

Der mystische Charakter dieses 'Gesprächs' mit den Dingen wird deutlich, wenn Celan ausführt, es habe

> *von jeher zu den Hoffnungen des Gedichts gehört, (...) auch (...) **in eines Anderen Sache** zu sprechen – wer weiß, vielleicht in eines **ganz Anderen** Sache.*[54]

In seinem Versuch, das Unausgesprochene, hinter und zwischen den Dingen Verborgene in einer dafür nicht offenen Welt und in einer dafür kaum geeigneten Sprache zum Ausdruck zu bringen, zeigt das Gedicht

> *eine starke Neigung zum Verstummen. Es behauptet sich (...) am Rande seiner selbst; es ruft und holt sich, um bestehen zu können, unausgesetzt aus seinem Schon-nicht-mehr in sein Immer-noch zurück.*[55]

PAUL CELAN

Psalm

Niemand knetet uns wieder aus Erde und Lehm,
niemand bespricht unsern Staub.
Niemand.

Gelobt seist du, Niemand.
5   Dir zulieb wollen
wir blühn.
Dir
entgegen.

Ein Nichts
10   waren wir, sind wir, werden
wir bleiben, blühend:
die Nichts –, die
Niemandsrose.

Mit
15   dem Griffel seelenhell,
dem Staubfaden himmelswüst,
der Krone rot
vom Purpurwort, das wir sangen
über, o über
20   dem Dorn.

(v 1963)

Psalm: Liedform im Alten Testament, mit der Gott und/oder die Schöpfung gepriesen werden
V. 1:   **Niemand**: vgl. auch die Ursprungsbedeutung des Wortes ('nicht ein Mann/Mensch')
V. 1:   **knetet uns wieder aus Erde und Lehm**: Anspielung auf Gottes Erschaffung des Menschen in der Schöpfungsgeschichte

V. 2: **besprechen**: hier auch im Sinne von 'magischem Sprechen' zu verstehen: etwas durch Zaubersprüche ins Leben rufen, heilen oder anderweitig beeinflussen

V. 4: **Gelobt seist du, Niemand**: Anspielung auf die Gebetsformel *'Gelobt seist du, o Herr'*

V. 10: **waren wir, sind wir, werden wir bleiben**: vgl. Gottes Ansprache an Moses auf dem Berg Horeb, deren Beginn aufgrund der Struktur des hebräischen Verbsystems im Deutschen sowohl mit 'Ich bin, der ich bin' als auch mit 'Ich war, der ich war' und mit 'Ich werde sein, der ich sein werde' wiedergegeben werden kann

V. 15: **Griffel**: bei der Befruchtung der Blüte der Teil, der der Aufnahme des Blütenstaubs dient; vgl. auch die umgangssprachliche Verwendung des Wortes in der Bedeutung 'Schreibstift'

V. 16: **Staubfaden**: der Teil der Blüte, der der Abgabe des Blütenstaubs dient; vgl. auch Vers 2

V. 16: **wüst**: a) wild; b) öde. leer (vgl. 'Wüste')

V. 17: **Krone**: vgl. a) die umgangssprachliche Bezeichnung des Menschen als 'Krone der Schöpfung'; b) die Dornenkrone, die Jesus am Kreuz trug; c) 'Krone' als Bezeichnung für das Heraustreten Gottes aus sich selbst in der jüdischen Mystik

V. 18: **Purpurwort**: vgl. den Anfang des Johannes-Evangeliums: *"Im Anfang war das Wort, und das Wort war bei Gott (...)"*

---

1. Versuchen Sie, das 'wir' und das 'niemand' des Gedichts näher zu bestimmen. In welchem Verhältnis stehen beide zueinander?

2. Zeigen Sie, wie in Strophe 3 über das Bild der Rose das 'Nichts' als Teil von 'Niemand' definiert wird. Berücksichtigen Sie hierfür auch Langgässers Verwendung des Bildes in *Der Laubmann und die Rose* (vgl. Kap. 2).

3. Die vierte Strophe vertieft die Darstellung der Einheit von 'Nichts' und 'Niemand' anhand einer Einfügung weiterer Teile der Blüte in die Rosenmetapher. Welche Teile sind dies, und was für eine Bedeutung kommt ihnen im Rahmen des Gesamtzusammenhangs des Gedichtes zu?

4. Schreiben Sie die Schlüsselbegriffe aus Strophe 3 heraus und sammeln Sie Assoziationen zu ihnen. Zeigen Sie dann die Zusammenhänge zwischen ihnen auf, indem Sie sie durch Pfeile miteinander verbinden.

5. Inwiefern kann man die Struktur von Celans Lyrik als paradox bezeichnen?

6. Gott ist nach Auschwitz nur noch in der Negation denkbar. – Belegen und erläutern Sie diese These anhand des Gedichts.

ERNST MEISTER

Hirtin

Die sie ruft, die Lämmer,
Hirtin,
hütet sie nicht auch
die Schemen solcher
5   Schafe, die sie überließ
den Schlächtern?

Sag,
mit welcher Stimme
lockt sie ihre Tiere
10   heimwärts
abends?

Aber sieh,
dann trotten
neben warmen Vliesen
15   in dem Strahlen
einer Liliensonne
Lammskelette.

(v 1958)

───────

V. 1: **Lamm**: vgl. die Gebetsformel aus der katholischen Liturgie bei der Wandlung (von Brot und Wein in Leib und Blut Christi): *"Lamm Gottes, du nimmst hinweg die Sünde der Welt (...)"*; vgl. auch ugs. 'Unschuldslamm'
V. 2: **Hirtin**: verweist auf Jesus Christus als den 'guten Hirten', der für jedes Schaf seiner Herde gleichermaßen sorgt und kein entlaufenes Schaf verloren gibt
V. 8: **mit welcher Stimme**: verweist auf Christi Gleichnis vom Hirten und vom Mietling: *"Die Schafe folgen ihm nach, denn sie kennen seine Stimme. Einem Fremden aber folgen sie nicht, sondern fliehen vor ihm; denn sie kennen des Fremden Stimme nicht."* (Joh. 10,4f.)
V. 14: **Vlies**: Schaffell; verweist auch auf das sagenumwobene *Goldene Vlies* aus der griechischen Mythologie

V. 16: **Lilie**: Die Blume dient wegen ihrer weißen Farbe häufig als Symbol der Unschuld. So wird beispielsweise die Jungfrau von Orléans oft als Hirtin mit einer Lilie in der Hand dargestellt; läßt auch an die Jungfrau Maria denken

V. 16: **Sonne**: häufig als Symbol für Gott und sein alles sehendes Auge gebraucht; ebenso in der Aufklärung (frz. *'siècle de lumière'* – Zeitalter des Lichts) als Symbol der Erkenntniskraft verwendet

1. In dem Gedicht werden in besonderem Maße über lautgleiche oder -ähnliche Konsonanten Beziehungen zwischen einzelnen Begriffen hergestellt. Arbeiten Sie diese Beziehungsstrukturen aus dem Gedicht heraus und erläutern Sie sie.

2. Überlegen Sie, welche Wirkung durch die Nachstellung des Subjekts in Strophe 1 erzielt wird. Berücksichtigen Sie hierfür auch die früher übliche Form der Anrede in der 3. Person.

3. 'Hirtin' verweist auf Christus als den guten Hirten, läßt aber auch an **die** Natur denken. Erläutern Sie, wie sich aus dieser Kombination radikale Schöpfungskritik ergibt.

4. Der Neologismus* *"Liliensonne"* verbindet das Unschuldsmotiv mit dem Symbol des Allwissens – welche Folgerungen ergeben sich hieraus für das Bild der Hirtin?

Die wie Celan aus Czernowitz in der Bukowina stammende Rose Ausländer entging als Jüdin im Zweiten Weltkrieg in einem Kellerversteck nur knapp der nationalsozialistischen Verfolgung. In ihrer Lyrik ist sie von der Philosophie Constantin Brunners beeinflußt, die ihrerseits wiederum auf der Lehre des holländisch-jüdischen Philosophen Spinoza (1632–1677) sowie auf fernöstlichem Gedankengut (wie dem Buddhismus und dem Taoismus) aufbaut. Zentral für alle diese philosophischen Richtungen ist der Gedanke der Einheit allen Seins – als des Seins Gottes, der Natur und des Menschen –, in dem der physikalische Satz von der Unzerstörbarkeit der Materie in der Weise der Mystiker zum Ausdruck gebracht wird:

---

* **Neologismus**: Wortneuschöpfung

In dir (...) erlebst du das Letzte, das Ewige, die unsterbliche Existenz. Dies
aber ist das höchste Glück des denkenden Menschen, die Gewißheit nämlich,
immer daheim, zu Hause, im Kern der unzerstörbaren Substanz zu sein, aus
der niemand ins Wesenlose fallen kann. – Vom Unvergänglich-Ewigen sind
wir immer umhegt.[56]

Die Verbundenheit der eigenen Existenz mit allen anderen Seinsformen
läßt sich nicht über das gewöhnliche Denken erfahren. Vielmehr bedarf
es hierfür besonderer mystischer Fähigkeiten und Techniken, wie sie
etwa in den fernöstlichen Meditationspraktiken ausgebildet sind:

Innewerden der Wahrheit, die hohe Befähigung, das Sein im Werden, das
Unvergängliche im Vergänglichen nach seiner Totalität und Unendlichkeit,
das Eine im vielen zu erschauen und zu unmittelbarer Gewißheit zu erheben.
Hier aber versagen die gewöhnlichen Mittel der Sprache.[57]

■ **Zeigen Sie, wie sich der Gedanke von der Einheit des Seins in der
Lyrik Rose Ausländers widerspiegelt.**

ROSE AUSLÄNDER

Mysterium

Die Seele der Dinge
läßt mich ahnen
die Eigenheiten
unendlicher Welten

5 Beklommen
such ich das Antlitz
eines jeden Dinges
und finde in jedem
ein Mysterium

10 Geheimnisse reden zu mir
eine lebendige Sprache

Ich höre das Herz des Himmels
pochen
in meinem Herzen

(v 1981)

1. Woran kann man erkennen, daß das Gedicht den Zustand der meditativen Versenkung widerspiegelt?

2. Alles ist eins, und eins ist alles. – Erläutern Sie diesen Grundsatz der Mystik anhand der Bildersprache des Gedichts.

3. Können Sie Gemeinsamkeiten zu der Lyrik und den dichtungstheoretischen Überlegungen Paul Celans feststellen?

4. Experimentelle Lyrik und Konkrete Poesie

Sprachskepsis und die Forderung nach einer radikalen Veränderung der Sprache, die deren Beschädigungen durch den Zweiten Weltkrieg, den Faschismus und die moderne Zivilisation ebenso zu berücksichtigen habe wie die neuen Anforderungen, die durch die Universalisierung der Kommunikation an sie gestellt werden, fanden nach dem Zweiten Weltkrieg zweifellos ihren radikalsten Ausdruck in der experimentellen Lyrik und in ihrer folgenreichsten Ausprägung, der *Konkreten Poesie*. Die Exponenten dieser lyrischen Richtung konnten ebenso wie die Vertreter der *hermetischen Lyrik* an Vorkriegstraditionen anknüpfen. So hatten auch die *Expressionisten* die Inadäquatheit der Sprache für ihre gesellschaftlichen Ziele beklagt und sie dementsprechend zu revolutionieren versucht; die *Dadaisten* hatten die Sprache schließlich – unter dem Eindruck des Ersten Weltkriegs – ganz in ihre Bestandteile aufgelöst, um so dem Chaos der Zeit im Chaos der Sprache provozierend einen Spiegel vorzuhalten.

Als Provokation wurden von vielen Lesern auch nach dem Zweiten Weltkrieg die Grenzüberschreitungen experimentell arbeitender Lyriker empfunden. Vielfach wurde diesen überhaupt das Recht bestritten, ihre dichterischen Produkte als 'Gedichte' zu bezeichnen. Ernst Jandl plädiert demgegenüber für eine größere Offenheit der Kategorie 'Gedicht':

> man kann den begriff 'gedicht' durch geschmacksurteile begrenzen, und durch die bisherigen erscheinungsformen des gedichts (...); man kann ihn auch offen halten, jederzeit, für die unvorhersehbarkeit des immer neuen gedichts.[58]

Unzulässig ist es nach Jandl, mit einer an traditionellen Gedichten gewonnenen Erwartungshaltung an *experimentelle Lyrik* heranzugehen. Er mokiert sich hierüber in folgendem von ihm selbst so bezeichneten *"spruchgedicht"*[59]:

ERNST JANDL

urteil

die gedichte dieses mannes sind unbrauchbar

zunächst
rieb ich eines in meine glatze.
vergeblich. es förderte nicht meinen haarwuchs.

5   daraufhin
betupfte ich mit einem meine pickel. diese
erreichten binnen zwei tagen die grösse mittlerer kartoffeln.
die ärzte staunten.

daraufhin
10   schlug ich zwei in die pfanne.
etwas misstrauisch, ass ich nicht selber.
daran starb mein hund.

daraufhin
benützte ich eines als schutzmittel.
15   dafür zahlte ich die abtreibung.

daraufhin
klemmte ich eines ins auge
und betrat einen besseren klub.
der portier
20   stellte mir ein bein, dass ich hinschlug.

daraufhin
fällte ich obiges urteil.

(e 1956)

V. 14: **schutzmittel**: Verhütungsmittel

In einem anderen Spruchgedicht kritisiert Jandl das Fehlen von Humor in der Dichtung: *"wo bleibb da / hummooa (...)"*.[60] – Zeigen Sie, wie Jandl in dem Gedicht die Gegner der *experimentellen Lyrik* mit den Mitteln des Humors bloßstellt.

Während die traditionellen Dichter und ihre Leser Wert auf die Sicherheit traditioneller Formen legten, sei für die experimentelle Dichtung, so Jandl, gerade der *"wille zur unsicherheit"*[61], zum Verlassen des festen Bodens tradierter* Wortbedeutungen, überkommener syntaktischer Strukturen und festgelegter Bedeutungsschemata konstitutiv*. Wie Jandl selbst bezeugt, ist hierfür die *expressionistische* Praxis, entweder unter Beachtung der traditionellen syntaktischen Regeln die konventionellen* Wortbildungsmuster zu verändern oder umgekehrt letztere unangetastet zu lassen und dafür die syntaktischen Strukturen entgegen der sprachlichen Übereinkunft zu verwenden, ein wichtiger Ansatzpunkt für die experimentell arbeitenden Dichter der Nachkriegszeit – allerdings *"ohne das expressionistische Pathos zu übernehmen"*.[62]

■ Arbeiten Sie an dem folgenden Gedicht die veränderten Wortbildungsstrukturen heraus. Inwiefern erzeugen letztere auch eine andere Wahrnehmung der intakten syntaktischen Strukturen? Warum bleiben diese hier unangetastet?

ERNST JANDL

wien : heldenplatz

der glanze heldenplatz zirka
versaggerte in maschenhaftem männchenmeere
drunter auch frauen die ans maskelknie
zu heften heftig sich versuchten, hoffensdick
5   und brüllzten wesentlich.

---

*   **tradieren**: die Tradition (in Form bestimmter Regeln, Bräuche etc.) von einer Generation an die nächste weitervermitteln; überliefern
konstitutiv: von grundlegender Bedeutung; vgl. *Konstitution* (im Sinne von 'Bau', 'Struktur') und *konstituieren* (für etw. grundlegend sein; etw. gründen, ins Leben rufen)
konventionell: der Konvention (dem Herkommen, den herkömmlichen Regeln) entsprechend; herkömmlich

verwogener stirnscheitelunterschwang
nach nöten nördlich, kechelte
mit zu-nummernder aufs bluten feilzer stimme
hinsensend sämmertliche eigenwäscher.

10   pirsch!
döppelte der gottelbock von Sa-Atz zu Sa-Atz
mit hünig sprenkem stimmstummel.
balzerig würmelte es im männechensee
und den weibern ward so pfingstig ums heil
15   zumahn: wenn ein knie-ender sie hirschelte.

(e 1962)

V. 1: **heldenplatz**: Auf dem Wiener Heldenplatz verkündete
Hitler 1938 den Anschluß Österreichs an das Deutsche Reich

1. Schreiben Sie alle Neologismen aus dem Gedicht heraus. Sammeln Sie
   dann alle Wörter, die mit den jeweiligen Wortneuschöpfungen in
   Verbindung stehen könnten. – Welche neuen Sinnkonstellationen
   ergeben sich durch diese experimentelle Technik?

2. Wo arbeitet das Gedicht mit onomatopoetischen Effekten?

3. Ernst Jandl selbst führt zu seinem Gedicht aus, in seinem Zentrum stehe
   "hitler (…), charakterisiert in erscheinung und diktion".[63] – Belegen Sie dies
   durch eine Analyse von Strophe 2.

4. Arbeiten sie die sexuellen Anspielungen aus dem Gedicht heraus. – Wie
   lassen diese sich erklären?

5. *"das fischfangmotiv (…) und das tiermotiv (…)"* werden, so Jandl, in dem
   Gedicht *"am schluss zum jagdmotiv erweitert"*.[64] Belegen Sie dies mit
   Stellen aus dem Gedicht. – In welchem Zusammenhang stehen die
   Motive zu der beschriebenen Situation?

Ein weiteres Mittel zum Experimentieren mit der Sprache ist für Jandl
die sogenannte *"reduplikationsmethode"*.* In seinem Vortrag *"voraussetzungen, beispiele und ziele einer poetischen arbeitsweise"* beschreibt er, wie
er nach der Methode das Gedicht *"die zeit vergeht"* produziert hat:

---

* **Reduplikation**: Verdopplung eines Wortes oder eines Wortteils

'die zeit vergeht' war kein thema, sondern wurde ein titel. es gab kein thema, sondern nur eine bestimmte art der beschäftigung mit einzelnen wörtern, genauer mit jeweils einem einzigen. dieses musste sich in seiner mitte, wobei diese durch die hälfte seiner buchstabenzahl bestimmt war, so dass nur wörter mit einer geraden buchstabenzahl in frage kamen, so teilen lassen, dass zwei sprechbare, reduplizierbare einheiten entstanden.[65]

■ Erläutern Sie die Funktionsweise der *Reduplikationsmethode* näher an dem von Jandl auf ihrer Grundlage angefertigten Gedicht. – Welche spontanen Assoziationen löst es in Ihnen aus?

ERNST JANDL

die zeit vergeht

die zeit vergeht

lustig
luslustigtig
lusluslustigtigtig
lusluslustigtigtigtig
lusluslusluslustigtigtigtigtig
lusluslusluslustigtigtigtigtigtig
lusluslusluslusluslustigtigtigtigtigtigtig
lusluslusluslusluslustigtigtigtigtigtigtigtig
lusluslusluslusluslusluslustigtigtigtigtigtigtigtigtig

(e 1964)

1. Im Falle von Verständnisproblemen mit dem Gedicht empfiehlt Jandl, an eine Uhr zu denken.[66] – Inwiefern kann dies für die Interpretation des Gedichts hilfreich sein?

2. An welche Wörter – nicht nur aus der deutschen Sprache – läßt die linke Gedichthälfte *('lus')* denken? (Sie können Ihre Assoziationen erweitern, indem Sie das 'u' probeweise durch andere Vokale ersetzen.)

3. Die von Jandl vorgenommene Aufteilung der beiden Silben des Wortes 'lustig' rückt ein weiteres Wort in die Mitte des Gedichts. Wie heißt es, und in welcher Beziehung stehen die linke und die rechte Gedichthälfte zu ihm?

Mit Gedichten wie *die zeit vergeht* arbeitet Jandl auch gegen den *"durch den alltäglichen sprachgebrauch und durch erzählende und beschreibende literatur"* verbreiteten *"irrtum"* an,

> *im einzelwort selbst einen zwang zur inhaltsgebundenheit von grösseren sprachgebilden, also sätzen und texten, zu konstatieren.*[67]

Das einzelne Wort lasse sich vielmehr auch kontextungebunden verwenden und könne auf diese Weise neue Bedeutungsfelder von Sprache erschließen helfen. Dies gilt nach Jandl analog auch für die einzelnen Laute als die das Wort konstituierenden Einheiten:

> *im gegensatz zum wort sind die laute weitgehend frei von bedeutung, aber ihre verwendung zur auslösung von assoziationen liegt auf der hand. so wie die arbeit mit wörtern zugleich eine mit bedeutungen ist, kann die arbeit mit lauten zugleich eine arbeit mit assoziationsmöglichkeiten sein.*[68]

■ Welche Assoziationsmöglichkeiten ergeben sich für das folgende, von Jandl selbst der *"zwischen wort- und lautgedichten"* angesiedelten Gattung der *"sprechgedichte"*[69] zugerechnete Gedicht?

ERNST JANDL

schtzngrmm

schtzngrmm
schtzngrmm
t-t-t-t
t-t-t-t
5   grrrmmmmm
t-t-t-t
s------c------h
tzngrmm
tzngrmm
10   tzngrmm
grrrmmmmm
schtzn

```
          schtzn
          t-t-t-t
15        t-t-t-t
          schtzngrmm
          schtzngrmm
          tsssssssssssssss
          grrt
20        grrrrrt
          grrrrrrrrrt
          scht
          scht
          t-t-t-t-t-t-t-t-t-t
25        scht
          tzngrmm
          tzngrmm
          t-t-t-t-t-t-t-t-t-t
          scht
30        scht
          scht
          scht
          scht
          grrrrrrrrrrrrrrrrrrrr
35        t-tt
```

(e 1957)

1. Welche Verse gehören aufgrund identischer oder ähnlicher Lautfolgen zusammen? Kennzeichnen Sie diese mit unterschiedlichen Farben oder indem Sie die einzelnen Versnummern herausschreiben und lesen Sie dann das Gedicht mit verteilten Rollen (es handelt sich um ein 'Sprechgedicht'!). Beschreiben sie anschließend spontan die Wirkung des Gedichts auf Sie.

2. An welche Dinge, Wörter und Geschehnisse läßt das Gedicht denken? Schreiben Sie spontan alle Assoziationen auf, die Ihnen einfallen. Versuchen Sie diese anschließend aus dem Gedichtzusammenhang heraus zu begründen.

3. Warum wird in dem Gedicht auf die Verwendung von Vokalen verzichtet?

78

Der Österreicher Ernst Jandl steht mit seinem künstlerischen Schaffen im näheren Umkreis der *Wiener Gruppe*, die sich als solche formell im Jahr 1957 konstituierte und bis 1964 bestand. Zu ihren Mitgliedern gehörten Friedrich Achleitner, Hans Carl Artmann, Konrad Bayer, Gerhard Rühm und Oswald Wiener. Die Gruppe ging aus dem 1946 von modernen Malern in Wien gegründeten *artclub* hervor, der sich rasch zum Sammelbecken der künstlerischen Avantgarde entwickelte.

artclub und *Wiener Gruppe* führten insofern *dadaistische* Traditionen fort, als sie die bürgerlichen Rezeptionsformen von Kunst durch *happening*ähnliche* Aktionen zu durchbrechen suchten. So gab es etwa 1953 eine *'poetische Demonstration'*, zu der *"die damen und herren (...) in absolut schwarzer kleidung und wol auch mit weissgeschminktem gesicht erscheinen"* sollten. 1954 veranstaltete man eine *"soirée* mit illuminierten* Vogelkäfigen"*[70]; 1957 *"begann eine nicht mehr abreissende kette von veranstaltungen"*:

> *in diese zeit fällt auch unser 'flagellomechanisches* manifest': an öffentlichen plätzen werden mit bleikugelschnüren texte aus einer schreibmaschine gepeitscht, die einzelnen blätter abgestempelt an die umstehenden verkauft; den presseleuten werden in puppengeschirr kaffee und kuchenbrösel gereicht. lesungen in einem strassenbahnwagen und im riesenrad waren geplant. unsere gedichte sollten öffentlich plakatiert werden.*[71]

Die revolutionären künstlerischen Darbietungsformen der Wiener Avantgardisten – die auch mit der Ausweitung von Dichtung auf neue Bereiche (wie etwa die Mundartlyrik) einhergingen – verfehlten ihre

---

* **Happening-Kunst**: Ereigniskunst; von engl. *to happen*: passieren, geschehen
Soirée <suare>: festlicher Abend
illuminieren: hell anstrahlen
Flagellant: Person, die sich durch Selbstgeißelung bzw. -folter in religiöse Ekstase oder sexuelle Erregung versetzt

Wirkung nicht: Ihre öffentlichen Auftritte endeten häufig mit hand-
festen Skandalen und wurden gelegentlich schon im Vorfeld durch
anonyme Drohungen zu verhindern versucht. Die gegen die Gruppe
vorgebrachten polemischen Äußerungen – in Graz bezeichnete man sie
als *"Ent-artmänner"*[72] – schienen dabei die Kritik der Künstler, daß das
Verharren in künstlerischen Traditionen mit einem Verharren in aus
dem Faschismus übernommenen gesellschaftlichen Traditionen
einhergehe, zu bestätigen. In der wirtschaftlichen Aufschwungszeit der
Nachkriegsjahre blieben sie mit solchen Positionen freilich in einer
Außenseiterstellung, die sie selbst 1954 durch die Gründung eines Clubs
unter dem Namen *"exil"*[73] hervorgehoben hatten.

■ **Auf welche Weise werden in den folgenden Gedichten traditionelle
Kunstformen und Erwartungshaltungen gegenüber Lyrik karikiert?**

KONRAD BAYER

marie dein liebster wartet schon

marie dein liebster wartet schon
mit einer stange von beton
in seiner guten sanften hand
im haar trägt er ein seidenband

5   er schlägt den prügel dir ums ohr
da spritzt das blut gar hell empor
dein neuer hut er ging entzwei
ihm war das alles einerlei

warum geht er so eilends fort
10   warum spricht er kein einzig wort
was hat den knaben so bewegt
dass er dich einfach niederschlägt

er war so still er war so zart
sein kinn war weich und unbehaart

15   wer hätte das von ihm gedacht
marie er hat dich umgebracht

hat grausam dir und ohne grund
zerschlagen deinen rosenmund
nun liegst du hier und kannst nicht fort
20   die strasse ist ein schlimmer ort

zu sterben denn es schickt sich nicht
dass man im freien augen bricht
warum ist diese Welt so schlecht
warum war er so ungerecht

(e um 1955)

V. 5: **prügel**: Stock, Stange

1. Welche Erwartungen würde der Titel des Gedichts wohl bei einem
Leser auslösen, der dessen Inhalt nicht kennt? Zeigen Sie durch eine
Gegenüberstellung von Vers 1 und 3 einerseits und Vers 2 und 4
andererseits, wie diese Erwartungen bereits in Strophe 1 enttäuscht
werden. Welche Wirkung ergibt sich aus dieser Vorgehensweise des
Dichters?

2. Das Gedicht verfremdet die traditionelle Liebeslyrik durch die
Verbindung konventioneller Dichtungsformen mit unkonventioneller
Wortwahl und unerwarteten Inhalten. Arbeiten Sie dies insbesondere
an Strophe 2 heraus.

3. Das in dem Gedicht entworfene Bild des sanften, hoffnungsvollen
Jünglings könnte man auch auf die junge österreichische Nachkriegsgesellschaft übertragen – welche Kritik an dieser ergäbe sich hieraus?

HANS CARL ARTMANN

ein django der muß haben ...

ein django der muß haben
zween stiebel um zu traben,
ein fäustlein um zu schlagen,
ein särglein ums zu tragen,

zween sporen an den **fertzen**,
die nie ein rößlein schmerzen,
ein feindlein ums zu schießen
und gold zum kugeln gießen,
dazu noch grund zur rache,

10 denn das gehört zur sache,
so eilt er texas auf
und ab in tollem lauf.
drum, kindlein, gib fein acht,
wies unser django macht,

15 willst sein nit feig und schwach,
so tus ihm fleißig nach!

(v 1967)

V. 1: **django**: in den 60er Jahren Titelgestalt serienmäßig produzierter Westernfilme
V. 2: **zween stiebel**: zwei Stiefel
V. 3: **fertzen**: Fersen

---

1. Stellen Sie die dialektalen Elemente des Gedichts sowie seine Anklänge an Volks- und Kinderlied zusammen. Welche Wirkungen werden hiermit erzielt?

2. Welche Bedeutung kommt der Verwendung des Diminutivs* in dem Gedicht zu?

3. Die Aufzählung in Vers 2 bis 10 arbeitet mit dem Stilmittel des Zeugmas*. Belegen Sie dies anhand des Gedichts und zeigen Sie, welche Wirkung hiermit erzielt wird.

4. Hinter dem Westernhelden 'Django' und seinen Aktivitäten verbergen sich bestimmte gesellschaftliche Handlungsmuster. Bestimmen Sie diese und zeigen Sie, wie sie durch das Gedicht kritisiert werden. Berücksichtigen Sie hierfür auch den folgenden Ausschnitt aus dem von Artmann 1955 verfaßten Manifest gegen die Wiederbewaffnung Österreichs:

---

* **Diminutiv**: Verkleinerungsform eines Substantivs
Zeugma: syntaktisch logische, semantisch jedoch unübliche Verknüpfung von Satzgliedern

GERHARD RÜHM

eigentum ist diebstahl

mein haar
mein kopf
meine augen
meine ohren
5   meine nase
mein mund
mein hals
meine arme
meine hände
10   mein rumpf
meine hoden
mein glied
meine frau
meine scheide
15   meine schenkel
meine knie
meine waden
meine füße
meine schuhe
20   meine welt
mein gehirn

(v 1970)

Während in der *Wiener Gruppe* – auch wenn sie keinesfalls im Gegensatz zu anderen Gruppen *experimenteller Lyriker* stand, sondern mit diesen fruchtbar kooperierte – eher das provokative Element unkonventioneller Dichtung und Kunst im allgemeinen im Vordergrund stand, sah Eugen Gomringer in seinen dichterischen Experimenten einen Beitrag zu einer Reform der menschlichen Kommunikation. Deren Notwendigkeit begründete er damit, daß die sprachliche nicht mit der gesellschaftlichen Entwicklung Schritt halte:

> *neue wirtschaftliche entwicklungen (automation, mehr freizeit, stärkerer konsumdruck) verlangen eine neue universale auffassung der menschlichen beziehungen. um wirtschaftliche produktivität und menschliche beziehungen in harmonische korrelation* zu bringen, müssen vor allem die menschlichen beziehungen universal rationalisiert, das heißt organisiert werden. dies ist ohne gemäße, moderne sprachauffassung nicht möglich.*"[75]

Die von ihm angestrebte *"universale gemeinschaftssprache"* konzipierte Gomringer

> *nicht als neue kunstsprache (…) und nicht als eine einzige sprache (…), sondern mit dem material der bestehenden geeigneten wortsprachen soll innerhalb dieser wortsprachen gleiche funktionalität erstrebt werden.*[76]

Dichtung sah Gomringer dabei als *"kern"* der neuen Weltsprache an. Um diese Funktion zu erfüllen, habe sie

> *synthetisch-rationale* gebilde zu produzieren. sie stellt modelle her aus objektivierten elementen verschiedener sprachen. durch verwendung einfacher syntaktischer regeln macht sie auf die ökonomisch vestandene sprachauffassung aufmerksam.*[77]

Diese nach 'einfachen syntaktischen Regeln' konstruierten 'synthetisch-rationalen gebilde' bezeichnete Gomringer mit einem Stéphane

---

*   **Korrelation**: Beziehung
     synthetisch: verknüpfend, zusammensetzend; vgl. *Synthese*

Mallarmés Gedicht *Un coup de dés* ('Ein Würfelwurf', 1897) entlehnten, 1954 theoretisch untermauerten Begriff als *Konstellationen*.[78] Er versteht hierunter

> *die gruppierung von wenigen, verschiedenen worten, so daß ihre gegenseitige beziehung nicht vorwiegend durch syntaktische mittel entsteht, sondern durch ihre materielle, konkrete anwesenheit im selben raum. dadurch entstehen statt der einen beziehung meist deren mehrere in verschiedenen richtungen, was dem leser erlaubt, in der vom dichter (durch die wahl der worte) bestimmten struktur verschiedene sinndeutungen anzunehmen und auszuprobieren. die haltung des lesers der konstellation ist die des mitspielenden, die des dichters die des spielgebenden.*[79]

Gomringer formuliert hiermit eine in der *experimentellen Lyrik* über alle Grenzen hinweg bekräftigte Position, wonach Dichtung einen Beitrag dazu leisten soll, dem einzelnen Menschen zu der Verfügungsgewalt über seine Sprache zu verhelfen. Der Dichter liefert dem Leser dabei sozusagen nur die Bausteine für dessen eigene sprachkreative Versuche. Das vom Dichter begonnene Spiel kann vom Leser fortgesetzt werden, wie auch Gerhard Rühm hervorhebt:

> *ist das kunstwerk ergebnis eines spiels, dann ist es aufforderung zum spielen.*[80]

In diesem Sinne bezeichnet auch Kurt Marti seine Dichtung als *"Animier-Kunst"*[81], und Claus Bremer stellt fest:

> *die konkrete dichtung liefert keine ergebnisse. sie liefert den prozeß des findens (…). sie ist bewegung. ihre bewegung endet im leser auf verschiedene weise.*[82]

> ■ Zeigen Sie, wie in den folgenden Gedichten durch syntaktische Reduktion und lexikalische* Beschränkung zusätzliche Wortbedeutungen freigesetzt werden bzw. eine neue Sicht auf das einzelne Wort ermöglicht wird.

---

*   **lexikalisch**: den Wortschatz (die *Lexik*) betreffend; vgl. *Lexikon*

EUGEN GOMRINGER

worte sind schatten

worte sind schatten
schatten werden worte

worte sind spiele
spiele werden worte

5   sind schatten worte
werden worte spiele

sind spiele worte
werden worte schatten

sind worte schatten
10 werden spiele worte

sind worte spiele
werden schatten worte

(v 1960)

1. Bestimmen Sie die Satzarten des Gedichts. Welche Einteilung des Gedichts ergibt sich hieraus, und welche Beziehungen zwischen den einzelnen Sätzen und Satzarten lassen sich feststellen?

2. Wie oft kommen die einzelnen Substantive in dem Gedicht vor? Bestimmen Sie in einem Schema ihre Beziehung zueinander.

3. Interpretieren Sie das Gedicht unter Berücksichtigung folgender Aussagen zu ihm:

   • *"spiele sind keine spielereien. spiele setzen lust, heiterkeit und bejahung voraus. wer worte als spiele erkennt, erkennt sie auch als schatten."* (Eugen Gomringer)[83]

   • *"Zustand und Vorgang halten sich in der Schwebe, das 'Sein' ist immer schon unterwandert von dem 'Werden', das scheinbar Festgehaltene läßt sich nicht halten."* (Gustav Zürcher)[84]

4. Inwiefern kann das Gedicht auch als Illustration zu Gomringers Lyriktheorie verstanden werden?

Eugen Gomringer

vielleicht

vielleicht baum
baum vielleicht

vielleicht vogel
vogel vielleicht

5   vielleicht frühling
frühling vielleicht

vielleicht worte
worte vielleicht

(v 1969)

1. Das Gedicht besteht aus 4 Strophen, deren Verse jeweils in der Weise des Chiasmus aufeinander bezogen sind. Beschreiben Sie die Wirkung, die sich hieraus ergibt.

2. Zeigen Sie, welche Konsequenzen sich für das lyrische Ich aus der definitorischen Setzung 'Baum' ergeben.

3. Das Gedicht verbindet Sprachskepsis und Sprachhoffnung miteinander. Begründen Sie dies anhand des Gedichts – welcher Aspekt scheint Ihnen im Vordergrund zu stehen? Berücksichtigen Sie für Ihre Antwort auch Gomringers dichtungstheoretische Position.

Die meisten experimentell arbeitenden Nachkriegsdichter bezeichnen ihre eigene Dichtung als *Konkrete Poesie*. Der Begriff *experimentelle Lyrik* – "*dieser zu nichts verpflichtende allerweltsbegriff*" (Gomringer) – wird zuweilen dezidiert* abgelehnt, "*trotz des an widersprüchen leidenden begriffes der konkreten poesie*". Denn, so Gomringer,

> *wer möchte es auf sich ruhen lassen, nicht auch experimentell zu arbeiten?*[85]

---

*   **dezidiert**: entschieden, mit Nachdruck

Auch Ernst Jandl, der dem Begriff nicht in gleicher Weise ablehnend gegenübersteht und beispielsweise von der *"'experimentellen' modernen weltdichtung"* spricht, sieht deren Eigenart doch insofern als *"konkret"* an, als

> *sie möglichkeiten innerhalb von sprache verwirklicht und gegenstände aus sprache erzeugt (statt, didaktisch-abstrakt, aussagen zu machen über gegenstände die ausserhalb von sprache angenommen werden, und, illusionistisch-abstrakt, mit sprachlichen mitteln die verwirklichung von möglichkeiten die ausserhalb von sprache angenommen werden vorzuspiegeln).[86]*

Der Begriff *"Konkrete Poesie"* wurde 1953 von Eugen Gomringer gemeinsam mit einigen brasilianischen Lyrikern geprägt. Etwa zeitgleich, aber von der Öffentlichkeit weniger beachtet, wurde der Begriff auch von schwedischen Dichtern verwendet. Er lehnt sich an den Terminus* *konkrete Kunst* an, der 1944 von Max Bill anläßlich einer Ausstellung in der Basler Kunsthalle eingeführt wurde. Philosophiegeschichtlich gründen die Bemühungen der *konkreten Künstler* im *Konstruktivismus*, der die aktive Rolle des Menschen bei der Konstituierung der Wirklichkeit betont. Dementsprechend wird, wie Helmut Heißenbüttel ausführt,

> *als das Konkrete eines Bildes (...) nicht das angesehen, was ein Bild an konkreten Erscheinungen abbildet, sondern das, was die Eigengesetzlichkeit des Bildes ausmacht.[87]*

Wie hierfür die *"Reduzierung auf rational faßbare Grundelemente"* wie *"Punkt, Linie, Fläche"* von ausschlaggebender Bedeutung sei, bemühe man sich auch in der *Konkreten Poesie* um *"die rationale Erfaßbarkeit der Sprache"* und zerlege diese deshalb in ihre kleinsten Einheiten.[88] Hieraus ergibt sich die ungeheure Bedeutung des Einzelwortes in der *Konkreten Poesie*, wie sie auch Franz Mon betont:

> *In der konkreten Poesie ist das Wort als Wort, mit allem was ihm zustoßen kann, das einzige Ereignis, das zählt.[89]*

Während jedoch ein Teil der *konkreten* Dichter, wie insbesondere der in der Werbebranche tätige Eugen Gomringer, den bestehenden gesellschaftlichen Strukturen grundsätzlich bejahend gegenüberstand und

---

* **Terminus**: Begriff

lediglich an deren Vervollkommnung mitwirken wollte, waren bei anderen die *konkreten Gedichte* Ausdruck fundamentaler Sprachskepsis, die wiederum eng mit einer gesellschaftskritischen Haltung verbunden war. So bezeichnet etwa Franz Mon die deutsche Sprache nach ihrem Mißbrauch durch die Nationalsozialisten als *"geschlagene Sprache"*, die man nurmehr als bloßes *"Material"* für einen Neuanfang nutzen könne,

> *wobei auch ihre Erinnerung und die Spuren ihres Geschickes mitzählen, um vielleicht im skeptischen Umgang mit ihr der Möglichkeiten inne zu werden, die noch immer und vielleicht gerade auf Grund ihrer erschreckenden Geschichte bestehen.*[90]

■ Zeigen Sie, wie in den folgenden Gedichten die Konzentration auf das Einzelwort mit fundamentaler Sprach- und Gesellschaftskritik verbunden wird.

FRANZ MON

panoptikum

treten sie näher
treten sie heran
treten sie nur herein
treten sie ruhig fest auf
5   treten ist leichter als beten
treten sie getrost mal
treten sie noch mal
dreht sich nicht mehr
dreh da nicht dran
10   dreh dich nicht um.

(v 1972)

———

panoptikum. Raum mit Wachsfiguren und/oder Kuriositäten wie z.B. ungewöhnlichen Apparaten

1. Bestimmen Sie die in den einzelnen Versen auftretenden Satzarten und Verbformen – inwiefern dienen sie der Strukturierung des Gedichts?

2. Die Struktur des Gedichts läßt sich auch an der vertikalen Anordnung der Worte und Wortarten ablesen. Bestimmen Sie die Veränderungen für die erste bis vierte Satzstelle und ordnen Sie die Wortarten tabellarisch an – was ist zu erkennen? Inwiefern entspricht diese Lesart auch der Forderung der *Konkreten Poesie* nach einer stärkeren Berücksichtigung des Einzelwortes?

3. Beschreiben Sie für die Abschnitte des Gedichts, wie sie sich aus der formalen Analyse ergeben haben, das inhaltliche Geschehen. Inwiefern entspricht der Andeutungscharakter der einzelnen Verse dem Charakter der *Konkreten Poesie* als *"Animier-Kunst"* (Marti, s.o.)? Wie läßt sich hiermit der Titel des Gedichts in Verbindung bringen?

4. Das Gedicht beschreibt die Entstehung eines Abhängigkeitsverhältnisses. Bestimmen Sie diesen Vorgang anhand des Gedichtaufbaus näher und erläutern Sie vor diesem Hintergrund die Bedeutung von Vers 5 – um was für ein Redemittel handelt es sich hier, und in welcher Weise wird es in dem Gedicht kritisiert?

5. Überlegen Sie, in welchen gesellschaftlichen Zusammenhängen die in dem Gedicht hauptsächlich gebrauchten Satzarten, Verbformen und Redemittel besonders häufig auftreten. Bestimmen Sie auf dieser Grundlage, auf welche gesellschaftlichen Strukturen – der Gegenwart und der Vergangenheit – sich die in dem Gedicht vorgebrachte Kritik beziehen könnte.

KURT MARTI

demokratisches modell

	stimme	stimme
	stimme	stimme
	ja	nein
	stimm	stimm
5	damit es stimmt	denn du bestimmst

stimmend stimmt ihr
ja und nein
überein

(v 1959)

90

1. Stellen Sie alle in dem Gedicht auftretenden Ableitungen aus dem Verbalstamm 'stimm-' zusammen. Welche Verbindungen zwischen den einzelnen Verbformen ergeben sich aus dem Gedicht? Erläutern Sie die Kritik am *'demokratischen Modell'*, die sich hieraus ergibt.

2. Welche Assoziationen erweckt die visuelle Form des Gedichts in Ihnen? Inwiefern unterstützt sie die kritische Tendenz des Gedichts?

Für Helmut Heißenbüttel ist die Konzentration auf das Einzelwort – als zentrale Tendenz der *Konkreten Poesie* – nicht nur in der Notwendigkeit eines Neuanfangs nach dem Sprachmißbrauch der Nationalsozialisten begründet. In seiner dichtungstheoretischen Schrift *Schwierigkeiten beim Schreiben der Wahrheit 1964* legt er vielmehr dar, daß dem Schriftsteller der Nachkriegszeit – anders als noch Bertolt Brecht in seinem 1934 niedergeschriebenen Essay *Fünf Schwierigkeiten beim Schreiben der Wahrheit* – die Kriterien für die klare Unterscheidbarkeit von Wahrheit und Unwahrheit abhanden gekommen seien. Anders als Gomringer, der in der zunehmenden Vereinfachung und Verknappung der Sprache eine Erleichterung der zwischenmenschlichen, auch internationalen Kommunikation sieht und die Tendenzen in Richtung auf eine *"universale gemeinschaftssprache"* unterstützen möchte, meint Heißenbüttel, daß gerade die durch Werbung und politische Propaganda vermehrt auftretenden Schlagworte

> verhindern, daß sich der erkennbare Gegensatz von Wahrheit und Unwahrheit herausbildet. [So bestehe heute] ein Zweifel, dem die Zuversicht auf den schließlich richtigen sprachlichen Ausdruck der Wahrheit verlorenzugehen droht. Ein Zweifel, der die Grundstruktur der Sprache im Widerspruch zur Erfahrung sieht, die in ihr gesagt werden soll.[91]

Gegen diese hoffnungslos erscheinende Situation – wenn Sprache und Erfahrung in einem unversöhnlichen Gegensatz zueinander stehen, ist die menschliche Wirklichkeitswahrnehmung offenbar fundamental getrübt, wenn nicht verunmöglicht – könne man, so Heißenbüttel, zum einen mit den Mitteln radikaler Sprachkritik vorgehen, indem die in der Sprache enthaltenen *"konventionellen Vorurteile"* aufgedeckt würden.[92] Die *"Fähigkeit zum Protest"* ist dabei, wie Franz Mon hervorhebt, *konkreten Gedichten* immanent*; denn diese

---

*   **immanent**: in einer Sache selbst enthalten

beweisen ihre Realität, indem sie sich nicht in der zivilisatorischen verwerten lassen, der Gesellschaft die Anpassung verweigern und (...) die Möglichkeit (...) des Anders-Seins, der Nichtzwangsläufigkeit (...) anzeigen.[93]

Zum anderen enthält Heißenbüttel zufolge der Zerfall des sprachlichen Systems, der aus dem zerstörten Glauben an seine Kraft, Wirklichkeit zu repräsentieren, resultiert, selbst auch positive Aspekte. Dies liegt zunächst – wie er in Anlehnung an Wittgenstein (vgl. Kap. 3) formuliert – an der durch diesen Zerfall begründeten Einsicht in die *"Multiplizität* der Sprachwelten"*[94], die überhaupt erst die Möglichkeit alternativer Deutungsmöglichkeiten von Wirklichkeit eröffnet. Zudem wird dabei

> *offenbar das freigesetzt, was die Sprache an einfachen Benennungen enthält. Diese Benennungen geben etwas von der Energie, die bisher von den Verknüpfungen verbraucht wurde, her, und das Einzelwort erscheint nun in sich tatsächlich 'konkreter' als in irgendeinem syntaktischen Zusammenhang.*[95]

Aus einem anderen Begründungszusammenhang heraus kommt Heißenbüttel somit – wie die anderen Vertreter der *Konkreten Poesie* auch – zu einer besonderen Betonung des Einzelwortes. Er hebt allerdings hervor, daß der Akzent hierbei nicht auf eine *"Reduzierung auf eindeutige zeichenhafte Restpartikel*"*, d.h. eine Vereinfachung der Sprache im Interesse ihrer leichteren Handhabbarkeit, gelegt werden dürfe; wichtig sei vielmehr, daß die Freisetzung des Einzelwortes aus seinen bisherigen syntaktischen und semantischen Fixierungen zugleich mit der *"Gewinnung neuer Nuancen und Bedeutungsfelder durch Überlagerungen der freigewordenen Grundelemente"* einhergehe. Kennzeichnend für Heißenbüttel ist zudem seine besondere Betonung des dialektischen* Charakters des im Rahmen der *Konkreten Poesie* angestrebten sprachlichen Erneuerungsprozesses:

> *Man darf bei alldem jedoch nicht vergessen, daß man sich dabei in einem Dilemma befindet. Denn die im Zerfall des Systems freiwerdenden Sprachelemente (auch die neuen Bedeutungsschattierungen) haben ja ihren ursprünglichen Sinn innerhalb dieses Systems gewonnen. Man benutzt etwas entgegen dem überkommenen Sinn, ohne daß man es ganz daraus lösen kann.*[96]

---

*   **Multiplizität**: Vielfalt; vgl. *multiplizieren*
    Partikel: (hier:) sehr kleine Teile
    dialektisch: von *Dialektik*: philosophische Lehre, die von einer Gegensatzbewegung in der geschichtlichen Entwicklung ausgeht, d.h. eine Erscheinung ist zugleich die Voraussetzung für das Aufkommen ihres Gegenteils; als philosophische Methode das Denken in *These* und *Antithese*, die in eine *Synthese* überführt werden sollen

■ Zeigen Sie, wie in dem folgenden Gedicht die Konzentration auf das Einzelwort realisiert wird und welche neuen sprachlichen Möglichkeiten sich hieraus ergeben.

HELMUT HEIßENBÜTTEL

c [konjunktivisch]
(aus: **Einfache grammatische Meditationen**)

bis zur Mitte der Hälfte
weniger als zu wenig
am wenigsten
als ob als ob
5   wahrscheinlich wahrscheinlich
auf sich genommen nicht auf sich genommen
unentschieden
vorläufig vorläufig

(e 1955)

1. Das Gedicht ist *"konjunktivisch"*, ohne im Konjunktiv geschrieben worden zu sein. Worin zeigt sich sein 'konjunktivischer' Charakter?

2. Wo realisiert das Gedicht neue Verwendungs- bzw. Kombinationsweisen von Worten? Wie lassen sich diese deuten? Berücksichtigen Sie für Ihre Antwort auch den Titel des Gedichtzyklus.

3. Vers 6 verweist auf die einschränkende Wendung 'für sich genommen'. Inwiefern kommentiert Heißenbüttel mit seiner Veränderung der Wendung ins Nicht-Konjunktivische den Charakter konjunktivischen Sprechens?

■ Auch das folgende Gedicht betont den sprachmeditativen Charakter der Konzentration auf das Einzelwort (in welcher Hinsicht?). Es verdeutlicht zugleich die Tendenz der *Konkreten Poesie*, semantische Inhalte auch zu visualisieren, d.h. durch die Anordnung der einzelnen Worte im Raum in ihrem Bedeutungsgehalt zu unterstreichen.

Zeigen Sie, inwiefern hierbei eine der *Konkreten Poesie* immanente Gefahr veranschaulicht wird und welche Parallelen zur *hermetischen Lyrik* sich hieraus ergeben.

EUGEN GOMRINGER

schweigen

schweigen schweigen schweigen
schweigen schweigen schweigen
schweigen   schweigen
schweigen schweigen schweigen
5   schweigen schweigen schweigen

(v 1960)

5. Politische Lyrik

5.1 Die Anfänge der politischen Lyrik in der Nachkriegszeit

Politik kommt von griech. *polis* ('Gemeinwesen') – kennzeichnend für *politische Lyrik* scheint somit zu sein, daß diese das Verhältnis des lyrischen Ich zur Gesellschaft in bestimmter Weise thematisiert. Eine solche naheliegende Deutung des Begriffs wird jedoch bei näherem Hinsehen fragwürdig, wie u.a. Theodor W. Adornos Überlegungen zur Begegnung von Individuum und Gesellschaft im Medium des Lyrischen zeigen. Adorno geht hierbei von Hegels Theorie des Geistes aus, wonach dieser in einen objektiven, durch tradierte Strukturen gekennzeichneten, und in einen subjektiven, sich reflexiv zu dem objektiven verhaltenden Teil zerfällt. Auf die Sprache und insbesondere ihren lyrischen Ausdruck übertragen, bedeutet dies, daß

> *in jedem lyrischen Gedicht das geschichtliche Verhältnis des Subjekts zur Objektivität, des Einzelnen zur Gesellschaft im Medium des subjektiven, auf sich zurückgeworfenen Geistes seinen Niederschlag gefunden haben muß. Er wird um so vollkommener sein, je weniger das Gebilde das Verhältnis von Ich und Gesellschaft thematisch macht, je unwillkürlicher es vielmehr im Gebilde von sich aus sich kristallisiert.*[97]

Als höchste Form der Manifestierung* des Verhältnisses von Individuum und Gesellschaft im Medium der Sprache haben somit jene lyrischen Werke zu gelten, die die jeweiligen Möglichkeiten von Sprache so weit ausschöpfen, daß sie diese dabei gleichzeitig transzendieren* – durch untypische Wortkombinationen etwa oder durch neue syntaktische Verbindungen. Das gelungene 'Spiel' mit der Sprache – als dem entscheidenden Medium des Denkens – erweitert dabei zugleich die

---

* **sich kristallisieren**: Gestalt annehmen
Manifestierung: Subst. zu *manifest werden, sich manifestieren*: Form annehmen; auch *Manifestation*
transzendieren: etwas übersteigen, über etwas hinausführen; vgl. *Transzendenz, transzendent/-al*

Reflexionsmöglichkeiten der Gesellschaft über sich selbst und fördert damit ihren Selbstbewußtwerdungsprozeß. (Der Einstand des objektiven mit dem subjektiven Geist ist nach Hegel sowohl Ausgangspunkt des historischen Prozesses als auch dessen Ziel, das, wohin der Geist von sich aus strebt.) Der Dichter kann diesen Vermittlungsprozeß zwischen Individuum und Gesellschaft im Medium der Sprache nicht willentlich herbeiführen. Adorno formuliert sogar:

> *Die Selbstvergessenheit des Subjekts, das der Sprache als einem Objektiven sich anheimgibt, und die Unmittelbarkeit und Unwillkürlichkeit seines Ausdrucks sind dasselbe: so vermittelt die Sprache Lyrik und Gesellschaft im Innersten. Darum zeigt Lyrik dort sich am tiefsten gesellschaftlich verbürgt, wo sie nicht der Gesellschaft nach dem Munde redet, wo sie nichts mitteilt, sondern wo das Subjekt, dem der Ausdruck glückt, zum Einstand mit der Sprache selber kommt, dem, wohin diese von sich aus möchte.*[98]

Nach dieser Definition wären die gelungensten Beispiele einer lyrischen Vermittlung von Ich und Gesellschaft vielleicht in der *hermetischen Lyrik* zu suchen. Dieser wurde jedoch von ihren Kritikern gerade zum Vorwurf gemacht, daß sie sich in ihrer Sprachanwendung allzu weit von dem gesellschaftlichen Konsens entferne und eben deshalb im gesellschaftlichen Abseits stehe. Das öffentliche Urteil kann freilich für die Beurteilung der tatsächlichen gesellschaftlichen Relevanz einer lyrischen Richtung nicht allein maßgeblich sein. Vielleicht ist diese zu dem gegebenen Zeitpunkt einfach noch nicht richtig verstanden worden bzw. die Gesellschaft nur noch nicht 'reif' für die durch sie vermittelte Selbstreflexion. Schließlich ist es sogar denkbar, daß gerade lyrische Gebilde, die die Möglichkeiten der Sprache besonders weitgehend ausschöpfen, eben dadurch gesellschaftlichen Widerstand erzeugen, weil sie die nicht endgültige Festlegbarkeit von Sprache – und damit auch die Wandelbarkeit der durch sie repräsentierten Denkformen – vor Augen führen. Damit wäre in der Tat gerade die *hermetische Lyrik* ein Beispiel für eine eminent gesellschaftskritische und damit auch *politische* Lyrik.

Nun ist der politische Charakter – wenn er in der *hermetischen Lyrik* auch vielleicht immanent vorhanden ist – von deren Verfassern doch keineswegs intendiert. Diese absentieren sich vielmehr bewußt von der Gesellschaft, mit deren Alltagsgeschehen sie nicht in Berührung kommen wollen. Hier ergibt sich ein entscheidender Unterschied zu Dichtern, die ihre Lyrik auch selbst als *politisch* definieren: Letztere spielen in ihren Gedichten direkt auf gesellschaftliche Strukturen oder

Ereignisse an; sie suchen die direkte Auseinandersetzung mit der Gesellschaft in ihrer aktuellen Form, während erstere das Verhältnis zu dieser nur indirekt und auf einer allgemeineren Ebene thematisieren.

Es empfiehlt sich deshalb, eine *politische Lyrik im weiteren Sinne* von einer *politischen Lyrik im engeren Sinne* zu unterscheiden. Zu ersterer zählt alle gelungene Lyrik, zu letzterer nur jene Lyrik, der es um eine bewußte und kritische Thematisierung gesellschaftlicher Verhältnisse geht. Die Grenze zwischen beiden ist freilich in der Praxis nicht immer leicht zu ziehen. Auch kann ein und derselbe Lyriker Gedichte schreiben, die einmal der einen und einmal der anderen Kategorie zuzurechnen sind. – Da die *politische Lyrik im weiteren Sinne* praktisch mit dem Lyrikbegriff identisch ist, wird unter *politischer Lyrik* im folgenden stets *politische Lyrik im engeren Sinne* verstanden.

■ Entscheiden Sie für die folgenden Gedichte jeweils, ob es sich bei ihnen um *politische Lyrik* im engeren oder im weiteren Sinne handelt. Berücksichtigen Sie hierfür auch Ihre bisherigen Informationen über die jeweiligen Dichter (vgl. Kap. 3). – Welche der bislang behandelten Gedichte würden Sie als *politische Lyrik im engeren Sinne* bezeichnen?

INGEBORG BACHMANN

Reklame

Wohin aber gehen wir
ohne sorge sei ohne sorge
wenn es dunkel und wenn es kalt wird
sei ohne sorge
5   aber
mit musik
was sollen wir tun
heiter und mit musik
und denken
10   *heiter*
angesichts eines Endes

97

mit musik
und wohin tragen wir
am besten

15   unsre Fragen und den Schauer aller Jahre
in die Traumwäscherei ohne sorge sei ohne sorge
was aber geschieht
am besten
wenn Totenstille

20   eintritt

(v 1956)

V. 16: **Traumwäscherei**: Neologismus (vgl. **Traum**fabrik und Gehirn**wäsche**)

1. Lesen Sie das Gedicht zunächst laut, wobei die kursiv gedruckte Stimme von einer Person gelesen werden sollte, der die andere Stimme als Chor antwortet. Beschreiben Sie dann die Wirkung des Gedichts auf Sie.

2. Lesen Sie beide Stimmen jeweils unabhängig voneinander – welche Unterschiede fallen Ihnen auf?

3. Welche Satzarten und Verbformen überwiegen in den einzelnen Stimmen? Womit sind die Unterschiede zu erklären?

4. Die Fragen der ersten Stimme scheinen jeweils von der zweiten Stimme beantwortet zu werden. Zeigen Sie, wie die einzelnen Fragen aufeinander aufbauen – welche Antworten werden jeweils angeboten? Woran erkennt man, daß die beiden Stimmen aneinander vorbeireden?

5. Die Begriffe *Traumwäscherei* und *Totenstille* sind durch ihre Anfangsbuchstaben deutlich aufeinander bezogen. Zeigen Sie, inwiefern die Begriffe die jeweilige Stimme charakterisieren und wie sich in ihnen der Gegensatz zwischen den beiden Stimmen kristallisiert.

6. *Reklame* dient in dem Gedicht offenbar als Chiffre für eine bestimmte Lebenshaltung. Charakterisieren Sie diese und erläutern Sie, in welcher Weise das Gedicht sie kritisiert.

PETER HUCHEL

Ophelia

Später, am Morgen,
gegen die weiße Dämmerung hin,
das Waten von Stiefeln
im seichten Gewässer,
5   das Stoßen von Stangen,
ein rauhes Kommando,
sie heben die schlammige
Stacheldrahtreuse.

Kein Königreich,
10 Ophelia,
wo ein Schrei
das Wasser höhlt,
ein Zauber
die Kugel
15 am Weidenblatt zersplittern läßt.

(e 1965)

V. 7: **schlammige**: vgl. den Bericht der Königin über den Tod
Ophelias in Shakespeares Drama *Hamlet* (IV, 7, in der Übersetzung
Schlegels): *"(...) Doch lange währt' es nicht, / Bis ihre Kleider, die sich
schwer getrunken, / Das arme Kind (...) / Hinunterzogen in den
schlamm'gen Tod."*
V. 8: **Reuse**: Fischreuse: Netz in der Form eines Sackes zum
Fischfang
V. 10: **Ophelia**: Figur aus Shakespeares Drama *Hamlet*, die darin
mit ihrer Liebe besänftigend auf *Hamlet* einzuwirken versucht, von
diesem jedoch kalt abgewiesen wird. Nachdem *Hamlet* ihren Vater
ermordet hat, verliert *Ophelia* den Verstand und ertrinkt in einem
Fluß. In der Literatur erscheint sie seit Arthur Rimbauds Gedicht
Ophélie (1870) häufig als Gegenbild zu einer von Machtstreben und
Gewalt bestimmten Welt.
V. 11/12: **wo ein Schrei das Wasser höhlt**: vgl. die Bibelstelle
über den Auszug der Juden aus der ägyptischen Gefangenschaft, wo
das Wasser sich auf Befehl Gottes für das flüchtende Volk Israels
teilt
V. 15: **Weidenblatt**: nach dem Bericht der Königin über den Tod
Ophelias (s.o.) starb diese, als sie an dem Ast eines Weidenbaums
Blumenkränze aufhängen wollte: *"Es neigt ein **Weidenbaum** sich
übern Bach / Und zeigt im klaren Strom sein graues Laub (...)"*.

1. Bestimmen Sie den Neologismus *"Stacheldrahtreuse"* näher – was wird mit ihrer Hilfe gefangen, und wer ist der Fänger?

2. Wo spielt Ihrer Meinung nach das Geschehen in Strophe 1?

3. Bestimmen Sie das Metrum in dem Gedicht: Welche Unterschiede ergeben sich zwischen der ersten und der zweiten Strophe, und wie wird hierdurch die Gedichtaussage unterstützt?

4. Welche Wirkung ergibt sich aus der Substantivierung der Verben in Strophe 1?

5. Wie stellen Sie sich das *"Königreich"* Ophelias vor? Warum existiert es nicht? (Hat es früher einmal existiert?)

6. Welche Verbindungen zwischen den Begriffskomplexen 'Poesie' und 'Gewalt' könnten sich aus der Gegenüberstellung von *Weidenblatt* (vgl. auch 'Trauerweide') und Gewehr**kugel** ergeben? Arbeiten Sie die Veränderungen in der Einstellung Huchels zu dem Problemkomplex heraus, wie sie sich aus einem Vergleich mit folgendem Ausschnitt aus seinem 1927/28 entstandenen Gedicht *Die Sternenreuse* ergeben:

> *Im Wasser hing die Sternenreuse,*
> *Ich hob die Reuse aus dem Spalt,*
> *es flimmerten kristallne Räume,*
> *es schwamm der Algen grüner Wald,*
> *ich fischte Gold und flößte Träume.*[99]

Der Ahnherr der *politischen Dichtung* der Nachkriegszeit ist zweifellos Bertolt Brecht. Auf ihn und seine Gedichte wird in den Werken jüngerer *politischer Lyriker* immer wieder – bis zur direkten Zitierung einzelner Verse – Bezug genommen. Vor allem Brechts lakonische* *Epigramm-dichtung** wirkte in der jüngeren *politischen Lyrik* stilbildend.

Wie Adorno, lehnte auch Brecht die direkte politische Stellungnahme in Gedichten ab:

---

*   **Lakonismus**: literarischer Stil, der sich durch eine schnörkellose und zugleich zugespitzte Ausdrucksweise auszeichnet und den Eindruck der Distanz des Sprechers zu dem Ausgesagten erzeugt
Epigramm: Sinnspruch

Flach, leer, platt werden Gedichte, wenn sie ihrem Stoff seine Widersprüche nehmen, wenn die Dinge, von denen sie handeln, nicht in ihrer lebendigen, d.h. allseitigen, nicht zu Ende gekommenen und nicht zu Ende zu formulierenden Form auftreten. Geht es um Politik, so entsteht dann die schlechte Tendenzdichtung.[100]

Hiermit war jedoch nicht gemeint, daß Dichtung ohne direkten Bezug auf die jeweilige gesellschaftliche Realität bleiben sollte. Immer wieder angespielt wird etwa auf folgende Verse aus Brechts Gedicht *An die Nachgeborenen* (1939), in dem dieser die Problematik von gesellschaftsferner *Naturlyrik* angesichts der gegebenen gesellschaftlichen Verhältnisse thematisiert:

Was sind das für Zeiten, wo
Ein Gespräch über Bäume fast ein Verbrechen ist
Weil es ein Schweigen über so viele Untaten einschließt![101]

Freilich werden mit diesen Worten auch die gesellschaftlichen Verhältnisse kritisiert, die eine unschuldige *Naturlyrik* diskreditieren, und man könnte argumentieren, daß der Dichter sich diesen gegenüber dann gerade durch die Verwirklichung reiner *Naturlyrik* in radikale Opposition begeben würde. Brecht spricht sich indessen ausdrücklich gegen eine Lyrik aus, die, die gegebenen Verhältnisse ignorierend, die Schönheit der Natur feiert:

In mir streiten sich
Die Begeisterung über den blühenden Apfelbaum
*Und das Entsetzen über die Reden des Anstreichers.**
Aber nur das zweite
Drängt mich zum Schreibtisch.[102]

■ **Wie stehen Sie persönlich zu *Naturlyrik* in den *"Zeiten der Finsternis"*, wie Brecht die Zeiten menschenfeindlicher Regime aller Art zu nennen pflegte? – Bestimmen Sie in den folgenden Gedichten den Anteil des Politischen und setzen Sie diesen in Beziehung zu den oben wiedergegebenen Gedichten Bachmanns und Huchels.**

---

* **Anstreicher**: von Brecht häufig gebrauchte Spottbezeichnung für Hitler, der sich vor seinem Einstieg in die Politik erfolglos um eine Karriere als Maler bemüht hatte

BERTOLT BRECHT

Die Lösung

Nach dem Aufstand des 17. Juni
Ließ der Sekretär des Schriftstellerverbands
In der Stalinallee Flugblätter verteilen
Auf denen zu lesen war, daß das Volk
5   Das Vertrauen der Regierung verscherzt habe
Und es nur durch verdoppelte Arbeit
Zurückerobern könne. Wäre es da
Nicht doch einfacher, die Regierung
Löste das Volk auf und
10   wählte ein anderes?

(e 1953)

V. 1:   **Aufstand des 17. Juni**: Am 16. Juni 1953 beschlossen die
Bauarbeiter der Ost-Berliner Stalinallee einen Streik gegen die von
der DDR-Regierung erlassene Verordnung zur Erhöhung der
Arbeitsnormen ohne Lohnausgleich. Aus ihrer Demonstration
wurde rasch eine Massenbewegung des Volkes, in deren Verlauf
sich die Forderung nach einer Rücknahme des Regierungserlasses
schnell in allgemeine politische Forderungen – wie Wiedervereinigung der beiden deutschen Staaten, Recht auf freie Wahlen
etc. – umwandelte. Am 17. Juni wurde der Aufstand mit Hilfe von
sowjetischem Militär niedergeschlagen.

Mit welchen dichterisch-rhetorischen Mitteln wird in dem Gedicht für die
streikenden Arbeiter Partei ergriffen?

BERTOLT BRECHT

Der Radwechsel

Ich sitze am Straßenrand
Der Fahrer wechselt das Rad.
Ich bin nicht gern, wo ich herkomme.
Ich bin nicht gern, wo ich hinfahre.
5   Warum sehe ich den Radwechsel
Mit Ungeduld?

(e 1953)

102

1. Das Gedicht wird häufig auf Brechts Situation als im Exil lebender Schriftsteller während der Nazizeit bezogen. – Wie könnte man das Gedicht vor diesem Hintergrund interpretieren?

2. In den *Buckower Elegien* steht *Der Radwechsel* in unmittelbarem Umfeld des Gedichtes *Die Lösung*. Für Brecht als überzeugten Sozialisten mußten die Ereignisse vom 17. Juni 1953 besonders enttäuschend sein. Läßt sich auch *Der Radwechsel* vor dem Hintergrund dieser Ereignisse interpretieren?

3. In einer früheren Fassung von Brechts Drama *Leben des Galilei* liest die Tochter *Virginia* in der 14. Szene dem alten Galilei die *Inschriften an der Decke des Herrn Montaigne* vor. Als sie die 17. Inschrift (*"Den letzten Tag sollst du nicht fürchten und nicht ersehnen"*) vorliest, sagt Galilei: *"Erst war das erste schwer, jetzt ist es das zweite."*[103] – Läßt sich die Szene zu dem Gedicht in Beziehung setzen?

Hans Magnus Enzensberger – einer der bekanntesten Vertreter der *politischen Lyrik* in der Nachkriegszeit – attackierte seit dem Erscheinen seines ersten Lyrikbandes im Jahr 1957 mit seinen Gedichten immer wieder vehement die Verhältnisse in der bundesdeutschen Nachkriegsgesellschaft. Dennoch vertrat er, ganz auf einer Linie mit Brecht und Adorno, stets den Standpunkt,

> *daß die Poesie ihr Ziel verfehlt, wenn sie es direkt ansteuert. Die Politik muß gleichsam durch die Ritzen zwischen den Wörtern eindringen, hinter dem Rücken des Autors, von selbst.*[104]

Für Enzensberger kann ein Gedicht nur dann eine politische Wirkung entfalten, wenn es sich jeder Indienstnahme für das politische Alltagsgeschäft verweigert:

> *Sein politischer Auftrag ist, sich jedem politischen Auftrag zu verweigern und für alle zu sprechen noch dort, wo es von keinem spricht, von einem Baum, von einem Stein, von dem was nicht ist.*[105]

Auch Enzensberger unterstreicht den immanenten Charakter der Gesellschaftskritik, der gelungener Lyrik aufgrund ihres freien Umgangs mit Sprache eigne:

> *Das Gedicht ist, in den Augen der Herrschaft (...), anarchisch; unerträglich, weil sie darüber nicht verfügen kann; durch sein bloßes Dasein subversiv. Es*

überführt, solange es nur anwesend ist, Regierungserklärung und Reklameschrei, Manifest und Transparent der Lüge.[106]

Gleichzeitig betont Enzensberger jedoch auch, hierin Brecht näher als Adorno, die Verpflichtung der Poesie auf die Utopie, aus der sich ihr notwendig kritischer Gehalt ergebe:

> *Poesie tradiert Zukunft. Im Angesicht des gegenwärtig Installierten erinnert sie an das Selbstverständliche, das unverwirklicht ist. (…) Sie ist Antizipation*, und sei's im Modus des Zweifels, der Absage, der Verneinung. Nicht, daß sie über Zukunft spräche: sondern so, als wäre nicht Entfremdung und Sprachlosigkeit (da doch Sprachlosigkeit sich selbst nicht aussprechen, Entfremdung sich nicht mitteilen kann). Solches Vorgreifen schlüge ihr zur Lüge aus, wäre es nicht zugleich Kritik; solche Kritik, wäre sie nicht Antizipation im gleichen Atemzug, zur Ohnmacht.[107]*

■ **Zeigen Sie an dem folgenden Gedicht, wie Enzensberger seine dichtungstheoretische Position in die Praxis umsetzt. Arbeiten Sie auch Gemeinsamkeiten und Unterschiede zu den oben wiedergegebenen Gedichten Bachmanns, Huchels und Brechts heraus. Wo können Sie – zum einen formal, zum anderen inhaltlich – die größten Berührungspunkte entdecken?**

HANS MAGNUS ENZENSBERGER

Middle Class Blues

Wir können nicht klagen.
Wir haben zu tun.
Wir sind satt.
Wir essen.

5   Das Gras wächst,
das Sozialprodukt,
der Fingernagel,
die Vergangenheit.

---

*   **Antizipation**: Vorwegnahme; vgl. *antizipieren*

Die Straßen sind leer.
10   Die Abschlüsse sind perfekt.
Die Sirenen schweigen.
Das geht vorüber.

Die Toten haben ihr Testament gemacht.
Der Regen hat nachgelassen.
15   Der Krieg ist noch nicht erklärt.
Das hat keine Eile.

Wir essen das Gras.
Wir essen das Sozialprodukt.
Wir essen die Fingernägel.
20   Wir essen die Vergangenheit.

Wir haben nichts zu verheimlichen.
Wir haben nichts zu versäumen.
Wir haben nichts zu sagen.
Wir haben.

25   Die Uhr ist aufgezogen.
Die Verhältnisse sind geordnet.
Die Teller sind abgespült.
Der letzte Autobus fährt vorbei.

Er ist leer.

30   Wir können nicht klagen.

Worauf warten wir noch?

(v 1964)

Middle Class: Mittelschicht
Blues: 1. melancholische Liedform der schwarzen Bevölkerung
Nordamerikas; 2. langsamer Gesellschaftstanz im 4/4-Takt
V. 5: **Das Gras wächst**: vgl. die Redewendung 'Gras über etwas
wachsen lassen'

1. Welche Anspielungen auf die Vergangenheit finden sich in dem
Gedicht? In welcher Weise werden diese mit der Zukunft verknüpft?

2. Erläutern Sie die Wirkung, die sich aus der anaphorischen Wiederholung des Wortes *Wir* in den Strophen 1, 5 und 6 ergibt. Welche inhaltlichen Zusammenhänge könnten hinter dem formalen Wechsel von *Wir essen* zu *Wir haben* stehen? Berücksichtigen Sie hierfür auch Strophe 1, in der die beiden Motive eingeführt werden.

3. Welche Wirkung ergibt sich aus dem in Strophe 2 eingesetzten Stilmittel des Zeugmas? In welcher Weise wird Strophe 2 in Strophe 5 wieder aufgegriffen?

4. Erläutern Sie die klimaxhafte* Struktur von Strophe 6 – welche besondere Akzentuierung erfährt der letzte Vers der Strophe hierdurch?

5. Bestimmen Sie den in den einzelnen Versen vorherrschenden Satzbau – inwiefern kommt ihm sinnunterstützende Funktion zu?

6. In welcher Weise werden Sauberkeit und Ordnung einerseits und Leere und Bedrohung andererseits in dem Gedicht miteinander verknüpft?

7. Die Redewendung *Wir können nicht klagen* steht am Anfang und am Ende des Gedichts und erhält so besonderes Gewicht. Sammeln Sie zunächst die möglichen Konnotationen der Wendung, indem Sie überlegen, in welchen Situationen sie bevorzugt angewendet wird. Welche neue Konnotation ergibt sich, wenn Sie Alexander und Margarete Mitscherlichs 1967 erschienenes Werk *Die Unfähigkeit zu trauern* (vgl. Kapitel 1) in die Deutung miteinbeziehen?

8. Skizzieren Sie das Bild der bundesdeutschen Nachkriegsgesellschaft, wie es sich aus dem Gedicht ergibt. – Berücksichtigen Sie hierfür auch den Titel des Gedichts sowie Enzensbergers Charakterisierung der Bundesrepublik als eines Landes, *"wo es aufwärts geht, aber nicht vorwärts"*.[108] – Welche Gemeinsamkeiten zu Bachmanns Gedicht *Reklame* können Sie feststellen?

---

* **Klimax**: als Stilmittel Anordnung von Worten oder Sätzen in der Weise der – gedanklichen oder gefühlsmäßigen – Steigerung des Ausdrucks, Gegensatz *Antiklimax*

5.2 Arbeiterlyrik

Eine spezielle Richtung *politischer Lyrik* ging zu Beginn der 60er Jahre aus dem Bergarbeitermilieu hervor. Sie gründete auf dem Bewußtsein einer spezifischen Realitätsferne der seinerzeit tonangebenden Literatur. So fragte 1960 etwa Walter Jens, der als Mitglied der *Gruppe 47* über besondere Autorität verfügte:

> *Wo ist das Porträt eines Arbeiters, wo die Zeichnung eines Maurers, wo agieren Mädchen in einer Fabrik, wo bewachen Roboter die rötlichen Lampen? (...) Man beschreibt das Individuum, das es sich leisten kann, Gefühle zu haben, den Menschen im Zustand eines ewigen Feiertags. Arbeiten wir nicht? Ist unser tägliches Tun so ganz ohne Belang?[109]*

Im selben Jahr wurde, finanziert von der Industriegewerkschaft (IG) Bergbau, eine Anthologie von Bergmannsgedichten herausgegeben. Das Projekt konnte sich auf die Vorarbeit des Leiters der Dortmunder Stadtbüchereien, Fritz Hüser, stützen, der dort ein *Archiv für Arbeiterdichtung und soziale Literatur* eingerichtet hatte. 1961 – ein Jahr nach ihrer Herausgabe – kamen die noch lebenden Autoren der Anthologie in Dortmund zusammen und konstituierten sich bei dieser Gelegenheit als *Gruppe 61*. Deren Ziele wurden auf einem Informationsblatt folgendermaßen formuliert:

> *Literarisch-künstlerische Auseinandersetzung mit der industriellen Arbeitswelt der Gegenwart und ihren sozialen Problemen, geistige Auseinandersetzung mit dem technischen Zeitalter, Verbindung mit der sozialen Dichtung anderer Völker, kritische Beschäftigung mit der früheren Arbeiterdichtung und ihrer Geschichte.[110]*

■ **Wie wird die bundesdeutsche Arbeitswelt zu Beginn der 60er Jahre in den folgenden Gedichten dargestellt?**

MAX VON DER GRÜN

Unter Tag

Es knirscht der Stein,
es droht der Berg,
das Holz, es ächzt,
das Hangende bricht ein.

5 Fünfte Sohle am Schacht,
bei fünftausend Watt
dennoch Nacht.
Im Streb der Staub,
vom Lärm die Ohren taub;
10 Schweiß furcht Rinnsale übers Gesicht,
im hungernden Licht
quält sich die Schicht.

Vier Tonnen Kohle, fünf, zehn,
gebrochen.
15 Vom fallenden Gestein
die Haut zerstochen.
Staubumnebelt,
wasserbespeit
zwingen acht Stunden
20 die Ewigkeit

Am Ende ein Schluck,
zwei Stullen mit Wurst;
Dreck im Gaumen,
in der Kehle rast Durst.

25 Es knirscht der Stein,
es droht der Berg.
Das Holz, es ächzt,
Hangendes bricht ein.
Nun Kumpel lauf!
30 Kumpel! Glück auf!

(v 1960)

V. 3/4: **Holz, Hangendes**: Holzplanken, mit denen früher das
über einem Stollen liegende Gestein (= das **Hangende**) am
Herunterbrechen gehindert werden sollte

V. 5: **Sohle**: Gesteinsschicht

V. 5: **Schacht**: senkrecht in die Erde führender Tunnel, durch den die Bergleute in den Berg einfahren und von dem die zwischen den einzelnen **Sohlen** liegenden Stollen abgehen

V. 8: **Streb**: Abschnitt, an dem Kohle abgebaut wird

V. 10: **furchen**: Furchen ziehen: tiefe Linien in etwas hineinziehen (z.B. mit dem Pflug in den Boden)

V. 10: **Rinnsale**: kleine Bäche

V. 12: **Schicht**: hier: Arbeitsschicht von 8 Stunden

V. 14: **gebrochen**: hier: abgebaut

V. 18: **bespeit**: bespuckt

V. 18: **wasserbespeit**: Anspielung auf das Tropfen des feuchten Gesteins im Bergwerk

V. 19: **zwingen**: hier: bezwingen

V. 22: **Stullen**: belegte Brote

V. 29: **Kumpel**: Bergmann

V. 30: **Glück auf**: Bergmannsgruß

1. Stellen Sie die in dem Gedicht erwähnten Belastungen zusammen, denen ein Bergmann bei seiner Arbeit ausgesetzt ist. Wie werden deren Auswirkungen auf die Arbeiter dargestellt?

2. Der bedrohliche Charakter der Arbeit im Bergwerk wird in dem Gedicht mehrfach durch das Stilmittel der Personifizierung* unterstrichen. Suchen Sie die entsprechenden Stellen heraus und erläutern Sie an ihnen die Wirkung dieses Stilmittels.

3. Strophe 1 wird am Ende des Gedichts, um 2 Verse erweitert, noch einmal fast wortgleich wiederholt. Auf welche äußerste Gefahr beim Bergbau wird dabei angespielt?

PETER-PAUL ZAHL

panhumanismus

Du sollst den bulldozer lieben
den freundlichen bagger
mit zartheit behandle die hobelbank
gönn' ihr eine kur!

---

* **Personifizierung**: (auch *Personifikation*): vermenschlichende Darstellung von Dingen oder Tieren; vgl. *personifizieren*

gewogen sei der bohrmaschine
und ihren frechen chansons
teile Dein brot mit der fräse
Deine lust mit der thomasbirne –
sei gut zu den maschinen!

(v 1966)

Pan-: Vorsilbe, die den Anspruch des folgenden Substantivs auf Allgemeingültigkeit bzw. seinen programmatischen Charakter für eine bestimmte Zielgruppe unterstreicht und dabei zuweilen auch dessen Bedeutung erweitert (z.B. 'Pangermanismus' für die Betonung der Zusammengehörigkeit aller germanischen Völker bei gleichzeitiger Behauptung einer Überlegenheit der Germanen über andere Völker)

V. 5: **gewogen**: freundlich gesinnt, positiv eingestellt gegenüber jemandem

V. 6: **Chansons**: Lieder

V. 7: **Fräse**: Maschine für die Ausformung von Holz- oder Metallstücken

V. 8: **Thomasbirne**: Gefäß für die Erzeugung von Stahl

1. Wie wird das Verhältnis zwischen Mensch und Maschine in dem Gedicht dargestellt?

2. In welchen Zusammenhängen sind die in dem Gedicht gebrauchten Imperative für gewöhnlich anzutreffen? Wie werden sie in dem Gedicht in ihrem Gebrauch verfremdet?

3. Welche Kritik übt der als Titel des Gedichts gewählte Neologismus an dem Humanismus-Verständnis* in der bundesdeutschen Nachkriegsgesellschaft?

Parteipolitisch versuchte die *Gruppe 61* jede Festlegung zu vermeiden. So bezeichnet sie sich in ihrem Informationsblatt als

in jeder Beziehung unabhängig und nur den selbstgestellten künstlerischen Aufgaben verpflichtet – ohne Rücksicht auf andere Interessengruppen.[111]

---

* **Humanismus**: hier als Substantiv zu *human* – 'die Würde des Menschen achten'
  – gebraucht

Eben diese Konzentration auf den rein künstlerischen Bereich brachte der *Gruppe 61* Kritik von anderen Gruppen ein, die ihr eigenes künstlerisches Engagement stärker mit politischen Zielsetzungen verbunden sahen. Dies gilt vor allem für die *Zirkel Schreibender Arbeiter*, die sich in der DDR infolge des auf der 1. Bitterfelder Konferenz 1959 beschlossenen *Bitterfelder Weges* gebildet hatten und deren Zahl bis zur 2. Bitterfelder Konferenz bereits auf etwa 300 angewachsen war. Der *Bitterfelder Weg* zielte auf die stärkere Einbeziehung des Arbeitslebens der Bevölkerung in die Werke etablierter Schriftsteller sowie auf dessen eigenständige Darstellung durch die 'Werktätigen' ab. Mit einem solchen, sich auch als spezieller literarischer Stil manifestierenden *sozialistischen Realismus* wollte man die Schaffung des sozialistischen Menschen vorantreiben.

Vor diesem Hintergrund bezeichnete etwa der Germanist Wolfgang Friedrich, der den *Zirkel Schreibender Arbeiter* im Bezirk Halle leitete, die bloße Abbildung der Arbeitswelt und ihres entfremdenden Charakters in der westdeutschen Literatur als nicht ausreichend. Von den betreffenden bundesdeutschen Autoren forderte er, diese sollten

> *nicht nur Fakten nennen, nicht nur das wachsende Unbehagen der westdeutschen Arbeiter wiedergeben, sondern Wege zeigen, dessen Ursachen zu beseitigen.*[112]

Gegen solche – teilweise auch von westdeutscher Seite vorgebrachten – Argumente führten einige der kritisierten Schriftsteller ins Feld, die Literatur müsse mit den ihr eigenen Mitteln arbeiten und könne nicht restlos in den Dienst einer bestimmten Ideologie gestellt werden. Max von der Grün berief sich dabei ausdrücklich auf Brechts Literaturbegriff und kritisierte die *"als links und damit wohl fortschrittlich deklarierte* Literatur"* für ihr *"Fehlen von Sinnlichkeit"*:

> *Man begnügt sich mit Postulaten*, verabschiedet Programme, gibt Dienstanweisungen*

und vergesse dabei,

> *daß ein wesentlicher Satz Brechts der ist, daß man, wenn man aufklären und erziehen, auch unterhalten muß. Anders gesagt: Wer nicht fähig ist,*

---

* **deklarieren**: (hier:) zu etwas erklären, als etwas bezeichnen
  Postulat: **1.** (aus ethischen Gründen besonders dringlich erscheinende) Forderung oder Handlungsanweisung; **2.** in der Philosophie nicht bewiesene oder nicht beweisbare Annahme (z.B. die Existenz Gottes)

Arbeitswelt sinnlich darzustellen, der spricht nur einem zweifelhaften Dogmatismus* das Wort.[113]

Andererseits gab es auch Tendenzen, die *Arbeiterliteratur* ausdrücklich in den Dienst gesellschaftlicher Veränderung zu stellen und damit über die Selbstbeschränkung der *Gruppe 61* auf das Reservat* der Kunst hinauszugehen. Hierzu bekennt sich etwa der 1969 ins Leben gerufene *Werkkreis Literatur der Arbeitswelt*. Dessen Aufgabe wird im Programm dieser *"Vereinigung von Arbeitern und Angestellten, die in örtlichen Werkstätten mit Schriftstellern, Journalisten und Wissenschaftlern zusammenarbeiten"*, definiert als

> *die Darstellung der Situation abhängig Arbeitender, vornehmlich mit sprachlichen Mitteln. Auf diese Weise versucht der Werkkreis, die menschlichen und materiell-technischen Probleme der Arbeitswelt als gesellschaftliche bewußt zu machen. Er will dazu beitragen, die gesellschaftlichen Verhältnisse im Interesse der Arbeitenden zu verändern. In dieser Zielsetzung verbindet der Werkkreis seine Arbeit mit dem Bestreben aller Gruppen und Kräfte, die für eine demokratische Veränderung der gesellschaftlichen Verhältnisse tätig sind.[114]*

Von weiterreichenden Folgen als diese von außen an die *Gruppe 61* herangetragene Kritik waren allerdings die kunstimmanenten Probleme, vor die diese sich alsbald gestellt sah. Am schwerwiegendsten war dabei wohl die Frage, wie man den künstlerischen mit dem Echtheitsanspruch – verbürgt durch die eigenständige Autorenschaft von Arbeitern – verknüpfen könne. So beklagt Fritz Hüser 1968 *"die belanglosen Themen der Arbeiter"* ebenso wie *"die völlig unzureichende Form"*, in der die Manuskripte an die *Gruppe 61* herangetragen würden.[115]

Der *Werkkreis Literatur der Arbeitswelt* zog hieraus insofern die Konsequenz, als er den dokumentarischen Charakter der Literatur verstärkte. Günter Wallraff, der die *Dokumentarliteratur* mit seinen *Reportagen* über Industriearbeit oder die Methoden der *Bild*-Zeitung entscheidend mitprägte, forderte in diesem Sinne 1973

> *nicht Literatur als Kunst, sondern Wirklichkeit! Die Wirklichkeit hat noch immer die größere und durchschlagendere Aussagekraft und Wirkungs-*

---

* **Dogmatismus**: unflexibles Vertreten althergebrachter Lehrmeinungen; vgl. *Dogma*: nicht zu hinterfragende Lehrmeinung
Reservat: gegen andere Bereiche abgegrenztes Gebiet, z.B. als Schutzraum für seltene Tier- oder Pflanzenarten

112

möglichkeit, ist für die Mehrheit der Bevölkerung erkennbar, nachvollziehbar und führt eher zu Konsequenzen als die Phantasie des Dichters. Dieses Wachrufen aus der längst hingenommenen Gewöhnung, das Aufstacheln des Willens zur Veränderung, diese Aufforderung zu konsequentem politischen Denken ist Voraussetzung für die Erkenntnis, daß dieses Denken nicht innerhalb der Literatur, sondern innerhalb der ganz und gar politisierten (und deshalb nur politisch anzugehenden) Wirklichkeit liegt und – wenn möglich – über die Änderung des Bewußtseins zur Veränderung der Gesellschaft führt.[116]

■ Arbeiten Sie aus den beiden folgenden Gedichten weitere Gründe dafür heraus, warum die *Arbeiterlyrik* spätestens Anfang der 70er Jahre in einer Sackasse anlangte.

KURT KÜTHER

Tote Zeche

Kein Räderspiel
kein Wagenprellen
kein Seiltanz mehr

Nicht Dampfgezisch
5　noch Schachtsignal
kein Nagelschritt
zur Hängebank

Nur Stille
und Rost und Rost

10　Und Totentanz
der Mücken
über
zugekipptem Schacht

(v 1974)

Zeche: Grube, Bergwerk; hier: Kohlebergwerk
V. 1: **Räderspiel**, **Seiltanz**: Anspielungen auf die Räder im Förderturm, durch den die Kohle an die Erdoberfläche befördert wird

113

V. 2: **Wagenprellen**: Anspielung auf das Aufeinanderprallen der Wagen, mit denen die Bergleute in die einzelnen Stollen einfahren bzw. die Kohle abtransportiert wird

V. 4: **Dampfgezisch**: Anspielung auf Dampf als Antriebsenergie des Förderturms

V. 5: **Schachtsignal**: Signal zur Einfahrt in den Schacht

V. 6: **Nagelschritt**: Anspielung auf das feste Schuhwerk der Bergleute

V. 7: **Hängebank**: an der Erdoberfläche gelegene Stelle eines Förderschachts, an der die Förderung sich von der vertikalen in die horizontale Ebene verlagert

1. Wie werden in dem Gedicht die Stilmittel Anapher, Wiederholung und Metapher eingesetzt, und inwiefern kommt ihnen bedeutungsunterstützende Funktion zu?

2. An welchen Stellen wird das Metrum unterbrochen? Welche Wirkung wird hierdurch erzielt?

3. Vergleichen Sie die Darstellung der Arbeit in einem Bergwerk in dem Gedicht mit der Darstellung bei Max von der Grün. Welche Unterschiede fallen Ihnen auf? Wie lassen sich diese erklären?

Ludwig Fels

Alte Befehle

Schreib von der Arbeit
rät man mir
dichte was von Fabriken.
Geh zu
5   eine Menge Bürger sind geil
auf Nachrichten vom Fließband
beweise in Wort und Schrift
deine Gesinnung schwarzweiß.
Komm und sei fleißig
10   zier dich nicht
auch du hängst schließlich ganz besonders
von den Gehältern
der Studierten ab

114

verdiene dein Geld
15   mit dem Vorsprung deiner Herkunft.

Ich denke
ihr wollt nur
auf andere Träume kommen
am Feierabend
20   Exotik genießen
Vergnügen haben
an Streß und Akkord
sonst unbekannte Personen
ein bißchen bedauern
25   ganz allgemein

(v 1977)

V. 15: **mit dem Vorsprung deiner Herkunft**: Ludwig Fels ist
Sohn einer Putzfrau und hielt sich nach Abschluß einer Malerlehre
mit diversen Hilfsarbeitertätigkeiten über Wasser
V. 22: **Akkord**: Entlohnungsform, bei der der Lohn nach der
Anzahl der in einer bestimmten Zeit angefertigten Werkstücke
bemessen wird

1. Welche Vorwürfe gegenüber den Produzenten und Konsumenten von
Arbeiterlyrik finden sich in dem Gedicht?

2. Mit welchen Redewendungen wird in den Versen 6 und 18 gespielt?
Wie wird hierdurch der Sinn der Aussage akzentuiert?

3. Wie deuten Sie den Titel des Gedichts (*Alte Befehle*)?

5.3 Das Gedicht in der Revolte: Die Rolle der politischen Lyrik im Rahmen der Studentenbewegung

Um die Mitte der 60er Jahre trat in Westdeutschland eine neue Dichtergeneration in den Vordergrund, die ihre Lyrik nicht nur politisch verstand, sondern mit ihr auch direkt auf das gesellschaftliche Geschehen einzuwirken versuchte. Ihre Vertreter waren zumeist erst während des Krieges geboren worden und hatten diesen so nicht mehr mit vollem Bewußtsein erlebt. Die deutsche Nachkriegsgesellschaft sahen sie deshalb mit anderen Augen als ihre Eltern, die den neuen Wohlstand vor dem Hintergrund ihrer Kriegserlebnisse als Wirtschafts-*wunder* betrachteten. Vieles von dem, worauf die Eltern stolz waren, erschien den Kindern frag-würdig; und ihre Fragen stellten sie, ihrer Jugend gemäß, in einem anderen Ton als die seinerzeit etablierten Lyriker, wenn sie sich für ihren Neuansatz auch auf Teile von deren Werk berufen konnten. So wurden etwa folgende Verse aus einem von Günter Eich 1953 seinem Hörspiel *Träume* (1950) nachgestellten Gedicht später geradezu zu einem Motto der Studentenbewegung:

> *Wacht auf, denn eure Träume sind schlecht!*
> *Bleibt wach, weil das Entsetzliche näher kommt.*
> *(...)*
> *Nein, schlaft nicht, während die Ordner der Welt geschäftig sind!*
> *Seid mißtrauisch gegen ihre Macht, die sie vorgeben für euch erwerben zu*
> */müssen!*
> *Wacht darüber, daß eure Herzen nicht leer sind, wenn mit der Leere eurer*
> */Herzen gerechnet wird!*
> *Tut das Unnütze, singt die Lieder, die man aus eurem Mund nicht erwartet!*
> *Seid unbequem, seid Sand, nicht das Öl im Getriebe der Welt![117]*

■ **Inwiefern sind die folgenden Gedichte** *"Sand"* **im** *"Getriebe"* **der deutschen Nachkriegsgesellschaft, und warum sind ihre Verfasser "mißtrauisch" gegen deren** *"Ordner"***?**

ULF MIEHE

Eine Sorte von Vätern

Gesichter:
Verschwommen, blaß;
gutsitzende Brille.

Eigenschaften:
5   Harmlos. Ihre Arglosigkeit
übertrifft die
gutmütiger Haustiere.

Ansonsten:
Gründlich.
10   Im Listenanfertigen
für Sonnabendeinkäufe,
Steuererklärungen
und Menschentransporte.

Erinnerungsvermögen:
15   Schwach.
Bauchschuß, Bluterbrechen
total vergessen nach zwanzig Jahren –
nur für den Stammtisch
Panzerabschüsse parat.

20   Die Regierung,
von ihnen gewählt,
ist ihnen ähnlich.

(v 1966)

1. Woran erinnert Sie die äußere Form des Gedichts? Auf welche Weise unterstützt sie die Gedichtaussage?

2. Das Gedicht beleuchtet kritisch die sogenannten Sekundärtugenden (wie Ordnung, Gründlichkeit, Fleiß) – welche Gefahren sieht es in ihnen? – Wie fügt sich in die Kritik die Beschreibung der Gesichter der Väter als *"verschwommen"* ein?

3. Wie werden die Zusammenhänge zwischen Vergangenheit und Gegenwart in dem Gedicht dargestellt? Welche Zukunftsprognose ergibt sich hieraus?

FRIEDRICH CHRISTIAN DELIUS

Hymne

Ich habe Angst vor dir, Deutschland,
Wort, den Vätern erfunden, nicht uns,
du mit der tödlichen Hoffnung,
du im doppelt geschwärzten Sarg,
5   Deutschland, was soll ich mit dir,
nichts, laß mich, geh,
Deutschland, du steinigst uns wieder,
auf der doppelten Zunge zerläufst du,
auf beiden Schneiden
10   des Schwerts, ich habe Angst vor dir,
Deutschland, ich bitte dich, geh,
laß mir die Sprache und geh,
du, zwischen den Zielen, verwest schon
und noch nicht tot, stirb, Deutschland,
15   ich bitte dich, laß uns und geh.

(e 1964)

———————

Hymne: in der Antike festlicher Lobgesang auf Götter oder
Helden; später allgemein Festgesang, dabei meist freirhythmisch
(nicht an ein festes Metrum gebunden)

1. Von welchem 'Deutschland' ist in dem Gedicht die Rede? Wie wird es
   in dem Gedicht charakterisiert? Wie wird das Verhältnis des lyrischen
   Ich zu ihm beschrieben?

2. Wer verbirgt sich hinter dem 'Wir' in dem Gedicht? Wem wird es
   gegenübergestellt?

3. Wie wird das Todbringende von 'Deutschland' dargestellt? Worin
   besteht es?

4. Das Gedicht verwendet mehrfach Ausdrücke, die auf zweigeteilte
   Gegenstände verweisen. Erläutern Sie den Doppelsinn dieser Ausdrücke
   – auf welche historischen Tatsachen und auf welche Redewendungen
   spielen sie an?

5. Welche Funktion kommt der hymnischen Form im Rahmen des
   Gedichtzusammenhangs zu?

Erich Fried, als Jude 1938 nach London emigriert und dort auch nach dem Krieg wohnhaft, wurde einer breiteren Öffentlichkeit ebenfalls erst Mitte der 60er Jahre bekannt. Mit seinen 1964 erschienenen *Warnge- dichten* begründete er seinen Ruf als neben Hans Magnus Enzensberger wohl berühmtester Vertreter der *politischen Lyrik* in Westdeutschland. Er selbst schrieb zu diesen Gedichten:

> *Nicht der erhobene Zeigefinger stand bei diesen Gedichten Pate, sondern das dumpfe Gefühl beim Erwachen und Nichteinschlafen, die nicht genau lokalisierbare Beklemmung.*[118]

■ **Wie äußert sich das Gefühl der *"Beklemmung"* in dem folgenden Gedicht? Worin vermuten Sie die Ursache für diese?**

ERICH FRIED

Rede in der Hand

Komm in die Hand
Sie wärmt uns
Versteck deinen Kopf
unter dem Fingernagel:
5   Dein langes Haar
wird bald nichts sein
als eine geringelte Linie
in die Kuppe
der Fingerspitze gekerbt

10   Komm in die Hand
Wir alle sind in der Hand
Wenn sie sich öffnet
weht uns ein Windstoß weg
Wenn sie sich schließt
15   spritzt uns das Blut aus den Knochen
Komm und küß mich
Die Hand um uns zittert leise

Sag nichts:
Er schläft

20 Komm nah
Mach deine Augen zu
Er wird nicht lange mehr schlafen
Bald wird es Tag sein
Hab keine Angst
25 ich habe die Linien der Hand gelesen:
Es steht nichts Schlechtes darin
von dir
und von mir

(v 1964)

1. Wie wird die 'Hand' in dem Gedicht dargestellt? In welchem Verhältnis steht das lyrische Ich zu ihr? In welcher Situation treffen wir dieses an?

2. Die 'Hand' – das ist ein Bild für

   • das Schicksal, Gott
   • das Leben, die Natur
   • 'Vater Staat'
   • die Welt der Gegenwart
   • eine nicht näher bestimmbare Bedrohung.

   Welcher Interpretation stimmen Sie zu? Begründen Sie Ihre Wahl aus dem Gedichtzusammenhang heraus und erläutern Sie Ihre Deutung näher.

3. Wie reagiert das lyrische Ich auf die Bedrohung durch die Hand? Könnte man auch anders reagieren?

4. Wie deuten Sie den Schluß des Gedichts (Vers 24–28)? Gibt es Hoffnung für die in der Hand Eingeschlossenen oder verdrängen diese nur ihren drohenden Untergang?

5. Das Gedicht spielt auf *barocke* Vergänglichkeitsgedichte (a) sowie auf mittelalterliche *Tagelieder* (b), die den Moment des Scheidens der Liebenden vor Tagesanbruch thematisierten, an. Arbeiten Sie anhand folgender Beispiele heraus, in welcher Weise das Gedicht diese dichterischen Traditionen aufgreift bzw. abwandelt:

a)   *Ach Liebste / laß uns eilen /*
      Wir haben Zeit:
      *Es schadet das **Verweilen***
        Uns beyderseit.
      Der edlen Schönheit Gaben
        *Fliehn **fuß für fuß**:*
      Das alles was wir haben
        Verschwinden muß.
      Der Wangen Ziehr verbleichet /
        *Das Haar wird **greiß** /*
      *Der Augen **Fewer** weichet /*
        *Die **Brunst** wird **Eiß**.*
    (...)   (Martin Opitz)[119]

Wir haben Zeit: Es ist höchste Zeit; **Verweilen**: Warten;
fuß für fuß: Stück für Stück; **greiß**: grau; **Fewer**: Feuer
Brunst: Lust; **Eiß**: Eis

b) *'Schläfst du, mein schöner Liebster?*
    Bald wird man uns leider wecken.
    Ein Vögelchen, ein wohlgestaltes,
    ist auf der Linde Zweig gekommen.'

    'Ich war sanft eingeschlafen:
    nun rufst du, Kind, mich auf!
    Lieb ohne Leid, das kann nicht sein.
    Was immer du befiehlst, das tu ich,
    meine Freundin!'

    Die Frau begann zu weinen.
    'Du reitest und läßt mich allein.
    Wann willst du wieder her zu mir?
    O weh, du nimmst mein Glück zugleich mit dir!'

(Dietmar von Eist;
Übertragung aus dem Mittelhochdeutschen von Max Wehrli)[120]

1964 griffen die USA auf der Seite Südvietnams aktiv in den Krieg gegen das kommunistische Nordvietnam ein. Was als Antwort auf den angeblichen Beschuß amerikanischer Kriegsschiffe durch nordvietnamesische Torpedoboote im Golf von Tongking begann, entwickelte sich immer mehr zu einem Vernichtungskrieg gegen das vietnamesische

Volk, in dem die Amerikaner durch den Einsatz von chemischen Waffen und durch Flächenbombardements Tausende von Vietnamesen töteten oder verstümmelten und weite Teile des Landes auf Dauer verseuchten.

Gegen die amerikanische Einmischung in Vietnam regte sich auch in Deutschland Widerstand. Für die Studentenbewegung war der Vietnamkrieg das entscheidende Symbol für den Imperialismus der Großmächte und die Arroganz der ehemaligen westlichen Kolonialmächte – Vietnam war bis 1954 französische Kolonie –, die die Staaten der sogenannten 'Dritten Welt' noch immer in Abhängigkeit hielten. Hierin wurden die Studenten auch von einer Reihe von Schriftstellern unterstützt. Als etwa der Westberliner Senat – ganz auf einer Linie mit der damals herrschenden Politik und den Medien, die die Amerikaner als Verteidiger der Freiheit in Vietnam hinstellten – Anfang 1968 die Abhaltung einer vom *Sozialistischen Deutschen Studentenbund* (*SDS*) vorbereiteten Konferenz zum Vietnamkrieg untersagte, solidarisierten sich zahlreiche Schriftsteller mit den Studierenden und trugen so mit dazu bei, daß der Senat sein Verbot zurücknahm. In der Erklärung der Schriftsteller heißt es u.a.:

> *Wir dürfen nicht durch Schweigen oder Neutralität gegenüber dem revolutionären Kampf des vietnamesischen Volkes Schuld auf uns laden. Daher begrüßen wir die Initiative der jungen Generation, die dazu beiträgt, die Weltmeinung gegen die US-amerikanische Intervention in Vietnam und die dadurch verursachte Vernichtung des vietnamesischen Volkes zu mobilisieren. Wir solidarisieren uns mit den Streiks, die ein Ende dieser Intervention fördern.*[121]

Die Breite der Unterstützung wird dadurch bezeugt, daß die Erklärung von literarisch so verschieden ausgerichteten Schriftstellern wie Günter Eich (der freilich schon im Eingangsgedicht zu seinem Hörspiel *Träume* festgestellt hatte: *"Alles, was geschieht, geht dich an"*[122]), Ingeborg Bachmann, Hans Magnus Enzensberger, Erich Fried, Peter-Paul Zahl, Friedrich Christian Delius, Günter Herburger und Nicolas Born unterzeichnet wurde. Dieser generationenübergreifende Konsens der Schriftsteller macht zugleich deutlich, daß der politische Protest in der Literatur einen anderen Stellenwert erlangt hatte. Er war nun nicht mehr das Kennzeichen einer bestimmten literarischen Richtung, sondern er wurde zum Gradmesser für das gelungene, wirklichkeitsverbürgte Gedicht. Erich Fried etwa veröffentlichte schon 1966 einen ausschließlich dem Vietnamkrieg und seinen Begleiterscheinungen gewidmeten Gedichtband (*und vietnam und*) und stellte einem seiner Gedichte folgende Worte des ostdeutschen Dissidenten Robert Havemann voran:

> *Der Krieg in Vietnam findet nicht nur in Vietnam statt, er ist überall. In allen Ländern der Erde spüren wir ihn, fühlen uns von ihm bedroht, hoffen auf sein Ende.*[123]

Für die Formulierung seines politischen Protests griff Fried häufig auf die Form des *Epigramms* zurück, die zuvor schon von Bertolt Brecht als Mittel der aufklärerischen Lyrik eingesetzt worden war. Wie Brecht, nutzte auch Fried das *Epigramm* für die Verfremdung fraglos hingenommener Zustände, die hierdurch wieder fragwürdig und so einer kritischen Betrachtungsweise zugänglich wurden. Hierin folgten ihm zahlreiche andere jüngere Lyriker nach.

■ Zeigen Sie, wie in den folgenden Gedichten mit Hilfe der *Epigrammform* Verfremdungseffekte erzielt werden. Welche Kritik am Vietnamkrieg und seinen Begleitumständen wird geübt? Inwiefern kommt dieser eine über den konkreten Anlaß hinausweisende Bedeutung zu?

ERICH FRIED

Beim Nachdenken über Vorbilder

Die uns
vorleben wollen

wie leicht
das Sterben ist

5   Wenn sie uns
vorsterben wollten

wie leicht
wäre das Leben

(v 1966)

Humorlos

Die Jungen
werfen
zum Spaß
mit Steinen
5 nach Fröschen

Die Frösche
sterben
im Ernst

(v 1967)

Einbürgerung

Weiße Hände
rotes Haar
blaue Augen

Weiße Steine
5 rotes Blut
blaue Lippen

Weiße Knochen
roter Sand
blauer Himmel

(v 1966)

---

weiß, rot, blau: Anspielung auf die Farben der Nationalflaggen
Frankreichs und der USA

UWE TIMM

Bundesdeutsche Berichterstattung

Heimtückisch überfiel der Vietkong das Dorf
das von den Amerikanern tapfer verteidigt wurde

Mit Hubschraubern griffen die Amerikaner ein Dorf an
das von dem Vietkong fanatisch verteidigt wurde

(v 1971)

V. 1: **Vietkong**: Guerilla-Gruppe in Südvietnam, die für den
Anschluß des Landes an den kommunistischen Norden kämpfte

PETER MAIWALD

Feindbild

Als Soldat
haben Sie dem Tod
mutig ins Auge zu blicken,
ermahnte der General.
5   B. starrte ihn an.

(v 1972)

V. 5: **B.**: an Brechts *Geschichten von Herrn K.* angelehnte Figur

Ähnlich wie in der Diskussion um Auschwitz (vgl. Kap. 1), wurde auch im
Falle der Vietnamgedichte den Dichtern vorgeworfen, sie betrieben eine
Ästhetisierung des Grauens. Andere, wie etwa Peter Härtling, bezweifelten
die Wirksamkeit solchen Protests: *"Die literarische Empörung ist ehrenwert,
doch sie geht nie über Literatur hinaus."*[124] Und Günter Grass schließlich tat
die Vietnamgedichte schlicht als Modeerscheinung ab und beschrieb sie als
nach einer einfachen Rezeptur herstellbar:
Man nehme: ein Achtel gerechten Zorn,
zwei Achtel alltäglichen Ärger
und fünf Achtel (…) ohnmächtige Wut.[125]

Dagegen verteidigte etwa Reinhard Baumgart die Vietnamgedichte mit dem Argument, ohne politisches Engagement bliebe der Literatur *"nur, wegzusehen und zu schweigen – womöglich in der Meinung, das Unmenschliche geschehe eben durch Unmenschen, nicht durch uns und unseresgleichen. Und eine solche Vogel-Strauß-Optik verriete nur, wovon sie sich gerade unberührt glaubt: Unmenschlichkeit."*[126]

– Welcher Meinung stimmen Sie zu?

Der Konflikt zwischen Studentenbewegung und bundesdeutschem Establishment – im Kern ein Generationenkonflikt – eskalierte, als 1966 eine Große Koalition – d.h. eine Koalition aus den beiden großen Volksparteien CDU und SPD – die Regierungsmacht übernahm. Nicht nur aus den Reihen der Studentenbewegung wurde hieran kritisiert, daß dadurch die parlamentarische Opposition ausgeschaltet worden und ohne diese – als entscheidendes Merkmal von Demokratie – im Grunde auch letztere nicht mehr funktionsfähig sei. Als Bestätigung dieser Einschätzung wurde die Verabschiedung der Notstandsgesetze empfunden, die der Regierung in Notfällen die Einschränkung von Grundrechten – wie beispielsweise des Brief- und Telefongeheimnisses – erlaubten.

Vor diesem Hintergrund formierte sich eine sogenannte *außerparlamentarische Opposition* (*APO*), an der die Studenten führend beteiligt waren. Die Medien – allen voran der Springer-Konzern und sein Flaggschiff, die *Bild*-Zeitung – stellten diese als Feinde der Demokratie dar und heizten hierdurch die Stimmung zusätzlich an. Insbesondere die Integrationsfigur der Studentenbewegung, Rudi Dutschke, war immer wieder Zielscheibe ihrer Attacken. Als 1968 ein Attentat auf Dutschke verübt wurde, an dessen Folgen dieser 11 Jahre später starb, marschierten die Studenten deshalb auf das Axel-Springer-Haus in Berlin los und zündeten es an.

So war eine Spirale der Gewalt in Gang gesetzt worden, die auf der einen Seite zur Gründung der terroristischen *Rote Armee Fraktion* (*RAF*) und auf der anderen Seite zu einer immer radikaleren Ausgrenzung der als staatsfeindlich hingestellten *APO*-Mitglieder führte. Deutlichster Ausdruck dieser Ausgrenzung war der sogenannte *Radikalenerlaß* oder *Extremistenbeschluß* aus dem Jahr 1972, der gegenwärtige oder ehemalige Mitglieder in *"einer Organisation (...), die verfassungsfeindliche Ziele verfolgt"*[127] – als eine solche galt beispielsweise der *SDS* – vom öffentlichen Dienst (also etwa vom Lehrerberuf, aber auch vom Dienst in der damals noch nicht privatisierten Post) ausschloß.

> ■ Arbeiten Sie heraus, wie in den folgenden Gedichten auf die oben erwähnten politischen Ereignisse Bezug genommen wird und mit welchen dichterischen Mitteln diese kritisiert werden.

ARNFRID ASTEL

Telefonüberwachung

Der 'Verfassungsschutz'
überwacht meine Gespräche.
Mit eigenen Ohren hört er:
Ich mißtraue einem Staat,
5   der mich bespitzelt.
Das kommt ihm verdächtig vor.

(v 1970)

MICHAEL BUSELMEIER

Erkennungsdienstliche Behandlung

Der Beamte im weißen Mantel
"Sind Ihre Zähne vollständig?"
seine rosigen Fingernägel
"Welche Fremdsprachen sprechen Sie?"
5   Ich sitze im Drehstuhl
Nummer 565 vor der Brust
das knallende Blitzlicht
Objekt von verschiedenen Seiten
So ähnlich wird der Berliner CDU-Vorsitzende
10   dagesessen sein

Der Beamte drückt meine Fingerkuppen
in Druckerschwärze
"Sie haben uns als Bullen bezeichnet"
Ich versuche die Finger zu lockern
15 helfe beim Abrollen mit
"Ihre Papillaren sind undeutlich
wenn Sie mal verunglücken sollten
wird man Sie kaum identifizieren"
Rhythmisch bewegen wir uns
20 Hand in Hand durch die Formulare

(v 1978)

V. 9: **der Berliner CDU-Vorsitzende**: Peter Lorenz, der 1975 von der terroristischen *Bewegung 2. Juni* (Todestag von Benno Ohnesorg, der 1967 bei einer Demonstration von einem Polizisten erschossen worden war) entführt und erst wieder freigelassen wurde, nachdem 5 Gesinnungsgenossen der Terroristen aus der Haft entlassen worden waren; in dem Gedicht wird auf das Foto angespielt, das die Entführer als Lebenszeichen von Lorenz verschickt hatten
V. 16: **Papillaren**: Papillarlinien: feine Linien auf der Haut, insbesondere an den Fingerkuppen

1. Skizzieren Sie kurz die in dem Gedicht beschriebene Situation. Wie werden die an ihr beteiligten Personen charakterisiert?

2. Das Gedicht stellt die Äußerungen des Kriminalbeamten dem *Inneren Monolog** des lyrischen Ich gegenüber – welche Wirkung wird hierdurch erzielt?

3. Charakterisieren Sie die Sichtweise des Beamten auf die 'erkennungs-dienstlich zu behandelnde Person' anhand geeigneter Stellen aus dem Gedicht. Wovon wird sein Interesse an dieser geleitet?

4. Was sagt der Vergleich in Vers 9/10 aus? Welche Beziehung ergibt sich zum Schluß des Gedichts (Vers 19/20)?

---

* **Innerer Monolog**: als Erzähltechnik die direkte Wiedergabe von Gedanken oder Gefühlen einer Person in Präsens und Ich-Form (dagegen in der von der Zielset-zung her verwandten *erlebten Rede* Verwendung von Präteritum und Er-Form)

Das größte öffentliche Aufsehen erregten in den 70er Jahren zwei *politische Gedichte*, die beide auf ihre Weise öffentliche Tabus brachen. Das eine, Alfred Anderschs 1976 veröffentlichte Auseinandersetzung mit dem Radikalenerlaß, *artikel 3 (3)*, verglich die demokratische Praxis in der Bundesrepublik mit den Verfolgungspraktiken der Nationalsozialisten:

> *(...)*
> *das neue kz*
> *ist schon errichtet*
> *die radikalen sind ausgeschlossen*
> *vom öffentlichen Dienst*
>
> *also eingeschlossen*
> *ins lager*
> *das errichtet wird*
> *für den gedanken an*
> *die veränderung*
> *öffentlichen dienstes*
>
> *die gesellschaft*
> *ist weiter geteilt*
> *in wächter*
> *und bewachte*
> *wie gehabt*
>
> *ein geruch breitet sich aus*
> *der geruch einer maschine*
> *die gas erzeugt*[128]

Daß hiermit – mit der Thematisierung von faschistischer Kontinuität nach dem Zweiten Weltkrieg – auch Mitte der 70er Jahre noch an einen wunden Punkt gerührt wurde, bewiesen die Reaktionen auf das Gedicht. So wurde vom zuständigen Intendanten des *Südwestfunks* der Vortrag des Gedichts in einer Literatursendung untersagt, und der Chef des Feuilleton-Teils der *Frankfurter Allgemeinen Zeitung* (*FAZ*) verglich seine Sprache mit der des nationalsozialistischen Hetzblatts *Der Stürmer*.

Noch schärfere Reaktionen rief der Tabubruch Erich Frieds hervor, der nach der Ermordung des Generalbundesanwalts Siegfried Buback durch ein Terrorkommando der *RAF* die damals übliche Glorifizierung der solcherart Ermordeten konterkarierte*. Fried suchte mit seinem 1977, kurz nach der Ermordung Bubacks veröffentlichten Gedicht *"scharfe Kritik am Wirken des Ermordeteten (...) mit Absage an politischen Mord und Klage über das Ermorden von Menschen zu verbinden"*.[129] Letzterem Aspekt seines Gedichts verlieh er durch eine Anspielung auf die Trauerklage Marc Antons auf den ermordeten Julius Caesar, wie sie in dem von ihm damals gerade übersetzten Shakespeare-Drama gleichen Namens dargestellt wird, Ausdruck. Marc Antons Klageworte – *Thou bleeding piece of earth* ('Du blutendes Stück Erde') – wurden bei ihm zu *Dies Stück Fleisch*:

> *(...)*
> *Dies Stück Fleisch*
> *war einmal ein Kind*
> *und spielte*

> *Dieses Stück Fleisch*
> *war einmal ein Vater*
> *voll Liebe*

> *Dieses Stück Fleisch*
> *glaubte Recht zu tun*
> *und tat Unrecht*

> *Dieses Stück Fleisch*
> *war ein Mensch*
> *und wäre wahrscheinlich*

> *ein besserer Mensch*
> *gewesen*
> *in einer besseren Welt*

> *(...)*
> *Was er getan hat*
> *im Leben*
> *davon wurde mir kalt ums Herz*

> *Soll mir*
> *nun warm ums Herz werden*
> *durch seinen Tod?*

> *(...)*

---

* **konterkarieren**: sich zu etwas gegensätzlich verhalten und so seine Strukturen bloßstellen

Es wäre besser gewesen
so ein Mensch
wäre nicht so gestorben

Es wäre besser gewesen
ein Mensch
hätte nicht so gelebt.[130]

Begünstigt durch einen sinnentstellenden Druckfehler in einem Vorabdruck, der die Schlußverse in *so ein Mensch / hätte nicht gelebt* umwandelte, entfaltete sich gegen das Gedicht eine Hetze, die dessen Autor zum Sympathisanten der Terrorszene stempelte und in der Forderung nach Verbrennung seines Werkes (durch einen Abgeordneten der Bremer Bürgerschaft) nachträglich Anderschs Vergleich des politischen Klimas in der Bundesrepublik mit dem der Nazizeit bestätigte. Anstatt die Wendung *"dieses Stück Fleisch"* aus dem Kontext zu verstehen, wurde sie immer wieder aus dem Zusammenhang gerissen und als Beleg für eine – so die *FAZ* – *"Mörder-Poesie"*[131] zitiert, die dem Terrorismus das Feld bereite.

Im Grunde genommen kann die große Resonanz der beiden Gedichte in der Öffentlichkeit als Beleg für die Wirksamkeit *politischer Lyrik* dienen, welche Dinge pointierter* und damit auch prägnanter formulieren kann, als es durch andere Formen politischer Aussagen möglich wäre. Eben dies hob auch Alfred Andersch hervor, indem er feststellte:

> *Wenn ich irgendeinen auch noch so feurigen politischen Artikel geschrieben hätte, hätte die Sache nicht diese Wirkung erreicht. Während die sprachliche Form hier eine ganz harte Zustimmung oder Ablehnung provoziert.*[132]

Indessen war bereits Ende der 60er Jahre die grundsätzlichere Frage aufgeworfen worden, ob die Wirkung *politischer Lyrik* diejenige konkreter Aktionen übertreffen könne. Eine solche Abwägung implizierte* die Forderung, daß politisches Engagement sich eher in direkter Hilfe für unterdrückte oder aus anderen Gründen notleidende Menschen als in einer in ihrer Wirkung ungewissen – und in erster Linie doch von solchen Lesern, die ihren Inhalten von vornherein zustimmend

---

*   **pointiert**: zugespitzt; vgl. *Pointe*
    implizieren: unausgesprochen voraussetzen, in sich enthalten; vgl. *implizit* (z.B. 'implizite Forderung')

gegenüberstehen, rezipierten* – Lyrik ausdrücken solle. In einem solchen Konzept waren Gedichte allenfalls noch als Begleiterscheinung von politischen Aktionen, also beispielsweise als *Agitprop-Lyrik**, denkbar. In diesem Sinne schrieb etwa Heike Doutiné in der 1969 veröffentlichten Anthologie *agitprop*:

> *Wer kann schon solange warten, bis ihn 'die Muse küßt' (...) Stellen wir die Kunst hintenan. Lassen wir sie zu kurz kommen (...), die Opfer der Versklavung und Entrechtung verlangen Waffenhilfe. Geben wir sie ihnen. Schnell, ohne zu zögern (...). Agit-Prop ist das Stilett* der raschen Worte.*[133]

Wie eine solchen Anforderungen genügende Lyrik auszusehen habe, demonstrierte Doutiné selbst in folgender Weise:

> *Nur die Solidarität des Proletariats*
> *zerschlägt den Faschismus.*
>
> *Könnt ihr mich verstehen?*
> *Auch ihr in der letzten Reihe?*
>
> *Ich wiederhole:*
> *Nur die Solidarität des Proletariats*
> *zerschlägt den Faschismus.*
>
> *(...)*
> *Ich spreche noch einmal langsam:*
> *Die So-li-da-ri-tät.*
>
> *Wer nicht verstanden hat, hebt die Hand!*
> *(...)*[134]

Erich Fried wehrte sich gegen eine solche Selbstaufhebung der Literatur u.a. durch einen Verweis auf den kubanischen Revolutionär Ché Guevara. Dieser habe in seiner Arbeit *Der Sozialismus und der Mensch in Kuba* erläutert,

> *die eigentliche Aufgabe der Kunst sei nicht die politische Propaganda, sondern der Kampf gegen die Entfremdung. Allerdings war ihm klar, daß der Künstler*

---

*   **rezipieren**: Texte, Kunstwerke etc. als Leser oder auf andere Weise aufnehmen
Agitprop: Zusammensetzung aus *Agitation* (politische Überzeugungsarbeit) und *Propaganda* (Werbung für ein bestimmtes politisches Programm)
Stilett: kleiner Dolch, dessen Klinge drei Kanten aufweist

*oder Dichter, der die Menschen auf das fraglos Hingenommene wieder aufmerksam macht, weil er selbst aufmerksam geworden ist, der hört, sieht, fühlt und andere hören, sehen und fühlen lehrt und die Schranken und Verschleierungen zwischen den einzelnen Sinneseindrücken und Erlebnissen aufhebt, gar nicht umhin kann, **dadurch** auch politisch zu wirken."[135]*

Vergleichen Sie die Entwicklung der Konzeptionen *politischer Lyrik* von Brecht und Enzensberger bis zu Fried und Doutiné. Worin unterscheiden sich die einzelnen Positionen und womit lassen sich die Unterschiede erklären? Wie schätzen Sie selbst Aufgaben und Wirksamkeit *politischer Lyrik* ein?

5.4 Politische Lyrik in der DDR in den 60er und 70er Jahren

Die staatspolitische Zielsetzung, die mit der Gründung der DDR verbunden war, begünstigte von Anfang an eine stärker politische Ausrichtung der Literatur. Dies gilt zum einen in dem Sinne, daß zahlreiche politisch engagierte Schriftsteller, die während des Krieges im Exil gelebt hatten oder im Widerstand aktiv gewesen waren, sich nach Ende des Krieges in der DDR niederließen. Zu ihnen gehörten beispielsweise Stephan Hermlin (vgl. Kap. 1), Bertolt Brecht oder der *expressionistische* Dichter Johannes R. Becher, der in der DDR zu einer Art Hofpoet aufstieg und neben der Nationalhymne auch einen Trauergesang auf den Tod Stalins sowie ein Loblied auf den Staatsratsvorsitzenden Walter Ulbricht verfaßte.

Spätestens 1953 jedoch, als das DDR-Regime durch die Niederschlagung des Volksaufstands vom 17. Juni und die sich daran anschließenden 'Säuberungen', die mit Schauprozessen und Hinrichtungen zahlreicher Regimegegner einhergingen, seinen totalitären Charakter enthüllte, erhielt das Politische in der Lyrik eine andere Akzentuierung. Diese Akzentverschiebung kann dabei gewissermaßen als Beleg für den weiteren Begriff *politischer Lyrik* dienen, der deren gesellschaftskritischen Charakter an der Widerspenstigkeit der Sprache in gelungener Dichtung und ihrer mangelnden Subsumierbarkeit* unter die Parolen und Ideologien der Alltagssprache festmacht (so Enzensberger, s.o.). So wurde beispielsweise ein eher *naturlyrisch* orientierter Dichter wie Peter Huchel (vgl. Kap. 3) über die Absetzung als Chefredakteur der Literaturzeitschrift *Sinn und Form* bis zum Publikationsverbot immer stärker ausgegrenzt, weil er sich nicht der Eindimensionalität des von der Partei propagierten *sozialistischen Realismus* fügen wollte. Eben hierdurch wurden jedoch auch Lyriker politisiert, die ansonsten vielleicht eher abseits des gesellschaftlichen Alltags gedichtet hätten. Dies läßt sich gerade am Beispiel Peter Huchels gut dokumentieren, der über politische Anspielungen in seiner *Naturlyrik* schließlich zu Gedichten fand, die – obwohl mehrdeutig – doch offensichtlich auch direkte Kritik an den gesellschaftlichen Verhältnissen in der DDR enthielten.

So erklärt es sich, daß gerade die eigenständigsten Dichter – unabhängig von der politischen Ausrichtung ihrer Lyrik – mit der Zeit in Konflikt mit dem Regime gerieten. Diese Auseinandersetzungen kulminierten*, als die DDR 1976 den Liedermacher Wolf Biermann, der 1953 in den ostdeutschen Staat übergesiedelt war, gegen dessen Willen ausbürgerte. Die Maßnahme führte zu breitem Protest unter den Schriftstellern der DDR, die in einer Petition* an die Regierung ihres Staates die Rücknahme der Ausbürgerungsentscheidung forderten. Die Partei antwortete hierauf mit – Publikationsverboten gleichkommenden – Ausschlußverfahren gegen die Schriftsteller, die die Petition unterzeichnet hatten, woraufhin viele von diesen Ausreiseanträge stellten. Auf diese Weise verlor die DDR einen Großteil ihrer Intelligenz, darunter Reiner Kunze, Sarah Kirsch (beide 1977), Günter Kunert (1979) und Kurt Bartsch (1980).

---

* **subsumieren**: etwas einer anderen Sache unterordnen, ihr zurechnen
   kulminieren: den Höhepunkt erreichen
   Petition: Bittschreiben

■ Erläutern Sie an den folgenden Gedichten den Zusammenhang zwischen gesellschaftlicher Entwicklung und Politisierung der Lyrik in der DDR.

HELGA M. NOVAK

Lernjahre sind keine Herrnjahre

mein Vaterland hat mich gelehrt:
achtjährig
eine Panzerfaust zu handhaben
zehnjährig
5   alle Gewehrpatronen bei Namen zu nennen
fünfzehnjährig
im Stechschritt durch knietiefen Schnee
zu marschieren
siebzehnjährig
10   in eiskalter Mitternacht Ehrenwache
zu Stalins Tod zu stehen
zwanzigjährig
mit der Maschinenpistole gut zu treffen
dreiundzwanzigjährig
15   meine Mitmenschen zu denunzieren
sechsundzwanzigjährig
das Lied vom guten und schlechten
Deutschen zu singen

wer hat mich gelehrt
20   *Nein* zu sagen
und ein schlechter Deutscher zu sein?

(e 1962)

V. 3: **Panzerfaust**: Granate, die von einem dünnen Rohr abgefeuert wird und dem Kampf gegen Panzerfahrzeuge dient
V. 5: **alle Gewehrpatronen bei Namen zu nennen**: Wortspiel aus 'Patrone' und 'Patron' (Schutzherr; auch Schutzheiliger, der bei Gefahr angerufen – 'bei Namen genannt' – werden kann)

1. Helga M. Novak wurde am 8.9.1935 geboren und lebte bis zur Aberkennung der Staatsbürgerschaft im Jahr 1966 in der DDR. In dem Gedicht stellt sie ihre Biographie in den Zusammenhang der allgemeinen historischen Entwicklung in Deutschland. Arbeiten Sie heraus, auf welche historischen Ereignisse sie in ihrem Gedicht anspielt und wie sie deren Auswirkungen auf ihre eigene Biographie darstellt.

2. Überlegen Sie, in welchen Zusammenhängen das im Titel des Gedichts zitierte Sprichwort verwendet wird und sammeln Sie Assoziationen zu ihm. Erläutern Sie dann seine Bedeutung für den Gedichtzusammenhang.

3. Wie ist dem Gedicht zufolge ein 'guter Deutscher' zu charakterisieren? Was lernt dieser, was lernt er nicht? Warum zieht es das lyrische Ich vor, ein *"schlechter Deutscher"* zu sein?

KURT BARTSCH

bernauer straße

die nächtliche stadt; im stacheldraht
der posten zählt die zigaretten.
noch sind es dreizehn, sieben sind schon rauch;
und jede war ein kurzer frieden.

(v 1968)

———

Bernauer Straße: Straße in Berlin, die nach dem Mauerbau teilweise zu Ost- und teilweise zu Westdeutschland gehörte.
V. 4: **ein kurzer frieden**: Die durch die Mauer gesicherte Grenze zu Westdeutschland wurde von der Parteipropaganda der DDR als *"Friedensgrenze"* – d.h. als Garant für die Bewahrung des Friedens in der DDR – bezeichnet. –

1. Wie werden in dem Gedicht – im Gegensatz zur Parteipropaganda – die Voraussetzungen für Frieden charakterisiert? Welche Kritik am offiziellen DDR-Sprachgebrauch verbirgt sich dahinter?

2. Welche Wirkung ergibt sich aus dem Enjambement in Vers 1?

Typisch für viele *politische Gedichte* in der DDR ist deren krypto-politischer* Charakter. Die hiermit einhergehende Systemkritik war anfangs durchaus als konstruktiver Beitrag zur Entwicklung des Sozialismus gedacht – viele Schriftsteller waren zunächst durchaus der Ansicht, daß aus der DDR ein funktionierender sozialistischer Staat hervorgehen könne. Sie waren jedoch der Meinung, daß hierfür zum gegenwärtigen Zeitpunkt noch nicht alle Bedingungen erfüllt seien, der Staat vielmehr auf dem Wege konstruktiver Kritik in seinen Strukturen verbessert werden müsse. Das Dilemma hierbei war jedoch, daß die Kritik sich innerhalb eben dieser Strukturen äußern mußte, d.h. diese – insbesondere in Gestalt der Partei und ihrer Zensurbestrebungen – mußten zugleich umgangen werden, wollte man sie im Rahmen eines kritischen Dialogs weiterentwickeln.

Als sich die totalitären Strukturen des DDR-Regimes mehr und mehr verfestigten, wurde der kryptopolitische Charakter ihrer Lyrik freilich für die betroffenen Dichter immer stärker zu einer Maßnahme des Selbstschutzes, die sie vor einem völligen Publikationsverbot schützen sollte. Wenn auch für die meisten die Möglichkeit der Veröffentlichung ihrer Werke im Westen blieb, so war es für sie doch gerade wichtig, daß ihre Werke in der DDR gelesen wurden. Dabei ging es ihnen nun allerdings nicht mehr so sehr um die Reform des ostdeutschen Staates – die viele gar nicht mehr für möglich hielten –, als darum, ihre Mitbürger für die täglichen Indoktrinierungen* durch die DDR-Propaganda wachzuhalten, die das eigenständige Denken und Urteilsvermögen mit der Zeit zersetzen und damit auch die Selbstbestimmungsmöglichkeiten des Menschen in einem entscheidenden Punkt beschränken mußten.

---

* **krypto-**: bringt als Vorsilbe den verborgenen Charakter des durch den folgenden Wortteil Bezeichneten zum Ausdruck
Indoktrinierung: Beeinflussung im Sinne einer offiziellen Lehrmeinung (politischer, religiöser oder anderer Art), die eine kritische Hinterfragung derselben auszuschließen versucht

GÜNTER KUNERT

Ikarus 64

1
Fliegen ist schwer:
Jede Hand klebt am Gehebel von Maschinen:
Geldesbedürftig.
Geheftet die Füße
5   An Gaspedal und Tanzparkett. Fest eingenistet
Der Kopf im stolzen im fortschrittlichen
Im vorurteilsharten
Sturzhelm

2
Ballast: Das mundwarme Eisbein
10   In der Familiengruft des Magens.
Ballast: Das finstere Blut
Gestaut an hervorragender Stelle
Gürtelwärts.
Töne
15   Erster zweiter neunter dreißigster Symphonien
Ohrhoch gestapelt zu kulturellem Übergewicht.
Verpulverte Vergangenheit
In handlichen Urnen verpackt.
Tankweis Tränen im Vorrat unabwerfbar:
20   Fliegen ist schwer.

3
Dennoch breite die Arme und nimm
Einen Anlauf für das Unmögliche.
Nimm einen langen Anlauf damit du
Hinfliegst
25   Zu deinem Himmel
daran alle Sterne verlöschen.

4
Denn Tag wird.
Ein Horizont zeigt sich immer.
Nimm einen Anlauf.

(v 1966)

Ikarus: Sohn des *Dädalus* (auch *Daidalos*), der für König *Minos* auf Kreta ein Labyrinth für dessen Sohn, den Stiermenschen *Minotaurus*, baute und nach dessen Fertigstellung von dem König in dem Labyrinth festgehalten wurde. *Dädalus* bastelte daraufhin für sich und seinen Sohn Flügel und floh mit diesen aus dem Labyrinth. *Ikarus* kam jedoch auf der Flucht der Sonne zu nahe, so daß die aus Wachs gebauten Flügel schmolzen und er ins Meer stürzte.

1. Die in Strophe 1 in bezug auf Hand, Füße und Kopf gebrauchten Metaphern weisen auf gesellschaftliche Einschränkungen der individuellen Freiheit hin. Versuchen Sie, diese mit Ihren eigenen Worten wiederzugeben. Inwiefern unterstützt die semantische Qualität der Verben die Gedichtaussage?

2. Strophe 2 benennt weitere Einschränkungen der individuellen Freiheit. Benennen Sie diese und ordnen Sie sie nach individuellen und gesellschaftlichen Aspekten.

3. Dem Satz *"Fliegen ist schwer"* (1/20) kommt als Umrahmung von Strophe 1 und 2 besonderes Gewicht zu. Deuten Sie ihn zunächst in deren Rahmen und zeigen Sie dann, wie sich seine Bedeutung verändert, wenn man ihn von Strophe 3/4 aus liest.

4. Erläutern Sie die Doppeldeutigkeit des Verbums 'hinfliegen' in Strophe 3.

5. Die Sternenmetapher erscheint in dem Gedicht – entgegen der lyrischen Tradition – mit negativen Konnotationen behaftet. Begründen Sie dies aus dem Gedichtzusammenhang heraus und deuten Sie die Metapher, indem Sie negative Assoziationen zu dem Bildkomplex 'Stern/Sterne' sammeln.

6. Kann Ikarus Erfolg haben? Wenn ja: unter welchen Bedingungen?

7. Welchen Zusammenhang des Gedichts mit der gesellschaftlichen Entwicklung in der DDR bis zu dem im Gedichttitel erwähnten Jahr 1964 sehen Sie? Berücksichtigen Sie für Ihre Antwort auch den mythologischen Hintergrund des Werkes.

8. Erläutern Sie anhand folgender Verse aus dem Gedichtband *Unterwegs nach Utopia* (1977), wie sich Kunerts Verwendung des Ikarusbildes und sein Utopiebegriff in den folgenden Jahren verändert haben. Welche Gründe vermuten Sie für diese Veränderungen?

a) *Vögel: fliegende Tiere*
   ikarische Züge
   (…)
   ein blutiges und panisches
   Geflatter
   nach Maßgabe der Ornithologen*
   unterwegs nach Utopia
   wo keiner lebend hingelangt
   wo nur Sehnsucht
   überwintert.[136]

b) *Auf der Flucht*
   vor dem Beton
   (…)
   (…) findest du
   vielleicht
   einen grünen Fleck
   am Ende
   und stürzest selig
   in die Halme
   aus gefärbtem Glas.[137]

REINER KUNZE

Erster Brief der Tamara A.

Geschrieben habe dir
Tamara A., vierzehn jahre alt, bald
mitglied des Komsomol

In ihrer stadt, schreibe sie, stehen
5   vier denkmäler: Lenin
                    Tschapajew
                    Kirow
                    Kuibyschew

---

* **Ornithologe**: Vogelkundler; vgl. *Ornithologie*

Schade, daß sie nichts erzähle

10   von sich

Sie erzählt
von sich, tochter

(e 1969)

V. 3: **Komsomol**: in der Sowjetunion Jugendorganisation der Kommunistischen Partei für 14- bis 26jährige Jugendliche, in die Mitglieder der *Jungen Pioniere* (9- bis 14jährige) aufgenommen wurden, soweit sie sich unter diesen bewährt hatten; Briefpartnerschaften sollten die Verbundenheit der *Pioniere* auch auf internationaler Ebene stärken bzw. unter Beweis stellen

V. 6: **Tschapajew**: militärischer Held der Bolschewisten im russischen Bürgerkrieg

V. 7: **Kirow**: Weggefährte Stalins; seine Ermordung 1934 war Auslöser der *Großen Säuberung*, mit der Stalin sich unliebsamer Genossen entledigte

V. 8: **Kuibyschew**: enger Mitarbeiter Stalins, nach dem später die Wolga-Stadt Samara benannt wurde (die Stadt ist mittlerweile wieder zu ihrem ursprünglichen Namen zurückgekehrt); starb 1935 zu Beginn der *Großen Säuberung*

1. Wie würden Sie die äußere Form des Gedichts kennzeichnen? Zu welchen anderen politischen Gedichten können Sie Parallelen feststellen, und worin bestehen diese? Warum hat Kunze für das Gedicht wohl diese Form gewählt?

2. Rekonstruieren Sie aus den Andeutungen in dem Gedicht die Situation, vor deren Hintergrund das lyrische Ich spricht.

3. Welcher Vorwurf gegenüber totalitären Gesellschaften verbirgt sich hinter den beiden Schlußversen des Gedichts?

4. Das Gedicht entstammt dem Zyklus *monologe mit der tochter*. Erläutern Sie die Paradoxie eines 'monologischen Dialogs'. Berücksichtigen Sie dafür besonders die gesellschaftliche Situation, in der sich der Sprecher und seine Tochter befinden.

REINER KUNZE

Tagebuchblatt 74

1
Das waldsein könnte stattfinden
mit mir

(Nicht mehr bedroht sein
von allen äxten

5 Eine wasserader
unter den wurzeln)

2
Ich aber will nicht einstimmen
müssen

(Lieber immer neue äste treiben
10 zu wehren der axt

Lieber die wünschelruten der wurzeln
wieder und wieder verzweigen)

(e 1974)

1. Beschreiben Sie den Gegensatz zwischen 'Wald' und 'Baum' in dem Gedicht – was macht das *"waldsein"* so verlockend?

2. Erläutern sie anhand der Doppeldeutigkeit des Verbums *"einstimmen"* in dem Gedicht die Gefahren des *'waldseins'* und stellen Sie diese den Vorzügen einer Ablehnung dieses Zustands gegenüber. Berücksichtigen Sie hierfür besonders das Bild aus den beiden Schlußversen; durch welches Stilmittel wird hier der Aussage Nachdruck verliehen?

3. Inwiefern spiegelt das Gedicht die Situation eines Dichters in der DDR wider?

4. Läßt sich das Gedicht auch allgemein als Bild für das Verhältnis von Individuum und Gesellschaft deuten? Welche Position bezieht das lyrische Ich hierbei?

Eine Besonderheit im Literaturbetrieb der DDR stellte das Literatur-institut J.R. Becher dar, an dem angehende Schriftsteller in der Theorie und Praxis des literarischen Schreibens unterrichtet wurden. Gegründet, um das Schaffen der Schriftsteller gezielt beeinflussen zu können, war das Institut zwar bald – so Sarah Kirsch – "die günstigste Startrampe für eine literarische Karriere in der DDR"[138]; von seiner Ausrichtung her war es jedoch keineswegs als systemkonform zu bezeichnen. Dies lag vor allem an seinem Leiter, dem Lyriker und Essayisten Georg Maurer, der sich schon 1956 gegen *"Leute"* (sprich: Funktionäre) wandte, *"die selber nicht schrieben"*, sowie gegen deren

> *Vorstellung von Kunst, die sie denen, die Kunst ausübten, aufdrängen wollten. Sie hatten es nicht sehr gern, wenn die Schwierigkeiten des Lebens dargestellt wurden, sondern wünschten die glatte Lösung. Sie wollten immer wieder hören, daß alles schön und gut sei oder schön und gut werde, um sich selbst bestätigt zu finden. Gedichte solcher Art aber bewegten niemanden.[139]*

Maurer betonte besonders, daß *"Kunst, besonders Lyrik"* als Auftragsarbeit im Grunde nicht möglich sei, da sie in hohem Maße Selbstaussage sei:

> *Lyrik bedeutet wahrscheinlich, anhand eines Themas mit anschaulichen Mitteln sich **selbst** auszusagen. Und das heißt, daß nicht jeder in jedem Thema sich selbst darstellen kann.[140]*

Seine Aufgabe als Lehrer angehender Lyriker sah Maurer vor diesem Hintergrund zu einem wesentlichen Teil darin, die ihm Anbefohlenen in ihrem Prozeß der Selbstfindung – die für ihn gleichbedeutend war mit der Themenfindung – zu unterstützen. Denn ein Hauptproblem junger Schriftsteller sah er darin, daß diese oft gar nicht wüßten, wer sie seien und was sie wollten:

> *Wir müssen beobachten lernen, was wir selbst fühlen und denken. Das wissen wir nämlich oft nicht. Wir lassen unsere Gefühle und Gedanken verwischen durch aufgeputzte Leidenschaften und gelenkte Ekstasen, durch laut proklamierte Dogmen und dialektische Spitzfindigkeiten (…) Aber gerade auf unsere eigenen Gefühle und Gedanken kommt es an. Wir dürfen nicht das Sprachrohr von Funktionären und Politikern und Journalisten werden, sondern müssen das Sprachrohr der Wirklichkeit sein. Dann erst treffen sich der große Politiker und der große Politiker in Wahrheit."[141]*

Maurer ging dabei davon aus, daß der Dichter, der sich wirklich selbst gefunden habe, notwendig auch über seine Zeit schreibe, auch wenn sein Thema scheinbar abwegig wäre:

In welchem Thema wir, die wir doch heutige Menschen sind, uns ganz und gar ausdrücken, ist unsere Sache, Sache des jeweiligen Künstlers.[142]

Mit seinen dichtungstheoretischen Überlegungen opponierte Maurer gleich in doppelter Hinsicht gegen die Ausdehnung des Führungsanspruchs der Partei auch auf den Bereich der Literatur, indem er zum einen die Möglichkeit einer zentralen Themenvorgabe oder auch einer Bestimmung der allgemeinen Richtung der Literatur – wie dies später etwa mit der Proklamierung des *sozialistischen Realismus* versucht worden war – bestritt und zum anderen das künstlerische Individuum vor einer wie auch immer gearteten Vorab-Vereinnahmung durch das politische Kollektiv in Schutz nahm. Demnach verwundert es auch nicht, daß die an dem Literaturinstitut ausgebildeten Dichter sich durchweg positiv über ihr Studium dort äußerten. Sarah Kirsch etwa berichtet folgendermaßen über ein Lyrik-Seminar bei Georg Maurer:

> *Er machte ungeheure Exkurse* durch die Weltliteratur. Wenn wir kleinen Studenten mit einem Regen-Gedicht oder Herbst-Gedicht oder Gewitter-Gedicht ankamen, verfolgte er das Thema durch die ganze Weltliteratur, las Brockes'* Gedichte über Gewitter usw. Das war sehr wertvoll für uns, weil wir sofort sahen, daß wir uns das hätten sparen können, das man es ganz anders machen muß.*[143]

Das gemeinsame Lernen und Arbeiten in dem Literaturinstitut trug schließlich auch dazu bei, daß die angehenden Dichter einander näherkamen und einander auch später noch durch konstruktive Kritik unterstützten. So entstand ein Zusammengehörigkeitsgefühl, das sich auch auf andere Lebensbereiche übertrug und für das Schreiben unter den Bedingungen eines totalitären Staates sicher eine wichtige Kraftquelle darstellte. Die solcherart zusammengeschweißte Generation der Nachkriegsdichter in der DDR, zu der neben Sarah Kirsch u.a. auch Kurt Bartsch, Wolf Biermann und Heinz Czechowski gehören, wird gelegentlich auch als *Sächsische Dichterschule* bezeichnet.

---

*   **Exkurs**: planmäßige Abschweifung von einem Thema, die dieses besser verständlich machen soll
   Bartold Hinrich Brockes (1680–1747): Dichter zwischen *Spätaufklärung* und *Frühaufklärung*, der seine *Naturlyrik* mit Reflexionen über Gott und die Schöpfung verband

SARAH KIRSCH

Grünes Land

Wenn der Kuckuck ruft den hörst du nicht bin ich weit
Grünes grünes Land zwischen mir und der Stadt
Ich zieh ins Haus zwischen die Arme des Flusses

        Aber was tu ich ich fang keinen Fisch
5   Verstehe die Stimmen der Krähen nicht

Wiesen Koppel zu Türmen gehaunes Gras Schonungen
        /der Hochwald
Ich sehe gebogene weidende Pferde sie sind gar nicht da
Nur einmal ein Kopf aus dem Stallfenster

        Ach und ich lief auf beuligen Wegen
10   Fort aus der Stadt

Ich rauche im Regen traf tagelang keinen Menschen
Nur ein Alter sah übern Zaun hatte Zeitung gelesen
Wenns losgeht sagte er ich habe einen eigenen Brunnen

Ich nichts aber auf diesem Land
15   Bau ich dir vierblättrigen Klee

                           (v 1973)

in einem speziellen Verweisungszusammenhang stehen. Versuchen Sie, die Bedeutung dieser Chiffren anhand folgender Auszüge aus anderen Gedichten Sarah Kirschs zu bestimmen:

a)   (aus einem Dorfgedicht:)
*Wenn man hier keine **Zeitung** hält*
Ist die Welt in Ordnung.[144]

b)   (aus einem Gedicht über eine Mißernte:)
die Bauern (...)
*Hörten (...) diesmal umsonst auf den **Kuckuck** (...)*[145]

4.   Arbeiten Sie weitere zentrale Chiffren aus dem Gedicht heraus und erläutern Sie ihre Aussagefunktion.

5.   Kirschs ostdeutscher Schriftstellerkollege Franz Fühmann schreibt über das Gedicht: *"Der, der ins grüne Land kommt, um der Stadt und seinem Vergangenen zu entfliehen, trägt Stadt und Vergangenheit in sein Asyl."*[146] – Wie macht sich dies in dem Gedicht bemerkbar?

6.   Beschreiben Sie den Entwicklungsprozeß, den das lyrische Ich im Verlauf des Gedichts durchmacht. Wie wird er durch die äußere Form des Gedichts markiert?

7.   Wie zeigt sich die Entfremdung des Menschen von der Natur in dem Gedicht, und woraus wird der bedrohliche Charakter dieser Entfremdung deutlich? Werden Maßnahmen hiergegen vorgeschlagen?

6. Alltagslyrik und Neue Subjektivität

Parallel zum gesellschaftspolitischen Wandel in der Bundesrepublik Deutschland geriet um die Mitte der 60er Jahre auch die Vorherrschaft der *hermetischen Lyrik* und der ihr nahestehenden Dichtungsformen ins Wanken. Symptomatisch hierfür waren die *Thesen zum langen Gedicht*, die der in seinen Anfängen *naturlyrisch* orientierte, später der *experimentellen Lyrik* zugewandte Dichter und Literaturwissenschaftler Walter Höllerer 1965 in der von ihm seinerzeit mitherausgegebenen Zeitschrift *Akzente* veröffentlichte. Mit einem deutlichen Seitenhieb auf die *hermetische Lyrik* wird da vom Dichter gefordert:

> *Berufe dich nicht auf 'Schweigen' und 'Verstummen'. Das Schweigen als Theorie einer Kunstgattung, deren Medium die Sprache ist, führt schließlich zu immer kürzeren, veschlüsselteren Gedichten; die Entscheidung für ganze Sätze und längere Zeilen bedeutet Antriebskraft für Bewegliches.[147]*

Der Begriff *"langes Gedicht"* bezieht sich dabei nicht in erster Linie auf das äußere Volumen des lyrischen Werkes. Entscheidend ist für *Höllerer* vielmehr sein andersgearteter *"Umgang mit der Realität"*.[148] Im 'langen Gedicht' findet dieser darin seinen Ausdruck, daß die Dichter *"alle Feiertäglichkeit weglassen"*[149]:

> *Im langen Gedicht will nicht jedes Wort besonders beladen sein. Flache Passagen sind nicht schlechte Passagen, wohl aber sind ausgedrechselte* Stellen, die sich gegenwärtig mehr und mehr ins kurze Gedicht eingedrängt haben, ärmliche Stellen. (…) Subtile und triviale, literarische und alltägliche Ausdrücke finden somit notgedrungen im langen Gedicht zusammen, spielen miteinander – wie Katz und Hund.[150]*

Wie Höllerer betont, wirke die Befreiung von sprachlichen und formalen Fixierungen auch positiv auf die inhaltliche Ebene zurück, indem sie dem Dichter eine unverstelltere Sicht auf das Geschehen um ihn her ermögliche:

> *Wer ein langes Gedicht schreibt, schafft sich die Perspektive, die Welt freizügiger zu sehen, opponiert gegen vorhandene Festgelegtheit und Kurzatmigkeit. Die Republik wird erkennbar, die sich befreit.[151]*

---

* **ausgedrechselt**: hier: gekünstelt; vgl. *gedrechselter Stil*

Der revolutionäre Charakter von Höllerers Thesen, der sich in solchen Sätzen ausdrückt, wird bestätigt durch den zumeist eindeutig politischen Charakter jener Gedichte, die in dem neuen Stil geschrieben wurden (vgl. etwa die Gedichte von Miehe und Delius unter 5.3). Zur selben Zeit wurden jedoch auch bereits Gedichte veröffentlicht, die zwar klare politische Aussagen enthielten, diese jedoch nicht direkt, sondern vermittelt über die Beschreibung alltäglichen Geschehens sowie aus der Sicht eines im Rahmen desselben situuierbaren konkreten Subjekts vorbrachten. Hieraus entwickelte sich das, was man später als *Alltagslyrik* bzw. als Lyrik der *Neuen Subjektivität* bezeichnete.

■ **Verdeutlichen Sie anhand der beiden folgenden Gedichte Strukturen und Intentionen der neuen lyrischen Richtung und grenzen Sie diese gegen die anderen Dichtungsformen der Nachkriegszeit ab.**

YAAK KARSUNKE

alternativ

ich sitze am schreibtisch beschäftigt
meine sorgen mit denen
dieses jahrzehnts zu vertauschen

eines der spielenden kinder
5   ein stockwerk tiefer
vor meinem fenster
fängt an zu schreien

wenn ich (vom fenster aus)
sehe
10   es ist nicht meine tochter
kehre ich wieder
an den schreibtisch zurück

soweit
haben sie mich
15   oder bin ich
nicht weit genug?

(1967)

1. Inwiefern ist die Reaktion des lyrischen Ich gesellschaftlich vermittelt? Berücksichtigen Sie für Ihre Antwort besonders das Konstrukt* der Familie als Keimzelle der bürgerlichen Gesellschaft.

2. Strophe 1 problematisiert vor dem Hintergrund der Verhaltensweise des lyrischen Ich dessen politische Aktivitäten (die die Aktivitäten der Studentenbewegung sind). Begründen und erläutern Sie dies.

3. Die letzte Strophe spielt mit sprachlichen Wendungen rund um das Wort 'weit'. Sammeln Sie hierzu passende Konnotationen und zeigen Sie, wie diese in dem Gedicht miteinander verbunden werden.

4. Wie vermittelt das Gedicht subjektiven Ausdruck und politische Aussage miteinander? Inwiefern verbirgt sich in dem Inhalt des Gedichts zugleich eine Begründung für seine Form? Welche Beziehungen ergeben sich hier zur Dichtungstheorie Georg Maurers (vgl. 5.4)?

GÜNTER HERBURGER

Der Wirsing der Blumenkohl ...

Der Wirsing der Blumenkohl
Rettiche Suppenwürfel Mehl
Büchsenmilch und alle anderen
tausend Pfennige
5 in den engen Regalen
wo ich stehe und mich bücke
und durchs Fenster
knapp die Straße übersehe
wenn sie Rollschuh laufen
10 mit einer Wunde am Knie
dem Geruch voll Eifer
für den ich mich
anstrengen möchte
an dieser Kurve
15 gerade noch sichtbar für mich
wo sich der Rock hebt
ein Lätzchen ein Steg

---

* **Konstrukt**: definitorische Konstruktion

das macht mich froh
tief innen im Laden
20   bevor sie roh und dick werden
und noch schnell vor dem Kochen
Essig kaufen oder Eier
in die Mutterklaue nehmen
Sparmarken und Fett
25   in die Schürzentasche
sie reiben sich
drücken den Bauch vor
aber ich bin schneller
und während ich grammweise
30   vom Papier kratze bis es stimmt
betaste ich draußen
die Hüften ihrer Kinder

(v 1966)

V. 9:   **Eifer**: vgl. 'Eiter'
V. 17: **Lätzchen**: Latz: mit dem übrigen Kleidungsstück verbundenes, von Trägern gehaltenes Stoffteil über der Brust (vgl. 'Latzho-
se')
V. 17: **Steg**: an 'Steghosen' ein unten an der Hose befestigtes
Gummiband, das über die Fußsohle gespannt wird
V. 22: **Eier**: vgl. vulgärsprachlich 'Eier' als Ausdruck für 'Hoden'
V. 24: **Sparmarken**: Rabattmarken: wurden früher beim Einkauf
an den Käufer ausgegeben und von diesem in ein Rabattheft
eingeklebt, das als Rabatt eingelöst werden konnte, wenn das Heft
vollgeklebt war

1. Beschreiben Sie kurz das lyrische Ich: Welchem Beruf geht es nach, in
    welcher Situation treffen wir es an, was erfahren wir über seinen
    Charakter, seine Vorlieben und Abneigungen?

2. Versuchen Sie das Gedicht gemäß dem Gedankengang des lyrischen Ich
    und der hierdurch gelenkten Blickrichtung des Gedichts zu gliedern.
    Auf welche Weise werden die einzelnen Gedichtteile miteinander
    verbunden?

3. Nach Karl Marx ist der Charakter der Warenwelt im Kapitalismus
    abstrakt in dem Sinne, daß die Waren nicht als sie selbst von Bedeutung
    sind, sondern hinsichtlich ihres Mehrwerts, also des Gewinns, der mit

ihnen zu erzielen ist. An welchen Stellen in dem Gedicht wird hierauf angespielt? In welcher Weise beeinflußt dies das sich uns darbietende Bild des lyrischen Ich?

4. Nach der psychoanalytischen Theorie von Sigmund Freud spielt bei der Verdrängung sexueller Wünsche die Verschiebung eine große Rolle. Hierbei kann u.a. statt des gewöhnlichen Ziels sexuellen Begehrens – der männlichen oder der weiblichen Geschlechtsorgane – ein anderes, diesen in der Form ähnliches oder in anderer Weise auf sie hindeutendes Objekt begehrt werden. Dieses verweist dabei in seinem abstoßenden Charakter zuweilen direkt auf die ablehnende Haltung des betreffenden Subjekts gegenüber seinen sexuellen Trieben und die daraus folgernde Abnormität* des sexuellen Verhaltens. Die gedanklichen hängen wiederum eng mit sprachlichen Verschiebungen zusammen. – Wo werden in dem Gedicht derartige Tendenzen deutlich?

5. Wie würden Sie die Einstellung des lyrischen Ich gegenüber den in dem Gedicht auftretenden erwachsenen Frauen kennzeichnen? In welcher Weise hängt sie mit seiner Einstellung zu deren Töchtern zusammen?

6. Das Gedicht bringt die sexuelle Perversion des lyrischen Ich mit der entfremdenden Wirkung des kapitalistischen Systems in Zusammenhang. Woran wird dies deutlich, und wie läßt sich dieser Zusammenhang beschreiben?

Auch Jürgen Theobaldy, einer der bedeutendsten Vertreter der *Neuen Subjektivität*, sieht die wichtigste Ursache für das Aufkommen der *Alltagslyrik* im Widerstand gegen die bisherigen lyrischen Richtungen, den er wiederum auf deren mangelnde Eignung zur Darstellung der veränderten gesellschaftlichen Verhältnisse zurückführt. Die neuen lyrischen Formen sind deshalb ihm zufolge als erklärte *"Antiformen"* zu verstehen, als Gegenreaktion gegen die dichterische Tradition bzw. *"als Weigerung, sie fortzusetzen"*.[152] Dem Widerstand im Formalen entspricht dabei ein inhaltlicher Widerstand, in dem sich die größere Nähe der neuen Dichter zum Alltag mit seinen Sorgen und Sehnsüchten ausdrückt:

---

* **Abnormität**: Abweichung von der Norm

Die jüngeren Lyriker sind mit ihren Gedichten ins Handgemenge gegangen, sie bleiben beweglich, sie lassen sich nicht darauf ein, ihre Gedichte, leicht und glatt wie Luftballons, in esoterische Höhen zu schicken, wo nurmehr schlaffe Hüllen übrigbleiben.[153]

Seit Anfang der 70er Jahre verstand sich die Lyrik der *Neuen Subjektivität* allerdings nicht mehr nur als Gegenreaktion auf die *hermetische Lyrik*, sondern auch als Gegenbewegung zu Erscheinungsformen der *Agitprop-Lyrik*, wie sie Ende der 60er Jahre vermehrt propagiert wurden (vgl. 5.3). Denn nach Theobaldy hat gerade die

Protestbewegung politisch bewußten Lyrikern die Dringlichkeit deutlich gemacht, ihre Gedichte mit sinnlicher Erfahrung anzureichern, nachdem das politisch engagierte Gedicht einen bestimmten rational aufklärerischen, aber sehr kühlen Sprachgestus gepachtet zu haben schien (...). Im Agitprop als der äußersten Zuspitzung dieser Tendenz reduzierte sich das Gedicht auf eine einzige Funktion, sein Adressat auf so etwas wie den 'Politiker im Menschen'.[154]

■ Welche Aspekte der Dichtungstheorie der *Neuen Subjektivität* werden in den folgenden programmatischen* Gedichten zum Ausdruck gebracht?

JÜRGEN THEOBALDY

Abenteuer mit Dichtung

Als ich Goethe ermunterte einzusteigen
war er sofort dabei
Während wir fuhren
wollte er alles ganz genau wissen
5   ich ließ ihn mal Gas geben
und er brüllte: 'Ins Freie!'
und trommelte auf das Armaturenbrett

---

*   **programmatisch**: ein (politisches, literarisches usw.) Programm enthaltend bzw. ihm entsprechend

Ich drehte das Radio voll auf
er langte vorn herum
10 brach den Scheibenwischer ab
und dann rasten wir durch das Dorf
über den Steg und in den Acker
wo wir uns lachend und schreiend
aus der Karre wälzten

(v 1973)

V. 6: **'Ins Freie!'**: Ausspruch des *Faust* aus der Kerkerszene von Goethes gleichnamigem Drama (Teil 1); vgl. auch das als Motto dem Theobaldy-Band *Blaue Flecken* (1974) vorangestellte Hölderlin-Zitat "*Komm! ins Offene, Freund!*"

1. Die Interpretation verändert sich je nachdem, ob man Goethe in dem Gedicht als Vertreter der *Klassik* oder des *Sturm und Drang* ansieht. Probieren Sie beide Interpretationen aus – welche erscheint Ihnen schlüssiger?

2. Inwiefern ist der in dem Gedicht zitierte Faust-Ausspruch programmatisch für die Anfänge der *Alltagslyrik*?

3. Wie werden dichterische und persönliche Befreiung in dem Gedicht miteinander verbunden?

Nicolas Born

Drei Wünsche

Sind die Tatsachen nicht quälend und langweilig?
Ist es nicht besser drei Wünsche zu haben
unter der Bedingung daß sie allen erfüllt werden?
Ich wünsche ein Leben ohne große Pausen
5   in denen die Wände nach Projektilen abgesucht werden
ein Leben das nicht heruntergeblättert wird von Kassierern.
Ich wünsche Briefe zu schreiben in denen ich ganz
                                        /enthalten bin –
wie weit würde ich herumkommen ohne Gewichtsverlust.

Ich wünsche ein Buch in das ihr alle vorn hineingehen
/und hinten herauskommen könnt.
10 Und ich möchte nicht vergessen daß es schöner ist
dich zu lieben als dich nicht zu lieben.

(v 1972)

V. 5: **Projektile**: Gewehrkugeln und ähnliche kleinere Geschosse

1. Erläutern sie anhand des ersten Wunsches des lyrischen Ich (Vers 4 bis 6), der sich gegen drei Aspekte der *"Tatsachen"* richtet, was mit diesen gemeint ist. Welcher zentrale Vorwurf gegenüber ihnen ergibt sich aus dem dritten Wunsch (Vers 10f.), und welche Reaktion hierauf lassen Vers 2 und 3 erkennen?

2. Welches Ideal von Dichtung ergibt sich aus dem zweiten und dritten Wunsch (Vers 7 bis 9)? In welchem Zusammenhang steht es mit den *"Tatsachen"*?

3. Erläutern Sie die folgenden Sätze Borns (**a**) und Theobaldys (**b/c** – aus einer Interpretation zu dem Gedicht) mit Hilfe des Gedichts. Beachten Sie dabei jeweils den Zusammenhang mit der dichtungstheoretischen Position der *Neuen Subjektivität*.

   a) *Wie die Utopie in der Realität enthalten ist, so auch die Realität in der Utopie.*[155]

   b) (über die moderne Gesellschaft): *Der Ich-Verlust der Menschen ist so weit fortgeschritten, daß sie mittlerweile nicht nur keine Identität mit sich selber finden, sondern daß sie darüber hinaus mit ihren sozialen Rollen, Funktionen identisch geworden sind.*[156]

   c) *Das Gedicht stemmt sich gegen die Aufsplitterung des einzelnen in ein politisches und ein privates Individuum.*[157]

Aufgrund ihrer Betonung der *'sinnlichen Erfahrung'* (so Theobaldy, s.o.) wurde die neue lyrische Richtung gelegentlich auch als *Neue Sensibilität* bezeichnet. Hiermit verband sich oft der Vorwurf, die *Alltagslyrik* wende sich in ihrer Hinwendung zum Alltag zugleich von der Politik ab und betreibe eine Rückkehr zur Lyrik der Innerlichkeit. Eine solche Betrachtungsweise sah die neuen Gedichte beeinflußt von der gesellschaftlichen *Tendenzwende*, mit der die zunehmende Abkehr von den politischen Idealen der Studentenbewegung um die Mitte der 70er Jahre bezeichnet wurde. In der Tat spiegelte diese sich auch vielfach in den Gedichten der *Neuen Subjektivität* wider.

■ **Wie werden in den folgenden Gedichten Verhaltens- und Einstellungsmuster der Studentenbewegung dargestellt? Sind die Gedichte selbst Ausdruck der *Tendenzwende* oder reflektieren sie diese nur?**

URSULA KRECHEL

Jetzt ist es nicht mehr so

Jetzt ist es nicht mehr so
daß wir müde, mit Blasen an den Füßen
verdreckt und naß vom Wasserstrahl
nach Hause kommen, essen, trinken
5   und wieder weg ins Kino.

Jetzt ist es nicht mehr so
daß wir denken, wenigstens
die Straße gehört uns.
Und die Zukunft natürlich
10   jetzt oder später, aber bald.

Jetzt ist es nicht mehr so
daß wir am Schnitt der Haare
am Lachen die Genossen erkennen
uns auf die Schulter klopfen, öffentlich
15   wir könnten uns verändert haben.

Jetzt ist es nicht mehr so
daß da, wo zwei oder drei versammelt sind

in meinem Namen, ich mitten unter ihnen bin
belehre, stärke, unterstütze

20 ganz ohne Fragen.

Jetzt ist es nicht mehr so
daß wir mit Köpfen durch die Wände gehen
aufrecht, Antworten wissen, eh uns jemand fragt
Spuren hinterlassen, Erinnerungsbänder

25 wie Schnecken auf dem trockenen Sand.

Jetzt ist es nicht mehr so
daß wir jedem Arbeiter
der aus der U-Bahn steigt mit Mütze
gleich sagen können, was ihm fehlt

30 und unserem Hausbesitzer auch.

Jetzt haben wir plötzlich Zeit
zu langen Diskussionen in den Betten.
Verschwitzt, aber kalt bis in die Zehen
sehen wir zum ersten Mal das Weiße

35 in unseren Augen und erschrecken.

(v 1977)

V. 17: **wo zwei oder drei versammelt sind …**: Anspielung auf die Ansprache Christi an die Jünger beim letzten gemeinsamen Abendmahl

1. Ordnen Sie das Gedicht nach folgenden Aspekten der Protestbewegung:

   • Alltag der Studenten;
   • Moden;
   • Diskussionsstil;
   • Lebensgefühl;
   • revolutionäre Utopien.

   Welche Aussagen zu den einzelnen Aspekten lassen sich dem Gedicht entnehmen?

2. Welche Stellen in dem Gedicht spielen auf ein verstärktes Anpassungs-verhalten der ehemaligen Studenten und auf ihren Rückzug ins Private an?

WOLF WONDRATSCHEK

In den Autos

Wir waren ruhig,
hockten in den alten Autos,
drehten am Radio
und suchten die Straße
5   nach Süden.

Einige schrieben uns Postkarten aus der Einsamkeit,
um uns zu endgültigen Entschlüssen aufzufordern.

Einige saßen auf dem Berg,
um die Sonne auch nachts zu sehen.

10   Einige verliebten sich,
wo doch feststeht, daß ein Leben
keine Privatsache darstellt.

Einige träumten von einem Erwachen,
das radikaler sein sollte als jede Revolution.

15   Einige saßen da wie tote Filmstars
und warteten auf den richtigen Augenblick,
um zu leben.

Einige starben,
ohne für ihre Sache gestorben zu sein.

20   Wir waren ruhig,
hockten in den alten Autos,
drehten am Radio
und suchten die Straße
nach Süden.

(v 1976)

157

1. Das Gedicht spielt auf den Zerfall der Protestbewegung seit Anfang der 70er Jahre an. Zeigen Sie, wie die folgenden Zerfallserscheinungen in dem Gedicht charakterisiert werden:

   • politische Radikalisierung bis hin zur Verübung terroristischer Anschläge
   • religiöses Sektierertum
   • Flucht in Drogen
   • Rückzug ins Privatleben
   • Vereinnahmung durch die Kulturszene.

2. Erläutern Sie die paradoxale Struktur der Binnenstrophen und zeigen Sie, wie sich hierdurch eine ironisierende Wirkung hinsichtlich der Teilgruppen, in die die Protestbewegung zerfiel, ergibt. An welchen Stellen wird auf ideologische Rede- und Denkweisen der Studentenbewegung angespielt?

3. Bestimmen Sie die Unterschiede in der formalen Struktur der Binnen- und der Rahmenstrophen. Welche Charakterisierungen ergeben sich hieraus für die Personen, von denen die einzelnen Strophen handeln, und wie spiegeln diese sich auf der Inhaltsebene wider?

4. Beschreiben Sie das Verhältnis zwischen dem lyrischen Wir und den Teilgruppen der Binnenstrophen. Inwiefern ist es charakteristisch für dieses Verhältnis, daß die Eingangsstrophe am Ende wortgleich wiederholt wird? Wie würden Sie das lyrische Wir im Rahmen der Studentenbewegung lokalisieren?

5. Wohin fährt das lyrische Wir? Was sucht es, und wie wird seine Suche charakterisiert? Können Sie Gemeinsamkeiten zu Theobaldys Gedicht *Abenteuer mit Dichtung* entdecken?

6. Arbeiten Sie Unterschiede und Gemeinsamkeiten des Gedichts mit Krechels Rückblick auf die Zeit der Protestbewegung heraus.

Von Vertretern der *Neuen Subjektivität* selbst wurde immer wieder die gesellschaftskritische Intention ihrer Lyrik hervorgehoben. So sieht etwa Michael Buselmeier seine Aufgabe als Schriftsteller darin, *"die Zersplitterung der Lebenszusammenhänge im Kopf jedes einzelnen (…) kritisch herauszutreiben"*.[158] Ausdrücklich betont er dabei das Bemühen der *Alltagslyriker*, *"nicht hinter das einmal politisch Erkämpfte und theoretisch Erkannte zurückzufallen"*. Vielmehr hätten diese lediglich *"die Abstrakt-*

heit und 'ideologische' Unverbindlichkeit vieler agitatorischer Verse" entdeckt
und fingen deshalb an,

> *das verdrängte Ich zusammen mit dem kleinen Alltagsschmutz wieder in*
> *Literatur einzubringen und mit den politisch-theoretischen Erkenntnissen zu*
> *verbinden, ohne die dabei auftretenden Diskrepanzen zu verschleiern. Hier*
> *liegt der radikal widersprüchliche, insofern produktive, auch subjektiv als*
> *Bruch erfahrene Ursprung dessen, was später Alltagslyrik genannt wurde.*[159]

Im Hintergrund stand hierbei der Gedanke, daß eine Veränderung der
gesellschaftlichen Verhältnisse letzten Ende am einzelnen Menschen
und seiner Wirklichkeitswahrnehmung ansetzen müsse. Erst wenn dieser
erkenne, daß die gegebenen Verhältnisse seiner Selbstverwirklichung im
Wege stehen, sei er hinreichend motiviert, um deren Veränderung zu
betreiben. Dies entsprach einer Umkehr der revolutionären Strategie
der Studentenbewegung, die zuerst das System verändern wollte und erst
hiervon auch eine Veränderung des Einzelnen, seiner Lebensgewohn-
heiten und seiner Wirklichkeitswahrnehmung erhoffte.

Insoweit die Unterstützung von Selbstverwirklichungsprozessen das
erklärte Ziel der Lyrik der *Neuen Subjektivität* war, konnte diese sich
nicht in einer veränderten Dichtungstheorie erschöpfen. Vielmehr
bedingte diese Zielsetzung auch eine neue Konzeption des Verhältnisses
zwischen Dichter und Leser. Schon 1967 hatte Günter Herburger
polemisch gefragt:

> *Was sind das für Leute, die Gedichte machen, (...) benützen sie, wenn sie*
> *arbeiten, reinen Sauerstoff zum Atmen, oder ist es ihnen gelungen, auf*
> *Schneeflocken heimisch zu werden (...)?*[160]

Der enge Zusammenhang dieser Entglorifizierung des Dichters mit den
intendierten Selbstverwirklichungsprozessen auf seiten des Lesers geht
aus folgender Charakterisierung des neuen Dichterbildes durch Jürgen
Theobaldy hervor:

> *Heute sind es die Erfahrungen eines gewöhnlichen, nicht eines ungewöhnlichen*
> *Individuums, und je direkter sie zur Sprache kommen, desto auf-, an- und*
> *erregender für den Leser! Vielleicht schreibt er seine Erfahrungen ebenfalls*
> *nieder, schreibt ein neues Gedicht, und es wird ihm klarer, wer er ist und was*
> *er macht und wer er sein und was er machen könnte!*[161]

Das Gedicht wird somit über die Kritik der gesellschaftlichen Verhältnisse im Medium* des Alltags zur Motivation für die Einleitung von
Selbstverwirklichungsprozessen, von denen es wiederum – als Manifestation der kreativen Auseinandersetzung des Subjekts mit sich selbst
und seiner Umwelt – selbst ein Teil ist. In diesem Sinne ist in dem
Gedicht für Theobaldy

> *auch Raum für unerfüllte Sehnsüchte, für die Erinnerungen an die Zukunft,*
> *wie sie einmal für uns als Kinder zu bestehen schien, für einen 'Traum aus*
> *China' (Delius), für die Möglichkeiten, die verkümmern und als verkümmerte*
> *immer noch da sind. 'Jeder ist eine gefährliche Utopie, wenn er seine Wünsche,*
> *Sehnsüchte und Imaginationen* wiederentdeckt unter dem eingepaukten*
> *Wirklichkeitskatalog' (Born).[162]*

■ Auf welche im gesellschaftlichen Alltag verborgenen Utopien
spielen die folgenden Gedichte an? Wie werden ihre Umsetzungs-
chancen beurteilt?

JÜRGEN THEOBALDY

Schnee im Büro

Eine gewisse Sehnsucht nach Palmen. Hier
ist es kalt, aber nicht nur. Deine Küsse
am Morgen sind wenig, später sitze ich
acht Stunden hier im Büro. Auch du
5   bist eingesperrt, und wir dürfen nicht
miteinander telefonieren. Den Hörer abnehmen
und lauschen? Telefon, warum schlägt
dein Puls nur für andere? Jemand fragt:
'Wie gehts?', wartet die Antwort nicht ab
10   und ist aus dem Zimmer.

---

* **Medium**: hier: Element, das zwischen zwei Bereichen vermittelt
   Imagination: Phantasie, Vorstellungskraft

Was kann Liebe bewegen? Ich berechne
Preise und werde berechnet. All die Ersatzteile,
die Kesselglieder, Ölbrenner, sie gehen
durch meinen Kopf als Zahlen, weiter nichts.
15 Und ich gehe durch jemand hindurch
als Zahl. Aber am Abend komme ich zu dir
mit allem, was ich bin. Lese von
Wissenschaftlern: auch die Liebe ist
ein Produktionsverhältnis. Und wo sind
20 die Palmen? Die Palmen zeigen sich am Strand
einer Ansichtskarte, wir liegen auf dem Rücken
und betrachten sie. Am Morgen kehren wir
ins Büro zurück, jeder an seinen Platz.
Er hat eine Nummer, wie das Telefon.

(v 1976)

V. 13: **Kesselglieder**: röhrenförmige Teile eines Heizkessels (als
des Teils einer Heizungsanlage, in dem die Wärme erzeugt wird)
V. 13: **Ölbrenner**: Gerät zum Verbrennen von Öl (u.a. als Teil
einer Heizungsanlage)
V. 18/19: **die Liebe (...) ein Produktionsverhältnis**: vgl. den
funktionalen Charakter der Familie im Rahmen des Wirtschafts-
systems der bürgerlichen Gesellschaft

1. Skizzieren Sie kurz die Lebenssituation des lyrischen Ich: Wo arbeitet
   es, wie ist sein Alltag strukturiert?

2. Wie werden in dem Gedicht die Beziehungen der Menschen zueinander
   und ihre Kommunikationsformen beschrieben? Welche Hindernisse
   stehen ihnen ihm Wege?

3. Bestimmen Sie den Gegensatz zwischen der 'Welt der Liebe' und der
   'Arbeitswelt' in dem Gedicht. Fertigen Sie hierzu eine Tabelle an, in der
   Sie die Schlüsselbegriffe aus dem Gedicht den beiden Lebenswelten
   zuordnen. Versuchen Sie anschließend, die beiden Welten mit Ihren
   eigenen Worten zu beschreiben.

4. Welche Antwort auf die Frage aus Vers 11 gibt das Gedicht? Inwiefern
   kommt hierbei der Chiffre *"Palmen"* eine Schlüsselfunktion zu?

JÜRGEN BECKER

Das Fenster am Ende des Korridors

Der Himmel, die Landschaft, der Fluß:
das Bild am Ende des Korridors.
Links und rechts die Appartements;
die Feuerlösch-Anlage. Das Summen des Aufzugs.
5   Die Zeit nach Büroschluß. Abweisende Gesichter,
kein Wort und keine Zärtlichkeit.
Jemand wird den Anfang machen
und an seiner Tür vorbeigehen
und weitergehen durch das Bild
10   hinaus in den Raum zum Fliegen

(v 1977)

1. Jürgen Becker sagt über die Gedichte aus dem Band, dem auch *Das Fenster am Ende des Korridors* entstammt, diese seien entstanden *"nach dem Programm der Erfahrungen, wie sie einem jeder Tag, der Alltag mit seinen Konflikten und Irritationen, bereitet."* Sie sprächen *"von Zwängen, Ängsten, Anpassungen und der Zumutbarkeit dessen, was einem gesagt und angetan wird, was man selber sagt und tut."*[163] – Wie spiegelt sich dieses 'Programm' in dem Gedicht wider?

2. Vergleichen Sie die Darstellung der Utopie in dem Gedicht mit ihrer Darstellung in obigem Gedicht Theobaldys sowie bei Born – welche Unterschiede, welche Gemeinsamkeiten können Sie feststellen?

Auch die Gedichte des 1975 im Alter von nur 35 Jahren bei einem Autounfall tödlich verunglückten Rolf Dieter Brinkmann stehen im Zeichen des Widerstands gegen *"das Klischee, die ganze abstrakte Vorstellung vom 'eigentlichen Gedicht'"*:

> *Häufig höre ich von Leuten, denen ich meine Sachen zeige, daß dies nun eigentlich keine Gedichte mehr seien, und sie glauben, damit das entscheidende Urteil ausgesprochen zu haben. Sie sagen, das hier sei ja alles einfach, man könne es ja verstehen, und das wiederum macht ihnen meine Gedichte unverständlich. Diesen Vorgang finde ich witzig.*[164]

162

Aufgrund seiner intensiven Beschäftigung mit Vertretern der amerikanischen *Undergroundliteratur*, deren theoretische und poetische Werke er in Anthologien herausgab und übersetzte, erhält bei Brinkmann jedoch der Alltagsaspekt seiner Lyrik eine sich von den anderen Dichtern dieser Richtung unterscheidende Akzentuierung. Er selbst kennzeichnet diese folgendermaßen:

> *Ich denke, daß das Gedicht die geeignetste Form ist, spontan erfaßte Vorgänge und Bewegungen, eine nur in einem Augenblick sich deutlich zeigende Empfindlichkeit konkret als 'snap-shot*' festzuhalten.*[165]

■ Worin zeigt sich der Charakter der folgenden Gedichte als *'snap-shots'*? Inwiefern weisen sie hierdurch auch eine gesellschaftskritische Tendenz auf?

Rolf Dieter Brinkmann

Einen jener klassischen …

Einen jener klassischen

schwarzen Tangos in Köln, Ende des
Monats August, da der Sommer schon

ganz verstaubt ist, kurz nach Laden
5   Schluß aus der offenen Tür einer

dunklen Wirtschaft, die einem
Griechen gehört, hören, ist beinahe

ein Wunder: für einen Moment eine
Überraschung, für einen Moment

10   Aufatmen, für einen Moment
eine Pause in dieser Straße,

---

*   **snap-shot**: Schnappschuß

die niemand liebt und atemlos
macht, beim Hindurchgehen. Ich

schrieb das schnell auf, bevor
15   der Moment in der verfluchten

dunstigen Abgestorbenheit Kölns
wieder erlosch.

(v 1975)

1. Untersuchen Sie den Satzbau des Gedichts und teilen Sie dieses auf der Grundlage Ihrer Ergebnisse in 3 Abschnitte ein.

2. Mit welchen formalen Mitteln werden im ersten Gedichtabschnitt die in Vers 12 angesprochene 'Atemlosigkeit' und im zweiten Gedichtabschnitt das 'Aufatmen' zum Ausdruck gebracht?

3. Woraus wird deutlich, daß sich der in dem Gedicht beschriebene Moment außerhalb des gesellschaftlichen Alltags konstituiert und auch nur in dieser Erscheinungsform denkbar ist?

4. Stellen Sie den Begriffen, mit denen der gesellschaftliche Alltag beschrieben wird, die Gegenbegriffe gegenüber, die den Moment außerhalb des Alltags ermöglichen. Charakterisieren Sie beide Begriffswelten durch passende Adjektive und beschreiben Sie anschließend die Utopie, die hier dem Alltag gegenübergestellt wird.

5. Erläutern Sie die Funktion, die dem Schreiben bei der Konstituierung der Utopie in dem Gedicht zugeschrieben wird.

ROLF DIETER BRINKMANN

Trauer auf dem Wäschedraht im Januar

Ein Stück Draht, krumm
ausgespannt, zwischen zwei
kahlen Bäumen, die

bald wieder Blätter
5   treiben, früh am Morgen
hängt daran eine

164

frisch gewaschene
schwarze Strumpfhose
aus den verwickelten

10   langen Beinen tropft
das Wasser in dem hellen
frühen Licht auf die Steine.

(v 1975)

1. Inwiefern evozieren* Blickrichtung und Begriffskonstellation des Gedichts den Gefühlskomplex der Trauer?

2. Welche Beschreibungen in dem Gedicht erwecken Assoziationen wie Tod, Tote(r), Mord, Selbstmord, Hinrichtung usw.?

3. Präzisieren Sie anhand der beiden Gedichte Brinkmanns die Unterschiede zwischen dessen *alltagslyrischem* Konzept und dem der übrigen Dichter der *Neuen Subjektivität*.

---

*   **evozieren**: (Assoziationen, Gefühle, Vorstellungen) hervorrufen

7. Neuere Tendenzen: Postmoderne* und Montagelyrik

Gegen Ende der 70er Jahre schienen die Möglichkeiten der *Alltaglslyrik* verbraucht. Die aus Opposition gegen die lyrische Tradition hervorgegangene Bewegung begann selbst zur Tradition zu werden, wobei der *alltagslyrische* Gestus* zum phrasenhaften Zitieren des Alltags verkam und der Anspruch auf 'neue Subjektivität' von den Epigonen* zu einer narzißtischen Betroffenheitslyrik verbogen wurde. Jürgen Theobaldy selbst beklagte 1980, daß bestimmte Alltagsmotive *"mit inflationärer Häufigkeit"* wiederkehrten, so als verbürge ihre bloße Nennung schon eine größere Echtheit und Spontaneität der Aussage. Sein Resümee klingt schon wie ein Abgesang auf die *Alltagslyrik*:

> *Der Wunsch, ein Gedicht zu schreiben, um das Wahre eines darin enthaltenen Erlebnisses zu behaupten, machte das Gedicht unwahr, wo es keine Reflexion auf Form, auf Tradition mehr voraussetzte, wo also der Kunstanspruch zugunsten einer empirischen Wahrscheinlichkeit aufgegeben war. Das Lockere, Unangestrengte begann seinen utopischen Gehalt zu verlieren und ins Beliebige abzugleiten.*[166]

Als Konsequenz hieraus praktiziert Theobaldy, der bereits für das *Alltagsgedicht* betont hatte, dieses sei *"durchaus reflektiert, auch formal"*[164], nun *"das metrisch reflektierte Schreiben"*[168]. Wie er, heben auch andere Vertreter der *Alltagslyrik* seit Anfang der 80er Jahre wieder verstärkt die Rolle der Tradition für das Schreiben von Gedichten hervor. Michael Buselmeier charakterisiert deren Anregungscharakter mit folgenden Worten:

> *Der Lyriker sucht sich im Steinbruch der Vergangenheit die Sätze, Formen, Töne, Stimmungen zusammen, die er braucht – es gibt keinen Kanon* mehr – um sie, in Konfrontation mit gegenwärtig Erfahrenem, ein Stück weiterzuschreiben.*[169]

---

* **Post-**: 'Nach-'; bringt als Vorsilbe zum Ausdruck, das das durch den folgenden Wortteil Bezeichnete vergangen ist; die Wortzusammensetzung bezeichnet den auf den vergangenen folgenden Zustand
Gestus: allgemein Ausdruck, Haltung; in der Ästhetik Brechts Ausdruck für eine Sprachhaltung, der es um die Mitteilung persönlicher Interessen geht
Epigone: jemand, der etwas – z.B. eine literarische Richtung – unkreativ nachahmt
Kanon: hier: verbindlich festgelegte Regeln

Eine solche eklektizistische* Verfahrensweise entspricht ziemlich genau der Beschreibung der Kunst im Rahmen der Diskussion um die sogenannte *Postmoderne*, als die der gegenwärtige Zustand der Kultur von einigen Geisteswissenschaftlern definiert wird. Von zentraler Bedeutung ist hierbei der von Arnold Gehlen geprägte Begriff der *"kulturellen Kristallisation"*, der ein Entwicklungsstadium beschreibt, in dem

> *die auf irgendeinem kulturellen Gebiet angelegten Möglichkeiten in ihren grundsätzlichen Beständen alle entwickelt sind.*[170]

Ist eine solche Situation auf einem Gebiet der Kunst eingetreten, so können dort die bislang ausgebildeten Stile nicht mehr erweitert, sondern nur noch im Sinne einer *"Abwechslung innerhalb eines stationären* Gesamtzustands"*[171] variiert werden. Für die moderne Malerei sah Gehlen diesen Zustand bereits 1965 erreicht:

> *Von jetzt an gibt es keine kunstimmanente Entwicklung mehr! Mit einer irgendwie sinnlogischen Kunstgeschichte ist es vorbei, selbst mit der Konsequenz der Absurditäten vorbei, die Entwicklung ist abgewickelt, und was nun kommt, ist bereits vorhanden: Der Synkretismus* des Durcheinanders aller Stile und Möglichkeiten, das Posthistoire.*[172]

Diese pessimistische Kulturdiagnose scheinen sich einige moderne Lyriker ganz unkritisch zu eigen gemacht zu haben. Ulla Hahn beispielsweise, deren bevorzugte Versform – ebenso wie, nach seiner Abwendung von der *Alltagslyrik*, auch für Wolf Wondratschek – das Sonett ist, bekennt sich ganz offen zum dichtungstheoretischen Stillstand ihrer Lyrik:

> *Danke ich brauch keine neuen*
> *Formen ich stehe auf*
> *festen Versesfüßen und alten*
> *Normen Reimen zu Hauf.*[173]

Gegen eine unreflektierte Traditionsaneignung hatte sich indessen schon Adorno gewandt, als er feststellte:

> *Real verlorene Tradition ist nicht ästhetisch zu surrogieren*.*[174]

---

* **eklektizistisch**: Vergangenes (z.B. Stilrichtungen verschiedener Epochen) unproduktiv zusammenstückelnd; vgl. *Eklektizismus*
stationär: hier: feststehend, unbeweglich
Synkretismus: Vermischung verschiedener geistiger Systeme (religiöser, künstlerischer, politischer o.ä. Art)
surrogieren: ersetzen; vgl. *Surrogat*: Ersatzmittel

Der Literaturwissenschaftler Michael Braun warnt dementsprechend auch vor einer Abkopplung der Lyrik von der Entwicklungsdynamik der Moderne:

> *Wo die Krisenerfahrungen der poetischen Moderne beharrlich ignoriert werden, führt die traditionalistische Orientierung zum schlechten Klassizismus*, zur Selbstentmündigung des Gedichts.*[175]

Dieser Diagnose entspricht, daß der Rückgriff auf traditionelle Formen häufig auch inhaltlich mit einer Flucht aus der Gegenwart und dem Ausweichen auf scheinbar zeitlose Themen wie Liebe, Vergänglichkeit des Lebens etc. einhergeht. Vor diesem Hintergrund beklagt auch Hans Magnus Enzensberger (vgl. 5.1.), daß viele moderne Lyriker sich

> *mit der Wiederaufbereitung ausgebrannten Materials begnügen (…) und daß dieses lyrische Recycling alle Standards der Vorlagen unterbietet.*[176]

■ Arbeiten Sie heraus, wie die beiden folgenden Gedichte die *"Krisenerfahrungen der poetischen Moderne"* aufgreifen, an welchen lyrischen Richtungen der Nachkriegszeit sie hierfür ansetzen und wie sie diese weiterentwickeln. – Inwiefern wird durch die Form des lyrischen Ausdrucks zugleich ein Zeitbezug hergestellt, und wie korrespondiert dieser mit dem Inhalt?

HANS MAGNUS ENZENSBERGER

Autobahndreieck Feucht

Tiraden, angeschnallt und erbittert, über Ledersitze,
Alu-Motoren, Flüche beim Überholen, Erkenntnisse
über Prämien, Ersatzteilprobleme, endlich
der nächtliche Stau, das Blaulicht, die Bahre.

5   Schräg von unten siehst du die Instrumente funkeln
im Gegenlicht der Narkose. Dann die Schwester in
                      /Weiß,
wie sie fernsieht, den weißen Knopf im Ohr. Dramen
flackern geräuschlos über ihr dunkles Gesicht.

---

*   **Klassizismus**: Stilrichtung, die sich an antike bzw. klassische Vorbilder anlehnt

Ein Knirschen im Kopf. Nur jetzt um keinen Preis
10 in den Rückspiegel sehen. Zentralverriegelung.
Selbst das Schreien tut weh. Langsam steigen
Bläschen auf, glänzende Perlen im Schlauch.

Der Stau hat sich aufgelöst, es geht zügig voran.

Nur die Federung eine Spur zu weich, die Bremsbeläge
15 müssen erneuert werden, dagegen die Straßenlage:
phantastisch. Alles Stereo, auch der Trommelwirbel,
das Zischen der blauen Flamme, wenn im Graben das
/Wrack
aufgeschweißt wird, das Prasseln des nassen Erdreichs,
das von der funkelnden Schaufel fällt, genau
20 zwischen deine brillenlosen halb geöffneten Augen.

(v 1980)

Feucht: Ortschaft südöstlich von Nürnberg
V. 1: **Tiraden**: Wortschwall; vgl. auch die Bedeutung von
'Tirade' in der Musik als kunstvoll verzierter Tonübergang
V. 3: **Prämien**: Versicherungsprämien

1. Das Gedicht stellt die Handlungsorte 'Autobahn', 'Unfallort' und
    'Krankenhauszimmer' nebeneinander. Markieren Sie in dem Gedicht
    genau, welcher Handlungsort jeweils beschrieben wird sowie an welcher
    Stelle ein Handlungsort verlassen und ein neuer beschrieben wird.
    Bringen Sie dann das geschilderte Geschehen in eine chronologische
    Reihenfolge.

2. Zeigen Sie, aus wessen Sicht das Geschehen geschildert werden –
    welcher Zusammenhang ergibt sich von hier aus zu dem Einsatz des
    Montagestils in dem Gedicht?

3. Der Parallelisierung der Handlungsorte entspricht das Ineinander-
    schieben der dazugehörigen Situationsebenen. Arbeiten Sie heraus, wie
    die Übergänge der einzelnen Situationen ineinander gestaltet sind.
    Inwiefern kommentieren diese einander hierdurch gegenseitig?

4. Erläutern Sie den Zusammenhang zwischen Vers 7/8 und dem Schluß-
    vers. Um wen handelt es sich bei dem im Schlußvers plötzlich auf-
    tauchenden 'Du'?

FRIEDERIKE MAYRÖCKER

im Gebirge, August

unter kahlem Gezweig, junger
Baum steht schief, einzelne kahle
Bäume die nie mehr grünen, steh
ich verspüre die zitternden
5   Ränder an meiner an seiner Haut des
zwischen zwei Äste gespannten Spinnennetzes
darin ein kleines Insekt, und wild
schwankende Staude rosa und windgefegt wollige
Distelköpfe ('ist ja dein lieber Kopf') rosa
10   versponnen verschwommen die lichten Scheitel
der Berge, geschlägert aus dem Rücken des
Bergs gegenüber ein riesiger Halbmond, die
Silberlinge des Birkenlaubs ins flüssige
Blau so blau war so jung so auszer mir war und
15   immer, sauge den zarten Duft, violetten Schaum, Bläue
der Schürze der Bäuerin, nach oben
langend, Requisit der Dienenden?, unter der
Lupe orangerot, nach dem Wäschedraht langend, verschwindet dann im Gebüsch, geht ganz in die Hecke
20   hinein, Beeren pflückend, beim Beerenpflücken als
ginge sie durch eine Tür, das Nächtliche
aber fremdet den Bund

(v 1986)

V. 11: **schlägern**: (österr.) Bäume fällen
V. 13: **Silberlinge**: Anspielung auf die silbern schimmernden Blätter der Birken
V. 14: **auszer**: außer
V. 17: **Requisit**: Zubehör

1. Bestimmen Sie den Punkt, von dem aus das lyrische Ich das sich ihm darbietende Bild beschreibt. Untergliedern Sie dann das Gedicht nach den Bildausschnitten, auf die der Blick des lyrischen Ich fällt.

2. Auf welche Weise werden in dem Gedicht beim Übergang von einem zu einem anderen Bildausschnitt Doppeldeutigkeiten erzielt, und was bewirken diese?

3. Zeigen Sie, wie das Gedicht Bildbeschreibung und 'stream of consciousness*' des lyrischen Ich miteinander verbindet, und bestimmen Sie die unterschiedlichen Zeitebenen, die hierdurch in das Gedicht eingehen.

4. Erläutern Sie die Bedeutung, die der Gestalt der Bäuerin in dem Gedicht zukommt, indem Sie folgende Ausschnitte aus Gedichten von Friedrich Hölderlin auf den im Hölderlin-Ton gehaltenen Schlußsatz des Gedichts *("das Nächtliche aber ...")* beziehen:

a) *(...) die Schwärmerische, die Nacht kommt,*
   Voll mit Sternen und wohl wenig bekümmert um uns,
   Glänzt Die Erstaunende dort, die Fremdlingin unter den Menschen
   Über Gebirgeshöhn traurig und prächtig herauf.[177]

b) *(...) nimmer ist dir*
   Verborgen das Lächeln des Herrschers <Gottes>
   Bei Tage, wenn
   Es fieberhaft und angekettet das
   Lebendige scheinet oder auch
   Bei Nacht, wenn alles gemischt
   Ist ordnungslos und wiederkehrt
   Uralte Verwirrung.[178]

Der Literaturwissenschaftler Ludwig Fischer, der der *Alltagslyrik* im großen und ganzen wohlwollend gegenüberstand und ihren innovativen Charakter keineswegs bestritt, sah deren eigenen Anspruch, *"die Zersplitterung der Lebenszusammenhänge im Kopf jedes einzelnen (...) kritisch herauszutreiben"* (Buselmeier, vgl. Kap. 6), dennoch bei vielen Werken ihrer Exponenten nicht eingelöst. Häufig werde vielmehr

---

* **stream of consciousness** <stri:m of konschesnis>: engl. Bewußtseinsstrom; Ausdruck für den ungehinderten Fluß von Assoziationen eines Menschen bzw. für die dichterische Wiedergabe desselben

eine Alltagswelt (...) im Text abgebildet, als sei den Dingen und Menschen, den Erscheinungen ihr widerspruchsreicher politischer Charakter gleich anzusehen, als müsse der gesellschaftliche 'Alltag' nicht erst durchdrungen werden, um die Widersprüche in den Text zu übersetzen. (...) Aber die Erscheinung verhüllt gerade die Widersprüche – wie wäre sonst wohl das Bewußtsein der Mehrheit der Bevölkerung in unserer Gesellschaft zu erklären?[179]

Als Kritik am widersprüchlichen Charakter der gesellschaftlichen Verhältnisse sowie von deren Widerspiegelung im Bewußtsein des einzelnen müsse, so Fischer, eine hierauf bezogene Lyrik selbst mehrdimensional konstruiert sein, d.h. es wäre

die Wahrnehmung des Subjekts als 'durchdrungen von gesellschaftlichen Widersprüchen' auch wirklich in den Texten darzustellen, bis in die literarische Erscheinungsform. (...) 'Widerstand' muß, im Gedicht, auch als ästhetisch bewirkter vorhanden sein.[180]

Eine literarische Form, die diesen Forderungen in besonderem Maße gerecht wird, ist die sogenannte *Montagekunst*, die sich im *Collagen*-Stil des *Dadaismus* schon in den 20er Jahren ausgeprägte hatte. Gottfried Benn (vgl. Kap. 2) hatte sie bereits 1950 als *"Stil der Zukunft"*[181] prophezeit und diesen folgendermaßen beschrieben:

Nichts wird stofflich-psychologisch mehr verflochten, alles angeschlagen, nichts durchgeführt. Alles bleibt offen. Antisynthetik*. Verharren vor dem Unvereinbaren.[182]

Die vordergründig chaotisch-anarchischen Darstellungsformen sah Benn dabei allerdings gerade als Voraussetzung für ein sprachkreatives Verhältnis der Dichtung zur Wirklichkeit an:

Der Mensch muß neu zusammengesetzt werden aus Redensarten, Sprichwörtern, sinnlosen Bezügen, aus Spitzfindigkeiten, breit basiert –: **Ein Mensch in Anführungsstrichen.**[183]

Enzensberger knüpft ebenso wie Mayröcker in seiner Lyrik an dem Konzept der *Montagekunst* an. Während aber Enzensberger unter dem Einfluß von Benns dichtungstheoretischem Konzept schon in den 50er Jahren den *Montagestil* in seiner Lyrik praktiziert hatte, knüpft die im Umkreis der *Wiener Gruppe* (vgl. Kap. 4) stehende Friederike Mayröcker

---

* **Antisynthetik**: Verweigerung der Verbindung

hierbei an der *experimentellen Dichtung* an. In dieser, die ja – zumal in ihrer österreichischen Variante – in direkter Kontinuität zu den *dadaistischen* Versuchen der Vorkriegszeit stand, ist der *Montagebegriff* stets als Hintergrundkonzept mitzudenken. Besonders deutlich wird dies bei Heißenbüttels Gedanken einer *"Multiplizität der Sprachwelten"*, die dieser auch mit einer Konzeption des in diesen Welten lebenden Individuums als *"multiples Ich"*[184] verbindet. Dessen Konfusion angesichts des Verlusts eines klaren Deutungsrahmens für die sich ihm darbietende Wirklichkeit beschreibt Heißenbüttel – in deutlicher Nähe zum *Montagebegriff* – bereits 1954 folgendermaßen:

> *Sonderbares Leben:*
> *Bruchstücke eines Textes in den ständig andere*
> *Texte eingeschoben werden.*
> *Aber welches ist der richtige Text?*[185]

Die Tatsache, daß der *Montagestil* seit Anfang der 80er Jahre gerade von fortschrittlichen Lyrikern verstärkt propagiert und praktiziert wird und so zum Signum* der Avantgarde wurde, hängt offenbar damit zusammen, daß die im Gefolge der Mikroelektronischen Revolution zunehmende Mediatisierung, Computerisierung und Vernetzung der Welt die Komplexität der Wirklichkeit in letzter Zeit noch weiter gesteigert hat. Die *Montagekunst* zeichnet sich dabei dadurch aus, daß sie dem reizüberfluteten, zwischen inkompatiblen* Wirklichkeiten hin- und hergerissenen, vom Individuum zum *Dividuum** mutierten Einzelnen einen Spiegel vorhält, d.h. dessen Situation adäquat abbildet. In diesem Sinne definiert Michael Braun die *Montagekunst* als

> *poetisch organisierte Simultaneität disparater Sinneswahrnehmungen, Bewußtseinsreize, Reflexionen und Erinnerungen; ein Ensemble* poetischer Augenblicke, das nicht mehr zu einem organischen Ganzen synthetisiert wird. 'Montagekunst'-Stücke sind Versuche in einer offenen lyrischen Schreibweise.*[186]

Ebenso wie Benn, betont Braun dabei den sprachschöpferischen Aspekt der *Montagelyrik*; seine besondere Hervorhebung des gesellschafts-

---

*   **Signum**: hervorstechendes Kennzeichen von etwas
     inkompatibel: unvereinbar; Gegenteil von *kompatibel*
     Dividuum: vgl. die wörtliche Bedeutung von *Individuum* als 'das Unteilbare' (v. lat. *dividere*: 'teilen')
     Ensemble: hier: Gesamtheit künstlich zusammengestellter Dinge

kritischen Aspekts dieser Form von Lyrik liegt auf einer Linie mit Gedankengängen progressiver Vertreter der *Konkreten Poesie*:

> *Die Montagegedichte unterbrechen die routinierte Geschäftigkeit des öffentlichen Redens, zersetzen die vorgestanzten Formulierungen aus Politik, Werbung und anderen Sektoren der Bewußtseinsindustrie.*[187]

Indem die *Montagelyrik* eine unverstelltere Sicht auf die gegebene gesellschaftliche Wirklichkeit ermöglicht, bildet sie diese nicht nur ab, sondern zielt immanent zugleich auf deren Veränderung ab. Aufgrund dieser befreienden Wirkung von *Montagegedichten* formuliert Braun:

> *Nur dort, wo der Lyriker die Wirklichkeit als eine sprachlich prä- und deformierte* Wirklichkeit erkennt und aus der mit Bedeutungen und Phrasen zugestellten Welt auszubrechen versucht, entsteht ein 'zeitgenössisches' Gedicht.*[188]

■ Arbeiten Sie heraus, wie der *Montagestil* in den folgenden Gedichten eine zugleich sprach- und gesellschaftskritische Wirkung entfaltet.

THOMAS KLING

geschrebertes idyll

seit acht gekokelt ('lüftchen wi
ausm ei gepellt'); zur erdbeerbowle
kommen kellergeister, brigitte-
leckerbissn reingezogn, pfundweise
5   fleischsalat und ersma bratnsaft
auf die krawatte;
         schon unerbittlich
urlaubsdias durchgejagt AUF EINZEL-
BILDER MUSS VERZICHTET WERN; auffer
10   terrasse volle pulle, allseiz gesichz-

---

*   **prä- und deformiert**: **vor**geformt/-geprägt und **ver**formt

174

entfachung angesagt, mallorcamild der mond
im quittenbaum ('den schein ma wieder
losgewordn', 'sollja n mongölchen sein'),
pappteller läppern sich im rettich-
15   schattn, nachundnach; rührseligkeitn!,
männertreu! mein lieber herr gesanxverein!
der rettunxsanitäter skatgesicht, die
ärmel hoch die fahnen später
                  & nebnschau
20   platz aufgemacht: -glas an kompottglas
nahbei kartoffelmuff, danebn vaters hobby
keller pralineposter an der wand DA ZÜKKTERS!
BOHREGGWIPPMENT! mit ketschupfingern mit
karacho in irgendeinen feuchtn neilon-
25   slip (..)
        da draußn weiter horrorvideo; g
gröhltes faßbier undundund, wildschwäne-rausch
aus allermund, dem schwulenwitzchen folgn
(glas ex) kräcker WER HAT DEN SCHÄRFSTEN
30   GARTNGRILL? WER HAT DI SCHÖNSTEN SCHÄFCHEN?
    WER
HAT DAS GHETTO BOMBARDIERT?, vor schluß die
stachelbeeren vollgereihert; ('irgenzwie
nach haus geeiert ..')
                                (v 1989)
———

geschrebert: vgl. 'Schrebergarten' (kleiner Garten, oft mit kleinem Häuschen, in einer Gartenkolonie)
V. 1:   **gekokelt**: hier: gegrillt
V. 3:   **Kellergeister**: billiger Schaumwein
V. 3/4:   **Brigitte-Leckerbissen**: spielt auf Kochrezepte aus der Frauenzeitschrift 'Brigitte' an
V. 13: **Mongölchen**: abfällig für 'Mongoloider' (geistig Behinderter)
V. 14: **läppern sich**: hier: häufen sich an
V. 16: **Männertreu**: vgl. 1) Männertreu: Blumenart; 2) Männertreue; 3) Meiner Treu! (veralteter Ausruf der Verwunderung)
V. 16: **Mein lieber Herr Gesangsverein!**: umgangssprachlicher Ausruf zum Ausdruck von Anerkennung oder Erstaunen
V. 22: **Praline**: Zeitschrift mit Softpornobildern
V. 23: **Eggwipment**: Equipment: engl. 'Ausrüstung'
V. 33: **gereihert**: gekotzt
V. 34: **geeiert**: geschwankt

1. Erstellen Sie eine Liste aller Wörter, deren Schreibweise von der gewöhnlichen Orthographie abweicht (außer Groß- und Kleinschreibung) und übertragen Sie diese in die hochdeutsche Rechtschreibung. – Welche Wirkung wird durch die abweichende Schreibweise erzielt?

2. Tragen Sie alle umgangssprachlichen Elemente und Anklänge an den Dialekt des Ruhrgebiets, die sich in dem Gedicht finden, zusammen. Inwiefern korrespondiert die Redeweise des Gedichts mit seinem Inhalt?

3. Untergliedern Sie das Gedicht nach der Dynamik des in ihm beschriebenen Grillabends in einzelne Teile und beschreiben Sie das Geschehen in diesen in Stichworten.

4. Aus wessen Sicht wird das Geschehen in dem Gedicht geschildert?

5. Arbeiten Sie die Laut-, Wort- und Sprachspiele sowie den Einsatz der Schrifttypen in dem Gedicht heraus und erläutern Sie ihre Funktion im Rahmen des Gedichtzusammenhangs.

6. Was erfährt man aus dem Gedicht über Alltag, Hobbys, Reisegewohnheiten und sonstige Kennzeichen der Feiernden? Wie schätzen Sie deren gesellschaftliche Stellung ein?

7. Untersuchen Sie die Verwendung des *Montagestils* in dem Gedicht im Hinblick auf die Darstellung von Tendenzen zu Triebverdrängung und Ausgrenzung von Minderheiten unter den Feiernden.

BERT PAPENFUß-GOREK

rasender schmerts weiterlachen

ich such die kreuts & die kwehr
kreutsdeutsch treff ich einen
gruess ich ihn kwehrdeutsch
auf wiedersehen faterland
5   ich such das meuterland

dort müssen sie landen
die kleinen gruenen jungs
in ihren warmhalteuniformen
daumenlutscher lutschen dorne
10   streifzuegler im grossfeuerholz

spannend erzaehlt weitermachen

(v 1990)

176

1. Das Gedicht, im Jahr der deutschen Wiedervereinigung veröffentlicht, reflektiert den Standpunkt des lyrischen Ich gegenüber dem neuen Deutschland. Wie läßt sich dieser Standpunkt kennzeichnen, und mit welchen sprachlichen Mitteln wird er zum Ausdruck gebracht?

2. Strophe 2 stützt die These vom gewaltsamen Anschluß der DDR an die Bundesrepublik, wobei sie sich zugleich über die Invasoren lustig macht – mit welchen Vergleichen werden diese diskreditiert*?

3. Inwiefern drückt der Schlußvers die Desillusionierung des Dichters über die Perspektiven und Wirkmöglichkeiten seiner Werke im wiedervereinigten Deutschland aus? Welche Verbindung ergibt sich zu dem Titel des Gedichts?

4. Vergleichen Sie abschließend noch einmal die Ihnen bekannten Montagegedichte in bezug auf Aussageziel und Form miteinander. Welche Gemeinsamkeiten, welche Unterschiede lassen sich feststellen?

Im Ost-Berliner Stadtteil *Prenzlauer Berg* hatte sich mit der Zeit – typisch für die *Nischengesellschaft* der DDR – eine Art Künstlerkolonie herausgebildet, die weitgehend unabhängig vom offiziellen Kulturbetrieb der DDR existierte. Der Preis für diese Unabhängigkeit war freilich der schwierigere Zugang zu Publikationsmöglichkeiten, so daß viele der dort lebenden Schriftsteller ihre Werke entweder gar nicht oder nur im Westen – und auch das lediglich auf Umwegen – veröffentlichen konnten.

Darüber hinaus standen die Künstler natürlich unter der ständigen Beobachtung des Staatssicherheitsdienstes (Stasi), der zudem versuchte, Personen aus diesem Kreis als sogenannte *Inoffizielle Mitarbeiter* zu gewinnen. In einigen Fällen ist ihm dies – wie die spätere Veröffentlichung der entsprechenden Akten zeigte – auch gelungen, so etwa bei den Schriftstellern Sascha Anderson oder Rainer Schedlinski. Das Beispiel von letzterem macht dabei zugleich die Tragweite des Konflikts deutlich, in dem sich die betroffenen Schriftsteller befanden. Einige von ihnen meinten offenbar, sich den Einschüchterungsversuchen der Stasi durch die gelegentliche Lieferung bedeutungsloser Informationen entziehen zu können, gerieten dabei aber ganz im Gegenteil in immer stärkere Abhängigkeit von dieser. Schedlinski, der seit 1974 für die Stasi

---

* **diskreditieren**: bloßstellen, in Verruf bringen

gearbeitet hatte und zwischen 1979 und 1983 in psychiatrischer Behandlung war, beschreibt seine Verstrickung in den Staatssicherheitsdienst denn auch unter der Überschrift:

Dem Druck, immer mehr sagen zu sollen, hielt ich nicht stand.[189]

Lutz Rathenow kennzeichnet vor diesem Hintergrund die Künstler vom *Prenzlauer Berg* in einem Gedicht als Leute, die vor aller Augen, aber eben doch abseits vom allgemeinen Geschehen ihre '*Kreise ziehen*', ohne dabei für das Gesellschaftssystem eine Gefahr darzustellen:

keine Spirale entsteht,
kein Universum ist zu befürchten.[190]

Doch selbst diese Nischenopposition, die sich nicht offen gegen das System wandte, sondern diesem lediglich nicht nach dem Mund redete und einen Freiheitsraum für ihre Gedankenspiele in ihm beanspruchte, mußte ständig mit ihrer Liquidierung* durch einen Stasi-'Wächter' rechnen; denn

für einen Wächter der Reglosigkeit
bleibt ein Kreis ein Kreis.
Den gilt es einzukreisen,
auf einen Punkt zurückzuführen,
der dann aufzulösen ist.[191]

Trotz der Einschränkung ihrer Freiheit durch das Gesellschaftssystem, in dem sie lebten, blieben die meisten Dichter vom *Prenzlauer Berg* – wie etwa das Beispiel Papenfuß-Goreks zeigt – auch dem westlichen System gegenüber kritisch eingestellt. Dies gilt auch für andere systemkritische Dichter der DDR, so beispielsweise für Thomas Rosenlöcher und Durs Grünbein sowie für die meisten der in den Westen übergesiedelten Dichter, wie etwa Reiner Kunze oder Günter Kunert.

Auch unter den westdeutschen Lyrikern haben in den 80er Jahren die politischen Heilserwartungen kontinuierlich abgenommen. Früher dem Sozialismus nahestehende oder sich politisch aktiv für ihn einsetzende Lyriker – wie etwa der bis zu seinem Ausschluß im Jahr 1984 der Deutschen Kommunistischen Partei (DKP) angehörende Peter Maiwald (vgl. 5.3) – begannen sich kritisch mit ihren früheren politischen Glaubenssätzen auseinanderzusetzen, ohne dabei allerdings dem kapitalistischen System ihres Landes näherzurücken. Mit ihren ostdeut-

---

* **Liquidierung**: Vernichtung, Auslöschung; vgl. *liquidieren*

schen Kollegen verbindet sie die Einsicht, daß die meisten Probleme der Gegenwart einen zu hohen Komplexitätsgrad aufweisen, als daß sie von einem auf eine bestimmte Ideologie festgelegten politischen System gelöst werden könnten.

■ **Wie äußert sich in den folgenden Gedichten die Absage an politische Heilserwartungen?**

THOMAS ROSENLÖCHER

Die Neonikone

Als ich nach Amsterdam kam
und um die Ecke bog,
stand ich vor dem Fenster der Hure.
Sie aber saß in rötlichem Licht
5 auf einem Hocker und schaute mich an
und lupfte ihre lange
lebendige Zunge nach mir.
Da war ich vom Donner gerührt,
weil alle Schönheit in einer
10 einzigen Hure wohnte,
und neben mir im Dunklen stand
ein augenrollender Kreole
und ein lächelnder Blitzlichtjapaner,
so daß wir gemeinsam die Menschheit darstellten
15 vor der Ikone aus Neon,
die ihre Schenkel auftat und schloß,
noch als ich nach Sachsen zurücklief und meinen
armen, armerudernden Schatten
schräg an die Wand warf im Lauf.

(v 1989)

V. 12: **Kreole**: (in Brasilien:) Nachkomme von schwarzen Sklaven; (im übrigen Süd- und Mittelamerika:) Nachkomme weißer Einwanderer
V. 15: **Ikone**: (in der orthodoxen Kirche) Porträt von Heiligen als Grundlage für deren religiöse Verehrung in der Kirche

1. Wie stellen Sie sich die 'Hure' in der Realität vor? Welche Darstellungsmittel verleihen ihr mythologisch-bedrohlichen Charakter?
2. Arbeiten Sie die Verbindungslinien zwischen *"Hure"*, *"Neonikone"* und Kapitalismus heraus. Wie wird das Erschrecken des lyrischen Ich vor der *"Neonikone"* begründet? Wie wird die Macht von letzterer zum Ausdruck gebracht?
3. An welchen Stellen setzt das Gedicht das Stilmittel der Hyperbel* ein, und inwiefern wird hierdurch eine ironisierende Wirkung erzielt?
4. Analysieren Sie die Satzstruktur des Gedichts und erläutern Sie, wie diese zu seiner klimaxartigen Dynamik beiträgt.
5. Erläutern Sie, auf welche Weise das Gedicht die Propaganda realsozialistischer Staaten gegen den Kapitalimus bloßstellt.

PETER MAIWALD

Kanaan

Es war nichts wie gesagt wie getan.
Es war die Hölle nah und fern ein Himmel.
Es war kein Pegasus: Ein weißer Schimmel.
Es ging nichts auf. Was aufging, fing nicht an.

5   Es war der Lahme unter Blinden blind.
Es war kein Morgenrot: Ein Fegefeuer.
Es war die arme Armut noch zu teuer.
Es ging die Zukunft schwanger ohne Kind.

Es war der Knecht nur des Knechtkönigs Knecht.
10 Es war kein Fluß, wo Milch und Honig fließen.
Es war kein neues Glück in Blei zu gießen.
Es ging im Guten nur das Schlechte schlecht.

Wir, abgebrannt von den gelobten Ländern
und abgebrüht und können uns nicht ändern.

(e 1991)

Kanaan: im Alten Testament das gelobte Land, in das Moses das Volk der Israeliten unter Anleitung Gottes führen sollte

---

* **Hyperbel**: Übertreibung; vgl. *hyperbolisch*

V. 3: **Pegasus**: geflügeltes Pferd aus der griechischen Mythologie, das mit seinem Hufschlag eine den Musen geweihte Quelle hervorgebracht haben soll; gilt dementsprechend auch als Symbol der dichterischen Inspiration

V. 10: **wo Milch und Honig fließen**: Anspielung auf Kanaan

V. 11: **Blei zu gießen**: vgl. den Brauch des Bleigießens an Silvester

1. Welche Verse spielen auf gesellschaftliche Heilsversprechungen und stereotype Bilder hierfür an? Wie werden diese in dem Gedicht abgewandelt?

2. In Vers 3, 7 und 9 finden sich Anspielungen auf Widersprüche zwischen gesellschaftlichen Heilsversprechungen und Realität. Benennen Sie diese und versuchen Sie, sie mit konkreten Staaten in Verbindung zu bringen. – Welche Funktion kommt den Pleonasmen* in den Versen zu?

3. Sammeln Sie alle Redewendungen und Sprichwörter, auf die in dem Gedicht angespielt wird, und erläutern Sie, wie diese in dem Gedicht verändert werden. Welche Wirkungen ergeben sich aus solchen Wortspielen?

4. Das Gedicht ist in der Form eines Sonetts* geschrieben. Eine Blütezeit dieser Gedichtform war die Zeit des *Barock*, als die Dichter angesichts des Chaos des Dreißigjährigen Krieges ihre Gedanken und Gefühle in einer strengen Form zu ordnen suchten. Maiwald lehnt sich dabei eng an die für die *Barockzeit* typische Gestaltungsweise des Sonetts an, in der die einzelnen Verse häufig in 2 Hälften unterteilt sind, die sich antithetisch* zueinander verhalten und in der die vorzubringenden Argumente oft durch sogenannte Exempla*-Reihungen untermauert werden. – Weisen Sie diese Elemente in dem Gedicht nach und zeigen Sie, wie sie der Unterstützung der Gedichtaussage dienen. Wo weicht Maiwald von der Sonettform ab, und was bewirkt er damit?

---

* **Pleonasmus**: Bezeichnung eines Sachverhalts durch einen Oberbegriff und mehrere Unterbegriffe, ohne daß letztere ersteren um weitere Aspekte ergänzen (häufig in der Form Adjektiv + Substantiv)
Sonett: Gedichtform, bei der auf 2 Strophen mit je 4 Versen, sog. *Quartette*, 2 Strophen mit je 3 Versen, sog. *Terzette*, folgen
antithetisch: gegensätzlich; vgl. *Antithese* (als Stilmittel die Gegenüberstellung einander entgegengesetzter Begriffe (vgl. auch *Dialektik*)
Exempla: Plural von 'Exemplum': Exempel, Beispiel (hier als Teil einer Beweisführung)

5. Typisch für das Sonett ist auch seine Klimax-Struktur: Die in den Quartetten entfalteten Bilder werden in den Terzetten zu einem Gesamtbild zusammengeführt, aus den Argumenten wird die Schlußfolgerung gezogen. Läßt sich dies auch für Maiwalds Sonett nachweisen? Berücksichtigen Sie hierfür auch die Reimform der einzelnen Verse.

6. Was wird durch die durchgehende Anapher in dem Gedicht erreicht?

7. Bestimmen Sie die rhythmischen, formalen und inhaltlichen Unterschiede der letzten beiden Verse im Vergleich zu den anderen Versen. Wer ist das 'Wir' in diesen Versen, und welche Einstellung zu Utopien verrät es?

8. Wie beurteilen Sie das Aufgreifen der Sonettform in einem Gedicht der 90er Jahre? Läßt sich damit 'zeitgemäß' dichten?

Die abnehmende Bedeutung politischer Ideologien läßt sich als Teil einer allgemeinen Entwicklung verstehen, die durch den Rückgang verbindlicher Deutungsmuster für Wirklichkeit und Gesellschaft gekennzeichnet ist. Diese Tendenz verdankt sich sowohl den komplexer gewordenen Strukturen der Realität als auch der geistesgeschichtlichen Entwicklung der letzten beiden Jahrhunderte, die von einer fortschreitenden Skepsis gegenüber den Wahrnehmungsmöglichkeiten des menschlichen Sinnesapparates ebenso wie von einer konsequenten Destruktion transzendentaler Sinnkonstruktionen gekennzeichnet war. In der Lyrik spiegelt sie sich zuweilen in einem neidvollen Blick auf die Vergangenheit, in der das Leben noch in einen festen Orientierungsrahmen eingefügt war. Dieser Rückblick kann dabei sowohl individualgeschichtlich-autobiographisch sein, sich also auf die eigene Kindheit beziehen, als auch – kollektivgeschichtlich – das Leben in früheren Epochen der menschlichen Geschichte vor Augen führen, wobei dann gelegentlich auch deren mythologische Anfänge miteinbezogen werden.

Kennzeichnend für diese Formen von Erinnerungsgedichten ist es allerdings, daß sie ihre eigene Desillusionierung bereits im Akt des Sich-Erinnerns in sich tragen und mit der Darstellung der Vergangenheit lediglich die Wurzeln des eigenen Desorientierungsprozesses* verorten.

---

* **Desorientierung**: fehlgeleitete Orientierung, mangelnde Orientierungsfähigkeit

Die Gedichte versagen sich gewissermaßen die Nostalgie und zwingen sich stattdessen zu dem Bewußtsein des unwiederbringlichen Verlustes, wodurch sie die Orientierungslosigkeit in der Gegenwart nur umso stärker hervorheben. Dies schlägt sich auch in dem *lakonischen* Stil nieder, in dem viele dieser Gedichte gehalten sind. Die für diese Stilform typische scheinbare Distanz des Schreibenden zu dem geschilderten Geschehen entspricht ihnen offenbar in doppelter Weise, da sie zum einen den zeitlichen Abstand zu letzterem zum Ausdruck bringt und zum anderen den Dichter zu einer vordergründig emotionslosen Schilderungsweise zwingt und ihn so dazu anhält, die eigenen Gefühle 'auf Distanz' zu halten, sich also weder in Wehmut noch in Nostalgie zu ergehen.

■ **Bestimmen Sie bei den folgenden Gedichten näher die Art und Weise ihrer Bezugnahme auf die Vergangenheit. Inwiefern dient sie auch der Positionsbestimmung in der Gegenwart?**

MICHAEL KRÜGER

Um 1750

Drei Äpfel, zwei Pflaumen,
Küchengerät: die Wahrheit,
ungeteilt, hat sich versammelt;
wie in einem Schaukasten
5 liegt sie vor dir,
unberührt und unberührbar.

Du mußt dich abwenden,
um nicht verrückt zu werden.
Wie ein Dieb läufst du fort
10 und hast nichts mehr bei dir
außer der Stille,
die dir laufend aus dem Herzen hüpft.

(v 1981)

1. Geben Sie zunächst den äußeren Handlungsablauf, der in dem Gedicht geschildert wird, mit Ihren eigenen Worten wieder. – Wer ist das 'Du' in dem Gedicht?

2. Die im Gedichttitel angegebene Jahreszahl läßt sich sowohl auf das skizzierte Gemälde als auch auf das beschriebene Geschehen beziehen. Probieren Sie beide Deutungen aus und zeigen Sie, wie sie miteinander verbunden sind. Ordnen Sie hierfür die Jahreszahl auch geistesgeschichtlich ein.

3. Erläutern Sie die Assoziationen zu 'Stilleben', mit denen das Gedicht spielt.

4. Bestimmen Sie den Wahrheitsbegriff in dem Gedicht. Was macht die 'Wahrheit' für das lyrische Ich so unerreichbar?

WOLFGANG HILBIG

die sommersee

bei mildem wind
flammt schöner die see im mittagslicht -

denn es ist des lichtes sinn die worte
zum singen zu bringen innerhalb
5   bedeutungsschwerer legenden im stein
es ist nicht wahrheit zu scheiden
aus den rätseln es fängt aber
das rätsel selber zu singen an
wenn mittag die küste überstrahlt
10   und die steine schwämmen wie kork herauf
wenn der versunknen städte stiller könig
die kunde verbreiten ließe vom mittag
über den meeren – ach vineta
dir flockt das grün vom schutt deiner tore
15   wann gelingt uns jenes lied vom licht
das dich weckt aus dem einverständnis deiner tiefe

bei stillem wind
glitzert die see und singt
mit dem glas ertrunkener spiegel -

(v 1986)

V. 13: **Vineta**: der Sage nach im Meer versunkene Stadt; geht wohl
zurück auf die Stadt Julin als Vorläufer des heutigen Wolin
(Wollin) auf der gleichnamigen Insel an der Küste Pommerns
V. 14: **flocken**: (hier:) flockenförmig abfallen

1. In welche beiden Teile zerfällt die zweite Strophe? Wie wird die
   Untergliederung formal kenntlich gemacht?

2. Welche Aussagen über Wesen und Aufgaben von Dichtung lassen sich
   aus dem Gedicht ableiten?

3. Welche Funktion kommt den Alliterationen und Vokalharmonien in
   dem Gedicht zu?

4. Strophe 3 greift die Bilder aus Strophe 1 wieder auf. Erläutern Sie, wie
   die Bilder hierbei verändert bzw. erweitert werden – in welchem
   Zusammenhang steht die Antithese der beiden Strophen zu der
   Antithese der beiden Hälften von Strophe 2?

5. Klären Sie anhand eines Schemas den Zusammenhang zwischen den
   Begriffen 'Licht', 'Mittag', 'Spiegel', 'Meerestiefe', 'Meeresoberfläche'
   (*"See"*) 'Wahrheit', 'Rätsel', 'Steine', 'Legenden' und 'Lieder' im
   Rahmen des Gedichts.

6. Vergleichen Sie den sich aus Hilbigs Gedicht ergebenden Wahrheitsbegriff mit dem Krügers.

GUNTRAM VESPER

Die Gewohnheit zu zittern

Aus der engen Höhle der Eltern
zog scharfer Geruch durch die Wohnung
Besserungsanstalt
für mich
5   von Anfang an.

185

Das Dienstmädchen folgte mir
bei jeder Flucht
was machst du.

Ich dachte an längere Sommer
10   an einen Mond, der größer als unserer war
und sagte
die Sterne

In deinem Alter Astronomie, rief
die Mutter
15   in den finsteren Hof
du hast nichts
gesehen.

(v 1982)

1. Sammeln Sie in einer Tabelle alle Begriffe, die das lyrische Ich bzw.
   seine Eltern charakterisieren. Worin unterscheiden die beiden Begriffs-
   gruppen sich voneinander?

2. Das Gedicht stammt aus einem Zyklus mit dem Titel "*Das fremde Kind*".
   Woran wird in dem Gedicht die Fremdheit zwischen Eltern und Kind
   deutlich?

3. Welche Stellen in dem Gedicht legen Assoziationen mit 'Gefängnis'
   nahe? Wie fügen diese Assoziationen sich in die Gedichtaussage ein?

4. Lassen sich Eltern- und Kind-Welt auch als Chiffren für verschiedene
   geistige Konstitutionen von Gesellschaften verstehen? Wie könnte man
   diese dann charakterisieren?

5. Erläutern Sie anhand ausgewählter Stellen den *lakonischen* Andeutungsstil des Gedichtes. Welche Wirkung wird hiermit erzielt?

Der *Lakonismus* vieler neuerer Gedichte ebenso wie die wieder häufiger
anzutreffende Sonettdichtung markieren beide auf ihre Weise die
vermehrte Rückkehr zum 'kurzen Gedicht' in der neueren Lyrik.
Höllerers oben zitierte "*Thesen zum langen Gedicht*" (vgl. Kap. 6) sind
damit allerdings keineswegs entwertet. Denn schon dieser hatte "*das
lange Gedicht als Vorbedingung für kurze Gedichte*"[192] bezeichnet. Der

Befreiungsprozeß, der durch die *'langen Gedichte'* eingeleitet werden sollte, scheint somit abgeschlossen zu sein, die Lyrik wieder in einem zwangloseren Verhältnis zur Tradition zu stehen, das diese weder kategorisch ablehnt noch apodiktisch* verteidigt und ihre Rolle für gegenwärtiges Schreiben weder über- noch unterschätzt.

Dabei darf man natürlich auch nicht vergessen, daß die hermetische Lyrik nie so tot war, wie man sie – versinnbildlicht in dem Freitod Paul Celans im Jahr 1970, der als konsequente Fortsetzung des Weges von dessen Dichtung 'ins Verstummen' verstanden wurde – während der kurzen Zeit der Dominanz der *Alltagslyrik* im öffentlichen Kulturbetrieb wahrgenommen hatte. In den Dichtungen des erst 1979 verstorbenen Ernst Meister oder auch von Rose Ausländer, deren letzter Gedichtband erst ein Jahr nach ihrem Tod (1988) veröffentlicht wurde, waren sie stets präsent und so auch als potentielle Anregungen wirksam. Gleiches gilt im übrigen für die *Konkrete Poesie*, deren von Gomringer herausgegebene Anthologie aus dem Jahr 1972 man als eine Art Resümee einer mehr oder weniger abgeschlossenen Entwicklung verstand. Vor dem Hintergrund der neueren Tendenzen in der Lyrik läßt sich das Fortwirken und die dichterische Weiterentwicklung zentraler Exponenten der *Konkreten Poesie* demgegenüber gerade als ein wichtiger Faktor für die Entstehung neuer Erscheinungsformen von Lyrik – wie insbesondere der *Montagedichtung* – begreifen. Und schließlich war auch die *politische Lyrik* nie tot, sondern allenfalls in ihrer Bedeutung zurückgegangen, und hatte in der *Epigrammdichtung* des erst 1988 verstorbenen Erich Fried lange einen der herausragendsten Vertreter der modernen deutschen Lyrik in ihren Reihen. Von hier aus ergeben sich auch Verbindungslinien zu der *lakonischen* Dichtung Guntram Vespers oder Michael Krügers.

Die innere Lebendigkeit und Entwicklungskraft der neueren deutschen Lyrik ist somit kaum zu bezweifeln, und die Trauerreden über den 'Tod der Dichtung', die in den 70er Jahren Konjunktur hatten, sind denn auch in letzter Zeit merklich zurückgegangen. Wo sie noch gehalten werden, haben sie meist einen anderen Sinn, der allerdings eine weitaus größere Gefährdung der Lyrik anzeigt, als es ihre innere Entwicklungskrise in der jüngeren Vergangenheit für sie darstellte. Wer heute die Zukunft der Lyrik in Frage stellt, bezieht sich dabei in der Regel auf die Rezeptionsgewohnheiten eines reizüberfluteten Publi-

---

* **apodiktisch**: keinen Widerspruch duldend

kums, das kaum noch die Muße oder die Konzentration aufbringt, wie sie für die ja nie ganz leicht 'konsumierbare' – weil den gewöhnlichen Sprachgebrauch durchbrechende bzw. problematisierende – 'Ware' Dichtung erforderlich sind. Die ständig zurückgehenden Auflagen von Gedichtbänden zeigen deutlich an, daß Gedichte – wie auch Günter Kunert (vgl. 5.4) hervorhebt – im Selbstverständigungsprozeß der modernen Gesellschaft kaum noch eine Rolle spielen:

> *Bis zur Mitte des 19. Jahrhunderts etwa stellte das Gedicht durchaus ein Substrat* von Selbstbewußtsein der Gesellschaft dar, egal ob die Gedichte kritisch oder affirmativ*, von Heine oder von Platen* waren. Doch erst als mit dem Aufwuchern der Industrie die Disziplinierung und Konditionierung* aller sich vollzog und das Denken und Urteilen und Werten immer stärker von der ökonomischen und technischen Effizienz gesteuert wurde, mußte das Gedicht, das da nicht mithalten konnte, verschwinden. Oder sich gründlich verändern.[193]*

Eine solche 'gründliche Veränderung' drückt sich vielleicht in den *Montagegedichten* aus, die ja die Konstitution der modernen Wirklichkeit gewissermaßen in ihrem Aufbau abbilden. So scheint ihnen auch eine gewisse Lust an der Anarchie eigen zu sein, sozusagen eine sprach-produktive Wendung des realen Chaos, das sich um sie her verbreitet. In diesem Sinne kennzeichnet auch Durs Grünbein den Dichter als einen Künstler, der *"mit den Elementen einer mehr und mehr in ihre wechselnden Erscheinungen sich auflösenden Welt spielt"*.[194] Als *"insgeheimes Credo*"* der heutigen Künstler bezeichnet er deren

> *Rundumoffensein, triebhafte Wachsamkeit inmitten einer Dingwelt, in der das Ich millionenfach zerlegt und aufgelöst wird in ein Vielerlei von Reizen. Der neue Künstler hat kein Programm mehr, sondern nur noch Nerven und einen feinen Spürsinn für Koordination.[195]*

Dabei reize ihn allerdings

> *immer (…) der Defekt, die Störung im sozialen Ablauf.[196]*

---

* **Substrat**: Substanz, die bestimmte Eigenschaften auf sich vereinigt
  affirmativ: bejahend
  August von Platen (1796–1835): Dichter der *Spätromantik*; schrieb hauptsächlich gefühlsbetonte Romanzen, Balladen und Sonette
  Konditionierung: Verhaltenssteuerung
  Credo: Glaubenssatz

Grünbein bemüht sich, die Leere der modernen, virtualisierten* Erfahrungsräume und die Unüberschaubarkeit der durch sie konstituierten Wirklichkeiten produktiv, als Erweiterung der Wahl- und Selbstbestimmungsmöglichkeiten des Künstlers zu begreifen:

> *Da er nichts mehr besitzt, was wert wäre aufgehoben zu werden, da er, nicht wahr, eigentlich überhaupt nichts besitzt, kann der Dichter aufs neue unmittelbar, wie Leonardo sagt, Schüler der Erfahrung sein (…) / Und es macht nichts, daß seine Größe auf diesen riesigen Feldern so ameisenhaft ist. / Und es macht nichts, daß er das Ameisenhafte einstweilen als Größe verkennt. / Und es ist gut, daß Ameisen so ungeheuerlich sind, so unermüdlich in ihrer Akzeptanz aller Schwierigkeiten und Hindernisse. 'The ant is a centaur in his dragon world**.[197]*

Der melancholische Ton vieler seiner Gedichte widerlegt allerdings immer wieder den dichtungstheoretisch behaupteten Sprachoptimismus Grünbeins. Dies mag einerseits mit der solcher Dichtung abverlangten Fähigkeit, *"in Unsicherheiten zu sein, in Unerklärlichkeiten, in Zweifeln"*[198] – so ein anderer Avantgardedichter, Peter Waterhouse – zusammenhängen. Es verrät aber wohl auch eine gewisse resignative Grundierung einer Dichtung, die sich durchzusetzen hat gegen – wie Heinz Czechowski formuliert – jenes

> *Trommelfeuer von Wörtern, unter dem wir dahinleben,*

in dem

> *die Totenklage des Bewußtseins, die innere Stimme, die wir vernehmen, (…) wie der Nachhall eines letzten Posthorns in Mahlers* Sinfonie tönt.*[199]

Der aus dem Banat in Rumänien stammende Werner Söllner sieht vor diesem Hintergrund die Sprache ganz allgemein in ihrer Existenz bedroht:

> *Erklärungen werden hier nicht verlangt keine*
> *Macht null keine Rede ist hier von Reden alles*
> *geht und ist so und macht daß es so geht so daß*
> *hier keine Rede von Sprache sein kann nein null.*[200]

---

*   **virtualisieren**: künstlich machen; vgl. *virtuell*: Wirklichkeit nur vortäuschend, nur der Möglichkeit nach vorhanden (wie z.B. die *Computersimulation*)
'**The ant is …**': 'Die Ameise ist ein Kentaur in ihrer Drachenwelt.' – **Kentaur**: Fabelwesen mit einem Pferdeleib und menschlichem Oberkörper, dem große Kräfte nachgesagt wurden
Gustav Mahler (1860–1911): für seine melancholischen Musikpassagen berühmter österreichischer Komponist

DURS GRÜNBEIN

Alba

Endlich sind all die Wanderer tot
Und zur Ruhe gekommen die Lieder
Der Verstörten, der Landschaftskranken
In ihren langen Schatten, am Horizont.

5   Kleine Koseworte und Grausamkeiten
Treiben gelöst in der Luft. Wie immer
Sind die Sonnenbänke besetzt, lächeln
Kinder und Alte aneinander vorbei.

In den Zweigen hängen Erinnerungen,
10   Genaue Szenen aus einem künftigen Tag.
Überall Atem und Sprünge rückwärts
Durchs Dunkel von Urne zu Uterus.

Und das Neue, gefährlich und über Nacht
Ist es Welt geworden. So komm heraus
15   Aus zerwühlten Laken, sieh sie dir an,
Himmel, noch unbehelligt, und unten

Aus dem Hinterhalt aufgebrochen,
Giftige Gräser und Elstern im Staub,
Mit bösem Flügelschlag, Diebe
20   In der Mitte des Lebensweges wie du.

(v 1994)

Alba: frühe Morgendämmerung, zwischen Nacht und Sonnenaufgang; von Bedeutung im mittelalterlichen *Tagelied*, wo sie die Trennung der Liebenden einleitete
V. 12: **Uterus**: Gebärmutter
V. 18: **Elstern**: vgl. die mittelalterliche *Parzival*-Dichtung Wolframs von Eschenbach, in deren Prolog die Elstern die ambivalente, sowohl zum Guten als auch zum Bösen fähige Natur des Menschen symbolisieren

V. 20: **in der Mitte des Lebensweges**: vgl. die *Göttliche Komödie* des italienischen Dichters Dante Alighieri (1265–1321), deren erster Teil mit der Erwähnung eines in der Lebensmitte vom Wege Abgekommenen einsetzt

1. Untergliedern Sie das Gedicht nach den Tageszeiten der einzelnen Strophen in mehrere Abschnitte. Wie werden die Tageszeiten jeweils kenntlich gemacht?

2. Arbeiten Sie die Verknüpfung von Ruhe und Wahnsinn in Strophe 1 heraus. Berücksichtigen Sie hierfür auch folgende Aussage aus einer Interpretation Gustav Seibts zu dem Gedicht:

    Das leichtfüßige (…) Gedicht kommt musikalisch daher, ist dabei aber dissonant* von Anfang bis Ende, und zwar von einer leisen, quälenden Dissonanz, wie Musik am Rande der Tonalität* oder wie eine Atonalität, die doch so nah an die Tonalität geht, daß man ihre Verweigerung als schmerzlich empfindet, weil man zugleich noch die benachbarte Harmonie spürt.[201]

3. Wie setzt Grünbein das mittelalterliche *Tagelied*-Motiv in seinem Gedicht ein? Welche Veränderungen nimmt er an ihm vor?

4. Vergleichen Sie das Diebesmotiv in dem Gedicht mit seiner Verwendung bei Michael Krüger.

5. Die Tageszeiten lassen sich auch lebenszeitlich verstehen, und zwar entweder bezogen auf einen einzelnen Menschen oder auf die jüngere geistesgeschichtliche Entwicklung der Menschheit. Welche Befunde ergeben sich hierdurch für das Verständnis des Gedichts?

---

*   **dissonant**: unharmonisch, mißtönend; vgl. *Dissonanz*
    Tonalität: Musik, die die Gesetze der traditionellen Tonkunst beachtet; Ggs. *Atonalität*

WERNER SÖLLNER

Der Schlaf des Trommlers

Nacht, gelb
von Gewittern, die Häuser
sind leer, im kühlen Grund
wo der Holunder sich hält
5 schlafen die Schläfer
sich aus der Welt

Aber der Hüter geht
unruhig, im flackernden Traum
geht er schwer, er rührt
10 die Trommeln aus Stein
und ruft mit der Schierlingsposaune
das verstreute Gebein

Sie stehn auf
und kauen den Mohn, sie reden
15 mit dem unruhigen Vieh, sie fragen
die Mäuse nach Brot
und ziehen eiserne Nägel
sich aus dem Tod

Grund, kühl
20 von Vergessen, da war ich
mit Pechmarie, hatte Liebstöckel
im Mund, im hölzernen Kleid
steht der Trommler
in zerrissener Zeit

(v 1992)

V. 3: **im kühlen Grund**: vgl. Eichendorffs Gedicht *Das zer-brochene Ringlein*:

> *In einem kühlen Grunde*
> *Da geht ein Mühlenrad,*
> *Mein' Liebste ist verschwunden,*
> *Die dort gewohnt hat.*
> *(…)*
> *Hör ich das Mühlrad gehen:*
> *Ich weiß nicht, was ich will –*
> *Ich möcht am liebsten sterben,*
> *Da wär's auf einmal still!*[202]

V. 4: **Holunder**: vgl. die schwarz-violetten Beeren des Holunders und die seinen Blüten zugeschriebene beruhigende, zuweilen auch schlafsüchtig machende Wirkung

V. 11: **Schierling**: giftige Pflanze; vgl. das Ende des *Sokrates*, der sich durch das Leeren eines Schierlingsbechers selbst tötete

V. 11: **Posaune**: vgl. die Posaunen als Mittel der Verkündigung des Jüngsten Gerichts

V. 14: **Mohn**: Aus dem Milchsaft des Schlafmohns wird Opium hergestellt, das zu Rauschzuständen mit starken Halluzinationen führen kann; vgl. auch Celans Gedichtband *Mohn und Gedächtnis*, in dem die *Todesfuge* wiederveröffentlicht wurde (vgl. Kap. 1)

V. 17: **Nägel**: vgl. den ans Kreuz genagelten Christus

V. 21: **Pechmarie**: In Ludwig Bechsteins Märchen *Goldmarie und Pechmarie* wird die folgsame Goldmarie mit Gold überhäuft, die widerspenstige Pechmarie dagegen am Ende mit Pech übergossen.

V. 21: **Liebstöckel**: Heilkraut; wird auch als Gewürz verwendet

1. Skizzieren Sie kurz das äußere Geschehen in den einzelnen Strophen, indem Sie jeweils die Schlüsselbegriffe notieren.

2. Versuchen Sie, die *"Schläfer"* und den *"Trommler"* zu charakterisieren. In welchem Verhältnis stehen die Figuren zueinander?

3. Stellen Sie alle Anspielungen auf Tod, Schlaf und Vergessen zusammen, die sich in dem Gedicht finden. Wie unterscheiden sich die Einstellungen von *'Schläfern'* und *"Trommler"* hierzu?

4. Welche formalen und inhaltlichen Gemeinsamkeiten zu Bobrowskis Gedicht *Kloster bei Nowgorod* (vgl. Kap. 3) lassen sich feststellen? Erhält die Gedichtaussage durch sie neue Akzentuierungen?

5. Warum mißlingen die 'Weckversuche' des Trommlers? – Berücksichtigen Sie für Ihre Antwort insbesondere die inhaltlichen und formalen Gemeinsamkeiten und Unterschiede zwischen Strophe 1 und 4.

6. Die Figur des Trommlers/Hüters taucht auch noch in anderen Gedichten Söllners auf. Bestimmen Sie anhand folgender Ausschnitte aus diesen näher den Bedeutungskomplex, für den sie steht:

a) *Mit steilem Schritt geht*
    der Trommler vorbei, er ruft
    die taubstummen Schläfer.[203]

b) *<Sie> zählen die silbernen Knöpfe, zischelnd*
   verkuppeln sie Münze und Sichel.
   (…)
   Aber der Hüter zählt Mägdlein, er zählt
   Sonne und Mond, er trommelt
   und singt, er zählt von sieben
   bis keins.[204]

c) *Zwischen Angel und Tür*
   steh ich herum, zu Gast
   bei mir selbst, immer näher
   einem heimlichen Ort, stumm
   hüt ich das Feld
   mit der Trommel und würfle
   mich wund mit den Disteln
   um ein eigenes Wort.[205]

7. Arbeiten Sie Gemeinsamkeiten und Unterschiede zwischen den dichtungstheoretischen Positionen Söllners und Hilbigs heraus, wie sie sich aus deren Gedichten ablesen lassen.

Anmerkungen

1   Mann, Thomas: Rundfunkrede in der BBC, 10.5.1945. In: Ders.: An die gesittete Welt. Politische Schriften und Reden im Exil, S. 615–618. Frankfurt/M. 1986: Fischer.

2   Borchert, Wolfgang: Das ist unser Manifest. In: Das Gesamtwerk, S. 369–376 (hier S. 371). Hamburg u.a. 1949: Rowohlt.

3   Weyrauch, Wolfgang: Nachwort zu Ders. (Hg.): Tausend Gramm. Sammlung neuer deutscher Geschichten, S. 217f. Reinbek 1949: Rowohlt.

4   Böll, Heinrich: Bekenntnis zur Trümmerliteratur (1952). In: Ders.: Werke, hg. von Bernd Balzer, Bd. 7: Essayistische Schriften und Reden, 1, 1952–1963, S. 31–35 (hier S. 31). Köln 1979: Kiepenheuer & Witsch.

5   Mitscherlich, Alexander und Margarete: Die Unfähigkeit zu trauern. Grundlagen kollektiven Verhaltens. München 1967.

6   Ausländer, Rose: Ins Leben (1939), hier zit. nach Gesammelte Werke, hg. von Helmut Braun, Bd. 1, S. 66. Frankfurt/M. 1984: Fischer.

7   Margul, Sperber, Alfred: Ferner Gast. In: Geheimnis und Verzicht (1939); hier zit. nach Stiehler, Heinrich: Die Zeit der Todesfuge. Zu den Anfängen Paul Celans. In: Akzente 19 (1972), S. 11–40 (hier S. 36).

8   Weißglas, Immanuel: Er (1944), hier zit. nach ebd., S. 29.

9   Adorno, Theodor W.: Noten zur Literatur III. In: Ders.: Gesammelte Schriften, Bd. 11, S. 127. Frankfurt/M. 1965: Suhrkamp.

10 Jaspersen, Ursula: 'Todesfuge' von Paul Celan. In: Urbanek, Walter (Hg.): begegnung mit gedichten, S. 272–277 (hier S. 276). Bamberg 1970: buchners.

11 Baumgart, Reinhard: Unmenschlichkeit beschreiben. Weltkrieg und Faschismus in der Literatur. In: Merkur 19 (1965), S. 37–50 (hier S. 48f.).

12 Müller-Seidel, Walter: Probleme der literarischen Wertung, S. 180. Stuttgart 1965.

13 Cayrol: Pour une littérature lazarène; hier zit. nach Bienek, Horst: In der Flucht ‹Interpretation zu dem gleichnamigen Gedicht von Nelly Sachs›. In: Domin, Hilde: Doppelinterpretationen. Das zeitgenössische Gedicht zwischen Autor und Leser, S. 158–161 (hier S. 161). Frankfurt/M. und Bonn ²1966: Athenäum.

14 zit. nach Dischner, Gisela: Das verlorene und wieder gerettete Alphabet. Zu den Gedichten von Nelly Sachs. In: Nelly Sachs zu Ehren. Zum 75. Geburtstag am 10. Dezember 1966. Gedichte. Beiträge. Bibliographie, S. 107–141 (hier S. 108). Frankfurt/M. 1966.

15 Ausländer, Rose: Alles kann Motiv sein (1971); hier zit. nach Gesammelte Werke (s. Anm. 6), Bd. 3, S. 284–288 (hier S. 286).

16 Lehmann, Wilhelm: Kunst als Jubel der Materie (1953). In: Sämtliche Werke, Bd. 3, S. 157–165 (hier S. 159). Gütersloh 1962: Mohn

17 zit. nach Pörksen, Uwe: Gryllotalpa Gryllotalpa (zu Wilhelm Lehmanns Gedicht 'Grille im Tessin'). In: Hartung, Harald (Hg.): Gedichte und Interpretationen, Bd. 5: Vom Naturalismus bis zur Jahrhundertmitte, S. 336–347 (hier S. 342). Stuttgart 1983: Reclam.

18   Lehmann, Wilhelm: Bewegliche Ordnung (1947). In: Sämtliche Werke, Bd. 3, S. 103–108. (hier S. 103). Gütersloh 1962: Mohn.

19   Lehmann, Wilhelm: Dichtung und Dichter heute (1956). In: ebd., S. 185–192 (hier S. 192).

20   Lehmann, Wilhelm: Dichtung errungene Gegenwart (1959). In: ebd., S. 169–180 (hier S. 176f.).

21   Lehmann, Wilhelm, zit. nach Bien, Günter: 'Atemholen' von Wilhelm Lehmann. In: Urbanek, Walter (Hg.): begegnung mit gedichten, S. 104–108 (hier S. 107). Bamberg 1970: buchners.

22   Langgässer, Elisabeth: Brief an Karl Krolow. In: Dies.: "… soviel berauschende Vergänglichkeit". Briefe 1926 bis 1950, S. 174. Hamburg 1954.

23   Langgässer, Elisabeth: Der Laubmann und die Rose. In: Gesammelte Werke, Bd. 1, S. 129. Hamburg 1959.

24   Langgässer, Elisabeth: Das geistige Schaffen. Deutsches Pantheon: Matthias Claudius. In: Der Vorstoss. Wochenschrift für die deutsche Zukunft 1 (1931), H. 45, S. 1777f. (hier S. 1778).

25   Hans Werner Richter: Literatur im Interregnum. In: Der Ruf 1 (1947), S. 10f.

26   Lehmann, Wilhelm: Maß des Lobes. Zur Kritik der Gedichte von Peter Huchel. In: Deutsche Zeitung vom 8./9. Februar 1964.

27   Lehmann, Wilhelm: Kunst als Jubel der Materie (s. Anm. 16), S. 159.

28   Benn, Gottfried: Vortrag in Knokke (1952). In: Gesammelte Werke in vier Bänden, hg. von Dieter Wellershoff, Bd. 1, S. 541–549 (hier S. 544). Wiesbaden 1959: Limes.

29   Benn, Gottfried, zit. nach Schröder, Jürgen: Gottfried Benn. In: Grimm, Gunter E. / Max, Frank Rainer (Hgg.): Deutsche Dichter, Bd. 7: Vom Beginn bis zur Mitte des 20. Jahrhunderts, S. 284–307 (hier S. 295).

30   vgl. Schröder, Jürgen: Destillierte Geschichte. Zu Gottfried Benns Gedicht *Nur zwei Dinge*. In: Hinck, Walter (Hg.): Gedichte und Interpretationen Bd. 6: Gegenwart, S. 20–28 (hier S. 25). Stuttgart 1982: Reclam.

31   Benn, Gottfried: Doppelleben (1950). In: Gesammelte Werke in vier Bänden, Bd. 4, S. 69–172 (hier S. 89f.). Wiesbaden 1960: Limes.

32   Benn, Gottfried: Pallas (1943). In: ebd., Bd. 1, S. 362–370 (hier S. 367).

33   Benn, Gottfried: Ach, das Erhabene (Gedicht aus dem Jahr 1935). In: ebd., Bd. 3, S. 181.

34   Benn, Gottfried, ebd.

35   Benn, Gottfried: Wir ziehn einen großen Bogen (e bis 1950). In: ebd., S. 266f. (hier S. 267).

36   Bachmann, Ingeborg: Brief an einen Herausgeber ihrer Gedichte (1957); zit. nach Braun, Siegfried / Lobentanzer, Hans (Hgg.): Arbeitstexte für den Unterricht. Deutsche Liebesgedichte, S. 71f. (hier S. 71). Stuttgart 1985: Reclam.

37   Bachmann, Ingeborg, ebd.

38   Bachmann, Ingeborg: Die Wahrheit ist dem Menschen zumutbar. Rede zur Verleihung des Hörspielpreises der Kriegsblinden (gehalten am 17. März 1959). In: Bachmann, Ingeborg: Gedichte, Erzählungen, Hörspiel, Essays, hg. von Christine Koschel u.a., S. 300–302 (hier S. 301). München [3]1993: Piper.

39 Bachmann, Ingeborg: Frankfurter Vorlesungen: Probleme zeitgenössischer Dichtung I: Fragen und Scheinfragen (1960). In: ebd., S. 303–317 (hier S. 310f.).

40 Huchel, Peter: Rede zur Entgegennahme des Literaturpreises der Europalia 77. In: Die Zeit Nr. 45 vom 28.10.1977, S. 45; hier zit. nach Lermen, Birgit H. / Loewen, Matthias: Lyrik aus der DDR, S. 129. Paderborn u.a. 1987: Schöningh.

41 Eich, Günter: Der Schriftsteller vor der Realität (Trigonometrische Punkte). Rede bei einem Treffen deutscher und französischer Schriftsteller im Juni 1956 in Vézelay/Burgund. In: Gesammelte Werke, Bd. 4, hg. von Heinz F. Schafroth, S. 441f. Frankfurt/M. 1973: Suhrkamp.

42 Eich, Günter, ebd.

43 Eich, Günter: Vorsicht; aus dem Zyklus 'Lange Gedichte' (Erstveröffentlichung. in: Anlässe und Steingärten <1966>); hier zit. nach Gesammelte Werke, Bd. 1, hg. von Axel Vieregg, S. 173–175 (hier S. 173). Frankfurt/M. 1991: Suhrkamp.

44 Eichendorff, Joseph von: Wünschelrute (1835); hier zit. nach Sämtliche Werke, hg. von Ursula Regener, Bd. 1, S. 121. Tübingen 1997: Niemeyer.

45 Wiese, Benno von: Robinson I <Interpretation des gleichnamigen Gedichts von Karl Krolow>. In: Domin (s. Anm. 13), S. 203–206 (hier S. 203).

46 Adorno, Theodor, W.: Rede über Lyrik und Gesellschaft (1951). In: Gesammelte Schriften, Bd. 11: Noten zur Literatur I, S. 49–68 (hier S. 56). Frankfurt/M. 1974: Suhrkamp.

47 Christa Reinig: Robinson <Selbstinterpretation>. In: Domin, Hilde (s. Anm. 13), S. 121–123 (hier S. 122f.).

48 Segebrecht, Wulf: Robinson <Interpretation zu dem gleichnamigen Gedicht von Christa Reinig>. In: ebd., S. 124–127 (hier S. 127).

49 Bobrowski, Johannes, zit. nach Koczy, Karol: Johannes Bobrowski: Ein Deutscher und der Osten, S. 26. Sankelmark 1989. (Schriftenreihe der Akademie Sankelmark, Neue Folge, Heft 68).

50 Bobrowski, Johannes: Brief an seinen Kriegskameraden Hans Ricke vom 9.10.1956, zit. nach ebd., S. 34.

51 Bobrowski, Johannes: Die Jura. In: Sarmatische Zeit, S. 13. Stuttgart 1961: Deutsche Verlags-Anstalt.

52 Bobrowski, Johannes: Anruf. In: ebd., S. 6.

53 Celan, Paul: Der Meridian. Rede anläßlich der Verleihung des Georg-Büchner-Preises (1960). In: Paul Celan: Ausgewählte Gedichte. Zwei Reden, S. 131–148 (hier S. 144). Frankfurt/M. 1968/1996: Suhrkamp.

54 Celan, Paul, ebd., S. 142.

55 Celan, Paul, ebd., S. 143.

56 Brunner, Constantin: Materialismus und Idealismus (1928), hier zit. nach Reiter, Gerhard: Das Eine und das Einzelne. Zur philosophischen Struktur der Lyrik Rose Ausländers. In: Braun, Helmut (Hg.): Rose Ausländer. Materialien zu Leben und Werk, S. 154–197 (hier S. 174).

57 Stolte, Heinz: Vom Feuer der Wahrheit. Der Philosoph Constantin Brunner, S. 17. Hamburg 1968.

58 Jandl, Ernst: voraussetzungen, beispiele und ziele einer poetischen arbeitsweise. ein vortrag (1969). In: ernst jandl: für alle, S. 224–238 (hier S. 228). München 1974: Sammlung Luchterhand (dtv).

59 Jandl, Ernst: mein gedicht und sein autor (1967). In: ebd., S. 214–223 (hier S. 220).

60 Jandl, Ernst: wo bleibb da hummooa (1957); hier zit. nach ebd., S. 237

61 Jandl. Ernst: voraussetzungen ... (s. Anm. 58), S. 228.

62 Jandl, Ernst: mein gedicht ... (s. Anm. 59), S. 215

63 Jandl, Ernst, ebd.

64 Jandl, Ernst, ebd.

65 Jandl, Ernst: voraussetzungen (s. Anm. 58), S. 228, 230

66 Jandl, Ernst, ebd. S. 227

67 Jandl, Ernst, ebd., S. 234

68 Jandl, Ernst, ebd.

69 Jandl, Ernst, ebd., S. 232.

70 Rühm, Gerhard: Vorwort. In: Ders. (Hg.): Die Wiener Gruppe, S. 7–36 (hier S. 11f.). Reinbek erw. Neuaufl. 1985: Rowohlt.

71 Rühm, Gerhard, ebd., S. 25.

72 Rühm, Gerhard, ebd., S. 26.

73 Rühm, Gerhard, ebd. S. 17.

74 Artmann, H.C., manifest, zit. nach ebd., S. 18–20 (hier S. 18).

75 Gomringer, Eugen: 23 punkte zum problem 'dichtung und gesellschaft' (1958); hier zit. nach Heißenbüttel, Helmut (Hg.): Eugen Gomringer: worte sind schatten. die konstellationen 1951–1968, S. 287–291 (hier S. 289f.). Reinbek 1969: Rowohlt.

76 Gomringer, Eugen, ebd., S. 289.

77 Gomringer, Eugen, ebd., S. 290.

78 Gomringer, Eugen: vom vers zur konstellation (1954), hier zit. nach ebd., S. 277–282.

79 Gomringer, Eugen: konstellation und ideogramm. In: Kopfermann, Thomas (Hg.): Theoretische Positionen zur konkreten Poesie, S. 93. Tübingen 1974.

80 Rühm, Gerhard: Vorwort. In: Ders. (Hg.): Die Wiener Gruppe (s. Anm. 70), S. 31.

81 Marti, Kurt: Animier-Kunst (1965); hier zit. nach Weiss, Christina: Konkrete Poesie. In: Fischer, Ludwig (Hg.): Literatur in der Bundesrepublik Deutschland bis 1967, S. 420–435 (hier S. 431). München/Wien 1986: Hanser (dtv).

82 Bremer, Claus: konkrete dichtung. In: Kopfermann (s. Anm. 79), S 7–9 (hier S. 7).

83 Gomringer, Eugen: Der Dichter und das Schweigen (1964); hier zit. nach Heißenbüttel (s. Anm. 75), S. 293.

84 Zürcher, Gustav: Zur konkreten Poesie, zu ihren Erweiterungsversuchen. In: Theobaldy, Jürgen / Zürcher, Gustav: Veränderung der Lyrik: Über westdeutsche Gedichte seit 1965, S. 42–75 (hier S. 46). München 1976: edition text + kritik.

85 Gomringer, Eugen: vorwort. In: Ders. (Hg.): konkrete poesie, S. 4–7 (hier S. 6). Stuttgart 1972: Reclam.

86 Jandl, Ernst: österreichische beiträge zu einer modernen weltdichtung. In: Ders.: für alle (s. Anm. 58), S. 210–213 (hier S. 212).

87 Heißenbüttel, Helmut: Konkrete Poesie. (1961); hier zit. nach Ders.: Über Literatur. Aufsätze und Frankfurter Vorlesungen (1966), S. 66–69 (hier S. 66). München 1970: dtv.

88 Heißenbüttel, Helmut, ebd.

89 Mon, Franz: Über konkrete Poesie. In: Ders.: Texte über Texte, S. 136–139 (hier S. 137). Neuwied und Berlin 1969: Luchterhand.

90 Mon, Franz, zit. nach Weiss, Christina (s. Anm. 81), S. 423.

91 Heißenbüttel, Helmut: Schwierigkeiten beim Schreiben der Wahrheit 1964; hier zit. nach Ders.: Über Literatur (s. Anm. 87), S. 218–220 (hier S. 219, S. 220).

92 Heißenbüttel, Helmut, ebd. S. 220.

93 Mon, Franz: Perspektive (1959). In: Ders.: Texte über Texte (s. Anm. 89), S. 22–32 (hier S. 31)

94 Heißenbüttel, Helmut: Bei Gelegenheit eines Lexikons. In: Ders.: Über Literatur (s. Anm. 87), S. 78–89 (hier S. 81).

95 Heißenbüttel, Helmut: Konkrete Poesie (s. Anm. 87), S. 68.

96 Heißenbüttel, Helmut, ebd., S. 69.

97 Adorno, Theodor W.: Rede über Lyrik und Gesellschaft (s. Anm. 46), S. 55.

98 Adorno, Theodor W., ebd., S. 56.

99 Huchel, Peter: Die Sternenreuse (1927/28); hier zit. nach Kaiser, Gerhard: Geschichte der deutschen Lyrik von Goethe bis zur Gegenwart, Bd. 2 (1988), S. 685. Frankfurt/M./Leipzig 1996: Insel.

100 Brecht, Bertolt: Die Dialektik. In: Über Lyrik (1964); hier zit. nach Gesammelte Werke, Bd. 19: Schriften zur Literatur und Kunst 2, S. 294f. (hier S. 294). Frankfurt/M. 1967: Suhrkamp.

101 Brecht, Bertolt: An die Nachgeborenen (1939). In. Gesammelte Werke, Bd. 9, S. 722–725 (hier S. 723). Frankfurt/M. 1967: Suhrkamp.

102 Brecht, Bertolt: Schlechte Zeit für Lyrik (Gedicht aus dem Jahr 1939). In: ebd., S. 743f. (hier S. 744).

103 Brecht, Bertolt: Leben des Galilei (entstanden 1938/39); hier zit. nach Kraft, Werner: 'Der Radwechsel' von Bertolt Brecht. In: Urbanek (s. Anm. 21), S. 237–239 (hier S. 238).

104 Enzensberger, Hans Magnus: Die Entstehung eines Gedichts. In: Ders.: Gedichte. Die Entstehung eines Gedichts, S. 37–54 (hier S. 49). Frankfurt/M. 1962: Suhrkamp.

105 Enzensberger, Hans Magnus: Poesie und Politik. In: Einzelheiten, S. 334–353 (hier S. 353). Frankfurt/M. 1963: Suhrkamp.

106 Enzensberger, Hans Magnus, ebd.

107 Enzensberger, Hans Magnus, ebd.

108 Enzensberger, Hans Magnus: Was habe ich hier verloren … (Gedicht aus dem Jahr 1960; aus: *landessprache*); hier zit. nach Hans Magnus Enzensberger: Die Gedichte, S. 89. Frankfurt/M. 1983: Suhrkamp.

109 Jens, Walter, zit. nach Hüser, Fritz: Vorwort. In: Hüser, Fritz / von der Grün, Max / Promies, Wolfgang (Hg.): Aus der Welt der Arbeit. Almanach der Gruppe 61 und ihrer Gäste, S. 7–29 (hier S. 23). Neuwied und Berlin 1966: Luchterhand.

110 Informationsblatt der Gruppe 61, zit. nach Promies, Wolfgang: 'Arbeiterdichtung' – Literatur der Arbeitswelt. In: Fischer, Ludwig (s. Anm. 81), S. 403–419 (hier S. 405).

111 Informationsblatt der Gruppe 61, zit. nach ebd., S. 407f.

112 Friedrich, Wolfgang: Bemerkungen zum literarischen Schaffen der Gruppe 61. In: Hüser/von der Grün/Promies (s. Anm. 109), S. 315–338 (hier S. 324).

113 von der Grün, Max, zit. nach Reinhardt, Stephan (Hg.): Max von der Grün. Materialienbuch, S. 49. Darmstadt und Neuwied 1978: Luchterhand.

114 Programm der Werkkreise, zit. nach Fischbach, Peter: Zehn Jahre Werkkreise, S. 209. Frankfurt/M. 1979: Fischer.

115 Hüser, Fritz, aus einer Podiumsdiskussion zum Thema 'Politische Dimensionen einer Arbeiterliteratur', hier zit. nach Promies (s. Anm. 110), S. 415.

116 Wallraff, Günter: Wirkungen in der Praxis. In: Bosch, Manfred / Konjetzky (Hgg.): Für wen schreibt der eigentlich?, S. 203–208 (hier S. 205). München 1973: Piper.

117 Eich, Günter: Träume (1953). In: Günter Eich: Gesammelte Werke, Bd. 2, hg. von Karl Karst, S. 349–390 (hier S. 384). Frankfurt/M. rev. Neuaufl. 1991: Suhrkamp.

118 Fried, Erich, zit. nach Ross, Werner: Rede in der Hand <Interpretation des gleichnamigen Gedichts von Erich Fried>. In: Domin (s. Anm. 13), S. 249–251 (hier S. 251).

119 Opitz, Martin: Ach Liebste / laß uns eilen … (1624). In: Ders.: Weltliche Poemata (1644), S. 336. Tübingen Ndr. 1975: Niemeyer.

120 Dietmar von Eist: Slâfest du, friedel ziere? (vor 1171); hier zit. in der Übersetzung von Wehrli, Max (Hg.): Deutsche Lyrik des Mittelalters (1955), S. 63. Zürich überarbeitete Neuaufl. 1977: Manesse.

121 Erklärung zur Internationalen Vietnamkonferenz in Westberlin am 17./18. Februar 1968, zit. nach Lampe, Gerhard: 'Ich will mich erinnern / an alles, was man vergißt': Erich Fried, Biographie und Werk, S. 131. Köln 1989: Bund-Vlg.

122 Eich, Günter: Träume (s. Anm. 117), S. 351.

123 Havemann, Robert, hier zit. nach Zürcher, Gustav: Reflexion und Agitation: zu Begriff und Praxis des politischen Gedichts. In: Theobaldy/Zürcher (s. Anm. 84), S. 76–130 (hier S. 96).

124 Härtling, Peter, zit. nach ebd., S: 98.

125 Grass, Günter: Irgendwas machen (1966). In: Ders.: Gesammelte Gedichte, S. 216–220 (hier S. 217). Berlin und Neuwied 1971: Luchterhand.

126 Baumgart, Reinhard, zit. nach Zürcher (s. Anm. 123), S. 101.

127 'Grundsätze über die Mitgliedschaft von Beamten in extremen Organisationen' (sog. Radikalenerlaß) vom 28.1.1972, hier zit. nach Harbecke, Ulrich: Abenteuer Deutschland. Von der Teilung zur Einheit, S. 178f.

128 Andersch, Alfred: artikel 3 (3) (1976); hier zit. nach Jendricke, Bernhard: Alfred Andersch, S. 114f. Reinbek 1988: Rowohlt.

129 Fried, Erich: Ein abgewehrter Angriff? In: Wandrey, Uwe (Hg.): Kein schöner Land, S. 95. Reinbek 1979: Rowohlt.

130 Fried, Erich: Auf den Tod des Generalbundesanwalts Siegfried Buback (1977); hier zit. nach Lampe (s. Anm. 121), S. 159–161.

131 Frankfurter Allgemeine Zeitung vom 28.10.1977, hier zit. nach Braun, Michael: Lyrik. In: Briegleb, Klaus / Weigel, Sigrid (Hgg.): Gegenwartsliteratur seit 1968, S. 424–454 (hier S. 447). München 1992: Hanser (dtv).

132 Andersch, Alfred, zit. nach Jendricke (s. Anm. 128), S. 116.

133 Doutiné, Heike, zit. nach Zürcher (s. Anm. 123), S. 111.

134 Doutiné, Heike: Verständigungsprobe. In: agitprop (1969); hier zit. nach ebd.

135 Fried, Erich: Anmerkungen zu Verhaltensmustern. In: Rotbuch 2 (1968); hier zit. nach Lampe (s. Anm. 121), S. 143.

136 Kunert, Günter: Unterwegs nach Utopia I. In: Ders.: Unterwegs nach Utopia, S. 75f. München/Wien 1977.

137 Kunert, Günter: Unterwegs nach Utopia II. In: ebd., S. 76.

138 Kirsch, Sarah (1977), zit. nach Lermen/Loewen (s. Anm. 40), S. 318.

139 Maurer, Georg: Die Form und die Wirklichkeit. In: Neue Deutsche Literatur 11/1956; hier zit. nach Schuhmann, Klaus: Lyrik des 20. Jahrhunderts. Materialien zu einer Poetik, S. 286–290 (hier S. 287). Reinbek 1995: Rowohlt.

140 Maurer, Georg, ebd.

141 Maurer, Georg, ebd., S. 290

142 Maurer, Georg, ebd. , S. 289

143 Kirsch, Sarah (1978), zit. nach Lermen/Loewen (s. Anm. 40), S. 318.

144 Kirsch, Sarah: Im Sommer. In: Dies.: Rückenwind, S. 51. Ebenhausen 1977: Langewiesche-Brandt.

145 Kirsch, Sarah: Zeitung. In: Dies.: Katzenleben, S. 50. Stuttgart 1984: Deutsche Verlags-Anstalt.

146 Fühmann, Franz: Vademecum für Leser von Zaubersprüchen (1975); hier zit. nach Stephan, Günter: Naturlyrik. Gattungs- und epochenspezifische Aspekte, S. 147f. Stuttgart und Dresden 1991: Klett.

147 Höllerer, Walter: Thesen zum langen Gedicht. In: Akzente 2 (1965), S. 128–130 (hier S. 130).

148 Höllerer, Walter, ebd., S. 128

149 Höllerer, Walter, ebd., S. 129

150 Höllerer, Walter, ebd., S. 129f.

151 Höllerer, Walter, ebd. S. 128

152 Theobaldy, Jürgen: Das Gedicht ist eine Erwartung. Über einige Möglichkeiten in der neueren Lyrik. In: Süddeutsche Zeitung vom 2./3. Februar 1980; hier zit. nach Ewers, Hans-Heino (Hg.): Alltagslyrik und Neue Subjektivität, S. 107–111 (hier S. 108). Stuttgart 1982: Klett.

153 Theobaldy, Jürgen: Das Gedicht im Handgemenge. Bemerkungen zu einigen Tendenzen in der westdeutschen Lyrik. In: Literaturmagazin 4 (1975); hier zit. nach ebd., S. 100–104 (hier S. 100).

154 Theobaldy, Jürgen, ebd., S. 102

155 Born, Nicolas, zit. nach Theobaldy, Jürgen: Persönliche Erfahrungen und gesellschaftliche Perspektiven. In: Theobaldy/Zürcher (s. Anm. 84), S. 131–170 (hier S. 168).

156 Theobaldy, Jürgen, ebd. S. 169.

157 Theobaldy, Jürgen, ebd. S. 170.

158 Buselmeier, Michael: Statement. In: Hans, Jan / Herms, Uwe / Thenior, Ralf (Hgg.): Lyrik-Katalog Bundesrepublik. Gedichte, Biographien, Statements, S. 377. München 1978: Goldmann.

159 Buselmeier, Michael: Das alltägliche Leben. Versuch über die neue Alltagslyrik (1977). In: Arbeitskreis linker Germanisten (Hg.): Neue deutsche Lyrik. Beiträge zu Born, Brinkmann ..., S. 4–34 (hier S. 9). Heidelberg 1977.

160 Herburger, Günter: Dogmatisches über Gedichte. In: Kursbuch 10 (1967), S. 150–161 (hier S. 150).

161 Theobaldy, Jürgen: Das Gedicht im Handgemenge (s. Anm. 153), S. 103.

162 Theobaldy, Jürgen, ebd., S. 101.

163 Becker, Jürgen: Klappentext zu 'Erzähl mir nichts vom Krieg'. Frankfurt/M. 1977: Suhrkamp.

164 Brinkmann, Rolf Dieter: Notiz: Vorwort zu 'Die Piloten. Neue Gedichte' (1968); hier zit. nach Rolf-Dieter Brinkmann: Standphotos. Gedichte 1962–1970. S. 185–187 (hier S. 186). Reinbek 1980: Rowohlt.

165 Brinkmann, Rolf Dieter, ebd., S. 185.

166 Theobaldy, Jürgen: Das Gedicht ist eine Erwartung (s. Anm. 152), S. 109.

167 Theobaldy, Jürgen, ebd., S. 108.

168 Theobaldy, Jürgen: Midlands. Drinks, S. 93. Heidelberg 1984.

169 Buselmeier, Michael: Poesie und Politik. Anmerkungen zur Lyrik der 70er und 80er Jahre. In: Text und Kritik 9/9a (1984), S. 55–60 (hier S. 60).

170 Gehlen, Arnold: Über kulturelle Kristallisation (1961), zit. nach Braun, Michael: Eklektizismus und Montagekunst. Das 'Posthistoire' in der Lyrik. In: Sprache im technischen Zeitalter 98 (1986), S. 91–106 (hier S. 94).

171 Gehlen, Arnold (1964), zit. nach ebd.

172 Gehlen, Arnold (1965), zit. nach ebd.

173 Hahn, Ulla: Ars poetica. In: Herz über Kopf. Gedichte, S. 78. Stuttgart 1981: Deutsche Verlags-Anstalt.

174 Adorno, Theodor W.: Thesen über Tradition. In: Gesammelte Schriften (s. Anm. 46), Bd. 10.1: Kulturkritik und Gesellschaft, S. 310–320 (hier S. 311).

175 Braun, Michael: Eklektizismus und Montagekunst (s. Anm. 170), S. 104.

176 Enzensberger, Hans Magnus: Meldungen vom lyrischen Betrieb (1989); hier zit. nach Braun, Michael: Suchbewegungen im Sprachzerfall. Einige Bemerkungen zur Poetik der jüngsten Lyriker-Generation. In: Sprache im technischen Zeitalter 102 (1990), S. 210–216 (hier S. 210).

177 Hölderlin, Friedrich: Brot und Wein (1800/01); hier zit. nach Sämtliche Werke und Briefe, hg. von Jochen Schmidt, Bd. 1, S. 286. Frankfurt/M. 1992: Deutscher Klassiker Verlag.

178 Hölderlin, Friedrich: Der Rhein (1801); hier zit. nach ebd., S. 334.

179 Fischer, Ludwig: Vom Beweis der Güte des Puddings. In: Akzente 24 (1977), S. 371–379 (hier S. 375).

180 Fischer, Ludwig, ebd., S. 378.

181 Benn, Gottfried: Doppelleben (s. Anm. 31), S. 162.

182 Benn, Gottfried, ebd., S. 164.

183 Benn, Gottfried, ebd., S. 163.

184 Heißenbüttel, Helmut, zit. nach Braun: Suchbewegungen im Sprachzerfall (s. Anm. 176), S. 211.

185 Heißenbüttel, Helmut; In: Ders.: Kombinationen. Gedichte 1951–1954. Eßlingen 1954.

186 Braun, Michael: Eklektizismus und Montagekunst (s. Anm. 170), S. 98.

187 Braun, Michael: Suchbewegungen im Sprachzerfall (s. Anm. 176), S. 213.

188 Braun, Michael, ebd., S. 211.

189 Schedlinski, Rainer: Dem Druck, immer mehr sagen zu sollen, hielt ich nicht stand. Literatur, Staatssicherheit und der Prenzlauer Berg: Ein Inoffizieller Mitarbeiter schildert seine Verstrickung und versucht aufzuschreiben, wie es dazu kam. In: Frankfurter Allgemeine Zeitung vom 14.1.1992, S. 25.

190 Rathenow, Lutz: Jemand. In: Anderson, Sascha / Erb, Elke (Hgg.): Berührung ist nur eine Randerscheinung. Neue Literatur aus der DDR, S. 34. Köln 1985: Kiepenheuer & Witsch.

191 Rathenow, Lutz, ebd.

192 Höllerer, Walter: Thesen zum langen Gedicht (s. Anm. 147), S. 404.

193 Kunert, Günter, zit. nach Schuhmann (s. Anm. 139), S. 496.

194 Grünbein, Durs: Transit Berlin. In: Zwischen den Zeilen (1992); hier zit. nach ebd., S. 492–494 (hier S. 494).

195 Grünbein, Durs, ebd., S. 492.

196 Grünbein, Durs, ebd. S. 493.

197 Grünbein, Durs, zit. nach Schuhmann (s. Anm. 139), S. 497.

198 Waterhouse, Peter: Zwischen den Fernen. In: Wespennest 73 (1988), S. 26–31.

199 Czechowski, Heinz: Zurück zur Interpretation der Welt; hier zit. nach Schuhmann (s. Anm. 139), S. 495.

200 Söllner, Werner: Null. In: Kopfland. Passagen, S. 83. Frankfurt/M. 1988.

201 Seibt, Gustav: In den Albtraum erwachen. Über Durs Grünbeins Gedicht *Alba*. In: Hinck, Walter (Hg.): Gedichte und Interpretationen: Gegenwart II, S. 56–62 (hier S. 57f.). Stuttgart 1997: Reclam.

202 Eichendorff, Joseph von: Das zerbrochene Ringlein (um 1810); hier zit. nach Sämtliche Werke, Bd. 1 (s. Anm. 44), S. 179.

203 Söllner, Werner: Fremde Nacht. In: Der Schlaf des Trommlers, S. 14. Zürich 1992: Ammann.

204 Söllner, Werner: Tanzgarten. In: ebd., S. 23.

205 Söllner, Werner: Zu Gast. In: ebd., S. 81.

8. Interpretationshilfen*

HANS CARL ARTMANN
ein django der muß haben

In 16 Versen beschreibt das Gedicht einen Westernhelden, den es – in Anlehnung an die Flut von Filmen dieses Genres in den 60er Jahren – als *"django"* bezeichnet. Wie Bayers Gedicht ist auch Artmanns Werk in Paarreim und Jambus gehalten und erscheint so von der Form her – wenn es auch auf eine Unterteilung in Strophen verzichtet – an Volks- und Kinderlieder angelehnt. An Kinderlieder erinnert auch der Diminutiv auf *"-lein"*, der in Vers 3, 4, 6, 7 und 13 zur Anwendung kommt; Vers 13, in dem sich das Gedicht direkt an ein *"kindlein"* wendet, bestätigt diesen Eindruck explizit. Volksliedhaft wirken die dialektalen und umgangssprachlichen Elemente, die sich in Vers 2 (*"zween stiebel"*), 5 (*"zween sporen"*), 13 (*"drum"*), 14 (*"wies"*), 15 (*"nit"*) und 16 (*"tus"*) finden.

Inhaltlich untergliedert sich das Gedicht in eine Aufzählung von Dingen, die nötig sind, um ein echter *"django"* zu sein (Vers 1 bis 12), und eine Aufforderung an ein *"kindlein"*, dem beschriebenen Helden in seinem Tun nachzueifern (Vers 13 bis 16). Letzterem wird somit eine Modellfunktion zugeschrieben.

Der vertraute Volks- und Kinderliedton verleiht dem Gedicht einen Klang von Vertrautheit und Harmlosigkeit, der zur Identifikation mit dem 'Helden' des Gedichts einlädt. Dieser wird dementsprechend auch als *"unser django"* (14) bezeichnet, was in Verbindung mit dem Kinder-liedton wie die lobende Erwähnung eines Grundschülers wirkt. Auch der durchgehende Paarreim entfaltet die Wirkung eines Wiegenlieds, das den Leser so weit hypnotisiert, daß ihm die teilweise unsinnigen Worte (*"fertzen"*, Vers 5) und Zeilenbrechungen (11/12), die um des Reimes willen in das Gedicht eingefügt worden sind, zunächst gar nicht auffallen.

---

* Die Interpretationshilfen sind alphabetisch nach den Verfassern der Gedichte geordnet.

Bei genauerem Hinsehen fallen freilich einige Ungereimtheiten ins Auge. Diese beruhen zum einen auf der Verwendung der Verniedlichungsform für durchaus nicht 'niedliche' Dinge *("fäustlein"* in Vers 2 sowie *"särglein"* und *"feindlein"* in Vers 4 bzw. 7), zum anderen auf dem Stilmittel des Zeugmas. Durch dieses werden in Vers 1 bis 10 unbelebte Dinge – *"stiebel"* (2), *"särglein"* (4), *"sporen"* (5), *"gold zum kugeln gießen"* (8) –, belebte Dinge – *"fäustlein"* (3), *"feindlein"* (7) – und Abstrakta – *"grund zur rache"* (9) – syntaktisch korrekt, aber semantisch unsinnig mit dem Verb *"haben"* (1) verbunden.

Das Gedicht parodiert auf diese Weise zunächst den stereotypen Bau der Django-Filme, die alle auf den gleichen inhaltlichen Zutaten aufbauten und nach dem gleichen Schema abliefen. Indem es den Leser jedoch zum Nachvollzug der offensichtlich stereotypen Handlungsweise des Westernhelden auffordert, überträgt es diese in eine reale Sphäre, die es gleichzeitig durch den Vergleich mit jener karikiert. Kritisiert werden könnte auf diese Weise etwa

- die Ideologie des 'Weltpolizisten USA', die seinerzeit im Vietnam-Konflikt gerade in ihrer ganzen Fragwürdigkeit sichtbar wurde (hierauf verweist auch die Lokalisierung des Geschehens in *"texas"* in Vers 11);
- die Remilitarisierung Österreichs, auf die auch die in Vers 7 und 9/10 persiflierte Feindbildherstellung hinweist;
- der Chauvinismus im Sinne eines übersteigerten Patriotismus, aber auch im Sinne des Machismo, also eines bestimmten lächerlichen Überlegenheitsgefühls und Imponiergehabes des Mannes (vgl. vor allem Vers 15);
- eine Kindererziehung und Volksbildung, die sich von einer durch die oben genannten Punkte charakterisierten Ideologie leiten läßt.

Der Volks- und Kinderliedton des Gedichts enthüllt sich vor diesem Hintergrund ebenso wie sie der parodistische Einsatz des Diminutivs als Kritik an der Verharmlosungsstrategie der Militärbefürworter aller Art. Die gewollten Unebenheiten in seinem formalen Bau und der Einsatz des Zeugmas lesen sich dann wie eine Kritik an der mangelnden Kohärenz* in deren Argumentation.

---

* **Kohärenz**: Stimmigkeit; vgl. *kohärent*

ARNFRID ASTEL
Telefonüberwachung

Bereits in Vers 1 drückt das Gedicht Zweifel an der Wirksamkeit des Verfassungsschutzes aus, indem es diesen in Anführungsstriche setzt. Die dadurch aufgeworfene Frage, ob das Abhören von Gesprächen dem Schutz der Verfassung dienen könne oder vielmehr als Verstoß gegen diese zu gelten habe, beantwortet das Gedicht in Vers 3 bis 5 in letzterem Sinne, indem es den Überwachungsvorgang abwertend als 'Bespitzelung' kennzeichnet. Telefonüberwachung und Mißtrauen gegenüber dem Staat werden dabei in direkten Zusammenhang zueinander gesetzt. Beide begründen einander gegenseitig, wobei das Gedicht als Ursprung dieses Kreislaufs allerdings die Bespitzelung durch den Staat darstellt. Dies unterstreicht der Schlußvers, sofern man *"verdächtig"* hier im Sinne von 'merkwürdig' versteht. Dann würde die Fügung das Unverständnis des Staates für das in den Bespitzelungen seiner Bürger begründete Mißtrauen ihm gegenüber karikieren. Darüber hinaus kann *'verdächtig vorkommen'* hier freilich auch im kriminalistischen Sinne verstanden werden, so daß der Abgehörte durch das geäußerte Mißtrauen gegenüber dem Staat in den Verdacht der Verfassungsfeindlichkeit geraten wäre. – Daß *"Verfassungsschutz"* und *"Staat"* dem lyrischen Ich als Abstrakta – also als anonyme Institutionen – gegenüberstehen, unterstreicht die Bedrohung der Freiheitsrechte des Individuums, als die das Gedicht die Bespitzelung von Bürgern durch den Staat darstellt.

ROSE AUSLÄNDER
Mysterium

In vier Versgruppen von unterschiedlicher Länge (4, 5, 2, 3 Verse) entfaltet das Gedicht den mystischen Gedanken von der Einheit des Seins. Die erste Strophe bahnt den Gedanken an durch die Gegenüberstellung von Einzelheit und Allgemeinheit – *"Dinge"* (1) versus *'unendliche Welten'* (4) – die jedoch in der *"Seele"* (1) der Dinge ineinanderfließen. Dabei lassen sich die *"Eigenheiten"* (3) der *'unendlichen Welten'* erahnen, jedoch nicht näher bestimmen. Gleiches gilt – wie Strophe 2 verdeutlicht – für die einzelnen Dinge, die dem Blick des Mystikers in ihrer sich selbst transzendierenden Tiefe zum *"Mysterium"* (9) werden.

Die dritte Strophe zieht in ihrer betonten Kürze das Resümee aus den beiden vorangegangenen Strophen: Die *"Geheimnisse"* (10) – das *"Mysterium"* (9) – verlebendigen sich vor dem inneren Auge des Mystikers, sie *"reden"* (10) zu ihm, wenn er sie in seinem Sinn auch nur erahnen und nie ganz verstehen kann. Entscheidend ist für ihn – das zeigt die letzte Strophe – auch nicht die Erkenntnis des Seins, sondern vielmehr das Gefühl der Verbundenheit mit allem anderen Sein. So sind lyrisches Ich und Himmel in den Schlußversen über die Alliteration *"höre"*-*"Herz"*-*"Himmel"* auf das engste miteinander verbunden, was das Bild vom Zusammenklang des Herzschlags von Sein und lyrischem Ich in den Klangraum des Gedichts überträgt. Die Isolierung des Verbums *"pochen"* in einem Vers betont zudem den Vorgang des Lauschens und damit den Zustand der meditativen Versenkung, in dem sich das lyrische Ich befindet. Darüber hinaus erscheint es auch als Nachhall zu dem ebenfalls isoliert stehenden *"beklommen"* aus Vers 5 (mit dem es zudem über den o-Laut verbunden ist), was die überwältigende Wirkung des Lauschens auf das lyrische Ich hervorhebt.

Ausländers Gedicht steht somit in einer Tradition mystischer Lyrik, der auch andere jüdische Nachkriegsdichter verpflichtet waren. Ihre Betonung der Hinwendung zu den Dingen, die an eine Auflösung in diesen grenzt, erinnert zudem an dichtungstheoretische Äußerungen Celans, die den Dichter als denjenigen kennzeichnen, der die Dinge unvoreingenommen betrachtet und sie, sich in sie hineinversetzend, wieder neu 'zum Sprechen bringt', d.h. in ihrem Sinn zugänglich macht.

INGEBORG BACHMANN
Erklär mir, Liebe

Bachmanns Gedicht stellt die innere Gestimmtheit eines Liebenden dem Daseinsgefühl eines Menschen gegenüber, der sich von der Schöpfung ausgeschlossen fühlt. Es ist in sieben Strophen unterteilt, die durch den Einschub zusätzlicher Verse (Vers 10, 24, 29) in vier Sinneinheiten unterteilt werden (Strophe 1, Strophe 2 und 3, Strophe 4, Strophe 5 und 6). Die Strophenlänge nimmt zum Schluß des Gedichts hin ab.

Strophe 1 ist ganz der Beschreibung des Liebenden gewidmet, wobei die gegen das jambische Metrum zu lesende Betonung von *"lüftet"* und *"grüßt"* in der Häufung betonter Silben bereits in Vers 1 die Hochstimmung desselben zum Ausdruck bringt. Die 'Du'-Ansprache macht gleichzeitig deutlich, daß der Liebende aus der Sicht einer anderen Person gesehen wird. Die Anapher *"dein"* betont zudem, daß die Gestimmtheit der beschriebenen Person nicht mit der Gestimmtheit des lyrischen Ich übereinstimmt.

Als kennzeichnend für den Liebenden wird dessen enge Verbundenheit mit seiner Umwelt herausgestellt, aus der sich ein grenzenloses Vertrauen dieser gegenüber ergibt. Weder Regen (Vers 2) noch Schnee (Vers 7) können dem Liebenden etwas anhaben; auch unbestimmte Gefahren (*"Zittergras"*, Vers 5) und die Vergänglichkeit des Lebens (Vers 6) beunruhigen ihn nicht. Sein Zustand läßt ihn an sich selbst Genüge finden (Vers 8) und ermöglicht ihm auch geistiges Wachstum (Vers 4). So endet die Strophe mit der rhetorischen Frage *"was soll dir noch geschehn –"* (9).

Die Strophen 2 und 3 erweitern das Bild der traumwandlerischen Sicherheit, die die Liebe dem verleiht, der sie empfindet, auf die Welt der Tiere. Dies geschieht zunächst (in Vers 11 bis 14) durch die Beschreibung des Balzverhaltens von Vögeln, wobei die Fügung *"in feierlichem Staunen"*, mit der das Radschlagen des Pfaus beschrieben wird, die in Vers 1 zum Ausdruck gebrachte Hochgestimmtheit des Liebenden wieder aufgreift. Die sich vom Gurren 'dehnende' Luft und der im 'ganzen Land' – als Ergebnis des als *"goldner Staub"* in 'jedem Beet' sichtbaren Liebesspiels der Bienen – genossene 'wilde Honig' (Vers 14 bis 16) verweisen auf die Allgegenwart der Liebe.

Strophe 3 setzt die personifizierende Darstellung des Liebesspiels der Tiere in bezug auf Fisch (Vers 17), Skorpion (19) und Käfer (20) fort. Vers 21 bis 23 sprechen erstmals explizit aus, daß dem lyrischen Ich der *"Sinn"* für eine Teilhabe an dem Liebesspiel der Natur fehlt. Die Verwendung der Partikel *"nur"* in Vers 21 drückt dabei – in Verbindung mit der Konjunktivform der Verben, die diesen Wunschcharakter verleiht – das Bedauern des lyrischen Ich darüber aus, daß es von der Feier der Liebe ausgeschlossen bleibt. Dem entspricht auch die Beschreibung des Liebesspiels in ausgesprochen anmutigen Bildern, die in Verbindung mit dem Wohlklang der Worte – vgl. die stimmhafte s-Alliteration in dem Neologismus *"Silbersandmusik"* (19) – eine äußerst verlockende Wirkung entfalten.

Die vierte Strophe erscheint vor dem Hintergrund des Schlusses der vorangegangenen Strophe wie ein schmerzhafter Ausruf. Dieser Eindruck wird sowohl dadurch hervorgerufen, daß es sich um die kürzeste Strophe des Gedichts handelt, als auch dadurch, daß die ersten drei Verse der Strophe klimaxhaft aufeinander aufbauen. Die Klimax drückt sich dabei zum einen in der Verslänge aus, die von Vers 25 bis Vers 27 immer weiter zunimmt. Zum anderen steigert sich auch die Intensität der einzelnen Bilder, und schließlich findet sich in Vers 27 noch eine reine Klimax *("schwillt"-"springt"-"fällt")*, die den Höhepunkt der Steigerung zusätzlich markiert. Die drei Verse sind zudem durch die w-Laute *("Wasser", "weiß", "Welle", "Weinberg")* miteinander verbunden. Vers 29 zeigt gegenüber der Klimax wieder eine abwärts weisende Bewegung, was der in ihm zum Ausdruck gebrachten Feststellung den Charakter eines Resümees verleiht. Dieses greift – in dem vertrauensvollen Sich-Aussetzen als Haltung gegenüber der Umwelt – das Bild aus Vers 1/2 wieder auf und zeigt so, daß die Betrachtungen des lyrischen Ich zur strukturierenden Bedeutung der Liebe für das Leben der Natur zu einem Abschluß gelangt sind.

'Liebe' wird auf diese Weise zu einem Symbol für die innere Verbundenheit allen Seins und erhält damit eine fast religiöse Dimension. Nur wer 'in der Liebe' ist, kann teilhaben an der sich ständig erneuernden Schöpfung bzw. diese im aktiven Nachvollzug neu erleben. Der Mensch, der nicht mehr über die Instinktsicherheit des Tieres verfügt und in der Moderne auch aus allen religiösen Bezügen herausgefallen ist, erfährt sich damit als in radikaler Weise ausgeschlossen und auf sich selbst zurück-geworfen, entsprechend der Heideggerschen Bestimmung von *Geworfensein*. Es gibt für ihn – außer über das Gleichnis des Verliebtseins – auch keine Brücke zu seinen Mitmenschen, so daß der isoliert stehende Vers 29, mit der Redewendung 'Es ist zum Steinerweichen' spielend, feststellen kann, sogar ein Stein sei – weil stärker in die Schöpfung integriert – stärker mit anderen Steinen verbunden als der Mensch mit seinen Mitmenschen.

Erst die in Vers 30 folgende dritte Wiederholung des Gedichttitels – jetzt zum ersten Mal in eine Strophe integriert und durch einen Relativsatz spezifiziert – macht deutlich, worum es dem lyrischen Ich eigentlich in seinen Anrufungen der Liebe geht: Es möchte wissen, ob seine Geist-Natur es tatsächlich vollständig von der Teilhabe an der Liebe ausschließt. Die Beschreibung des Lebens als *"kurze schauerliche Zeit"* (30) nimmt die Antwort dabei bereits vorweg: Die Frage *"Muß einer denken?"* (34) ist rhetorischer Natur – das Denken kann man nicht abstellen. Damit aber werden auch die eng mit dieser Frage verbundenen weiteren Fragen in den beiden benachbarten Versen gegen das lyrische Ich entschieden: Es bleibt allein, von 'der Liebe' ausgeschlossen.

Zwar scheint die Schlußstrophe dem lyrischen Ich einen Trost anzubieten, indem sie auf eine andere, geistbestimmte Welt verweist, in der es zu Hause ist. Die unwillige Reaktion des lyrischen Ich hierauf – *"Erklär mir nichts"* (36) – verweist jedoch darauf, daß dieses damit nur seine Befürchtungen bestätigt sieht. Dementspechend bündeln die Schlußverse noch einmal die Ausgeschlossenheitsgefühle des lyrischen Ich in dem drastischen Bild des Salamanders, der von jedem Feuer unberührt bleibt.

INGEBORG BACHMANN
Lieder auf der Flucht (VII)

Das in freien Rhythmen gehaltene Gedicht untergliedert sich in drei Strophen zu je zwei Versen, auf die jeweils drei Strophen von fünf bzw. acht Versen Länge folgen. Die kurzen Strophen weisen dabei jeweils auf den Inhalt der längeren Strophen voraus, greifen aber – besonders deutlich in Strophe 3 – auch Motive der jeweils vorangegangenen Strophe auf. Die Unterteilung in kurze (refrainartige) und längere Strophen entspricht dem Titel des Gedichts, der dieses als Lied kennzeichnet. Strukturiert wird das Gedicht darüber hinaus auch durch die Versanfänge auf *"innen"*, die gleichmäßig über das Gedicht verteilt sind (Vers 1, 3, 5, 10, 12, 14, 20, 22) und jeweils im Abstand von zwei Versen aufeinander folgen.

Das Gedicht wirkt in vielem wie ein Kontrapunkt zu dem Gedicht *Erklär mir, Liebe*, dessen Aussage es zugleich bestätigt und widerlegt. Auffallend ist zunächst, daß das lyrische Ich in den *Liedern auf der Flucht* nicht außerhalb 'der Liebe' steht, sondern vielmehr selbst Liebender ist. Hierdurch erfährt es sich – im Gegensatz zu dem lyrischen Ich des ersten Gedichts – nicht als 'geworfen', sondern erlebt sich als beheimatet in der von ihm eingegangenen Liebesbeziehung. Hierfür stehen die um die Begriffe *"Landungssteg"* (5), *"Silbertau"* (8) und *"flaumiges Nest"* (10) sich rankenden Bilder. Auch Vers 21 greift den Gedanken einer Beheimatung der Liebenden (in der Fügung *"angekommen in meinen Samtlanden"*) auf.

Wie in *Erklär mir, Liebe*, befindet sich auch in den *Liedern auf der Flucht* der Liebende in einem euphorischen, Lachen und Weinen miteinander vermischenden Zustand (Vers 16; vgl. Vers 8 in *Erklär mir Liebe*). Wie dort, wird auch hier die befruchtende Wirkung der Liebe auf den Geist hervorgehoben. Der Liebende sieht in ein anderes Land hinüber, er stößt in eine neue geistige Dimension vor – seine *"Augen"* sind in diesem Sinne wie *"Fenster"* in eine andere Wirklichkeit (Vers 1/2). Die letzte Strophe zeigt, daß es dabei nicht etwa um ein Mehr an Denkfähigkeit geht; vielmehr wird hiermit ein anderer Wahrnehmungsmodus angesprochen, der – indem er das Ausgeschlossensein des Menschen von der Schöpfung aufhebt – auch seinem 'Zum-Tode-Sein' den Schrecken nimmt. Die Flucht vor der Welt – die ja im Grunde nur eine Flucht vor dem eigenen Schicksal, dem eigenen *Geworfensein*, ist – ermöglicht so faktisch erst eine Beheimatung in ihr, wie auch die paradoxale Bezugnahme auf den Körper als Medium der Unvergänglichkeitserfahrung andeutet.

Auf den ersten Blick mag es befremdlich wirken, daß die Überwindung des 'Zum-Tode-Seins' gerade im Medium des Körpers erfolgt, der ansonsten als zentrales Symbol der Vergänglichkeit gilt. Dies verdeutlicht etwa ein Vergleich der euphorischen Metaphorisierung von Körperteilen in dem Gedicht mit deren auf den Tod vorausweisender Beschreibung in barocker Lyrik (vgl. das unter 5.3. zitierte Gedicht von Martin Opitz) oder der zauberischen Darstellung des Klangs der 'Knochen-Flöten' (in Vers 22 bis 24) mit dessen schauerlicher Charakterisierung bei Nelly Sachs (vgl. *Chor der Geretteten*, Vers 2 bis 5). Vor dem Hintergrund der *Existenzphilosophie* ist diese Umkehr der Wertigkeit des Körpers jedoch nur folgerichtig. Wenn der Mensch unfliehbar in das Diesseits verstrickt ist, so bleibt ihm nur dessen gleichnishafte Überwindung über das Medium des Geistes. Eben dies leistet der mehrfach wiederholte Versanfang *"innen"*, der auf die Fähigkeit des Menschen verweist, sich eine eigene, geistige Realität neben und in der materiellen Welt aufzubauen.

Hierdurch wird auch eine differenziertere Sicht des Salamanderbildes aus *Erklär mir, Liebe* nahegelegt. Erschien dieses im Zusammenhang des Gedichts nur wie eine Bestätigung des absoluten Ausgeschlossenseins des Menschen von der Schöpfung, so deutet es vor dem Hintergrund der *Lieder auf der Flucht* auch auf eine gewisse Autonomie des Geistes hin, mit der der Mensch auch noch 'durchs Feuer gehen', d.h. seine Isolationsgefühle überwinden und sich neu in der ihn scheinbar abweisenden Welt beheimaten kann. Dafür jedoch scheint er auf die Kraft der Liebe angewiesen zu sein.

Dies verweist auf das *'Mit-Sein'*, das Heidegger als zentralen Seinsmodus des menschlichen Daseins identifizierte und mit dem er die existentielle Bezogenheit des Menschen auf andere Menschen meinte. Dem entspricht auch, daß das Gedicht – während Vers 1 bis 13 ausschließlich den Nutzen der Liebe für das lyrische Ich selbst betonen – in Vers 14 bis 24 stärker hervorhebt, daß auch dessen Gegenüber von der Liebesbeziehung profitiert, wodurch der Gegenseitigkeitscharakter der Liebe unterstrichen wird.

Deutlich wird somit, daß Ingeborg Bachmann sich in ihrer Dichtung der existentiellen Situation des modernen Menschen stellt und hierfür auch eine Bildersprache entwickelt, die sich teilweise in radikaler Weise von der lyrischen Tradition abhebt. Auch die vielen freien Rhythmen in ihren Gedichten und der häufige Verzicht auf den Reim zeigen sie klar als Dichterin der Moderne, die sich, wie sie selbst sagt, um *"eine neue Gangart"* der dichterischen Sprache bemüht. Freilich entwirft sie dabei zum Teil auch sehr schöne Bilder und ausgesprochen harmonische Klanggebilde, die beim ersten Lesen oder Hören den Eindruck unbeschwerter Melodien vermitteln mögen. Dies darf jedoch nicht über die Komplexität der dahinter stehenden Aussage hinwegtäuschen.

INGEBORG BACHMANN
Reklame

Zwei Stimmen – durch unterschiedliche Schreibweisen deutlich voneinander abgehoben – 'sprechen' in dem Gedicht. Der Stimmeinsatz wechselt von Vers zu Vers, was vom Klang her an einen Wechselgesang erinnert. Die Stimme, mit der das Gedicht einsetzt, stellt insgesamt vier Fragen (vgl. Vers 1/3, 7/9/11, 13/15, 17/19/20), wodurch sie schon von ihrer äußeren Form her den Eindruck von Zweifel und Ungewißheit erweckt. Dies wird durch den Inhalt der Fragen, die von einem lyrischen Wir gestellt werden, bestätigt. Schon die zweite Frage macht dabei mit ihrer Evozierung eines nicht näher spezifizierten *"Endes"* (Vers 11) deutlich, daß es in Vers 3 nicht um Dunkelheit und Kälte im physikalischen Verständnis geht, sondern um deren subjektive Erfahrung angesichts des 'Zum-Tode-Seins' des Menschen und seines Geworfenseins (im Sinne der *Existenzphilosophie*). Die Fügung *"Schauer aller Jahre"* (15) zeigt vollends den metaphorischen Charakter des Kältebegriffs auf, und die Schlußfrage formuliert schließlich explizit die Kernsorge des lyrischen Wir, seine existentielle Verunsicherung angesichts der *"Totenstille"* (19), die irgendwann eintreten wird.

Die zweite Stimme setzt im Imperativ ein – was eine größere Sicherheit des Sprechers impliziert –, so daß sie sich bereits von der Form her antithetisch zur ersten Stimme verhält. Auch dort, wo die Stimme nicht im Imperativ spricht, scheint sie in der Befehlsform gehalten zu sein, was daran liegt, daß sie ihre Aussagen häufig wiederholt (fünfmal erscheint *"ohne sorge"*, davon dreimal in Verbindung mit *"sei"*, also als expliziter Imperativ; dreimal erscheint *"mit musik"*, je zweimal werden *"heiter"* und *"am besten"* aufgeführt). Dadurch erhält sie etwas Insistierendes* und zugleich Suggestives, das auch in den durch sie vermittelten Inhalten zum Ausdruck kommt: Dem Angesprochenen wird suggeriert, es sei *"am besten"* für ihn, sorglos und heiter zu sein. Die Musik mag ein Mittel sein, ihn in eine entsprechende Stimmung zu bringen, in der er all seine Sorgen vergißt, sein Bewußtsein gewissermaßen wie unter Hypnose ausschaltet und sich ganz dem Vergnügen hingibt.

Die Stimme läßt so an Kaufhausmusik und an die Kaufaufforderungen denken, durch die diese regelmäßig unterbrochen wird. Suggestion mit den Mitteln bestimmter Musik, Redeformeln und Bilder ist aber auch das allgemeine Kennzeichen von *Reklame*, so daß die zweite Stimme diese – die ja auch im Titel des Gedichts genannt wird – nachzuahmen scheint. Sie erinnert dabei sowohl an die einflüsternd-suggestive Struktur der Werbung (bis in die Alliterationen – *"sei ohne sorge"*, *"mit musik"* – und Vokalharmonien – *"sei"*, *"heiter"*, *"Traumwäscherei"*; *"ohne sorge"* – hinein, deren Wirkung sich Werbetexter häufig zunutze machen) als auch an das von dieser propagierte Ideal des lustorientierten, kauflustigen Menschen.

Die beiden Stimmen stehen damit in einem diametralen Gegensatz zueinander. Ist die erste Stimme Sorge in Reingestalt, so fordert die zweite Stimme gerade zu Sorglosigkeit auf. So sind beide Stimmen zwar aufeinander bezogen, doch nur in der Weise eines dauernden Aneinander-Vorbeiredens. Die zweite Stimme scheint die erste von ihrer Reflexion über den Sinn ihrer Existenz abhalten zu wollen, indem sie sie dazu animiert, sich ebenfalls der allgemeinen heiteren Bewußtlosigkeit hinzugeben. Die erste Stimme setzt dem ihre Fragen entgegen, wobei allerdings nur an einer einzigen Stelle (in Vers 5) der Eindruck eines direkten Opponierens entsteht. An den übrigen Stellen sind die Fragen

---

* **insistieren**: auf etwas beharren/bestehen

ohne direkten Bezug zu der Reklame-Stimme, so daß sie von dieser mit ihrer Musik und der Selbstgewißheit ihres Imperativs gleichsam überschrien zu werden scheinen.

Demgegenüber läßt sich die zweite Stimme durchgehend auf die erste Stimme beziehen. Widersetzt sie sich dieser anfangs durch gegenläufige Befehle, so scheint sie auf Frage 3 direkt zu antworten: *"in die traumwäscherei"* soll das lyrische Wir *"den schauer aller jahre"* tragen, d.h. es soll ihn in der Traumfabrik der Werbung (und der ihr Menschenbild mitpropagierenden Traumfabrik der Hollywoodschen soap-operas) 'abwaschen' und sich damit von den Sorgen 'reinwaschen'. Daß die vollständige Verdrängung der existentiellen Sorge indessen nicht möglich ist, demonstriert der Schluß des Gedichts, wo die zweite Stimme erst in der ersten aufzugehen scheint (Vers 17–19) und dann ganz aussetzt. Die Leerzeile zwischen *"Totenstille"* und *"eintritt"* zeigt, daß 'angesichts des Endes' (vgl. Vers 11) auch die Werbung verstummt, d.h. machtlos ist.

So klingt das Gedicht in einer Stille aus, die umso unerträglicher wirkt, je mehr sie vom allgemeinen Sorglosigkeitsrausch der Konsumgesellschaft übertönt zu werden scheint. Das Gedicht macht damit die existentielle Leere hörbar, die sich in deren Kern verbirgt.

WOLFGANG BÄCHLER
Die Erde bebt noch

In vier Quintetten*, die jeweils nach dem Schema 'abaab' gereimt sind, thematisiert das Gedicht die Situation der unmittelbaren Nachkriegszeit. Jedes Quintett rückt einen Aspekt des Nachkriegslebens in den Vordergrund – in der ersten Strophe ist es die Natur, die den Blick lenkt, in der zweiten Strophe stehen Krieg und Erinnerung im Vordergrund, in der dritten die Städte, in der vierten schließlich wird die Zukunft thematisiert. Das Gedicht ist (mit einer einzigen Abweichung in Vers 5) durchgehend im Jambus gehalten, was sich – aufgrund der Monotonie dieses Metrums – sowohl auf die vergangenen Kriegsmärsche als auch auf den neuen Alltagstrott, in dem weitermarschiert wird, beziehen läßt.

---

*   **Quintett**: Strophe mit fünf Versen (vgl. *Quartett*, *Terzett*)

Durchgängig verweist das Gedicht auf die fortgesetzte Präsenz des vergangenen Krieges in der Gegenwart. Außer für Strophe 2, die dieses Phänomen explizit zur Sprache bringt, gilt dies auch für alle anderen Verse, die jeweils in irgendeiner Form auf die Schrecken der nahen Vergangenheit anspielen. Dabei greifen eher unauffällige Adverbien (wie *"wieder"* und *"noch"* in den Versen 2/16 bzw. 1/5/7/11) und direkte Thematisierungen des Krieges und seiner Folgen (*'Stiefeltritte'* in Vers 1, *'Blut'* und *'Narben'* in Vers 6/7, *'die Städte bröckeln'* in Vers 11, *'das Geröchel der Erstickten'* in Vers 13) ineinander.

Eine Schlüsselstellung nehmen in dem Gedicht die Verse 14 und 15 ein, die als einzige einen Hinweis darauf enthalten, daß einige Zeitgenossen sich der Konfrontation mit der Vergangenheit entziehen. Die Gewalt, die sie sich und anderen dadurch antun, wird durch die Wiederholung des Verbs *"schreien"* besonders hervorgehoben. Die Fügung *"schreien ihre Ohren taub"* assoziiert man dadurch direkt mit 'sich betäuben', was – in Verbindung mit *"Märkten"* – an die Verdrängung eigener Schuldgefühle im Rahmen des wirtschaftlichen Wiederaufbaus denken läßt.

Die Verse korrespondieren auf diese Weise mit der Antithese in Vers 18 (*"überdunkeln"* – *"helles Fragen"*), die interessanterweise – entgegen dem landläufigen Bild von den 'Schatten der Vergangenheit' – selbige der Gegenwart zuordnet, die mit ihnen das *'helle Fragen'* nach der Vergangenheit überdecke. Die Schlußverse führen diese Ambivalenz fort, indem sie zwar das Wachsen eines *'neuen Weines'* (20) – d.h. ein Wiederaufleben des gesellschaftlich-wirtschaftlichen Lebens – konstatieren, diesen jedoch zugleich als *'herb'* (20) kennzeichnen. Die Verbindung *'Kreuze-Wein'* enthält dabei eine unübersehbar religiöse Anspielung, die in dem gegebenen Zusammenhang auf die Frage hinausläuft, ob sich das Opfer der im Krieg Gefallenen wohl gelohnt habe.

Bächlers Gedicht stellt dieselbe Präsenz der vergangenen Kriegsgreuel in Schlaf und Wachen der Überlebenden fest wie auch Wolfgang Borchert in seinem eingangs zitierten Text, ohne jedoch hieraus zu schlußfolgern, die Dichter bräuchten eine neue, schnörkellosere Sprache. Im Gegenteil, sein Gedicht bemüht sich an einigen Stellen deutlich um eine besondere Musikalität der Sprache – so etwa in den dunklen o-Lauten an den Versenden von Strophe 2, die der Trauer des lyrischen Ich Ausdruck verleihen. Durch das regelmäßige Metrum wirkt sein Gedicht – hierin Hermlin nahe – ruhiger als die hymnisch anklagenden, noch stärker vom *Expressionismus* beeinflußten Werke von

Pirker und von Külmer. Seine Klage klingt dadurch verhaltener, sein Schmerz ist gezügelt durch die Form, was sowohl reifer wirkt als auch den Eindruck einer gewissen Resignation vermittelt. Der Anklage der Selbstgerechten bei Pirker und von Külmer entspricht bei Bächler eine Klage über sie, die sich des eigenen Untergehens im Lärmen der Märkte schon im Moment ihrer Äußerung bewußt ist.

KURT BARTSCH
bernauer straße

Das Gedicht versteckt seine politische Botschaft hinter der scheinbar harmlosen Beschreibung eines Grenzpostens, der sich seinen Nachtdienst mit Zigarettenpausen erleichtert. Die Aussage, daß jede Pause *"ein kurzer frieden"* sei, klingt freilich merkwürdig; man könnte sie jedoch so verstehen, daß der Posten sich unruhig fühlt und jeweils unter der Betäubung durch das Nikotin zu seiner inneren Ruhe zurückfindet. Erst wenn man das Gedicht vor dem Hintergrund der ideologischen Bezeichnung der innerdeutschen Grenze als 'Friedensgrenze' – den der Dichter freilich bei den Lesern voraussetzen konnte – liest, erhält es seine politische Dimension. Dann nämlich erscheint die offizielle Propaganda umgedreht: Frieden entsteht nicht dadurch, daß der Grenzsoldat DDR-Bürger von der Flucht in den Westen abhält, sondern ist vielmehr immer dann gegeben, wenn dieser eine Pause macht. Nur ohne die Bewachung der DDR-Bürger durch ihre eigene Regierung kann demnach Frieden entstehen. Solange jene fortdauert, erscheint die DDR – wie Vers 1 nahelegt, wenn man ihn ohne Semikolon liest – als ein großes Gefängnis, in dem der Staat die Bürger gefangenhält.

KONRAD BAYER
marie dein liebster wartet schon

In sechs Strophen variiert das Gedicht die Beschreibung eines Mordes, den ein junger Mann an seiner Geliebten begangen hat. Ein Grund für das Verbrechen wird nicht genannt, und die zweimal (in Vers 9/10 und 23/24, also im Mittelteil und am Schluß des Gedichts) auftretende Anapher *"warum"* scheint nahezulegen, daß eine Erklärung auch nicht möglich ist.

217

Das Gedicht ist durchgehend im Paarreim* gehalten und realisiert metrisch ohne Abweichungen einen Jambus, was es von der äußeren Form her in die Nähe von Volks- und Kinderliedern rückt. An die Tradition romantischer Volkslieder bzw. sogenannter 'Küchenlieder' – die Romanzen der Hausmädchen, in denen jene im Laufe des 19. Jahrhunderts aufgingen – erinnert auch die Wortwahl an vielen Stellen, so etwa in Vers 1 (*"liebster"*), 3 (*"guten sanften Hand"*), 6 (*"gar hell"*), 10 (*"kein einzig Wort"*), 11 ('*knabe*', *"so bewegt"*), 13 (*"so still"*, *"so zart"*), 14 (*"weich"*, *"unbehaart"*) und 18 (*"rosenmund"*).

Auch das dichotomische Weltbild der Küchenlieder, die der – im Geliebten, der dem Küchenmädchen die Jungfräulichkeit raubt und sich dann aus dem Staub macht, personifizierten – Grausamkeit der Welt das reine Herz der Betrogenen gegenüberstellen, wird in dem Gedicht aufgegriffen (vgl. Vers 17, 23 und 24). Allerdings durchbricht das Gedicht die Harmonie, die in den Küchenliedern doch zumindest der äußeren Form nach gewahrt blieb, durch die Konfrontation der für diese typischen Wortwahl und Metrik mit Ausdrücken aus der Sphäre von Kriminalromanen. So wird die Erwartungshaltung des Lesers, ein romantisches Volkslied präsentiert zu bekommen, bereits in Vers 2 durchbrochen: Der sanfte Geliebte wartet auf seine Auserwählte *"mit einer stange von beton"*. Auch Vers 4 spielt mit der Erwartungshaltung des Lesers, indem nicht – wie anzunehmen – *"marie"*, sondern vielmehr deren *"liebster"* ein *"seidenband"* im Haar trägt. Das Rendezvous des Küchenlieds wird so in den Überfall eines Perversen auf ein junges Mädchen umgeformt.

Die Kontrastierung der brutalen Lexik der Kriminalromane mit der schwülstigen Wortwahl der Küchenlieder wird in den folgenden Strophen fortgesetzt. Nicht etwa die Sonne scheint *"gar hell"* ins Zimmer, sondern das Blut *"spritzt (…) gar hell empor"* (Vers 6); seine innere Bewegtheit führt *"den knaben"* nicht dazu, seiner Angebeteten schwülstige Briefe zu schreiben, sondern dazu, daß er sie *"niederschlägt"* (12); der *"rosenmund"* dient nicht zum Küssen, sondern wird *"zerschlagen"* (18). Weitere Verfremdungseffekte ergeben sich durch die Verbindung der Ungeheuerlichkeit des Geschehens mit banalen Kleinigkeiten, was teilweise durch den Reim zusätzlich unterstützt wird – so etwa in der Erwähnung des Hutes, der unter dem Schlag des

---

* **Paarreim**: Reim, der dem Schema 'aabb' folgt

"prügels" (5) *'entzweigeht'*, wobei *"blut"* und *"hut"* per Mittelreim*
miteinander verbunden werden (6/7).

Während die Küchenlieder die in ihrem Inhalt ausgedrückte
gesellschaftliche Ungleichheit und Brutalität durch ihren harmonischen
Klang überdeckten und so die Qualität eines sozialen Beschwichtigungs-
instruments erhielten, bringt also Bayers Gedicht die in der Gesellschaft
schlummernde Brutalität offen zur Sprache. Den Leser macht es dabei
zum Mitseher und Mitwisser, indem es *"marie"* in der Weise eines
unbeteiligten Passanten, der das Geschehen von weitem beobachtet,
anspricht. Hierzu passen auch die Schlußverse des Gedichts, die den
Mord einer moralischen Wertung unterziehen, diese aber zugleich
– durch die über das Enjambement in Vers 20/21 erzielte Doppeldeutigkeit – humoristisch verfremden. So scheint *"die strasse ist ein schlimmer
ort"* zunächst aus der Sicht der Toten gesprochen zu werden, enthüllt
sich jedoch in Vers 21 als Teil einer sittlichen Äußerung, die das Sterben
im Freien als 'unschicklich' verurteilt. Die Beschreibung des Sterbens als
'Brechen der Augen' gibt dem Vorgang zudem etwas Aktives, das eine
gewollte Störung der öffentlichen Ordnung durch die Sterbende
unterstellt.

Das Gedicht stellt damit den imaginären Beobachter des Geschehens
– mit dem sich der Leser im Nachvollzug der Verse identifizieren muß –
in doppelter Weise bloß. Es zeigt ihn zunächst als Voyeur, der den Mord
aus sicherer Distanz und – wie die schwülstige Wortwahl nahelegt – mit
heimlicher Faszination beobachtet, und läßt ihn in den letzten beiden
Strophen als lächerlich ordnungsbesessenen Spießbürger erscheinen, der
sich von der Toten in seinem Bedürfnis nach einer heilen Welt gestört
fühlt. Dies enthüllt ihn als Menschen, der in seinem krankhaften
Bemühen, alle dunklen Seiten seiner Psyche zu verdrängen, gerade zu
deren unkontrolliertem Wuchern beiträgt.

Der Schluß des Gedichts, der in der allgemein gehaltenen Klage über
die Ungerechtigkeit der Welt den süßlichen Weltschmerz der Küchenlieder aufzugreifen scheint, erhält vor diesem Hintergrund einen
konkreten Sinn: Nicht *"diese Welt"* im ganzen ist *"schlecht"* (23); *"schlecht"*
ist vielmehr die bürgerliche Ordnung, die sich in ihrer Scheinheiligkeit
als grausam erweist. Das *"er"* des Schlußverses würde sich dann nicht
mehr auf den Mörder von *"marie"* – die folgerichtig in Strophe 6 auch

---

*   **Mittelreim**: Reim, bei dem sich die Reimworte im Mittelteil zweier aufeinanderfolgender Verse befinden

nicht mehr direkt angesprochen wird – beziehen, sondern auf den Leser-Beobachter, der durch seine Denk- und Handlungsweise den Mord erst möglich gemacht hat. Auch der unsinnige Bezug der ethischen Kategorie 'Gerechtigkeit' auf den Akt des Mordens erweist sich so als versteckte Anklage der bürgerlichen Gesellschaft – im Sinne der Behauptung einer Mittäterschaft von dieser. Sie ist *"ungerecht"* in dem Sinne, daß sie in ihrem Ordnungsfanatismus die perverse Entartung von Trieben erst ermöglicht, hieran jedoch den Opfern ihres Moralkodex* die Schuld gibt. Gerade in der Absolutsetzung ihrer eigenen Moral erweist sich die bürgerliche Gesellschaft somit als unmoralisch.

JÜRGEN BECKER
Das Fenster am Ende des Korridors

Wie in *Schnee im Büro*, wird auch in Beckers Gedicht die Arbeitswelt mit einer von emotionaler Kälte geprägten Atmosphäre in Verbindung gebracht. Wie bei Theobaldy, wird auch hier die Kommunikation als gestört beschrieben: *"kein Wort und keine Zärtlichkeit"* (6) werden ausgetauscht, die Gesichter sind *'abweisend'* (5). Die Tatsache, daß dieser Zustand – anders als in *Schnee im Büro* – gerade für *"die Zeit nach Büroschluß"* (5) konstatiert wird, macht ihn dabei noch bedrohlicher als dort, da er nahtlos von der Arbeitswelt auf die Freizeit überzugreifen, letztere also schon vollständig von ersterer determiniert zu werden scheint.

Verglichen wird die Arbeitswelt in dem Gedicht mit einem Korridor, womit man sowohl Beengtheit als auch die gerade, keine Abweichung erlaubende Ausrichtung des Arbeitslebens assoziieren mag. Die *"links und rechts"* vom Korridor abgehenden *"Appartements"* (3) lassen an die Isolierung des einzelnen im Kapitalismus denken, was sowohl im Sinne mangelnder Solidarität als auch im Sinne der Ausschnitthaftigkeit der einzelnen Tätigkeiten verstanden werden kann.

Eingerahmt wird das Gedicht allerdings vom Hinweis auf ein Bild, das *"am Ende des Korridors"* (2) hängt. Der auf ihm zu sehende Fluß wirkt dabei wie die Grenze zu einer anderen Welt (er steht demzufolge auch am Ende der Begriffsreihe), die von *"Himmel"* (1) und *"Landschaft"* (1)

---

* **Kodex**: Gesamtheit von Regeln, die in einem bestimmten Bereich – ex- oder implizit – Gültigkeit besitzen

gekennzeichnet ist. Die fehlende Differenzierung der beiden Begriffe setzt allgemeine Assoziationen zu ihnen frei, also etwa 'Freiheit' und 'Natürlichkeit/Ungebundenheit'.

Auch Beckers Gedicht spielt somit auf eine Gegenwelt an. Anders als bei Theobaldy und Born ist jedoch in ihm kein Ansatzpunkt in der Realität zu erkennen, durch den letztere in Richtung auf erstere hin transzendiert werden könnte. Allerdings erscheint die vorgeblich heile Realität von einer nicht näher definierten Gefahr bedroht zu sein. Hierauf verweist jedenfalls die *"Feuerlösch-Anlage"* (4), die in einem Atemzug mit dem scheinbar ruhigen, durch nichts zu störenden *"Summen des Aufzugs"* (4) – man denkt an Aufschwung, Fortschritt, Steigerung des BSP, 'brummendes Geschäft' etc. – erwähnt wird. Entscheidend scheint also zu sein, daß jemand sich dieser Gefahr bewußt wird, daß er dem unbestimmten Gefühl von Kälte und Unbehaustheit nachgibt und aufbricht ('hinausfliegt', in der Sprache des Gedichts) in jene Gegenwelt, auf die *"das Bild am Ende des Korridors"* hindeutet.

Die utopische Gegenwelt erscheint so bei Becker weniger klar strukturiert als bei Born und Theobaldy. Stärker als bei letzteren wird damit – hierin an Kunerts Ikarus-Gedicht erinnernd – das Ungewisse des Aufbruchs herausgestellt (das allerdings bei Theobaldy, wenn auch auf das Schreiben bezogen, in *Abenteuer mit Dichtung* ebenfalls anklingt). Wichtiger als das ohnehin utopische (und dementsprechend auch nur wie ein verschwommenes Bild zu erkennende) Ziel erscheint demnach hier der Wille, sich überhaupt auf den Weg zu machen. Dieser selbst scheint dabei dadurch, daß überhaupt *'jemand den Anfang macht'* (7) – also Widerstand leistet, eigenverantwortlich handelt –, daß er *'an seiner Tür vorbeigeht'* (8) – also den Isolationismus der Arbeitswelt durchbricht –, schon einen Teil jener Strukturen zu antizipieren, zu deren vollständiger Realisierung er hinführen soll.

HANS BENDER
Heimkehr

Bis in die 50er Jahre hinein kamen Kriegsheimkehrer nach Deutschland zurück, die nicht – wie andere – das Glück hatten, sich bei Kriegsende nicht in Gefangenschaft zu befinden und sich direkt am Wiederaufbau beteiligen zu können. Sie fanden ein geteiltes Land vor, das sich in Ost wie in West längst darum bemühte, die Ereignisse der Nazi-Zeit und des

Krieges zu verdrängen und zu einer neuen wirtschaftlichen und politischen Tagesordnung überzugehen.

Benders Gedicht zeigt vor diesem Hintergrund den Kriegsheimkehrer sowohl als Verlierer wie auch als Fremden, dem die Reintegration in seine alte Heimat verwehrt bleibt. Seiner Attribuierung als Verlierer dient zunächst die Beschreibung seiner Kleidung, die nicht die seine ist und in der er – da sie ihm zu groß ist – noch magerer wirkt, als er es nach den Jahren des Krieges und der Gefangenschaft ohnehin schon sein mag. Die Jahreszeit, in der er nach Hause zurückkehrt – es ist Herbst – unterstreicht das Gefühl des Verlorenseins, wobei die 'blattgefleckten Wege' (4) wie eine Umkehr des 'roten Teppichs' wirken, den man hohen Gästen ausbreitet.

Die Jahreszeit kontrastiert mit dem Schrei der Hähne, die als Verkünder des neuen Tages bekannt sind. Dies entspricht dem Gegensatz zwischen der inneren Situation des Heimkehrers und der Aufbruchsstimmung in dem Land, in das er zurückkehrt. Letztere verstärkt seine Resignation in dem Maße, in dem sie ihm unverständlich bleibt und ihm somit vor Augen führt, daß er in der eigenen Heimat zum Fremden geworden ist. Der Freudenschrei des Neuanfangs, den er vernimmt, zerstört somit zugleich seine eigene Freude über seine Heimkehr, da sie ihm zeigt, daß er mit seinen Kriegs- und Gefangenschaftserlebnissen in ihr keinen Platz finden wird. Folgerichtig bleibt die 'Tür' zu der neuen Gesellschaft für ihn 'stumm' (10/11), was sowohl als Hinweis auf sein Unverständnis letzterer gegenüber als auch auf deren abweisende Haltung ihm gegenüber gedeutet werden kann.

Formal zerfällt das Gedicht in drei Sätze, wobei die ersten beiden durch einen Punkt hinter dem ersten Satz deutlich voneinander getrennt sind. Dies entspricht der Blickrichtung des Gedichts, das zuerst die innere Situation des Heimkehrers und dann dessen Konfrontation mit der veränderten Heimat thematisiert. Satz 2 und 3 werden durch die Konjunktion 'und' miteinander verbunden, was ihre – auch durch die Anzahl der Verse markierte (6 bis 11 gegenüber 1 bis 5) – gemeinsame Zugehörigkeit zur zweiten Hälfte des Gedichts markiert. Andererseits entfällt in Satz 3 die Anrede des Kriegsheimkehrers mit dem vertrauten 'Du' und weicht einer metonymischen Umschreibung desselben (über seine Identifizierung mit seinem Knöchel). Dies entspricht dem Eindruck der fortschreitenden Entfremdung bei der Begegnung zwischen Heimkehrer und Zurückgebliebenen, verstärkt aber zugleich auch den Eindruck von dessen Anonymität. Auf diese Weise wird das

Einzelschicksal zu einem Beispiel für die vielen anderen derartigen Nachkriegsschicksale verallgemeinert.

Durch die an 'Knochen' erinnernde Gleichsetzung des Heimkehrers mit seinem Knöchel erinnert dieser jedoch auch an ein Totengerippe und wird so zu einem Symbol für die von Krieg, Tod und Völkermord gekennzeichnete Vergangenheit – eben so dürfte seine Erscheinung auch von vielen Zeitgenossen empfunden worden sein. Sein eigenes Warten *"draußen vor der Tür"* (so der Titel eines Dramas von Wolfgang Borchert) wäre dann zugleich eine Anspielung auf die Fragwürdigkeit der weitgehenden Verdrängung der nationalsozialistischen Vergangenheit beim Aufbau der neuen Gesellschaftsordnung. Dieser Eindruck wird durch die Zeilenbrechung – *'der Knöchel'* ist ein eigener Vers – noch verstärkt, die überhaupt in dem Gedicht sehr kunstvoll als bedeutungsunterstützendes Mittel eingesetzt wird. – Eben diese Thematisierung der Vergangenheit bzw. der Beziehung zu ihr ist auch der Grund dafür, daß die *Trümmerlyrik* nur bei wenigen Deutschen Anklang fand.

GOTTFRIED BENN
Nur zwei Dinge

Das Gedicht untergliedert sich in drei Strophen, von denen die erste und die letzte über jeweils vier Verse verfügen, die per Kreuzreim miteinander verbunden sind. Die zweite Strophe weist fünf Verse auf und ist nach dem Schema 'abaab' gereimt.

Die ersten sechs Verse setzen jeweils mit einem weichen d-Laut ein, der auch ansonsten überproportional häufig in exponierter Stellung auftritt – so in der Vokalharmonie *"durch"*-*"du"* in Vers 2, zu Anfang von Vers 9 und in demselben Vers nach dem Doppelpunkt. Auch am Ende des Gedichts (in Vers 12/13) tritt der Laut wieder gehäuft auf *("Dinge"*, *"die"*, *"das"*). Weich ist auch die stimmhafte s-Alliteration in Vers 8 *("Sinn"*-*"Sucht"*-*"Sage"*).

Die weichen Konsonanten kontrastieren auffallend mit den dunklen Vokalen, die an einigen Stellen direkt mit ersteren verbunden werden. Dies gilt etwa für den Anfang von Vers 1 bis 5, ferner für *"Sucht"* und *"Sage"*, wobei hier der dunkle Klang durch die dreimalige Wiederholung von *"ob"* zusätzlich verstärkt wird. In einigen Fällen (Vers 2, 4, 5) werden die dunklen Vokale des Versanfangs am Versende wieder aufgegriffen und rahmen diesen somit ein.

Kontrastiv ist auch der Einsatz des Metrums, das zwischen Kola mit einer und zwei Senkungen hin und her wechselt. Außerdem wechseln freiere Rhythmen mit festen metrischen Formen ab. So folgt auf den (auftaktigen) Daktylus aus Vers 1 in Vers 2 und 3 ein Jambus, der in Vers 4 in einen Anapäst übergeht. Vers 5 und 8 sind in Trochäus bzw. Jambus gehalten, Vers 6, 7 und 9 sind daktylisch, werden aber von freieren Rhythmen unterbrochen. Gleiches gilt für Vers 10, während es sich bei Vers 11 bis 13 um reine Daktylen (in Vers 11 und 12 mit Auftakt) handelt.

Durch den Wechsel im Metrum gelingt es Benn, besondere Bedeutungsakzente zu setzen. Diese werden an einigen Stellen (in Vers 4, 7, 9 und 12) noch durch die Setzung von Doppelpunkten verstärkt. Das diesen entweder vor- oder nachgeschaltete Enjambement führt zu einer weiteren Hervorhebung der auf den Doppelpunkt folgenden Worte. In Strophe 2 wird der – auch metrisch von den Nachbarversen abgehobene – Einschub in Vers 8 durch die Doppelpunktsetzung in Vers 7 und 9 besonders betont.

Die Verben weisen auffallend häufig Partizipialformen auf und deuten so auf den Modus des Erleidens hin. Dieser wird teilweise auch semantisch explizit angesprochen (vgl. *"erlitten"* <3>, *"ertrage"* <7>). Wo andere Modi auftreten, weisen diese doch semantisch in dieselbe Richtung – vgl. *"Du mußt"* (9), *"Es gibt nur"* (12) – oder werden sogleich durch ein anderes Verb negiert *("erblühte"-"verblich"*, Vers 11). Der dadurch vermittelte Eindruck des fehlenden Einflusses des lyrischen Ich auf sein Schicksal wird durch den Ausdruck *'fernbestimmt'* (9) ausdrücklich bestätigt. Auch die *"und"*- bzw. *"ob"*-Wiederholungen in Vers 2, 8 und 10 verweisen auf die Sinnlosigkeit menschlichen Strebens.

Schon die äußere Form des Gedichts – die Kontrastierung der weichen Konsonanten mit dunklen Vokalen, der langsamen daktylischen Rhythmen mit dem schnelleren Jambus bzw. Trochäus, der 'unfreien' Partizipialformen der Verben mit dem scheinbar unbeschwerten Dahinfließen des Gedichts – vermittelt so den Eindruck einer sanften Resignation des lyrischen Ich. Wir sehen es offenbar am Ende seines Lebens ein Resümee ziehen, in dem es noch einmal auf seine eigenen Orientierungsversuche in seinem Dasein zurückblickt. Weder eine bestimmte Sozialform (Vers 2) noch eine bestimmte Weise der Lebensführung (Vers 8 – vielleicht zu verstehen als philosopische, lustbetonte oder dichterische Orientierung) konnten ihm dabei eine Freiheit vermitteln, die ihm dazu verholfen hätte, sein eigenes Leben wirklich selbst in die Hand zu nehmen. Zu stark ist – so sagt, im Nachklang der Spenglerschen Kulturkreislehre, Vers 10 aus – die Kraft des Vergehens, als daß ein einzelner in seinem Dasein irgendetwas Bleibendes bewirken oder eine dauerhafte Struktur – also einen transzendentalen Sinn – darin entdecken könnte. Wenn aber buchstäblich alles – wie die Klimax aus Vers 10 unterstreicht – vergeht, so bleibt am Ende nur *"die Leere"* (12) zurück, die alles menschliche Streben in einem absoluten Sinn entwertet. Selbst wo sich der Mensch handelnd wähnt, so schlußfolgert das Gedicht, ist er in Wahrheit nur vom Schicksal *'gezeichnet'* (13). Sich hiergegen aufzulehnen, wäre angesichts der Undurchschaubarkeit von letzterem sinnlos. Klaglos soll man also sein *"fernbestimmtes: Du mußt"* (9) ertragen.

Das Gedicht erscheint somit wie eine barocke Vergänglichkeitsklage, die sich allerdings des Trostes Gottes nicht mehr gewiß ist. Das Diesseits ist nichtig, ohne daß es die Hoffnung auf ein sorgloses Jenseits gibt. Man könnte dies – auch vor dem Hintergrund von Benns eigenen Versen (*"wer altert, hat nichts zu glauben, / wer endet, sieht alles leer"*) – als typisches Produkt einer Altersresignation, im konkreten Fall verstärkt durch das Erleben von zwei Weltkriegen, ansehen. Die biographischen Referenztexte zeigen jedoch, daß Benn sich dadurch, daß er der Geschichte – die ja die Gesamtheit des menschlichen Einflusses auf den Lauf der Welt darstellt – jedwede Sinndimension abspricht, zugleich eine Selbstabsolution für seine eigene Rolle im Rahmen derselben erteilt.

Das Verführerische, das für viele Zeitgenossen in dieser Sichtweise des historischen Prozesses lag, wurde noch verstärkt durch den Andeutungscharakter des Gedichtes und durch seinen suggestiven Klang. Sich vom Schicksal auserwählt (*'gezeichnet'*) zu fühlen, der Prüfung von Faschismus und Zweitem Weltkrieg unterworfen zu werden, war jedenfalls angenehmer als die Frage nach der schuldhaften Verstrickung des einzelnen hierein, wie sie andere Nachkriegsdichter aufwarfen. Wenn er in seiner Nachkriegsdichtung auch weit von den Postulaten der *naturmagischen Schule* entfernt ist, liegt Benn in der Wirkung seiner *Statischen Gedichte* somit doch auf einer Linie mit dieser.

Das Gedicht beschreibt in drei Strophen von unterschiedlicher Länge (sechs, fünf und acht Verse) die Gegend um ein Kloster bei Nowgorod, das im Zweiten Weltkrieg zur Ruine geworden ist. Die Umstände von dessen Zerstörung – der Überfall der deutschen Wehrmacht auf das russische Reich – werden zwar in dem Gedicht nicht explizit genannt, doch sind sie leicht aus der Biographie des Dichters bzw. aus dem Zusammenhang des Gedichtbandes, in dem auch *Kloster bei Nowgorod* zu finden ist, zu erschließen.

Die erste Strophe gibt sich als reine Naturschilderung, die nur von der Erwähnung der *"Geister"* in Vers 3 durchbrochen wird. Erst die zweite Strophe lenkt den Blick auf die Klosterruine, die jedoch in enger Verbindung mit der Natur gezeigt wird. Die dritte Strophe führt diesen Gedanken fort und expliziert zugleich näher den Sinn der in Strophe 1 erwähnten *"Geister"*.

Schon der äußere Aufbau des Gedichts räumt somit der Natur einen Vorrang vor der Klosterruine ein und unterstreicht so, daß diese bereits an jene zurückgefallen ist bzw. allmählich in ihr 'versinkt'. Dem entspricht auch der Eindruck der Schwere, den sowohl das Metrum als auch die Wortwahl in Strophe 1 und 2 hervorrufen. So setzt das Gedicht mit einer doppelten Hebung ein, auf die auffallend viele Worte mit einer Konnotation von Fall, Sturz und Bedrängnis folgen: *"schwer"* (Vers 1), *"umdrängen"* (2), *"uferhinab"* (5), *"Glockenschläge"* (8), *"sinkend"* (9), *"durchstürzt"* (11), wobei letztgenannter Ausdruck noch durch das mit ihm alliterierende 'Verstummen' (10) der Vögel verstärkt wird. Daß hiermit auf das Leid und die Not der ehemaligen Klosterbewohner angespielt wird, unterstreicht auch die Evozierung von Hungersnot in der Metapher *"Hungertuch Nacht"* (10).

Die Struktur der Metapher selbst stellt allerdings einen Kontrast dar zu der in den ersten beiden Strophen vorherrschenden Stimmung von Sturz und Vergehen. Ihre Verknüpfung zweier Substantive in einer Weise, die eins in dem anderen aufgehen zu lassen scheint, bewirkt, daß auch die Grenze zwischen den dahinter stehenden Sinnbereichen faktisch aufgehoben wird. Dies gilt auch für die Metapher *"Glockenschläge Licht"* aus Vers 8, die zwar formal *"Glockenschläge"* als Nominalattribut zu *"Licht"* erscheinen läßt, dem Sinn nach jedoch auch umgekehrt verstanden werden kann.

Dieses Ineinandergreifen unterschiedlicher Sinnbereiche deutet darauf hin, daß in dem Gedicht die gewöhnlichen Gesetze von Raum und Zeit aufgehoben sind. Damit überwindet das Gedicht auch formal die Kluft zu den Toten, die es in seinen Versen beschwört. Die dritte Strophe kann deshalb die Geister aus Strophe 1 in dem *"Greis mit dem weißen Scheitel"* (14), mit dem jene auch über den Gleichlaut der Diphtonge verbunden sind, gewissermaßen materialisieren, ohne daß man deshalb von einer 'Erscheinung' sprechen oder den Greis auf die Erinnerung des lyrischen Ich zurückführen müßte. Dessen Präsenz wird vielmehr lediglich von der Gesamtszenerie mitgesetzt, ebenso wie etwa auch der formal auf den Wind zurückzuführende Gesang, der als vierter Vers von Strophe 3 das Reden der Geister aus dem vierten Vers der ersten Strophe 1 aufgreift.

Die Durchdringung unterschiedlicher Sinnbereiche wird schließlich auch durch den syntaktischen Bau des Gedichtes unterstützt. Dies gilt insbesondere für die elliptische Struktur der Sätze und die isolierte Stellung einiger Adjektive, die – in Verbindung mit dem Einsatz des Enjambements – jeweils mehrere Bezugsmöglichkeiten für einzelne Satzteile erschließen. So kann sich in Strophe 1 *"alt"* (Vers 2) sowohl auf *"Lüfte"* (2) als auch auf *"Geister"* (3) beziehen und dient so als Bindeglied zwischen den beiden Substantiven. Ebenso kann *"redend im Regen"* (4) als Rückverweis auf *"Geister"* verstanden, aber auch – aufgrund der Verbindung mit *"uferhinab"* (5) – auf *"Strom"* (1) bezogen werden. Die Zeilenbrechung hinter *"tiefen"* (3) bewirkt zudem eine Ansammlung von hellen e-Vokalen in Vers 4, was mit den hellen ei-Lauten in Vers 14 harmoniert und so eine Gegenwelt aufbaut zu dem äußeren Bild der Zerstörung; dessen stärkste Metapher (*"Hungertuch Nacht"*) korrespondiert dementsprechend – in Vers 10 – auch mit einer Massierung dunkler Vokale.

In gleicher Weise kann der Temporalsatz in Strophe 3 sowohl rückbezüglich als auch vorausdeutend verstanden werden, so daß sich *"Gesang"* (15) ebenso auf *"Greis"* (14) wie auf *"Wind"* (16) beziehen kann. Dies entspricht der Einheit von Lüften, Geistern, Greis, Wind und Gesang, die dem Rückfall des Klosters an die Natur etwas Leichtes, Tröstliches gibt.

Gewaltsamer erscheint der Zusammenhang von Kloster und Natur in dem Reim von *"Strom, schwer"* (Strophe 1, Vers 1) auf *"Türen, leer"* (3/1) ausgedrückt, der eine 'Überflutung' des Klosters durch die Natur andeutet. Er rahmt die zweite Strophe ein, in deren harter, dunkler

Lautung – wie auch in dem Überwiegen von Bildern des Falls und des Sturzes – ja ebenfalls so etwas wie ein Nachhall der Kämpfe um das Kloster vernehmbar zu sein scheint. Dies verleiht auch dem Ausdruck *"flossenstarrend"*, mit dem in Vers 18 unvermittelt die harmonische Darstellung des Gesangs im Torbogen des Klosters abbricht, etwas Gewaltsames. Der Ausdruck leitet zu dem Bild des Hechtes über, das bereits in der ersten Strophe (in Vers 5/6) eingeführt worden war. Allerdings war dort von dem Hecht gesagt worden, er **stehe** *"unterm Schilf"*, während er nun *"aus dem Grund"* auf**steigt**.

Das Steigen des Hechtes wird in der gesamten dritten Strophe vorbereitet (im 'Aufstehen' des Gesanges ebenso wie darin, daß der Wind ins Tor *"tritt"*, also belebt erscheint) und auch im Metrum widergespiegelt, das im Schlußvers des Gedichts (im Unterschied zu dem Jambus in Vers 6) daktylisch ist. Der Hecht könnte so jenes Aufsteigen einer Gegenwelt bildlich zusammenfassen, das in der Evozierung einer Geist-Welt in der dritten Strophe angelegt ist. Dem entspricht, daß das komparativische Adjektiv *"silberner"* in Vers 17 ebenso auf den Hecht wie auf den Wind beziehbar ist. Demnach würde das Aufsteigen des Hechts auf einen Sieg der heilenden Kräfte der Natur bzw. ihres 'Geistes' über die Zerstörungswut des Menschen hindeuten.

Der Ausdruck *"flossenstarrend"* weckt indessen eher gewaltsame Assoziationen. Er läßt an todesstarre Augen oder an waffenstarrende Soldaten denken und macht so gerade deutlich, daß das vergangene Grauen für immer an der Stätte der Klosterruine präsent bleiben wird. Damit gemahnt das Bild des 'flossenstarrenden Hechtes' auch an die aus dem Gleichgewicht geratene Natur, die sich für ihre Verletzung an dem Menschen 'rächt', indem sie ein Produkt der menschlichen Kultur in ihren Schoß zurückholt.

Die Ambivalenz des Hecht-Bildes bringt damit die gesamte Ambivalenz des Gedichtes auf den Punkt. Sie vereinigt in sich sowohl den Gegensatz zwischen der animalischen Gewalt der angreifenden Soldaten und der meditativen Versenkung der Mönche als auch den Gegensatz zwischen der Unzerstörbarkeit des Geistes und der Vergänglichkeit seiner Werke. In seiner wie selbstverständlich wirkenden Verknüpfung der Gegensätze zu einem Gesamtbild erinnert das Gedicht dabei an die beziehungsreiche Bildersprache von Träumen.

Elisabeth Borchers
eia wasser regnet schlaf

Das Gedicht untergliedert sich in drei Teile, von denen der erste und der dritte jeweils acht Verse aufweisen und nicht weiter unterteilt sind. Der zweite Teil zerfällt hingegen in drei Strophen zu je vier Versen, die nach der ersten und zweiten Strophe jeweils von einer zweizeiligen Versgruppe unterbrochen werden. Er erinnert somit in seinem Aufbau an ein Volkslied, was auch mit dem identischen Anfangsvers jeder der drei Strophen korrespondiert, der auf ein englisches Seemannslied anspielt. Dieses kontrastiert mit der Anapher der beiden Anfangs- und Schlußverse des Gedichts, die in dem Ausdruck *"eia"* auf Wiegen- und Krippenlieder anspielen.

In dem gesamten Gedicht bildet lediglich die erste Strophe des zweiten Gedichtteils – sieht man einmal von dem Kommen und Gehen des *'Fremden'* ab, die jedoch kaum aus dem Zusammenhang herausgerissen werden darf – Handlungen ab, die so auch in der Realität möglich erscheinen. Alle anderen Gedichtteile sind semantisch und/oder syntaktisch unlogisch strukturiert und verweisen so darauf, daß ihre Inhalte nicht der Sphäre des Alltagsdenkens zuzurechnen sind.

In der Tat ist bereits in Vers 1 von *"schlaf"* die Rede, der in einem identischen Endreim in der ersten Strophe insgesamt dreimal erwähnt wird. Als Gegenpol hierzu erscheint das Nomen *"gras"*, das per Kreuzreim neben *"schlaf"* gestellt wird und ebenfalls dreimal in Strophe 1 erscheint. Die Kombination 'Schlaf-Gras' erinnert dabei an Wendungen wie 'Gras über etwas wachsen lassen' und läßt sich so mit der Dichotomie* 'Bewußtsein-Unbewußtes' assoziieren.

Der Schlaf-Gras-Dichotomie an den Versenden entsprechen in den jeweils ersten Vershälften die Begriffe *"wasser"* und *"abend"*, die ebenfalls je dreimal aufgeführt werden – jeweils mit dem zweiten Kolon einsetzend und damit sowohl kontrastiv* zueinander gestellt als auch eng auf das jeweilige Komplementärwort* am Versende (*"schlaf"* im Falle von *"wasser"* und *"gras"* im Falle von *"abend"*) bezogen. Daß wir uns in

---

* **Dichotomie**: Zweiteilung, Zweigeteiltheit; Begriffspaar, das aus zwei einander entgegengesetzten Begriffen besteht; vgl. *dichotomisch*
kontrastiv: entgegengesetzt; vgl. *Kontrast*: Gegensatz
komplementär: etwas ergänzend, etwas vervollständigend

Strophe 1 in der Sphäre des Unbewußten bewegen, kommt auch in der Häufung der dunklen a-Laute in den vier Begriffen zum Ausdruck.

Während in den ersten vier Versen das Verhältnis zwischen den jeweiligen Schlüsselbegriffen – als eines von Ursache und Wirkung – beschrieben wird, verbinden Vers 5 und 6 diese mit antithetisch zueinander stehenden Adjektiven. Bei *"abend"* und *"gras"* läßt sich das Wirkverhältnis nicht eindeutig bestimmen, wohingegen es sich bei *"wasser"* und *"schlaf"* klar von ersterem auf letzteren richtet: Das Wasser *"regnet"* (1) den Schlaf, bringt ihn also aus sich hervor. Demnach erscheint das Wasser als der Raum des Unbewußten, aus dem der Schlaf als ein Teil oder auch Inhalt desselben hervorgeht. Der Begriff *"abend"* würde – als Komplementärwort zu *"gras"* (als der Oberfläche des Bewußtseins) – demgegenüber auf die Verdunkelung von letzterem hindeuten. Dem entspricht, daß er ins Gras *"schwimmt"* (2), was ihn mit der Sphäre des Wassers, also mit dem Unbewußten, verbindet.

Die erste Strophe deutet somit auf die Situation einer Überflutung des Bewußtseins durch einen Inhalt des Unbewußten hin. Dem entspricht, daß der *"abend"* als 'groß', das *"gras"* hingegen als 'klein' (6) beschrieben wird, was auf die mangelnde Fassungskraft des Bewußtseins für den neuartigen Inhalt (den **'grünen schlaf'**, wie es in Vers 5 heißt) hinweist. Aus der Masse der unbekannten Inhalte des Unbewußten – dem *'weißen wasser'* (5) – ist ein Inhalt in das Bewußtsein eingedrungen, den dieses sich nicht erklären kann – der ihm 'fremd' ist. Das Bild des *'fremden'*, der aus dem Wasser aufsteigt, faßt dies schlüssig zusammen; er ist *'ertrunken'* (9), weil er eigentlich bereits in das Unbewußte abgesunken war.

Der zweite Teil des Gedichts zeigt nun, wie der aus dem Unbewußten ins Bewußtsein aufgestiegene Inhalt von diesem verarbeitet wird: Er wird zunächst seiner Hüllen entkleidet, d.h. so weit analysiert, daß er *"ins gras"* (12) gelegt, also dem Bewußtsein zugänglich gemacht werden kann. Hierauf folgt seine Rückgliederung ins Unbewußte, die sich ihrerseits wieder in zwei Schritten vollzieht. Als erstes wird er bewußt als das wahrgenommen, was er ist: als aus dem Unbewußten aufgestiegener Inhalt. In der Sprache des Gedichtes heißt das, ihm werden *"wasser"* und *"abend"* 'angezogen' (16/17). Der zweite Schritt besteht darin, den Inhalt soweit wie möglich bzw. nötig dem Bewußtsein anzugliedern – ihm *"das grasgebet"* (23) zu sprechen – und den verbleibenden Rest wieder ins Unbewußte zurücksinken zu lassen – ihm *"das wasserlied"* (22) zu singen.

230

Die beiden refrainartigen Einschübe zwischen den Strophen deuten auf den Widerstand des Ichs vor der Auseinandersetzung mit dem fremden Inhalt hin. Dieses wird folgerichtig wie ein Kind dargestellt, daß seine Persönlichkeit noch nicht voll entwickelt hat bzw. beim nächtlichen Aufwachen von einem Alptraum zu seinen Eltern flüchtet. Die Beruhigungsformel, die in den Versen jeweils am Anfang steht, deutet im ersten Refrain darauf hin, daß das Kind-Ich sich über die Herkunft des fremden Inhalts noch nicht im klaren ist, so daß der Sprecher – psychoanalytisch wohl als Über-Ich zu identifizieren – erst speziell darauf hinweisen muß. Der zweite Refrain zeugt – im Weinen des Kindes – davon, daß die Auseinandersetzung bereits begonnen hat, jedoch schmerzhaft verläuft, so daß der Sprecher abermals auf die innerpsychische Natur des Konflikts aufmerksam machen muß.

Dies macht schließlich auch die Verknüpfung des beschwichtigenden Kinderliedes mit dem nach Abenteuer und Rausch klingenden Matrosenlied plausibel. Helle und dunkle Sphäre des Inneren eines Menschen werden so in ihrem engen Bezug zueinander gezeigt, sozusagen in den Klangraum des Gedichtes übertragen. Vor dem Hintergrund der Assoziierung von 'Gebet' mit der Bewußtseinssphäre (vgl. Vers 23) erscheint auch die religiöse Konnotation von *"eia"* nicht zufällig, sondern durchaus gewollt. In ihr drückt sich der Erweckungscharakter aus, wie er der Begegnung mit archaischen Inhalten des kollektiven Unbewußten eignet.

Teil 3 des Gedichts zeigt, daß der Prozeß der Auseinandersetzung mit dem fremden Inhalt zu einem glücklichen Abschluß gekommen ist. Der *'fremde'* geht, und statt des *'abends'* ist nun das *"gras"* *'groß'* (27), d.h. die Bewußtheit des fremden Inhalts ist jetzt groß genug, um das Ich nicht mehr in seiner Identität zu bedrohen. Dessen *"schlaf"* wird dementsprechend auch als *'weiß'* (28), also gereinigt, beschrieben, wobei das *"grüne naß"* (28) sowohl – in der Anspielung auf das *"wasser"*, also die Sphäre des Unbewußten – auf den Grund der vorübergehenden Bewußtseinstrübung als auch – in der Verbindung des *"naß"* mit der Erneuerungsfarbe *'grün'* – auf die 'erfrischende' Wirkung der Auseinandersetzung mit dem Inhalt des Unbewußten hindeutet.

Folgerichtig erscheinen die Dichotomien des ersten Teils nun auch in umgekehrter Reihenfolge, also das *"gras"* vor dem *"abend"* und der *"schlaf"* vor dem *"naß"*. *"abend"* und *"naß"* erscheinen damit unter der Kontrolle von *"gras"* und *"schlaf"*, was der zurückgewonnenen Macht des Ichs über die unbewußten Anteile seines psychischen Apparates entspricht. Die gelungene Reintegration der fremden Inhalte in das Unbewußte – nach Abschluß der bewußten Auseinandersetzung mit ihnen – drückt sich in dem Kompositum* *"wasserschlaf"* (32) aus.

Beschreibt das Gedicht auch formal einen beliebigen Prozeß der Auseinandersetzung des Ichs mit Inhalten des Unbewußten, so deutet doch die Rezeptionsgeschichte des Werkes darauf hin, daß allein schon die Beschreibung einer solchen Auseinandersetzung zur Zeit der Entstehung des Gedichts an ein Tabu rührte. Auf seine erste Veröffentlichung in der *Frankfurter Allgemeinen Zeitung* folgte jedenfalls eine Flut wütender Leserbriefe, die dem Gedicht alle seinen Kunstcharakter absprachen. Gerade das Absehen von dem eigentlichen Inhalt des Gedichts – das wie die Projektion* des unangenehmen Gefühls, das seine Lektüre vielen bereitete, auf die Ebene des Formalen erscheint – läßt annehmen, daß viele Leser sich durch das Gedicht unbewußt an die verdrängte Nazi-Vergangenheit erinnert fühlten, die sie lieber ruhen lassen wollten. Die für sie naheliegende assoziative Verknüpfung des Bildes vom *"ertrunkenen matrosen"* mit einem toten Soldaten mag sie dabei in ihrer Abwehrhaltung gegenüber dem Gedicht noch bestärkt haben. Schließlich legt auch das *"wir"* des Gedichts – im Zusammenhang mit dem Kinderlied als Elternsprache bzw. Zusammenfassung von Ich und Über-Ich zu deuten – die Annahme einer kollektiven Auseinandersetzung mit unbewußten Inhalten nahe.

NICOLAS BORN
Drei Wünsche

Das Gedicht verweist mit seinem Titel zunächst auf die Sphäre des Märchens: *"Drei Wünsche"* werden dort für gewöhnlich dem Helden gewährt, wenn er sich einem überirdischen Wesen gegenüber angemessen verhalten hat. Die Evozierung der Märchenwelt konfrontiert das Gedicht jedoch schon in Vers 1 mit den *"Tatsachen"*, die als *"quälend und langweilig"* gekennzeichnet werden. Erst die folgenden beiden Verse

---

* **Kompositum**: aus mindestens zwei sonst frei vorkommenden *Morphemen* oder Morphemfolgen zusammengesetztes Wort
   Projektion: in der psychoanalytischen Theorie Sigmund Freuds Ausdruck für die Übertragung eines unbewußten Inhalts auf einen anderen Bereich und seine Wahrnehmung in dessen Rahmen; vgl. *projizieren*

zeigen, daß es sich hierbei nur um einen scheinbaren Gegensatz handelt, da die *"Tatsachen"* offenbar so strukturiert sind, daß sie eine Ungleichheit in bezug auf die Äußerungs- und Realisierungsmöglichkeit märchenhafter Wünsche implizieren.

Die Märchenwelt erscheint damit so weit von den *"Tatsachen"* affiziert, daß das lyrische Ich sich weigert, ohne weiteres in sie einzutreten: *"drei Wünsche"* möchte es nur unter der Bedingung haben, *"daß sie allen erfüllt werden"* (3). Wenn dem die *"Tatsachen"* entgegenstehen, ist es offenbar notwendig, die Wünsche direkt auf diese zu beziehen, d.h. ihre Veränderung in der Weise zu wünschen, daß alle gleichermaßen von der Erfüllung der Wünsche profitieren. Dazu freilich müssen die *"Tatsachen"* zunächst einmal benannt, also in ihrer Struktur erkannt werden. Dies leistet in dem Gedicht der erste Wunsch, demzufolge die *"Tatsachen"*

- das *"Leben"* aufgrund der Gewalt, die von ihnen ausgeht, in seiner Existenz bedrohen (5), wodurch sie auch
- den einzelnen in seinem Entwicklungsverlauf hemmen (4);
- das Leben in Kosten-Nutzen-Relationen konzipieren (6) – wobei die Fügung *'das Leben herunterblättern'* (6) sowohl an einen kühl berechnenden Charakter als auch an 'jmd. herunterziehen/heruntermachen' denken läßt und so Ursache und Wirkung der Beeinträchtigung des Lebens in einem Ausdruck zusammenfaßt.

Die *"Tatsachen"* verweisen so offensichtlich auf eine vom Kapitalismus und der ihm inhärenten* Selbstentfremdung, sozialen Ungleichheit und strukturellen Gewalt gekennzeichnete Welt. Das lyrische Ich setzt dieser nun in seinem zweiten Wunsch seine Existenz als Dichter entgegen. Wenigstens in den schriftlichen Manifestationen seiner Existenz möchte es *"ganz enthalten"* sein. Dabei läßt sich *"ganz"* zum einen im Sinne von 'ungeteilt' verstehen und würde dann auf die Aufhebung der Zersplitterung des einzelnen in eine Vielzahl sozialer Rollen – hinter denen seine eigene Identität verschwimmt – verweisen. Zum anderen könnte man *"ganz"* auch im Sinne von 'vollständig' verstehen, wobei es auf das Ziel einer vollständigen, von keiner Entfremdung behinderten Selbstverwirklichung hindeuten würde.

---

*   **inhärent**: einer Sache innewohnend, ihr wesensmäßig zugehörend

Schreiben erscheint damit als Mittel zur Selbstbefreiung, als Möglichkeit, die Last der Bindung der eigenen Identität an gesellschaftliche Zwänge in ihrem ganzen *'Gewicht'* (8) abzuschütteln. Dazu ist es freilich notwendig, daß es von keinen formalen oder inhaltlichen Zwängen eingeengt wird. Denn nur dann können die sozio-ökonomischen Mechanismen, die den einzelnen von sich selbst abhalten, in seiner Sphäre als suspendiert gelten. 'Freies Schreiben' steht damit sowohl von seiner Struktur als auch von seiner Wirkung auf den Schreibenden her in Opposition zu den gegebenen Verhältnissen.

Bereits durch die Verbindung des Schreibprozesses mit dem Schreiben von Briefen (7) wird allerdings betont, daß dieser stets auf andere hin ausgerichtet ist: Schreiben hat – als schriftliche Manifestation von Sprache – ebenso wie diese stets Mitteilungscharakter. Dies macht es sowohl möglich als auch notwendig, daß das Resultat dieses Prozesses von anderen rezipiert wird und auf sie eine analoge Wirkung entfaltet, wie sie bei dem Schreibenden selbst eingetreten war. In diesem Sinne können also *"alle vorn hineingehen und hinten herauskommen"* (9) in das *"Buch"* (9), verstanden als Dokument der Selbstsuche eines einzelnen. Dies bedeutet natürlich auch, daß sie letztere in Verlauf und Ergebnissen nachvollziehen können und so zum Nachdenken über die *"Tatsachen"*, die einer erfolgreichen Selbstfindung entgegenstehen, angeregt werden. Weitaus wichtiger erscheint jedoch, daß sie das Schreiben selbst als Möglichkeit zum gesellschaftlichen Widerstand begreifen und ihrerseits Versuche unternehmen, sich schreibend selbst zu befreien. Auch in diesem Sinne wünscht sich das lyrische Ich, daß seine eigenen Wünsche *"allen erfüllt werden"* (3).

Die Schlußverse (10/11) kehren einerseits zum Anfang zurück, indem sie noch einmal eine individualistische Glückssuche zurückweisen. Zum anderen lassen sich die Verse jedoch auch rein privat – als Liebeserklärung an einen beliebigen Partner – verstehen. Im Zusammenhang der oben herausgestellten gesellschaftlichen Bedeutung des Schreibens würde das Gedicht dadurch die enge Verbindung von öffentlicher und privater Sphäre hervorheben. Denn auch das Schreiben vollzieht sich ja – wie die Liebe – in einem privat-intimen Bereich, also scheinbar zurückgezogen von der Öffentlichkeit. Wie in der Liebe, steckt jedoch auch im Schreiben eine den gesellschaftlichen Strukturen nicht subsumierbare utopische Kraft, die – im Raum des Privaten aktiviert – in ihrer Wirkung doch notwendig auch die öffentliche Sphäre affizieren muß.

Das Gedicht behauptet somit eine inhaltliche und eine formale Analogie zwischen Schreiben und Liebe. Inhaltlich berühren sich beide insofern, als sie jeweils auf andere Menschen gerichtet sind, und zwar in der Weise der Sorge und der Empathie. Formal ähneln sie sich durch ihr Gebundensein an einen privaten Raum, den sie jedoch durch ihre inhaltlichen Strukturen tendenziell in die öffentliche Sphäre hinein transzendieren. Sowohl inhaltlich als auch formal widersetzt sich das Schreiben damit den herrschenden gesellschaftlichen Verhältnissen. Der kühl berechnenden Vorteilsnahme des gesellschaftlichen Alltags setzt es Mitgefühl und Solidarität entgegen; und der Aufsplitterung in ein privates und ein öffentliches Individuum, die Selbstverwirklichung als Privatsache des einzelnen erscheinen läßt und so den entfremdenden Charakter der öffentlichen Sphäre sanktioniert, widersetzt es sich, indem es die Trennung beider Bereiche in sich selbst aufhebt.

BERTOLT BRECHT
Der Radwechsel

Das Gedicht zeigt uns in sechs Versen eine Person, die, am Straßenrand sitzend, einem Radwechsel zusieht. Das lyrische Ich wundert sich dabei über die Ungeduld, mit der es dem Vorgang zusieht, da es sich weder an seinem Herkunfts- noch an seinem Zielort gerne aufhält.

Das Gedicht scheint damit genau jene Übergangssituation zu kennzeichnen, in der sich im Exil lebende Menschen befinden. Dort, wo sie sich gegenwärtig gerade aufhalten, fühlen sie sich nicht heimisch, aber in das Land, aus dem sie geflohen sind, können sie bis auf weiteres auch nicht zurückkehren. Gehen sie in ein anderes Land, wird sich an der Grundsituation – dem Leben fern der Heimat, in einem fremden Land – auch nichts ändern. Da nicht abzusehen ist, wann sich ihre Lage ändern wird, könnten sie sich eigentlich in Ruhe irgendeiner Beschäftigung widmen, doch kehren ihre Gedanken stets zu ihrer Heimat und den Problemen, mit denen die Menschen dort zu kämpfen haben, zurück. So sind sie von ständiger innerer Unruhe erfüllt und warten mit Ungeduld auf den Tag, an dem sie wieder in ihre Heimat zurückkehren können. Die Unruhe wird dabei noch verstärkt durch die Schuldgefühle dessen, der sich selbst vorwirft, die Daheimgebliebenen im Stich gelassen zu haben. Daß Brecht diese Schuldgefühle in seinem Drama

Leben des Galilei thematisiert hat, kann als Beleg für die Stichhaltigkeit einer solchen Sichtweise des Gedichts angesehen werden.

Die Tatsache, daß das Gedicht erst 1953 entstanden ist, macht es freilich auch auf zeitlich später liegende Ereignisse beziehbar. Liest man es vor dem Hintergrund des Arbeiteraufstands in der DDR aus demselben Jahr, so erscheint es wie ein Ausdruck erwachter Skepsis über den erfolgreichen Weg in die klassenlose Gesellschaft. Weder die vergangene bürgerliche Gesellschaft oder das Exil noch die Zukunft in dem ostdeutschen Staat wären demnach Orte, an denen sich das lyrische Ich gerne aufhielte. Umsonst hätte es dem Umbruch von dem einen zum anderen entgegengezittert.

Beide Deutungen scheinen zunächst durch den Dialog Galileis mit seiner Tochter *Virginia* in Brechts oben erwähntem Drama bestätigt zu werden. Sie stehen für den Übergang von einem Leben, das von Freude an sich selbst getragen war und deshalb *"den letzten Tag"* *'fürchtete'*, zu einem Leben, das den Glauben an seine eigene Zukunft verloren und deshalb Mühe hat, seinen *"letzten Tag"* nicht zu *"ersehnen"*. Gerade die Übertragung der Deutung auf eine mehr philosophische, transzendentale Ebene eröffnet für den Schluß jedoch noch andere Auslegungsperspektiven. Der Wechsel von einem Aufenthaltsort zum anderen erscheint nämlich aus der Perspektive eines Daseins, das sein eigenes Ende denkend überschreitet, als bedeutungslos. Die an sich selbst gerichtete Frage, warum es den Wechsel *"mit Ungeduld"* beobachte, klingt vor diesem Hintergrund wie eine Selbstbeschwichtigung des lyrischen Ich: Selbst wenn es selbst das Entstehen einer humaneren Gesellschaft nicht mehr erleben könne, so werde diese doch irgendwann einmal realisiert werden. Zu Ungeduld bestehe deshalb – trotz zeitweiliger Pannen im Prozeß des gesellschaftlichen Voranschreitens – kein Anlaß.

BERTOLT BRECHT
Die Lösung

Brecht überträgt in dem Gedicht das Verb 'auflösen', das sich in der politischen Sphäre u.a. auf 'das Parlament' oder 'die Regierung', also auf demokratische Institutionen, beziehen kann, in parodistischer Weise auf das Volk, das *'aufzulösen'* er der Regierung vorschlägt. Damit stellt das Gedicht das Grundprinzip von Demokratie, wonach alle Gewalt vom

Volk ausgehen soll, auf den Kopf. Indem es unterstellt, die Regierung folge einer solchen verdrehten Sichtweise von Demokratie, kritisiert es diese als undemokratisch und zeigt, daß die streikenden Arbeiter mit ihren Forderungen nach mehr Demokratie im Recht sind.

ROLF DIETER BRINKMANN
Einen jener klassischen ...

Das Gedicht läßt sich aufgrund des Satzbaus leicht in drei Teile untergliedern: Dem hypotaktischen Beginn (Vers 1–8) folgt, vom ersten Gedichtteil durch einen Doppelpunkt deutlich abgetrennt, ein in Parataxe gehaltener Abschnitt (8–11, mit einem Relativsatz als Übergang zum dritten Abschnitt in Vers 12/13). Der dritte Abschnitt (13–17) ist wieder in einen Haupt- und einen Nebensatz untergliedert.

Dem unterschiedlichen Satzbau entspricht der Wechsel in Rhythmus und Stimmung zwischen den einzelnen Abschnitten. Der erste Abschnitt wirkt durch die zahlreichen adverbialen Ergänzungen und Nebensätze ausgesprochen unruhig, wobei dieser Eindruck noch durch die Kommata, durch die die einzelnen Ergänzungen voneinander abgetrennt sind, verstärkt wird. Diese geben dem Abschnitt etwas Kurzatmiges, Gehetztes, was in Vers 13 rückblickend durch das Adjektiv *"atemlos"* bestätigt wird.

Der zweite Abschnitt impliziert bereits durch den Doppelpunkt, mit dem er einsetzt, ein Innehalten im Lauf, das auch semantisch – in den Ausdrücken *"Aufatmen"* (11) und *"Pause"* (11) – explizit zum Ausdruck gebracht wird. Formal schlägt es sich in der Wiederholung von *"für einen Moment"* in drei aufeinanderfolgenden Versen (8/9/10) nieder, durch die das Herausgehobensein des Augenblicks aus dem gewöhnlichen Strom der Zeit betont wird.

Im dritten Abschnitt findet sich weder die Unruhe des ersten Abschnitts noch die kontemplative Ruhe des zweiten Abschnitts. Vielmehr ist er in dem unbewegten Ton eines Berichts gehalten.

Schon von der Form her entspricht das Gedicht somit Brinkmanns Theorie des *snap-shots*: Ein bestimmter Moment wird festgehalten in jener spezifischen Kombination aus Anlaß und innerer Gestimmtheit, die ihn als einmalig, nicht wiederholbar – und in diesem Sinne auch als *'klassisch'* (1) – kennzeichnet. Dem entspricht auch der Inhalt der Sätze, die den Moment als herausgehoben aus dem gesellschaftlichen Alltag zeigen: Er ist eine *"Überraschung"* (9), also etwas Unerwartetes, das für gewöhnlich nicht in diesem Alltag anzutreffen ist. Daß er darüber hinaus in die Nähe eines *'Wunders'* (8) gerückt wird, zeigt den Alltag als in seinem Verlauf so vorhersehbar, daß mit etwas Unerwartetem in seinem Rahmen nicht gerechnet werden kann.

Die Unruhe, die den ersten Abschnitt kennzeichnet, läßt sich zum einen auf eben dieses Eintreten des Unerwarteten zurückführen, das so gar nicht zu der Struktur des Alltags zu passen scheint. Daneben deutet sie wohl auch auf den typischen Lebensrhythmus des Stadtmenschen hin, auf dessen ständiges In-Eile-Sein, als würde er von irgendetwas verfolgt. Darüber hinaus läßt sich die Unruhe schließlich auch auf den *'schwarzen Tango'* (2) beziehen, der den äußeren Anlaß darstellt für die spezifische Gefühlslage des lyrischen Ich.

Daß der Tango aus einer griechischen *"Wirtschaft"* (6) herausdringt, bringt ihn in Verbindung mit jener Sehnsucht nach 'Süden', wie sie auch in den Gedichten von Wondratschek (*In den Autos*) und Theobaldy (*Schnee im Büro*) angeklungen war. Durch die Kombination mit Griechenland – statt mit Argentinien – wirkt die Erwähnung des Tangos wie eine Spezifizierung der Sehnsüchte, die sich normalerweise mit der Erwähnung des 'Südens' – bzw. der entsprechenden Urlaubsländer – verbinden. Dieser Eindruck verstärkt sich durch die Kennzeichnung des Tangos als *'schwarz'* und der *"Wirtschaft"*, aus der er dringt, als *'dunkel'* (6). Dinge, die im gewöhnlichen Alltag verdrängt werden, scheinen in diesem Tango mitzuschwingen, und insofern scheint die *'offene Tür'* (5) zu der griechischen Gaststätte zugleich auf den plötzlich eröffneten Zugang zu einer anderen Welt hinzudeuten: der Welt der eigenen Triebe und verdrängten Wünsche – man denke nur an den Eindruck sexueller Freizügigkeit, der mit dem Tango für gewöhnlich assoziiert wird – bzw. einer Welt, die deren ungehemmtes Ausleben erlaubt.

Der durch den Tango evozierten Gegenwelt wird die *'dunstige Abgestorbenheit'* (16) der Großstadt Köln gegenübergestellt. Daß sie als *'verflucht'* (15) gekennzeichnet wird, stellt sie in einen fast schon metaphysischen Gegensatz zu dem *"Wunder"*, als das das momenthafte Aufblitzen der Tango-Gegenwelt empfunden wurde. Sowohl der Aspekt des Dunstes als auch der der Abgestorbenheit werden dabei im ersten Gedichtabschnitt mehrfach variiert. So ordnet sich das Gedicht zeitlich *"Ende des / Monats August"* (2/3) ein, und die beiden Teile des Kompositums 'Ladenschluß' werden in einer ungewöhnlichen Zeilenbrechung auf zwei Verse verteilt, so daß *"Schluß"* (5) eine besondere Betonung erfährt (was auch im Sinne einer Hervorhebung der unterschiedlichen Lebendigkeit moderner Stadtzentren je nach Öffnung oder Schließung der dort befindlichen Geschäfte – ihrer Abhängigkeit von der kapitalistischen Verwertungssphäre also – verstanden werden kann). Nicht nur der Sommer erscheint damit *"verstaubt"* (4), sondern das Leben selbst in der Stadt wirkt abgenutzt, ereignislos, dreckig. *"Niemand liebt"* diese Stadt und das Leben in ihr (12), man geht schnell durch ihre Straßen hindurch (13), um die *'dunstige Abgestorbenheit'* nicht zu spüren, die von ihnen ausgeht.

Der Versuch des lyrischen Ich, den aus dem Alltag herausragenden Moment festzuhalten, indem es ihn aufschreibt, erscheint damit von vornherein dazu verurteilt, an der übermächtigen Kraft des Bestehenden zu scheitern. In der Tat wird der Akt des Aufschreibens des Geschehenen auch bereits wieder als *"schnell"* (14) gekennzeichnet; schon in der Erinnerung an das konkrete Erleben der Gegenwelt ist die Alltagswelt demnach wieder so präsent, daß erstere vor dem inneren Auge des lyrischen Ich zu verblassen scheint. Die schriftliche Aufzeichnung des Erlebten trägt insofern kaum den Anspruch in sich, dieses in seiner Einmaligkeit anderen zugänglich zu machen (was ja auch ein Widerspruch in sich selbst wäre). Vielmehr soll die faktische Widerständigkeit des erlebten Moments gegenüber dem gesellschaftlichen Alltag dokumentiert werden, die letzterem zugleich die Allgemeingültigkeit seines Herrschaftsanspruchs bestreitet. Damit wäre das Gedicht eine Ermunterung für den Leser, sich für Ausnahmeerlebnisse wie das in dem Gedicht dokumentierte zu öffnen, um so die gesellschaftlichen Strukturen wenigstens momenthaft in Richtung auf eine Gegenwelt hin zu transzendieren. Hierin liegt auch die Hoffnung, daß eine Vielzahl derartiger Erlebnisse sich letztendlich im Sinne einer Umgestaltung jener Strukturen auswirken könnte.

ROLF DIETER BRINKMANN
Trauer auf dem Wäschedraht im Januar

Vordergründig beschreibt das Gedicht eine Strumpfhose, die frühmorgens an einer Wäscheleine hängt. Sie ist offenbar gerade erst aufgehängt worden, denn das Wasser tropft noch von ihr auf den Boden herab. Die Sonne scheint, und unter der Wäscheleine liegen Steine.

Dies klingt banal und wäre es wohl auch, würde das Gedicht nicht durch eine ganz bestimmte Wortwahl Assoziationen wecken, die den Gefühlskomplex der Trauer evozieren. Durch den Titel des Gedichts sensibilisiert, liest man das Gedicht aufmerksamer und stößt beispielsweise auf den Befund, daß nicht von einer Wäsche**leine**, sondern schlicht von einem "*Stück Draht*" (1) die Rede ist. Dieses könnte man zwar auch benutzen, um die Wäsche daran aufzuhängen, doch läßt es – eher als die definitionsgemäß auf das Wäsche-Aufhängen festgelegte Wäscheleine – auch noch an andere Verwendungsmöglichkeiten denken – beispielsweise das Sich-Erhängen oder das Aufknüpfen von Menschen. Hierzu paßt auch, daß die Strumpfhosenbeine als '*verwickelt*' (10) beschrieben werden, was an die grotesk verdrehten Gliedmaßen Hingerichteter denken läßt. Diese Sichtweise wird dadurch zusätzlich unterstützt, daß die '*langen Beine*' (10) in einer eigenen Strophe erscheinen. Sie erscheinen so als unabhängig von der Strumpfhose, was den Leser darin bestärkt, sie als menschliche Beine wahrzunehmen. Die "*verwickelten*" Beine verweisen wiederum auf den als "*krumm*" (1) beschriebenen Draht, so daß sich ein Eindruck gestörter Harmonie ergibt.

An eine Hinrichtung erinnert schließlich auch die in dem Gedicht erwähnte Zeit. Sie wird mit "*früh am Morgen*" angegeben und entspricht somit der Zeit, zu der überall auf der Welt die Todeskandidaten aus ihren Zellen herausgeführt und dem Scharfrichter übergeben werden. Das von dem Gedicht evozierte Handlungsschema wird von ihm dabei zugleich indirekt kommentiert, indem es mit den von der Strumpfhose herabfallenden Wassertropfen endet. Diese lassen im Zusammenhang des Gedichts sowohl an Blutstropfen als auch an Tränen denken, d.h. das dem Betrachteten zugefügte Leid und der Schmerz des Betrachtenden werden in einem Bild zusammengefaßt (was auch für die der Strumpfhose zugeschriebene Trauerfarbe 'schwarz' gilt – vgl. Vers 8). Die Trauer wird so in ihrem Charakter als äußerster Form menschlicher Empathiefähigkeit vor Augen geführt.

Vor dem Hintergrund der Trauer des Betrachters wirkt das "*helle / frühe Licht*" (11/12) seltsam disharmonisch. Es verweist auf so auf die Einsamkeit eines Menschen, der sich seiner Trauer hingibt, könnte aber auch als Anspielung auf die Gleichgültigkeit, mit der die breite Masse auf das betrauerte Geschehen reagiert, verstanden werden. Diese scheint auch in dem Herabfallen der Tränen auf "*Steine*" – die auf die Wirkungslosigkeit der Klage hindeuten – sowie in den "*kahlen Bäumen, die*

/ *bald wieder Blätter / treiben*" (3–5), mit angedeutet zu werden. Letzteres Bild verweist freilich auch auf das Hinweggehen der Zeit über den Tod und den Schmerz, den er den Zurückbleibenden zufügt.

Natürlich könnte man nun Mutmaßungen darüber anstellen, worauf die Trauer des Betrachters beruht bzw. warum er beim Anblick einer zum Trocknen aufgehängten Strumpfhose in Trauer verfällt. Vielleicht hat er eine unglückliche Liebe hinter sich, oder ein ihm nahestehender Mensch ist gerade gestorben. Das Gedicht selbst scheint sich jedoch – indem das lyrische Ich ganz hinter der beschriebenen Szene zurücktritt – gegen eine solche psychologische Deutung zu sperren. Wichtig ist ihm – wie ja auch der Titel herausstellt – nicht der Hintergrund der Trauer, sondern vielmehr diese selbst als besonderer Gefühlskomplex, der durch bestimmte äußere und innerpsychische Konstellationen aktiviert werden kann. Es geht um die Trauer als etwas, das einen Menschen anderen besonders nahebringt und das somit der Gewalt und der Gleichgültigkeit, die ebenfalls in dem Gedicht evoziert werden, radikal widerspricht.

Wie *Einen jener klassischen ...*, stellt also auch *Trauer auf dem Wäschedraht im Januar* einen *snap-shot* dar: Ein spezieller, in seiner subjektiven Empfindungsqualität nicht wiederholbarer Moment wird festgehalten, um ihn in seiner Widerständigkeit zum gesellschaftlichen Alltag zu dokumentieren. Als utopischer Einschnitt in die gesellschaftliche Struktur verweist er zugleich auf deren prinzipielle Transzendierbarkeit. Anders als etwa Theobaldy und Born, denen es um das Aufzeigen utopischer Nischen – bestimmter Bereiche also, die der kapitalistischen Verwertungssphäre nicht voll subsumierbar sind – geht, deutet Brinkmann somit die Möglichkeit des utopischen Überschreitens des gesellschaftlichen Alltags in der prinzipiell unberechenbaren und auf keine bestimmte Ideologie festlegbaren Erlebnisfähigkeit des Subjekts an. Die Utopie erscheint hierdurch nicht als theoretische Möglichkeit, sondern als im Erleben des einzelnen Menschen je schon präsent.

GEORG BRITTING
Sonnenblumen

Formal handelt es sich bei dem Gedicht um die Beschreibung einer in einem Vorgarten stehenden Sonnenblume, die sich in einem Fenster spiegelt. Das Gedicht ist nicht in Strophen unterteilt, gliedert sich jedoch deutlich in zwei Teile, was auch formal – durch den Gedankenstrich am Ende von Vers 9 – hervorgehoben wird. Metrisch überwiegen Daktylus und Anapäst, die jedoch an vielen Stellen von freieren Rhythmen durchbrochen werden. Ein echter Reim findet sich nur in Vers 9/11, was die Nahtstelle zwischen erster und zweiter Gedichthälfte zusätzlich markiert. An vielen Stellen werden jedoch benachbarte Verse über Assonanzen (so in Vers 4/5, 6 bis 8, 13/14/16 und 15/17) am Versende miteinander verbunden, woraus sich eine zusätzliche Strukturierung des Gedichtes ergibt.

Das Gedicht weist manche Parallelen zu den Werken der *naturmagischen Dichtung* auf. So kommt etwa die Selbstgenügsamkeit der Natur in der Selbstbetrachtung der Sonnenblume zum Ausdruck; letztere wird – entsprechend der besonderen Rolle, die der Natur bei den *naturmagischen* Dichtern zukommt – zudem durch ihre Attribute – *"mächtiges Haupt"* (4), *"im goldenen Kleide"* (9) – in den Rang einer Königin erhoben. Auch das *naturmagische* Ziel einer Auflösung des Betrachters in dem Betrachteten läßt sich – in der Hingabe der Sonnenblume an die Bewegungen des Windes – in dem Gedicht wiederfinden.

Auf der anderen Seite weist das Gedicht jedoch auch Züge auf, die es deutlich von dem Stil *naturmagischer* Dichter abheben. Dies gilt insbesondere für die Ironie, mit der die Selbstbetrachtung der Sonnenblume geschildert wird. Denn dieser verhilft die Selbstbetrachtung gerade nicht zur Selbsterkenntnis; vielmehr vermeint sie in dem Spiegelbild *"neidvoll und lachend"* (Vers 7) eine andere Sonnenblume zu erblicken, was ihrer 'Selbstsuche' leicht narzißtische Züge verleiht. Durch eine solche Personifizierung aber wird die Natur zu nah an die Menschenwelt herangerückt, als daß sie noch – wie sonst in der *naturmagischen Dichtung* üblich – als Gegenwelt zu dieser erscheinen könnte.

Die gleichzeitige Nähe und Ferne des Gedichts zur *naturmagischen Schule* nährt den Verdacht, daß Britting hier ganz bewußt Postulate derselben in Frage stellen wollte. Vor diesem Hintergrund gewinnen Anfangs- und Schlußvers des Gedichts eine besondere Bedeutung. Die Zugänglichkeit der Sonnenblume – und damit der Natur – wird hier nämlich ganz explizit negiert. Vers 1 sagt von ihr, sie sei *"eisenumgittert"*, wobei das Wort durch eine doppelte Hebung am Gedichtanfang eine besondere Betonung erhält. Vers 17 stellt die Welt der Sonnenblume als 'sprachlos' dar, wodurch sie dem Menschen ebenfalls rätselhaft bleiben muß. Vers 16 und 17 scheinen diesen Gedanken fortzuführen, zumal es sich bei *"du hörsts nicht"* und *"eisenumgittert"* um die einzigen beiden

Einschübe des Gedichts handelt. Dadurch löst sich auch die Paradoxie auf, daß die Sonnenblumen *"reden"* können *"von ihrer sprachlosen Welt"*. Die Sprache der Natur, so muß man wohl schlußfolgern, bleibt für den Menschen unverständlich.

Dies wirft schließlich auch ein anderes Licht auf die Spiegelung der Sonnenblume in dem Fenster hinter ihr. Der Vorgang weist angesichts des Gesamtzusammenhangs des Gedichts darauf hin, daß der Mensch nicht die Sonnenblume selbst – die ja unverändert von dem Eisengitter umzäunt bleibt –, sondern nur das Abbild erblickt, das er sich von ihr gemacht hat. Damit würden beide – Original und Abbild – in einem radikalen Sinne voneinander 'getrennt' bleiben, wie dies auch Vers 15 konstatiert. Der Ausdruck *'sprachlose Welt'* erhielte dann noch eine zweite Bedeutung, die auf die mangelhafte Verbindung zwischen Realität und menschlicher Vorstellung hinwiese. Die erste Hälfte des Gedichts würde dann – ironisch gebrochen – den Imaginationsvorgang schildern, während die zweite Hälfte zeigen würde, wie Original und Abbild einander gleichsam umschweben, ohne doch jemals deckungsgleich werden zu können.

MICHAEL BUSELMEIER
Erkennungsdienstliche Behandlung

Das Gedicht wird aus der Sicht einer Person geschildert, die – vielleicht im Verlauf einer Demonstration – die Polizisten als *"Bullen"* bezeichnet hat (13) und infolgedessen zu einer *'erkennungsdienstlichen Behandlung'* mit aufs Polizeirevier genommen worden ist. Die Verse setzen mit der Durchführung derselben durch einen Polizeibeamten ein; die vergangenen Ereignisse werden in dem Gedicht nur in Andeutungen (vgl. Vers 16–18) geschildert. Dabei wechseln neutrale Beschreibungen des Beamten und seiner Aktivitäten mit den hierauf bezogenen Gedanken des lyrischen Ich ab. An vier Stellen (in Vers 2, 4, 13 und 16–18) werden Äußerungen des Beamten in wörtlicher Rede wiedergegeben.

Die Tatsache, daß das lyrische Ich den Polizisten durchgängig als *'Beamten'* bezeichnet, akzentuiert besonders dessen Funktion als 'Staatsdiener'. Dem entspricht der Eindruck von Macht, Ordnung und Sauberkeit, den der Beamte mit seinem *"weißen Mantel"* (1) und seinen *'rosigen Fingernägeln'* (3) vermittelt.

Das lyrische Ich selbst erscheint demgegenüber in dem Gedicht als *"Objekt"*, das *"von verschiedenen Seiten"* (8) beleuchtet wird. Das Interesse des Beamten – und des durch ihn repräsentierten Staates – an ihm beschränkt sich auf seine möglichst vollständige Erfassung. Zu diesem Zweck wird das 'Personenobjekt' mit einer Nummer versehen (6), nach seinem körperlichen Zustand (2) und seinen besonderen Fähigkeiten (4) befragt, wird ihm ein Fingerabdruck abgenommen (14/15) und sein äußeres Erscheinungsbild auf einem Foto festgehalten (7/8).

Die bedrohlich klingende Erinnerung an die Beschimpfung der Polizisten durch das lyrische Ich (13) stellt klar, womit das Bemühen um eine vollständige Erfassung der Person zusammenhängt: Diese wird als Bedrohung der staatlichen Ordnung angesehen. Hauptziel der Erfassung ist es deshalb, sie im Falle von Übergriffen gegen letztere möglichst schnell identifizieren zu können. Der Hinweis auf eine schwierige Identifizierbarkeit des lyrischen Ich im Falle einer etwaigen Ver-unglückung kann vor diesem Hintergrund zum einen so verstanden werden, daß von diesem deshalb eine erhöhte Gefahr ausgeht, zum anderen aber auch als versteckte Drohung diesem gegenüber angesehen werden. Auch das *"knallende Blitzlicht"* (7) erinnert im gegebenen Zusammenhang an das Knallen eines Schusses und wirkt insofern ausgesprochen gewaltsam.

So steht in dem Gedicht die verbale Gewalt des lyrischen Ich gegen die Gewalt, die diesem durch seine Reduzierung auf ein leicht erfaßbares Objekt und die damit zusammenhängende Verletzung seiner persönli-chen Freiheit und Integrität staatlicherseits angetan wird. Das Gedicht vergleicht deshalb die Gewalt des Staates gegen seine Bürger an zentraler Stelle (Vers 9/10) explizit mit der von Feinden des Staates gegen diesen gerichteten Gewalt. Auch der Schluß des Gedichts (19/20), der einen gemeinsamen Rhythmus von Beamtem und potentiellem Staatsfeind konstatiert, deutet darauf hin, daß die Gewalt des Staates sich von ihrer Wirkung her in nichts von der seiner Feinde unterscheidet.

PAUL CELAN
Psalm

In vier Strophen kreist das Gedicht um die Beziehung von *"Niemand"* und *"wir"*. Dabei erscheint *"Niemand"* in Strophe 1 zunächst in seiner Alltagsbedeutung ('kein Mensch', 'nicht eine einzige Person'), was in

Verbindung mit der Anspielung auf die Schöpfungsgeschichte entweder auf deren Ende oder auf das Ende derer, die zu *"Staub"* (2) geworden sind, hindeutet. Die anaphorische Wiederholung von *"Niemand"* hebt dieses zudem in seiner Bedeutung besonders hervor, so daß der Eindruck völliger Ausweglosigkeit entsteht. Auch *"bespricht"* (2) kann vor diesem Hintergrund in seiner Alltagsbedeutung verstanden werden und würde so auf die Situation völliger Vergessenheit hindeuten, in der die zu Staub Gewordenen sich befinden.

Der Eingangsvers von Strophe 2 wirkt demgemäß als radikale Umkehrung von Vers 1: *"niemand"* erscheint als Person, die gepriesen wird, so daß Strophe 1 umgedeutet werden muß zu der Wiedererschaffung des *"wir"* durch *"Niemand"*; auch *"bespricht"* erhält von hier aus einen eindeutig religiösen Sinn. *"Niemand"* erscheint jetzt in seiner Ursprungsbedeutung ('nicht ein Mann/Mensch'), die in der Negierung des Menschen auf Gott hindeutet. Dies entspricht auch dem Titel des Gedichts, der die liedhafte Preisung Gottes erwarten läßt.

Gleichzeitig zeigt die zweite Strophe, daß das lyrische Wir sich *"Niemand"* gegenüber nicht – wie es die erste Strophe nahelegt – passiv verhält, sondern ihm *"zulieb"* (5) bzw. ihm *"entgegen"* (8) *"blühn"* (6) will. Während *"zulieb"* sich eindeutig als 'aus Liebe zu' verstehen läßt, kann *"entgegen"* sowohl adverbial – im Sinne von 'in Richtung auf' – als auch präpositional – im Sinne von 'sich entgegensetzend' – verstanden werden. In letzterer Bedeutung würde das Wort einen Gegensatz zu *"zulieb"* konstituieren.

Strophe 3 greift das Bild vom *'Blühen'* des lyrischen Wir auf und setzt dieses gleichzeitig in enge Beziehung zu *"Niemand"*. Es wird nun in seinem Blühen als *'Rose'* gezeigt, die offenbar synonym als *"Nichts-"* und als *"Niemandsrose"* (9/10) bezeichnet werden kann; als *"Nichts"* wird jedoch in der Strophe auch das lyrische Wir beschrieben. *"Niemand"* *entgegen"* bzw. *"zulieb"* blühend, konstituiert sich das *"Nichts"* somit als Teil von diesem. Der religiöse Sinn dieser Aussage wird unterstrichen durch die Ewigkeit, die dem Wesen von *"nichts"* in Anspielung auf die Schöpfungsgeschichte – *"waren wir, sind wir, werden wir bleiben"* – (10/11) zugeschrieben wird.

In der vierten Strophe wird einerseits das Bild der Rose weiter ausdifferenziert, indem Teile derselben, die dem Befruchtungsvorgang dienen, mit auf die religiöse Sphäre hindeutenden Neologismen – *"seelenhell"* (15) und *"himmelswüst"* (16) – verbunden werden. Die Erwähnung von *"Staubfaden"* (16) und *"Dorn"* (20) weist jedoch zugleich auf das eingangs des Gedichts evozierte Leid zurück. Dieses scheint durch Gesang, also durch den Psalm, überwunden werden zu können, was durch die zweimalige Aufführung von *"über"* (19) – getrennt durch die Interjektion *"o"*, die der Aussage noch mehr Nachdruck verleiht – unterstrichen wird.

Daß der Psalm allerdings nicht einfach nur als Beschwichtigungs-gesang zu verstehen ist, zeigt dessen in dem Begriff *"Purpurwort"* (18) angedeuteter Inhalt. Er steht als Bindeglied zwischen der von ihm geröteten *"Krone"* (17) und dem *"Dorn"* (20), so daß er die Majestät des Geistes mit dem Leiden in und an der Schöpfung verknüpft. Die Überwindung des Leids und das Bekenntnis zu ihm fließen so in einem Begriff zusammen.

Das Gedicht baut sich somit in einer Reihe von Paradoxien auf bzw. ist selbst ein einziges Paradoxon. Gott existiert und ist doch in seiner Existenz nicht faßbar, ist nah und fern zugleich, ist eins mit dem Menschen und doch auch – als *"Niemand"* – das ganz Andere. Dies entspricht den Meditationen jüdischer, aber auch anderer Mystiker, die 'Gott' in der Unfaßbarkeit seines Seins und seiner Ewigkeit als große Leere konzipierten, mit der der Mensch über seine Seele verbunden sei und in die er sich im Gebet versenken könne. Ein später vom deutschen Idealismus ins Philosophische übertragener Lehrsatz der Mystiker besagte auch, daß Gott, indem er aus der Fülle seines Seins die Welt erschaffen habe, sich zugleich in diese entäußert habe, also nicht mehr bei sich selbst sei. Dies bedeutet, daß Gott gleichzeitig – als in der Schöpfung lebender Geist – 'ist' und – als in sich selbst ruhendes Sein – 'nicht ist'.

Soweit Gott nicht mehr 'bei sich' ist, ist er auf die von ihm geschaffe-nen Menschen angewiesen, durch deren Gebete und Meditationen allein er sich wieder in seiner ganzen Seinsfülle erfahren kann. Das Gedicht gibt dies in dem Bild der Psalmsänger, die Gott *"zulieb"* und *"entgegen"* blühen, wieder. Die Doppeldeutigkeit von *"entgegen"* bildet dabei genau die mystische Erfahrung ab, wonach der Meditierende sich auf Gott zubewegt – im Doppelsinn einer individuellen Annäherung und einer Realisierung der Seinsfülle Gottes am Ende der Zeiten – und zugleich der Nicht-Existenz Gottes – im Sinne seines Nicht-Bei-Sich-Seins – entgegenwirkt, d.h. entgegen seinem Wissen um das Nicht-Sein Gottes sich betend in diesem auflöst und ihm so ins Sein verhilft.

Das Aufeinander-Angewiesensein von Mensch und Gott bildet das Gedicht in der Teilhabe des lyrischen Wir an der Existenz Gottes in der

Weise der Negation ab. Beide können nur gemeinsam *'blühen'*, können also ohneeinander nicht existieren. Die vierte Strophe bringt diese Einheit durch die Doppeldeutigkeit von *"Griffel"* (15) und *"Staubfaden"* (16) auf den Punkt. Versteht man *"Griffel"* im botanischen Sinne, so deutet der Begriff auf die Aufnahme des göttlichen Funkens durch den Menschen hin, der ihn *"seelenhell"* macht. Versteht man ihn in der Alltagsbedeutung – als 'Schreibstift' – so weist er voraus auf das *"Purpurwort"* (18) – und somit auf den *'seelenhellen'* Geist Gottes, aus dem die Schöpfung hervorgegangen ist. Indem das Wort von den Psalmsängern nachgesungen wird, gelangen diese wieder bei Gott an, vollziehen also die Schöpfung nach.

Ebenso kann *"Staubfaden"* zunächst im botanischen Sinne aufgefaßt werden und würde dann auf den Staub hindeuten, aus dem Gott die Menschen erschaffen hat und mit denen er das *'himmelswüste'* Urchaos in die Ordnung der Schöpfung überführt hat. Versteht man den Begriff indessen im Sinne einer bloßen Ansammlung von Staub, so verweist er auf die hoffnungslose Situation der von Gott verlassenen Menschen, denen der Himmel wie eine Wüste erscheint. Dieser Doppeldeutigkeit entspricht dann auch die oben beschriebene Ambivalenz von *"Purpurwort"*.

Wenn das Gedicht sich somit auch in einer uralten Tradition mystischen Denkens bewegt, so lassen sich aufgrund der Biographie des Dichters, der es verfaßt hat, doch auch konkrete Zeitbezüge herstellen. So erscheint es wie eine Antwort auf die Frage, ob das Grauen von Auschwitz mit dem Glauben an Gott vereinbar sei. Wenn nämlich – wie der mystische Gedanke der Entäußerung Gottes in die Schöpfung besagt – Gott auf die Menschen angewiesen ist, um zu sich zu kommen, so liegt es auch in der Hand der Menschen, ob sie das Sein Gottes manifest werden lassen oder nicht. Das Dritte Reich erscheint in dieser Sichtweise wie eine Periode der vermehrten Nicht-Realisierung Gottes, die die Vorstellung Gottes in der Weise der Negation noch plausibler erscheinen läßt. Die prinzipielle Chance auf eine Realisierung Gottes – und dies mag für viele Juden noch in der Stunde der tiefsten Erniedrigung ein bedeutsamer *'Trost'* (Rose Ausländer, vgl. S. 31) gewesen sein – bleibt aber so lange bestehen, wie es Menschen gibt.

PAUL CELAN
Todesfuge

In seiner *Todesfuge* stellt Paul Celan zwei Themen einander kontrapunktisch gegenüber. Die erste Strophe des Gedichts entspricht dabei der Exposition der Fuge, in der die Themen eingeführt werden. Es folgen – verteilt auf fünf weitere Strophen – drei weitere Durchführungen, die in Strophe 3 und 5 jeweils von einem Zwischenspiel unterbrochen werden. Die letzte Durchführung ist in der Form einer Engführung gestaltet. –

Die beiden Themen – *"Schwarze Milch der Frühe"* (Thema 1) und *"Ein Mann wohnt im Haus"* (Thema 2) – werden zunächst in vier bzw. fünf Versen der ersten Strophe gesondert vorgestellt. Sie sind durch Großschreibung speziell kenntlich gemacht und weisen signifikante* Unterschiede auf:

Thema 1 weist als Subjekt ein *"wir"* auf, dessen Subjektstellung jedoch durch Inversion geschwächt ist; die Voranstellung des Objekts vermittelt den Eindruck, daß dieses Vorrang gegenüber dem Subjekt genießt bzw. Macht über dieses ausübt. Hierzu paßt auch, daß das Thema im Trochäus gehalten ist, was ihm – durch den betonten Beginn – etwas Gewaltsames verleiht und wodurch es sich zudem deutlich von dem durchgehenden Daktylus der Weiterführung des Themas abhebt. Als Tätigkeit des Subjekts wird zunächst *"trinken"* angegeben, wobei dies offenbar ununterbrochen erfolgt. Die Vertauschung der Reihenfolge bei den Tageszeiten (abends, mittags, morgens, nachts) vermittelt zudem den Eindruck einer Entgrenzung der Zeit. Das paßt zu dem rätselhaften Objekt des Trinkvorgangs, bei dem es sich offenbar um kein gewöhnliches Getränk handelt. Die in Vers 4 erwähnte Tätigkeit – das Schaufeln eines Grabs in den Lüften – ergänzt die Entgrenzung der Zeit um die Entgrenzung des Raumes. Die Gesetze von Raum und Zeit scheinen somit im Bereich von Thema 1 aufgehoben zu sein.

Thema 2 folgt hingegen einer einfachen Subjekt-Prädikat-Objekt-Struktur und vermittelt so den Eindruck eines problemlosen Bewirkens. Es ist zudem ein einzelner, der hier handelt, wobei seine Einzelheit durch die häufige Wiederholung von *"er"* bzw. *"der"* gegenüber dem *"wir"* des ersten Themas noch besonders hervorgehoben wird. Trotz des

---

*   **signifikant**: (hier:) bedeutsam, erheblich

auftaktigen Daktylus, in dem das Thema gehalten ist, wirkt es in seiner Weiterführung härter als Thema 1, da es durch die harten Endungen der dritten Person Singular gekennzeichnet ist.

Im Gegensatz zu dem eng umgrenzten Tätigkeitskreis des Subjekts in Thema 1 sind die Tätigkeiten des Subjekts in Thema 2 vielfältiger Natur. Insgesamt drei Tätigkeitsfelder lassen sich voneinander unterscheiden:

1. die direkt auf das Subjekt von Thema 1 bezogenen Tätigkeiten (vgl. Vers 8 und 9), die dieses in Abhängigkeit von dem Subjekt des zweiten Themas zeigen;

2. das Schreiben an *"Margarete"* (vgl. Vers 5/6);

3. Tätigkeiten, die das Wesen des Mannes mythisch überhöhen – *"spielt mit den Schlangen"* (5), *"pfeift seine Rüden herbei"* (7) – und ihn in die Nähe antiker Todesgottheiten rücken.

Die drei Tätigkeitsfelder sind klanglich deutlich voneinander geschieden, so etwa durch das Überwiegen der d-Laute in Tätigkeitsfeld 2, die mit den harten t-Endungen der 3. Person Singular kontrastieren. Gemäß der Eigenart der Fuge, alle Motive und Themen eng aufeinander zu beziehen und miteinander zu vermischen – die auch in dem durchgängigen Verzicht auf Interpunktion zum Ausdruck kommt –, treten jedoch auch Querverbindungen zwischen den einzelnen Tätigkeitsfeldern auf. So verbindet die Umrahmung von Tätigkeitsfeld 2 durch *"der schreibt"* in Vers 5 und 7 dieses mit Tätigkeitsfeld 3; letzteres ist wiederum über das 'Herbeipfeifen der Rüden' – das in dem 'Hervorpfeifen der Juden' ein Äquivalent hat – eng mit Tätigkeitsfeld 1 verbunden.

An der ersten Durchführung (= Strophe 2) fällt zunächst die Einführung des neuen Motivs *"Dein aschenes Haar Sulamith"* (15) auf, zumal dieses durch die Großschreibung – die ansonsten allein dem Themen- und dem Strophenanfang vorbehalten ist – besonders hervorgehoben wird. Das neue Motiv erscheint als Kontrapunkt zu dem Motiv *"dein goldenes Margarete"* aus Thema 2 und ist zugleich eine Ergänzung zu dem Schaufeln des Grabs in den Lüften, mit dem es in einem Vers steht. Auffallend ist zudem die Wandlung von *"wir trinken sie"* aus Strophe 1 zu *"wir trinken dich"* in bezug auf die *"schwarze Milch der Frühe"* in Strophe 2, die eine engere Bindung an diese bzw. Identifizierung mit ihr nahelegt.

Das erste Zwischenspiel (= Strophe 3) scheint ganz auf eine Erweiterung von Thema 1 angelegt. Es nennt mehrere Befehle, die der Mann den Juden erteilt und beschreibt ihn – in Vers 18 – als besonders gewalttätig. Dem entsprechen die zahlreichen Zäsuren im Rhythmus, die durch die ungleichen Kola* bewirkt werden.

Die zweite Durchführung (= Strophe 4) setzt wieder mit Thema 1 ein, das gegenüber der ersten Durchführung nahezu unverändert erscheint (nur *"mittags"* und *"morgens"* haben ihre Positionen gewechselt und erscheinen nun wieder in der Reihenfolge der Exposition). Dies vermittelt den Eindruck, daß die Gewalt des Subjekts aus Thema 1 gegenüber dem Subjekt von Thema 2 wirkungslos bleibt. Gegenüber der in der dritten Strophe gezeigten Gewalt scheint ersteres am Ende der zweiten Durchführung demgemäß wieder 'gebändigt' zu dem ruhigen *"Ein Mann wohnt im Haus"*.

Die veränderte Sicht des Mannes in Strophe 4 wirkt auch im zweiten Zwischenspiel (= Strophe 5) noch nach. Zwar geht es hier formal wieder um den *'Mann'*, also um das Subjekt von Thema 1, doch erscheint dieses in seiner Handlungsweise nun stark verändert. Nicht mehr rohe Gewalt, sondern geheimnisvolle Versprechungen gehen jetzt von ihm aus, die darin gipfeln, daß das *"Grab in den Wolken"* aus Thema 2 – für den Mann gab es bislang nur ein *"Grab in der Erde"* (8) – nun auf die Aktivitäten des Mannes zurückgeführt wird. Auch seine Befehle verlieren jetzt ihre alltagslogische Struktur und werden zudem mit Adverbien unterlegt, die ihre Befehlswirkung abschwächen bzw. ihnen Empfehlungscharakter geben (*"spielt süßer den Tod"*, *"streicht dunkler die Geigen"*). Vor diesem Hintergrund wirkt das neu eingeführte Motiv *"der Tod ist ein Meister aus Deutschland"* (24) wie eine Lobpreisung des Mannes durch das Subjekt von Thema 2.

In der Engführung (= Strophe 6) dient das neue Motiv als Bindeglied zwischen den beiden Themen. Seine dreimalige Wiederholung (in Vers 28, 30 und 34) macht es zu einem Leitmotiv, das sowohl Aspekte von Thema 1 als auch Aspekte von Thema 2 in sich zu vereinen scheint. Dabei wird es zuerst in das erste Thema eingefügt und erscheint dabei mit derselben Konnotation wie im zweiten Zwischenspiel. Die zweite Aufführung des Motivs kann sowohl als Abschluß von Thema 1 als auch als Einstieg in Thema 2 verstanden werden. In letzterem Sinne dient es

---

* **Kolon**: kleinste rhythmische Einheit des Verses (Plural *Kola*)

der Unterstreichung der Grausamkeit des *'Mannes'*, der nun (in Vers 30/31) wieder in der Ausübung roher Gewalt gezeigt wird, indem von ihm gesagt wird, daß er mit der Kugel *"genau"* (31) – eben wie *"ein Meister"* – trifft. Am Ende der Engführung überwiegen jedoch wieder die Tätigkeiten, die den Mann als mythisches Wesen zeigen, was auch dem Leitmotiv – das den Komplex der Tätigkeitsbeschreibungen auch abschließt, ihn also umrahmt – wieder eine andere Bedeutung verleiht. So wird – in Fortführung der Sichtweise des Mannes aus dem zweiten Zwischenspiel – nun gar von diesem gesagt, er *'schenke'* (33) den von ihm Gejagten ein Grab in der Luft. Das Gedicht schließt mit der Wiederholung des Margarete- und des Sulamith-Motivs, die jeweils als eigener Vers behandelt und somit in ihrer zentralen Bedeutung für die beiden Themen herausgestellt werden.

Die schroffe Gegenüberstellung der beiden Motive am Schluß des Gedichts unterstreicht noch einmal die Inkompatibilität der beiden Themen sowie der geistigen Strukturen, auf denen sie jeweils aufbauen. Das Ineinandergreifen der Themen im Verlauf der Fuge ist somit nicht als Dialog zwischen diesen zu verstehen, sondern als Prozeß einer fortschreitenden Uminterpretation der Handlungen des *'Mannes'* durch das *"Wir"* des Gedichts, aus dessen Sicht ja auch das gesamte Geschehen geschildert wird. Die in den Gedichterläuterungen erwähnten Hintergrundinformationen zu den zentralen Fügungen aus Thema 2 (*"Schwarze Milch der Frühe"*, *"wir trinken"*, *"spielt auf nun zum Tanz"* und *"dein aschenes Haar Sulamith"*) deuten dabei auf folgende Möglichkeiten einer religiösen Uminterpretation der Aktivitäten des Mannes hin:

1. Die Judenverfolgung könnte als Strafgericht Gottes angesehen werden, entsprechend dem Klagelied des Propheten Jeremias. Diese Umdeutung wird durch die häufige Reduzierung von *'ein Mann'* auf das unbestimmtere *'er'* begünstigt. Auch die mythischen Attribute des Mannes (Schlangen, Rüden) fügen sich in dieses Bild.

2. Die Auflösung in Rauch könnte mit der ekstatischen Auflösung in Gott assoziiert werden, wie sie durch die Tänze der Chassidim* bewirkt werden soll. Dem entspricht auch die Zweitveröffentlichung des Gedichts in dem Band *Mohn und Gedächtnis*, der auf die seit alters her bekannten rauschhaften Zustände, die durch den Schlafmohn ausgelöst werden können, anspielt.

---

* **Chassidim**: Anhänger des Chassidismus

3. Die Verwandlung des Purpurhaares von Sulamith – das sie, deren Haarfarbe der Farbe von Königsgewändern gleicht, als Herrscherin zeigt – in *"aschenes Haar"* verweist darauf, daß Sulamith 'nicht mehr ist'. Als Symbol für Frieden und Liebe kann Sulamith jedoch nie ganz vergehen; allenfalls ist ihre Existenz in bestimmten Zusammenhängen nicht denkbar. Die Kennzeichnung ihres Haares als *'aschen'* läßt sich somit nur so verstehen, daß ihre Existenz nicht im Diesseits, sondern (zumindest zeitweilig) nur im Jenseits zu realisieren ist. Der Tod entspricht damit einer Vereinigung mit ihr und ist insofern eine Erlösung. Sulamith erscheint – als Trostspenderin – vor diesem Hintergrund auch als Muttergestalt, was sowohl mit der Herkunftsgeschichte zentraler Motive des Gedichts als auch mit der Biographie Celans korrespondiert. Ausländers Verse (*"Nur aus der Trauer Mutterinnigkeit / strömt mir das Vollmaß des Erlebens ein"*) erlauben es zudem, den Akt des Trostspendens mit dem Vorgang des Dichtens selbst zu verbinden, das als gestaltgewordene Trauer eine Verbindung zu den Toten herstellt. Dies verleiht auch dem *"Wir"* des Gedichts eine neue Dimension.

Der Freiheit des Geistes, die sich das *"Wir"* der *Todesfuge* der physischen Vernichtung durch den *"Mann"* zum Trotz bewahrt, steht die Banalität der geistigen Welt von letzterem gegenüber. Klischeehaft wie seine blauen Augen und das goldene Haar seiner *"Margarete"* sind auch seine auf Geistiges bezogenen Handlungen, die sich auf das Schreiben von Briefen in der Dämmerung reduzieren. Die Anspielung auf das romantische Wesen der Deutschen, die sich hierin findet, korrespondiert mit der blauen Augenfarbe des Mannes, die an die *blaue Blume* als Sehnsuchtssymbol der Romantik erinnert.

Erscheinen jedoch die blauen Augen bei ihrer ersten Erwähnung in Strophe 3 noch als Ergänzung zu dem goldenen Haar Margaretes (wobei man sie freilich auch hier schon – im Zusammenhang mit dem *"Eisen im Gurt"* <17> – mit 'eiskalt' assoziiert), reimt sich ihre zweite Erwähnung in Strophe 6 – *"sein Auge ist blau"* (30) – auf *"er trifft dich genau"* (31). Die Verbindung der – faschistisch verbrämten – romantischen Traumwelt mit der Tötungsmaschinerie der Nationalsozialisten findet dann in der alliterierenden Verbindung von *"träumet"* und *"Tod"* in Vers 34 ihren Höhepunkt.

Die in den oberflächlichen Handlungen ausgedrückte Erniedrigung der Juden durch den *"Mann"* wird auf diese Weise auf der tiefer liegenden geistigen Ebene umgekehrt. Hier erniedrigt sich der Mann durch seine Handlungen selbst, da er in ihnen die fehlgeleitete Entwicklung seiner Kultur offenbart. Die von ihm gejagten Juden bewahren sich demgegenüber auch im Tod noch eine geistige Freiheit, die für den Mann weder nachvollziehbar noch gar von ihm zerstörbar ist.

Die Vielschichtigkeit der *Todesfuge* geht damit weit über die Vorlage von Immanuel Weißglas hinaus. Mag Celan letzterer auch die Motive für sein eigenes Gedicht entlehnt haben, so hat er diese durch die Einbindung in die Fugenform doch zu einem völlig neuen Kunstwerk mit einer eigenständigen Aussage verarbeitet.

FRIEDRICH CHRISTIAN DELIUS
Hymne

Auch das Gedicht von Delius erweist sich in seinem Kern als Generationskonflikt. Dies zeigen die ersten beiden Verse, in denen *"Deutschland"* als *"Wort"* bezeichnet wird, das *"den Vätern"* erfunden worden sei. Damit erscheint *"Deutschland"* in dem Gedicht nicht als geographische Bezeichnung, sondern als Chiffre für eine bestimmte Ideologie. Diese wird in den folgenden Versen weiter spezifiziert, wobei aufgrund der Tatsache, daß sich das lyrische Ich an Deutschland wie an eine konkrete Person wendet, der biographische Hintergrund der Auseinandersetzung stets präsent bleibt.

Für sich selbst empfindet das lyrische Ich *"Deutschland"* als unnütz – *"Was soll ich mit dir"* (5) – und beängstigend, wobei die Angst durch ihre zweimalige Erwähnung (davon einmal als Eingangssatz des Gedichtes) eine besondere Betonung erhält (vgl. Vers 1 und 10). Zurückgeführt wird die Angst auf den aggressiven Charakter von *"Deutschland"*. Dieser kommt zum Ausdruck in der *"tödlichen Hoffnung"* (3), die mit ihm verbunden ist und auf den sich die nachfolgenden Fügungen 'doppelt geschwärzter Sarg' (4), *"auf beiden Schneiden / des Schwerts"* (9/10) und *"du steinigst uns wieder"* (7) beziehen. Die ersten beiden Ausdrücke verweisen dabei auf die Kriege, die der deutsche Nationalismus in der Vergangenheit ausgelöst hat. Durch die Zweiteilung der Gegenstände deutet das Gedicht zugleich auch auf die deutsche Teilung – als ein Ergebnis dieser Kriege – hin (vgl. hierzu auch Vers 13, der als Anspielung auf die unterschiedliche ideologische Ausrichtung von Bundesrepublik und DDR verstanden werden kann).

Der Ausdruck *'doppelte Zunge'* (8), der an 'Doppelzüngigkeit' oder auch an die Redewendung 'mit gespaltener Zunge reden' denken läßt, zeigt allerdings, daß die Begriffe auch auf das Heuchlerische deutscher Vormachtgelüste hindeuten, wie es im Beglückungswahn der Deutschen ('Am deutschen Wesen soll die Welt genesen') zum Vorschein kommt. Auch an das schizophrene Nebeneinander der Selbstdarstellung als 'Volk von Dichtern und Denkern' und der Verehrung faschistischer Führer läßt der Ausdruck denken.

Der Satz *"Du steinigst uns wieder"* verweist hingegen – in seiner Anspielung auf die Steinigung andersdenkender oder -gearteter Menschen in früherer Zeit – auf die Verfolgung von Menschen, die den Nationalstolz der anderen nicht teilen. In der archaischen Form der Verfolgung deutet das Gedicht zugleich die gewaltsame Kompromißlosigkeit an, mit der der deutsche Nationalstolz von seinen Befürwortern vertreten wird. Letzterer wird als überholt – *"verwest"* (13) – charakterisiert, doch wird gleichzeitig hervorgehoben, daß er *"noch nicht tot"* (14) sei, also nach wie vor von vielen vertreten werde.

Folgerichtig fordert das lyrische Ich *"Deutschland"* in einem viermal (davon zweimal in der Form einer Epipher*) wiederholten Imperativ zum 'Gehen' auf (Vers 6/11/12/15). Daß es *"die Sprache"* (12) behalten möchte, belegt, daß es sich selbst durchaus bewußt ist, seiner eigenen kulturellen Tradition nicht entfliehen zu können bzw. sich der Verantwortung für diese stellen zu müssen. Gerade weil es sich selbst als Teil der deutschen Kultur begreift, fordert das lyrische Ich aber auch eine Neubestimmung von deren Zielen und eine Verabschiedung von ihrer ideologisch-aggressiven Überhöhung ein. Der hymnische Stil des Gedichts verleiht dieser Forderung ebenso Nachdruck, wie er andererseits auch die pathetische Bezugnahme auf *"Deutschland"* parodiert.

GÜNTER EICH
Der große Lübbe-See

Das Gedicht setzt mit einer dreizeiligen Strophe ein, die den Blick auf *"Vogelzüge"* (Vers 1) lenkt, die von dem lyrischen Ich als *'trigonometrischer Punkt'* (3), also als Orientierungshilfe, angesehen werden. Ferner

---

* **Epipher**: Wiederholung eines oder mehrerer Worte am Ende aufeinanderfolgender Verse; vgl. *Anapher*

erfahren wir, daß es sich bei der Begegnung mit den Vogelzügen um ein Erlebnis aus der Vergangenheit handelt (vgl. Vers 2). Es folgen sechzehn strophisch nicht weiter unterteilte Verse, die bis zur Mitte des Gedichts (Vers 9/10) im Präteritum gehalten sind, also offenbar das in den ersten drei Versen angedeutete vergangene Geschehen weiter explizieren, dann aber ins Präsens übergehen.

Fünf Motive lassen sich in dem Gedicht unterscheiden, von denen sich vier wie in konzentrischen Kreisen um das Hauptmotiv gruppieren – das als solches durch seine Stellung im Zentrum des Gedichts kenntlich gemacht wird. Wir finden es in Vers 9/10: Das lyrische Ich wird von dem Auge einer Taube angeblickt, während man dieser die Halsschlagader durchschneidet. Die übrigen vier Motive werden jeweils in der ersten Hälfte des Gedichts eingeführt und dann spiegelbildartig in der zweiten Gedichthälfte wieder aufgegriffen. Es handelt sich hierbei um

- einen Kranichzug (Vers 1, 16, 19);
- den trigonometrischen Punkt (Vers 3 und 14);
- das Schilfgras als undurchdringliche Wand (Vers 5 und 13);
- den *"Beginn der Einsamkeit"* (Vers 6 und 11).

Die konzentrische Anordnung der Motive um das Hauptmotiv – mit der darin erwähnten *"Halsader"* der Taube (Vers 10) – wirkt dabei wie eine Abbildung des Wechsels von Systole und Diastole* im Rhythmus der Gedichts. – Die übrigen Verse dienen jeweils der Spezifizierung der eingeführten Motive.

Gleich die ersten drei Verse weisen darauf hin, daß die Vogelzüge für das lyrische Ich eine Orientierungsfunktion haben: Sie sind es, durch die es *"das Gerüst des trigonometrischen Punktes"* (Vers 3) erhält. Dies läßt an die Sichtweise der Vogelzüge in der Antike denken, in der diese als geheime Schrift galten, aus der speziell geschulte Priester – die sogenannten Auguren – den Willen der Götter herauslesen konnten (hieran erinnert auch Schillers Ballade *Die Kraniche des Ibykus*); der *"trigonometrische Punkt"* erhält hierdurch eine metaphysische Qualität. Vers 4 bestätigt diese Deutung in dem geheimnisvollen *"es"*, das das lyrische Ich 'anfiel'. Das Pronomen wird in Vers 6 und Vers 9/10 doppelt spezifiziert: zum einen als *"Beginn der Einsamkeit"*, zum anderen als der

---

*   **Systole und Diastole**: der rhythmische Wechsel von Zusammenziehung und Erweiterung des Herzens

auf das lyrische Ich gerichtete Blick des sterbenden Taubenauges. Die Tatsache, daß *"der Beginn der Einsamkeit"* durch die wortgleiche Aufführung in Vers 11 das Zentrum des Gedichts einrahmt, unterstreicht dabei zusätzlich noch die Verknüpfung der Einsamkeit mit dem Blick in das Auge der sterbenden Taube.

Das Bild erinnert damit an den Heideggerschen Gedanken eines *'Vorlaufens in den Tod'*, durch das der Mensch sich der Bedingungen seines Daseins vergewissern solle. Heidegger war der Ansicht, nur ein Mensch, der über eine solche Gewißheit verfüge, sei in der Lage, sein Leben voll verantwortlich zu führen. In diesem Sinne ist das *'Vorlaufen in den Tod'* sowohl die Grundbedingung der Individuation als auch deren Gipfel.

Das Bild der – aufgrund ihrer Friedfertigkeit seit Jahrhunderten als Symbol des Friedens geltenden – Taube, die dennoch sterben muß, setzt den Gedanken der Unentrinnbarkeit des Todes – das *'Zum-Tode-Sein'* des menschlichen Daseins – dichterisch um, verleiht diesem dabei jedoch zugleich den Charakter einer metaphysischen Heimsuchung. In diesem Sinne wird festgestellt, daß man ein solches Erlebnis *"ein zweites Mal nicht ertrüge"* (8). Zwar findet sich in Vers 18 (in der *'güldenen Heiterkeit'*) eine Andeutung von Glück, die aus dem metaphysischen Erlebnis herrührt – darin zeigt sich die Verbindung des Taubenauges mit den Kranichzügen, die als Boten eines fernen Sinns, einer Transzendenz des menschlichen Daseins, zu gelten haben. Doch wird zugleich gesagt, daß diese Heiterkeit *"auf Kranichflügeln"* (19) *"davonfliegt"* (18), und zwar *"spurlos"* (19). Damit wird das Glückserlebnis untrennbar mit den Vogelzügen verbunden: So wie diese entfliehen, geht das lyrische Ich auch seiner Seinsgewißheit wieder verlustig.

Dem entspricht die Abbildung des Pulses der Taube im äußeren Aufbau des Gedichts. Die Konzentration des lyrischen Ich zieht sich wie das Herz in einem Punkt zusammen, der ihm eine Ahnung von Transzendenz ermöglicht. Diese jedoch ist nur von augenblickshafter Dauer, und zurück bleibt allein das Bewußtsein des eigenen Sterben-Müssens, das die eigene Orientierungslosigkeit nur noch verstärkt. An die Stelle der *"dunklen Wand des hügeligen Gegenufers"* (5) tritt *"das Schilf der Verzweiflung"* (13), und das lyrische Ich wird sich der Sinnlosigkeit des Versuchs einer *"Abmessung im Nichts"* (15) bewußt. So variiert die zweite Hälfte in mehreren Bildern das Nichts, wobei es diese per Alliteration – *"ohne Boote und Brücken"* (12) – oder die exponierte Stellung am Versende – *"ohne Wind"* (17), *"spurlos"* (19) – jeweils noch besonders betont.

256

Im Gegensatz zu Heidegger stellt Eich somit das Bewußtsein des eigenen *Zum-Tode-Seins* nicht als befreiend dar. Vielmehr erscheint dieses als lähmend und bewirkt den Verlust jeder Orientierungsmöglichkeit. Folgerichtig wird der *"trigonometrische Punkt"* – als Symbol für diese – in der zweiten Gedichthälfte von *"Schilf der Verzweiflung"* (13) und *"Abmessung im Nichts"* (15) eingerahmt. Das nicht-transzendente Dasein erscheint damit als leerer Raum, dessen unübersteigbare Begrenzung das verzweifelte Bewußtsein von der eigenen Vernichtung darstellt.

GÜNTER EICH
Inventur

Das Gedicht entspricht mit seiner akribisch genauen Aufzählung der Besitztümer, die der Heimkehrer vor den Wirren des Krieges retten konnte, ziemlich genau der Weyrauchschen Bestimmung der *Trümmerliteratur* als einer Literatur der *Bestandsaufnahme*. Für den, der im Krieg fast alles verloren hat und der in eine materielle und geistige Wüste zurückkehrt, geht es offenbar zunächst darum, sich des Verbliebenen zu versichern und zu prüfen, wie und ob überhaupt auf seiner Grundlage ein Neuanfang gewagt werden könnte. In diesem Sinne läßt sich Eichs Gedicht als eine nüchterne Aufzählung grundlegender Dinge des täglichen Bedarfs lesen, die – ideologisch unbeschädigt – dem Heimkehrer zunächst das nackte Überleben sichern. Dabei erhält auch scheinbar Unwichtiges – die Konservenbüchse als Eßgerät, die Pappe als Matratze – eine elementare Bedeutung.

Eben hierin – in der Neudefinition von Alltagsdingen, die die Autonomie des definierenden Subjekts voraussetzt – drückt sich jedoch eine Funktion der Aufzählung der Besitztümer aus, die deutlich über die reine Bestandsaufnahme hinausgeht. Denn über die 'Auseinander-Setzung' mit den Dingen gewinnt das Ich auch jene Individualität zurück, die ihm in dem von ihm weitgehend unbeeinflußbaren Kriegsgeschehen verlorengegangen war. Folgerichtig sind für das lyrische Ich auch jene Dinge, die ihm die aktive Anverwandlung seiner Umwelt ermöglichen, am wichtigsten. Deutlich wird dies bereits, wenn in Strophe 3 – im Unterschied zu der lapidaren, adjektivlosen Aufzählung der übrigen Besitztümer (das in Strophe 4 zur Kennzeichnung der Socken gebrauchte Adjektiv 'wollen' ist ebenfalls nicht wertend) – der Nagel ausdrücklich als 'kostbar' beschrieben wird, weil er der Kennzeichnung von Besitztümern als solchen dient, also einen elementaren Akt der Anverwandlung von Umwelt ermöglicht.

Vor diesem Hintergrund könnte man annehmen, daß auch die in Strophe 3 angesprochenen geheimen Besitztümer mit dem Schreiben zu tun haben. Diese Vermutung findet ihre Bestätigung in Strophe 6, wenn von den Versen die Rede ist, die das lyrische Ich *"nachts (…) erdacht"* hat. Zu deren Fixierung dient eine Bleistiftmine, die ausdrücklich als Lieblingsutensil des Heimkehrers gekennzeichnet wird. Dies ist als Steigerung zu der Fügung *'kostbarer Nagel'* zu verstehen, was ja auch durchaus den tatsächlichen Verwendungsmöglichkeiten der beiden Utensilien entspricht: Der Nagel dient gewissermaßen der aktiven Umsetzung der anaphorischen *'Dies-ist-mein'*-Wiederholungen; die Bleistiftmine hingegen erlaubt dem lyrischen Ich eine Systematisierung seiner Gedanken und Gefühle und damit eine umfassendere Orientierung in seiner Umwelt. Folgerichtig wird das Notizbuch auch in der abschließenden Aufzählung in Strophe 7 an die erste Stelle gesetzt.

Auch formal sind Nagel, geheime Besitztümer und Verse miteinander verbunden: Sie sind die einzigen Dinge, die durch einen Relativsatz näher erläutert werden. Dies gibt dem Ausdruck *"was ich niemand verrate"* eine besondere Akzentuierung. Die auch formal im Zentrum des Gedichts stehende Fügung weist offensichtlich auf die Individualität des Sprechers hin, die dieser sich durch die schreibend-kreative Auseinandersetzung mit seiner Umwelt erworben hat. Der Eindruck des Schatzes, den die Verheimlichung des kostbarsten Besitzes vermittelt, verwiese dann auf die Notwendigkeit einer neuen Setzung des autonomen Individuums nach dem Totalitarismus der Nazi-Zeit, durch die allein ein moralischer Neuanfang möglich wäre.

HANS MAGNUS ENZENSBERGER
Autobahndreieck Feucht

Drei Handlungsorte werden in dem Gedicht nebeneinandergestellt: die Autobahn, ein neben derselben befindlicher Unfallort und ein Krankenhauszimmer. Das mit den einzelnen Handlungsorten zusammenhängende Geschehen wird nicht chronologisch geschildert, sondern erscheint als ineinander verschoben. Als Grund hierfür wäre zunächst der Zustand desjenigen anzunehmen, aus dessen Sicht die Schilderung erfolgt. *"Im Gegenlicht der Narkose"* (6) kann er seine Gedanken offenbar noch nicht richtig strukturieren; vielmehr stürmen diese, während er langsam aus der Narkose erwacht, in ungeordneter Folge auf ihn ein. Hieraus freilich ergeben sich auch bestimmte dichterische Effekte, die das Gedicht in eine spezifische Aussage ummünzt.

Durch den Titel instruiert, liest man die ersten Verse als Wiedergabe von Äußerungen eines Autofahrers, der sich mit seinem Fahrzeug auf der Autobahn befindet. Da kein Beifahrer erwähnt wird, könnte man auch annehmen, daß es sich hierbei um einen inneren Monolog handelt. Die Verbissenheit, mit der der Fahrer über die Ausstattung seines Wagens reflektiert – dargestellt als *"Tiraden"* (1), die er *"erbittert"* (1) von sich gibt – entspricht dabei seinem Fahrstil, den die *"Flüche beim Überholen"* (2) als aggressiv kennzeichnen. Die übergangslose Erwähnung des *'nächtlichen Staus'* – per Enjambement mit Vers 3 verbunden, steht er inhaltlich doch unvermittelt neben diesem – scheint insofern auf dessen zu späte Wahrnehmung durch den Fahrer (die wiederum auf seine zu schnelle Fahrweise zurückzuführen wäre) hinzudeuten. Dem entspricht auch das Überspringen der Schilderung des Unfallhergangs und der unvermittelte Hinweis auf den Abtransport des Fahrers ins Krankenhaus. Hieran schließt die nächste Strophe an, die das Erwachen des Verletzten im Krankenhaus und seine tastenden Versuche, sich dort zu orientieren, schildert.

In diese Orientierungsversuche drängt sich nun offensichtlich die Erinnerung an den Unfall hinein. Es liegt nahe, daß dem Verletzten als erstes der kritische Moment, der zu dem eigentlichen Unfall führte, wieder einfällt. Die ersten beiden Verse von Strophe 3 geben deshalb seine Gedanken in den entscheidenden Unfallsekunden wieder. Die kurzen, elliptischen Sätze zeichnen dabei die Anspannung nach, die der Fahrer in dieser Situation empfunden haben muß. Diese wird – wie auch sein hektischer Fahrstil – antithetisch den Bläschen gegenübergestellt, die *"langsam"* aus den Schläuchen aufsteigen, an die er angeschlossen ist. Die erste Hälfte von Vers 11 – *"Selbst das Schreien tut weh"* – verbindet dabei beide Situationsebenen miteinander, indem sie sowohl auf den Unfallort als auch auf den Patienten im Zimmer des Krankenhauses bezogen werden kann.

Der folgende Vers, durch seine isolierte Stellung besonders hervorgehoben, könnte einerseits so verstanden werden, daß der Fahrer noch durch den Stau hindurchgekommen ist, der Unfall sich also doch zeitlich nach diesem ereignet hat. Denkbar wäre jedoch auch, daß der Stau sich während des Eingeschlossenseins des Verletzten in seinem Auto aufgelöst hat. Dabei müßte die Auflösung des Staus nicht unbedingt aus der Sicht von letzterem geschildert werden; die isolierte Stellung des Verses könnte vielmehr darauf hindeuten, daß sich hier bereits eine weitere Instanz in die Schilderung des Geschehens mit einschaltet (die sich allerdings erst in Vers 20 deutlich zu erkennen gibt).

Die Schlußstrophe kehrt zunächst zu den Gedanken des Fahrers über die Ausstattung seines Wagens zurück, wobei in dem Hinweis auf die erneuerungsbedürftigen Bremsbeläge eine Ursache für den Unfall angedeutet wird. Vers 3, isoliert betrachtet eine Beschreibung der Stereoanlage im Auto, leitet syntaktisch schon zu der Schilderung des Geschehens am Unfallort über (konkret auf die Bemühungen der Rettungsmannschaften um eine Befreiung des eingeschlossenen Unfallopfers). So könnte sich der *"Trommelwirbel"* (16) ebenso auf die Stereoanlage (wodurch er – über die *"Tiraden"* aus Vers 1 – mit der Hektik des Autofahrers in Verbindung stehen würde) wie auch auf das Aufschweißen des Autowracks beziehen.

Der Schlußvers schließlich eröffnet noch eine weitere Deutungs-möglichkeit von Vers 16. Auch das plötzlich auftauchende 'Du' nämlich könnte den *"Trommelwirbel"* am Unfallort in *"Stereo"* hören – und zwar dann, wenn man es sich als vor einem Fernseher sitzend vorstellt. Vers 20 würde insofern an Vers 8/9 anschließen, wo die Krankenschwester beim Fernsehen gezeigt wird. Daß die *"Dramen"* (8), die sie dabei sieht, *"geräuschlos"* (9) über ihr Gesicht *"flackern"* (9), paßt einerseits zu dem Geschehen am Unfallort, wo ja der Vorgang des Schweißens ebenfalls ein flackerndes Licht impliziert. Darüber hinaus erscheint die Geräusch-losigkeit, mit der sich die *"Dramen"* auf ihrem Gesicht widerspiegeln – konkret vielleicht zurückzuführen auf Kopfhörer, mit denen sie das Geschehen am Fernseher verfolgt –, jedoch auch als ein Hinweis auf die Gleichgültigkeit, mit der sie jene wahrnimmt. Dies wiederum entspricht der Teilnahmslosigkeit des Betrachters in Vers 20, die in seinen *"halb geöffneten Augen"* zum Ausdruck kommt. Da er die Brille schon abge-nommen hat, macht er den Eindruck eines Menschen, der sich zu fortgeschrittener Stunde zum Zwecke der Entspannung noch ein wenig vor den Fernseher gesetzt hat und nun schon fast eingeschlafen ist.

Über das Fernsehen ergeben sich schließlich auch Verbindungen zu den Gedanken, die dem Fahrer bei seiner hektischen Fahrt über die Autobahn durch den Kopf gehen. Denn diese scheinen in hohem Maße aus Wortfetzen zu bestehen, die typisch sind für die Anpreisung von Autos in der Werbung; deren bevorzugtes Medium wiederum ist das

Fernsehen, das somit als entscheidende Vermittlungsinstanz für die Gedanken während der Autofahrt erscheint. Gleichzeitig berichtet das Fernsehen zwar auch über den Unfall, der unter Benutzung eines über dasselbe Medium angepriesenen Autos erfolgt ist. Selbst hierbei erscheint die Darstellung jedoch aufgrund der Struktur des Mediums der Realität so weit entrückt, daß der Unfall nicht als Teil von letzterer wahrgenommen wird. Er läßt den Betrachter deshalb unberührt oder wird einfach integriert in die allgemeine Entspannungsfunktion, die mit dem Medium Fernsehen verbunden wird.

Das Gedicht kritisiert damit die moderne Medienwelt als in doppelter Hinsicht entmündigend: Es zeigt, wie diese – weit über das Wecken bestimmter Bedürfnisse hinaus – das Denken des einzelnen in bestimmter Weise prägt und dabei zugleich so strukturiert ist, daß es ihn von einer Problematisierung dieses Denkens wirksam abhält. Eben diese leistet das Gedicht durch die Nebeneinanderstellung von Reklamesprache und Unfallschilderung, wodurch etwa die in der Werbung hochgelobte *"Zentralverriegelung"* (10) in ihrer Dysfunktionalität in der konkreten Unfallsituation gezeigt wird. Die suggerierte Möglichkeit einer ungezügelten Hingabe an die eigenen Emotionen bei gleichzeitiger totaler Sicherheit – die auch in den *'Erkenntnissen / über Prämien'* (2/3) anklingt – entlarvt das Gedicht so als gefährliche Illusion.

Der Geschwindigkeitsrausch des Autofahrers – zumal bei einer Nachtfahrt – deutet demnach auf die Blindheit hin, mit der der einzelne Konsument in sein Verderben rennt. Er erscheint jedoch zugleich auch als Bild für die ungezügelte Fortschrittsgläubigkeit der modernen Industriegesellschaft, als der Hintergrundideologie, die die Botschaften der Medienwelt prägt. Eingeschlossen in diese wie ein Unfallopfer in sein Autowrack, bleibt der einzelne fest *"angeschnallt"* (1) an ihr Hauptaxiom* , das das Gedicht – vielsagend kommentiert durch die isolierte Stellung des Verses zwischen Unfallschilderung und Wiedergabe von Werbungsjargon – in der Floskel *"es geht zügig voran"* (13) anklingen läßt.

---

* **Axiom**: Grundannahme, die als so selbstverständlich gilt, daß sie keines weiteren Beweises bedarf

Middle Class Blues

Das Gedicht präsentiert uns ein lyrisches Wir, das in einer Reihe von Aussagesätzen von seiner persönlichen Lage berichtet. Die bilanzierende Nüchternheit der Aussageform korrespondiert dabei mit der Banalität des Ausgesagten, bei dem es sich häufig um Allgemeinplätze oder Abwandlungen von Redewendungen handelt.

Durch seinen Titel und die Entstehungszeit legt das Gedicht nahe, daß es sich bei dem lyrischen Wir in ihm um jene Mittelschicht handelt, die zugleich als Garant des wirtschaftlichen Wiederaufbaus in der Bundesrepublik nach 1945 wie auch als jene gesellschaftliche Gruppe, die von diesem am meisten profitierte, angesehen wird. Die Aussagen des lyrischen Wir wären demnach auch als Aussagen über die Konstitution der bundesdeutschen Nachkriegsgesellschaft selbst anzusehen. Folgende Aspekte werden dieser dabei durch das Gedicht zugeschrieben:

- ein Zustand mäßiger Zufriedenheit, der keinen Anlaß zu besonderer Euphorie gibt, über den man aber auch nicht '*klagt*' (Vers 1/30);
- eine Konzentration auf die Arbeit, bei der man – wie die Wendung "*Wir haben zu tun*" (2) impliziert – nicht gestört werden möchte (darüber hinaus läßt sich dies freilich auch als Anspielung auf die Ende der 50er Jahre faktisch realisierte Vollbeschäftigung verstehen);
- eine an Überdruß heranreichende Saturiertheit*, gekennzeichnet durch Menschen, die essen, obwohl sie bereits satt sind (3/4);
- Wachstumsorientierung, ausgedrückt im Wachsen des Sozialprodukts (6) und einer ständigen Erhöhung der Kaufkraft, wie sie in dem an Berichte über Tarifverhandlungen erinnernden Satz "*Die Abschlüsse sind perfekt*" (10) anklingt;
- Konsumorientierung, ausgedrückt in der parodistischen Ausdehnung des Eß- bzw. Verwertungsvorgangs auch auf den Umgang mit Abstrakta (17/18/20), was eng zusammenhängt mit dem
- Materialismus, angedeutet in der Anapher "*Wir haben*" (Strophe 6), die klimaxhaft auf die Absolutsetzung der Subjekt-Prädikat-Verbindung in Vers 24 hinausläuft und damit den uneingeschränkten Vorrang des Besitzdenkens vor allen anderen Denkmustern hervorhebt;

---

*   **Saturiertheit**: vgl. *saturiert*: gesättigt oder übersättigt (im übertragenen Sinne)

- die Ausrichtung des Tagesablaufs nach strengen zeitlichen Vorgaben (22/25);
- eine Überbetonung von Ordnung und Sauberkeit, die mit einer gewissen Leere des Alltagslebens (ausgedrückt in *'leeren'* Straßen und Bussen) einhergeht (9/26–29).

Eng mit der Beschreibung der bundesdeutschen Nachkriegsgesellschaft verwoben ist in dem Gedicht deren Bezug zu ihrer nationalsozialistischen Vergangenheit. Er klingt bereits in Strophe 2 an, wo mit dem Satz *"Das Gras wächst"* (5) auf die Redewendung 'Gras über etwas wachsen lassen' angespielt wird. Das nachfolgende Zeugma, das 'wachsen' gleichzeitig auf das Gras, das Sozialprodukt, den Fingernagel und die Vergangenheit bezieht, bestätigt – in der Erwähnung der Vergangenheit – diese Assoziation, widerlegt sie jedoch zugleich in ihrem Sinn. Denn durch das Gefühl, daß über die Vergangenheit Gras wachse, *"wächst"* diese gerade an, d.h. wird in ihrem Charakter als unbewältigter psychischer Komplex nur umso drängender bzw. bedrohlicher.

Der gleichermaßen unbeteiligte Gestus, mit dem das Wachsen des Grases, des Sozialproduktes, des Fingernagels und der Vergangenheit konstatiert wird, zeigt dabei zugleich, daß das lyrische Wir die Dringlichkeit des Problems vor sich selbst negiert. Daß es sie freilich dennoch empfindet, belegt das zunächst ohne tieferen Sinn erscheinende Wachsen des Fingernagels, das mit dem *'Essen'* desselben in Vers 19 korrespondiert: Es läßt an das Herumkauen auf Fingernägeln als Zeichen von Nervosität denken, was ja auch oft auf unbewältigte innerpsychische Konflikte hindeutet. Daß das 'Fingernägelkauen' sich im Falle des lyrischen Wir zum *'Essen'* der Fingernägel steigert, paßt sowohl zu der Komplexität des Problems als auch zu dessen sonstigen untauglichen Annäherungsversuchen an die Vergangenheit.

Strophe 3 spielt – in den Sirenen, die die Bevölkerung vor Luftangriffen der Feinde warnten – erstmals direkt auf den vergangenen Krieg an. Die Wendung *"Das geht vorüber"* (12), mit der das im vorangegangenen Vers konstatierte Schweigen der Sirenen kommentiert wird, erhält vor diesem Hintergrund einen Doppelsinn: Es könnte den vorangegangenen Satz in seiner Konstatierung des Kriegsendes bestätigen, gleichzeitig jedoch auch darauf hindeuten, daß das Schweigen der Sirenen nur von kurzer Dauer sein wird. Strophe 4 legt eine Deutung im letztgenannten Sinne nahe, da die Anspielung auf den Krieg hier in die Zukunft weist (*"Der Krieg ist noch nicht erklärt"*, Vers 15).

Daß auch diese bedrohlich klingende Aussage im folgenden Vers mit einer der vielen Alltagsfloskeln *("Das hat keine Eile")* kommentiert wird, zeigt, daß diese für das lyrische Wir eine Art Beruhigungsfunktion gegenüber unangenehmen Empfindungskomplexen erfüllen. Statt sich über selbige Rechenschaft abzulegen, werden sie mit einer nichtssagenden Redensart aus dem Gedächtnis verbannt. Der Gedankensprung von dem vergangenen zu einem zukünftigen Krieg zeigt in aller Deutlichkeit die Gefahr auf, die hierin liegt: Wer aus der Vergangenheit nichts lernt, ist dazu verdammt, sie zu wiederholen.

Die nach außen zur Schau gestellte Ordnung erweist sich somit bei näherem Hinsehen als brüchig. Gerade indem das lyrische Wir auch für die Vergangenheit geregelte Verhältnisse postuliert, zeigt es, daß ihm ein adäquater Zugang zu dieser fehlt. Es geht an die Vergangenheit entweder mit Vertragskategorien (Vers 13; vgl. die Wendung 'seinen Frieden mit etw./jmd. machen') oder mit Schicksalskategorien – wonach der Nationalsozialismus wie ein starker Regen über das deutsche Volk gekommen wäre, nun aber *"nachgelassen"* hätte (14) – heran.

Die pharisäerhafte Betonung der eigenen Unschuld – *"Wir haben nichts zu verheimlichen"* (21) – wird deshalb folgerichtig durch die Wendung *"Wir haben nichts zu sagen"* in mehrfacher Hinsicht entwertet. Letztere nämlich läßt sich zwar auch so verstehen, daß alles bereits gesagt worden ist. Darüber hinaus kann sie jedoch auch aussagen, daß jemand in einer Angelegenheit zu inkompetent ist, um sich zu ihr zu äußern, oder daß er von jemand anderem zum Schweigen gezwungen wird. Der Eindruck, 'nichts zu verheimlichen zu haben', enthüllt sich somit als rein subjektiv: Er beruht auf der Inkompetenz in der Bewältigung der Vergangenheit bzw. auf einem Schweigegebot dieser gegenüber. Dieses kann zum einen im Sinne eines ungeschriebenen Moralkodex in den Reihen des lyrischen Wir verstanden werden, zum anderen aber auch als ein Tabu, das mit der materialistischen Grundorientierung der Gesellschaft – auf die Vers 24 *("Wir haben")* anspielt – zusammenhängt. Letztere verträgt sich offenbar schlecht mit einer Hinwendung zur Vergangenheit, die auch die Frage nach einer schuldhaften Verstrickung in diese thematisieren oder Trauergefühle über das anderen zugefügte Leid zulassen würde.

Die Alltagswendung *"Wir können nicht klagen"* – der durch ihre Wiederholung in einem gesondert aufgeführten Vers am Gedichtende besonderes Gewicht zukommt – erhält vor diesem Hintergrund eine von ihrem üblichen Gebrauch abweichende Bedeutung. Sie scheint in dem gegebenen Zusammenhang die Unfähigkeit des lyrischen Wir, zu klagen, d.h. zu trauern im oben beschriebenen Sinne, zu thematisieren. Die ebenfalls einzeln stehenden Verse 29 und 31, von denen die Wendung am Gedichtende eingerahmt wird, zeigen dabei, welchen Preis das lyrische Wir für seine materialistische Vergangenheitsflucht zahlen muß: Sein Dasein ist von einer solchen geistigen Leere durchdrungen, daß es von seinem Leben nichts mehr zu erwarten hat. Eben hierauf spielt das Gedicht auch in der Bezugnahme auf den Blues-Gesang an (wobei es freilich zugleich in der – durch das Zusammenfallen von Vers- und Satzenden markierten – Unterteilung in vierzeilige Strophen den langsam-langweiligen 'Gesellschafts-Tanz' – als Ursache der verborgenen Melancholie – anklingen läßt). Die Frage *"Worauf warten wir noch?"* scheint dabei zugleich die Wendung *"Das hat keine Eile"*, mit der in Vers 16 die mögliche Erklärung eines neuen Krieges kommentiert wurde, zu konterkarieren. Um seiner lebendigen Erstarrung zu entfliehen bzw. sein Gefühl einer inneren Leere zu betäuben, könnte das lyrische Wir eben doch *"Eile"* haben, sich in eine neue kriegerische Auseinandersetzung zu stürzen.

LUDWIG FELS
Alte Befehle

In dem Gedicht berichtet das lyrische Ich – das sich selbst als aus dem Arbeitermilieu stammend kennzeichnet (Vers 15) – in der ersten Strophe von an es herangetragenen Bitten, Arbeitergedichte zu schreiben. In der zweiten Strophe nimmt es zu den Bitten Stellung.

Das Gedicht kennzeichnet somit das Phänomen *Arbeiterlyrik* sowohl aus der Sicht der Produzenten als auch aus der Sicht von potentiellen Konsumenten derselben. Letztere werden dabei als fabrikferne *"Bürger"* (5) gekennzeichnet, denen die in den Arbeitergedichten geschilderte *"Exotik"* (20) der Fabrikarbeit zu ein wenig Kitzel in ihrem langweiligen Alltag verhilft. Deshalb sind sie *"geil / auf Nachrichten vom Fließband"* (5/6), und in diesem Sinne wollen sie *"Vergnügen haben / an Streß und Akkord"* (21/22). Wenn sie das Leid von Fabrikarbeitern nachempfinden, so dient ihnen dies nicht als Aufstachelung zu gesellschaftlicher Veränderung, sondern lediglich als Bestätigung ihrer eigenen Sensibilität (die ihnen zugleich beweist, daß sie zu fein für Fabrikarbeit sind). Sie wollen nur *"ein bißchen bedauern / ganz allgemein"* (24/25), wobei die bedauerten Personen *'unbekannt'* (23) bleiben sollen – ein zu nahes Heranlassen von deren Schicksal an einen selbst bzw. eine Verbrüderung mit ihnen ist unerwünscht, die sozialen Grenzen sollen also gewahrt bleiben.

Daß die bürgerlichen Leser von Arbeiterlyrik im Grunde den sozialen Status quo nicht anrühren wollen, kommt auch in der Wendung, sie wollten nur *"auf andere Träume kommen"*, zum Ausdruck. Hieraus spricht zunächst der Vorwurf, die Arbeiterlyrik diene ihnen lediglich dazu, 'auf andere Gedanken zu kommen', sich also zu zerstreuen bzw. vom eigenen Alltag abzulenken. Damit aber würden die Arbeitergedichte ganz entgegen ihrem ursprünglichen Sinn – nämlich auf gesellschaftliche Problemlagen aufmerksam zu machen und zu deren Veränderung anzuregen – aufgenommen. Darüber hinaus läßt die Wendung an eine märchenhafte Umwandlung der in den Gedichten geschilderten Arbeitswelt durch die Leser denken, etwa in der Weise, wie in früheren Zeiten die Adligen die Welt des arbeitenden Volkes in Schäferspielen verklärten.

Vor diesem Hintergrund erhält auch die an den Arbeiterdichter gerichtete Forderung, er solle seine Gesinnung *"schwarzweiß"* (8) beweisen, eine affirmative Bedeutung. Denn sie läßt sich so verstehen, daß ersterer zur Bestätigung jener Schwarzweißmalerei beitragen solle, die die Gesellschaft in böse Ausbeuter und gute Arbeiter einteilt. Diese den komplexen wirtschaftlichen Problemen und der mit ihnen verbundenen strukturellen Gewalt in keiner Weise gerecht werdende Sichtweise der Arbeitswelt verpflichtet den Leser zu nichts, zumal sie die Rolle des bildungsbürgerlichen Mittelstands, der als Hauptkonsument von Arbeiterlyrik in Frage kommt, dabei ausklammert. Dieser kann sich so bequem mit den 'guten' Arbeitern solidarisch fühlen, ohne deshalb über seinen eigenen Anteil an der Verursachung gesellschaftlicher Ungleichheit nachdenken zu müssen.

Die Forderung, seine Gesinnung *"schwarzweiß"* zu beweisen, läßt sich freilich auch so deuten, daß der Arbeiterdichter 'schwarz auf weiß' sein aufgeklärtes Bewußtsein unter Beweis stellen soll. Nur so nämlich wird er von den *'Bürgern'* als ihresgleichen anerkannt. Die potentiell beunruhigende – weil auf gesellschaftliche Mißstände hindeutende – Arbeiterlyrik wird so im Sinne eines Initiationsritus für den Arbeiter, der dessen Aufnahme in die bürgerliche Schicht ermöglicht (weil er ihn ungefährlich macht), umfunktionalisiert. Dies klingt auch in dem bedrohlich klingenden Hinweis an, der Arbeiterdichter hänge *"schließlich ganz besonders / von den Gehältern / der Studierten ab*" (11–13). Eben diese Abhängigkeit möchte man ihn fühlen lassen, indem man ihn zwingt, das Bewußtsein seiner Herkunft ständig wachzuhalten. Daß er sich sein Geld mit letzterer *'verdienen'* soll, kann deshalb durchaus auch in dem Doppelsinn verstanden werden, daß er sich das Recht, sich durch Dichtung – und nicht durch körperliche Arbeit – Geld zu verdienen, erst 'verdienen' muß, indem er letztere zumindest in seiner Dichtung beständig erwähnt.

Die Gedichte von Küther und Fels können so als Beleg für den negativen Einfluß der gesamtwirtschaftlichen Lage bzw. des Literaturbetriebs auf die Entwicklung der *Arbeiterlyrik* angesehen werden. Während die hohe Arbeitslosigkeit eine allzu schlechte Darstellung der Arbeitswelt nicht mehr opportun erscheinen ließ (da sie als Begründung für weiteren Stellenabbau hätte genutzt werden können), machte der Literaturbetrieb die *Arbeiterlyrik* zu einem Produkt, mit dem die Revolutionsträume alternder Sozialromantiker bedient werden konnten. Ihre emanzipatorische Zielsetzung verblaßte hierdurch allmählich, so daß das Schreiben von *Arbeiterlyrik* Mitte der 70er Jahre bereits auf die Forderung, nach einem kanonisierten Schema Literatur zu produzieren – auf *"alte Befehle"* eben – zurückgeführt werden konnte. Dies trug zu der Entwicklung neuer, dokumentarischer Formen von *Arbeiterliteratur* bei, wie sie u.a. durch den *Werkkreis Literatur der Arbeitswelt* propagiert wurden.

ERICH FRIED
Beim Nachdenken über Vorbilder

Das Gedicht basiert auf einer Variierung des Verbs 'jmd. etwas vorleben', also 'ein Vorbild für jmd. sein'. Dieses stellt es zunächst antithetisch-paradoxal dem 'leichten Sterben' gegenüber, als Behauptung, die im Zusammenhang von Diskussionen um gerechte Kriege von Offizieren und Politikern vertreten wird. Ist diese im Grunde schon hierdurch widerlegt – 'das Sterben' kann man nicht 'vorleben' –, so wird sie durch die Einführung der Wortneuschöpfung *"vorsterben"* vollends ad absurdum geführt. Diese vereinigt die Vorbildbedeutung von 'vorleben' mit der temporalen Konnotation des Präfixes, so daß das neue Verb einen Doppelsinn erhält. Es läßt sich zum einen temporal verstehen (wobei man *"wollten"* altmodisch im Sinne von *"würden"* deuten müßte) und würde damit darauf hinweisen, daß der Frieden auf Erden realisiert werden könnte, wenn die Vertreter eines 'leichten Sterbens' vor den anderen Menschen sterben würden. Darüber hinaus spielt es jedoch auch auf die Feigheit der ersteren an: Müßten sie nämlich die Richtigkeit ihrer Behauptung selbst in der Realität beweisen, so würden sie diese wahrscheinlich fallenlassen und auch anderen gegenüber nicht mehr das Sterben als paradoxes Lebensideal propagieren.

ERICH FRIED
Einbürgerung

In drei aufeinanderfolgenden Strophen bringt das Gedicht die Farben weiß, rot und blau jeweils mit wechselnden Substantiven in Verbindung. In der ersten Strophe dienen die Farben der Kennzeichnung von Körperteilen; in der zweiten deutet die zentrale Stellung von *"rotes Blut"* (5) auf die Anwendung von Gewalt hin, was durch Vers 4 und 6 (*"weiße Steine"*, *"blaue Lippen"*) bestätigt wird. Strophe 3 deutet die Folgen der Gewaltanwendung an: Tod – *"weiße Knochen"* (7) –, blutgetränkte Erde – *"roter Sand"* (8) – und das schließliche Verschwinden des bzw. der Menschen, gegen die die Gewalt sich gerichtet hatte – *"blauer Himmel"* (9).

Indem das Gedicht in allen drei Strophen die Farben der Nationalflaggen Frankreichs und der USA auflistet, klagt es die beiden Staaten an, für das in den Gedichten beschriebene Geschehen – die gewaltsame Störung des Friedens und das Töten von Menschen – verantwortlich zu sein. Die Zeitgenossen verstanden das ohne weiteres als Anspielung auf den Krieg in Vietnam. Der Titel kommentiert dabei zynisch das Flüchtlingselend, das dieser zur Folge hatte.

ERICH FRIED
Humorlos

Das Gedicht erzielt seine Wirkung durch einen ungewöhnlichen Gebrauch der Wendung 'im Ernst' (landläufig gebraucht im Sinne von 'etw. im Ernst sagen/meinen') sowie durch deren Parallelsetzung mit der Wendung 'zum Spaß'. Deutlich gemacht wird auf diese Weise, daß der

Spaß der einen den Tod der anderen bedeuten kann. Das Gedicht ist damit nicht nur ein Appell gegen Kriegsspielzeug oder militärische Erziehung, sondern richtet sich auch allgemein gegen eine durch Rücksichts- und Bedenkenlosigkeit gekennzeichnete Haltung gegenüber anderen Menschen. Diese läßt sich auf den rein zwischenmenschlichen Bereich beziehen, aber auch auf die politische Ebene übertragen. Dort wäre eine solche Haltung etwa mit dem Imperialismus der Supermächte oder mit der strukturellen Gewalt gegenüber Ländern der 'Dritten Welt' – in ihrem Zusammenhang mit der Vergnügungssucht westlicher Konsumgesellschaften – in Verbindung zu bringen.

ERICH FRIED
Rede in der Hand

In drei Strophen schildert das Gedicht die Situation zweier Liebenden, die in der Hand eines nicht näher bestimmten, überdimensionierten Etwas auf den Tagesanbruch warten. Alle drei Strophen beginnen mit der von einem Liebenden an den anderen gerichteten Aufforderung "*Komm*" (davon die ersten beiden in Kombination mit "*in die Hand*", die dritte in Verbindung mit "*nah*"), was im Zusammenhang mit der Tageszeit deutlich an die Lockformeln der mittelalterlichen *Tagelieder* erinnert. Mit diesen hat das Gedicht auch gemein, daß der aufkommende Morgen mit einer herannahenden Bedrohung assoziiert wird, dem Heraustreten aus der eigenen, warm-dunklen Geborgenheit der Liebenden in den grellen, gewalterfüllten Alltag des Lebens.

Die angesichts der näherkommenden Bedrohung drängender werdenden, durch die überwiegend dunklen Vokale betonten Lockrufe des/der Liebenden – "*Komm und küß mich*" (16), "*Komm nah*" (20) – erinnern an das 'carpe diem' des *Barock*, das ja ebenfalls vor dem Hintergrund der Gewißheit des nahen bzw. der Möglichkeit eines jähen, unerwarteten Todes geäußert wurde. In der Tradition *barocker* Liebeslieder steht auch die detaillierte Beschreibung der baldigen Zerstörung des Haars der Liebenden (Vers 5 bis 9; die gewöhnlich aktivere Rolle des Mannes bei der Liebeswerbung und die Schilderung des Haares als lang erwecken den Eindruck, daß hier ein Mann zu einer Frau spricht, doch wäre im Prinzip auch eine gegenläufige Redehaltung denkbar). Freilich übertrifft das Gedicht in der Drastik seiner an Fossilisation erinnernden Beschreibung noch diejenige der *barocken* Dichter. Der Verfallsprozeß des Körpers nach dem Tod wird gleichsam übersprungen, so daß das Gedicht einen in seiner zeitlichen Entfernung vom jetzigen Leben der Liebenden kaum vorstellbaren Zeitpunkt anzuvisieren scheint.

Ein wichtiger Unterschied zu den *Tageliedern* besteht darin, daß in dem Gedicht die herannahende Bedrohung personifiziert erscheint. Die Dunkelheit, in der sich die Liebenden befinden, wird darauf zurückgeführt, daß diese sich in einer geschlossenen Hand befinden; die Tatsache von deren Geschlossensein wiederum erscheint gleichbedeutend damit, daß das Etwas, zu dem die Hand gehört, schläft. Das ist durchaus ungewöhnlich, da normalerweise der Zustand des Schlafs mit Entspannung – also gerade nicht mit einer zur Faust zusammengeballten Hand – assoziiert wird. Allerdings scheint die Hand auch nicht ganz geschlossen zu sein, da dies – wie in Vers 14/15 ausgesagt wird – mit dem Zermalmtwerden der in der Hand Eingeschlossenen gleichbedeutend wäre. Auch hier wird das Gewaltsame des Vorgangs unterstrichen, indem – lautmalend unterstützt durch die Häufung der i-Laute und die harte Gegenüberstellung von *"schließt"* und *"spritzt"* – hervorgehoben wird, bei dem Zermalmen würde noch aus dem Knochenmark das Blut herausgepreßt werden. Andererseits scheint die Hand auch wieder Schutz zu bieten: Sie bietet Wärme (2), und wenn sie sich öffnen würde, so trüge der Wind – lautmalend wiedergegeben in der w-Alliteration in Vers 13 – die Liebenden davon (12/13).

Die Schutzfunktion erklärt teilweise, warum an den/die Liebende(n) die Aufforderung ergeht, *"in die Hand"* (1/10) zu kommen. Andererseits wird diese auch mit dem Verhalten anderer Personen begründet: *"Wir alle sind in der Hand"* (11). Dies kann man als versteckte Warnung vor dem Versuch, sich der *"Hand"* zu entziehen, aber auch als Aufforderung, sich nicht kritisch mit der gegebenen Situation auseinanderzusetzen, sondern sich lieber in sie zu fügen – also noch tiefer in die Hand hineinzukriechen – verstehen. Zu letzterer Deutung paßt auch die Aufforderung, nichts zu sagen (18) und die Augen zu schließen (21), die gerade im Augenblick einer vermehrten Bedrohung – dargestellt in Anzeichen für das nahe Erwachen des *"Er"*, dem die Hand gehört (17/22) – an den Partner ergeht. Dabei schiene doch gerade in einer solchen Situation vermehrte Wachsamkeit am Platze. Auch die – angesichts der konkreten Gefahren, die von ihr ausgehen – abergläubisch anmutende Berufung auf den für die Liebenden günstigen Verlauf der Linien in der Hand (25–28) wirkt wie die gezielte Abwehr zweifelnder Gedanken.

Die ungeheuren Dimensionen der Hand – die ja nicht nur die Liebenden, sondern auch *"alle"* anderen (11) in sich birgt – wecken natürlich zunächst Assoziationen mit 'Gott' oder 'Schicksal'. Vor allem zu letzterer Bedeutung paßt auch die offensichtliche Gleichgültigkeit, mit der die *"Hand"* die in ihr Eingeschlossenen wärmt oder zermalmt. Sie erinnert hierin an den ewigen Kreislauf des Werdens und Vergehens, in den der Mensch unfliehbar eingeschlossen ist; sein ihm selbst gewaltsam vorkommender Tod wäre dann nur ein Teil des allem Seienden vorgezeichneten Weges. An Gott erinnert vielleicht das Öffnen und Schließen der Hand, das wie der dem menschlichen Vorstellungsvermögen entrückte Pulsschlag Gottes wirkt: Während Gott einmal ein- und ausatmet, wechseln auf der Erde Generationen und Kulturen, Gesellschafts- und Lebensformen – bis hin zur Vernichtung des Menschengeschlechts, versinnbildlicht in der Fossilisation des Haares eines der Liebenden.

Eben diese Perspektive führt dann freilich auch zu der Frage, womit der Untergang der Menschen zusammenhängen könnte. Das Gedicht bietet in diesem Zusammenhang noch eine andere Lesart an, in der die Hand zunächst als Sinnbild für eine bestimmte Gesellschaftsform, einen Staat oder auch eine bestimmte Ideologie – alles also, das Menschen zu einer Gemeinschaft zusammenschweißt – gelten könnte. Die Zugehörigkeit zu dieser Gemeinschaft wäre dann gleichbedeutend mit Schutz vor der Einsamkeit bzw. – in der Sprache des Gedichts – mit Wärme und Schutz vor dem Wind (der Freiheit?).

Bei einer solchen Deutung erhielten nun auch die Ermahnungen zum Wegsehen und die Begründung der Flucht *"in die Hand"* mit dem gleichgearteten Tun der anderen eine neue Bedeutung. Erschienen sie bei einer Sichtweise der Hand als Schicksal oder Gott wie Ermahnungen, sich in das Unvermeidbare zu fügen, so klingen sie im Zusammenhang der zweiten Deutung wie das Rufen eines Feiglings, der sich einer möglichen Bedrohung durch die Hand nicht stellen will. Das Zermalmtwerden durch letztere erscheint dabei nun wie der zu starke Druck der Gemeinschaft auf den einzelnen, der diesen seiner Individualität beraubt und ihn sich so in nichts auflösen läßt. Darüber hinaus könnte es als Anspielung auf die Verselbständigung von Gemeinschaftsstrukturen im Sinne struktureller Gewalt verstanden werden, die – wie beispielsweise im Falle der ökologischen oder der atomaren Bedrohung – schließlich die Gemeinschaft selbst in ihrer Existenz bedrohen kann. Das zunächst anonym erscheinende Schicksal erwiese sich dann in seiner Grausamkeit als ein von Menschen gemachtes, das sich in seiner Bedrohlichkeit umso mehr steigert, je weniger die Menschen gegen es opponieren und sich stattdessen der Bequemlichkeit, die es einzelnen von ihnen vorläufig noch bietet, in die Arme werfen.

EUGEN GOMRINGER
schweigen

In fünf Versen wiederholt das – wohl in besonderer Weise Gomringers Definition von *'Konstellation'* entsprechende – Gedicht jeweils dreimal (in Vers 1/2 und 3/4) bzw. zweimal (in Vers 3) das Wort *"schweigen"*, und zwar in der Weise, daß sich in der diagonalen und horizontalen Mitte des Gedichts eine Leerstelle von der Länge eben dieses Wortes ergibt. So erweckt die Leerstelle den Eindruck eines Lochs, das sich in der Mitte des Gebildes auftut.

Die Konstellation entspricht in mehrfacher Hinsicht der Forderung von Vertretern der *Konkreten Poesie* nach einer Konzentration auf das Einzelwort. So könnte die Leerstelle in der Mitte des Gedichts zum einen als Visualisierung des thematisierten Wortes selbst verstanden werden. Zum anderen könnte man die Leerstelle jedoch auch als Hinweis auf ein beliebiges Einzelwort deuten, so daß die Konstellation die Technik einer Umkreisung bzw. eines schweigend-meditativen Sich-Einlassens auf das Einzelwort exemplifizieren würde. Hierzu würde dann auch der Eindruck eines Abgrunds passen, den das Loch in der Mitte der Konstellation erweckt: Dieser würde die Tiefe andeuten, die das Einzelwort bei der Konzentration auf es – d.h. bei seiner Ablösung von der Oberfläche des alltäglichen Sprachgebrauchs – erhält.

Denkbar – wenn wohl auch nicht im Sinne Gomringers – wäre aber auch eine Deutung im Sinne eines fortschreitenden Verstummens von Dichtern, die sich in der Weise der *Konkreten Poesie* auf das Einzelwort konzentrieren. Denn die Sprachskepsis, die sich dahinter verbirgt, könnte schließlich auch überhaupt das Vertrauen in die Konstruierbarkeit komplexer sprachlicher Gebilde oder in die Fähigkeit von Sprache zur Abbildung von Realität untergraben. Damit wiese die *Konkrete Poesie* dieselbe *"Neigung zum Verstummen"* auf, wie sie Paul Celan auch für die *hermetische Lyrik* konstatiert hatte. Die Konstellation würde diese Tendenz dann wie einen Strudel visualisieren, in dem der um die Sprache ringende Dichter letztendlich untergeht.

Wie *worte sind schatten*, kommt auch dieses Gedicht mit nur 5 Worten ("*vielleicht*", "*baum*", "*vogel*", "*frühling*", "*worte*") aus. Dies betont abermals die Bedeutung des Einzelwortes, was sich auch in der erneuten Einbeziehung des Begriffs "*worte*" in das Gedicht niederschlägt. Dieser erscheint zudem als einziges der vier Substantive im Plural sowie am Schluß des Gedichts, was nahelegt, daß ihm gegenüber den anderen Nomina eine Art Ordnungsfunktion zukommt.

Anders als in "*worte sind schatten*", ist es in dem Gedicht jedoch nicht der Begriff "*worte*", der in jedem Vers wiederholt wird; diese Rolle fällt dieses Mal vielmehr dem Modaladverb "*vielleicht*" zu. Letzteres leitet jede der vier zweizeiligen Strophen ein und beschließt sie auch, was diesen – da es sich jeweils nur um Zwei-Wort-Verse handelt – die Form eines Chiasmus verleiht. Jede Strophe nennt im Anschluß an das einleitende "*vielleicht*" ein Substantiv, das zu Beginn des darauf folgenden Verses jeweils wiederholt wird. Das Gedicht scheint sich so im Gestus des Sprachzweifels zu präsentieren, zumal es auch die Schlußstrophe – mit der Erwähnung der "*worte*" – in diese Struktur miteinbezieht.

Nun ist freilich zu beachten, daß die in den einzelnen Strophen erwähnten Substantive keinesfalls nach dem Zufallsprinzip dort erscheinen, sondern vielmehr in einem logischen Bezug zueinander stehen. Die – gewollte – Offenheit des Gedichts überläßt es freilich dem Leser, in welcher Weise er die Reihenfolge der Begriffe deuten möchte.

Eine erste Deutungsmöglichkeit sähe etwa so aus, daß das lyrische Ich ein außersprachliches 'Ding' erblickt, das es als "*baum*" zu klassifizieren versucht. Die beiden folgenden Strophen wären dann mit der ersten in der Weise einer 'wenn-dann-Struktur' verbunden: Wenn dieses Ding ein "*baum*" ist, dann ist jenes andere Ding dort "*vielleicht*" ein "*vogel*"; und der Gesamtzusammenhang, in dem beide auftreten, ist "*vielleicht*" der "*frühling*". Strophe 4 würde diese Aussagen dann wieder relativieren: Vielleicht ist das so – vielleicht sind das aber alles 'nur' "*worte*", und die außersprachliche Realität sieht ganz anders aus.

Das Gedicht läßt sich indessen auch so verstehen, daß das lyrische Ich nach der hypothetischen Definition eines außersprachlichen Dings als "*baum*" Lust bekommt, auch den Gesamtzusammenhang, in dem es dieses erblickt, zu versprachlichen. Dabei würde "*vogel*" (über den mit diesem verbundenen Gesang) auf das Versprachlichungsbedürfnis verweisen und *"frühling"* außer auf den übergeordneten außersprachlichen Zusammenhang zugleich auch auf die übergeordnete Struktur hindeuten, die das lyrische Ich benötigt, um die Realität geordnet wahrnehmen zu können. In dieser Sichtweise erschienen die *"worte"* der Schlußstrophe als Ermöglichungsgrund für eine Strukturierung der Wahrnehmung durch das lyrische Ich. Das *"vielleicht"* würde dann das Schwanken von Sprache zwischen Imagination und außersprachlicher Realität zum Ausdruck bringen, das nicht nur sprachskeptisch zu deuten wäre, sondern vielmehr auch die eigenschöpferische Leistung des Menschen bei der Umsetzung von außersprachlicher Realität in Sprache hervorheben würde.

Gomringers optimistische Einschätzung der Möglichkeiten der menschlichen Sprache legt eher eine Interpretation des Gedichts in letzterem Sinne nahe, doch stehen beide Deutungen letztendlich gleichberechtigt nebeneinander. Dies gilt auch dann, wenn man die Tatsache der Abwesenheit von Verben in dem Gedicht – durch die es etwas Statisches erhält – in die Interpretation miteinbezieht. Gemäß der ersten Deutung müßte dies als Hinweis auf die Erstarrung von Realität in Sprache oder auf das Eingeschlossensein des menschlichen Denkens in sprachlich vorgeprägten Strukturen verstanden werden, während auf der Grundlage der zweiten Deutungsvariante die Abwesenheit der Verben im Sinne einer Unterstreichung der Bedeutung der einzelnen Worte und der Freiheit des einzelnen zu deren spielerischer Variation zu interpretieren wäre.

EUGEN GOMRINGER
worte sind schatten

Gemäß seiner Forderung nach einer stärkeren Beachtung des Einzelwortes beschränkt sich Gomringer in seinem Gedicht auf nur fünf Worte (*"worte"*, *"sind"*, *"schatten"*, *"werden"*, *"spiele"*). Aus diesen werden in den ersten zwei Strophen insgesamt vier Aussagesätze gebildet, von denen jeder einen ganzen Vers einnimmt. Hierauf folgen in Strophe 3 bis 6 vier Konditionalsätze, deren zwei Glieder sich jeweils gleichmäßig auf zwei Verse verteilen.

Das Gedicht scheint mit einer pessimistischen Aussage einzusetzen: *"worte sind schatten"*, d.h. wohl, sie sind nichts wert, sie taugen nicht zur

Abbildung von Realität. Vers 2 indessen steht antithetisch zu Vers 1, indem er feststellt, *"schatten werden worte"*, d.h. Worte können der Aufhellung von etwas Unfaßbarem bzw. von unverstandener Realität dienen.

Vers 3 widerspricht wiederum dem zweiten Vers: *"worte sind spiele"* – was nahelegt, sie seien nur 'spielereien', also nichts, was als Grundlage ernsthafter Denkprozesse genutzt werden könnte. Dem stellt sich der vierte Vers abermals antithetisch entgegen, indem er herausstellt, *"spiele werden worte"*, was die Spielereien zu seriösen (Sprach-)Spielen aufwertet, aus denen neue Begriffe – und also auch neue Denkkonzepte – hervorgehen können.

Die ersten vier Sätze sind demnach wie eine Kette von Antithesen aneinandergereiht. Diese wird nun in den folgenden Konditionalsätzen näher erläutert. Wenn man die oben eingeschlagene Deutungsrichtung versuchsweise beibehält, ergibt sich etwa folgende Aussagereihe:

1. Wenn Realität – als das tendenziell Unfaßliche (als *"schatten"*) – in Sprache verwandelt wird, steht das so entstandene sprachliche Material (die *"worte"*) auch für Sprachspiele – im Sinne neuer, experimenteller Anordnungen des Materials und neuartiger Bezugnahmen auf die Realität – zur Verfügung, die letztere noch faßlicher machen können (Vers 5/6).

2. Wenn die Sprachspiele – im Sinne einer Neuformierung des sprachlichen Materials – abgeschlossen sind, werden die neu entstandenen *"worte"* selbst wieder zu *"schatten"*, im Sinne ihrer Wertlosigkeit und mangelnden Eignung zur Erfassung außersprachlicher Realität – womit also auf den beständigen Abnutzungsprozeß von Sprache angespielt würde (Vers 7/8).

3. Wenn Sprache einem solchen Abnutzungsprozeß anheimfällt, kann sie durch Sprachspiele im oben genannten Sinn wieder neu belebt werden. Gerade in solchen Situationen *"werden spiele worte"*, d.h. wird die Experimentierlust angestachelt, und es entstehen neuartige sprachliche Gebilde (Vers 9/10).

4. Wenn die abgenutzten sprachlichen Strukturen Sprachspielen zugänglich gemacht worden sind, kann die Realität – als das tendenziell Dunkle, Unfaßliche (als *"schatten"*) – wieder 'ans Licht gebracht', also zu 'worten' werden (Vers 11/12).

Das Gedicht hebt so die Notwendigkeit einer beständigen Erneuerung der Sprache hervor bzw. zeigt, daß es dem Wesen von Sprache – als Abbild des Seins – entspricht, ständig 'im Fluß' sein. Dies betont es auch formal durch den versweisen Wechsel von *"sind"* zu *"werden"*. Gleichzeitig ist das Gedicht in seiner Beschränkung auf nur fünf Worte selbst ein Beleg für die praktisch unendlichen Kombinationsmöglichkeiten des sprachlichen Materials, mit dem der Mensch seine Welt strukturiert. Diese sind – wie auch die Wiederholung des Begriffs *"worte"* in jedem Vers unterstreicht – allerdings nur dann erschließbar, wenn das Einzelwort – dessen Dignität* zusätzlich durch die Vermeidung der (Beliebigkeit unterstellenden) Pluralform 'wörter' herausgestellt wird – nicht auf allzu enge syntaktische Bezüge festgelegt wird. Das Gedicht ist insofern auch ein Aufruf zur freieren Nutzung der sprachlichen Möglichkeiten, mit der es eine größere Freiheit des Denkens verbunden sieht.

MAX VON DER GRÜN
Unter Tag

In fünf Strophen schildert das Gedicht die Arbeitsbelastungen von Arbeitern in einem Kohlebergwerk. Es gliedert sich in zwei Rahmenstrophen, die allgemein auf Gefahren des Untertagebaus hindeuten, und drei Binnenstrophen, die konkreter auf die Arbeitsbedingungen unter Tage eingehen. Das Gedicht ist in Reimen gehalten, deren Schema von Strophe zu Strophe abwechselt und die zuweilen auf den Halbreim von Assonanzen verkürzt werden (z.B. Strophe 1: *"Berg"* – *"ächzt"*; Strophe 2: *"Nacht"* – *"Watt"*). Während die Binnenstrophen in freien Rhythmen gehalten sind, folgen die Rahmenstrophen in den ersten vier Versen einem reinen Jambus; die beiden Schlußverse sind hiervon metrisch abgesetzt.

Die Bedrohlichkeit der Arbeit im Bergwerk kennzeichnet das Gedicht gleich zu Beginn durch die personifizierende Darstellung von Berg und Holz (Vers 2/3); auch der Ausdruck *"wasserbespeit"* (18) setzt voraus, daß 'jemand' spuckt. Hierin drückt sich das Gefühl des Berg-

---

* **Dignität**: Würde

arbeiters aus, dem Berg durch das Eingeschlossensein in ihn schutzlos ausgeliefert zu sein.

Die ebenfalls personifizierende Wendung *'hungerndes Licht'* (11) verweist hingegen auf die Belastungen, denen der Kumpel während seiner Arbeit im Bergwerk ausgesetzt ist, und gehört so in den Zusammenhang der Strophen 2 bis 4. In ihnen wird eingegangen auf

- die Dunkelheit im Schacht, betont durch die Antithese *"fünftausend Watt"* – *"Nacht"* (6/7);
- den umherfliegenden Staub (8/17/23/24), mit dem die berüchtigte 'Staublunge' zusammenhängt, an der viele Bergleute sterben;
- den ohrenbetäubenden Lärm der das Gestein abbrechenden Maschinen (9), der bei vielen Bergleuten zu Hörschäden führt;
- die große körperliche Anstrengung, die mit der Arbeit verbunden ist und die sich früh in die Gesichter der Bergleute eingräbt, d.h. sie vor der Zeit altern läßt (10);
- die Gefährdungen durch unkontrolliert herabfallendes Gestein (15/16).

Die Schlußstrophe wiederholt zunächst noch einmal fast wortgleich die Verse der Anfangsstrophe und verdeutlicht so das Gefühl der Bedrohung, das für die Kumpel mit der Arbeit im Bergwerk verbunden ist. Da sie sich an die Schilderung eines Schichtendes anschließt, erweckt sie auch den Eindruck, der Bergmann werde von den Gefahren, die mit seiner Arbeit verbunden sind, bis in den Schlaf verfolgt. Die äußerste Gefahr – das Einstürzen eines Stollens –, auf die in den beiden Schlußversen angespielt wird, erhält dadurch die Qualität eines Alptraums. Diesem kommt zudem durch die daktylischen Schlußbetonungen, die die Verse vom Jambus der vorangegangenen Verse abheben und ihren Charakter als Ausrufe unterstreichen, besonderes Gewicht zu. Der Bergmannsgruß *"Glück auf!"* klingt in diesem Zusammenhang wie die zynische Verharmlosung der Gefahren im Bergwerk durch einen unbeteiligten Beobachter.

DURS GRÜNBEIN
Alba

Das Gedicht folgt in fünf Strophen einer zeitlichen Entwicklung vom Abend über die Nacht bis zum Morgen. Es ist reimlos, weist aber an einigen Stellen (Vers 1/4, 5/8, 9/12, 13/15) assonanzenhafte Verbindungen zwischen den Versen auf. Der Rhythmus ist an kein festes Metrum gebunden, wenn auch an einigen Stellen rein anapästische (z.B. Vers 2) oder daktylische Verse (z.B. Vers 18) auftauchen. Während die ersten drei Strophen rein beschreibenden Charakter tragen, richten sich Strophe 4 und 5 (ab Vers 14) an ein imaginäres 'Du', was sowohl im Sinne eines Selbstgesprächs des lyrischen Ich als auch im Sinne einer stärkeren Einbeziehung des Lesers in das Gedicht verstanden werden kann.

In der ersten Strophe klingt – in den Fügungen *"zur Ruhe gekommen"* (2) und *"in ihren langen Schatten"* (4) – eine Abendstimmung an. Diese wird jedoch zugleich verfremdet, indem nicht etwa – wie es zu erwarten wäre – die in Vers 1 erwähnten *"Wanderer"*, sondern die in Vers 2 aufgeführten *"Lieder"* als *"zur Ruhe gekommen"* beschrieben werden. Die *"Wanderer"* hingegen werden als *"tot"* (1) bezeichnet, wobei der ruhige, vorwiegend daktylische Fluß der Worte in Verbindung mit *"Endlich"* als Eingangswort des Gedichts den Schrecken der Aussage jedoch in den Klang eines Schlaflieds kleidet. Analog hierzu wird der schlafliedhafte Inhalt des zweiten Verses in Vers 3 mit dem Verstummen von Geistesgestörten – *"Verstörten"*, *"Landschaftskranken"* – in Verbindung gebracht. Selbige erscheinen zudem *"in ihren langen Schatten"* ausgesprochen bedrohlich, so daß neben der Stille auch dem zweiten Signum des Abends – dem milderen Licht – seine beruhigende Wirkung entzogen wird.

Die zweite Strophe greift – in den gemeinsam *"in der Luft"* (6) treibenden 'Koseworten und Grausamkeiten' (5) – das Ineinander von Ruhe und Grauen auf, wobei jedoch – im Bild der aneinander vorbeilächelnden 'Kinder und Alten' (7/8) – unmißverständlich auf die Dissonanz dieser Verbindung hingewiesen wird. Die unterschiedlichen Elemente stehen unverbunden nebeneinander, eine Synthese zu einer neuen Einheit findet nicht statt. Gleichzeitig geraten die Zeitebenen allmählich durcheinander. So könnten die in Vers 7 erwähnten *"Sonnenbänke"* sich noch auf die Abendstimmung aus Strophe 1 beziehen, jedoch auch bereits einem im Traum gesehenen neuen Tag zuzurechnen sein. Zu dieser Zwitterstimmung paßt auch das Partizipialadverb *"gelöst"* (6), das auf das allmähliche Sich-Lösen vom Tag bzw. auf das Hinübergleiten vom Wachzustand in den Schlaf hindeutet.

Die dritte Strophe bildet nun eindeutig eine Traumwelt ab, was insbesondere aus der Aufhebung der Gesetze der Zeit ersichtlich wird.

Die Zeit läuft hier rückwärts – *"von Urne zu Uterus"* (12) –, und die *"Erinnerungen"* (9) beziehen sich auf die Zukunft, auf einen *"künftigen Tag"* (10). Die u-Harmonie in Vers 12 zeichnet dabei gleichzeitig die Dunkelheit nach, in die das Bewußtsein des Schlafenden abgetaucht ist.

Das *"und"*, mit dem die vierte Strophe einsetzt, bildet die Plötzlichkeit ab, mit der der Schläfer am Morgen erwacht. Der Titel des Gedichts weist dabei – ebenso wie die (wörtlich verstandene) Bezeichnung der *"Himmel"* als *"unbehelligt"* (16) – darauf hin, daß es noch früh am Morgen ist, was den unruhigen, atemlos-sprunghaften (vgl. Vers 11) Träumen entspricht, die den Schlafenden in der Nacht heimgesucht haben. Auf diese weisen auch die *"zerwühlten Laken"* (15) hin, in denen er liegt. Letztere erinnern zugleich an die Standardsituation des mittelalterlichen *Tagelieds*, das morgendliche Erwachen der Liebenden auf ihrem Liebeslager. Durch diese vergleichende Anspielung auf eine Liebesnacht wirken die in dem Gedicht angedeuteten Fieberträume noch bedrohlicher, was mit der anfänglichen Gegenüberstellung von Schlaflied und Geistesgestörtheit korrespondiert.

Das ganze Grauen des Erwachens enthüllt sich allerdings erst darin, daß die Fieberträume offenbar *"über Nacht"* (13) *"Welt geworden"* (14) sind. Entweder scheint es dem Erwachenden also nur so, als habe er einen Alptraum gehabt – während dieser in Wahrheit der Realität entspricht –, oder es hat sich gleichzeitig mit selbigem etwas Reales zugetragen, dem ebenso alptraumhafte Qualität zukommt.

Die fünfte Strophe illustriert zunächst die 'Gefährlichkeit' des 'Neuen' (13), indem es in der Anspielung auf einen *"Hinterhalt"* (17), *"giftige Gräser"* (18), Boshaftigkeit (19) und *"Diebe"* (20) eine Atmosphäre allgemeiner Bedrohung evoziert. Die Schlußworte des Gedichts – *"wie du"* (20) – machen indessen deutlich, daß äußere und innerpsychische Bedrohung identisch sind, Alptraum und äußere Gefährdung also derselben Quelle entspringen. Dies entspricht genau der Situation des modernen Menschen, der ja die vielfachen Bedrohungen seiner Existenz ebenfalls aus sich selbst heraus generiert* hat.

So gesehen, würde das Gedicht die Entwicklung des modernen Menschen in ihrer geistesgeschichtlichen Dynamik nachzeichnen. Die *"Wanderer"*, von denen in Vers 1 die Rede ist, würden dann auf die Situation vor der aufklärerischen 'Erweckung' der Menschen hindeuten,

---

* **generieren**: hervorbringen

als diese noch 'unterwegs' waren und die Wahrheit noch nicht 'festgestellt' war. Im Bild der *"Wanderer"* und der *"Landschaftskranken"* würde dabei – wie auch in den liedhaften Anklängen in dem Gedicht, die sich in der volksliedhaften Stropheneinteilung und den vielen Klangspielen zeigen – zugleich das Romantische dieser Suche aufscheinen, eine gesteigerte Faszination des Weges, in dem allein das Gesuchte als wirklich vorhanden erlebt werden konnte. Gleichzeitig steckt in der Bezeichnung – was noch stärker für die Gleichsetzung der *"Landschaftskranken"* mit *"Verstörten"* gilt – freilich auch die rückblickende, vielleicht von unbewußtem Neid gefärbte Geringschätzung dieser Suche aus dem Blickwinkel des modernen, aufgeklärten Menschen. Der Wandlungsprozeß von vorrationalistischer Romantik zu postmoderner Ernüchterung erschiene dann in dem Gedicht in der Weise eines Fiebertraums, ein Bild, das die atemberaubende Geschwindigkeit des Wandels und das Ausmaß der Zerstörung, die dieser nach sich zog, in sich vereinen würde.

Andererseits läßt sich das Gedicht auch individualgeschichtlich verstehen. Strophe 1 würde dann die träumerische Jugendzeit – geschildert aus der Sicht des nüchterner gewordenen Erwachsenen – abbilden, und Strophe 2 und 3 gäben das rauschhaft-sorglose Leben jener Jahre wieder, freilich ebenfalls in der Weise eines selbstkritischen Rückblicks. Die letzten beiden Strophen würden das Erwachen aus dem Traum ewiger Jugend – allerdings eher im Sinne eines Aufschreckens als eines langsamen Zu-Sich-Kommens – darstellen.

Unterstellt man, daß es sich auch bei einer individualgeschichtlichen Deutung um ein postmodernes Individuum handelt, das da zu sich kommt, so ergeben sich bei einem Wechsel der Deutungsebenen jedoch nur nuancenhafte Unterschiede in den Konsequenzen, die das Gedicht aus dem Faktum des Erwachens zu ziehen scheint. In jedem Fall nämlich steht der Mensch in dem Gedicht an einem Scheideweg – *"in der Mitte des Lebensweges"* (20). Er muß entscheiden, ob er weiter die Auswüchse seines Geistes wie einen Fiebertraum über sich ergehen lassen möchte, oder ob er vielmehr selbst darüber bestimmen möchte, in welcher Weise jene die Realität beeinflussen. *"noch"* (16) sind die *"Himmel (...)* unbehelligt"* (16), d.h. *"noch"* ist keine Entwicklungsrichtung eindeutig in sie eingezeichnet. Auch daß sich gleich mehrere *"Himmel"* vor ihm auftun, unterstreicht, daß die Abkehr von den metaphysischen Systemen den Menschen reicher gemacht hat an Optionen, indem er nun nicht mehr auf ein einziges geistiges Bezugssystem festgelegt ist.

Auf der anderen Seite hat der bisherige Entwicklungsgang der Moderne die Menschen vorläufig nur in ihrer schizophrenen Eigenart, aus sich selbst heraus Bedrohungen für sich zu generieren, gezeigt. Dabei haben sie nicht nur Raubbau an der Natur betrieben, sondern auch an sich selbst und dem Dasein, das zu führen ihnen ihr geistiges Potential eigentlich ermöglicht. In diesem Sinne sind sie *"Diebe"* (19), wie die *"Elstern"* (18), doch wie diese sind sie zugleich zum Guten wie zum Bösen fähig. Das Unentschiedene und zugleich latent Bedrohliche dieser Situation drückt sich auch in dem Titel des Gedichts aus, der ja in der 'weißen' Morgendämmerung die Vielfalt der Optionen eines Neuanfangs mit der Anspielung auf den Tod verbindet.

HELMUT HEIßENBÜTTEL

c [konjunktivisch]

Das Gedicht variiert in acht Versen den Gebrauch von Worten und sprachlichen Wendungen, die entweder bei den nachfolgenden Verben den Konjunktiv verlangen *("als ob")* bzw. häufig mit ihm verbunden werden (*"wahrscheinlich"*, *"vorläufig"*) und/oder selbst konjunktivischen Sinn haben. Es setzt ein mit einer Antiklimax, die eine quantitative Reduzierung von 'bis zu einem Viertel' (*"bis zur Mitte der Hälfte"*) über 'völlig ungenügende Anzahl' (*"weniger als zu wenig"*) bis zu *"am wenigsten"* beschreibt. Letztgenannter Ausdruck kann dabei auch als adverbiale Ergänzung (vgl. z.B. 'Von dir hätte ich das am wenigsten erwartet') verstanden werden und erhielte dabei konjunktivischen Sinn, was ihn als Brücke zu den nachfolgenden konjunktivischen Wendungen erscheinen läßt. In seinem gleichzeitigen Bezug zu dem quantifizierenden Gedichtanfang macht er zugleich auf den einschränkenden Charakter konjunktivischen Sprechens aufmerksam. Dieser wird im folgenden durch die verdoppelte Wiedergabe konjunktivischer Wendungen weiter hervorgehoben. Indem die Wendungen sich hier jedoch selbst einschränken, gehen sie zugleich ihres Sinns verlustig, d.h. dieser wird ad absurdum geführt.

Von dem Muster der Variation konjunktivischer Ausdrücke weicht lediglich der sechste Vers ab, der auf diese Weise ein besonderes Gewicht erhält. Er erinnert an die einschränkende Wendung 'für sich genommen' und bezieht sich somit ebenfalls auf konjunktivisches Sprechen, läßt sich aber selbst eher mit dem Bereich 'Verantwortung'

– im Sinne von 'etwas auf sich nehmen' – assoziieren. Das zentral zwischen die zweimalige Aufführung von *"auf sich genommen"* gerückte *"nicht"* kann dabei sowohl als Negierung – in bezug auf die zweite Erwähnung der Wendung – als auch als Zweifel – im Sinne einer auf die erste Erwähnung bezogenen Nachfrage – verstanden werden. Dies zeigt die *'unentschiedene'* Haltung des Sprechers, die in Vers 7 auch explizit zum Ausdruck gebracht wird.

Daraus ergibt sich eine Kritik konjunktivischen Sprechens in dem Sinne, daß dieses häufig dazu dient, klare Aussagen zu vermeiden, damit aber auch Zusammenhänge zu verschleiern und die Übernahme von Verantwortung von sich zu weisen. Das Überwiegen des konjunktivischen Modus führt zu einer Permanenz des *'Vorläufigen'* (wie Vers 8 andeutet), anstatt daß klare Positionen bezogen werden.

Ihre gesellschaftskritische Relevanz entfaltet diese sprachkritische Beleuchtung konjunktivischen Redens beispielsweise, wenn man sie auf offizielle Verlautbarungen führender Vertreter aus Politik und Wirtschaft bezieht. Das Gedicht erinnert freilich auch an die Vielzahl relativierender Worte und Wendungen, mit denen man sich selbst im Alltag vor der Übernahme gesellschaftlicher Verantwortung drückt.

GÜNTER HERBURGER
Der Wirsing der Blumenkohl ...

Das Gedicht folgt dem – in seiner Darstellung auch durch den Verzicht auf Interpunktion und strophische Untergliederung unterstützten – 'stream of consciousness' des lyrischen Ich und versetzt den Leser so in die Lage, Einblick in die Gefühls- und Gedankenstruktur desselben zu erhalten. Die sich dabei ergebenden Zusammenhänge und Konstellationen führen zu einem Befund über die Psyche des lyrischen Ich, der diesem selbst nicht bewußt ist. Das Gedicht wirkt so wie die Röntgenaufnahme einer psychischen Struktur, wobei es diese jedoch zugleich – da es das lyrische Ich als gesellschaftlichen Akteur zeigt – in ihrem Eingebundensein in den gesamtgesellschaftlichen Zusammenhang darstellt.

Konkret handelt es sich bei dem lyrischen Ich in dem Gedicht um einen Kaufmann, dem die geheime Beobachtung von spielenden Kindern sexuelle Lustgefühle bereitet. Sein voyeuristisches Tun führt er aus, während er die Mütter der Kinder in seinem Laden bedient. Schon die ersten fünf Verse zeigen uns den Kaufmann dabei als typischen Vertreter des ökonomischen Systems, in dessen Rahmen er agiert. Daß die verschiedenen Produkte *"in den engen Regalen"* (5) seines Ladens für ihn gleichbedeutend sind mit *'tausend Pfennigen'* (4), zeigt, daß sein Denken ganz von dem kapitalistischen Mehrwertstreben durchdrungen ist. Sein Rückgrat hat er über seinen vielen dienstleistenden Bücklingen (6) verloren, und Glück empfindet er nicht 'tief innen im Herzen', sondern *"tief innen im Laden"* (19).

Dieser seiner selbst zutiefst entfremdete Mensch wird uns nun auch sexuell als mit sich selbst uneins vorgeführt. Nicht nur, daß er sexuell abnorme Gelüste hat – er ist sich der sexuellen Qualität seiner Wünsche darüber hinaus auch gar nicht bewußt. So stellt sich für ihn selbst sein Versuch, das Geschlechtsorgan der Mädchen zu erspähen, als Blick auf eine *"Wunde"* (10) mit einem *"Geruch voll Eifer"* (11) dar. Das sexuelle Ziel des Voyeurs wird damit gleich in doppelter Weise vor dessen eigenem Bewußtsein chiffriert: zum einen in der Darstellung des weiblichen Geschlechtsorgans als *"Wunde"* und zum anderen in der Verschiebung des aus dieser austretenden Eiters zu *"Eifer"*. Die unterschwellige Bewußtheit von der Anstößigkeit des eigenen Tuns – die sich auch darin ausdrückt, daß dieses im Geheimen ausgeführt wird – führt offenbar zu einer doppelten Verdrängung des sexuellen Begehrens. Dabei bildet sich in der Qualität der Verschiebung – die das weibliche Geschlechtsorgan mit etwas Schmerzhaftem und das Sexualdekret mit etwas Ekelhaftem identifiziert – zugleich die Abneigung gegenüber gewöhnlichen sexuellen Handlungen zwischen Mann und Frau aus, die zu der Übertragung des sexuellen Begehrens auf die sexuell noch nicht entwickelten Kinder geführt hat.

In Analogie zu den übrigen Verdrängungen wird auch anstelle der unter dem Rock erspähten Unterwäsche der *"Steg"* (17) einer Hose – also der am weitesten von dem Geschlechtsorgan entfernte Teil derselben – und statt der Brustwarzen (als wichtigstem sekundären Geschlechtsmerkmal) ein *"Lätzchen"* (17) erwähnt. Die Wendung *"tief innen im Laden"* könnte man vor diesem Hintergrund auch auf die sexuelle Erregung des Kaufmanns beziehen (wobei *"Laden"* für Hose stehen würde), was den Zusammenhang zwischen der sexuellen Abnormität desselben und der in seinem kapitalistischen Denken begründeten Entfremdung von sich selbst noch stärker herausstellen würde. Dem entspricht auch die Darstellung des körperlichen Reifungsprozesses der Mädchen in der Weise des Reifens von Gemüse (Vers 20) sowie in Verbindung mit dem Einkauf von Waren bei ihm, wodurch die Sexualorgane der Frauen selbst wie eine käufliche Ware erscheinen.

In der Antizipierung des körperlichen Reifungsprozesses der beobachteten Mädchen als *"roh und dick werden"* (20) schlägt sich jedoch zugleich auch der Abscheu des lyrischen Ich vor sexuellen Handlungen mit erwachsenen Frauen nieder. Körperlich ausgereifte Frauen erscheinen ihm als etwas Abstoßendes, was auch in der obszönen Wahrnehmung von deren Körperbewegungen zum Ausdruck kommt (26/27).

Begründet erscheint die Abscheu des lyrischen Ich vor sexuellen Handlungen mit erwachsenen Frauen in dessen Kastrationsangst*. Diese kommt in der Wahrnehmung der Frauen als *'Mütter'* (23) und in der Beschreibung von deren Händen als *'Klauen'* (23), die nach *'Eiern'* (22) greifen, zum Ausdruck. Die Frauen erscheinen so wie archaische Muttergottheiten, die das Geschlechtsorgan des Kaufmanns gewaltsam in ihren Pranken halten und ihn so auch als Ganzes 'in der Hand haben'.

Das Gedicht zeigt auf diese Weise, daß der Kaufmann – als Repräsentant des kapitalistischen Systems – auf einer frühen Stufe seiner Persönlichkeitsentwicklung stehengeblieben ist. Dies entspricht einem wichtigen Forschungsbefund der *Frankfurter Schule*, wonach in der modernen Industriegesellschaft die Vaterfigur nicht mehr stark genug ausgeprägt bzw. zu sehr in gesellschaftliche Teilrollen zerlegt ist, als daß sie noch eine Identifikationsfläche für die Heranwachsenden bieten könnte. Damit ist deren Persönlichkeitsentwicklung entscheidend gestört. Denn mit der nicht überwundenen Kastrationsangst geht schließlich nicht nur ein gestörtes Sexualverhalten einher; vielmehr hängt hiermit auch das Fehlen eines eigenen moralischen Rückgrats zusammen, wie es an der Autorität des Vaters hätte geschult werden können.

---

* **Kastrationsangst**: Nach Sigmund Freud deuten Jungen die Abwesenheit des männlichen Geschlechtsteils bei Mädchen im Sinne einer Kastration derselben durch ihre Väter. Diese interpretieren sie als Strafe für das sexuelle Begehren, das jene gegenüber ihren Müttern empfunden haben. Die hierdurch bei den Jungen entstehende Kastrationsangst ist nach Freud ein Grund dafür, daß die Jungen ihre sexuellen Energien von der Mutter abziehen. Indem sie sich – im Sinne einer *Introjektion* ('Hereinnahme') *des Angstobjekts* – mit dem Vater (als dem vermeintlichen Urheber der Kastration) identifizieren, überwinden sie ihre Kastrationsangst und können so ihre *Libido* (sexuelle Energie) im Normalfall störungsfrei auf Frauen ausrichten.

Sexuelle Perversion und das ergebene Sich-Fügen in das kapitalistische Wirtschaftssystem lassen sich demnach auf ein und dieselbe
psychische Entwicklungsstörung zurückführen. Sie hängen somit eng
miteinander zusammen, verstärken einander aber auch gegenseitig,
indem einerseits aus dem Mehrwertdenken auch sexueller Lustgewinn
– etwa über das sparend-anale* 'Zurückhalten' von Geld – gezogen wird
und andererseits die perversen sexuellen Gelüste beständig die Kastrationsangst aktivieren und so die Unterwerfung unter das kapitalistische
System unterstützen. Dieser Kreislauf läßt sich offenbar kaum durchbrechen, so daß die Schlußverse (31/32) auch die Ausdehnung der
perversen Handlungen des Kaufmanns auf die künftigen Kinder der
Mädchen, die er gerade vor seinem Fenster beobachtet, antizipieren.
Auch hierbei ereignet sich der Verkauf von Ware gleichzeitig mit dem
Ausleben der voyeuristischen Neigungen, so daß das Gedicht bis zum
Schluß den engen Zusammenhang zwischen sexueller Perversion und
kapitalistischem Denken im 'stream of consciousness' des lyrischen Ich
abbildet.

STEPHAN HERMLIN
Terzinen

In acht Terzinen und einem einzeln stehenden Schlußvers wird in dem
Gedicht das Schicksal von Widerstandskämpfern im Dritten Reich
thematisiert. Die Blickrichtung geht dabei von der Gegenwart in die
Vergangenheit, so daß der Leser erst in Strophe 4 – mit der Erwähnung
der nationalsozialistischen Hinrichtungsstätten Mont-Valérien und
Plötzensee – nähere Informationen über das Leben der Verstorbenen
erhält. Die Strophen 1 bis 4 stellen die Trauer des lyrischen Ich in den
Vordergrund, die Strophen 5 bis 7 geben der Erinnerung über gemeinsame Erlebnisse des lyrischen Ich und der verstorbenen Gefährten

---

*   **anal**: auf den After bezogen. – Nach Sigmund Freud durchläuft das Kind auf dem
Weg zum reifen Sexualempfinden drei Phasen: die *orale Phase*, bei der das
Lustgefühl über den Mund (durch das Saugen an den Brustwarzen der Mutter)
vermittelt wird, die *anale Phase*, bei der aus dem Anspannen der Schließmuskeln im
After (also einem Zurückhalten des Kots) Lustgewinn gezogen wird, und schließlich
die *genitale Phase*, in der die *Libido* auf die Geschlechtsorgane ausgerichtet wird.

Raum, ehe – am Übergang von Strophe 7 zu Strophe 8 – wieder in die Gegenwart übergewechselt wird.

Durch das Einsetzen mit der – zunächst nicht näher spezifizierten – Trauer des lyrischen Ich wird der Leser in Vers 1 unvermittelt mit der Tatsache konfrontiert, daß etwas Wichtiges ungesagt geblieben ist. Im Verlauf der ersten drei Strophen wird dann klargestellt, daß es sich hierbei um das Andenken Verstorbener handelt, das nicht angemessen in Ehren gehalten wird, ehe in Strophe 4 deutlich wird, daß es sich bei diesen um Widerstandskämpfer handelt. Diese Reihenfolge der Mitteilung entspricht offenbar dem Anliegen des Gedichts, das ja auf das Schicksal von letzteren aufmerksam machen möchte. Die gewählte Darstellungsweise weckt dabei ebensosehr die Neugier des Lesers, wie sie das allgemeine Schweigen über das Schicksal der Widerstandskämpfer zum Ausdruck bringt.

Gegliedert wird das Gedicht durch vier Flugbilder, die regelmäßig (in den Versen 6, 12, 18 und 24) über es verteilt sind und in drei Fällen den Schwalbenflug zum Inhalt haben. Hierdurch wird sowohl eine Feingliederung des Gedichts ermöglicht, wie gleichzeitig die Bilder auch eine Art Deutung der jeweils vorangegangenen Verse liefern. So entspricht das erste Flugbild (*"Die Schwalben sind vom Winde überdacht"*, Vers 6) der Blickrichtung auf die unter der Erde liegenden Toten, wobei der Ausdruck *"überdacht"* zugleich das Bild von *"Nest und Brut der Wintermaus"* aus Vers 3 wieder aufgreift. Dieses läßt an den ersten Vers aus Georg Heyms Gedicht über *Ophelia* denken, die darin, im Fluß treibend, ebenfalls *"im Haar ein Nest von jungen Wasserratten"** hat. Freilich haben sich bei *Hermlin* die Ratten zu – nicht so stark mit negativen Emotionen besetzten – Mäusen gewandelt, die zudem noch – als *'Wintermäuse'* – der biologischen Sphäre entrückt sind. Das Bild erhält dadurch bei allem Schrecken doch auch etwas Tröstendes, was durch die Verbform *"wärmt"* unterstrichen wird.

Das zweite Flugbild – *"Die Schwalben liegen in der Hand des Nord"* (12) – bringt bereits die Kampfsituation, zugleich aber auch die Verlorenheit der Widerstandskämpfer angesichts der Übermacht der Gegner zum Ausdruck. Schließlich gilt der Nordwind als besonders kalter, rauher Wind und läßt sich so mit 'Erbarmungslosigkeit' assoziieren.

---

* Heym, Georg: Ophelia (1912); hier zit. nach Bode, Dietrich (Hg.): Gedichte des Expressionismus (1966), S. 57–59 (hier S. 57). Stuttgart 1994: Reclam. (zu Ophelia vgl. auch das gleichnamige Gedicht von Peter Huchel in diesem Band)

Vers 18 (*"Die Stadt erfüllt mit Geisterfahnenflug"*) deutet bereits voraus auf das Ende vieler Widerstandskämpfer und antizipiert zugleich die Einsamkeit und Verlassenheit des lyrischen Ich. Das letzte Flugbild – *"Der Schwalbensturz allein vergißt sie nie"* (24) – bestätigt schließlich das Gefallensein der Kameraden, greift jedoch zugleich auch deren Tollkühnheit wieder auf, auf die zuvor schon in Strophe 5 und 6 – vgl. *"Blick voll Bläue"* (14), *"Unerschrockenheit"* (16) – angespielt worden war.

In der siebten Strophe wird das Eingangsbild von der Wintermaus noch einmal aufgegriffen. Statt von dieser ist nun freilich vom *"Ratten-biß"* (21) die Rede, wodurch genau jenes Grauen erzeugt wird, das in Strophe 1 durch das schwächere Wintermaus-Bild noch vermieden worden war. Dem entspricht der allgemein gewaltsamere Inhalt von Strophe 7, die in den zerrissenen Fahnen an das Kriegsgeschehen erinnert und in dem Ausdruck *"geknebelt mit Gesängen"* (20) auch den Zwang andeutet, den sich viele Widerstandskämpfer bei ihrem Glauben an einen möglichen Sieg über die Nationalsozialisten und die darauffolgende Errichtung einer humaneren Gesellschaftsform antun mußten.

Die eingangs des Gedichts beklagte mangelnde Ehrung des Andenkens der gefallenen Widerstandskämpfer wird in seinem Verlauf mehrfach variiert (insbesondere in Vers 8 bis 10). In Strophe 8 wird das 'Warten' der Worte aus Strophe 1 wieder aufgegriffen, allerdings paradoxal erweitert zu *"in des Wartens Euphorie"* (22). Dies ließe sich als Ironisierung des Schicksals der Gefallenen verstehen, wenn nicht der sanfte Grundton der Erinnerung (vgl. beispielsweise auch die Alliteration *"Blick voll Bläue"* in Vers 14) eine solche Deutung zweifelhaft erscheinen ließe. Die Terzinenform des Gedichts erlaubt es indessen, formale Kriterien zur Deutung des Paradoxons heranzuziehen, also die durch den Reim mit ihm verbundenen Verse 20 und 24 nach Andeutungen auf seinen Sinn zu befragen. Dann würde die Euphorie sich auf die Gesänge und den Kampfesmut der gefallenen Gefährten beziehen, während das Warten auf die fehlende Einlösung von deren Utopien hindeuten würde. Hierdurch schließt sich dann der Kreis zu dem eingeforderten Gedenken an die Toten, das durch nichts besser geehrt werden kann als durch das Bemühen um die Verwirklichung der Utopien, für die diese gestorben sind.

Wolfgang Hilbig
die sommersee

Das Gedicht untergliedert sich in eine Langstrophe mit insgesamt 14 Versen, die von zwei kleineren (zwei- bzw. dreizeiligen) Versgruppen umrahmt wird. Die Langstrophe zerfällt dabei durch den in Vers 10 einsetzenden Wechsel vom Indikativ klarer Aussagen zu einem konjunktivischen Reden deutlich in zwei Hälften zu je sieben Versen.

Die beiden Auftaktverse evozieren zunächst die Stimmung eines ruhigen, sonnigen Mittags am Meer. Mit Einsetzen der Langstrophe wird dem *"mittagslicht"* (2) jedoch unvermittelt eine philosophische Bedeutung unterlegt, indem es nun als *"des lichtes sinn"* (3) erscheint, *"die worte / zum singen zu bringen"* (4) – wobei letztere eingemauert erscheinen in *'bedeutungsschwere legenden im stein'* (5). *'legende'* assoziiert man dabei wohl mit etwas Altem, in seinem Wahrheitsgehalt nicht mehr ganz Nachprüfbarem; *'bedeutungsschwer'* könnte sie zum einen in dem Sinne sein, daß sie sich über die Jahrhunderte hinweg mit immer neuen Bedeutungen 'vollgesogen' hat, zum anderen aber auch in dem Sinne, daß sie mit ihr zusammenhängende Denkkonzepte auf ganz bestimmte Bedeutungen festlegt. Indem das Gedicht von *"im stein"* eingeschlossenen *'worten'* spricht, verleiht es der zweiten Deutung besonderes Gewicht (ohne jedoch die erste ganz auszuschließen). Das *'licht'* wäre dann etwas, das den *'worten'* wieder eine gewisse Freiheit verleiht, wie es in dem freien Schwingen der Sprache im Gesang anklingt.

Das *"singen"* der *"worte"* korrespondiert mit dem *"singen"* eines *'rätsels'* in Vers 8. Ausdrücklich hervorgehoben wird damit, daß schon der Akt der Befreiung der *"worte"* selbst das in diesen enthaltene *"rätsel"* zum Sprechen bringt. In diesem Sinne betonen auch Vers 6 und 7, die *"wahrheit"* sei nicht *"zu scheiden / aus den rätseln"*. Die Wahrheit erscheint hierdurch nicht nur sprachlich vermittelt, sondern in der Freiheit der Sprache selbst begründet zu sein. Sie wird also hier nicht statisch – im Sinne eines festen Bestands an Bedeutungen – gesehen, sondern in dem – sprachlich vermittelten – Denkprozeß verortet, der sich um eine Annäherung an sie bemüht.

Der Konjunktiv, in dem die zweite Hälfte der Langstrophe gehalten ist, stellt nun aber unmißverständlich klar, daß jenes *"licht"*, das eine Befreiung der *"worte"* ermöglichen würde, derzeit nicht scheint: *"die kunde (...) vom mittag / über den meeren"* (12/13) wird eben **nicht** verbreitet, und demzufolge können die *"steine"* (10), die die *"legenden"* umschließen, auch nicht *"wie kork"* (10) heraufschwimmen, und die *"worte"* bleiben in letzteren gefangen. Verstärkt wird der Irrealis des Ausdrucks durch die Bindung einer möglichen Erweckung des *'lichts'* an *"städte"* (11), die von den Lebenden durch die doppelte Distanz ihres Versunkenseins im Meer und ihres mythologischen Charakters getrennt sind. Der *"könig"* jener *"städte"* wird zudem ausdrücklich als *'still'* (11) bezeichnet, und ihre Tore sind so von Algen und *"schutt"* (14) verstellt, daß sie längst völlig unzugänglich geworden zu scheinen.

Vers 15 spricht nun allerdings von einem *"lied vom licht"* (15), das *"vineta"* (13) – wohl zu verstehen als Sammelbegriff für alle anderen *"versunknen städte"* – *"aus dem einverständnis"* seiner *"tiefe"* (16) wecken könnte. Das *"licht"*, das benötigt wird, um die *"worte / zum singen zu bringen"*, scheint somit selbst durch Gesang erweckbar zu sein. Diese auf den ersten Blick paradox erscheinende Situation liest sich bei genauerem Hinsehen wie eine Funktionsbestimmung von Dichtung. Denn auch deren Aufgabe ist es ja, die Worte aus den *'bedeutungsschweren legenden im stein'* – also aus ihrem Eingeschlossensein in konventionelle sprachliche Strukturen und den mit diesen zusammenhängenden Deutungsmustern – zu befreien und so eine unverstelltere Sicht auf das *"rätsel"* des Daseins zu ermöglichen. Um letzteres in diesem Sinne zum *"singen"* zu bringen, muß der Dichter also zunächst die Worte *"zum singen"* bringen. Daß dies auch im Sinne eines bestimmten Zusammenklingens von Worten zu verstehen ist, belegen die zahlreichen Alliterationen und Vokalharmonien, die sich in dem Gedicht finden. Den hellen Vokalharmonien (vgl. die i-Harmonien in Vers 1 bis 4 und 17/18) und den weichen m- und l-Alliterationen (vgl. Vers 12/13 und 15) der mit Licht und Gesang verbundenen Verse stehen dabei die harten Alliterationen auf 'k' und 'st' zur Kennzeichnung der versunkenen Städte gegenüber (vgl. Vers 11/12).

Die Tatsache, daß in dem Gedicht – wie es auch in dem klagend-beschwörenden Ausruf *"ach vineta"* (13) anklingt – fast schon verzweifelt danach gefragt wird, *"wann (…) uns"* (15) das befreiende *"lied vom licht"* (wieder) gelingt, deutet freilich darauf hin, daß selbiges – allen dichterischen Bemühungen zum Trotz – als verloren zu gelten hat. Dies bestätigen auch die drei Schlußverse, in denen der *'milde wind'* des Anfangsverses sich in einen *'stillen wind'* (17) – der so an den *'stillen könig'* der *"versunknen städte"* erinnert – verwandelt hat. Zwar wird auch gesagt, daß *"die see (…) singt"* (18), doch ist es ein dissonanter, gebrochener Gesang, der hier ertönt, wie von dem *"glas ertrunkener spiegel"* (19).

Die Spiegel-Metapher verbindet dabei die Reflexe des Lichtes auf dem Meer mit der Funktion von Spiegeln, Dinge zu reflektieren, also das *"rätsel"* des Daseins sichtbar zu machen. Daß die Spiegel in dem Gedicht als *"ertrunken"* bezeichnet werden, bringt sie wiederum – formal (über den Reim) und inhaltlich – in Zusammenhang mit den *'versunknen städten'*, in denen also das *"rätsel"* noch in sich transparent gewesen zu sein scheint – wobei der Wechsel von *'versunken'* zu *'ertrunken'* zugleich das Unwiederbringliche des Verlustes hervorhebt.

Das verlorengegangene *"lied vom licht"* erweist sich somit als jenes in den Dingen schlafende *"Lied"*, das die Dichter einst – wie Eichendorff (vgl. Anm. 44) es ausdrückte – mit ihrem *"Zauberwort"* zum Singen bringen konnten. Auch hier fielen ja dichterischer Gesang und 'Gesang' der Welt zusammen, so daß ersterer zu verstehen wäre als transzendentale Wahrheitserfahrung – was auch dem prozessualen Begriff von Wahrheit, wie er in der ersten Hälfte der Langstrophe angedeutet wird, entspricht. In den *'versunknen städten'* käme dann der Verlust des Glaubens an eine magische Einheit von Wort und Sein – die eng mit dem Glauben an die Einheit eines in Mensch und Natur gleichsam wirksamen 'Geistes' zusammenhängt – zum Ausdruck. Als logische Schlußfolgerung aus diesem Verlust ergibt sich in dem Gedicht eine fundamentale Sprachskepsis. Denn wenn es der Dichtung nicht mehr gelingt, die Worte *"zum singen zu bringen"*, wenn diese also nicht mehr aus den konventionellen Sprach- und Denkmustern herausgelöst werden können, so setzt offenbar ein geistiger Erstarrungsprozeß ein, der es seinerseits immer unwahrscheinlicher macht, daß jemals wieder einem Dichter jenes befreiende *"lied vom licht"* gelingt.

PETER HUCHEL
Das Zeichen

Huchels Gedicht greift einige zentrale Motive des Gedichts *Der große Lübbe-See* auf, wandelt diese aber in charakteristischer Weise ab. Die Anspielungen auf das Gedicht seines Freundes finden sich bei Huchel vor allem in den Rahmenstrophen (Strophe 1 und Strophe 4/5), während die Strophen 2 und 3 neue Elemente in das Gesamtbild einfügen. Auch die äußere Szenerie des Eich-Gedichts (ein See mit Schilf und Hügeln als äußerer Begrenzung) findet sich nur in den Rahmenstrophen wieder.

Die Motivähnlichkeit beider Gedichte ergibt sich über folgende Bilder des Huchel-Gedichts:

- die *"Wildentenkette"* (Vers 3), die den Kranichzügen bei Eich entspricht;
- die *"wäßrige Herbstluft"* (4) und den *"ruhlosen Nebel"* (8), die den *"Septembertag ohne Wind"* bei Eich aufgreifen;
- "das Zeichen" (Vers 5 und 33), das mit dem *'trigonometrischen Punkt'* bei *Eich* korrespondiert;
- die *"falben Lanzen"* (6), die das *"Schilf der Verzweiflung"* aus dem Eich-Gedicht aufgreifen.

Auch in Huchels Gedicht scheint es somit um Orientierungsmöglichkeiten des menschlichen Daseins zu gehen. Im Unterschied zu dem Gedicht *Der große Lübbe-See*, das an seinem Anfang die Existenz des *"trigonometrischen Punktes"* feststellt, wird in Huchels Gedicht jedoch von vornherein der Zweifel des lyrischen Ich an einem solchen feststehenden Orientierungspunkt zum Ausdruck gebracht. Dies zeigt sich schon daran, daß statt der Kraniche die – mythologisch weniger 'vorbelasteten' – Wildenten den See überfliegen; auch wird die Luft ausdrücklich als *'wäßrig'*, also nur schwer durchdringbar, geschildert. Die Beschreibung des gegenüberliegenden Hügels als *'baumkahl'* (1) und die Lanzen-Metapher verleihen der Szenerie darüber hinaus von vornherein etwas Bedrohliches (bei Eich wirkte die *'dunkle Wand des hügeligen Gegenufers'* zunächst nur abweisend). Folgerichtig kann das lyrische Ich die Existenz eines trigonometrischen Punktes nicht feststellen, sondern lediglich fragen: *"War es das Zeichen?"* Der Antwort hierauf dienen die beiden folgenden Strophen.

Während bei Eich die Auffindung eines festen Orientierungspunktes gleichbedeutend war mit einem metaphysischen Grunderlebnis – das dementsprechend im Zentrum des Gedichts stand – folgt bei Huchel auf die Frage nach einem hierauf hindeutenden *"Zeichen"* die Schilderung des Arbeitsalltags von Schäfern. Ausdrücklich wird gesagt, daß es hier *"nichts (…) zu deuten"* gebe (17), daß vielmehr die in der Arbeit selbst begründeten Notwendigkeiten diese hinreichend strukturierten.

Als Gegenpol und Ergänzung hierzu wird in Strophe 3 die Welt der Toten geschildert. Auch diese Welt ist aus sich selbst heraus verständlich, bleibt jedoch dem Menschen in ihrem Sinn verschlossen. Deutlich wird dies in Vers 25, in dem das Wissen der Toten um das Bleibende angesprochen wird. Das Wesen von letzterem wird jedoch nicht näher spezifiziert – *"dieses"* könnte sich zwar formal auf den in Vers 23 angesprochenen *"eisigen Schatten der Erde"* beziehen, doch bliebe auch dieser für die Lebenden unsichtbar und damit in seiner Struktur undurchschaubar. Die Metapher bildet damit lediglich das Gefühl der fehlenden Beheimatung des Menschen auf der Erde ab, das durch das ruhevolle Sein der Toten noch verstärkt wird.

Dem *"ruhlosen Nebel"* aus dem Schlußvers von Strophe 1 werden somit zwei in sich ruhende Welten gegenübergestellt, von denen jedoch die eine nicht transzendent ist und die andere gerade jenen Boden des *"In-der-Welt-Seins"* (bei Heidegger ein Synonym für das *Dasein*) verlassen hat, von dem aus das lyrische Ich die Transzendenz zu erfahren sucht. Diese erscheint somit in einem radikalen Sinne als ausgeschlossen. Das Bedrohliche der Umgebung, das bereits in Strophe 1 angedeutet wurde, wird dementsprechend in Strophe 4 mit dem *"Zeichen"* selbst in Verbindung gebracht. Metaphysische Spekulationen erscheinen offenbar dort als bedrohlich, wo sie – wie bei Eich – lediglich in das Bewußtsein der eigenen Nichtigkeit münden. Was auf sie hindeutet, muß dann als Warnung vor einem Erlebnis gedeutet werden, dem der Erlebende nicht gewachsen sein könnte.

Die fünfte Strophe steigert den bedrohlichen Charakter der Umgebung noch einmal, indem sie das Bild von den *"falben Lanzen"* und vom *"ruhlosen Nebel"* in der Metapher *"Kreuzotterndickicht"* (37) zusammenfaßt. Dessen unzugängliche Natur wird zusätzlich dadurch hervorgehoben, daß es als *"erstarrt"* (34), schlafend und *"blind"* (36) geschildert wird. Auf die bewegte *("ruhlose")* Herbstlandschaft der ersten Strophe hat sich zudem das *"Schweigen des Schnees"* (35) gelegt.

Der Schluß des Gedichts deutet somit auf die innere Gestimmtheit des lyrischen Ich hin, dem die Erfahrung der Transzendenz versagt bleibt: Starr, stumm, eiskalt, blind, undurchdringlich – so erscheint seine Welt am Schluß des Gedichts. Dahinter verbirgt sich das Dilemma des modernen Dichters, dem der Glaube an eine absolute, hinter den Dingen liegende Wahrheit, die er mit seinen Worten enthüllen könnte, abhanden gekommen ist. Wo dieser Glaube – der noch einen Wilhelm Lehmann bei seiner Arbeit beflügelte (vgl. *'Februarmond'*, Vers 7) – nicht mehr gilt, wird Dichtung offenbar in ihren Grundfesten erschüttert: Vielleicht könnte man das *"Kreuzotterndickicht"* aus seinem Schlaf erwecken – aber lohnt sich dies?

Das Gedicht besteht aus zwei Strophen von acht bzw. sieben Versen; die erste gibt ein Geschehen wieder, das von der zweiten kommentiert wird. Am Anfang steht eine Zeitangabe, wobei das Adverb *"später"* in Verbindung mit *"am Morgen"* darauf hindeutet, daß sich das Gedicht auf ein Ereignis, das sich in der Nacht zugetragen hat, bezieht. Die Erwähnung von *"Stiefeln"* (3) – zumal diese über den Anlaut mit dem alliterierenden *"Stoßen von Stangen"* (5), d.h. mit der durch diese evozierten Gewaltanwendung verbunden sind – und der Hinweis auf *"ein rauhes Kommando"* (6) legen nahe, daß es sich um einen militärischen Zwischenfall gehandelt haben muß; die *"schlammige / Stacheldrahtreuse"* (7/8) läßt daran denken, daß sich dieser an einem mit Stacheldraht gesicherten Grenzfluß oder -see ereignet hat. Da die *"Stacheldrahtreuse"* 'gehoben' werden muß, ist offenbar jemand in dem Stacheldraht umgekommen. Indem nun letzterer mit einem Fischnetz in Verbindung gebracht wird, erhält die Grenzbefestigung etwas Heimtückisches, als wollte jemand absichtlich die Verletzung der Grenze mit dem Tod bestrafen oder als nehme er das Sterben von Menschen, die in die Grenzbefestigungen hineingeraten, zumindest billigend in Kauf.

Dies entspricht ziemlich genau der Situation an der einstigen innerdeutschen Grenze, gegen deren von der DDR errichtete heimtückische Sicherungsanlagen sich das Gedicht somit zunächst zu richten scheint. Hierfür scheint auch die Biographie des Autors zu sprechen.

Die zweite Strophe entspricht in jeder Hinsicht einem Aufschrei über das in Strophe 1 beschriebene Geschehen: Sie setzt mit einer – Atemlosigkeit suggerierenden – Ellipse ein, die an ihrem Anfang die Grausamkeit des Geschehenen in einem hart klingenden doppelten k-Laut – der zudem das Apodiktische der Aussage unterstreicht – nachtönen läßt. Der – wenn man über die Versenden hinwegliest – fast durchgehende, nur zur Betonung der Todesfarbe *'weiß'* in Vers 2 unterbrochene Daktylus, der die gleichgültige Schwerfälligkeit der watenden Stiefel nachzeichnet, wechselt zudem in Strophe 2 in einen ebenso durchgängigen Jambus über, der den schnelleren Pulsschlag, die Erregung dessen, der über das Geschehene berichtet, anklingen läßt.

Die Ellipse der zweiten Strophe macht diese zudem doppeldeutig. Liest man die ersten vier Zeilen getrennt von dem Rest des Gedichts – wie es Rhythmus und Zeilenfüllung nahelegen –, so könnte sie etwa im

Sinne folgender Aussage ergänzt werden: Dort, wo ein Schrei das Wassers höhlt – wo also in der in Strophe 1 beschriebenen Weise getötet wird – kann es kein Königreich wie das von Ophelia mehr geben. Eine von Friedfertigkeit und gegenseitigem Verständnis getragene Gesellschaft wäre hierdurch auch als Utopie verunmöglicht. Liest man die Strophe indessen in ihrer Gesamtheit, so ergibt sich eine Transkribierung im Sinne von 'Wir sind nicht in dem Königreich (bzw. Hier ist kein Königreich), wo ein Gott das Wasser schützend teilt und ein Zauber die Kugel am Weidenblatt zersplittern läßt', wo es also ein zauberisches Gegenmittel gegen die menschliche Gewaltanwendung gibt. Der unversöhnliche Gegensatz zwischen diesem Königreich und der Gewalt wird dabei durch den Übergang zu unbetonten Silben an den Versenden hervorgehoben, durch den *"Zauber"* (13) und *"Kugel"* (14) unverbunden nebeneinander stehen.

Die erste Deutung wäre als Hinweis auf die neue Qualität zu verstehen, die die Gewalt durch die moderne Technik erhalten hat, und die einen Kampf gegen sie hoffnungslos erscheinen läßt. Als entscheidendes Kennzeichen moderner Gewalt würde dabei deren Anonymität herausgestellt, wie sie sich in der Substantivierung der Verben – *"das Waten von Stiefeln"* (3), *"das Stoßen von Stangen"* (5) – und in dem Verzicht auf eine nähere Charakterisierung derjenigen, die da in ihren Stiefeln waten und stoßen – *"**sie** heben"* (7) – ausdrückt. Dies ließe sich zum einen im Sinne einer Anonymisierung der Gewaltausübung – wie sie durch die modernen, fernbedienten Apparaturen ermöglicht wird –, zum anderen aber auch im Sinne einer Verselbständigung der Gewalt in der modernen Gesellschaft verstehen. In letzterem Sinne wäre das Gedicht ein Hinweis auf die strukturelle Qualität von Gewalt in der modernen Gesellschaft, die sie von konkreten Personen abkoppelt und stattdessen an den Automatismus bestimmter gesellschaftlicher Strukturen bindet.

Bezieht man die zweite Hälfte von Strophe 2 (Vers 13 bis 15) in die Deutung mit ein, so liest sich das Gedicht wie eine Thematisierung der Rolle von Dichtung angesichts der neuen Dimensionen menschlicher Gewalt. Wenn man *'Blatt'* in der Doppeldeutigkeit von 'ein Blatt Papier' und 'Blatt eines Baumes' (hier der Weide, also des Trauerbaumes) versteht, so deutet dies auf einen Machtverlust der Dichtung hin: Das Königreich der Poesie, das in der Trauer um die gewalttätige Welt noch die Utopie einer mit sich selbst versöhnten Welt aufscheinen (durch ihren *"Zauber / die Kugel / am Weidenblatt zersplittern"*) lassen konnte, ist untergegangen, d.h. den anonymisierten Formen moderner Gewaltausübung hat die Dichtung nichts mehr entgegenzusetzen.

Nun ist das Gedicht aber ein lebendiger Gegenbeweis gegen diese pessimistische Einschätzung der Perspektiven von Dichtung; denn es existiert ja, aller in ihm selbst beklagten Gewaltausübung zum Trotz. Dies legt nahe, daß es Huchel mit seinem Gedicht nicht um die Prognostizierung eines allgemeinen Endes von Dichtung ging, sondern eher um die Propagierung eines Wandels ihrer Inhalte. Dichtung dürfe sich nicht mehr – wie noch Huchel selbst es in seiner Jugend, als er Gedichte im Stil der *naturmagischen Schule* schrieb, getan hat – in den Dienst einer Beschwörung der verlorengegangenen Einheit des Seins stellen, sondern müsse sich der Anklage menschenunwürdiger Verhältnisse verschreiben. Soweit sie dies unterläßt, steht sie in der Gefahr, affirmativ zu wirken, da sie die Möglichkeit subjektiven Wohlbefindens in einer von inhumanen Strukturen gekennzeichneten Gesellschaft unterstellt. Nicht mehr '*Sterne*', sondern '*Stacheldraht*' – so läßt sich in Anlehnung an Huchels eigenen dichterischen Wandlungsprozeß formulieren – muß der moderne Dichter mit seiner '*Reuse*' zu fangen versuchen.

ERNST JANDL
die zeit vergeht

Das Gedicht besteht aus einem einzigen Satz – "*die zeit vergeht lustig*" –, dessen Subjekt und Prädikat als Titel dem – in Form einer adverbialen Ergänzung gestalteten – Objekt vorangestellt werden. Das Adverb wird am Anfang des Gedichts einmal ungeteilt genannt und wird dann ab dem folgenden Vers jeweils 'verdoppelt', wobei die Verdoppelungen der ersten und der zweiten Silbe – "*lus*" und "*tig*" – voneinander getrennt und in symmetrischer Anordnung um die Mittelachse des Wortes "*lustig*" aufgeführt werden. Der Verdoppelungsvorgang wiederholt sich insgesamt siebenmal, so daß am Schluß des Gedichts je acht "*lus*"- und "*tig*"-Silben einander gegenüberstehen.

Die optische Darstellung des Verdoppelungsvorgangs in der Weise konzentrischer Kreise um das Adverb "*lustig*" herum rückt das neue Wort "*lust*" als Zentrum zwischen die beiden Silben "*lus*" und "*tig*", die dieses dadurch beide auf ihre Weise kommentieren. "*tig*" läßt dabei in Verbindung mit dem Titel des Gedichts – "*die zeit vergeht*" – an das

Ticken einer Uhr denken, das das Vergehen der Zeit mit einer konkreten Klanggestalt verknüpfen würde. Als Kommentar zu *"lust"* würde *"tig"* damit deren Vergänglichkeit besonders hervorheben. Die beiden Silben erinnern so an den *barocken* Gegensatz von 'carpe diem*' und 'memento mori*', die sie in der gleichen schroffen Weise, in der der Gegensatz seinerzeit empfunden wurde, einander gegenüberstellen.

"lus" kann vor diesem Hintergrund zum einen – indem man es etwa mit englisch 'to lose' (verlieren) oder 'to listen' (zuhören, hier im Sinne von 'auf etwas achtgeben') assoziieren würde – als Unterstützung des 'memento mori' verstanden werden. Letztere Bedeutung würde dabei auch – im Sinne einer Aufforderung, auf das Ticken der Uhr der Vergänglichkeit zu hören –, gut mit der lautmalenden Qualität von *"tig"* harmonieren. Schließlich ließe sich *"lus"* auch noch mit 'losen' assoziieren. In dieser Bedeutung würde es auf den Zufallscharakter des Daseins und damit auch auf die – im *Barock* vielfach variierte – Möglichkeit eines plötzlichen Todes anspielen und wäre somit ebenfalls der 'memento-mori'-Seite des Gegensatzpaares zuzurechnen.

Zum andern könnte man *"lus"* auch mit *"los!"* assoziieren, was es als Auftakt zu *"lust"* erscheinen ließe. Es würde dann – im Sinne einer Aufforderung, sich der Lust hinzugeben – die 'carpe-diem'-Seite des Gegensatzpaares unterstützen.

Die *Reduplikationsmethode* erweist sich so als Möglichkeit, die in einzelnen Silben schlummernde Bedeutungsvielfalt zu wecken und diese zugleich in den assoziativen Verweisungszusammenhang eines Gedichtes einzubinden.

ERNST JANDL
schtzngrmm

Von der klanglichen Gestalt des Wortes 'Schützengraben' behält das Gedicht nur die Konsonanten bei (die Endung '-mm' entspricht dem umgangssprachlich häufigen Verschlucken der Endsilbe). Das so veränderte Wort wird in den ersten beiden Versen komplett aufgeführt und anschließend in seine Einzelteile zerlegt. In der Gedichtmitte (Vers

---

*   **carpe diem**: 'Ergreife den Tag' (Nutze jeden Tag)
    memento mori: Gedenke des Todes

16 und 17) erscheint es noch einmal unzerteilt, worauf weitere Variationen des Spiels mit seinen einzelnen Lauten folgen.

Die Reduzierung des Wortes 'Schützengraben' auf seine Konsonanten verhilft Jandl zur Nachahmung von Lauten – nämlich mit Gefechtslärm zusammenhängenden Geräuschen –, die sich mit seiner semantischen Qualität assoziieren. So erinnert etwa die t-Folge in Vers 3/4 und 14/15 an Maschinengewehrsalven, während *"grrrmmmmm"* (5 und 11) auf einen fahrenden Panzer hindeutet. *"tzngrmm"* (8 bis 10) und *"schtzn"* (12/13) erscheinen als Variationen des Panzergeräuschs – sie lassen etwa an einen stotternden Motor oder an einen Panzer, der ein Hindernis überwindet, denken –, zumal sie als Umrahmung von *"grrrmmmmm"* erscheinen. *"s------c------h"* scheint das Sausen von Geschossen nachzubilden.

Die zweite Variationsfolge der in *"schtzngrmm"* enthaltenen Laute greift die in der ersten Gedichthälfte (Vers 1 bis 15) aufgeführten Variationen auf, verändert diese jedoch in charakteristischer Weise und ergänzt sie zudem um weitere Lautkombinationen. Lautgleich übernommen wird lediglich *"tzngrmm"* (26/27).

Das bereits in Vers 3/4 und 14/15 nachgeahmte Maschinengewehrfeuer erscheint in Vers 24 und 28 in stark verlängerter Form (zehn statt vier t-Laute), was auf eine Intensivierung der Kampfeshandlungen schließen läßt. Die Kombination 'grm' wird zu 'grt' abgewandelt, was – in der klimaxhaften Vermehrung der r-Laute von Vers 19 bis 21 – die Bedrohlichkeit des Geräuschs erhöht; der Abschluß der Lautkombination durch den Verschlußlaut 't' läßt – zumal in Verbindung mit seiner Nutzung zur Nachahmung von Maschinengewehrfeuer – an einen Abschluß der Panzerbewegung durch das Abfeuern eines Geschosses denken. Die direkt hierauf folgende Lautkombination *"scht"* (Vers 22/23 und 29 bis 33) würde dann das Geräusch des fliegenden Geschosses (an das auch die 'ts'-Folge eingangs der zweiten Gedichthälfte denken läßt) und dessen Einschlagen nachahmen.

Dies legt nahe, daß der Schluß des Gedichts – mit der gehäuft auftretenden Lautfolge *"scht"* – auf vermehrte Einschüsse im Schützengraben hindeutet. Dem entspricht auch die Aufteilung der Lautfolge 'grt' auf zwei Verse als Abschluß des Gedichts (Vers 34/35), wobei die Bedrohlichkeit des Geräuschs durch die besonders lange r-Folge noch gesteigert wird. Die von einer Pause unterbrochenen drei t-Laute des Schlußverses erscheinen vor diesem Hintergrund wie die Kreuze gefallener Soldaten. Sie erinnern zudem an das Wort 'tot', auf dessen

Vokal die Leerstelle zwischen den ersten beiden t-Lauten hinzuweisen scheint, und deuten so auf das Resultat der Kampfeshandlungen hin.

ERNST JANDL
urteil

Das Gedicht überträgt die Nutzungssphäre von Gedichten von der geistig-abstrakten auf die alltäglich-konkrete Ebene. Damit parodiert es die falsche Erwartungshaltung mancher Leser gegenüber experimenteller Lyrik, die an diese mit den Maßstäben traditioneller Dichtung herangehen, anstatt sie als das zu nehmen, was sie selbst ist und sein will.

ERNST JANDL
wien : heldenplatz

Das Gedicht untergliedert sich in drei Strophen. Die erste dient vornehmlich der Beschreibung der Stimmung auf dem Heldenplatz, in der zweiten steht Hitler selbst im Vordergrund, und die dritte beschäftigt sich hauptsächlich mit der Wirkung Hitlers auf seine Zuhörer.

In den ersten beiden Versen gibt das Gedicht zunächst den Ort des Geschehens an und führt gleichzeitig in die Atmosphäre ein, die dort anläßlich der Rede Hitlers zum Anschluß Österreichs an das Deutsche Reich geherrscht hat. Dies leistet es durch die Neologismen

- *"glanze"* (1), das durch die Verbindung von 'ganz' und 'Glanz' das 'Erglänzen' des 'ganzen' Heldenplatzes unter dem Fahnen- und Lichtermeer der Nazi-Propaganda evoziert;
- *"versaggerte"* (2), das sowohl an 'versickerte' als auch an 'versackte' erinnert und so das Versinken der Menge in der Nazi-Propaganda nachzeichnet; der doppelte g-Laut unterstützt dies lautmalend durch die Nachahmung des Gluckerns von absinkenden Gegenständen im Wasser;
- *"maschenhaftem"* (2), das 'massenhaft' und 'Masche' miteinander verknüpft und so das Einfangen der Masse durch die Nazi-Propaganda – bzw. ihr Sich-Verfangen in deren Maschen – evoziert;
- *"männchenmeere"*, das 'Menschenmeer' mit 'Männchen' verknüpft und so die Tierhaftigkeit der hitlerhörigen Masse betont.

Der unlogische Gebrauch von *"zirka"* (1) – in Verbindung mit 'der ganze Heldenplatz' – läßt sich mit der Unüberschaubarkeit des Platzes assoziieren, deutet zugleich aber auch auf das Ungefähre, Unbestimmte der auf die Emotionen der Zuhörer abzielenden Rede Hitlers voraus. Die Verse 3 und 5 verdeutlichen diese Wirkung der Rede Hitlers durch die Neologismen

- *"maskelknie"* (3), das in seinem ersten Teil an 'maskulin' und 'Muskeln' erinnert und in seinem zweiten Teil die Verbindung zu den unteren Körperpartien herstellt, insofern also unterstreicht, daß die Atmosphäre auf dem Platz sexuell aufgeladen war;
- *"hoffensdick"* (4), das an die Redewendung 'guter Hoffnung sein' denken läßt, die es zugleich – über das Adjektiv 'dick' – visualiert; die alliterierende Verbindung mit *"heften"* und *"heftig"* (4), die syntaktisch zugleich eine Brücke zu *"maskelknie"* schlagen, gibt den sexuellen Andeutungen etwas Gewaltsames, was sich sowohl auf die Aggressivität, mit der die nationalsozialistische Propaganda in die Menschen 'eindrang', als auch allgemein auf die sado-masochistischen Grundlagen der nationalsozialistischen Herrschaft, wie sie vom *Frankfurter Institut für Sozialforschung* unter Leitung von Max Horkheimer, Erich Fromm und Theodor W. Adorno herausgearbeitet worden sind, beziehen läßt;
- *"brüllzten"* (5), das als Zusammenziehung aus 'brüllten' und 'balzten' erscheint (zudem auch an 'brünstig' erinnert) und somit ebenfalls auf die animalischen Triebe anspielt, die durch die Rede Hitlers angesprochen wurden; *"wesentlich"* (5) macht – als adverbiale Ergänzung zu *"brüllzten"* – die nationalsozialistische Glorifizierung des deutschen Wesens lächerlich.

Die zweite Strophe zeichnet zum einen in Klang und Struktur ihrer Worte die Redeweise Hitlers nach, spielt zum anderen aber auch auf Inhalte der nationalsozialistischen Propaganda an. Hierzu bedient sie sich folgender Neologismen und neuartiger Wortverbindungen:

- *"verwogener"* (6), das als Zusammensetzung aus 'verwegen' und 'wiegen' auf Kühnheit als Attribut der von den Nationalsozialisten verherrlichten Germanen verweist, deren Siegfriedskult aber gleichzeitig der Lächerlichkeit preisgibt, indem es ihn mit dem durcheinandergebrachten ('verwogenen') Haar Hitlers in Verbindung bringt;

- *"stirnscheitelunterschwang"* (6), das auf die Haarsträhnen Hitlers anspielt, die vor allem bei dessen von wilden Gestikulationen begleiteten Reden in die Stirn herabhingen, zugleich jedoch auch auf den künstlichen 'Überschwang' der Emotionen, den seine Reden erzeugten, hindeutet;
- *"nach nöten nördlich"* (7) – die Alliteration erinnert an die Verherrlichung der 'nordischen Rasse' durch die Nationalsozialisten, der Hitler 'nach Kräften' zu entsprechen suchte, womit er – weder blond noch blauäugig – jedoch 'seine liebe **Not**' hatte;
- *"kechelte"* (7), das in seiner Nähe zu 'hecheln' und 'keuchen' auf Hitlers sich überschlagende Stimme verweist, die so wie ein tierhaftes Nach-Luft-Schnappen erscheint;
- *"aufs bluten feilzer stimme"* (8) – die Fügung ahmt zum einen die aggressive ('bluttriefende') Stimmführung Hitlers nach, spielt zum anderen aber auch auf die Blut-und-Boden-Ideologie der Nationalsozialisten an; in *'aufs bluten feilz'* klingt dabei – aufgrund der Nähe zu idiomatischen Wendungen wie 'auf etwas aus sein' oder auch 'bis aufs Messer' – der Blutzoll an, den diese Ideologie forderte bzw. als die sie sich den Menschen verkaufte (ihnen 'feil' war);
- *"zu-nummernder"* (8), das sich zum einen auf Hitlers ansteigende ('zunehmende') Stimme beziehen läßt, zum anderen aber auch auf die strenge Einteilung von Menschen und Völkern in der nationalsozialistischen Rassenideologie verweist; die durch den Bindestrich bewirkte Hervorhebung von 'zu' weckt zugleich Assoziationen zu Wörtern wie 'zuhauen', 'zuschlagen' etc., die die physische Bedrohung, welche die Postulierung von 'Übermenschen' und von 'lebensunwertem Leben' für viele Menschen darstellte, in Erinnerung rufen;
- *"sämmertliche eigenwäscher"* (9), das sich sowohl als 'sämtliche Eigenbrötler' als auch als 'jämmerliche Waschlappen' verstehen läßt; in der ersten Bedeutung verweist es auf den Haß auf Individualisten, wie ihn die totalitäre Ideologie der Nationalsozialisten implizierte, und ist über das stimmhafte 's' mit *"hinsensensend"* (vgl. 'hinmetzelnd') verbunden, das es zudem in der lautmalenden Nachahmung des Sensenschlags unterstützt; in der zweiten Bedeutung verweist es auf die nationalsozialistische Diffamierung derer, die sich ihrer Ideologie widersetzten.

Das Metrum unterstützt den Aussagegehalt der Worte, indem es das Tempo der Rede abbildet. So entspricht der daktylische Auftakt in Vers 1 der Sprechpause, die mit dem Zurückwerfen der in die Stirn gefallenen Haarsträhne einhergegangen sein mag. Die gegen das Metrum mit einer doppelten Betonung an ihrem Anfang zu lesenden Worte *"zu-nummern-der"* und *"hinsensend"* ahmen das Pathos der Hitlerschen Redeweise nach; und an den Stellen, die eine sich überschlagende Stimme implizieren (Vers 7 – vgl. auch Vers 12) bzw. auf besonders aggressive Aussage-gehalte hindeuten (*"aufs bluten feilzer stimme"*), verfällt auch das Metrum in das Stakkato des Jambus.

Die dritte Strophe fährt in ihren ersten drei Versen zunächst fort mit der Nachzeichnung der Hitlerschen Redeweise, die sie mit folgenden Wortneuschöpfungen oder ungewöhnlichen Wortverbindungen kennzeichnet:

- *"pirsch!"* (10), das als unvollständiger Imperativ (vgl. 'sich heranpir-schen') an die Comic-Sprache erinnert – in der häufig Imperative wie Interjektionen gebraucht werden –, wodurch der 'Menschenjäger Hitler' lächerlich wirkt; die isolierte Stellung des Imperativs in einem Ein-Wort-Vers betont zudem – auch durch den sch-Laut, der wie eine Aufforderung zum Schweigen erscheint –, daß der Höhepunkt der Jagd – das eigentliche 'Einfangen' der Menschen – unmittelbar bevorsteht;
- *"döppelte der gottelbock"* (11), was in der Anspielung auf 'Doppelbock' an das gleichnamige Kartenspiel, vielleicht auch an 'Bockbier' und damit an die Sphäre der Stammtische denken läßt, der Hitlers Reden von inhaltlichem Niveau und Emotionalität her zuzurechnen sind; *"gottel"* erinnert an 'Gott' und evoziert so Hitlers Glorifizierung als Führer, die es zugleich – durch die Verniedlichungsform '-el' – lächerlich macht; *"döppelte"* assoziiert man wohl mit 'tröpfelte' oder auch 'dümpelte' – was auf die faktische Leere bzw. Inhaltslosigkeit von Hitlers Reden sowie vielleicht auch (über 'tröpfelte') auf sein 'Geifern' verweist –, zugleich wohl aber auch mit 'hoppelte', das sich wiederum als Ergänzung zu *"Bock"* liest; das Verb würde dann den sich potent gebenden 'Bock' Hitler lächerlich machen, indem es ihn wie ein hoppelndes Kinderpferd zeigt, darüber hinaus aber auch auf dessen holprige Redeweise vorausdeuten, die am Versende weiter expliziert wird;

- *"von Sa-Atz zu Sa-Atz"* (11), was sowohl die stotternd-unartikulierte, dabei jedoch – wie die Großschreibung hervorhebt – kreischend laute Redeweise Hitlers nachzeichnet als auch – durch Aufgreifen von Begriffen aus der Jägersprache (vgl. 'Hatz' – 'Hetzjagd'; 'atzen' – Jungvögel füttern) – an das zuvor eingeführte Jagdmotiv anschließt; auch der Gedanke an die diebische 'Atzel' (dialektaler Begriff für 'Elster'; vgl. auch 'atzen' – 'stehlen') bietet sich an;
- *"hünig"* (12), das als adjektivische Abwandlung von 'Hüne' mit *"stimmstummel"* zu einem Oxymoron zusammengezogen wird, das die Kluft zwischen dem niedrigen Redeniveau und der nationalsozialistischen 'Übermenschen'-Ideologie zum Ausdruck bringt; außerdem spielt es auf den Gegensatz zwischen dem relativ kleingeratenen Hitler und dessen Glorifizierung der hochgewachsenen nordischen Rasse an;
- *"sprenkem"* (12), das – als Abwandlung von 'gesprenkelt' – abermals an die fehlende Strukturiertheit von Hitlers Rede erinnert und zugleich wieder einen Begriff aus der Jägersprache (ein Tier 'versprengen', d.h. es aufschrecken, vertreiben) zur Kennzeichnung von deren aggressivem Gehalt verwendet; über die Assoziation 'Wasser versprengen' klingt in dem Begriff ferner das 'Versprühen von Haß' durch die Rede bzw. Hitlers 'geifernder Haß' an.

Die letzten drei Verse des Gedichts greifen die drei Schlußverse der ersten Strophe wieder auf und zeigen so, daß die 'Jagd' des 'Menschenfängers Hitler' zu einem erfolgreichen Abschluß geführt wurde. Dies bringen sie durch folgende neuartigen Begriffe und Wortverbindungen zum Ausdruck:

- *"balzerig"* (13), das als adjektivische Abwandlung von 'balzen' an Vers 5 (*"brüllzten"*) anschließt;
- *"würmelte"* (13), das in der Anspielung auf 'Wurm' die sexuellen Assoziationen der Verse verstärkt und zudem – in seiner Anlehnung an 'sich schlängeln' – die sexuelle Erregung in ein Verb der Bewegung überträgt und sie in ihrem Um-Sich-Greifen fühlbar macht;
- *"männechensee"* (13), in dem das *'männchenmeer'* aus Vers 2 wiederaufgegriffen wird;
- *"pfingstig"* (14), das in der Verbindung mit *"heil"* zugleich an 'Heiland' und 'Heil Hitler' erinnert und so Hitler in seiner Führergestalt und in seinem Anspruch, einen 'neuen Geist' unter die Menschen zu bringen (so wie die Jünger an Pfingsten vom Heiligen Geist berührt

wurden), zeigt; die Fügung *"ward so pfingstig ums heil"* verhöhnt dabei diesen Anspruch zugleich, indem sie das veraltete 'ihm/ihr/ihnen ward (komisch, leicht, schwer …) ums Herz' für den Ausdruck von Gefühlen aufgreift. Die Gefühle, die Hitler bei seinen Zuhörern auslöst, werden so in ihrer ganzen Banalität – die an die Schwülstigkeit von Groschenromanen erinnert – bloßgelegt; dies wird dadurch noch verstärkt, daß von *"weibern"* (14) statt von 'Frauen' die Rede ist, was wiederum – auch in der Anlautnähe zu *"würmelte"* – auf die sexuelle Qualität der Emotionen verweist;

- *"zumahn"* (15), das zum einen an 'zumal' erinnert und insofern den erläuternden Charakter von Vers 15 für den vorangegangenen Vers hervorhebt, zum anderen aber auch mit 'Mahnung' verbunden ist. In letzterer Bedeutung stellt das Wort den bedrohlichen Charakter der Schlußworte heraus, was durch die doppelte Hebung an ihrem Anfang (*"zumahn"* – *"wenn"*) auch metrisch betont wird. Zumal in Verbindung mit dem Doppelpunkt zwischen den beiden Worten entsteht der Eindruck eines finalen Zupackens bzw. Abdrückens des Gewehrs, mit dem der Jäger das Wild erlegt;
- *"knie-ender"* (15), das als Verbindung aus 'kniender' und der Endung '-ender' (zur Bezeichnung der Geweihstärke eines Hirsches) erscheint, wobei letztere der erstgenannten Bedeutung – in Verbindung mit dem folgenden Verb – eine sexuelle Konnotation verleiht;
- *"hirschelte"* (15), das – als Verbalisierung von 'Hirsch' – vor dem Hintergrund des Assoziationsgeflechts, den das übrige Gedicht um diesen Begriff herum aufgebaut hat, eindeutig sexuellen Anspielungscharakter erhält, zumal es auch als Weiterführung des Verbs *'würmeln'* wirkt.

Die Verbindung des Jagdmotivs mit der sexuellen Kraft, die dem Hirschen zugeschrieben wird, führt so das 'Einfangen' von Menschen durch die nationalsozialistische Propaganda auf deren Aktivierung animalischer Triebe unter den Zielgruppen der Propaganda zurück. Die sich mit dem Jagdmotiv verbindende Gewalt bringt dabei zugleich die Aggressivität zum Ausdruck, die zum einen der Propaganda selbst in ihren Äußerungsformen eignete und die zum anderen als Ergebnis derselben gegenüber anderen Bevölkerungsgruppen und fremden Völkern zutage trat.

Trotz seines anarchischen Gestus versagt sich das Gedicht bewußt einen Eingriff in die überkommenen syntaktischen Strukturen, durch den die Nachvollziehbarkeit seiner Aussage nicht mehr gewährleistet wäre. Gerade aus dem freien Spiel mit morphologischen* Veränderungs-möglichkeiten bei gleichzeitiger Konstanthaltung der Syntax ergibt sich jene Wirkung einer im Fluß befindlichen Sprache, die sich als frucht-barer Boden für die Assoziationen des Lesers anbietet. Dieser erfährt dadurch an sich selbst jene Freiheit des Geistes, wie sie durch die totalitäre Ideologie der Nationalsozialisten unterdrückt wurde.

Yaak Karsunke
alternativ

Das Gedicht beschreibt in den ersten drei Strophen das Verhalten einer Person, die, am Schreibtisch sitzend, ein Kind vor ihrem Fenster schreien hört; in der vierten Strophe reflektiert das lyrische Ich sein Verhalten.

Das Kernproblem des Gedichts kreist um die Frage, warum das lyrische Ich, nachdem es festgestellt hat, daß es sich bei dem schreienden Kind nicht um seine eigene Tochter handelt, diesem nicht zu Hilfe eilt bzw. sich für dieses nicht mehr weiter interessiert. Das lyrische Ich selbst stellt sich diesem Problem in der Wendung *"soweit / haben sie mich"* (13/14). *"Soweit"* – durch die isolierte Stellung besonders betont – kann dabei zum einen im Sinne von 'bis zu diesem Punkt' verstanden werden (wobei wohl *"haben"* als Teil einer Perfekts zu verstehen wäre und in Gedanken um ein Partizip – z.B. 'gebracht' oder 'beeinflußt' – ergänzt werden müßte). Zum anderen läßt es sich aber auch im Sinne von 'in einem solchen Ausmaß' verstehen, was die Bedeutung von *"haben"* stärker in die Nähe von 'besitzen' rücken würde. Dies wirft natürlich die Frage auf, wer *"sie"* sind.

Zu denken wäre hier wohl zunächst an die bürgerliche Gesellschaft und an ihren Begriff des Privaten, der den einzelnen von einem Verantwortungsgefühl für das Gemeinwohl, das über die von ersterer selbst bestimmte Notwendigkeit hinausgeht, abhält. Der natürliche Impuls, einem in Not geratenen Menschen zu helfen, wird so im konkreten Fall durch die automatische Empfindung einer fehlenden Zuständigkeit seitens des Wahrnehmenden unterdrückt. Hierin drückt

---

* **morphologisch**: hier: die Wortbildung betreffend; vgl. *Morphologie, Morpheme* (kleinste bedeutungstragende Einheiten der Sprache)

sich der isolationistische Charakter einer Gesellschaft aus, die Selbstverwirklichung als Funktion des Privaten ansieht, sie also abseits der öffentlichen Sphäre sucht und damit auch Solidarität nicht als gesamtgesellschaftliches Bindeglied, sondern lediglich als Aspekt jener Zirkel, in deren Rahmen sich der einzelne verwirklicht, definiert.

Eben gegen diese Strukturiertheit der bürgerlichen Gesellschaft scheint sich das lyrische Ich zu wenden, indem es seine *"sorgen mit denen / dieses jahrzehnts"* (3) – das das Jahrzehnt der Studentenbewegung war – *'vertauscht'* (3). Indem es sich selbst – ein Pamphlet schreibend oder Schriften der Studentenbewegung rezipierend – in jene machtvolle Bewegung einbringt, die angetreten ist, die Gesellschaft radikal zu verändern, hofft es darauf, auch seine eigenen Probleme bewältigen zu können. Wie Strophe 2 und 3 zeigen, wird es hierdurch jedoch nicht davor bewahrt, sich gesellschaftskonform zu verhalten.

Dies wirft die Frage auf, ob nicht seine Zugangsweise zu gesellschaftlichen Veränderungen – und damit auch die der Studentenbewegung im allgemeinen – zu abstrakt ist, zu weit entfernt von den alltäglichen Problemen, in denen sich die gesellschaftlichen Widersprüche manifestieren. Das Vertauschen der eigenen *"sorgen mit denen / dieses jahrzehnts"* erhält vor diesem Hintergrund einen anderen Sinn und verweist auf die Aufgabe der konkreten Individualität, wie sie sich im Alltag manifestiert, zugunsten der abstrakten Theorien der Studentenbewegung, mit denen diese die Gesellschaft umgestalten wollte. Das *"sie"* aus *"soweit / haben sie mich"* könnte vor diesem Hintergrund auch auf jene Studentenführer hindeuten, die unter Absehung von den konkreten Individuen und ihrem Alltag gesellschaftliche Veränderungen herbeiführen wollten.

Die Schlußfrage – *"oder bin ich nicht weit genug?"* (15/16) – kann zum einen als Bestätigung dieses Zweifels angesehen werden und würde dann darauf verweisen, daß man nicht bei den abstrakten Theorien stehenbleiben darf, sondern diese auf einen konkreten Alltag übertragen muß. Zum anderen ließe sie sich aber auch so verstehen, daß das lyrische Ich sich – als Teil der Studentenbewegung – als nicht weit genug entfernt von einer Gesellschaft ansieht, die in gleicher Weise wie jene Solidarität nur in abstrakten Theorien konzipiert, statt sie in einem konkreten gesellschaftlichen Alltag zu erproben.

Das Gedicht betont insofern die Notwendigkeit der Einbeziehung des Individuums und seiner subjektiven Sicht der gesellschaftlichen Probleme in den Prozeß der Umgestaltung der Gesellschaft. Hieraus ergibt sich auch eine gewisse Nähe zu Dichtungstheorien, wie sie zur gleichen Zeit im anderen Teil Deutschlands in der von Georg Maurer bestimmten Dichterschule vertreten wurden.

SARAH KIRSCH
Grünes Land

Das Gedicht besteht aus drei Strophen zu je drei Versen, auf die jeweils eine zweizeilige Versgruppe folgt, die auch graphisch – per Einrückung – von dem übrigen Gedicht abgetrennt ist. Inhaltlich geht es um die Flucht des lyrischen Ich aus der Stadt hinaus aufs Land; dabei beschreiben die dreizeiligen Strophen jeweils vornehmlich den äußeren Gang der Ereignisse, während die zweizeiligen Strophen eher die damit zusammenhängende innere Entwicklung des lyrischen Ich wiedergeben.

In Strophe 1 wird zunächst die Tatsache des Fortgehens des lyrischen Ich aus der Stadt eingeführt. Die Anfangsworte – *"Wenn der Kuckuck ruft"* – erinnern dabei an Liebeslieder, in denen der Wanderer seine Liebste 'vor dem ersten Hahnenschrei' verläßt, was dem Fortgehen etwas Fluchtartiges, Plötzliches verleiht. Zugleich verfremdet das Gedicht jedoch auch das Motiv, auf das es anspielt, da der Kuckuck ja ein nachtaktives Tier ist. Demnach würde die Flucht also eher gegen Abend stattfinden, was die Ungewißheit ihres Ziels hervorhebt; der Verzicht auf Interpunktion gibt ihr zudem etwas Atemloses.

Der Eindruck einer Flucht aus der Stadt korrespondiert mit dem Sehnsuchtsmotiv, das in der Fügung *"bin ich weit"* (1) und der – in Verbindung mit *"Land"* (2) – beschwörend wirkenden Wiederholung des Adjektivs 'grün' anklingt. Diese verstärkt zudem die antithetische Stellung von *"Land"* zu *"Stadt"* (2), so daß letzterer unausgesprochen das Adjektiv 'grau' zugeordnet zu werden scheint. Daß die Lage des *'grünen Landes'* *"zwischen mir und der Stadt"* (2) besonders betont wird, läßt dieses zudem als eine Art 'Puffer' erscheinen, der das lyrische Ich vor der *"Stadt"* schützt. Hierzu paßt schließlich auch die Personifizierung des Flusses, zwischen dessen Arme das lyrische Ich ziehen möchte: Es sucht Geborgenheit in der Natur, möchte *"grünes Land"* zwischen sich und die Stadt legen und deren Einfluß auf seine Seele dadurch von sich abschütteln.

Eben dies scheint dem lyrischen Ich allerdings gründlich zu mißlingen: Auf dem Land weiß es nichts mit sich anzufangen – *"was tu ich"* (4) –, steht beziehungslos neben der Natur – *"ich fang keinen Fisch"* (4) – und versteht deren Sprache, angedeutet in den *"Stimmen der Krähen"* (5), nicht. Das 'Stadt-Denken' ist also offenbar noch so stark in ihm präsent, daß es nicht in die andersgeartete Welt 'auf dem Land' hineinfindet.

Freilich findet es dort auch nicht jene Freiheit vor, die es sich bei seiner Flucht erträumt hatte: Auch auf dem Land überwiegt der Eindruck einer von Menschen gestalteten, kontrollierten und – wie der Ausdruck *"gehaunes Gras"* (6) nahelegt – teilweise auch vergewaltigten Natur. Andererseits gibt es dort doch auch die von dem lyrischen Ich gesuchte Wildheit und Ursprünglichkeit, was in dem Gedicht durch den Verweis auf die *'gebogenen (…) Pferde'* (7) angedeutet wird. Das lyrische Ich hätte also durchaus die Möglichkeit, seinen Weltbezug unter dem Eindruck seines Landaufenthalts neu zu strukturieren; doch sind die wilden, ungebundenen Pferde für es *"gar nicht da"* (7), d.h. es nimmt die in Andeutungen noch vorhandene Ursprünglichkeit der Natur gar nicht oder nur in flüchtigen Augenblicken (8) wahr. Das Problem liegt also nicht nur in der fraglos gegebenen Unterwerfung der Natur unter den Willen des 'homo technicus', sondern auch in der durch dieses Handlungsprinzip schon strukturierten Wahrnehmung des lyrischen Ich.

Dementsprechend verleiht das lyrische Ich in dem folgenden Zweizeiler seiner Enttäuschung über die Flucht aus der Stadt Ausdruck. Der schmerzhafte Prozeß der Aufgabe jener Sicherheiten und Selbstverständlichkeiten in der Wahrnehmung, die das unhinterfragte Stadtleben immerhin bot – ausgedrückt in der Metapher von den *"beuligen Wegen"* (9) – wird der nicht erfüllten Sehnsucht gegenübergestellt.

Als Reaktion auf seine Enttäuschung zieht sich das lyrische Ich in die Einsamkeit zurück, wobei das *'Rauchen im Regen'* (11) sowohl als ein Zurückfallen in alte, 'städtisch'-unnatürliche Problembewältigungsmuster als auch im Sinne einer Konfrontation mit dem eigenen Schmerz verstanden werden kann. In dieser Einsamkeit nun taucht plötzlich ein *"Alter"* (12) auf. In seinem Erscheinungsbild nicht weiter spezifiziert, erinnert er an den 'alten Weisen', der in Märchen und Träumen den verirrten Wanderern den rechten Weg weist. Hierzu paßt auch, daß er *"übern Zaun"* (12) sieht, also das umgrenzte 'Stadt-Denken' des lyrischen Ich zu transzendieren scheint. Zudem schöpft er seine Sicherheit aus einem *"Brunnen"* (13), der seit jeher als Symbol für den Weg in die Tiefen der eigenen Seele bzw. ins eigene Unbewußte gilt und so auf den Weg zu geheimem Wissen verweist. Daß der *'Alte'* über einen **"eigenen**

Brunnen" verfügt, verweist darauf, daß er in sich gefestigt ist, sich selbst gefunden hat und hierdurch auch seine Wirklichkeitswahrnehmung individuell akzentuieren konnte.

Diese Begegnung nun führt zu einer deutlichen Veränderung in der inneren Gestimmtheit des lyrischen Ich (was darauf schließen läßt, daß der *'Alte'* innerpsychisch und somit als Chiffre für den Selbstfindungsprozeß des lyrischen Ich zu verstehen ist). Es hat jetzt sowohl eine Beziehung zu dem *"Land"*, auf dem es *"vierblättrigen Klee"* (15) anbauen möchte – mit dem es also 'sein Glück versuchen' will – hergestellt, als auch den Bezug zu anderen Menschen – angedeutet in der Du-Ansprache des Schlußverses, die zuvor nur im ersten Vers anzutreffen war – wiedergewonnen. (Diese kann freilich auch im Sinne einer Selbstansprache verstanden werden, wodurch sie auf die Entfremdung des lyrischen Ich von sich selbst in der Stadt hindeuten würde.)

Freilich deutet die Ellipse *"ich nichts"* (14) – die sowohl als 'ich habe nichts' als auch im Sinne von 'ich bin nichts' verstanden werden kann – darauf hin, daß der Selbstfindungsprozeß des lyrischen Ich noch nicht abgeschlossen ist. Entscheidend ist aber offenbar, daß letzteres überhaupt begriffen hat, daß es – wenn es der *"Stadt"* entfliehen will – zunächst sich selbst verändern muß, daß es also eine Erfüllung seiner Sehnsucht – an die der *'vierblättrige Klee'* in seiner konnotativen Nähe zur Blauen Blume der Romantiker ebenfalls erinnert – nicht mehr von der Natur selbst, sondern von einer Neustrukturierung seiner Wahrnehmung derselben erwartet.

Deutlich wird damit, daß die Entfremdung des lyrischen Ich von der Natur gleichbedeutend war mit seiner Entfremdung von sich selbst. Sein Leben in der *"Stadt"* (bzw. der modernen Industriegesellschaft) machte es ihm deshalb unmöglich, das Ausmaß der Bedrohung seines Lebens überhaupt zu erahnen: Der warnende Ruf des *'Kuckucks'* (1) wurde von ihm – wie auch von allen anderen 'Stadtbewohnern' – nicht wahrgenommen. Durch den in dem Gedicht nachgezeichneten Individuationsprozeß werden die bedrohlichen Alltagsstrukturen indessen verständlich: Sie werden 'lesbar' wie eine *"Zeitung"* (12), bzw. die täglichen Zeitungsberichte über den Alltag in der Welt werden erst jetzt in ihrer bedrohlichen Qualität wahrgenommen. Das lyrische Ich begreift, daß sich eine Katastrophe anbahnt, wobei deren genauer Charakter freilich in einem unbestimmten 'es' – *"Wenns losgeht"* (13) – verborgen bleibt.

Ob nun allerdings ein neuer Weltkrieg oder eine globale ökologische Katastrophe heraufzieht, ist im Zusammenhang des Gedichts auch nicht von entscheidender Bedeutung. Wichtig ist, daß beides auf die Entfremdung des Menschen von sich selbst und die damit einhergehende Entfremdung von der Natur zurückgeführt wird. Selbstsuche und Selbstfindung sind damit nämlich nicht nur die Voraussetzung für die Entwicklung von Utopien eines anderen, mit sich selbst und anderen versöhnten Lebens (auf die der *'vierblättrige Klee'* hindeutet); sie sind vielmehr selbst schon ein Stück gelebte Utopie.

THOMAS KLING
geschrebertes Idyll

Das Gedicht folgt in seinem äußeren Aufbau der Schilderung eines Grillabends in einer Schrebergartenkolonie, dessen einzelne Abschnitte es in sich abbildet. Die Untergliederung des Abends erfolgt in Anlehnung an die Einteilung von Gedichten in Strophen, wobei der Schlußvers eines jeden Abschnitts allerdings optisch jeweils genau an der Stelle endet, wo der Anfangsvers des folgenden Abschnitts beginnt, so daß die Strophen wie auseinandergerissene Fetzen eines zusammenhängenden Textes wirken. Dies entspricht auch ihrem Charakter als Momentaufnahmen aus einem größeren Gesamtbild.

Der erste Gedichtabschnitt (1–6) dient zunächst der Beschreibung des Grillvorgangs selbst und des mit ihm zusammenhängenden Essens und Trinkens. Es folgt die Schilderung einer Vorführung von Urlaubsdias (7–12), die von einer in direkter Rede gehaltenen Anspielung auf einen Mongoloiden, der sich kurzzeitig den Feiernden angeschlossen hatte (12/13), abgebrochen wird und in Andeutungen von Witzen und Angebereien mündet.

Abschnitt 3 (19–25) geht auf eine sexuelle Handlung ein, die abseits der Feier – im Keller des Schrebergartenhäuschens – erfolgt. Der vierte Abschnitt (26–34) – der zeitlich parallel zum dritten Abschnitt liegt (vgl. Vers 26: *"da draußen weiter horrorvideo"*), aber auch noch andauert, nachdem dieser abgeschlossen ist – berichtet von dem Ausklingen des Abends in Horrorvideos, Gesang, schmutzigen Witzen, chauvinistischen Äußerungen und dem Ausleeren des Magens in ein Stachelbeerbeet als krönendem Abschluß.

Das Gedicht setzt in einem verkürzten Perfekt ein, wie es für notizhafte Erinnerungen typisch ist, und scheint so von einem späteren Zeitpunkt aus auf den Grillabend zurückzublicken. Diesem Eindruck entspricht auch der Schluß des Gedichts (Vers 33/34), der den Stil des Anfangs wieder aufgreift. Auch an anderen Stellen – vgl. Vers 4 (*"reingezogn"*), 8 (*"durchgejagt"*), 20 (*"aufgemacht"*) – finden sich Partizipien ohne finite Verbform, so daß die Strukturierung des Abends in der Tat im Rückblick zu erfolgen scheint.

Andererseits ist das Gedicht an vielen Stellen im Präsens gehalten – vgl. Vers 3 (*"kommen"*), 14 (*"läppern sich"*), 28 (*"folgn"*) –, was den Schilderungen eine größere Unmittelbarkeit verleiht. Diese wird an einigen Stellen noch durch den Übergang zu direkter Rede gesteigert. Selbige wird dabei entweder durch einfache Anführungszeichen (Vers 1/2, 12/13, 33/34) oder durch Großschreibung (Vers 8/9, 29/30) gekennzeichnet, wobei letztere Markierungsform zugleich auf eine erhöhte Lautstärke der Äußerung hinzudeuten scheint. Daneben bilden auch die mit Ausrufezeichen versehenen Wendungen entweder direkt Ausrufe ab – vgl. *"mein lieber herr gesanxverein"* (16) – oder verweisen auf solche (vgl. Vers 15, 16, 23, 24).

In der Schilderung des Grillabends lehnt sich das Gedicht eng an Wortwahl und dialektale Besonderheiten der Sprache von Schrebergartenbesitzern im Ruhrpott – in ihrer Mehrzahl Arbeiter und Kleinbürger – an. Die Partizipien als Strukturierungsform des Gedichts lassen insofern darauf schließen, daß eine zu der Feier eingeladene Person selbst einer anderen später hiervon erzählt. Das verleiht dem Gedicht die Wirkung eines authentischen Berichts, die es freilich an vielen Stellen in verfremdender Weise durchbricht (vgl. u.a. Vers 11 – *"mallorcamild der mond"* – und Vers 27/28: *"wildschwäne-rausch / aus allermund"*). Dies ist Teil jener Strategie einer Demaskierung des sich hinter der Sprache und dem Tun der Feiernden verbergenden Denkens, die in dem Gedicht auch mit anderen Mitteln konsequent verfolgt wird.

Habitus und Sprachduktus* der beschriebenen Personen fängt das Gedicht sowohl über einen freien Umgang mit der Orthographie als auch über Wortspiele und onomatopoetische Elemente ein. Ersterer ermöglicht etwa die Wiedergabe der

---

*   **Sprachduktus**: Betonungsweise, Rhythmus eines Redeflusses; sprachliche Haltung

- in der Umgangssprache häufigen Abschleifung von Wortendungen
  – *"reingezogn"* (4), *"WERN"* (9), *"schein"* (12), *"ma"* (12), *"losgewordn"*
  (13) usw., die häufig einhergehen mit einer
- Kontraktion* von Worten: *"ausm"* (2); *"ersma"* (5); *"auffer"* (9);
  "ZÜKKTERS" (22);
- Lautverhärtungen, wie sie den Aussprachegewohnheiten der
  beschriebenen Personengruppe entsprechen: *"allseiz"* (10), *"gesichz-"*
  (10), *"gesanxverein"* (16), *"rettungxsanitäter"* (17).

Wortspiele finden sich u.a. in

- Vers 10: *"volle pulle"*, was sich im konkreten Fall wohl auf das
  'Durchjagen' der Dias bezieht, aber auch die Fortsetzung des in
  Abschnitt 1 angedeuteten Besäufnisses anklingen läßt;
- Vers 11/12: *"mallorcamild der mond / im quittenbaum"*, was – in der
  vordergründigen Andeutung von Dias über einen Urlaub auf
  Mallorca – zugleich den Werbejargon persifliert, der mit dem
  Massentourismus dorthin verbunden ist;
- Vers 16: *"männertreu"*, was auf eine in Schrebergartenkolonien
  häufige (weil billige) Pflanze anspielt, durch deren Kombination mit
  einem Ausrufezeichen jedoch auch an den altertümlichen Ausruf
  'meiner Treu!' erinnert und so – im Kontext der übrigen Ausrufe –
  wie eine Anspielung auf bestimmte Herrenwitze wirkt;
- Vers 17: *"ärmel hoch die fahnen"*, wobei *"hoch"* sowohl auf das
  Hochkrempeln von Ärmeln als auch auf das Hochziehen von Fahnen
  bezogen werden kann und so eine machohafte mit einer nationalisti-
  schen Handlungsweise verbindet.

Lautmalende Funktion haben folgende Worte und Wendungen:

- *"pappteller läppern sich"* (14) – erinnert an 'papperlapapp' und gibt so
  das inhaltslose Geschwätz der Runde wieder;
- *"ZÜKKTERS"* (22) – erinnert an das 'Zack' der Comic-Sprache und
  bildet so lautlich das angedeutete Hervorholen des männlichen
  Geschlechtsteils ab;
- *"BOHREGGWIPPMENT!"* (23) – 'Bohr-' klingt im Anschluß an *"DA
  ZÜKKTERS!"* (22) wie das umgangssprachlich als Ausdruck des
  Erstaunens gebrauchte 'Boa!';

---

* **Kontraktion**: Zusammenziehung

- *"wildschwäne-rausch"* (27) – deutet auf den emotionsgeladenen Inhalt der Lieder hin, die *"aus allermund"* (28) ertönen, und bildet deren Klang zugleich in dem sch-Laut ab;
- *"kräcker"* (29) – klingt im Anschluß an *"(glas ex)"* (29) wie ein Rülps-Laut.

Schließlich setzt das Gedicht auch die Zeilenbrechung geschickt als Mittel zur Erzielung zusätzlicher bedeutungsmäßiger Akzentuierungen ein. Dies gilt etwa für

- Vers 7, wo *"unerbittlich"* sowohl auf das in Abschnitt 1 erwähnte Essen und Trinken als auch auf das im zweiten Abschnitt angesprochene *'Durchjagen'* der Dias bezogen werden kann;
- Vers 21, wo *"hobby"* sowohl als erster Teil eines Kompositums ('Hobbykeller') – worauf *'keller'* als Anfangswort von Vers 22 verweist – als auch im Sinne einer Anspielung auf die im Keller hängenden *"pralineposter"* (22) verstanden werden kann;
- Vers 22, wo die Endstellung von *"DA ZÜKKTERS!"* zunächst auf das Herausholen des Penis hindeutet, ehe am Anfang von Vers 23 der Bezug zum *"BOHREGGWIPPMENT"* hergestellt wird;
- Vers 26/27, wo die Trennung von *'gegröhltes'* in *"g / gröhltes"* das Stammeln der Betrunkenen nachbildet;
- Vers 29, wo *"WER HAT DEN SCHÄRFSTEN"* isoliert betrachtet als sexuelle Anspielung verstanden werden kann, was zugleich auf die schlüpfrigen Zweideutigkeiten der in solchen Runden üblicherweise zum Besten gegebenen Witze verweist.

Das Gedicht zeigt die Schrebergartenkolonie als eine Welt, in der sich hinter der Maske wohlanständiger, von *"rührseligkeitn"* durchsetzter Bürgerlichkeit ein hohes Potential an Gewalt verbirgt. Dieses zeigt sich dabei bereits in der gewaltsamen Art, in der alltägliche Handlungen ausgeführt werden: Nahrung und Getränke werden nicht 'zu sich genommen', sondern *"reingezogn"* (4), *"urlaubsdias"* werden nicht gezeigt, sondern *"durchgejagt"* (8). Ebenso gewalttätig wirken die in Abschnitt 3 beschriebenen sexuellen Aktivitäten, die in einer Reihe stehen mit dem *"BOHREGGWIPPMENT"* (28), zu dessen Benutzungssphäre auch die Fügungen *"DA ZÜKKTERS!"* ('Zack!') und *"mit / karacho"* (23/24) zu gehören scheinen. Schon in ihren Alltagshandlungen sind die in dieser Welt lebenden Personen also *"unerbittlich"* (7).

Welche Auswirkungen dies auf die Einstellung zu anderen Menschen hat, zeigt das Gedicht in den Aussprüchen in Vers 12/13, die wie nebenbei die erfolgreiche Vertreibung eines geistig Behinderten von der Party vermelden. Ebenso beiläufig werden – direkt neben dem rührseligen Gesang – die *"schwulenwitzchen"* (28) erwähnt, die offenbar einen festen Bestandteil der Unterhaltungskultur dieser Welt darstellen. Der Eindruck der Rücksichtslosigkeit, der sich in den Anfangsversen aufgedrängt hatte, bestätigt sich also: Für Außenseiter ist in dieser Welt kein Platz; auch in diesem Sinne ist sie *"unerbittlich"*.

Gewaltsam sind schließlich auch die Hobbys, die in dieser Welt üblich sind. Man bohrt mit seinem *"BOHREGGWIPPMENT"* herum und schaut sich *'horrorvideos'* (26) an, was wiederum entsprechend zurückwirkt auf die sonstige gewaltsame Art, mit der man sich durch seinen Alltag bewegt. Eben hierauf deutet das Nebeneinanderstellen der erwähnten Hobbys einerseits und der sexuellen Aktivitäten andererseits in Abschnitt 3 und 4 hin. Letztere erhalten zudem etwas ausgesprochen Schmutziges, indem sie in einem Atemzug mit *"kompottglas"* (20) und *"kartoffelmuff"* (21) genannt werden; auch die *'ketschupfinger'* (23), mit denen *"in irgendeinen feuchtn neilon- / slip"* (24/25) eingedrungen wird, fügen sich nahtlos in dieses Bild. Zu letzterem paßt schließlich auch, daß die sexuellen Aktivitäten in einen *"keller"* (22) abgedrängt erscheinen. Das minderwertige Ausleben des Sexualtriebs und die schmutzigen Phantasien, in denen er sich – angedeutet in dem *"pralineposter an der wand"* (22) – äußert, entsprechen offenbar seiner sonstigen Verdrängung.

Die gesamtgesellschaftlichen Gefahren, die weit über den eng umgrenzten Kreis der Schrebergartenkolonie hinaus von Menschen mit einer so strukturierten Psyche ausgehen, führt das Gedicht am Schluß (Vers 29–32) mit aller Deutlichkeit vor Augen. In Großbuchstaben – die die Lautstärke und damit auch die Rücksichtslosigkeit der Sprecher hervorheben – wird zunächst eine Frage gestellt, die scheinbar auf ein belangloses Wetteifern hindeutet; schon die Zeilenbrechung, die *"SCHÄRFSTEN"* (29) besonders hervorhebt, zeigt dabei allerdings, daß es weniger um den Inhalt des Wetteiferns als vielmehr um dieses selbst – im Sinne einer bestimmten Lebenseinstellung – geht. Die zweite, vollends inhaltsleere Frage (wenn man sie nicht auf Kinderlieder oder auf die Redewendung 'seine Schäfchen im Trockenen haben' beziehen will) unterstreicht dies, und die dritte Frage zeigt schließlich, was die Folge eines solchen 'Superlativ-Denkens' ist bzw. was man als übergeordneten Superlativ zu *"SCHÄRFSTEN"* und *"SCHÖNSTEN"* (30) zu ergänzen hat: 'am stärksten' nämlich.

Die Frage, *"wer / (...) das Ghetto bombardiert"* (31/32) hat, läßt nun auch die Organisiertheit der Schrebergärtner in diversen Vereinen – auf Gesangsvereine, Rettungsdienste und Skatverein spielen Vers 16 und 17 an – in einem besonderen Licht erscheinen, zumal vor dem Hintergrund mancher nationalistischer Tendenzen in diesen, auf die das Gedicht in der Wendung *"hoch die fahnen"* (18) anspielt. Und auch die rührseligen Gesänge und das abendliche Grillen sieht man plötzlich auf einer Linie mit der von Gitarrenklängen untermalten Lagerfeuerromantik der Nationalsozialisten.

Durch die isolierte Stellung des Fragepronomens *"wer"* erhält die dritte Frage der Reihe zudem rhetorischen Charakter, was man als Stolz auf die eigene Stärke, aber auch als von außen in die Fragereihe hereingetragene Kritik verstehen kann. In jedem Fall erfährt sie hierdurch eine besondere Betonung. Die offenbar auf die Vernichtung des Warschauer Ghettos durch die deutsche Wehrmacht im Jahr 1943 anspielende Frage leistet dabei zweierlei: Sie zeigt, wohin deutsche Großmannssucht in der Vergangenheit schon geführt hat, und sie verdeutlicht – indem sie die Frage in eine Reihe stellt mit den anderen Diskriminierungen, auf die das Gedicht anspielt –, daß dieselbe Mischung aus Anpassung und Gewalttätigkeit gegenüber Minderheiten, die für den Nationalsozialismus kennzeichnend war (und der auf der sexuellen Ebene die Gleichzeitigkeit von Verdrängung und schmutzigen sexuellen Phantasien entspricht), auch heute noch in den gesellschaftlichen Strukturen fortwirkt.

URSULA KRECHEL
Jetzt ist es nicht mehr so

In sieben Strophen setzt sich das Gedicht mit der vergangenen Studentenbewegung auseinander. Die ersten sechs Strophen beginnen jeweils mit der Fügung *"Jetzt ist es nicht mehr so"*, wodurch angezeigt wird, daß sich der Blick aus der Jetzt-Zeit in die Vergangenheit richtet. Die refrainartige Wiederholung der Worte verleiht der Zuweisung des Geschilderten zur Vergangenheit etwas Apodiktisches, was man als Bedauern oder Genugtuung hierüber verstehen kann, in jedem Fall aber von einem emotionalen Bezug zu dem Geschilderten zeugt. Dementsprechend schließt sich das lyrische Ich in die Gruppe der einstigen Akteure – als *"wir"* – auch ausdrücklich mit ein. Die siebte Strophe bezieht sich auf die Gegenwart und zeigt, wie sich die Handlungsweisen des *"wir"* im Vergleich zu damals gewandelt haben.

Der Rückblick auf die Studentenbewegung setzt in Strophe 1 mit einer relativ nüchternen Beschreibung des Alltags der damaligen Studierenden ein, erhält dann jedoch eindeutig kritische Züge. Vor deren Hintergrund scheint auch in der ersten Strophe ein Zweifel über den Sinn all der vielen Demonstrationen und Aktionen mitzuschwingen, durch die man seinerzeit gehetzt war. So wirkt die Schilderung der Aktivitäten der Studenten geradezu so, als seien diese vor etwas auf der Flucht gewesen, als hätten sie Angst gehabt vor dem 'Nach-Hause-Kommen' (4), verstanden im Sinne eines Zu-Sich-Kommens.

Die übrigen Strophen zeigen uns die Studenten als

- siegesgewiß: Sie waren davon überzeugt, ihre revolutionären Ideen *"jetzt oder später"* (10) in die Realität umsetzen zu können;
- ungeduldig: Sie gingen *"mit Köpfen durch die Wände"* (22) – wobei der Ausdruck auch als Kritik an der Kopflastigkeit der Bewegung verstanden werden kann;
- uniform bis in Haarschnitt und eine bestimmte Art des Lachens hinein, durch das man einander als *"Genossen"* (12) erkannte – was den Sozialismus auf eine bloße Mode reduziert erscheinen läßt;
- selbstgerecht: Wer die entsprechenden Moden mitmachte, erlebte dies wie ein bestätigendes 'Schulterklopfen' (14) für seinen Anspruch, ein Welterneuerer zu sein;
- utopistisch: Die Zugehörigkeit zur Studentenbewegung wurde empfunden wie die Teilhabe an einer religiösen Bewegung, die der Menschheit das Heil bringt (17/18);
- besserwisserisch: Das elitäre Gefühl der Zugehörigkeit zu einer Gruppe von Auserwählten führte dazu, daß man sich über jeden Zweifel erhaben wähnte (19/20), Antworten wußte auf noch nicht gestellte Fragen (23) und allen anderen sagen zu können meinte, wie sie sich zu verhalten hätten (27–30);
- schemahaft in ihrem Denken: Die Kenntnis von äußerlichen Kennzeichen der Persönlichkeit – wie sie in den Bezeichnungen *"Hausbesitzer"* (30) und *"Arbeiter"* (27) zum Ausdruck kommen – erschien ausreichend, um den Charakter eines Menschen zu erkennen und ihm Vorschläge zu einer Veränderung seiner Persön-

lichkeit zu unterbreiten; damit einher ging eine stereotype Wahrnehmung und Einteilung von Menschen, wie sie in dem Verweis auf die *"Mütze"* (28) des Arbeiters angedeutet wird.

Die Ironie, von der die Ausdrucksweise in den einzelnen Versen getragen ist (so etwa in der messianischen Wortwahl in Strophe 4 oder in der hyperbolischen Beschreibung des schemahaften Denkens der Studenten in Strophe 6), läßt sich – da ja das lyrische Ich sich selbst in den Rückblick miteinbezieht – zum einen als Selbstironie verstehen. Die Aktivitäten der Studentenbewegung würden dann wie mit dem Schmunzeln des Ältergewordenen betrachtet, der sich über den weltverbesserischen Aktionismus seiner eigenen Jugend lustig macht. Andererseits wird hierdurch der politische Charakter der Studentenbewegung bis zu einem gewissen Grad entwertet, indem letztere so nur noch als eine besondere Äußerungsform der Pubertät erscheint.

An einigen Stellen wird der Studentenbewegung zudem ganz dezidiert die politische Effektivität abgesprochen. So werden die Plakate und Aushänge, durch den der Studentenprotest seinerzeit allgegenwärtig war, in Vers 25 mit Schleimspuren von Schnecken verglichen. Dem eigenen Anspruch der Studentenbewegung, im Eiltempo eine neue Gesellschaft zu errichten, wird also ihr faktisches Auf-der-Stelle-Treten bzw. die kaum wahrnehmbare Bewegung in der Gesellschaft, die von ihr ausgegangen sei, gegenübergestellt.

Hinzu kommt, daß die einzelnen Eigenschaften, die als typisch für Mitglieder der Studentenbewegung ausgewiesen werden, einander teilweise selbst widersprechen. So diskreditiert etwa die eigene Uniformität den Anspruch, die Menschen aus gesellschaftlichen Abhängigkeitsstrukturen befreien zu wollen: In Wahrheit waren die Studenten selbst unfrei. Ebenso konterkariert ihr besserwisserischer Habitus* ihr vorgebliches Ziel, solidarischere Gemeinschaftsstrukturen schaffen zu wollen: Sie blickten ja selbst auf alle herab, die ihre Meinung nicht teilten.

So scheint es logisch, daß ehemalige Mitglieder der Studentenbewegung sich heute schämen, wenn sie von einstigen *"Genossen"* an ihre Jugendsünden erinnert werden. Man erspart sich dies deshalb gegenseitig, zumal *"wir(...) uns verändert haben"* (15) könnten – wobei offen

---

* **Habitus**: Gesamtheit der – oft schichtspezifisch ausgeprägten – Verhaltensweisen einer Person, die für ihre Selbstdarstellung gegenüber anderen Menschen kennzeichnend sind

bleibt, welche Furcht hier überwiegt: die vor der Konfrontation mit den Anpassungstendenzen anderer oder die vor dem eigenen Ertapptwerden bei Kompromissen mit dem einst so verhaßten System.

In welche Richtung die Veränderungen der ehemaligen Studenten gehen, wird in der Schlußstrophe des Gedichts angedeutet. Sie trägt alle Anzeichen des Erwachens aus einem Rausch, als der die Studentenbewegung ja auch bereits in der ersten Strophe dargestellt worden war. So werden die ehemaligen Studenten nun als in ihren Betten liegend sowie als *"verschwitzt, aber kalt bis in die Zehen"* (was an Symptome von Entzugserscheinungen erinnert) dargestellt (32/33). Auch haben sie *"plötzlich Zeit / zu langen Diskussionen"* (31/32), d.h. der hektisch-gedankenlose Aktionismus jener Jahre liegt nun endgültig hinter ihnen. Hierzu paßt auch das *"Weiße / in unseren Augen"* (34/35), das die Studenten erst jetzt entdecken. Es erinnert an die verdrehten Augen Verstorbener und deutet so auf die Bewußtwerdung der eigenen Vergänglichkeit hin, die man im Rausch der Studentenbewegung nicht wahrnehmen konnte. Zugleich läßt sich dies auch als Anspielung auf die ideologischen Heilserwartungen verstehen, in denen für das Bewußtsein von der eigenen Sterblichkeit kein Platz war.

Entscheidend aber ist, daß die Wir-Gemeinschaft der ehemaligen Studenten nun – wie der Plural *"in den Betten"* nahelegt – offensichtlich zerbrochen ist. Aus der Öffentlichkeit ihrer gemeinsamen Aktionen sind sie 'zu sich selbst' – dorthin, wohin sie (wie die erste Strophe gezeigt hat) früher nie wollten – zurückgekehrt. Ihr Erschrecken ist demnach ein doppeltes Erschrecken über sich selbst: zum einen über den Rückzug ins Private, den sie früher stets verdammt hatten, und zum anderen darüber, daß von all ihren Aktionen nur eine große Leere – das *"Weiße in ihren Augen"* – zurückgeblieben ist.

KARL KROLOW
Robinson I

Das Gedicht zerfällt in fünf Teile, deren letzter als eigene Strophe von den übrigen Versen abgetrennt wird. Es zeigt in den ersten vier Versen den Versuch des lyrischen Ich, eine Beziehung zu der Welt außerhalb seiner selbst herzustellen ('Schiffe zu fangen'). Die folgenden vier Verse berichten von anfänglichen Erfolgen bei diesen Versuchen, die jedoch in Vers 9 bis 13 als kurzlebig gekennzeichnet werden. Vers 13 bis 17 berichten von Benennungsversuchen des lyrischen Ich, die einen Ausweg aus dieser Situation weisen sollten, jedoch ebenfalls fehlschlugen. Die – gegenüber dem Präteritum des übrigen Gedichts – im Präsens gehaltenen Schlußverse deuten eine Art Verselbständigung der Worte an, über die das lyrische Ich zu verfügen meinte (Vers 18 bis 20).

Das paradoxale Bemühen, ein Schiff mit der Hand zu fangen, weist bereits in Vers 1 darauf hin, daß es sich nicht um echte Schiffe handeln kann, sondern daß diese in dem Gedicht vielmehr für den Versuch des lyrischen Ich stehen, Kontakt mit seiner Umwelt aufzunehmen. Zugleich deutet das Bild vom Schiffsfang mit der bloßen Hand auf die Untauglichkeit eines solchen Versuchs hin. Dieser Eindruck verstärkt sich noch durch die Fügung *"mit der bloßen Faust"* (3), die den Bemühungen etwas Gewaltsames gibt. Auf diese Weise kann man, wie Vers 8 hervorhebt, vielleicht *"Forellen"* fangen, also elementare Bedürfnisse befriedigen, nicht aber das Verhältnis zu seiner Umwelt strukturieren. Folgerichtig erleidet das lyrische Ich hierbei auch 'Schiffbruch'.

In Vers 13/14 wird die Einsicht in die Untauglichkeit der bisherigen Annäherungsversuche an die Umwelt formuliert: *"Man muß / mit Schiffen zart umgehen"*. Stattdessen erfolgt die Auseinandersetzung mit der Umwelt nun im Medium spezieller Benennungen. Dies läßt sich entweder so verstehen, daß die früheren Umweltkontakte grobsprachlicher Natur waren oder daß sie gar nicht im Medium der Sprache erfolgt sind. Jedenfalls erweist sich auch diese vermeintliche Brücke zur Umwelt als Sackgasse, da das lyrische Ich in den Benennungen nur sich selbst wiedererkennt *("Sie lauteten immer / wie meiner"*, Vers 16/17). Wie am Anfang, so steht deshalb auch am Ende des Gedichts ein Paradoxon, da ja die *"Gesellschaft"* von *'Worten'*, die nur das Wesen des Sprechers zum Ausdruck bringen, einer 'Gesellschaft mit sich selbst' gleichkommt.

Hoffnungsvoll stimmt dabei paradoxerweise zunächst gerade die Tatsache, daß die Worte als *"ungehorsam"* (19) bezeichnet werden. Denn dies kann zwar einerseits bedeuten, daß diese – entgegen dem Willen des lyrischen Ich – nicht als Brücke zur Umwelt taugen. Andererseits zeugt dieser Ungehorsam aber auch davon, daß die Worte außer dem lyrischen Ich auch noch anderen Individuen gehören und daß selbiges – als Teilhaber an ersteren – über sie zugleich auch mit der Gesamtheit aller anderen Nutzer der Worte verbunden ist.

Bei genauerem Hinsehen ist diese Form des *'Ungehorsams'* der Worte für das lyrische Ich allerdings noch viel prekärer als die erstgenannte. Denn hier entspricht ihr Ungehorsam dem Charakter von Sprache als

318

dem Medium, in dem die Prozesse der Wirklichkeitsdeutung eines Volkes ihren Niederschlag finden. Das Individuum, das sie neu erlernt, wird damit hierbei stets auch mit einer bestimmten Wirklichkeitsdeutung konfrontiert, die es nur partiell überwinden kann. Gleichzeitig ist die Sprache jedoch auch – als Medium der individuellen geistigen Entwicklung eines Menschen – das entscheidende Konstituens der Individuation. Sie wird also in gleichem Maße individuell erfahren, wie sie gesellschaftlich vorgeprägt ist. Auch einzelne Worte sind demnach – auch wenn sie von dem Individuum als ureigenster Besitz erfahren werden – nie vollständig unter den Willen eines einzelnen subsumierbar und sind ihm in diesem Sinne 'ungehorsam'.

Krolows Gedicht könnte so als Abbild der phylogenetischen Sprachentwicklung aufgefaßt werden – von der nicht-sprachlichen über die grobsprachliche zur feinsprachlichen Auseinandersetzung mit der Umwelt –, wobei es den damit einhergehenden Vergesellschaftungsprozeß von Wirklichkeitsdeutung besonders akzentuieren würde. Die Vereinzelung von *'Robinson'* widerspricht einer solchen Deutung nur scheinbar. Denn indem dieser den *"Ungehorsam"* der Worte noch abseits jedweder Zivilisation erfährt, bestätigt er gerade den per se* vergesellschaftenden Charakter von Sprache, der nicht von der konkreten Anwesenheit von Menschen abhängt. Freilich spiegelt sich in der Thematisierung des prekären Verhältnisses von Sprache und Individuum auch die Auflehnung des modernen Dichters gegen das ureigenste Medium seiner Kunst, dessen Tauglichkeit für originäre Wirklichkeitsdeutungen zunehmend in Frage gestellt wird. *'Robinson'* wäre in diesem Sinne eine Chiffre für die fortschreitende Vereinsamung des modernen Dichters, der entweder nicht mehr auf den Wahrheitsgehalt seiner Botschaften vertraut oder diese – wie die Vertreter der *hermetischen Lyrik* – so weit verschlüsselt, daß sie nur noch wenigen verständlich sind.

MICHAEL KRÜGER
Um 1750

Das Gedicht ist in zwei Strophen zu je sechs Versen untergliedert. In der ersten Strophe wird ein Stilleben beschrieben, das als gleichbedeutend

---

* **per se**: von sich aus, in sich selbst begründet

mit der *"Wahrheit"* (2) gekennzeichnet wird. Die zweite Strophe beschreibt die Wirkung, die das Stilleben auf den Betrachter ausübt. Dieser wird als 'Du' bezeichnet, was sowohl im Sinne eines Selbstgesprächs des lyrischen Ich als auch im Sinne einer direkten Ansprache an den Leser verstanden werden kann.

Der erste Vers setzt unmittelbar mit der Skizzierung des Stillebens ein, so daß der Leser von Anfang an die Blickrichtung des lyrischen Ich nachvollziehen kann. Daß es sich um ein Gemälde handelt, ist allerdings nur aus dem Titel des Gedichts ersichtlich; ohne diesen ließe sich die Aufzählung auch als auf real vorhandene Dinge bezogen denken. Diese Assoziation greift auch Vers 4 auf, der auf die Ausstellung von Museumsstücken in Schaukästen anspielt.

Bereits in der zweiten Hälfte von Vers 2 wird das Stilleben direkt mit der *"Wahrheit"* gleichgesetzt, was – zumal in der Verbindung mit *"Küchengerät"* (2) – zunächst als unangemessene Verallgemeinerung erscheint. Die *"Wahrheit"* ist demnach für das 'lyrische Du' ebenso unerreichbar wie hinter einem *"Schaukasten"* verschlossene Museumsstücke: Sie ist *"unberührbar"*, obwohl sie 'mit Händen zu greifen' zu sein scheint. Eben dies scheint den Betrachter fast *"verrückt"* (8) zu machen, so daß er sich von dem Gemälde abwenden muß. Daß er *"wie ein Dieb"* (9) von ihm fortläuft, könnte man mit der *"Stille"* (11) in Verbindung bringen, die – als Auswirkung des Stillebens – noch immer in ihm präsent ist und die dann sozusagen als ein Teil desselben erschiene, der von ihm gestohlen worden ist. Hierzu paßt auch, daß sie ihm *"laufend aus dem Herzen hüpft"* (12), wie etwas, daß ihm eigentlich gar nicht gehört.

Das Gedicht erscheint somit zunächst als Rückblick auf eine Zeit, zu der die Wirklichkeit noch nicht so komplex war wie heute bzw. noch nicht in ihrer ganzen Komplexität wahrgenommen wurde. Vers 3 läßt sich dann einerseits so verstehen, daß hierdurch die Wahrnehmung der 'ungeteilten' (3) Einheit des Seins, also seiner *"Wahrheit"*, leichter möglich war und so auch die religiösen Systeme, die jene für den Menschen deuteten, noch ungeteilte Aufmerksamkeit beanspruchen konnten. Andererseits deutet der Ausdruck *"versammelt"* (3) auch darauf hin, daß die geringere Komplexität des Wahrzunehmenden und Wahrgenommen eine innere Sammlung bzw. eine Konzentration auf das Wesentliche – die *"Wahrheit"* – eher möglich machte und diese für die Menschen deshalb eine größere Evidenz besaß als heute.

Die von dem Gemälde ausstrahlende *"Stille"* wäre vor diesem Hintergrund als äußerer Eindruck jener inneren Sammlung zu verstehen. Daß sie dem Betrachter des Stillebens *"aus dem Herzen hüpft"*, läge daran, daß die äußeren und innerpsychischen Bedingungen für eine solche kontemplative Versenkung in sich selbst heute nicht mehr gegeben sind. An die Stelle der inneren Ruhe dessen, der sich in der *"Wahrheit"* aufgehoben fühlt, wäre der Eindruck von Totenstille getreten, der bei jenen entsteht, die sich von ersterer ausgeschlossen fühlen. Daß dem Betrachter des Stillebens die Stille *"aus dem Herzen hüpft"*, wäre dann ebenso als Ausdruck für den Verlust jener Seinsgewißheit als auch als Bild für das angstvolle Pochen seines Herzens, das ihn angesichts seiner inneren Leere befällt, zu verstehen.

Eine andere Deutung des Gedichts ergibt sich, wenn man den Titel nicht als Angabe zur Entstehungszeit des Stillebens, sondern als Hinweis auf die Zeit, zu der sich das in dem Gedicht beschriebene Geschehen abspielt, liest. Dann erschiene das Gedicht als Anspielung auf die rationalistischen Versuche, die Wahrheit aus ihren metaphysischen Begründungszusammenhängen zu befreien. Die Zeitangabe ist hierfür insofern symptomatisch, als sich *"um 1750"* diese Versuche – in der Entwicklungsdynamik der *Aufklärung* – einerseits ihrem Höhepunkt näherten, andererseits aber noch nicht zu einer Entzauberung der metaphysischen Wahrheitskonzepte auf breiter Front – die erst im Gefolge der Industrialisierung eintrat – geführt hatten.

In dieser Sichtweise wäre der Betrachter des Stillebens mit jenen rationalistischen Forschern und Philosophen zu identifizieren, die die Wahrheit des Seins aus dessen materieller Beschaffenheit statt aus einer wie auch immer gearteten metaphysischen Bestimmung ableiten wollten. Dementsprechend banal sind denn auch die Dinge, auf die sie ihre Aufmerksamkeit richten. Das Bild des Stillebens weist zwar darauf hin, daß sie noch *"ungeteilt"* vor ihnen *"versammelt"* sind – also noch in einer metaphysischen Seinsbestimmung aufgehoben sind –, doch wird in der Nennung der einzelnen Dinge zugleich angedeutet, daß diese nun einer Einzelanalyse zugänglich gemacht werden sollen. Der *"Schaukasten"* läßt in diesem Zusammenhang an die isolierte Betrachtung von Dingen zum Zwecke ihrer besseren Erkenntnis – etwa unter dem Mikroskop – denken. Auch daß die Wahrheit als noch *"unberührt"* (6) bezeichnet wird, fügt sich in dieses Bild.

Die zweite Strophe würde dann auf das (innerpsychische) Ergebnis der rationalistischen Seinsanalyse hindeuten. Zwar konnte letztere einen Eindruck von der Komplexität des Seins vermitteln, doch führte dies nicht zu einer neuen Synthese der einzelnen Elemente, sondern lediglich zu einer Vielzahl isolierter Erkenntnisse (und in diesem Sinne zu einer 'Teilung' der zuvor *ungeteilten* Wahrheit). Diese jedoch sind für den Betrachter unerträglich, da sie nicht mehr in einer übergeordneten Einheit aufgehoben sind und so das Sein für ihn unüberschaubar machen. Er fühlt sich deshalb in diesem nun verloren statt geborgen.

Daß der Betrachter *"wie ein Dieb"* von dem Schaukasten fortläuft, läßt sich dann im Sinne einer Zerstörung der früheren Einheit des Seins verstehen. Wenn die *"Wahrheit"* – scheinbar im Widerspruch hierzu – als *"unberührbar"* bezeichnet wird, so weist dies darauf hin, daß sich die Zerstörung auf einer innerpsychischen Ebene abgespielt hat: Nur der Mensch ist aus dem Paradies der alten Einheit vertrieben worden, während diese als solche immer noch Bestand hat. Sie ist jetzt jedoch für die Menschen nicht mehr direkt erfahrbar, sondern nur noch wie ein vergangener Zustand zu betrachten. Die hiermit zusammenhängenden Gefühle offenbart das Gedicht, wenn man es in erstgenannter Weise deutet, so daß sich die beiden Deutungsebenen als komplementäre Beschreibungen ein und desselben Sachverhalts erweisen.

KLAUS VON KÜLMER
Heute wie damals

Das Gedicht spricht in den ersten beiden Strophen zunächst vier Voraussetzungen für die Entstehung von Kriegen in der modernen Industriegesellschaft an. Die Darstellung einer Voraussetzung erstreckt sich jeweils auf zwei Verse, wobei der Kreuzreim* auch Verbindungen zwischen den einzelnen Voraussetzungen nahelegt. Strophe 3 zieht die Schlußfolgerung aus der Darstellung der Kriegsvoraussetzungen.

Die Kriegsvoraussetzungen verbergen sich in den Fügungen *'mechanische Sprechmaschinen'* (Vers 1), *'Schwarzbefrackte'* (3), *'offiziöse Organe'* (5) und *'bombengespickte Äroplane'* (7). Vers 1, 5 und 7 sind dabei relativ eindeutig als Anspielungen auf Massenversammlungen bzw. -aufmärsche, Propaganda und modernes Kriegsgerät zu dechiffrieren. Schwieriger ist es mit Vers 3, der wohl allgemein auf die Rolle der scheinbar wohlanständigen Mächtigen (Politiker, Wirtschaftsbosse etc.) bei der Kriegsvorbereitung hindeutet.

---

* **Kreuzreim**: Reim, der dem Schema 'abab' folgt

Die dritte Strophe spricht noch einmal explizit aus, was in den vorangegangenen Strophen nur angedeutet wurde: *"die Parole heißt immer noch Krieg!"* Die Wahrscheinlichkeitsrechnungen, mit denen die Minister die Möglichkeit eines militärischen Sieges auch im Atomzeitalter beweisen wollen, werden dabei durch das – mit *'neu'* alliterierende – Adjektiv *'nett'* der Lächerlichkeit preisgegeben.

Die These, daß auch nach Ende des Zweiten Weltkriegs alle Bedingungen für den erneuten Ausbruch eines Krieges gegeben sind, unterstreicht das vorwiegend daktylische Gedicht durch die jeweils zweimalige Wiederholung der Fügung *"heute wie damals"* in den beiden ersten Strophen. In Vers 2 und 8 wird die Fügung darüber hinaus durch eine Zäsur an ihrem Anfang besonders hervorgehoben. In der dritten Strophe wird die Fügung nur einmal aufgeführt, erscheint dafür jedoch gleich am Anfang. Auch an anderen Stellen des Gedichts wird der Rhythmus gezielt zur Aussageverstärkung eingesetzt – so wird etwa bei der Alliteration *"neuen, netten"* (Vers 11) ebenfalls von dem daktylischen Grundmetrum abgewichen.

Bei der Abfassung seines Gedichts mag von Külmer den sich entwickelnden Kalten Krieg im Sinn gehabt haben. Dieser stand freilich 1947 noch ganz am Anfang und fand erst in der *Berlin-Blockade* (1948/49) und in dem 1950 ausgebrochenen *Koreakrieg* seine ersten Höhepunkte. Die *"netten Wahrscheinlichkeitsrechnungen"* (11/12) über die Möglichkeiten eines militärischen Sieges lassen an die Bomben von Hiroshima und Nagasaki und das darauffolgende atomare Wettrüsten denken, mit dem die beiden Supermächte Sowjetunion und USA einander in die Knie zwingen wollten.

KURT KÜTHER
Tote Zeche

In vier Strophen von unterschiedlicher Länge (3, 4, 2, 4 Verse) beschreibt das Gedicht das äußere Erscheinungsbild eines stillgelegten Bergwerks. Die ersten beiden Strophen evozieren zunächst die Arbeit in einer Grube, die durch insgesamt sieben Substantive skizziert wird. Deren Verbindung mit Negationsformen – die in Strophe 1 in der Form einer Anapher aneinandergereiht werden – unterstreicht den Verlust, den die Stillegung des Bergwerks bewirkt hat. Darüber hinaus sind von den sieben Substantiven vier (*"Wagenprellen"*, *"Dampfgezisch"*, *"Schacht-*

signal", "*Nagelschritt*", indirekt auch "*Räderspiel*") mit bergwerkstypischen Geräuschen verbunden, so daß die Negationen in besonderem Maße den lautlichen Aspekt des Begriffs 'Still-Legung' betonen.

Strophe 3 führt diesen Gedanken in Vers 8 ("*Nur Stille*") explizit aus und weist – in einer durch Wiederholung ("*und Rost und Rost*") verschärften Akzentuierung – zudem auf den allmählichen Zerfall hin, der sich des stillgelegten Bergwerks bemächtigt. Die vierte Strophe schließlich stellt dem "*Seiltanz*" (3) früherer Jahre den gegenwärtigen "*Totentanz*" (10) der Mücken gegenüber.

Die Darstellung der Arbeit im Bergwerk stellt sich somit bei Küther fundamental anders dar als bei Max von der Grün. Standen bei letzterem die Gefahren und Belastungen im Vordergrund, die mit der Arbeit unter Tage verbunden sind, so erscheint diese bei Küther als etwas Heiteres und Unbeschwertes ("*Räderspiel*", "*Seiltanz*"). Dies könnte man mit der verklärenden zeitlichen Distanz zu der Tätigkeit im Bergwerk erklären, aus der der Betrachter auf dieses zurückschaut. Hinzudenken muß man sich aber wohl auch die Arbeitslosigkeit, in die er durch die Zechenstillegung hineingeraten ist. Den Stillstand, der hierdurch in seinem Leben eingetreten ist, assoziiert er mit der Stillegung der Zeche, deren früheres 'Leben' ihm – was auch die Metaphern in Strophe 1 nahelegen – insofern wie ein Abbild seiner eigenen früheren Lebendigkeit erscheint. Auch könnten die – trotz aller Belastungen und Gefahren – positiven Aspekte der Tätigkeit in der Zeche – wie insbesondere die Eingebundenheit in das soziale Kollektiv der anderen Kumpel – sich erst im Rückblick in ihrer Bedeutung für ihn enthüllt haben und ihm das vergangene Arbeitsleben dann angenehmer erscheinen lassen, als es in Wirklichkeit war.

GÜNTER KUNERT
Ikarus 64

In seinem Gedicht bezieht sich Günter Kunert auf den Mythos von *Ikarus*. Schon der Titel des Gedichts macht allerdings deutlich, daß es sich hier um einen 'modernen' *Ikarus* handelt, einen, der im Jahr 1964 zu "*fliegen*" versucht. Damit wird von vornherein die Aufmerksamkeit auf die politisch-gesellschaftlichen Umstände dieser Zeit gelenkt, die in Verhältnis gesetzt werden zu den 'Flugmöglichkeiten' des einzelnen.

Diese erscheinen so als ein Bild für Ungebundenheit und persönliche Freiheit.

Das Gedicht ist in vier Strophen unterteilt, die durch ihre Numerierung den Charakter von kleinen Kapiteln erhalten und so wie Teile einer Rede wirken. Die Strophenlänge nimmt von der ersten zur zweiten Strophe zu und geht dann bis zur vierten Strophe wieder kontinuierlich zurück. Die ersten beiden Strophen sind jeweils länger als Strophe 3 und 4.

Das Gedicht setzt ein mit der Feststellung, daß *"Fliegen (...) schwer"* (1) ist, die es in den folgenden Versen weiter erläutert. Schon die Verben – *"klebt"* (2), *"geheftet"* (4), *"fest eingenistet"* (5) – weisen dabei auf die Stärke der Kräfte hin, durch die der Flugwillige an 'die Erde' gebunden ist.

Strophe 1 erwähnt zunächst alle Bindungskräfte, die mit dem Zusammenleben mit anderen Menschen zusammenhängen. Abhängigkeiten ergeben sich hierbei für den einzelnen durch

- die wirtschaftliche Verfaßtheit der Gemeinschaft, im Gedicht angedeutet in dem Ausdruck *"geldesbedürftig"* (3). In dem Begriff erscheinen die zwei Aspekte des Besitzes von Geld – die Notwendigkeit von Arbeit, um es zu erhalten, und die Möglichkeit zur Teilhabe am Konsumleben der Gemeinschaft, die es bietet – zusammengefaßt. Durch beide wird der einzelne in unterschiedlicher Weise in Abhängigkeitsstrukturen eingebunden, die das Gedicht in der Fügung *"Gehebel von Maschinen"* (2) zusammenfaßt. Der Sammelbegriff *"Gehebel"* betont dabei die Unübersichtlichkeit der Abhängigkeitsstrukturen; er läßt ebenso an die Verkabelung von Arbeit und Freizeit durch allerlei technisches Gerät wie an Infusionsapparate in Krankenhäusern denken, so daß in doppelter Hinsicht der 'ungesunde' Charakter der beschriebenen Einbindung hervorgehoben wird;
- die sozio-politische Verfaßtheit der Gemeinschaft, im Gedicht angedeutet in den Bildern vom *"Gaspedal"* und vom *"Tanzparkett"* (5), an die die Füße des einzelnen *"geheftet"* (4) seien. Das *"Gaspedal"* erscheint dabei als Bild für die Richtung, in der die Gemeinschaft sich fortbewegt; der Ausdruck *"Tanzparkett"* läßt an die diversen Rollen denken, die der einzelne in der Gesellschaft übernehmen bzw. 'spielen' muß;
- die geistige Verfaßtheit der Gemeinschaft, im Gedicht ausgedrückt in dem Bild vom *"stolzen (...) fortschrittlichen / (...) vorurteilsharten /*

Sturzhelm" (6–8). Die Adjektive lassen zum einen an Nationalstolz und Fortschrittsoptimismus – und damit an die Bindung des einzelnen an die jeweilige Geschichte seines Landes sowie an die gegenwärtig in ihr herrschende Ideologie – denken, zum anderen aber auch an seine Gebundenheit an bestimmte Denkstrukturen, die ihm über die Sprache und bestimmte kulturelle Muster vermittelt werden. Der Ausdruck *"Sturzhelm"* ist vor diesem Hintergrund insofern ambivalent, als er sowohl den Schutz des einzelnen durch sein Hineinwachsen in vorgegebene Strukturen (bzw. deren Orientierungsfunktion für ihn) hervorhebt als auch auf den offensichtlich risikoreichen – und deshalb einen *"Sturzhelm"* erforderlich machenden – 'Flug' der Gemeinschaft hindeutet.

Die zweite Strophe listet im Individuum selbst begründete Bindekräfte an die 'Erde' auf und faßt diese in dem Ausdruck *"Ballast"* (9/11) zusammen. Der Begriff verweist auf die Sandsäcke, die man beim Flug in Heißluftballons abwirft, um an Höhe zu gewinnen. Die Tatsache, daß der einzelne seinen individuellen *"Ballast"* eben nicht abwerfen kann, betont so besonders, daß er hiervon 'heruntergezogen' wird auf die Erde. Dem entspricht auch dessen negative Akzentuierung mit Ausdrücken wie *'Gruft'* (10) und *'finster'* (11), die der Sphäre von Dunkelheit und Tod entstammen.

Die individuellen Bindekräfte unterteilt das Gedicht in körperliche und geistige Aspekte. Erstere exemplifiziert es durch Essens- und Sexualtrieb (9/10, 11–13), wobei der aus den Trieben zu ziehende Lustgewinn durch deren Rückführung auf Körperfunktionen gezielt entwertet wird – so etwa bei der Antithese *"das mundwarme Eisbein"* (9) und *"Familiengruft des Magens"* (10), die die unterschiedslose Vermischung aller aufgenommenen Nahrung im Magen-Darm-Trakt des Menschen ausmalt.

Die geistigen Bindekräfte werden illustriert durch das kulturelle Leben der Gesellschaft, an dem der einzelne teilhat, und durch die gesellschaftliche Organisation der Vergangenheitsbewältigung. Beides wird als defizitär beschrieben: Das Aufstapeln unendlich vieler Symphonien erinnert an die Stapel von CD's in Musikgeschäften, analog aber auch an Bücherstapel und die Multimediawelt der Kinozentren und somit an das Erdrücktwerden des einzelnen durch das *"Übergewicht"* (15) des kulturellen Angebots. Das Bild bringt damit die Reduzierung der Manifestationen des menschlichen Geistes – deren Gesamtheit die

Kultur darstellt – auf den Zusammenhang einer Kulturindustrie zum Ausdruck, die Kultur als Industriezweig begreift und Kulturgüter damit zu einer Ware macht, anstatt sie in ihrer Orientierungsfunktion für den einzelnen wirksam werden zu lassen.

In ähnlicher Weise wird auch die Vergangenheit wie eine Ware dargestellt, die *"in handlichen Urnen verpackt"* (18) ist. Dies läßt sich so verstehen, daß dem einzelnen Art und Umfang der Vergangenheitsbewältigung gesellschaftlich vorgegeben werden und daß letztere zugleich niemals ein Ausmaß erreichen wird, das seine existentielle Verstrickung in die Vergangenheit – in der Form von Trauer – fühlbar werden lassen könnte. Insofern ist auch der Ballast der *"Tränen"* für den einzelnen *"unabwerfbar"*, d.h. er muß seine Vergangenheit weiter unbewältigt mit sich 'herumtragen'. Die Alliteration *"tankweis Tränen"* (19) betont dabei zusätzlich das Gewicht der unbewältigten Vergangenheit, während der Ausdruck *'verpulvert'* (17) auf das sinnlose Verprassen von etwas hindeutet. Er zeigt dadurch an, daß die Selbstfindungschance, die in der Auseinandersetzung mit der Vergangenheit liegt, ungenutzt bleibt.

Strophe 2 endet wie die erste Strophe mit dem Satz *"Fliegen ist schwer"* (20). Dieser rahmt damit beide Strophen ein und erweckt – in Übereinstimmung mit dem hinter dem Ikarus-Motiv stehenden Mythos – den Eindruck eines Eingeschlossenseins des einzelnen in dem Labyrinth der gesellschaftlich und individuell bedingten Fesseln. Der Flug, den die beiden ersten Strophen evozieren, erweist sich vor diesem Hintergrund nur als Illusion des einzelnen und der Gesellschaft, die als solche gerade von Versuchen einer Flucht aus dem Labyrinth abhält.

Die letzten beiden Strophen thematisieren dementsprechend eine andere Form des Fluges – die des einzelnen nämlich, der sich von der Gesellschaft wegbewegt. Hierzu paßt, daß dieser nun – als aus der Masse heraustretendes Individuum – direkt angesprochen wird, während er zuvor nur einer von vielen war, auf den die genannten Bindekräfte einwirkten. Die dreimalige Wiederholung der Aufforderung *"nimm einen Anlauf"* (21/22, 23, 29), davon einmal als Schlußvers, klingt dabei allerdings fast beschwörend und unterstreicht so die Mühen, die mit dem 'Flug' in seinem neuen Sinne verbunden sind. Dies gilt auch für das Adjektiv *'lang'* als Ergänzung zu *"Anlauf"* in Vers 23.

Auch das Verb *"hinfliegst"* erinnert an ugs. 'hinfallen' und scheint so auf das mögliche Scheitern des Flugversuchs hinzudeuten. Gleichzeitig läßt sich der Ausdruck jedoch auch im Sinne einer Desillusionierung verstehen, die unumgänglich ist, wenn der einzelne in seinem 'Flug' Erfolg haben soll. Zuerst muß er von den gesellschaftlich vermittelten Illusionen Abschied nehmen; erst dann kann er diesen eigene Utopien – seinen eigenen *"Himmel"* (25) – entgegenstellen. Auch daß an dem *"Himmel"* des einzelnen *"alle Sterne verlöschen"* (26), deutet darauf hin, daß dieser nun von gesellschaftlich vermittelten Heilserwartungen (vgl. die Sterne als Symbole für Staaten auf Nationalflaggen von Bundesstaaten) und Selbstwertgefühlen (vgl. militärische oder sonstige gesellschaftliche Verdienstorden in der Form von Sternen) Abschied nimmt und den Weg zu Selbstfindung und Selbstbestimmung beschreitet.

Die Ungewißheit, die am Anfang eines solchen Weges steht, wird in Strophe 4 relativiert. Wer nämlich aus der Fremdbestimmung in dem gesellschaftlichen Labyrinth ausbricht, gelangt in jedem Fall ans Licht: *"Tag wird / Ein Horizont zeigt sich immer"* (27/28). Die Sterne der gesellschaftlichen Illusionen, die ihn in der Nacht des Labyrinths von sich selbst abhielten, irritieren ihn nun nicht mehr. Er ist frei und kann jetzt das Labyrinth von oben überschauen, d.h. gesellschaftliche Illusionen als solche erkennen, kritisch hinterfragen und mit Utopien einer anders verfaßten Gemeinschaft konfrontieren. Diesen Aspekt der Kon-zentration auf sich selbst zeichnet das Gedicht auch durch seine äußere Form nach, indem es von den weit ausholenden Strophen über den Scheinflug der Gesellschaft – die so den Zerstreuungscharakter von Aktivitäten in deren Rahmen nachahmen – zu den immer knapper werdenden Versen über den Selbstfindungsprozeß des einzelnen übergeht. –

Der mythologische Hintergrund, vor dem sich das Gedicht entfaltet, macht es für ein flüchtiges Lesen unzugänglich, was es vor dem kontrollierenden Zugriff des Zensors bewahren sollte. Zugleich zeigt die Bezugnahme auf das Ikarus-Motiv jedoch auch, daß Kunert 1964 – aller Skepsis gegenüber dem gesellschaftlichen Entwicklungsprozeß zum Trotz – noch die grundsätzlichen Bedingungen für einen *"Anlauf"* zur Entwicklung alternativer gesellschaflicher Utopien gegeben sah.

Ein Jahrzehnt später – in *"Unterwegs nach Utopia"* – war die Flucht aus dem gesellschaftlichen Labyrinth für ihn schon gleichbedeutend mit einer Flucht in ein Land, *"wo keiner lebend hingelangt"*. Der *"Beton"*, vor dem der einzelne auf der Flucht ist, kann in dem Zusammenhang sowohl im Sinne einer Verfestigung der gesellschaftlichen Strukturen – ihrer 'Zementierung' – als auch als Anspielung auf wichtige Gründe für die Verunmöglichung alternativer Utopien verstanden werden. Dabei wäre wohl vor allem an die immer weitergehende Zerstörung des ökologischen Gleichgewichts und die hiermit eng zusammenhängende zunehmende globale Verflechtung von wirtschaftlichen und politischen Strukturen – die das steuernde Eingreifen in den Kreislauf der Vernichtung erschwert – zu denken. – Noch ein Jahrzehnt später sah sich Kunert angesichts einer weiteren Verschärfung der globalen ökonomischen und ökologischen Probleme schließlich am *"Kap / der guten Hoffnungslosigkeit"** – also einem Zustand sanfter Resignation, in dem der einzelne auf gesellschaftliche Mißstände eher mit innerer Emigration als mit dem Entwerfen alternativer Utopien reagiert – angelangt.

REINER KUNZE
Erster Brief der Tamara A.

Der Hintergrund, vor dem sich das Gedicht entfaltet, wird in ihm nicht explizit genannt. Er ist jedoch für einen Bürger der DDR als potentiellen Leser ohne größere Probleme zu erschließen: Die Tochter des lyrischen Ich steht in Briefwechsel mit einem wohl ungefähr gleichaltrigen Mädchen aus der Sowjetunion – wahrscheinlich stammt sie aus Samara, dem ehemaligen Kuibyschew, dessen Namensgeber in der Heimatstadt des Mädchens mit einem Denkmal verehrt wird. Da sie bald in den Komsomol, die Jugendorganisation der Kommunistischen Partei, aufgenommen werden wird, hat sie sich bei den – dem Komsomol vorgeschalteten – Jungen Pionieren offenbar im großen und ganzen im Sinne der herrschenden Ideologie verhalten. Dem entspricht auch die Brieffreundschaft mit der Tochter des lyrischen Ich – derartige Briefpartnerschaften wurden in sozialistischen Jugendorganisationen im Interesse der Schaffung einer internationalen proletarischen Klassengemeinschaft gefördert.

Aus dem Brief ist zu erfahren, daß in der Stadt von *"Tamara A."* Denkmäler von Lenin, Tschapajew, Kirow und Kuibyschew stehen. Die Tochter des lyrischen Ich bedauert daraufhin, daß ihre sowjetische Brieffreundin *"nichts erzähle / von sich"* (9/10). Dem widerspricht in der folgenden Versgruppe ihr Vater: *"Sie erzählt / von sich, tochter"* (11/12). Der an Brecht und Fried erinnernde Lakonismus des Gedichts sowie vor

---

*   Kunert, Günter: Symbolisches Seestück. In: Ders.: Stilleben, S. 42. München/Wien 1983: Hanser.

allem die Leerstelle, die sich zwischen der Wiedergabe der Worte der Tochter und der Äußerung des Vaters – formal markiert durch den Strophenwechsel – auftut, regen den Leser dazu an, den angedeuteten Gedanken des Vaters zu Ende zu denken: In einer totalitären Gesellschaft wie der sowjetischen hat eine 14jährige nicht viel mehr zu erzählen als das, was in dem Brief steht. Ihre Individualität wird ganz von der offiziellen Ideologie – symbolisiert durch die vier Denkmäler – aufgesogen, so daß sie *"von sich"* erzählt, wenn sie von jener erzählt, bzw. von jener erzählt, wenn sie *"von sich"* erzählt.

Der lakonische Stil des Gedichts dient diesem auch dazu, seinen hochexplosiven Sinn – der freilich den potentiellen Adressaten dennoch unmittelbar einleuchtete – zu verschleiern. Dies wird auch im Titel des Zyklus, dem das Gedicht angehört – *monologe mit der tochter* – zum Ausdruck gebracht. Denn 'monologisch' sind die Dialoge mit der Tochter eben insofern, als sie – wie bei einem Selbstgespräch – in Andeutungen verharren müssen, um weder den Sprecher noch die Angesprochene (die den Inhalt des Gespräch z.B. in der Schule preisgeben könnte) zu gefährden. Andererseits handelt es sich insofern um einen Dialog, als der Vater das Bewußtsein der Tochter im Interesse von deren eigener Persönlichkeitsentwicklung unbedingt erreichen möchte. Auch diesem Ziel kommt er durch den Andeutungscharakter seiner Worte eher nahe, als wenn er seine Meinung direkt äußern würde. So nämlich wird seine Tochter zum Nachdenken angeregt, muß sich selbst den Sinn der Worte ihres Vaters erschließen, wodurch sie eher die Möglichkeit bekommt, sich diese geistig 'anzu-eignen'.

Der dezidiert didaktische Charakter des Gedichts – der es noch deutlicher in die Nachfolge Brechts stellt – gilt schließlich auch in bezug auf den Leser; dieser soll den Sinn der Verse in gleicher Weise nachvollziehen wie die *"tochter"*. Da diese keinen Namen trägt, erscheint sie ohnehin als Personifizierung eines beliebigen, dem lyrischen Ich nahen Menschen und bietet so eine gute Identifikationsfläche für den Leser.

REINER KUNZE
Tagebuchblatt 74

In zwei Teilen zu je drei Strophen wird in dem Gedicht der Gegensatz zwischen einem – das lyrische Ich darstellenden – 'Baum', der in ein *"waldsein"* (1) *'einstimmt'* (7), und einem 'Baum', der sich dem widersetzt, entfaltet.

Der erste Teil des Gedichtes stellt zunächst heraus, daß das lyrische Ich sich seine Subsumption* unter das Wald-Ganze durchaus vorstellen könnte; denn diese wäre gleichbedeutend mit Schutz vor Bedrohungen (3/4) und der sicheren Befriedigung von Grundbedürfnissen (5/6). Im zweiten Teil betont es jedoch, daß es nicht *"einstimmen"* (7) werde in das *"waldsein"*. Aus der Begründung hierfür geht nun hervor, daß die vordergründigen Bequemlichkeiten, die sich aus einer Unterordnung unter das *"waldsein"* ergeben, in Wahrheit die Existenzgrundlagen des Individuums untergraben. Denn den Bäumen, die sich dem *"waldsein"* nicht widersetzen, sind ihre ungeraden oder zu weit abstehenden Äste abgehackt worden, d.h. sie sind nun ohne eigene Kontur. Ihre Wurzeln sind flach, da sie aus einer *"wasserader"* (5) direkt unter ihnen gespeist werden und sich nicht nach tieferen Wasserreservoiren ausstrecken müssen.

So ist in dem Gegensatz deutlich die Konfrontation zwischen Individuum und Gesellschaft zu erkennen: Persönlichkeiten, die sich der Gesellschaft zu sehr unterordnen – sich sozusagen vollständig aus der *"wasserader"* ihrer Ideologie ernähren – werden oberflächlich und können, da sie jede gesellschaftliche Formung widerspruchslos über sich ergehen lassen, keine eigenen Konturen entwickeln. Wer sich hingegen der gesellschaftlich verordneten *'Einstimmigkeit'* widersetzt, kann sich stärker 'in die Tiefe' entwickeln, d.h. der gesellschaftlichen Uniformität Selbstfindung und Selbstbestimmtheit entgegensetzen.

Das Gedicht ist natürlich im Zusammenhang totalitärer Gesellschaften – bzw. in der Situation eines Dichters, der sich dem Beitritt in eine institutionelle Untergliederung derselben widersetzt – von besonderer Relevanz. Uniforme Tendenzen gibt es jedoch in jeder Gesellschaft. Hierbei läßt sich natürlich zunächst an die diversen Moden denken, die Geschmack und Interessen in bestimmter Weise ausrichten. Weitaus stärker wird das Leben des einzelnen allerdings von den diversen Verhaltensstandards, Tabus und Denkmustern gelenkt, die er im Laufe der Sozialisation internalisiert*. Wenn allerdings – wie das Gedicht nahelegt – ein Übergewicht an gesellschaftlicher Bestimmung

---

*   **Subsumption**: Unterordnung; vgl. etwas unter etwas anderes *subsumieren*: etwas einer höheren Kategorie zuordnen (z.B. einen Begriff einem Oberbegriff) **internalisieren**: verinnerlichen

dazu führt, daß die einzelnen Persönlichkeitskonturen tendenziell verschwimmen, kann die Gesellschaft selbst kein Interesse daran haben, die in ihr lebenden Individuen zu stark in ihrem Denken und Handeln zu prägen; denn dann könnten diese jeweils nur den gesellschaftlichen Status quo reproduzieren, und der gesellschaftliche Entwicklungsprozeß käme zum Stillstand. Insofern bildet das Gedicht nicht nur die Situation eines Individuums in einer totalitären Gesellschaft ab, sondern thematisiert allgemein die Dialektik von Individuum und Gesellschaft.

ELISABETH LANGGÄSSER
Frühling 1946

Ausgehend von dem Bild der Anemonen, deren Blütenteppich sich unter dem Wehen des Windes wie Meereswellen bewegt, breitet Elisabeth Langgässer in ihrem Gedicht einen Kosmos antiker Mythologie aus, der das Wiederauftauchen eines in die Unterwelt Geratenen in die Welt des Lichts zeigt. Die ersten beiden Strophen verharren dabei an der Oberfläche des Bildes, indem sie den Bezug zu den Anemonen erkennbar bleiben lassen. Strophe 3 und 4 verbleiben ganz in der Welt der Mythologie, ehe die beiden Abschlußstrophen den – nun mythisch verklärten – Blick wieder zurücklenken auf das Ausgangsbild der Anemonen.

Das durchgängig nach dem Schema 'abaab' gereimte Gedicht stellt – hierin an Lehmann erinnernd – die stille Selbstgenügsamkeit heraus, die für das Leben der Natur kennzeichnend ist. Die Verknüpfung mit der Mythologie – insbesondere die Verbindung *"Anemone"*-*"Nausikaa"* – zeigt dabei, daß auch dem Menschen der Übergang in die Natur-Zeit möglich ist, wenn er sich an entsprechende Naturstimmungen hingibt und sie geistig ausfüllt. Strophe 5 erweitert diesen Gedanken zu einem dezidierten Ausstieg aus der geschichtlichen Zeit – *"ohne Wissen / um das Nein und Nicht"* (Vers 24/25). Erst hierdurch scheint die Teilhabe an der inneren Ruhe der Natur, wie sie in Strophe 6 geschildert wird, in vollem Maße möglich.

Strophe 3 und 4 erzählen in mythischer Sprache von gräßlichen Dingen, die offenbar dem lyrischen Ich zugestoßen sind, ohne diese allerdings zu spezifizieren. Nur der Titel des Gedichts – *'Frühling 1946'* – verweist darauf, daß es sich bei dem in mythologisches Gewand gehüllten Grauen um Erinnerungen des lyrischen Ich aus der Zeit des

Zweiten Weltkriegs handeln muß. Von hier aus werden auch die Anspielungen in Strophe 1 und 2 – "*bist du **wieder** da*" (2), "*dem staubgebeugten Rücken*" (9) verständlich. Der Zweite Weltkrieg (oder vielleicht die gesamte Zeit des Dritten Reiches?) wird offenbar als Zeit der Finsternis, als Weg durch die Hölle charakterisiert, der das stille Leben der Natur so weit verdrängt hat, daß es für das lyrische Ich nicht mehr erfahrbar war. Mit dem Ende des Zweiten Weltkriegs wird nun aber die geschichtliche Zeit wieder in den Hintergrund gedrängt, so daß ein Übergang in die Natur-Zeit erneut möglich erscheint.

Es entspricht der Logik der *naturmagischen Schule*, daß sie die konkreten historischen Ereignisse, die den Hintergrund des Gedichts bilden, nicht explizit nennt. Dem lyrischen Ich geht es ja gerade um eine Abkopplung von der geschichtlichen Zeit und um eine Teilhabe an Selbstgenügsamkeit und Gleichmut der Natur-Zeit. Die Verachtung der geschichtlichen Zeit, die sich in deren Gleichsetzung mit dem Krieg (vgl. auch die Fügung "*der Krieg der Welt*" in Lehmanns Gedicht "*Atemholen*", Vers 5) ausdrückt, schließt freilich die Augen vor der Tatsache, daß es eben diese Zeit ist, in der die Menschen den größten Teil ihres Daseins über leben. Es ist fraglich, ob die hochkomplexen soziohistorischen und soziokulturellen Verhältnisse, die jene strukturieren, durch den schlichten Verweis auf die Notwendigkeit des periodischen Rückzugs in andere zeitliche Dimensionen gebessert werden können. Auf jeden Fall wird auf diese Weise eine Analyse des eigenen Anteils am historischen Geschehen ebenso unterdrückt, wie deren Notwendigkeit für andere Menschen zumindest in ihrer Bedeutung heruntergespielt wird.

So erscheint die Dichtung der *naturmagischen Schule* vielfach doch wie eine Flucht vor der bösen Wirklichkeit; eben dies machte sie für viele Zeitgenossen auch attraktiver als die *Trümmerlyrik*, die sie schonungslos mit den Fehlern der Vergangenheit und den Problemen der Gegenwart konfrontierte.

WILHELM LEHMANN
Atemholen

Schon der Titel des Gedichts verweist darauf, daß es in ihm um eine Situation der Einkehr und des meditativen Rückzugs geht. Strophe 1 bestätigt dies zunächst durch die Schilderung einer Auguststimmung, die von Ruhe und sanfter Bewegung gekennzeichnet ist. In der zweiten Strophe wird die Stimmung philosophisch erweitert, indem ein Stillstand der Zeit konstatiert wird. Dadurch wird die Grenze zwischen Vergangenheit und Gegenwart aufgehoben, was in der dritten Strophe durch den Eingang von Tönen und Bildern großer Kunstwerke der Vergangenheit in die gegenwärtige Gestimmtheit des lyrischen Ich belegt wird. Strophe 4 erweitert die Offenheit der Vergangenheit ins Mythische und hebt zugleich ihren Orientierungscharakter für die gegenwärtig Lebenden hervor. Die fünfte Strophe schließlich präzisiert durch das Aufgreifen weiterer Aspekte der beschriebenen Natur und der erwähnten Kunstwerke noch einmal den Gedanken eines Stillstands der Zeit, der Vergangenheit und Gegenwart füreinander durchlässig macht und so eine Einheit von Natur, Kultur und Mythos stiftet.

Als zentral für das Gedicht erweist sich somit die These von der stillstehenden Zeit. Sie wird bereits in der Naturstimmung in Strophe 1 vorbereitet und findet dann in der zweiten Strophe ihren expliziten Ausdruck in der Antithese *"Krieg der Welt"* (5) und *"Spiel der Schmetterlinge"* (6), die zwei unterschiedliche Zeitbegriffe – die aggressive Eile der geschichtlichen Zeit und das selbstgenügsame In-Sich-Ruhen der Natur-Zeit – einander gegenüberstellt. Der Ausdruck *"verklungene Geschichte"* (5) stellt dabei zugleich heraus, daß erstgenannter Zeitbegriff ohne Auswirkung auf letzteren ist und somit auch für den, der sich der in Strophe 1 skizzierten Naturstimmung hingibt, seine Gültigkeit verliert.

Schon die zweite Strophe deutet – durch den Hinweis auf Mozart und Shakespeare – an, daß das Geistige, das in einer solchen Situation erfahrbar ist, menschliche Zutat ist, also nicht aus der Natur selbst erschließbar ist. Dem entspricht, daß die Naturschilderungen ausgesprochen nüchtern ausfallen. Sie sind in einfachen, parataktischen* Sätzen gehalten, deren Kürze (am deutlichsten in den Versen 1 und 9, die jeweils 2 Sätze umfassen) bis zur Skizzenhaftigkeit geht. Die Natur liefert damit lediglich den – freilich unerläßlichen – Hintergrund, auf dem sich das Geistige entfalten kann.

Die dritte Strophe bringt – als das auch formale Zentrum des Gedichts – die Einheit von Natur und Kunst auf den Punkt. Sie zerfällt

---

*   **parataktisch**: vgl. *Parataxe*: Nebeneinanderstellung von Satzteilen (unverbunden – *asyndetisch* – oder verbunden durch beiordnende Konjunktionen wie 'und'/'oder' – *syndetisch*), im Gegensatz zum komplexen, unterordnenden Satzbau der *Hypotaxe*

ihrerseits wieder in zwei Hälften, wobei die erste die Naturschilderung fortführt und die zweite auf Inhalte von Werken Mozarts und Shakespeares anspielt. Vers 10 und 12 sind dabei durch die Fügung *"blaut das Meer"* (10) eng miteinander verbunden, die auf das in Vers 12 angesprochene *'Rudern'* vorausdeutet. Das Verb *'blauen'* scheint zudem – entgegen seines sonstigen Gebrauchs ('blau werden') – hier statischen Charakter zu haben, was wiederum dem von dem lyrischen Ich konstatierten Stillstand der Zeit entspricht. Über den Reim *"rupfen"*-*"zupfen"* wird eine Verbindung von den Naturgeräuschen aus Vers 9 zu der in Vers 11 erwähnten Musik hergestellt.

Die vierte Strophe zeigt, daß es sich bei dem geistigen Nachvollzug der geschilderten Naturstimmung nicht um eine willkürliche gedankliche Abschweifung des lyrischen Ich handelt. Vielmehr wird dieser als Voraussetzung für geistiges Wachstum dargestellt, wie es in den Schicksalen von *König Lear* und *Timon von Athen* exemplarisch vor Augen geführt wird. Beide stellen – als mythische Gestalten, deren Leben Shakespeare zu Dramen verarbeitet hat – eine Verbindung zwischen Mythos und Kunst her, wobei 'Mythos' in dem gegebenen Zusammenhang als Chiffre für die geistige Auseinandersetzung des Menschen mit seiner existentiellen Situation anzusehen ist. Diese Auseinandersetzung wird zwar – durch den Verweis auf die leidvollen Schicksale der beiden mythischen Gestalten – als in ihrem Verlauf schmerzhaft dargestellt, doch verweist das *"Du"* in Vers 16 zugleich auf eine gewisse Abgeklärtheit, die sich aus der Vertrautheit mit dem eigenen Schicksal ergeben kann. Das *"Du"* deutet dabei auch angesichts der monologischen Gesamtstimmung des Gedichts eher auf ein Selbstgespräch des lyrischen Ich als auf eine vertrauliche Ansprache an den Leser hin (die sich freilich als Wirkung aus dem Gedicht dennoch ergeben kann).

Die fünfte Strophe bringt den Gedanken- und Gefühlsgang des Gedichts zu einem kunstvollen Abschluß. Vers 17 und 19 beginnen bzw. enden mit einer Anspielung auf den Stillstand der Zeit und geben so den Rahmen ab für eine Naturschilderung und eine mythologische Anspielung. Letztere bestehen jeweils aus kurzen Sätzen und reichen per Enjambement – das zudem, der stillstehenden Zeit Ausdruck verleihend, eine Verlangsamung im Rhythmus bewirkt – jeweils in die nächste Zeile hinüber, was sie sowohl untereinander als auch mit dem in Vers 17 und 19 angesprochenen Stillstand der Zeit verbindet. Darüber hinaus ergeben sich über die weichen l-Laute (*"still"*, *"Zirkelschnecke"*, *"Kordelias leises Lachen hallt"*) auch klangliche Verknüpfungen, die zudem mit der

semantischen Qualität der Worte *("still" – "Schnecke" – "leise")* harmonieren.

Das *'leise Lachen'* Kordelias deutet so auf die innere Gestimmtheit des
lyrischen Ich voraus, das in dem abschließenden Chiasmus als jung und
alt zugleich beschrieben wird. Dies faßt die abgeklärte Freude dessen
zusammen, der sich in seiner mit dem kollektiven Gedächtnis der
Menschheit zusammenklingenden Weisheit als 'ewig jung' erfährt.
Dichtung wird so in der Tat zum geistigen 'Atemholen'.

WILHELM LEHMANN
Februarmond

Lehmanns Gedicht *Februarmond* stellt – entsprechend den Ideen der
naturmagischen Schule – mit dichterischen Mitteln eine Einheit zwischen
Natur und Mythos sowie zwischen Betrachter und Betrachtetem her.
Beide Einheiten sind dabei auch ihrerseits wieder eng miteinander
verbunden.

Vordergründig beschreibt das Gedicht in zwei Strophen eine
Mondnacht im Februar, in der das lyrische Ich auf einer Wiese
wandernde Schafe beobachtet. Doch schon das für die Beschreibung des
Mondes in Vers 1 gebrauchte Verb *"lagern"* zeigt, daß es hierbei nicht
um eine reine Naturbeschreibung geht. Vielmehr wird der Mond durch
das ihm zugeordnete Verb nicht nur personifiziert, sondern vor allem
eng mit den erst in Vers 4 erwähnten Schafen verbunden, deren
Lebenssphäre das Verb entnommen zu sein scheint. Durch Inversion
und die Abtrennung des Adjektivs *"magern"* vom übrigen Satz wird in
Vers 3/4 eine Doppeldeutigkeit dieses Adjektivs erreicht, die es sowohl
auf die Gräser als auch auf die Schafe beziehbar macht. Das Wort
verbindet dadurch zum einen Gräser und Schafe – also Flora und
Fauna – miteinander und stellt zum anderen – über den Reim auf
"lagern" – eine Verbindung zu *"Mond"* her.

Die in Strophe 1 angebahnte Einheit von Kosmos und Erde wird in
Strophe 2 im Bild der Schafswolle, die im Licht des Mondes als *"gebadete
Koralle"* (6) erscheint, vollendet. Gleichzeitig bewirkt das Bild die
Verknüpfung zum Mythos – d.h. zum kollektiven Gedächtnis der
Menschen –, indem es die Erinnerung an das Goldene Vlies aktiviert.
Damit folgt Lehmann dem Postulat der *naturmagischen Schule*, wonach
aus einer Einzelheit die Totalität des Seins erfahrbar sein soll.

Indem von dem Widder gesagt wird, er folge *"hingerissen"* (5) dem schönsten der Schafe, also ein Wort aus der Gefühlswelt auf die Tierwelt übertragen wird, kommt zugleich zum Ausdruck, daß das lyrische Ich in dem betrachteten Bild aufgegangen ist, d.h. eins mit ihm geworden ist. Damit wird aber auch deutlich, daß die Einheit von Kosmos und Erde durch das lyrische Ich gestiftet worden ist. Sie erscheint als Gleichnis, wenn sie auch real vorhanden sein mag. Dies entspricht der Theorie der Vertreter der *naturmagischen Schule*, wonach die Menschen nach dem Zerfall der ursprünglichen Einheit der Welt der Dichtung bedürfen, um diese Einheit wieder neu zu empfinden. Folgerichtig feiert das lyrische Ich am Schluß des Gedichts auch – in der anaphorischen Wiederholung des Pronomens '*Ich*' – sich selbst als dasjenige, was sich und anderen mit der Kraft seines Wortes eine momenthafte Rückkehr ins Paradies ermöglichen kann. Dem entspricht auch die zentrale Stellung von '*Wort*' in Vers 7, das über die o-Laute '*Wolle*', '*Mond*' und '*Koralle*' miteinander verbindet, wobei deren Einheit – über die w-Alliteration '*weiß*'-'*Wort*' – gleichzeitig als über das Ich vermittelt dargestellt wird.

Der wie eine Fahne '*gehißte*' Mond erscheint in dem Zusammenhang als Symbol für eine andere, verdrängte ('dunkle') Wirklichkeit bzw. für die Fähigkeit, in dieser sehend zu sein. Vielleicht könnte man in ihm – in romantischer Tradition – auch eine Andeutung der Sehnsucht nach der verlorenen Einheit sehen, wobei jene zugleich das Medium wäre, in der diese neu erfahren werden kann.

PETER MAIWALD
Feindbild

Die Wirkung des Gedichts beruht auf einem Spiel mit der den Tod personifizierenden Wendung 'dem Tod ins Auge blicken'. Indem das Gedicht die Wendung parallel setzt zu 'den Offizier anstarren', erscheint der Vorgang des Anstarrens nicht mehr als bloßer Ausdruck von Verwunderung oder Entsetzen, sondern impliziert eine Gleichsetzung von Offizier und Tod. Auch der Titel des Gedichts wird dadurch zweideutig. Er kann zum einen auf das Feindbild anspielen, das der Offizier dem Soldaten einimpfen möchte. Zum anderen aber könnte er auch so verstanden werden, daß der Offizier – als Inbegriff des 'Todes' für *B.* – für diesen das Feindbild an sich ist (vgl. die Periphrase* von Tod als 'böser Feind'). Damit aber wäre nicht das von diesem zum Feind erklärte Land, sondern vielmehr er selbst – bzw. das durch ihn repräsentierte Denken – das, was zu bekämpfen wäre.

PETER MAIWALD
Kanaan

Das Gedicht ist an die Form eines Sonetts angelehnt, von der es allerdings in den letzten beiden Strophen abweicht, indem es den ersten Vers des zweiten Terzetts der vorausgehenden Strophe zuschlägt. Diese erscheint so ebenfalls als Quartett, während die Schlußstrophe auf zwei Verse verkürzt wird. Die Quartette sind jeweils in einem umschließenden Reim* gehalten, die letzten beiden Verse sind paarig gereimt. Erstere sind ferner durch eine durchgehende Anapher *("Es")* miteinander verbunden, wobei auch die zweiten Worte der jeweils ersten drei Verse *("Es war")* und aller vierten Verse *("Es ging")* identisch sind. Letztere erhalten dadurch den Charakter kurzer Resümees am Ende einer jeden Strophe.

Metrisch überwiegt in dem Gedicht der Jambus, wovon lediglich Vers 1 (Anapäst) und 9 (Daktylus) abweichen. Vers 9 und 13 verlangen vom Sinn her eine doppelte Betonung am Anfang, wodurch es zu rhythmischen Abweichungen vom Metrum kommt. Mit Ausnahme der beiden Schlußverse greift kein Satz über das Versende hinaus; in Vers 4 finden sich sogar zwei Sätze in einem Vers. Viele Verse vereinen gegensätzliche Begriffe in sich und weisen so eine antithetische Struktur auf (Vers 2, 3, 4, 6, 7, 12). An einigen Stellen werden Gegensätze durch Pleonasmen – *"weißer Schimmel"* (3), *"arme Armut"* (8) – zusätzlich herausgetrieben oder paradoxal überhöht (Vers 3, 4, 7, 8, 9, 12).

Von seiner äußeren Form her erinnert das Gedicht somit stark an *barocke* Lyrik. Wie auch in dieser häufig zu beobachten, entwertet es Behauptungen dadurch, daß es ihnen ihr Gegenteil gegenüberstellt. Dieses Prinzip hält es in mehreren Versen durch, wobei es die einzelnen Antithesen in der Art einer Exempla-Reihung aneinanderfügt. Auch der

---

* **Periphrase**: Umschreibung
   umschließender Reim (auch **umarmender Reim**): Reim, der dem Schema 'abba' folgt

anaphorische Einsatz, der den Aussagen etwas Apodiktisches verleiht, erinnert an *barocke* Argumentationsfiguren.

Der Titel des Gedichts verweist auf das gelobte Land, in das Moses auf Geheiß Gottes die Israeliten führte. Indessen zeigt spätestens der Plural in Vers 13 (*"von den gelobten Ländern"*), daß es dem Gedicht nicht um dieses selbst geht, sondern daß *Kanaan* ihm lediglich als Symbol für gesellschaftliche Heilsversprechen dient, die es mit seinen antithetisch aufgebauten Versen als leere Versprechungen bloßstellt. Ohne weitere Spezifizierung derselben erfolgt dies in Vers 2 und 6, wo jeweils die Verheißung eines neuen, sorgenfreien Lebens – symbolisiert in *"Himmel"* (2) und *"Morgenrot"* (6) – dem leidvollen gesellschaftlichen Alltag – symbolisiert in *"Hölle"* (2) und *"Fegefeuer"* (6) – gegenüberge- stellt wird. Die religiöse Wortwahl ahmt dabei das Pathos nach, mit dem die gesellschaftlichen Heilsversprechungen vertreten worden waren.

Ebenfalls unspezifisch sind die Absagen an letztere in Vers 10, 11 und 12, wobei die Häufung verallgemeinernder Aussagen im dritten Quartett dem resümierenden Charakter entspricht, der den letzten sechs Versen im Rahmen der Sonettstruktur traditionell zukommt. So wird hier noch einmal hervorgehoben, daß von einem sorgenfreien Leben in Staaten, die auf gesellschaftlichen Heilsversprechungen aufbauten, keine Rede sein konnte (10), daß diese vielmehr auf Aberglauben beruhten (11) und somit die entsprechenden Staaten 'gut' nur in der Realisierung des Schlechten waren (12).

Zwei Verse, die auf einer Verfremdung von Redewendungen bzw. Sprichwörtern beruhen, weisen auf die Folgen so organisierter Staaten für das Zusammenleben der Menschen hin. Vers 1 verfremdet die Wendung 'wie gesagt, so getan' zu *"es war nichts gesagt wie getan"*, was auf den heuchlerischen Charakter von Äußerungen und Handlungen in jenen hinweist. Dies bezieht sich wohl zunächst auf die öffentliche, darüber hinaus aber auch auf die private Sphäre, da ja jeder so tun mußte, als glaubte er an die öffentlich vorgegebene Ideologie, damit diese in ihrem Bestand nicht gefährdet wurde. Vers 5 spielt von der Struktur her auf das Sprichwort 'Unter Blinden ist der Einäugige König' und vom Inhalt her auf das Sprichwort 'Ein Blinder trägt den Lahmen' an. Durch deren Verfremdung verweist er gleichzeitig auf die Orientie- rungslosigkeit, die sich aus der Zurückstellung freier Beurteilungen der gesellschaftlichen Zukunftsperspektiven zugunsten einer vorgefertigten Ideologie ergab, wie auf die mangelnde Solidarität, die aus dem faktischen Fehlen einer die gesellschaftlichen Kräfte bündelnden Utopie

und der Angst, von anderen in dem fehlenden Glauben an die vorgegebene Ideologie entlarvt zu werden, folgte.

Ebenfalls auf Wortspielen beruhen die Verse 4 und 8; ihr unspezi-
fischer Gehalt entspricht dem zusammenfassenden Charakter, der ihnen
als Schlußversen ihrer jeweiligen Strophen zukommt. Vers 4 läßt an das
'Aufgehen' von Plänen oder Rechnungen, also an die erfolgreiche
Durchführung eines Vorhabens denken. Das Verb wird in dieser
Bedeutung gleich doppelt als im gegebenen Zusammenhang un-
zutreffend gekennzeichnet, indem sie zunächst direkt negiert und dann
paradoxal zur Charakterisierung eines Einstiegs in einen nicht statt-
findenden Anfang herangezogen wird. Vers 8 spielt mit der Wendung
'mit einer Idee / einem Projekt schwanger gehen', indem er sie zum
einen auf das Abstraktum 'Zukunft' und zum anderen auf die konkrete
Bedeutung von 'schwanger' bezieht. Hierdurch wird zugleich auf die
Inhaltslosigkeit der Verheißung wie auf deren Nicht-Erfüllung
hingewiesen.

Konkrete Mißstände werden in Vers 3, 7 und 9 angesprochen. Vers
3 stellt die fehlende Inspiration von Dichtern (wie auch von anderen
Künstlern) unter den Bedingungen ideologischer Vorgaben für Form
und Inhalt von Kunstwerken heraus. Das Bild des *"Pegasus"* verdeutlicht
dabei in besonderer Weise, daß den Dichtern durch die Festlegung auf
eine bestimmte Ideologie die 'Flügel' der Kreativität abhanden gekommen waren; stattdessen setzten sie – wie es der Pleonasmus *"weißer
Schimmel"* andeutet – nur in unorigineller Weise immer wieder dieselben
zentralen Vorgaben für die künstlerische Produktion um.

Vers 7 weist darauf hin, daß selbst die Erfüllung existentieller
Grundbedürfnisse noch *"teuer"*, also nicht jedem möglich war. Dies
korrespondiert mit Vers 9, der auf die fehlende Gleichheit der Bürger
in dem betreffenden Land hinweist: Zwar erklärte die Ideologie alle
gleichermaßen zu 'Knechten', doch waren – worauf der Begriff *'Knecht-
könig'* hindeutet – in der Praxis einige offenbar 'gleicher' als andere und
durften sich von den anderen *'Knechten'* bedienen lassen. –

Insbesondere der letztgenannte Vers scheint direkt auf die kommunistische Utopie einer klassenlosen Gesellschaft anzuspielen, deren
wichtigste Voraussetzung ja die durchgesetzte Herrschaft des Proletari-
ats – der ehemals unterdrückten 'Knechte' – darstellt. Auch in anderen
Versen könnte man Anspielungen auf Mißstände in realsozialistischen
Gesellschaften sehen, zumal das Gedicht 1991 – also kurz nach deren
endgültigem Zusammenbruch in Osteuropa – entstanden ist. Anderer-

seits ließe sich selbst das Knechtbild noch ebenso auf demokratisch-kapitalistische Gesellschaften – etwa auf den für diese Konstitutiven Widerspruch zwischen dem Postulat politischer Gleichheit und scharf ausgeprägter sozialer Ungleichheit – beziehen. Analog hierzu läßt sich auch Vers 7 ebenso auf die chronischen Versorgungsengpässe in realsozialistischen Staaten wie auf die Verteilungsungerechtigkeit in kapitalistischen Staaten beziehen. So mag das Gedicht zwar unter dem Eindruck des Zusammenbruchs der realsozialistischen Systeme in Osteuropa entstanden sein, scheint sich jedoch nicht nur gegen diese, sondern vielmehr allgemein gegen gesellschaftliche Heilsversprechungen – wie sie auch in der kapitalistischen Fortschrittsideologie enthalten sind – zu wenden. Eben hiervon zeugt auch die Pluralform – *"von den gelobten Ländern"* – in Vers 13.

Vor dem Hintergrund dieses Abgesangs auf die *'gelobten Länder'* zieht nun in den Schlußversen ein zuvor nicht in Erscheinung getretenes lyrisches Wir Bilanz. Schon in seiner Existenz als solches steht es in Gegensatz zu den übrigen Versen, die in ihrer apodiktischen Schärfe den Stil der offiziellen Verlautbarungen jener Staaten, deren Ideologielastigkeit sie kritisieren, nachahmen. Das *"Wir"* erfährt zudem sowohl durch seine Anfangsstellung im Vers als auch durch den Rhythmus eine besondere Betonung. Dies läßt sich so verstehen, daß auch nach dem realpolitischen Sturz aller Utopien einer mit sich selbst versöhnten Gesellschaft noch eine Gemeinschaft von Menschen vorhanden ist, die ihr Selbstverständnis aus einer solchen Utopie bezieht – und sich in diesem Sinne *"nicht ändern"* (14) kann. Andererseits läßt sich das plötzliche Auftauchen des *"Wir"* auch im Sinne von dessen Freisetzung durch die Preisgabe der Ideologien deuten – 'Freisetzung' verstanden in der doppelten Bedeutung einer Befreiung zu sich selbst (als Neugewinnung gedanklicher Eigenständigkeit) und des plötzlichen 'Auf-Sich-Gestellt-Seins', einer neuen Orientierungslosigkeit also.

Die beiden Partizipien der Schlußverse spiegeln genau diese Ambivalenz wider, indem sie einerseits – in dem Begriff *"abgebrannt"* (der an das Ausgehen von Geld erinnert und insofern das Nicht-Aufgehen der Rechnung aus Vers 4 wieder aufgreift) – die geistige Besitzlosigkeit des lyrischen Wir zum Ausdruck bringen und zum anderen – in dem Begriff *"abgebrüht"* – auf die Reifungsprozesse hindeuten, die dieses durch sein Durchleben der diversen Ideologien hinter sich hat. Letztgenanntes Partizip nämlich weckt ebenso Assoziationen an das Sprichwort 'Gebranntes Kind scheut das Feuer', wie es an den 'abgebrühten' Profi denken läßt, der sich in seinem Metier emotionslos-routiniert bewegt. Dies läßt sich so verstehen, daß das lyrische Wir in der Zukunft das 'Feuer' einseitiger Ideologien meiden wird, eben deshalb aber 'abgebrüht' genug ist, um in nüchterner Kleinarbeit auf eine Verwirklichung von Utopien hinzuarbeiten.

KURT MARTI
demokratisches modell

In zwei unten zusammenlaufenden Wortreihen, die äußerlich an eine Wahlurne erinnern und so den Titel des Gedichts visualieren, variiert das Gedicht Aspekte des Verbalstamms *"stimm-"*. Es setzt ein mit der zweimal wiederholten, beidseitigen Aufführung des Wortes *"stimme"*, das sowohl substantivisch als auch – im Anschluß an die vierte Zeile (*"stimm"*) – als Fragment des Imperativs eines trennbaren Verbs mit dem Stamm 'stimm-' verstanden werden kann. Während die erste, zweite und vierte Zeile beider Spalten jeweils wortgleich sind, zeigt die dritte Zeile eine Alternative auf: *"ja"* oder *"nein"*. Die fünfte Zeile liefert in beiden Spalten jeweils unterschiedliche Begründungen für die durch *"stimm"* gekennzeichnete Aufforderung. Einmal soll man ihr Folge leisten, *"damit es stimmt"* – damit es also seine Richtigkeit mit etwas hat –, und einmal soll man ihr folgen, weil man dadurch über etwas *'bestimmen'* kann. Die erstgenannte Begründung ist allgemein gehalten, die zweite richtet sich an ein Du.

In dem Teil des Gedichts, in dem die beiden Spalten zusammenlaufen, werden die in Spalte 1 und 2 getrennt angeredeten Personen gemeinsam angesprochen (formal in der Weise einer Aussage über sie); dabei wird hervorgehoben, daß durch die Befolgung der oben genannten Aufforderung eine Übereinstimmung zwischen den beiden Personen bzw. den mit ihnen verbundenen Alternativen – *"ja und nein"* – erzielt wird.

Dies wirft die Frage auf, in welcher Weise der unvollständige Imperativ *"stimm"* (bzw. das unvollständige Partizip Präsens *"stimmend"*) ergänzt werden könnten. Der Titel des Gedichts scheint zunächst die Ergänzung des Präfixes 'ab-' nahezulegen; der Schluß des Gedichts sowie die fünfte Zeile der linken Spalte (*"damit es stimmt"*) scheinen indessen eine Ergänzung durch 'zu-' zu verlangen. Dadurch schließlich erhält auch die versuchsweise Setzung eines vollgültigen Imperativs *"stimm"* einen Sinn; denn durch die Befolgung der Aufforderung trägt der Ausführende ja dazu bei, daß *"es"* stimmt. Wenn es mit allem seine Richtigkeit hat, hat es – so könnte man folgern – auch mit ihm seine Richtigkeit, bleibt er also 'in der Ordnung'.

Was aber ist *"es"*? Der Gedichtzusammenhang läßt natürlich zunächst an demokratische Abstimmungsprozesse – an eine Aufschlüsselung des indefiniten Pronomens durch 'das demokratische Abstimmungsverhalten' also – denken. Die Unbestimmtheit von *"es"* erweist sich indessen bei näherem Hinsehen als komplexer. Vor allem ist für seine Deutung zu beachten, daß die demokratischen Alternativen auf *"ja"* und *"nein"* reduziert werden; von einer echten Wahlmöglichkeit kann hier also gar keine Rede sein. Übertragen auf die politische Sphäre, verlieren die Wahlen hierdurch ihren Charakter als Legitimierungsinstrument der Regierung – als echte Möglichkeit der Bürger also, durch die Bestimmung derselben auch über die Geschicke ihres Staates zu bestimmen (wie sie durch die rechte Spalte nahegelegt wird). Sie werden stattdessen zu einem leeren Ritus, durch den nurmehr die formale Existenz der Demokratie bestätigt wird. Diese wird so auch entsprechend ungenau als *"es"* bezeichnet.

Das Pronomen läßt sich indessen auch auf das Resultat des Wahlprozesses beziehen. Dabei würde es darauf hindeuten, daß es völlig gleichgültig ist, ob man mit *"ja"* oder *"nein"* abstimmt. Von der Wahl hängt ohnehin nichts ab – sie dient lediglich der Postulierung formaler Chancengleichheit (*'Übereinstimmung'* von Chancen), die der Abwehr etwaiger Unzufriedenheitsgefühle von Teilen der Bevölkerung dienen soll. Die rechte Spalte klingt vor diesem Hintergrund wie eine beschwichtigende Ansprache der Mächtigen an das Volk, dessen Geringschätzung gleichwohl in der Du-Ansprache zum Ausdruck käme. Die linke Spalte entspräche demgegenüber in dem blinden Nachvollzug des demokratischen Modells dem Volk selbst.

Das Gedicht spielt somit auf Erstarrungsprozesse von Demokratien an, in denen die großen Volksparteien eine Machtvollkommenheit erlangt haben, die sie von der demokratischen Willensbildung teilweise abkoppelt. Es läßt sich zudem als Hinweis auf die Strukturprobleme moderner Demokratien lesen, deren politische Entwicklung angesichts ihrer Abhängigkeit von internationalen Wirtschaftskonzernen und der globalen Verflechtung der Politik immer weniger von den demokratischen Entscheidungsprozessen an ihrer Basis beeinflußt werden kann.

FRIEDERIKE MAYRÖCKER
im Gebirge, August

Das Gedicht setzt ein mit einer Positionsbestimmung des lyrischen Ich, wobei der Blick sich zuerst auf einen weiteren Ausschnitt – *"Gezweig"* (1), *"kahle / Bäume"* (2/3) richtet und dann, nach der Nennung des lyrischen Ich – *"steh / ich"* (3/4) –, ein kleinerer Ausschnitt aus dem Blickfeld – ein Spinnennetz, in dem sich ein kleines Insekt verfangen hat (4–7) – beschrieben wird. Die Beschreibung eines weiteren Teilaspekts des sich darbietenden Bildes – der Distelstauden (7–9) – leitet über die Assoziation 'wolliger Distelkopf'-'volles/gelocktes Haar' – *"('ist ja dein lieber Kopf')"* (9) – über zu einer erneuten Ausweitung des Blickfelds auf Berggipfel, die sich dem Auge des lyrischen Ich darbieten. Dabei fungiert die Attributsreihe *"rosa / versponnen / verschwommen"* (9/10) als Bindeglied zwischen Disteln und Berggipfeln; die Beschreibung letzterer als *'lichte Scheitel'* (10) schließt wiederum an der Einbindung des Kopfes in die Assoziationsreihe an. Personifizierend ist darüber hinaus auch die Wendung *"Rücken des / Berges"* (11/12).

Es folgt eine Ergänzung des sich darbietenden Bildes um weitere zwei Aspekte – eines Halbmondes und belaubter Birken (was in Gegensatz steht zu dem *'kahlen Gezweig'* des Anfangsverses) –, wobei beide sowohl miteinander als auch mit der näheren und weiteren Umgebung – den Bergen und dem Himmel – eng verbunden erscheinen. So kann man *"geschlägert"* (11) ebenso auf den Halbmond wie auch auf die *"Silberlinge des Birkenlaubs"* (13) beziehen; der Ausdruck *"Silberlinge"* erinnert wiederum an den 'silbernen' Strahl des Mondes, und das Blau des Himmels, in das hinein diese verwehen, umgibt auch den Halbmond. Da letzterer als aus dem Berg herausgehauen *("geschlägert")* erscheint, wird er auch als verbunden mit den in diesem wurzelnden Birken gezeigt.

Alles scheint somit ineinander zu verschwimmen, was die Ausdrücke *"verschwommen"* und *'flüssig'* (13) ja auch explizit bestätigen. Letztgenannter Ausdruck gibt – als Attribut zu *"Blau"* (14), der Hintergrundfarbe des Bildes – der Beschreibung dabei etwas von einem expressionistischen Gemälde (vgl. insbesondere die Gemälde der Künstlergruppe *Der blaue Reiter*). Die Erwähnung des Blaus leitet ferner über zu einem klimaxhaften Ausruf des lyrischen Ich, der das gegenwärtige mit vergangenem Erleben verbindet – *"so blau war so jung so auszer mir war"* (14) – und zugleich – in dem Anschluß *"und / immer"* (14/15) –

auf Künftiges hinzudeuten scheint. Der Ausruf bricht jedoch elliptisch-abrupt ab und kehrt wieder zu dem momentanen synästhetischen Erlebniskomplex – *"sauge den zarten Duft, violetten Schaum, Bläue"* (15) – zurück. Die wiederholte Erwähnung der *"Bläue"* – aufgrund der Verseinteilung noch mit dem Blick auf die Bergketten verbunden – leitet dabei syntaktisch bereits über zu einer erneuten Verengung des Blickfelds, der Hinwendung des lyrischen Ich zur *"Schürze der Bäuerin"* (16), die in seiner Nähe Wäsche aufhängt (oder von der Leine abnimmt) und Beeren pflückt (18–20).

Die Schürze der Bäuerin weckt in dem lyrischen Ich einerseits Assoziationen an Herrschaft und Unterdrückung – was in dem Einschub *"Requisit der Dienenden?"* (17) anklingt –; andererseits thematisiert es über sie seine in bestimmter Weise strukturierte Wahrnehmungsfähig-keit, durch die es die Farben anders sieht, als sie sich unter einem Mikroskop darstellen. Das Verschwimmen der Farben in dem zuvor geschilderten Bildausschnitt erscheint so nachträglich in einem anderen Licht, da die zunächst auf das lyrische Ich zurückgeführte Subjektivität der Wahrnehmung nun als konstitutiv für menschliche Wahrnehmung allgemein erscheint.

Am Schluß des Gedichts verschwimmt das Bild wieder vor den Augen des lyrischen Ich, was sich zunächst auf das Hereinbrechen der Nacht zurückführen läßt. Dieses läßt die Bäuerin für das lyrische Ich in der Beerenhecke verschwinden, *"als / ginge sie durch eine Tür"* (20/21). Die Zeitangabe ermöglicht es auch, den in Vers 15 erwähnten 'violetten Schaum' als Bild für vom Sonnenuntergang gefärbte Wolken zu deuten.

Von Anfang bis zu Ende folgt das Gedicht somit konsequent dem stream of consciousness des lyrischen Ich (schon das kleingeschriebene Anfangswort macht deutlich, daß der Leser mitten in einen Gedanken-strom hineingestellt wird, der schon lange vor dem Anfang des eigentli-chen Gedichts eingesetzt haben könnte). Das äußerlich sich darbietende Bild hat dementsprechend nur Anlaßcharakter für den innerpsychischen Strom von Assoziationen, die wiederum auch gegenseitig aufeinander verweisen und so selbst weitere Assoziationen freisetzen. Vergangenheit und Gegenwart gehen hierbei nahtlos ineinander über, da dem Bewußt-sein erinnertes Geschehen gleichermaßen präsent sein kann wie momentan wahrgenommenes bzw. letzteres stets aufgenommen wird auf der Folie früherer Erlebnisse.

Auf der anderen Seite scheint das Gedicht doch eine einheitliche Bewegung abzubilden, die von der Positionsbestimmung des Anfangs über das Bild der ineinander verschwimmenden Disteln, Berge, Bäume, Wolken sowie der ihnen zugehörigen Farben bis zur Beschreibung der Bäuerin und deren Verschwimmen mit der Nacht reicht. Somit scheint hier doch ein gedanklich-gefühlsmäßiger Bogen beschrieben zu werden, der – den scheinbar ungeordnet fließenden Assoziationen zum Trotz – eine klare Struktur aufweist. Dies entspräche im übrigen durchaus der gewöhnlichen Funktionsweise des Bewußtseins, das die prinzipiell ungeordnet auf es einströmenden Assoziationen ja erst im nachhinein ordnet und sie so in ihrer mündlichen oder schriftlichen Fixierung stets wohlstrukturiert erscheinen läßt.

Liest man die Beschreibung der äußeren Erscheinungen als Manifestation einer bestimmten inneren Bewegung des lyrischen Ich, so fällt zunächst auf, daß zu Anfang des Gedichts zweimal hintereinander (in Vers 1 und 2) das Wort 'kahl' erscheint. In Vers 3 wird sein Sinn in die Zukunft hinein verabsolutiert, indem ausdrücklich ausgeschlossen wird, daß die kahlen Bäume in Zukunft noch einmal *"grünen"* könnten. Ein *"junger / Baum"* (1/2) in ihrer Mitte *"steht schief"* (2), scheint also ebenfalls affiziert zu sein von dem allgemeinen Absterben um ihn her.

Eine Atmosphäre der Bedrohung macht sich breit, die in den folgenden Versen durch das Bild von dem 'kleinen Insekt' (7), das sich in einem Spinnennetz verfangen hat, noch verstärkt wird. Dessen Ränder geben in ihrem 'Zittern' die Angst des gefangenen Insektes wieder, mit dem sich das lyrische Ich – indem es das Zittern *"an meiner an seiner Haut"* (4) verspürt – ausdrücklich identifiziert. Dabei kann *"an seiner Haut"* sowohl rückbezüglich verstanden werden – wodurch eine Verbindung zu dem 'jungen Baum', an dem das Spinnennetz wohl befestigt ist, hergestellt würde – als auch im Sinne einer Vorausdeutung auf das Insekt.

Das Bild der Distelstauden scheint zunächst das Gefühl der Bedrohung und der Unsicherheit aus den Anfangsversen aufzugreifen. So setzt sich das Zittern der Spinnennetzränder in dem 'Schwanken' der Distelstauden und der Beschreibung der *"Distelköpfe"* (9) als *"windgefegt"* (8) fort. Erst die Assoziierung der letzteren mit menschlichen Haaren in Vers 9 ändert die Gefühlsqualität des Bildes, so daß im Rückblick auch die Bewegungen der Disteln im Wind eher als ein Signum von Freiheit denn als Ausdruck von Unsicherheit erscheinen. Der Ausspruch, der den Umschwung bewirkt, ist dabei durch das Adjektiv *"lieber"* – als Attribut zu *"Kopf"* – eindeutig zärtlich gefärbt. Zwar bleibt offen, wer hier zu wem spricht und wann dies erfolgt ist; vor dem Hintergrund der in der Vergangenheitsform gehaltenen Klimax in Vers 14 ist es jedoch naheliegend, hierfür einen weit zurückliegenden Zeitpunkt – etwa die Kindheit (wodurch der Ausspruch etwas Mütterliches erhielte) oder die Jugend des lyrischen Ich (was auf die Erinnerung an eine vergangene Liebesbeziehung hindeuten würde) – anzunehmen. Hierfür spricht auch das Aufgreifen des Adjektivs *"jung"* im Rahmen der Klimax. Es verweist zurück auf den schiefstehenden jungen Baum aus Vers 1/2, der hierdurch eine zusätzliche bedeutungsmäßige Akzentuierung erfährt.

Das Bild des Ineinander-Verschwimmens von Erde und Himmel, das in den folgenden Versen entfaltet wird, würde vor diesem Hintergrund hindeuten auf eine verlorene Harmonie zwischen dem lyrischen Ich und seiner Umwelt, die dieses jedoch im Medium eines gegenwärtigen Naturerlebnisses noch einmal neu erfahren könnte. Daß es *"auszer"* (14) sich ist, wäre dann zu verstehen im Sinne einer momentanen Ekstase, die als solche eine Verbindung herstellt zu früheren Erlebnissen einer seelischen Grenzüberschreitung. Sie würde dem lyrischen Ich zugleich eine Ahnung vermitteln von der Einheit des Seins, die als solche je schon gegeben war und auch *"immer"* (15) fortbestehen wird. Von daher macht dann auch der abrupte Abbruch der Klimax Sinn: Er deutet sowohl auf das Ende des konkreten ekstatischen Erlebens hin als auch darauf, daß dieses auf der Erfahrung eines unvergänglichen, nicht mit normalen zeitlichen Maßstäben zu messenden Kerns des Seins beruhte.

Die Bäuerin, auf die sich der Blick des lyrischen Ich im dritten Teil des Gedichts richtet, scheint zum einen diese Grenzüberschreitung abzubilden, indem sie beim Beerenpflücken wie *"durch eine Tür"* verschwindet. Dies könnte man als Übertritt in eine andere Welt verstehen, zumal die *"Tür"* in einem Vers steht mit der Anspielung auf das Hereinbrechen der Nacht. Dem entspricht auch ihre Beschreibung als *"nach oben langend"*, was man auf die Blickrichtung des lyrischen Ich auf die Gipfel der Berge beziehen oder im Sinne eines Hinausgreifens bzw. -blickens über sich selbst verstehen könnte.

Auf der anderen Seite ließe sich das Verschwimmen der Bäuerin mit der Nacht auch so deuten, daß sie letzterer wesensmäßig zugehört, wodurch sie entweder als 'Dienerin' oder als Abbild von ihr erschiene, in jedem Fall aber eine mythische Ausprägung erhielte. Hierauf scheint insbesondere der Schlußsatz des Gedichts – *"das Nächtliche / aber fremdet den Bund"* (21/22) – hinzudeuten, der die Nacht in den Rang eines transzendentalen Prinzips erhebt und in dem Neologismus *"fremdet"* –

als Bindeglied zwischen *"das Nächtliche"* und *"Bund"* – eine Fülle von Assoziationen freisetzt. So scheint der Satz zum einen geistig – im Sinne eines Fremdwerdens der bisherigen Deutungsmuster für die Wirklichkeitswahrnehmung beim Übertritt in die anders strukturierte 'nächtliche' Welt – als auch körperlich – im Sinne einer Auflösung des *'Bunds'* mit dem Leben beim Übertritt in die 'nächtliche' Welt des Todes – verstanden werden zu können.

Sowohl die – hymnisch klingende – Form als auch der Inhalt des Satzes erinnern dabei an die Gedichte von Friedrich Hölderlin, in denen dem Bild der Nacht ebenfalls häufig eine Schlüsselbedeutung zukommt. So läßt die Beschreibung der Nacht als *"die Schwärmerische"* in Hölderlins Gedicht *Brot und Wein* an die Ekstase des lyrischen Ich in Mayröckers Gedicht denken, mit dem es auch über die *"Gebirgeshöhn"*, vor deren Hintergrund sich das Geschehen beider Gedichte entfaltet, verbunden ist. Die Kennzeichnung der Nacht als *"Fremdlingin"* korrespondiert direkt mit ihrem *'Fremden'* des *'Bundes'* bei Mayröcker, und wie bei letzterer wird auch bei Hölderlin das Heraufziehen der Nacht *("wenn alles gemischt / Ist ordnungslos und wiederkehrt / Uralte Verwirrung"*, wie es in *Der Rhein* heißt) mit einer Vermischung der Sinne und einer Rückkehr zum Ur-Chaos – das gleichbedeutend ist mit der Einheit des Seins vor seiner Entäußerung in die Schöpfung – in Verbindung gebracht.

Die beerenpflückende Bäuerin erscheint vor diesem Hintergrund wie ein Abbild jener Fruchtbarkeitsgöttinnen, denen man jedes Jahr zur Erntezeit Opfer darbrachte, damit sie in der 'Nacht' ihres Schoßes wieder neue Samen heranwachsen ließen. Von diesem wäre das lyrische Ich dann ebenso bedroht, wie es in ihm geborgen ist, was die Ambivalenz zwischen existentieller Verunsicherung und ekstatischer Seinsgewißheit in dem Gedicht erklären würde.

ERNST MEISTER
Hirtin

In drei Versgruppen von ungleicher Länger (6, 5, 6 Verse) skizziert das Gedicht das Bild einer Hirtin, die am Abend ihre Schafe mit ihren Rufen zusammentreibt. Ausdrücklich wird herausgestellt, daß sie die Schafe nicht nur hütet, sondern auch zum Schlachten abgibt.

Das Gedicht setzt mit dem Ruf der Hirtin ein, wobei die Voranstellung des Relativsatzes zum einen die anapästische Hervorhebung desselben ermöglicht und zum anderen die beiden Schlüsselwörter des Gedichts – *"Lämmer"* (1) und *"Hirtin"* (2) – in der Schlußstellung des ersten und der Isolierung des zweiten in einem Ein-Wort-Vers – einander schroff gegenüberstellt. Durch den Verzicht auf einen Artikel vor *"Hirtin"* wird diese zudem gewissermaßen absolut gesetzt und kann zugleich als Person verstanden werden, die von dem lyrischen Ich über das Rufen der Lämmer befragt wird. Dieser Eindruck verstärkt sich, wenn man das Personalpronomen *"sie"* in Vers 3, 5 und 9 im Sinne einer altmodischen Anrede versteht. Ein solches Verständnis würde auch mit dem archaischen Sinn korrespondieren, der sich hinter den Versen mit ihren religiösen Anspielungen zu verbergen scheint.

"Hirtin" ist per Alliteration verbunden mit *"hütet"*, das den dritten Vers einleitet. In der zweiten Stophenhälfte wird diese Wortkombination der Alliteration *"Schemen"*-*"Schafe"*-*"Schlächtern"* antithetisch gegenübergestellt, wobei die Antithese durch den ungebrochenen Satzbau von Vers 3 zu Vers 4 in der Synthese des Hütens aufgehoben wird. Während somit das 'Hüten' der Hirtin in der ersten Strophenhälf- te zunächst als '**Be**hüten' erscheint, zeigt die zweite Strophenhälfte, daß ihr Hüten das Schlachten von Schafen nicht ausschließt, sich also nicht auf das reine Behüten beschränkt.

Die Einsicht in den ambivalenten Charakter des Hütens der Hirtin führt in Strophe 2 zu einer Hinterfragung des Rufs, mit dem sie abends die Lämmer heimlockt. Im Rückblick auf die zweite Hälfte der ersten Strophe erhält dieser nun etwas Verräterisches. Klang er am Anfang des Gedichts noch fürsorglich – als Schutz vor der hereinbrechenden Nacht –, so klingt er nun wie die Stimme einer Mutter, die ihre Schutzbefohlenen dem Henker überantwortet. Daß dies so ist, spricht das Gedicht – als würde es vor der Ungeheuerlichkeit des Faktums zurückschrecken – nicht offen aus. Aber in dem *"dann"* der dritten Strophe (Vers 13), das eben hieraus die Konsequenz zieht, setzt es genau diese Antwort auf die in Strophe 2 gestellte Frage nach der Qualität der Stimme der Hirtin voraus.

Wie am Anfang, steht auch am Ende des Gedichts eine Antithese, deren beide Teile über eine einheitliche syntaktische Struktur mitein- ander verbunden werden. Den *"warmen Vliesen"* (14), mit denen noch die *"Strahlen"* aus Vers 15 harmonieren, werden die *"Lammskelette"* (17) gegenübergestellt, die mit der *"Liliensonne"* des vorangehenden Verses per Alliteration verbunden sind.

Der Neologismus *"Liliensonne"* verweist in seinem ersten Bestandteil – der Lilie – auf die Darstellung der Jungfrau von Orléans als Hirtin mit einer Lilie in der Hand und kehrt somit an den Ausgangspunkt des Gedichts zurück. Der zweite Teil des Kompositums widerspricht indessen der Konnotation von Unschuld, die sich traditionell mit dem Lilienmotiv verknüpft, indem er es mit dem Sinnbild für Allwissen und Aufklärung schlechthin – der Sonne – in eins setzt. Die *"Liliensonne"* ist es zudem, die die *"Schemen"* der geschlachteten *"Schafe"* – als *"Lammskelette"* – sichtbar macht. In vollem Bewußtsein also führt die scheinbar unschuldige Hirtin eine Herde, die offenbar nur durch das permanente Opfern einzelner Lämmer überlebensfähig ist. Letzteres läßt sich zum einen so verstehen, daß die Menschen – obgleich 'unschuldige Lämmer' bei ihrer Geburt – dennoch schon im Moment ihres Zur-Welt-Kommens zum Tode verurteilt sind, zum anderen aber auch im Sinne einer Vernichtung des 'Lamms Gottes', also des transzendentalen Sinns der Schöpfung selbst, durch eben diese Strukturiertheit des menschlichen Daseins.

Die Mischgestalt von 'gutem Hirten', also Jesus, und 'Mutter Natur', als die sich die Hirtin darstellt, stellt somit den Sinn der Schöpfung in einem absoluten Sinn in Frage. Denn sie bestreitet letzterer die Transzendenz und führt sie auf den Kreislauf von Werden und Vergehen, durch den die Natur gekennzeichnet ist, zurück. Gott erscheint in dieser Konzeption wie ein archaischer Herrscher, der jedoch – im Gegensatz zum Gott des Alten Testaments – seine Herrschaft nicht mehr an Maßstäben der Gerechtigkeit ausrichtet. Vielmehr überläßt er das Geschick der Welt dem Zufall und schaut gleichmütig, aber billigend zu. Das Morden erscheint als durch ihn gesetzt, und die Erkenntniskraft, die er dem Menschen verliehen hat, dient diesem nicht der Besserung seines Schicksals, sondern lediglich der Einsicht in die Grausamkeit der Welt, in die er hineingeboren wurde. So erweist sich das Gedicht als radikale Schöpfungskritik.

ULF MIEHE
Eine Sorte von Vätern

Einzelne Aspekte von durch den Titel des Gedichts als *'Väter'* gekennzeichneten Personen werden in dem Gedicht in der Form eines Steckbriefs wiedergegeben; lediglich die fünfte und letzte Strophe weicht von diesem Muster ab. Das Gedicht weist dabei in den Strophen 1 bis 4 jeweils durch ein isoliert in Vers 1 aufgeführtes, per Doppelpunkt mit den übrigen Versen verbundenes Wort auf die nachfolgend näher zu beschreibenden Persönlichkeitszüge hin.

In den ersten beiden Strophen erhält der Leser zunächst einen Eindruck von dem äußeren Erscheinungsbild und den hervorstechenden Eigenschaften der 'Väter'. Als wesentliches äußeres Kennzeichen erscheint deren "gutsitzende Brille" (3), die so den Eindruck von Scharfsichtigkeit vermittelt und damit in einem gewissen Gegensatz steht zu den als "verschwommen, blaß" (2) beschriebenen Gesichtern; die 'Väter' scheinen sich also hinter ihrer Brille 'zu verstecken'. Dies läßt an Leute denken, die in ihrer Schreibtischarbeit so weit aufgehen, daß ihre eigene Persönlichkeit dabei bis zur Unkenntlichkeit verkümmert. So assoziiert man 'Brille' auch mit der Redewendung 'etwas durch die Brille von etwas sehen', was als Hinweis auf die unselbständige Urteilsweise der 'Väter' angesehen werden kann. Hierzu paßt dann auch die Reduzierung ihrer "Eigenschaften" auf Harmlosigkeit, die durch den Vergleich mit Haustieren allerdings eng mit Gehorsamkeit und Manipulierbarkeit verbunden wird.

Die dritte Strophe erhält durch den unbestimmten und damit von den anderen Anfangsversen abweichenden Einsatz ("Ansonsten") besonderes Gewicht. Sie scheint in der Eigenschaft "gründlich" den noch nicht beschriebenen Persönlichkeitsrest zusammenzufassen. Das Adjektiv wird dabei mit dem Begriff "Listenanfertigen" verbunden, was es mit der bürokratischen Sphäre zu verknüpfen scheint. Es wird allerdings zunächst mit Alltagsaktivitäten in Verbindung gebracht, ehe dann – in dem Begriff "Menschentransporte" (13) – zugleich der Brückenschlag zu der oben angedeuteten Manipulierbarkeit wie zur Vergangenheit erfolgt.

Deutlich gemacht wird damit, daß 'Gründlichkeit' kein Wert an sich ist. Als typische Sekundärtugend ist ihr Wert vielmehr davon abhängig, mit welchen Zielen sie jeweils verbunden wird. Indem von den "Vätern" jedoch gesagt wird, sie würden mit derselben Gründlichkeit Listen für Sonntagseinkäufe wie für den Abtransport von Menschen in Konzentrationslager anfertigen, wird klargestellt, daß sie ihre Gründlichkeit ohne eigenen Leitwert und ohne eigenes moralisches Rückgrat umsetzen. Dies macht sie beliebig manipulierbar: von Ehefrauen bzw. Konsumgesellschaft ("Sonnabendeinkäufe") und gegenwärtiger Bürokratie ("Steuererklärungen") ebenso wie von einem völkermordenden Faschismus.

Hierzu paßt dann auch, daß die Nazi-Vergangenheit den *"Vätern"* nur noch in der Form heldenhafter Kriegstaten präsent ist. In bezug auf die eigene schuldhafte Verstrickung in die Judenverfolgungen und die Überfälle auf fremde Völker ist ihr *"Erinnerungsvermögen (...) schwach"* (14/15), da sie das Gefühl haben, stets nur 'ihre Pflicht getan' zu haben. Die Ideologie, in deren Dienst sie ihre Sekundärtugenden jeweils stellen, wird von ihnen nicht hinterfragt, wobei auch dies – als 'Gehorsam' – von ihnen als Tugend angesehen wird.

In der Schlußstrophe weist das Gedicht auf die politische Dimension der Kontinuität in der Charakterstruktur der *'Väter'* hin: Wenn diese noch so sind bzw. sich so verhalten, wie sie sich auch unter dem Nazi-Reich benommen haben, dann kann auch die von ihnen gewählte Regierung nicht anders sein als sie. Damit aber erweist sich die Demokratie lediglich als äußere Staatsform eines Gemeinwesens, das in seinem Kern noch immer faschistisch ist.

FRANZ MON
panoptikum

In zehn Versen beschreibt das Gedicht von der äußeren Form her die Situation eines Anwerbens von Besuchern für ein Panoptikum durch dessen Besitzer bzw. einen Angestellten, den Besuch des Panoptikums durch einen oder mehrere Personen und das Ende der Veranstaltung in selbigem, die durch den Abschluß der Drehbewegung eines nicht näher spezifizierten Apparates markiert wird. Das Geschehen wird lediglich angedeutet durch die an die Besucher gerichteten Appelle oder Kommentare des Panoptikumsbetreibers; die sich daraus ergebenden Aktivitäten der Besucher muß der Leser selbst ergänzen.

Jeder der zehn Verse ist mit einem vollständigen Satz ausgefüllt, wobei von den zehn Sätzen acht im Imperativ gestaltet sind. Lediglich Vers 5 und 8 entsprechen Aussagesätzen, wodurch das Gedicht sich in drei Teile (Vers 1 bis 5, 6 bis 8, 9/10) untergliedert. Die horizontale Unterteilung des Gedichts wird auch durch die vertikale Gliederung realisiert bzw. durch letztere kommentiert So wird die Anapher *"treten sie"* in Vers 5 unterbrochen und in Vers 8 ganz zugunsten eines anderen Verbs aufgegeben; die Anzahl der Worte pro Vers steigt von Vers 1 bis Vers 5 sukzessive an und nimmt dann wieder ab (nach dem Schema 3–4–5–4), wodurch Vers 5 – aufgrund der größeren Silbenzahl gegenüber dem ebenfalls fünf Worte aufweisenden vierten Vers – auch optisch als Zentrum des Gedichts markiert wird.

In die so charakterisierte Gedichtstruktur fügt sich schließlich auch die Wortwahl ein: In Vers 1 bis 4 erscheint *"treten"* als Wortstamm eines trennbaren Verbs, wobei die jeweiligen Präfixe – *"näher"*, *"heran"*, *"herein"*, *"auf"* – zugleich die Bewegung auf das Panoptikum zu (Vers 1/2) bzw. den Eintritt in dieses (Vers 3) und die Bewegung in ihm (Vers 4) markieren. In Vers 5 wird *"treten"* als nicht näher definierter Infinitiv aufgeführt, was den Übergang zu einer neuen Bedeutung des Verbs kennzeichnet. Vers 6 und 7 verwenden *"treten"* dann in der Bedeutung von 'gegen etwas treten', wobei der Imperativ zeigt, daß absichtlich, also gewaltsam getreten wird. In Vers 8 wird die Endung des Verbs wegge-lassen und *'t'* gegen *'d'* vertauscht, wodurch dessen phonematischer* Charakter verdeutlicht wird. Da das dadurch realisierte neue Verb *"drehen"* reflexiv gebraucht und zudem negiert wird, erscheint es gleichzeitig als Antithese zu dem nicht-reflexiven und nicht negierten Verb *"treten"*. Die letzten beiden Verse sind durch eine weitere lautliche Reduzierung gekennzeichnet, indem das *"t"* – als Endungsform der 3. Person Präsens – zugunsten der Realisierung der imperativischen Form *"dreh"* weggelassen wird. Die formale Reduzierung des Verbs entspricht dabei der Abnahme von Höflichkeitsformen im Gespräch zwischen dem Panoptikumsbetreiber und dem (den) Besucher(n), wie sie sich im Übergang zu der informellen Imperativform ausdrückt.

Eine zusätzliche Kennzeichnung als Zentrum des Gedichts erfährt Vers 5 durch die Ermunterungspartikeln in Vers 3/4 und 6/7 (*"nur"*, *"ruhig"*, *"getrost"* – in Vers 4 ergänzt durch das Adverb *"fest"*), die den kritischen Charakter der darin beschriebenen Situationen hervorheben. Offenbar ist es nötig, die innere Distanz der Besucher zu dem, was sie in dem Panoptikum sehen, gezielt zu reduzieren und ihre Bedenken vor dem, was sie dort tun sollen, zu zerstreuen. Zugleich bewirken die beschwichtigenden Partikeln eine Abmilderung der imperativischen Verbform, die so eher Aufforderungscharakter erhält. Ihr Wegfall markiert dementsprechend auch den konnotativen Wechsel zum Befehl. Während aber in Vers 7 die Beschwichtigungspartikeln noch nach-klingen und die Imperativform so eher wie einen Ratschlag bzw. eine Empfehlung klingen lassen, erhält diese in Vers 9 warnenden Charakter

---

*   **Phonem**: kleinster bedeutungsunterscheidender Laut

(wie die mögliche Erweiterung zu *"dreh da* <ja/bloß> *nicht dran"* zeigt), was auch den Befehl aus Vers 10 bedrohlich klingen läßt und ihm eine apodiktische Schärfe verleiht. Diese wird durch die d-Alliteration *("dreh da ... dran / dreh dich ...")* zusätzlich unterstützt.

Die formale Analyse des Gedichts legt somit nahe, daß am Ende des beschriebenen Geschehens ein Abhängigkeitsverhältnis zwischen Panoptikumsbetreiber und Besuchern entstanden ist. Ein solcher Verlauf wäre bei dem tatsächlichen Besuch eines Panoptikums äußerst ungewöhnlich, was auch den semantischen Strukturen der Worte eine neue Valenz* verleiht. Zunächst fällt auf, daß der Panoptikumsbetreiber die Besucher zum 'Treten', also zum Ausüben von Gewalt aufgefordert hat. Hierfür hat er zum einen Beschwichtigungspartikeln eingesetzt, zum anderen aber – in Vers 5 – auch einen Aussagesatz, der über seinen Binnenreim *("treten"* – *"beten")* Zustimmungsfähigkeit vortäuscht. Von der Struktur her erinnert er an Sprichwörter, die als gesammelter Schatz von Volksweisheiten gelten, so daß die Anspielung auf sie mit breiter Zustimmung rechnen kann.

Bei näherem Hinsehen erweist sich allerdings, daß in Vers 5 durchaus kein altbekanntes Sprichwort zitiert, sondern vielmehr ein von seinem Inhalt her völlig neuer Satz präsentiert wird. Bezieht man ihn auf den ersten Gedichtteil, so legt er nahe, daß bedenkenloses Mitmachen bzw. Zugehen auf etwas leichter ist als das meditative, reflektierende 'In-Sich-Gehen', wie es durch das 'Beten' evoziert wird. Die weitere Entwicklung des Geschehens zeigt dann allerdings, daß das bedenkenlose Tun mit der Ausübung von Gewalt gleichzusetzen ist, was die Bedeutung von 'Treten' in dem 'Sprichwort' dem 'Zutreten' annähert.

Das Gedicht zeigt so, wie die mangelnde Reflexion individueller Verhaltensweisen im gesellschaftlichen Kontext zu deren Mißbrauch im Sinne einer gewaltsamen Unterdrückung anderer Menschen führen kann, wobei am Ende dieses Prozesses der einzelne so weit in diese Unterdrückung involviert* ist, daß er ihr nicht mehr entfliehen kann. Dies konstituiert sowohl – in der Abhängigkeit von den die Unterdrückung bewirkenden gesellschaftlichen Instanzen bzw. Mechanismen – eine äußere als auch eine innere Unfreiheit, die in der Unfähigkeit des einzelnen besteht, vor sich selbst seine Verstrickung in Prozesse gesellschaftlicher Unterdrückung einzugestehen. In diesem

---

* **Valenz**: hier: Wertigkeit
involviert: in etwas *involviert* sein: in etwas verwickelt bzw. verstrickt sein

Sinne kann er sich nicht mehr *'umdrehen'* (10), also nicht mehr umkehren (was durch den Punkt am Ende des Gedichts – angesichts des sonstigen Verzichts auf Interpunktion – zusätzlich betont wird). Der Mitläufer wird – so zeigt das Gedicht – damit notgedrungen auch zum Mittäter.

Das Gedicht legt dabei einen besonderen Akzent auf die sprachliche Vermittlung der Prozesse, die zu der Abhängigkeit des einzelnen bzw. zu seiner Verstrickung in die gesellschaftlichen Unterdrückungsmechanismen führen. Dies gilt zum einen für die beschwichtigende Wortwahl in Teil 1, durch die demonstriert wird, wie der inhumane Gehalt von Aussagen oder Befehlen durch Abtönungspartikeln gemildert oder verschleiert werden kann. Auch der aufgrund der geringen lautlichen Veränderung kaum merkliche Wechsel der Verbbedeutung weist darauf hin, wie genau Sprache beobachtet werden muß, um sie vor Mißbrauch zu schützen und damit zugleich die eigene Integrität zu wahren. Konzentriert erscheint die Aufforderung zu einem sorgfältigen Umgang mit der Sprache in der sprichwortartigen Aussage in Vers 5, die den suggestiven Charakter mancher Wortverbindungen – die diese besonders geeignet macht für sprachlich vermittelte Manipulationen aller Art – hervorhebt. Indem der Leser diese Prozesse an dem Gedicht sozusagen wie unter einer Lupe studieren kann, schaut er selbst auf das Gedicht wie in ein Panoptikum, das ihm die Funktionsweise von Sprache und die mit ihrem öffentlichen Gebrauch verbundenen Gefahren vor Augen führt.

Geschrieben zu einer Zeit vermehrter Auseinandersetzungen mit der nationalsozialistischen Vergangenheit, läßt das Gedicht natürlich zunächst an die Propagandasprache der Nationalsozialisten und die über sie betriebene Einbindung des ganzen Volkes in die gewaltsame Unterdrückung andersdenkender Menschen und fremder Völker denken. Darüber hinaus erinnert das Gedicht jedoch auch an die vielen Imperativformen der Werbesprache und damit allgemein an die imperativischen Implikationen des kapitalistischen Systems, die in der ungleichen Verteilung gesellschaftlicher Güter und in den noch immer nicht gleichberechtigten Beziehungen zu Ländern der 'Dritten Welt' Züge struktureller Gewalt tragen. Unreflektiertes 'Mitlaufen' bedingt auch hier ein 'Mittun', im Sinne einer Verstrickung in letztere.

Helga M. Novak
Lernjahre sind keine Herrnjahre

Novak bringt in ihrem Gedicht ihre eigene Biographie mit wichtigen Daten der deutschen Geschichte in Verbindung. Im einzelnen wird auf folgende Ereignisse angespielt:

- 1943: nach der deutschen Niederlage in Stalingrad (Wolgograd) Mobilisierung der letzten militärischen Kräfte in Deutschland (Vers 2/3);
- 1945: Übernahme der Macht in Deutschland durch die Alliierten (4/5);
- 1950: Beginn des Koreakriegs verstärkt den Ost-West-Gegensatz und fördert die Tendenzen zu Remilitarisierung in Deutschland (6–8);
- 1953 (5. März): Tod Stalins (9–11);
- 1956 (18. Januar): DDR-Volkskammer beschließt Einrichtung einer *Nationalen Volksarmee* (*NVA*) (12/13);
- 1958: infolge des V. Parteitags der SED Verstärkung des Anpassungsdrucks in der DDR (14/15);
- 1961: Bau der Berliner Mauer (16–18).

Alle in dem Gedicht erwähnten Ereignisse waren für das lyrische Ich in bestimmter Weise im Sinne einer militaristischen Erziehung wirksam. Dabei spielen Vers 3, 5, 7 und 13 direkt auf Kriegshandlungen an, während Vers 10, 15 und 17/18 eher den ideologischen Krieg der DDR-Führung gegen das eigene Volk anklingen lassen. Dieser wird in direktem Zusammenhang mit einer kriegsvorbereitenden Feindbildherstellung (Vers 17/18) gesehen, der letztendlich auch die ideologische Gleichschaltung des Volkes, wie sie in Vers 10 und 15 angedeutet wird, dienen soll.

Die Bezugnahme auf das Sprichwort *"Lernjahre sind keine Herrnjahre"* akzentuiert in diesem Zusammenhang den Unterdrückungscharakter einer Erziehung, in der der 'Zögling' nicht in die Lage versetzt werden soll, 'seiner selbst Herr zu werden', sondern vielmehr lernen soll, sich gesellschaftlichen Autoritäten bzw. 'Herren' unterzuordnen. Da die Erziehung einen 'guten Deutschen' somit als Deutschen definiert, der in seiner Unselbständigkeit und seinem bedingungslosen Gehorsam gegenüber den jeweiligen 'Herren' ein willfähriges Instrument zur Umsetzung von deren gewaltsamen Zielen darstellt, sagt das lyrische Ich

in den Schlußversen *"Nein"* (20) zu dieser Definition und äußert die
Absicht, künftig *"ein schlechter Deutscher"* (21) sein zu wollen (wobei die
Isolierung der Verse vom übrigen Gedicht auch optisch deutlich macht,
daß das lyrische Ich in Zukunft nicht mehr gewillt ist, sich den gesellschaftlichen Definitionsprozessen unterzuordnen). Wo nämlich der
'gute Deutsche' moralisch 'schlecht' ist, ist das gesellschaftlich als
schlecht Definierte offenbar das moralisch Gute.

BERT PAPENFUß-GOREK
rasender schmerts weiterlachen

Das Gedicht besteht aus zwei Strophen zu je fünf Versen, auf die ein
einzeln stehender Schlußvers folgt. Drucktechnisch ist es so gesetzt, daß
seine zur Mitte hin kürzer werdenden Verse auch optisch in einem
Zentrum zusammenzulaufen und sich dann – zum Schluß hin – wieder
aufzufächern scheinen.

In der ersten Strophe wird zunächst die Protesthaltung des lyrischen
Ich gegen sein *"faterland"* (4) bekundet. Diese wird äußerlich bereits an
der Rechtschreibung deutlich, die in dem Gedicht frei gehandhabt wird.
Der Sinn des freien Umgangs mit der Orthographie scheint darüber
hinaus auch in der Befreiung der Sprache aus allzu starren Konventionen
bzw. in der Erschließung neuer sprachlicher Sinnstrukturen zu liegen.
Dies legen zumindest die Wortspiele nahe, auf denen das Gedicht in der
ersten Strophe aufbaut. So werden in dem Neologismus *"meuterland"* (5)
– als Antithese zu *"faterland"* – die Begriffe 'Mutterland' und 'meutern'
miteinander verbunden. Hierdurch kennzeichnet das lyrische Ich nicht
nur seine Einstellung gegenüber seinem *"faterland"*, sondern charakterisiert dieses ex negativo* zugleich als ein Land, wo Anpassung und ein
Mangel an eigenständigem Denken herrschen.

In dieselbe Richtung weist auch das Spiel mit der Wortkombination
'kreuz und quer', die man in Verbindung mit *"ich such"* (1) bei gewöhnli-
chem Sprachgebrauch wohl im Sinne von 'überall' verstehen müßte. Da
beide Worte in dem Gedicht jedoch substantiviert erscheinen und durch
das in Firmennamen häufig an die Stelle von 'und' tretende Zeichen '&'

---

* **ex negativo**: als Rückschluß aus einem gegenteiligen Begriff

miteinander verbunden werden, wirken sie wie Kennzeichnungen von Personengruppen. Diese Deutung wird in Vers 2/3 bestätigt, wo die Worte als Präfixe in zusammengesetzte Adjektive eingehen und dabei jeweils der näheren Bestimmung von '-deutsch' dienen. *"kreutsdeutsch"* (2) erinnert in dem Zusammenhang an Adjektive wie 'kreuzbrav' oder 'kreuzehrlich' und scheint so jene Deutschen zu kennzeichnen, die sich in ihrem Verhalten eng an Moral und Herkommen anlehnen. Demgegenüber würden die *'kwehrdeutschen'* sich 'quer' zu diesem stellen (vgl. 'Querdenker' oder auch die Wendung 'sich querlegen' als Ausdruck von Widerstand gegen etwas), also eine oppositionelle Haltung gegenüber ihrem *"faterland"* an den Tag legen. Da die *'kreutsdeutschen'* offenbar in letzterem zu Hause sind, ist nun auch verständlich, warum das lyrische Ich dieses verlassen und sich auf die Suche nach dem *"meuterland"* machen will, wo offensichtlich die *'kwehrdeutschen'* in der Überzahl wären. *"meuterland"* wäre insofern auch als Chiffre für die geistige Heimat bzw. die Gemeinschaft derer, die sich den gesellschaftlichen Konventionen in ihrem *"faterland"* widersetzen, zu verstehen.

In der zweiten Strophe wird – scheinbar ohne Verbindung zu Strophe 1 – von *"kleinen gruenen jungs"* (7) mit *"warmhalteuniformen"* (8) berichtet, von denen erwartet wird, daß sie bald in Sichtweite des lyrischen Ich *"landen"* (6) werden. Die Assoziationen, die sich hierbei einstellen, reichen von den 'kleinen grünen Marsmännchen' über Bundesgrenzschutz und DDR-Volkspolizei (beide mit grünen Uniformen) bis zum winterlichen Räuber-und-Gendarme-Spiel von Jungen, denen fürsorgliche Mütter warme Kleidung übergestreift haben (hierauf verweist auch der Ausdruck *"streifzuegler"* in Vers 10).

Die Verse bringen damit sowohl die Fremdheit der erwarteten Invasoren wie auch die Einstellung des lyrischen Ich diesen gegenüber zum Ausdruck. Offenbar nimmt es sie nicht ganz ernst: Sie erscheinen ihm wie spielende Kinder bzw. wie Akteure in einem zweitklassigen Science-Fiction-Film. Die Tendenz zu einer Verspottung der Invasoren wird in Vers 9, wo diese als *"daumenlutscher"* bezeichnet werden, noch weiter gesteigert. Daß sie *"im grossfeuerholz"* (10) *"dorne"* (9) lutschen, deutet darauf hin, daß sie sich ebenso naiv verhalten, wie man es von daumenlutschenden Jungs erwarten würde, sich und andere dabei jedoch stark gefährden.

Gerade in dem Augenblick, wo das Gedicht die bevorstehende Gefahr mit einem drastischen Bild vor Augen führt, wird das lyrische Ich nun offenbar von einer fremden Stimme unterbrochen. Diese lobt zwar die Erzählweise des Gedichts als *"spannend"* (11), macht damit aber zugleich deutlich, daß sie dessen Inhalt ins Reich der Fiktion verweist. Offensichtlich war der Person, zu der die Stimme gehört, das Hören des Gedichts angenehm wie das Prickeln, das einem ein spannender Roman oder Film bereitet, weshalb sie den Dichter auch zum *"weitermachen"* (11) auffordert. Dieser wird damit in seinen Intentionen fundamental mißverstanden.

Der Reim des Schlußverses auf den Gedichttitel stellt das Unverständnis, das dem Dichter entgegenschlägt – bzw. die mangelnde Bereitschaft, seine Warnungen als solche wahrzunehmen – in einen größeren Zusammenhang. Während in ihm angesichts der Gefahren, die er auf sein Land zukommen sieht, ein *"rasender schmerts"* bohrt, heißt die Devise um ihn her *"weiterlachen"*. Dies erinnert an den regierungsamtlichen Optimismus, mit dem man in Deutschland schon seit längerem auf Probleme aller Art reagiert, aber auch an das Lustprinzip als zentrales Organisationsprinzip der Konsum- und Mediengesellschaft. Statt als Korrektiv hierzu genutzt zu werden, wird auch die Dichtung – als freilich nur unbedeutender Teil derselben – in die Kulturindustrie integriert, wo ihr die Aufgabe zufällt, ästhetischen Genuß zu bereiten oder als Vorlage zu dienen für lustvolle Spekulationen, die zu nichts verpflichten.

Das Gedicht, im Jahr der deutschen Einheit veröffentlicht, antizipiert damit offenbar den Bedeutungsverlust, den die DDR-Lyrik infolge des Zusammenschlusses der beiden deutschen Staaten erleiden mußte. War sie im ostdeutschen Staat – gerade aufgrund der im Wesen von Lyrik liegenden Tendenz zur Zweideutigkeit, die sie in besonderer Weise als Instrument kryptopolitischer Äußerungen geeignet erscheinen läßt – ein wichtiges Medium der Selbstverständigung von Dissidenten, so verkam sie nach der Wiedervereinigung schnell zu einem gewöhnlichen Teil jenes Literaturbetriebs, der in dem Gedicht kritisiert wird. Auch vor diesem Hintergrund ist es zu sehen, wenn in letzterem die Öffnung der innerdeutschen Grenze wie eine Invasion von Truppen von einem fremden Stern erscheint: Die Vereinnahmung durch die westdeutsche Literaturszene traf die DDR-Lyrik völlig unvorbereitet. –

Der Vergleich verschiedener Montagegedichte zeigt, daß diese – bei gleichzeitiger Konstanz des Strukturprinzips der Simultaneität* (das sie

---

* **Simultaneität** <simultanität>: Gleichzeitigkeit

mit dem *Dadaismus* verbindet) – so unterschiedlichen Zielen dienen können wie

- dem Nebeneinanderstellen verschiedener Handlungsbereiche, die so in ihrer gegenseitigen Beziehung zueinander gezeigt werden (Enzensberger);
- der Abbildung des stream of consciousness eines lyrischen Ich, in dem sich unterschiedliche Zeit-, Gedanken- und Gefühlsebenen ineinanderschieben (Mayröcker);
- dem Aufzeigen von Inkonsistenzen* in Lebensstil und -haltung einer bestimmten sozialen Schicht, indem inkompatible bzw. einander gegenseitig entlarvende Denk- und Handlungsweisen derselben nebeneinandergestellt werden (Kling);
- dem freien Spiel mit der Sprache, wobei traditionelle und neue, unkonventionelle Wortkombinationen in gesellschaftskritischer Absicht aufeinander bezogen werden (Papenfuß-Gorek).

THEO PIRKER
Die Geißel

Das Gedicht thematisiert das Grauen des vergangenen Krieges anhand von drei Bildern, die auf der allegorischen Personifizierung der Abstrakta Tod, Not und Krieg beruhen. Jedes der drei Bilder wird in einer eigenen Strophe entfaltet, wobei das lyrische Ich jeweils als Werkzeug der allegorisierten Abstrakta erscheint: als *"Trommel"* des Todes (Strophe 1), als *"Geißel"* der Not (Strophe 2) und als *"Pfeil"* des Krieges (Strophe 3).

Die Art des Grauens, das durch das lyrische Ich als Werkzeug von Tod, Not und Krieg bewirkt wurde, wird jeweils in den auf den Anfangsvers folgenden Versen der einzelnen Strophen näher spezifiziert. So wird in Strophe 1 auf den Rußland-Feldzug der Wehrmacht, in Strophe 2 auf die blutige Unterdrückung der *'geschlagenen Völker'* (Vers 6) und in Strophe 3 auf die Untermenschen-Ideologie der Nationalsozialisten und ihre Folgen – *"sich neigten wie Sklaven"* (12) – angespielt, wobei es freilich bei allgemein gehaltenen Andeutungen auf diese Verbrechen bleibt.

---

* **Inkonsistenz**: vgl. *inkonsistent*: widersprüchlich, ohne logische Struktur

Durch die allegorische Verbildlichung von Tod, Not und Krieg – die diese wie heidnische Gottheiten erscheinen läßt – vermitteln die ersten drei Strophen den Eindruck eines archaischen Unheils, das über die Menschheit gekommen ist und dem sich kein einzelner – auch wenn er als dessen Werkzeug benutzt wurde – entziehen konnte. Indem aber unklar bleibt, wer konkret für Tod, Not und Krieg verantwortlich ist, stellt sich auch nicht die Frage, inwieweit der einzelne sich den Verursachern der Katastrophe hätte entgegenstellen können. Wenn es sich bei diesen nämlich nicht um konkrete nationalsozialistische Verbrecher, sondern um archaische Gottheiten gehandelt hat, wäre jeder Versuch, Widerstand zu leisten, offenbar von vornherein zum Scheitern verurteilt gewesen.

Vor diesem Hintergrund erscheint auch die Schlußstrophe in einem besonderen Licht. Das lyrische Ich beklagt sich hier darüber, daß *"die Engel"* – gemeint sind wohl die Alliierten und die von ihnen eingesetzten Spruchkammern für die Entnazifizierungsverfahren – lediglich die Werkzeuge der großen Verbrecher – sprich: die 'Mitläufer' –, nicht aber diese selbst verurteilten. Die Ironisierung der Entnazifizierungsverfahren – den Ausdruck 'Engel' wird man in dem gegebenen Zusammenhang wohl am ehesten mit 'Selbstgerechtigkeit' assoziieren – kann dabei allerdings – so berechtigt die Kritik an den Entnazifizierungsverfahren im einzelnen auch sein mag – nicht darüber hinwegtäuschen, daß das Gedicht selbst durch seine Verschleierung der Ursachen für Tod, Not und Krieg einem solchen Umgang mit den nationalsozialistischen Verbrechen Vorschub leistet.

Das überwiegend daktylische Metrum wird an einigen Stellen hymnisch durchbrochen, wodurch einzelne Aspekte der Vernichtung eine besondere Betonung erhalten (so etwa *"alles"* in Vers 4, *"Not"* in Vers 5, *"hoch über"* – als einzige direkte Aufeinanderfolge zweier Hebungen* – in Vers 6). Weitere Akzentuierungen ergeben sich durch den Reim in den Mittelversen der ersten drei Strophen, der teilweise auch mit rhythmischen Besonderheiten korrespondiert (so etwa im Falle des Wortes *"bang"* in Vers 11). Eine Verstärkung der Aussagewirkung wird ferner durch die auch formale Gegenüberstellung von Strophe 1 bis 3 und Strophe 4 erzielt (Verzicht auf Nebensätze und kürzere Verse in Strophe 4). Der in den ersten drei Strophen gleich strukturierte

---

* **Hebung:** betonte Silbe; Gegenteil: **Senkung**; die direkte Aufeinanderfolge zweier Hebungen bezeichnet man auch als **Zäsur**, da sie eine Sprechpause erzeugt

Eingangsvers (mit den Schlüsselworten *"Ich bin … gewesen"*) findet dabei in der Anapher *"nun"* in Vers 13/14 eine strukturelle Entsprechung, wodurch Vergangenheit und Gegenwart auch formal aufeinander bezogen werden.

CHRISTA REINIG
Robinson

Das Gedicht beschreibt in drei Strophen die Situation von *'Robinson'*, auf den es allerdings nur in seinem Titel explizit Bezug nimmt. Auf das Inselleben des klassischen Robinson wird in der Anfertigung neuer Werkzeuge sowie in der Benutzung von Muscheln als Schreibutensilien angespielt (Vers 7 bis 9). Auf Reinigs ursprüngliche Absicht, ein Gedicht über einen Strafgefangenen zu schreiben, verweist die Tatsache, daß Robinson seinen Namen *"in die wand"* (10) kratzt, zumal der bestimmte Artikel hier den Gedanken an ein einziges Zimmer, in dem sich der Beschriebene aufhält (wie etwa eine Gefängniszelle), nahelegt.

Das Gedicht ist im Kreuzreim gehalten, wobei sich die a- und b-Reime von Strophe 1 bis Strophe 3 – von klarer Unterscheidung über Assonanz bis zur Beinahe-Identität – immer mehr aneinander annähern. Auf Großschreibung und Interpunktion wird durchgängig verzichtet.

Bereits Strophe 1 zeigt uns, daß das Robinson-Problem bei Reinig – wie auch bei Krolow – ein sprachlich vermitteltes ist. Auch Reinigs Robinson leidet an den Worten (wie die Alliteration *"weint"*-*"wenn"*-*"worte"* in Vers 1 unterstreicht); nur sind sie ihm nicht nur 'ungehorsam', sondern er kann sie erst gar nicht aussprechen: Sie *"stehen still"* (2) in seiner Kehle. Dies kann einerseits lautlich – im Sinne von 'stillem Stehen' –, andererseits aber auch im Sinne eines 'Stillstands' in einer Bewegung verstanden werden. Die Ausgangslage wird so als 'Stillstand durch Sprachlosigkeit' gekennzeichnet.

Noch in Strophe 1 wird allerdings zum Ausdruck gebracht, daß Robinson sich nicht mit seiner Situation abfindet, sondern sich vielmehr aktiv – wenn auch zunächst noch schweigend – mit dieser auseinandersetzt. Sein 'schweigender Umgang' mit sich selbst (Vers 4) schlägt sich dabei, wie Strophe 2 zeigt, in der Neudefinition von Altem nieder (*"erfindet alte dinge"*, Vers 5), was angesichts der deutlichen Verweise auf die sprachliche Vermittlung seiner Einsamkeit in Strophe 1 und 3 ebenfalls sprachlich zu interpretieren ist. So verweist auch das in Vers 7 und 8 beschriebene Auseinandernehmen und Zusammensetzen von Dingen auf die enge Verknüpfung von Analyse und Synthese beim Erlernen von Sprache. Robinson scheint also die Sprache wieder neu zu erlernen, was für ihn einerseits – angesichts seines sprachlichen Stillstands – notwendig, andererseits aber nur durch das spielerische Umgehen mit dem vorhandenen Sprachmaterial möglich ist (vgl. Vers 6).

Die Tatsache, daß Robinson seinen Namen gerade mit einer *"muschelkante"* (Vers 9) in die Wand kratzt, verweist vor diesem Hintergrund auf die komplexen Windungen im Inneren einer Muschel, die den komplexen Strukturen des Sprachmaterials, mit dem Robinson spielt, entsprechen. Indem er sich darum bemüht, auf der Grundlage der überkommenen Strukturen neue sprachliche Wendungen zu kreieren, wirkt Robinson den Abnutzungserscheinungen, denen Sprache im Alltagsgebrauch ausgesetzt ist, entgegen. Daß ihm sein eigener *'name'* (10) *"unbekannt"* (12) werden kann, zeugt davon, daß ihm am Ende nicht nur eine Verlebendigung sprachlicher Strukturen gelingt; denn *'name'* steht hier wohl für 'Identität', was darauf verweist, daß diese stets sprachlich vermittelt ist. Das Gedicht verdeutlicht damit, daß, wer die Sprache lebendig hält, damit zugleich auch sich selbst vor Erstarrung bewahrt.

Die harmonische Verknüpfung von Altem und Neuen drückt sich in dem Gedicht auch in der zunehmenden Übereinstimmung der Endreime aus. Die Tatsache, daß die Sprache 'im Fluß' – also veränderbar – ist, wird ferner durch den Verzicht auf Interpunktion und Großschreibung unterstrichen. –

Krolows resignativem Robinson-Entwurf setzt Reinig somit einen Robinson-Dichter entgegen, der durch den kreativen – freilich auch mühseligen – Umgang mit den überkommenen sprachlichen Strukturen das Gefängnis der Alltagssprache zu durchbrechen versucht. Damit aber hat – wie die biographische Situation der Dichterin zur Zeit der Entstehung des Gedichts unterstreicht – Dichtung zugleich auch immer eine eminent politische Bedeutung. Wer nämlich die Abnutzungserscheinungen von Worten im alltäglichen Gebrauch offenlegt, arbeitet dabei stets auch deren ideologischem oder propagandistischem Mißbrauch entgegen. In diesem Sinne entspricht der Ausbruch aus dem Gefängnis der Alltagssprache zugleich auch dem Ausbruch aus der Ideologie, der sie jeweils dienstbar gemacht wird. Die Worte des Dichters erlangen damit – um die Diskussion um die wortmagische Kraft von Dichtung aus der *naturmagischen Schule* aufzugreifen – eine neue, politischere 'Zauberkraft'.

THOMAS ROSENLÖCHER
Die Neonikone

Das Gedicht, ohne strophische Untergliederung geschrieben, läßt sich doch vom Gang der in ihm beschriebenen Handlung her in einzelne Abschnitte unterteilen, die teilweise auch syntaktisch markiert werden. Der erste Abschnitt (Vers 1–3) dient der Erwähnung des Ortes, an dem sich das lyrische Ich zur Zeit des (im Präteritum beschriebenen) Geschehens befand (in *"Amsterdam"*, *"vor dem Fenster der Hure"*). Es folgt eine genauere Beschreibung der *"Hure"* (4–7) und ihrer Wirkung auf das lyrische Ich (8–10), an die sich die Erwähnung weiterer Personen, die mit dem lyrischen Ich auf jene schauten (11–15), anschließt. Das Eingehen auf einen weiteren Aspekt der *"Hure"* (16) dient als Übergang zur Schilderung der Heimkehr des lyrischen Ich *"nach Sachsen"* (17–19).

Das Gedicht hebt zunächst die Plötzlichkeit hervor, mit der die *"Hure"* vor dem lyrischen Ich auftauchte. Kaum in *"Amsterdam"* (1) angekommen und um eine *"Ecke"* (2) gebogen, stand es auch schon *"vor dem Fenster der Hure"* (3). Das gibt der Begegnung mit letzterer etwas Überfallartiges, Bedrohliches – ein Eindruck, der sich aufgrund der nachfolgenden Beschreibung der Hure noch verstärkt. Diese *"lupfte ihre lange / lebendige Zunge"* (6/7) nach dem lyrischen Ich wie eine überdimensionale Eidechse, wobei ihre angsteinflößende Wirkung durch die l-Alliteration noch zusätzlich betont wird. Auch die Art, wie sie *"ihre Schenkel auftat und schloß"*, (16) rückt sie in die Nähe antiker Muttergottheiten, die von männlichen Priestern wie von Drohnen umschwirrt wurden. Dies erklärt, warum das lyrische Ich *"wie vom Donner gerührt war"* (8), als es die *"Hure"* erblickte, und eilends wieder *"nach Sachsen zurücklief"* (17) – wobei die Flucht durch den – mit der Parataxe des zweiten Abschnitts (4–7) kontrastierenden – hypotaktischen Satzbau, dem das Gedicht in einem langen, sich bis zum Schluß hinziehenden Satz folgt, etwas Atemloses erhält.

Nun wird allerdings die *"Hure"* in dem Gedicht auch als *"Ikone aus Neon"* (15) bezeichnet, wodurch deutlich wird, daß es sich bei ihr nicht um eine echte Hure handelt, sondern um eine überlebensgroße, mit

Neonlichtern bestückte Nachbildung einer solchen oder auch einfach um eine neonbestrahlte Reklametafel. Die panische Reaktion des lyrischen Ich erscheint vor diesem Hintergrund völlig unangemessen. Sie kontrastiert zudem auffällig mit den Reaktionen der anderen Personen, die mit ihm vor der *"Hure"* stehen. Während das *'Augenrollen'* des *'Kreolen'* (12) eher auf sexuelle Erregung als auf Angst schließen läßt, scheint der *'lächelnde Blitzlichtjapaner'* (13) die *"Hure"* nur als Touristenattraktion wahrzunehmen.

Der Hinweis darauf, daß lyrisches Ich, *"Kreole"* und *"Blitzlichtjapaner"* zusammen als Abbild der *"Menschheit"* (14) zu verstehen sind, verleiht allen dreien exemplarischen Charakter. Der *"Kreole"* mag dabei für Menschen aus der Dritten Welt stehen, während der *"Blitzlichtjapaner"* wie das ironische Abziehbild eines imperialistischen Kapitalisten wirkt. Das lyrische Ich selbst, aus *"Sachsen"* stammend, stünde für Personen aus sozialistischen Ländern. Vor diesem Hintergrund wird nun auch verständlich, warum die *"Hure"* in dem Gedicht als *"Ikone aus Neon"* beschrieben wird. Offenbar greift das Gedicht in der Bezeichnung – wie auch in der Unterstellung, in Amsterdam sei *"alle Schönheit / in einer einzigen Hure"* (9/10) versammelt – die Verteufelung des Kapitalismus durch die Propaganda realsozialistischer Staaten auf. Auch der *"Blitzlichtjapaner"* scheint auf diese anzuspielen, während der *'augenrollende Kreole'* wie eine Personifizierung der von den imperialistischen Ländern unterdrückten Völker der 'Dritten Welt' erscheint.

Die Verlegung des Geschehens nach *"Amsterdam"* entspricht offenbar dem vorurteilsbelasteten Image dieser Stadt, das zum einen mit den üblichen Begleitetablissements einer großen Hafenstadt, zum anderen wohl auch damit zusammenhängt, daß die Stadt lange Zeit als Hauptumschlagplatz für Drogen in Westeuropa galt. So erscheint die Amsterdamer *"Hure"* (hierin an Georg Heyms 'Gott der Stadt'* erinnernd) selbst als ein Bild für den Kapitalismus, wobei sie sowohl diesen selbst – als alles verschlingendes Ungeheuer – als auch dessen Anhänger – als sich selbst prostituierende, ihr Wesen dem Gott Mammon opfernde Unmenschen – charakterisieren würde. Das Gedicht widerspricht dieser Charakterisierung des Kapitalismus nicht direkt, ironisiert jedoch in seiner hyperbolischen Beschreibung der *"Hure"* zugleich die plakative Gegenüberstellung von bösen Kapitalisten und

---

* Heym, Georg: Der Gott der Stadt (1912); vgl. Bode, Dietrich (Hg.): Gedichte des Expressionismus (1966), S. 62. Stuttgart 1994: Reclam.

guten Sozialisten, wie sie für die östliche Propaganda kennzeichnend war. In dieselbe Richtung weist auch die Flucht des 'reinen' Sachsen aus dem kapitalistischen Sündenpfuhl, wobei ersterer in seiner Unbedarftheit identisch zu sein scheint mit seinem *"armen, armerudernden Schatten"* (18).

Ohne den Kapitalismus zu verteidigen, wendet sich das Gedicht somit doch gegen das entmündigende Unterfangen, ganze Völker gegen Einflüsse von außen abzuschirmen, wie es für die Propaganda in realsozialistischen Staaten konstitutiv war – zumal der Kapitalismus selbst hiervon gänzlich unberührt blieb (wie die auch nach der Flucht des *'Sachsen'* sich weiter öffnenden und schließenden Schenkel der *"Neonikone"* andeuten). Die realosozialistische Ideologie wird demnach als ebenso weltfremd gezeigt wie die entsprechend indoktrinierten Bürger jener Staaten, die auf ihrer Grundlage aufgebaut worden waren.

GERHARD RÜHM
eigentum ist diebstahl

Das Gedicht präsentiert in 21 Zwei-Wort-Versen jeweils Dinge, die das lyrische Ich über das Possessivpronomen *"mein/meine"* als sein Eigentum kennzeichnet. Dabei handelt es sich in den ersten 18 Versen (mit Ausnahme von Vers 13) um Körperteile, die von oben nach unten – also von den Haaren bis zu den Füßen – aufgezählt werden. Vers 19 (*"meine schuhe"*) markiert das 'Übertreten' der rein persönlichen Sphäre, das in Vers 20 (*"meine welt"*) bestätigt wird. Vers 21 – *"mein gehirn"* – kehrt zur körperlichen Sphäre zurück, verdeutlicht dabei aber zugleich – in der Erwähnung des die Weltsicht strukturierenden inneren Organs des Menschen – den Zusammenhang zwischen innerpsychisch-organischer Struktur und Weltsicht des einzelnen.

Die Aufzählung wäre unproblematisch, wenn das lyrische Ich nicht mit der Erwähnung seiner eigenen Geschlechtsorgane den Gedanken an *"meine frau"* (13) und *"meine scheide"* (14) verknüpfen würde. Dies kennzeichnet die anaphorische Wiederholung des Possessivpronomens als Hinweis auf ein Individuum, dessen Weltsicht ebenso egozentrisch wie besitzorientiert ist. Die scheinbar unproblematische besitzanzeigende Bezugnahme des lyrischen Ich auf seine Körperteile enthüllt sich damit in dem gegebenen Zusammenhang als Ausfluß eines Denkens, das alle Dinge nach den Kategorien von Ego und Besitz einteilt und dabei auch andere Menschen ihrer Freiheit beraubt. Das Gedicht läßt sich in diesem Sinne über die Kritik an patriarchalisch-frauendiskriminierenden Denkmustern hinaus als Problematisierung des Materialismus und der durch ihn implizierten Denk- und Handlungsstrukturen deuten.

NELLY SACHS
Chor der Geretteten

In ihrem Gedicht stellt Nelly Sachs die Situation von Juden, die das nationalsozialistische Grauen überlebt haben, dar. Das Gedicht wird durch die insgesamt fünfmalige Wiederholung der Selbstbezeichnung der Chorsänger als *"Wir Geretteten"* (in Vers 1, 6, 10, 13 und 32) strukturiert; das Pronomen *"wir"* findet sich außerdem noch in Vers 22, 28 und 32 bis 34 als Eingangswort.

Die Fügung *"Wir Geretteten"* leitet bei ihren ersten drei Erwähnungen jeweils Selbstbeschreibungen des lyrischen Wir ein. Die vierte Erwähnung bildet den Übergang zur Ansprache an andere Mitmenschen, die nicht dem Grauen der nationalsozialistischen Verfolgung ausgesetzt waren. In Vers 32 leitet sie die Schlußreflexion des Gedichts ein.

Auf diese Weise ergibt sich eine Unterteilung des Gedichts in insgesamt drei Abschnitte, die sich aufgrund wechselnder Bildkomplexe (Abschnitt 1: Vers 1 bis 5, 6 bis 9, 10 bis 12), unterschiedlicher Konkretionsgrade der Ansprache (Abschnitt 2: Vers 13–17, 18–21, 22–26, 27–31) oder ihrer antithetischen Struktur (Abschnitt 3: Vers 32–34 und Vers 35–37) in weitere Unterabschnitte gliedern lassen.

Der erste Abschnitt des Gedichts wird bestimmt durch die Verwendung von Bildern, die sich treffend durch den Begriff *'lazarenische Literatur'* kennzeichnen lassen. Der Gedanke, daß der Tod seine Musik bereits auf ihren Körpern gespielt hat und daß die Mordinstrumente, mit denen ihrem Leben ein Ende bereitet werden sollte, noch allgegenwärtig sind, steigert sich dabei zu der Metapher von den *'Würmern der Angst'*, die an den Seelen der Überlebenden nagen, in Vers 11. Die enge Verbindung von Tod und Leben, die sich in diesem Bild ausdrückt, wird auch durch die Metapher von den *"Stundenuhren"*, die sich *"mit unserem tropfenden Blut"* (9) füllen, zum Ausdruck gebracht. Beide Bilder können somit als Veranschaulichung des Ausspruches von Nelly Sachs, ihre *"Metaphern"* seien ihre *"Wunden"*, angesehen werden: Sie sind stets ein

Verweis auf den Schmerz, den das Weiterleben für die Überlebenden des Holocaust angesichts der Erinnerung an das, was sie durchmachen mußten, bedeutet.

Dem entspricht, daß das *"Gestirn"* der überlebenden Juden als *"vergraben im Staub"* (13) geschildert wird und mit der *"Sonne"* (15) der anderen Menschen kontrastiert wird. Nach dem langen Leben in der Dunkelheit hat diese Sonne für die Geretteten etwas allzu Grelles und in diesem Sinne Bedrohliches; die Vorsicht, mit der man ihnen den Zugang zu der Sonne der Mitmenschen erschließen soll, wird dabei durch die weichen l-Allierationen aus Vers 17 zusätzlich hervorgehoben. Die kleinste Unachtsamkeit ihrer Mitmenschen könnte – so betonen die folgenden Verse – den Schmerz in den Überlebenden so gewaltig aufbrechen lassen, daß sie *"zu Staub zerfallen"* (25). Das Ausmaß der Bedrohung wird dabei durch den wiederholten Hinweis auf diese Gefahr in Vers 26 noch besonders betont.

Der zweite große Abschnitt des Gedichts bringt noch einmal klar zum Ausdruck, daß es sich bei den *"Geretteten"* um 'lebende Tote' handelt. Nur die Zuflucht bei Gott konnte sie vor dem auch physischen Zusammenbruch angesichts der nationalsozialistischen Verfolgung retten. Damit haben sie aber mit dem diesseitigen Leben bereits abgeschlossen; was ihnen an Leben noch bleibt, ist für sie deshalb nicht mehr als eine *"Arche des Augenblicks"* (31).

Ähnlich wie bei Celan, erscheint auch bei Sachs die Hinwendung zu Gott als ein kollektiver Rettungsakt der Verfolgten, der diese als Gesamtheit von den Nicht-Verfolgten abgrenzt; dies hebt die Wir-Anapher in Vers 32 bis 34 besonders hervor. Das *"uns"* aus Vers 35 ist hingegen doppeldeutig: Es kann sich sowohl auf das *"Wir"* der vorangegangenen drei Verse als auch auf das *"euch"* aus Vers 37 beziehen. In ersterem Fall würde es den Abschied vom Diesseits bezeichnen, den die Juden angesichts des Holocaust vollzogen haben; im zweiten Fall würde es darauf hinweisen, daß nur über die Gleichheit elementarer Lebensvorgänge – ausgedrückt im 'Zu-Staub-Werden' aller Menschen – noch eine Verbindung zwischen den Überlebenden des Holocaust und ihren Mitmenschen besteht.

Die gleichmäßig über das Gedicht verteilte Erwähnung von *"Staub"* (Vers 12, 25/26 und 36) weist diesem eine strukturierende Funktion für den Gesamtzusammenhang des Gedichts zu. Die deutlich religiöse Verwendung des Begriffs in Vers 36 verleiht zudem den vorangegangenen Staubbildern etwas differenziertere Nuancen. So erscheint das in

Staub vergrabene Gestirn aus Vers 12 nun nicht nur als ein verdunkeltes, zerstörtes Gestirn, sondern auch als eines, das sich bereits in Gott aufgelöst hat. Und das *'Zu-Staub-Zerfallen'* aus Vers 25/26 verliert vor dem Hintergrund von Vers 36 ein bißchen von seinem bedrohlichen Charakter, weil in dieser Auflösung ja zugleich die Chance einer neuen Verbindung zwischen den Geretteten und ihren Mitmenschen liegt. Diese ist offensichtlich – angesichts des Übermaßes an Schmerz, das die Holocaust-Überlebenden empfinden – nur als Vereinigung im Leid denkbar.

Das Gedicht unterstreicht die Worte von Rose Ausländer, wonach für viele der von den Nationalsozialisten verfolgten Juden das Dichten offenbar eine Möglichkeit war, Trost zu finden – Trost freilich in einem existentiellen, religiöse Beheimatung anstrebenden Sinne. Die *'Traumworte'*, die dabei nach Ausländer entstanden, mögen auf manchen in ihrer Sanftheit befremdlich klingen angesichts der banalen Grausamkeit, mit der die Nationalsozialisten den Völkermord an den Juden geplant und ausgeführt haben. Hervorgehoben werden muß jedoch, daß die Juden gar keine andere Möglichkeit hatten, als der konkret erfahrenen Realität eine andere, transzendente Realität gegenüberzustellen. Eben diese – und nicht die Realität der nationalsozialistischen Verfolgung, vor der sie ja gerade fliehen wollten – wird in vielen Werken jüdischer Dichter in teilweise betörend schönen Worten beschworen; ein anderer 'Ausweg' wäre nur der kollektive Selbstmord gewesen. Dem Außenstehenden steht es zudem auch kaum zu, über das Leid der Juden im Dritten Reich und deren Versuche zu seiner Bewältigung zu urteilen.

WERNER SÖLLNER
Der Schlaf des Trommlers

In vier Strophen zu je sechs Versen beschreibt das Gedicht einen *"Trommler"* (23) bzw. *"Hüter"* (7), der in einer Gewitternacht einige totenähnliche *"Schläfer"* (5) aufweckt, die daraufhin durch die Nacht irren. Das Gedicht ist in freien Rhythmen gehalten, wobei allerdings daktylische Elemente überwiegen. Die ersten Verse von Strophe 1 und 4 erhalten durch die direkte Aufeinanderfolge zweier Hebungen eine besondere Betonung. Der vierte und sechste Vers einer jeden Strophe sind durch einen Reim miteinander verbunden.

Das Gedicht setzt ein mit der Andeutung einer Gewitternacht, vor deren Hintergrund sich das in ihm beschriebene Geschehen abspielt. Daß die Nacht *"gelb"* (1) ist *"von Gewittern"* (2), läßt darauf schließen, daß die Gewitter vorerst nur als fernes Wetterleuchten zu sehen sind. Die im folgenden beschriebene Welt weist sich in mehrfacher Hinsicht als eine Welt von Toten aus: Die Häuser sind verlassen, und in dem *"kühlen Grund"* (3) klingt Eichendorffs todessehnsüchtiges Lied vom 'zerbrochenen Ringlein' an. Durch die dreifache Anspielung auf 'Schlaf' wird die Absolutheit des Vergessens im Tod besonders hervorgehoben: Außer in dem schlaffördernden *"Holunder"* (4) tritt er auch in der Bezeichnung jener, die offenbar früher in den Häusern gewohnt haben, als *"Schläfer"* hervor; diese schließlich schlafen nicht einfach nur, sondern *"schlafen (…) sich aus der Welt"* (5/6), verlassen also das bewußt-seinsgebundene Diesseits.

Diesem dreifach betonten Schlaf stellt das Gedicht in der zweiten Strophe die Unruhe des 'Hüters' gegenüber. Daß er *"im flackernden Traum"* (8) geht, kann man als Bild für selbige, aber auch als Hinweis auf den wie ein Großbrand alles unter sich begrabenden Traum der *"Schläfer"* verstehen. In letzterem Fall wäre die Unruhe des 'Hüters' in eben dieser Bewußtlosigkeit der ersteren begründet. Hierauf verweist auch das Tun des 'Hüters', der offenbar alles daran setzt, die *"Schläfer"* aufzuwecken. Die *"Schierlingsposaune"* (11), in die er hierfür stößt, verweist auf einen Moment äußerster Bedrohung – das Jüngste Gericht –, in dem über Heil oder Verdammnis der *"Schläfer"* entschieden wird; gleichzeitig legt sie – in ihrer Anspielung auf das 'Ende der Zeiten' – nahe, daß die Welt, in der die *"Schläfer"* einst lebten, bereits untergegangen ist. (Eben hierauf scheint der Neologismus *"Schierlingsposaune"* hinzudeuten.) Daß es sich bei den 'Schläfern' tatsächlich um Tote handelt, zeigt Vers 12, der das *"verstreute Gebein"* erwähnt, daß der *"Hüter"* zusammenrufen muß. Dementsprechend schwierig gestaltet sich dessen Tun denn auch, zumal seine Trommeln *"aus Stein"* (10) sind, er also schwer an ihnen zu tragen hat.

Trotz alledem gelingt es dem *"Trommler"* aber schließlich, die *"Schläfer"* aufzuwecken. Gleich nachdem diese aufgestanden sind, kauen sie jedoch schon wieder *"den Mohn"* (14), d.h. auch im wachen Zustand bemühen sie sich weiter zu vergessen. Überhaupt scheinen sie sich wie Schlafwandler durch die Welt zu bewegen, also gar nicht richtig aufgewacht zu sein. Jedenfalls überträgt sich die Unruhe des 'Trommlers' nach ihrer Erweckung durch diesen nicht – wie zu erwarten gewesen wäre – auf sie selbst, sondern tritt ihnen lediglich in Gestalt des *'unruhigen Viehs'* (15) entgegen. Auch mit diesem scheinen sie jedoch eher beiläufig zu *"reden"* (15); seine Unruhe ist ihnen offenbar entweder unverständlich oder gleichgültig. Auch daß sie sich *"Nägel / aus dem Tod"* (17/18) ziehen, fügt sich in dieses Bild: Die *"Schläfer"* wollen nicht leiden bzw. wollen ihr Leid nicht als solches akzeptieren – sie wollen 'ihr Kreuz nicht auf sich nehmen'.

So ließe sich auch die Tatsache, daß die *"Schläfer"* *"die Mäuse nach Brot"* (16) fragen, als Bemühen verstehen, noch das geringste Leid – wie etwa die Andeutung eines Hungergefühls – sogleich zu betäuben. Auf der anderen Seite könnte dies natürlich auch als Hinweis auf den bevorstehenden oder soeben eingetretenen Weltuntergang gewertet werden, wie er auch in dem *'unruhigen Vieh'* und dem Reim von *"Brot"* auf *"Tod"* anklingt. Freilich wäre auch dann die Verhaltensweise der *"Schläfer"* völlig unangemessen.

Folgerichtig wird die 'Kühle' des 'Grundes', in dem die *"Schläfer"* sich befinden, in der Schlußstrophe direkt mit dem Vergessen in Verbindung gebracht. Daß der *"Grund"* (19) *"kühl / von Vergessen"* (19/20) ist, kann dabei sowohl so verstanden werden, daß das Vergessen die Ursache für die Kühle des Grundes ist, als auch im Sinne eines Erfülltseins des Grundes mit 'Vergessen'. Letzteres scheint somit so bestimmend zu sein, so allherrschend im Reich der *"Schläfer"*, daß der Trommler nicht dagegen ankommt. Obwohl er – wie das Heilkraut in seinem Mund (das auf einen entsprechend heilbringenden Gesang hindeuten könnte) zeigt – es gut mit den 'Schläfern' meint, gelingt es ihm nicht, sie 'aufzuwecken'. In seinem *"hölzernen Kleid"* (22) ist er wehrhaft und wehrlos (vgl. den Reim auf *'zerrissene Zeit'* <24>) zugleich, und so erscheint er selbst fast wie die unglückliche *"Pechmarie"* (21), die so wenig folgsam war wie er selbst in seinem Warnen und Wachrütteln. Auch die *"Schläfer"* erkennt man freilich in der Maßlosigkeit dieser Gestalt wieder, die an ihre eigene maßlose Vergessenssucht erinnert.

Wie bei Bobrowski, auf den das Gedicht – am deutlichsten wohl in den doppelhebigen Einsätzen in Strophe 1 und 4 – unverkennbar anspielt, ist also auch hier das Problem von Erinnern und Vergessen von zentraler Bedeutung. Anders als bei jenem, spielt sich das Geschehen jedoch in einer reinen Traumwelt ab, die keine Bezüge zu konkreten historischen Ereignissen erkennen läßt. Es scheint hier also um eine allgemeine Form von Vergessen zu gehen, das Vergessen sozusagen als geistige Haltung dem Leben gegenüber, anstatt um das Vergessen von etwas Bestimmtem, das sich eindeutig in der historischen Zeit situieren läßt. Daß Vergessen und Wegsehen dabei eng miteinander verzahnt sind, zeigt der Vergleich mit anderen Gedichten Söllners, wo etwa auch von den *'taubstummen Schläfern'* die Rede ist.

Die ignorante Natur des Vergessens kommt darüber hinaus noch in einem weiteren Gedicht Söllners zum Ausdruck, in dem dem *"Hüter"* eine Gruppe von materialistischen Münzenzählern gegenübergestellt wird. Während letztere in Kategorien von Besitz und Geldvermehrung denken, zählt ersterer *"Mägdlein, (...) / Sonne und Mond"*, d.h. er faßt ängstlich zusammen ('behütet'), was noch übrigbleibt nach der Umwandlung aller möglichen Dinge in Geld durch die 'Münzenzähler'. Als *"Hüter"* ist er dabei zugleich auch Mahner: *"er zählt von sieben / bis keins"*, warnt also vor dem möglichen Totalverlust des Seins bei einer weiteren Fortsetzung von dessen hab-süchtiger Verwertung (in diesem Sinne erscheint er auch wie die innere Stimme der *"Schläfer"*, die von diesen verdrängt wird). Als Mahner wiederum ist er angewiesen auf *"ein eigenes Wort"*, einen originären Ausdruck für die mögliche Katastrophe also, ein 'Macht-Wort', etwas, das die Gefahr 'auf den Begriff bringt' und so von anderen gehört wird. Somit ist der Trommler als Mahner notwendig auch Dichter.

Das Gedicht stellt sich vor diesem Hintergrund dar als der verzweifelte, fruchtlose Versuch des Dichters, die *"Schläfer"* um ihn her wachzurütteln. Es ist dabei noch nicht einmal so, daß diese die in der Ferne wetterleuchtende Katastrophe, derentwegen der Dichter seine Trommel rührt, nicht zur Kenntnis nehmen. Vielmehr haben sie sich längst an deren Anblick gewöhnt bzw. nehmen sie, betäubt durch den 'Mohn' all ihrer Alltagsdrogen, einfach nicht mehr in ihrer Bedrohlichkeit wahr. Das genußvolle Wegsehen ist ihr Lebensprinzip, und in dessen Rausch muß noch das drängendste Mahnen des Dichters – das Rufen mit der *"Schierlingsposaune"* – ungehört verhallen. Auch in diesem Sinne steht er *"in zerrissener Zeit"* (24) – nämlich in 'sprachzerrissener', der Macht des Wortes (und damit auch dem strukturierten Denken und planvollen Handeln) nicht mehr vertrauender Zeit.

Abenteuer mit Dichtung

Unvermittelt berichtet zu Anfang des Gedichts das lyrische Ich von seiner Aufforderung an *"Goethe"*, in sein Auto einzusteigen. Dieser folgt der Aufforderung, ohne zu zögern, übt sich schließlich selbst im Fahren des Autos und findet großen Spaß daran. Gemeinsam mit dem Autobesitzer fährt er hinaus *"ins Freie"* (6), wo er sich mit diesem ganz ohne Hemmungen seinen Emotionen hingibt.

Der Titel des Gedichts lenkt die Aufmerksamkeit des Lesers darauf, daß es bei den Versen weniger um eine Autofahrt als vielmehr um ein spezifisches Verständnis von Dichtung geht. Die Bezeichnung des Mitfahrers als *"Goethe"* weist darauf hin, daß dabei zugleich das Verhältnis gegenwärtiger Lyrik zur dichterischen Tradition reflektiert wird.

Betrachtet man das Gedicht aus diesem Blickwinkel, so fällt zunächst die Ansammlung von Bildern für Freiheit und Ungebundenheit in ihm auf. Sowohl das volle Aufdrehen des Radios als auch die ungebremste Fahrt durch das Dorf, das Herumtrommeln auf dem Armaturenbrett und das Sich-Hinauswerfen aus der *"Karre"* (14) sind Handlungen von Leuten, die sich von nichts einengen lassen, sondern ihren Gefühlen freien Lauf lassen wollen. Damit ihnen dies möglich ist, müssen sie allerdings zunächst hinausfahren *"ins Freie"* (6), d.h. den Ort verlassen, an dem sie sich derzeit aufhalten. Die Entlehnung des Ausspruchs aus der Kerkerszene des *Faust* ist dabei ein zusätzlicher Beleg dafür, daß die Autoinsassen sich von den gegebenen Verhältnissen eingeschränkt fühlen und diese deshalb so schnell wie möglich hinter sich lassen müssen, wenn sie die Freiheit erlangen wollen.

Auch das Auto selbst erscheint freilich noch als Teil dessen, wovon sich die beiden eingeschränkt fühlen. So bricht *"Goethe"* den Scheibenwischer ab (9/10), um eine freiere Sicht zu bekommen. Und das Ziel der Fahrt ist ja gerade ein Ort, wo man das Auto verlassen kann. Dabei handelt es sich hierbei nicht um ein einfaches Aussteigen aus diesem; vielmehr trägt das Verlassen des Autos alle Anzeichen von Jubel, wie von Leuten, die nach langer Zeit aus einem Gefängnis entlassen werden.

So erkennt man an dem Gedicht zentrale Forderungen der Lyrik der *Neuen Subjektivität* wieder. 'Mit Volldampf' wollte diese sich von der dichterischen Tradition entfernen, sich nicht mehr einengen lassen von deren formalen und inhaltlichen Konventionen. Statt die eigenen

Emotionen in der Form des Gedichts gewissermaßen zu objektivieren, sollten diese ihren subjektiven Charakter bewahren und auf diese Weise auch ihre Echtheit verbürgen – womit sich die Lyrik der *Neuen Subjektivität* zugleich von der theorielastigen *Agitprop-Lyrik* absetzte. Das ungebundene Schreiben sollte dabei auch die persönliche Befreiung aus vorgegebenen gesellschaftlichen Strukturen unterstützen. Eben dies scheint die doppelte Befreiung in dem Gedicht – von dem Ort, vor dem die Fahrenden fliehen, und von dem Auto selbst – auszusagen.

Vor diesem Hintergrund wirkt es zunächst befremdlich, daß das lyrische Ich bei seiner rasanten Befreiungsfahrt von *"Goethe"* – als dem Inbegriff dichterischer Tradition – nicht nur begleitet wird, sondern daß dieser das Auto sogar in die Freiheit hinauslenkt. Nun war freilich Goethe in seiner Jugendzeit ein 'Stürmer und Dränger', der als solcher ebenfalls gegen allzu starre Regeln in Kunst und Gesellschaft opponierte, und erscheint insofern geradezu wie ein Ahnherr der *Neuen Subjektivität*. Andererseits warf auch der Goethe des *Sturm und Drang* nicht das Postulat der Formgebundenheit von Lyrik über Bord, wozu paßt, daß man auch den *"Goethe"* in dem Gedicht erst dazu *'ermuntern'* (1) muß, einzusteigen, und ihm erst die Funktionsweise dieses speziellen Autos erklären muß (4).

Auf der anderen Seite muß *"Goethe"* nicht lange zum Mitmachen überredet werden, und er interessiert sich nicht nur sofort für die Funktionsweise des Autos – *"wollte (…) alles ganz genau wissen"* (4) –, sondern probiert dieses sogleich auch selbst aus. So erscheint *"Goethe"* – als 'der' deutsche Dichter – ganz allgemein als ein Bild für Dichtung – bzw. für die beständige Neugier des Dichters auf sich selbst, die stets auch eine Offenheit für neue dichterische Formen impliziert. Dichtung stellt sich damit als ein beständiges *"Abenteuer"* für den Dichtenden dar, als etwas, das ihm zu neuen Erfahrungen und Erlebnissen verhilft.

Ein Abenteuer ist Dichtung aber auch in dem Sinne, daß sie für den Dichter stets ein ergebnisoffener Prozeß ist: Er selbst entwickelt sich mit seiner Sprache. Und indem er selbst sich entwickelt, befördert er zugleich den allgemeinen, historischen Entwicklungsprozeß von Dichtung, der damit ebenfalls als von Form und Inhalt her ergebnisoffen zu gelten hat. Dies bedeutet zugleich, daß die Bindung von Dichtung an strenge Konventionen und definitorische Vorgaben diese in ihrem Wesen zerstört. Nicht zufällig hat Theobaldy deshalb seinem Gedichtband *Blaue Flecken* als Motto das Hölderlin-Zitat *"Komm! ins Offene, Freund!"* vorangestellt.

Schnee im Büro

In zwei Strophen zu zehn bzw. vierzehn Versen skizziert das Gedicht die Arbeitswelt eines lyrischen Ich, der es eine andere, von Liebe getragene Gegenwelt gegenüberstellt. Zeitlich füllt das Gedicht einen vollen Tag aus, der vom Morgen eines Arbeitstages (Vers 1–3) über dessen Abend (Vers 16–22) bis zum Morgen des nächsten Arbeitstages (Vers 22–24) reicht. Die Arbeitswelt bestimmt somit den Lebensrhythmus des lyrischen Ich. Als dominant erweist sie sich darüber hinaus auch in ihrem offensichtlichen Eindringen in die Eigen- und Gegenwelt des lyrischen Ich, wie es insbesondere in der Definition von *"Liebe"* als *"Produktionsverhältnis"* (19/20) zum Ausdruck kommt.

Die Dominanz der Arbeitswelt wird von dem lyrischen Ich mit eindeutig negativen Vorzeichen versehen: Es beschreibt sie als *"kalt"* (2) und fühlt sich und seine(n) Partner(in) in ihr *"eingesperrt"* (5). Von seiner eigenen Welt ist es in der Arbeitswelt abgeschnitten, die Kommunikation wird hier bestimmt von der Körper- und Gesichtslosigkeit des Telefons. Die an das Telefon gerichtete Frage, warum dessen *"Puls nur für andere"* (8) schlägt, es also nicht als Verbindung zur Gegenwelt des lyrischen Ich genutzt werden kann, beantwortet sich durch die folgenden Verse, die die Beziehungslosigkeit der Kommunikation in der Arbeitswelt herausstellen, von selbst.

Das Telefon erscheint so selbst als Chiffre für die wenig kommunikativen, funktionalistischen Umgangsformen in der Arbeitswelt. Dementsprechend wird es auch am Schluß des Gedichts (vgl. Vers 23/23) in eine Reihe gestellt mit der Numerierung der Arbeitsplätze, die wiederum zurückweist auf das kapitalistische Mehrwertdenken, auf das in Vers 11 bis 16 angespielt wird. Das Gedicht stellt dabei heraus, daß die Konzipierung aller Dinge als *"Zahlen"* letzten Endes auch zu einer verdinglichten, berechnenden Betrachtungsweise anderer Menschen führt: Auch diese gehen schließlich nur noch als *"Zahlen"* durch andere Menschen hindurch (15). Die beziehungslose Kommunikation erweist sich somit als bloßes Symptom der in Ursache und Wirkung viel tiefer reichenden Entfremdung des Menschen von sich selbst und anderen.

Auf sein Eingesperrtsein in der Arbeitswelt reagiert das lyrische Ich mit Fluchtgedanken; diese erscheinen allerdings lediglich in der Form einer *'gewissen Sehnsucht'* (1), sind also unbestimmt. Auch ist ihm (wenn man nicht – was das Enjambement als alternative Lesart nahezulegen scheint – den Punkt hinter *"nur"* überliest) in der Arbeitswelt *"nicht nur"* (2) kalt, d.h. diese scheint ihm bei aller Kritik doch auch eine gewisse Sicherheit oder zumindest existentielle Grundsicherung zu garantieren. Es scheint sich also doch bis zu einem gewissen Grad in seinem Büroleben eingerichtet zu haben und deshalb auch keine klaren Vorstellungen von seinen Fluchtmöglichkeiten zu haben. Diese erscheinen ihm demzufolge in der unbestimmten Form von *"Palmen"*, was man als Synonym für 'Süden' verstehen kann.

Die Sehnsucht des lyrischen Ich erinnert so an die '*Straße nach Süden*', die ja auch die Wir-Gruppe in Wondratscheks Gedicht *In den Autos* suchte. Hier wie dort verbleiben die Ausbruchswilligen mit ihrer Sehnsucht noch ganz im Rahmen der gegebenen gesellschaftlichen Strukturen. Während jedoch bei Wondratschek der Ausbruchsversuch immerhin von den Sehnsüchtigen in Eigenregie durchgeführt wird, erscheint bei Theobaldy selbst dieser noch gesellschaftlich verwertet und vorgeformt, erstarrt zu einem standardisierten Urlaub, dessen Erlebnisqualität sich auf einer vorgefertigten Ansichtskarte abbilden läßt (20–22).

Die in Vers 11 gestellte Frage, *"was (...) Liebe bewegen"* kann, scheint somit in dem Gedicht eine skeptische Antwort zu finden. Schon das direkt im Anschluß an die Frage in seinen Folgen ausgemalte kapitalistische Mehrwertdenken legt nahe, daß auch die Liebe dem kapitalistischen Verwertungsinteresse untergeordnet wird. In Vers 18/19 schließlich wird dezidiert auf wissenschaftliche Theorien verwiesen, die die Liebe selbst als ein *"Produktionsverhältnis"* definieren. Dabei ist es gleichgültig, ob damit auf die Produktion von Kindern oder die zwischengeschlechtliche Arbeitsteilung – mit dem Ziel einer Effektivierung der industriellen Arbeitskraft – angespielt wird. Entscheidend ist, daß eine solche Definition die Liebe nicht mehr in ihrer eigenen, der kapitalistischen Arbeitswelt prinzipiell nicht kompatiblen Gesetzlich- und Wertigkeit wahrnimmt.

Auf der anderen Seite betont das Gedicht selbst die eigene, der kapitalistischen Arbeitswelt diametral entgegengesetzte Wertigkeit der 'Welt der Liebe'. Denn in diese geht der einzelne ein *"mit allem, was ich bin"* (17) – was an Borns Wunsch nach Briefen, *"in denen ich ganz enthalten bin"* (vgl. *Drei Wünsche*, Vers 7), erinnert. Es ist also doch ein Ort vorhanden, an dem die Entfremdung – wenn auch nicht aufgehoben –, so doch so stark zurückgedrängt ist, daß der zwischenmenschliche Umgang nicht einseitig von ihr bestimmt ist. Dies macht den 'ganzen', nicht im Modus der Entfremdung lebenden Menschen immerhin denkbar, so daß – wie schon bei Born – sich auch in Theobaldys Gedicht die Utopie als in der Realität enthalten erweist. Indem das Gedicht die Unzufriedenheit mit letzterer zum Ausdruckt bringt, erhöht es zugleich den Aufforderungscharakter jener utopischen Nischen, an denen für eine Veränderung der entfremdenden gesellschaftlichen Strukturen angesetzt werden müßte.

UWE TIMM
Bundesdeutsche Berichterstattung

Das Gedicht besteht aus zwei Sätzen, die beide Kriegshandlungen in Vietnam beschreiben. Der erste Satz zeigt den Vietcong – also die südvietnamesischen Guerilla-Kämpfer – in der Rolle der Angreifer, der zweite die Amerikaner. Beide Sätze beziehen sich also auf ein strukturell gleiches Geschehen, unterscheiden sich jedoch stark durch die Wertungen desselben, die der Sprecher durch die jeweilige Wortwahl vornimmt. Im ersten Satz werden die Angreifer als *'heimtückisch'* beschrieben, und der Angriff erhält durch die Charakterisierung als Überfall etwas Kriminelles, während die Verteidiger als *"tapfer"* gekennzeichnet werden. Demgegenüber wird im zweiten Satz der Angriff in neutralen Worten (*"mit Hubschraubern"*) wiedergegeben, während die Verteidiger als *"fanatisch"* bezeichnet werden.

Das Gedicht stellt auf diese Weise die tendenziöse, amerikafreundliche Berichterstattung der bundesdeutschen Medien über den Vietnamkrieg bloß. Es zeigt zugleich, daß die Beeinflussung der bundesdeutschen Bürger zugunsten der USA nicht offen erfolgte, sondern sich vielmehr 'zwischen den Zeilen' der formal unabhängigen Berichterstattung über den Krieg durch Presse und Fernsehen abspielte.

GUNTRAM VESPER
Die Gewohnheit zu zittern

In vier Strophen werden in dem Gedicht die Welt eines Kindes und die seiner Eltern einander gegenübergestellt. Die Konfrontation zwischen den beiden Welten wird dabei in der Form eines Rückblicks des lyrischen Ich auf seine eigene Kindheit dargestellt.

Bereits die ersten beiden Verse deuten die vorherrschenden Gefühle an, die das lyrische Ich in seiner Kindheit empfunden hat. Zwar kann man in der *"engen Höhle der Eltern"* auch ein Bild für deren Schlafzimmer sehen, doch scheint der Begriff ebenso der allgemeinen Charakterisierung der Eltern-Welt zu dienen. Dem entspricht auch, daß der Begriff *"Besserungsanstalt"* (3), der jene aus der Sicht des Kindes charakterisiert, syntaktisch sowohl mit *"Wohnung"* (2) als auch mit *"der engen Höhle der Eltern"* verbunden erscheint. Der *'scharfe Geruch'* (2), der aus dieser engen, dunklen Welt *"durch die Wohnung"* zog, weckt Assoziationen an ätzende Flüssigkeiten oder Reinigungsmittel, darüber hinaus aber wohl auch an starken Schweißgeruch. In letzterem Sinne würde er ebenso auf den körperlichen Widerwillen des Kindes vor seinen Eltern wie auch auf den Angstschweiß hindeuten, der das Kind aufgrund der ständigen Bestrafungen durch seine Eltern die Kindheit über begleitet hat. In ersterem Sinne läßt er an eine übertriebene Sauberkeitserziehung und die damit einhergehende Unterdrückung des kindlichen Freiheitsstrebens denken. –

Das Kind bewegt sich in der Eltern-Welt wie im *"finsteren Hof"* (15) eines Gefängnisses. Diesem Bild entspricht auch der Ausdruck *"Flucht"* (7) als Anspielung auf die Versuche des Kindes, die enggezogenen Grenzen jener Welt zu überschreiten. Noch das *"Dienstmädchen"* (6), das ihn hierbei verfolgt, erinnert an Schergen einer unduldsamen Instanz, vor der sich das Kind für jede noch so kleine Verletzung der Eltern-Normen verantworten mußte. Die übergangslos zitierte Frage *"was machst du"* wirkt insofern wie ein Leitmotiv, das sich durch die ganze Kindheit des lyrischen Ich hindurchgezogen hat.

Nur angedeutet wird die Äußerung des Kindes, die der kontrollierenden Eltern-Frage entgegengestellt wird. Sie weist auf das hin, was das Kind aus dem *"finsteren Hof"* seines Gefängnisses heraus erblicken konnte: *"die Sterne"* (12). Der lakonische Andeutungsstil läßt letztere dabei als Chiffre für eine Welt ohne die engen Begrenzungen erscheinen, wie sie für die Eltern-Welt kennzeichnend sind. In dieselbe Richtung weisen die Komparative aus Vers 9 und 10, die jeweils die Eltern-Welt als Vergleichsgröße voraussetzen. *"die Sterne"* fassen dabei als Bild in sich die Sehnsucht des Kindes nach mehr Freiheit – *'längeren Sommern'* (9) – und mehr Träumen – einem *"Mond, der größer als unserer war"* (10) – zusammen.

Die ebenfalls nur andeutungsweise wiedergegebene Reaktion der Mutter auf die Sehnsüchte des Kindes macht gerade in ihrer apodiktischen Kürze die Inkompatibilität der beiden Welten deutlich. Inhaltlich entspricht sie einer doppelten Zurückweisung der kindlichen Träume, die zum einen – als *"Astronomie"* – mißdeutet und zum anderen – aufgrund der Jugend des Kindes – als unberechtigt hingestellt werden. Die Nichtswürdigkeit des Kindes, die die Mutter damit zum Ausdruck bringt, spiegelt – isoliert gelesen – darüber hinaus auch Vers 16 *("du hast nichts")* wider.

Daß die Eltern-Welt für das Kind *"von Anfang an"* (5) eine *"Besserungsanstalt"* war, zeigt, daß es sich bei der Konfrontation der beiden Welten um einen Konflikt grundsätzlicher Natur handelt. Denn dies impliziert, daß das Kind so, wie es auf die Welt gekommen ist, nicht 'gut genug' war – eben deshalb mußte es 'gebessert' werden, und zwar nach den von der Eltern-Welt vorgegebenen Richtlinien. Die Schlußverse des Gedichts *("du hast nichts / gesehen")* zeigen, daß es hierbei nicht nur – und wohl auch nicht vordringlich – um eine moralische Erziehung des Kindes geht. Vielmehr sind in letzterem noch Träume, Sehnsüchte, Utopien, Ahnungen einer anderen Welt – *"die Sterne"* in der Sprache des Gedichts – lebendig, die in der Eltern-Welt zugunsten einer durchrationalisierten Betrachtungs- und Organisationsweise des Lebens – wie sie in der den 'Sternen' antithetisch gegenübergestellten *"Astronomie"* anklingt – verdrängt worden sind. Dies erklärt, warum der Blick des Kindes auf die *"Sterne"* mit einer Äußerung bedacht wird, die man normalerweise unliebsamen Augenzeugen einer verbotenen Tat zuwirft.

Gleichzeitig offenbart sich in der Tatsache, daß die Mutter eine offensichtlich vorhandene Gegenwelt zu ihrer eigenen Welt leugnet, deren Angst, die Mauern ihres selbstgebauten Gefängnisses zu verlassen. Der Titel des Gedichts läßt sich damit ebenso auf die Angst des Kindes vor den elterlichen Strafaktionen wie auf die Angst der Eltern vor den in diesem lebendigen Utopien – die die alleinige Gültigkeit der Normen ihrer eigenen Welt in Frage stellen – beziehen. In der Konfrontation der beiden Welten spiegelt sich so auch der Gegensatz zwischen einer in ihren eigenen Konventionen und Denkmustern gefangenen Gesellschaft und einer ihrer eigenen Begrenztheit bewußten – und deshalb für Alternativen offenen – Organisationsform menschlichen Zusammenlebens wider, wobei das *"fremde Kind"* zugleich als Bild für die aus dem gesellschaftlichen Alltag verdrängten Utopien anzusehen wäre.

Wolf Wondratschek
In den Autos

Das Gedicht besteht aus zwei Rahmenstrophen und sechs Binnenstrophen. Die fünfzeilige Anfangsstrophe wird dabei in der Schlußstrophe wortgleich wiederholt und berichtet von Aktivitäten eines lyrischen Wir. Die zwei- bis dreizeiligen Binnenstrophen geben demgegenüber die Aktivitäten *'einiger'* wieder, wobei das Wort durch seine Anfangsstellung in den betreffenden Versen besonders betont wird. Dadurch wird hervorgehoben, daß es sich bei den *'einigen'* um kleinere Teilgruppen handelt, die der größeren Wir-Gruppe der Rahmenstrophen gegenübergestellt werden. Da mit den Beschreibungen der Teilgruppen größtenteils auf Aktivitäten von Minderheiten angespielt wird, die sich zur Zeit des Auseinanderbrechens der Studentenbewegung herausbildeten, scheint die Wir-Gruppe die breite Masse der damaligen Studenten darzustellen.

Die in den Binnenstrophen beschriebenen Teilgruppen lassen sich nach zwei Zerfallserscheinungen der Studentenbewegung untergliedern: der Radikalisierung einzelner Gedanken oder Haltungen derselben und der weitgehenden Preisgabe ihrer Ideale, die mit einer Anpassung an das bestehende System einherging. Der erstgenannte Aspekt kommt zum Ausdruck in Strophe 2, 3 und 5, wo angespielt zu werden scheint auf

- die Radikalisierung der gesellschaftskritischen Ideen der Studentenbewegung zu revolutionären Zielen, die in der Aufforderung, *'endgültige Entschlüsse'* (7) zu fassen, anklingt;
- die Flucht in religiöse Sekten, die in Strophe 3 umschrieben wird als Suche nach einer Sonne, die das Dunkel durchdringt (auch das Sitzen auf einem Berg deutet das *'Entrücktsein'* in höhere Sphären an);
- die Flucht in Drogen, auf die das in Strophe 5 angesprochene Versinken in einer Traumwelt hindeutet – die Behauptung, hieraus ergebe sich ein Erwachen, *"das radikaler sein sollte als jede Revolution"* (14), greift dabei das zur Zeit der Studentenbewegung populäre Postulat einer bewußtseinserweiternden Funktion von Drogen auf.

Jede der drei Strophen scheint dabei auch Aspekte der in den anderen Strophen genannten Teilgruppen mit aufzugreifen. So wurden *'endgültige Entschlüsse'* auch von Sektierern postuliert, die zudem ebenso wie Drogenabhängige von einem *'radikalen Erwachen'* träumten. Auf letztere trifft wiederum ebenso wie auf die Sektierer die in der dritten

Strophe angedeutete Entrückung in höhere Sphären zu. Diese Übereinstimmung korrespondiert im übrigen auch mit den in Sekten in der Regel positiv bewerteten – und teilweise auch durch Einnahme von Drogen unterstützten – Trance-Zuständen.

Auf Anpassungsverhalten deuten Strophe 4 und 6 hin. Die vierte Strophe spielt hierbei auf das Privatleben an, in das sich viele Studenten zurückzogen, nachdem sie feststellen mußten, daß die gesellschaftsverändernden Ziele der Studentenbewegung nicht zu verwirklichen waren. Die sechste Strophe deutet auf die Vereinnahmung mancher ihrer Exponenten durch den Kulturbetrieb hin, der die Ideen und Träume der Studenten zu gewinnträchtigen Musicals und sonstigen Seifenopern verarbeitete. Als *"tote Filmstars"* (15) ließen sich darüber hinaus auch all jene ehemaligen Jungrevolutionäre ansehen, die nun – beispielsweise im Rahmen einer Hochschullaufbahn – auf der gesellschaftlichen Karriereleiter nach oben kletterten, dabei jedoch ihre ehemaligen revolutionären Ideale in der Art von Salonkommunisten weiter vor sich hertrugen.

Die siebte Strophe scheint zwar auf den ersten Blick auf terroristische Aktivitäten und somit auf die weitere Radikalisierung der in Strophe 2 angesprochenen revolutionären Gruppen hinzudeuten. Sie läßt sich indessen auch als Zusammenfassung der fünf vorangegangenen Binnenstrophen verstehen, die so alle zu einer großen, aber im Vergleich zu der Wir-Gruppe der Rahmenstrophen immer noch relativ kleinen Minderheit zusammengefaßt würden. Die Strophe würde dann noch einmal klarstellen, daß alle zuvor erwähnten Teilgruppen ihre Ideale aufgegeben haben – *"starben"* (18) –, ohne sich mit letzter Konsequenz um deren gesellschaftliche Umsetzung bemüht zu haben – *"ohne für ihre Sache gestorben zu sein"* (19).

Zu dieser Deutung paßt auch, daß bei den meisten Teilgruppen ihr Selbstverständnis als Vollender der Revolution mit ihrer faktischen Entfernung von den einstigen Idealen ironisch konfrontiert wird. Dies gilt gleichermaßen für

- die radikalen politischen Gruppen, die ihre Pamphlete in *"der Einsamkeit"* (6) verfassen, also den Glauben an einen diskursiv zu erzielenden Konsens aufgegeben haben;
- die Sektierer und die Drogenkonsumenten, die die Erfüllung ihrer revolutionären Sehnsucht von religiöser Ekstase oder Drogenträumen erhoffen, diese also auf eine irreale Scheinwelt projiziert haben;

- die Salonkommunisten, die von der Revolution nur noch redeten, sich aber nicht mehr aktiv für sie einsetzten.

Alle diese Gruppen werden zudem als gesellschaftlich isoliert gezeigt. Sie befinden sich in *"der Einsamkeit"* (6), sitzen *"auf dem Berg"* (8) und/oder ziehen sich in Traum- oder andere Scheinwelten zurück (13/14, 15–17). Insofern fügt sich hier auch die Flucht ins Privatleben nahtlos ein, die ja ebenfalls einen Rückzug aus dem öffentlichen Kampf für die Verwirklichung der gesellschaftskritischen Ideale darstellt.

Die faktische Erstarrung des revolutionären Gestus wird durch die paradoxale Struktur der Binnenstrophen besonders hervorgehoben. Die einzelnen Gegensätze:

- *"Einsamkeit"*-*"endgültige* <gesellschaftliche> *Entschlüsse"* (6/7);
- *"Sonne"*-*"nachts"* (8/9);
- *"träumten"*-revolutionäres *"Erwachen"* (13/14);
- *"tote Filmstars"*-Warten, *"um zu leben"* (15–17) –

wirken dabei zugleich im Sinne einer ironischen Brechung des Pathos, mit dem das Vertreten der revolutionären Ziele nach wie vor verbunden war.

Die ironische Wirkung von Strophe 4 beruht auf einer Verbindung des apodiktischen Diskussionsstils mancher Studentenführer – *"wo doch feststeht, daß"* (11) – mit Emotionen (im konkreten Fall der Verliebtheit), die den revolutionären Theorien nicht subsumierbar waren. So werden sowohl letztere in ihrem Anspruch auf Allgemeingültigkeit – im konkreten Fall kollidiert die Forderung nach Aufhebung der Privatsphäre mit dem intimen Charakter der Verliebtheit – als auch der Rückzug der ehemals Revoltierenden in eben jenes Reservat der Privatheit, das sie selbst früher als 'bürgerlich' verteufelt hatten, karikiert.

Den Binnenstrophen werden die Rahmenstrophen sowohl formal als auch inhaltlich entgegengestellt. Formal steht ihr parataktischer Aufbau der Hypotaxe der Binnenstrophen entgegen. Schon hierdurch wirken die Verse ruhiger als die Binnenstrophen, ein Eindruck, der durch den Eingangsvers – *"Wir waren ruhig"* – ausdrücklich bestätigt wird. Auch das Verb *'hocken'* (2/21) hat eher statischen Charakter, was den Gedanken nahelegt, daß die Autoinsassen gar nicht irgendwo hinfahren, sondern gerade am Rand der Straße sitzen, um sich über das Ziel ihrer Fahrt klarzuwerden. Dieses ist einstweilen eher unbestimmt – sie wollen *"nach Süden"* (1/24) –, und zudem besteht über den Weg dorthin noch Unklarheit: Sie *"suchten"* noch die richtige Straße (23). Hierzu paßt auch das *'Drehen'* (22) am Radio, das ebenfalls den Eindruck einer unbestimmten Suche erweckt.

Im Gegensatz zu den radikalisierten Teilgruppen der Binnenstrophen, die alle von sich behaupten, den einzig richtigen Weg gefunden zu haben (wobei dieser Anspruch durch die gleichgerichtete Behauptung aller Teilgruppen ad absurdum geführt wird), ist also die Wir-Gruppe – d.h. die breite Masse der Studenten – noch 'auf der Suche'. Die Wiederholung der Anfangsstrophe am Schluß des Gedichts kann dabei zunächst so verstanden werden, daß der Großteil der Studenten von den radikalen Ideen der Teilgruppen weitgehend unberührt blieb. Sie hörten sich diese wohl an, wie man in unterschiedliche Radiosender hineinhört, aber 'das richtige Programm' fanden sie dabei nicht. So waren sie auch nach Abflauen der Protestbewegung noch auf der Suche nach dem idealen Leben, was sich in einer unbestimmten Sehnsucht *"nach Süden"* – also nach Wärme und der mit dem Leben in südlichen Ländern assoziierten Freiheit – manifestierte.

Daß die in den Autos *'Hockenden'* *"nach Süden"* fahren wollten, kann auch als Wunsch, 'einfach wegzufahren' und das Bestehende hinter sich zu lassen, verstanden werden. Wenn sie dabei *"in den alten Autos"* (2/21) blieben, so kann man dies zwar auch so deuten, daß sie in diesem Wunsch durchaus im Rahmen der bestehenden gesellschaftlichen Strukturen – die ja über die Urlaubs- und Filmindustrie (häufig ebenfalls unter direkter Bezugnahme auf den 'Süden') die Sehnsucht nach einem (zeitweisen) Ausbruch aus dem Alltag vielfach aufgreifen und marktkonform verwerten – verbleiben. Zum anderen ergaben sich hierin jedoch auch Parallelen zu den Gedichten von Theobaldy (*Abenteuer mit Dichtung*) und Born (*Drei Wünsche*), in denen der Ausbruch aus den bestehenden Strukturen nur durch das gleichzeitige Verharren in diesen – im Sinne einer Aktivierung ihrer verborgenen utopischen Aspekte – möglich erschien.

Die breite Masse der Studenten wird damit – anders als in dem Gedicht von Krechel – vom Vorwurf der ideologischen, besserwisserischen Verabsolutierung einzelner Ideen ausgenommen. Wondratscheks Gedicht weist vielmehr gerade darauf hin, daß der Großteil der Studenten dem selbstgewissen Habitus ihrer radikalen Kommilitonen mit Skepsis begegnete und sich nicht von einer bestimmten Ideologie vereinnahmen ließ. Indem es sie vor wie nach der Studentenbewegung gleichermaßen auf der Suche zeigt, nimmt es die Studenten zugleich auch vor der in Krechels Gedicht anklingenden Behauptung eines

kollektiven Rückzugs derselben ins Privatleben in Schutz. Wondratscheks Gedicht stellt diesen vielmehr in eine Reihe mit der die eigenen
Ideale ad absurdum führenden Radikalisierung von Teilgruppen, d.h. es
läßt beides gleichermaßen als Verrat an den einstigen Idealen erscheinen. Damit aber rehabilitiert es die Studentenbewegung – trotz der
Ironisierung der Verhaltensweisen *'einiger'* – doch in der Weise, daß es
die Möglichkeit einer kritischen Aufnahme von deren Idealen – im Sinne
ihres (faktisch ja vielfach erfolgten) Einbringens in den gesamtgesellschaftlichen Entwicklungsprozeß – herausstellt.

PETER-PAUL ZAHL
panhumanismus

In zwei vier- bzw. fünfzeiligen Strophen führt das Gedicht Anweisungen
für die Behandlung von Maschinen auf. Es parodiert dabei das Huma-
nismusverständnis der bundesdeutschen Nachkriegsgesellschaft, indem
es Leitlinien für den zwischenmenschlichen Umgang (vgl. Vers 1 bis 3:
jmd. lieben, freundlich zu jmd. sein, jmd. zart behandeln) auf Maschinen
überträgt. Die schonende Behandlung, die eigentlich Arbeitern
vorbehalten bleiben sollte (vgl. Vers 4: 'jmd. eine Kur gönnen'), wird in
dem Gedicht für die Maschinen eingefordert, was nahelegt, daß diese in
ihrem Wert höher eingeschätzt werden als erstere.

In der zweiten Strophe greift das Gedicht das Ideal des Teilens auf und
erhält so eine gesellschaftskritische Akzentuierung. Denn auch geteilt
werden soll nicht zwischen Reichen und Armen bzw. Besitzern von
Produktionsmitteln und Arbeitern, sondern zwischen letzteren und den
Maschinen. Dies liest sich wie eine Persiflage auf die Selbstdefinition der
bundesdeutschen Spielart des Kapitalismus als 'soziale Marktwirtschaft'.

Die Imperative, in denen das Gedicht durchgehend gehalten ist,
erscheinen in diesem Zusammenhang wie eine Enthüllung des aus-
beuterischen Charakters der Motivationstafeln, mit denen in großen
Fabriken die Leistungsbereitschaft der Arbeiter hochgehalten werden
soll. Sie erinnern jedoch auch an christliche Moralsätze (wie insbesondere die zehn Gebote) – vgl. *"Du sollst"* (1), *"sei gut"* (9) –, was die
in dem Gedicht geäußerte Kritik auf die allgemeinere Ebene des
Zweifels an der – insbesondere von konservativen Politikern immer
wieder hervorgehobenen – christlichen Gesinnung der bundesdeutschen
Nachkriegsgesellschaft hebt.

9. Kurzbiographien der Dichter*

Andersch, Alfred: *4.2.1914 München, † 21.2. 1980 Berzona (Tessin); absolvierte nach dem Besuch des Gymnasiums zunächst eine Buchhändlerlehre; 1932 Organisationsleiter des kommunistischen Jugendverbandes in Südbayern; 1933 für drei Monate Inhaftierung im KZ Dachau, danach Distanzierung von der KPD und Tätigkeit als kaufmännischer Angestellter; Teilnahme am Zweiten Weltkrieg, 1944 Desertion in Italien; 1945/46 Redaktionsassistent von Erich Kästner bei der *Neuen Zeitung* in München; 1946 Mitherausgeber der später von der amerikanischen Besatzungsmacht verbotenen Zeitschrift *Der Ruf*; 1948–1958 verschiedene leitende Positionen in Rundfunkredaktionen; Herausgeber der Buchreihe *Studio Frankfurt* (1952/53) und der Zeitschrift *Texte und Zeichen* (1955–1957); als Schriftsteller hauptsächlich durch Prosa hervorgetreten, daneben auch Autor von Hörspielen; lebte seit 1958 in Berzona/Locarno; seit 1972 Schweizer Staatsbürger; Mitbegründer der *Gruppe 47*.

Artmann, Hans Carl: *12.6.1921 Wien; nach dem Hauptschulabschluß zunächst Schuhmacherlehre (Vater Schuhmacher); daneben autodidaktische Sprachstudien (Schwedisch, Walisisch, Malayisch) und Verfassen von Detektivgeschichten; 1940–1945 Kriegsteilnehmer, amerikanische Gefangenschaft; Ende 1945 Rückkehr nach Wien, dort zunächst Gelegenheitsarbeiter; literarische Anfänge im Umkreis der *Wiener Gruppe*; in den 50er Jahren längere Auslandsaufenthalte in der Schweiz, Italien und Irland; lebte von 1961 an abwechselnd in Stockholm, Berlin, Malmö, Graz und Rennes, seit Anfang der 70er Jahre in Salzburg und im Waldviertel; Mitglied der Akademie der Künste in Berlin; berühmt für seine Gedichte in Wiener Mundart; daneben auch Prosa, Bühnenstücke und umfangreiche Übersetzertätigkeit.

Astel, Arnfrid: *9.2.1933; verbrachte die Kindheit in Weimar und im evangelischen Internat Windsbach/Mittelfranken; Studium der Biologie und Literaturwissenschaft in Freiburg und Heidelberg; anschließend dort 8 Jahre als Internatslehrer tätig; 1959 Begründung der *Lyrischen Hefte*, fungierte in der Folgezeit als deren Herausgeber; nach kurzem Engagement als Verlagslektor in Köln 1967–1971 Leiter der Literaturabteilung des Saarländischen Rundfunks; 1971 Entlassung aufgrund eines Gedichts mit unliebsamem politischen Inhalt; 1973 Wiedereinstellung.

Ausländer, Rose (Kurzform für Rosalie Scherzer-Ausländer): *11.5.1907 Czernowitz (Bukowina), † 3.1.1988 Düsseldorf; Studium der Philosophie und Literaturwissenschaft; überlebte als Jüdin die nationalsozialistische Verfolgung nur knapp in einem Kellerversteck; 1946 Auswanderung in die USA, dort Tätigkeit als Sekretärin, Korrespondentin und Übersetzerin; Freundschaft mit Paul Celan;

---

* Aus Platzgründen können an dieser Stelle nur die wichtigsten Lebensdaten der einzelnen Dichter aufgeführt werden. Für weitergehende Informationen sei auf die einschlägigen Schriftstellerlexika verwiesen (vgl. Literaturhinweise, Punkt 4).

nach mehreren Reisen und Aufenthalten in anderen europäischen Städten 1965 Übersiedlung nach Düsseldorf.

Bachmann, Ingeborg: *25.6.191926 Klagenfurt, † 17.10.1973 Rom (bei Zimmerbrand umgekommen); Studium der Philosophie, Germanistik und Psychologie in Innsbruck, Graz und Wien; 1950 Promotion über die Existenzphilosophie Martin Heideggers, anschließend Tätigkeit als Rundfunkredakteurin; seit 1953 freie Schriftstellerin (Lyrik, Hörspiele, Prosa); lebte 1953–1957 in Italien (vorwiegend in Rom) und war dort als Korrespondentin für die *Westdeutsche Allgemeine Zeitung* tätig; in dieser Zeit auch längere Reisen in die USA sowie nach Frankreich und Polen; danach in München, Wien und Rom wohnhaft; in den 50er Jahren Liebesbeziehung zu dem Schweizer Dramatiker und Romanautor Max Frisch; 1959/60 Poetik-Vorlesungen an der Universität Frankfurt/M.; seit Ende 1965 Wohnsitz in Rom; schrieb außer Gedichten auch Prosa, Libretti und Hörspiele; ferner als Übersetzerin englischer und italienischer Literatur hervorgetreten.

Bächler, Wolfgang: *22.3.1925 Augsburg; 1944 schwere Kriegsverwundung, bis Kriegsende in einem Lazarett; 1945–1948 Studium der Germanistik, Theaterwissenschaft und Romanistik in München; anschließend Journalist, Kritiker und Übersetzer bei Zeitungen und Zeitschriften sowie beim Rundfunk, daneben auch Arbeit als Schauspieler (wirkte u.a. in Filmen von Volker Schlöndorff mit); 1956–1966 Wohnsitz in Frankreich (Paris und Elsaß); seit 1967 wieder in der Bundesrepublik (München); Mitbegründer der *Gruppe 47*.

Bartsch, Kurt: *10.7.1937 Berlin; schlug sich nach dem Besuch der Oberschule (ohne Abschluß) zunächst als Gelegenheitsarbeiter durch (u.a. als Lagerarbeiter, Telefonist, Sargträger und Lektoratsassistent); 1964/65 Studium am Literaturinstitut Johannes R. Becher, dabei Bekanntschaft u.a. mit Sarah Kirsch und Helga M. Novak; danach freischaffend tätig, u.a. als Verfasser von Kabarett-Texten und -Liedern; infolge der Unterzeichnung der Petition gegen die Ausweisung Wolf Biermanns (1976) und eines weiteren Protestschreibens an die Staatsführung 1979 Ausschluß aus dem Schriftstellerverband und 1980 Übersiedlung in die Bundesrepublik, wo er sich als freier Schriftsteller (Gedichte, Prosa, Parodien, Songspiele, Operetten, Bühnenstücke) in West-Berlin niederließ.

Bayer, Konrad: *17.12.1932 Wien, † 10.10.1964 Schloß Hagenberg/Niederösterreich (Selbstmord); als Gymnasiast Vorliebe für Trakl und den *Surrealismus*; gemeinsam mit Freunden Gründung des Künstler-Clubs *genie und irrsinn*; nach dem Abitur Plan, Maler zu werden, auf Wunsch des Vaters jedoch Besuch von kaufmännischen Kursen, anschließend Anstellung bei einer Bank; seit 1957 freier Künstler und Schriftsteller und Mitwirkung an Experimentalfilmen; gemeinsame Lesungen, Aktionen und Entwicklung künstlerischer Programme mit H.C. Artmann, Gerhard Rühm, Oswald Wiener und Friedrich Achleitner, mit denen zusammen er der *Wiener Gruppe* zugerechnet wird.

Becker, Jürgen: *10.7.1932 Köln; 1953/54 Studium (ohne Abschluß), danach Tätigkeit in verschiedenen Berufen; seit 1959 Mitarbeiter des Westdeutschen Rundfunks und freier Schriftsteller; 1964/65 Verlagslektor bei Rowohlt; 1965–1967 als Stipendiat der Villa Massimo in Rom; wurde 1973 Leiter des Suhrkamp-Theaterverlags und 1974 Leiter der Hörspielabteilung des Deutschlandfunks.

Bender, Hans: *1.7.1919 Mühlhausen (Kraichgau); Teilnahme am Zweiten Weltkrieg; bis 1949 in sowjetischer Kriegsgefangenschaft; nach der Rückkehr nach Deutschland Studium der Literaturwissenschaft und Kunstgeschichte in Erlangen und Heidelberg; anschließend Tätigkeit als Kinopächter und Feuilletonredakteur der *Deutschen Zeitung*; Chefredakteur von *Konturen* (1952–1954) und *Magnum* (1962–1964); seit 1954 Mitherausgeber, 1968–1980 alleiniger Herausgeber von *Akzente*; Vortragsreisen und Gastdozenturen in verschiedenen Ländern; berühmt vor allem für seine Kurzgeschichten; daneben auch Veröffentlichung von Gedichten, Essays, Romanen und Erzählungen.

Benn, Gottfried: *2.5.1886 Mansfeld (Westprignitz), † 7.7.1956 Berlin; nach Besuch des Humanistischen Gymnasiums in Frankfurt/Oder (dort Freundschaft mit Klabund) auf Wunsch des Vaters – eines Pfarrers – zunächst Studium der Theologie und Philologie in Marburg und Berlin; 1905 Aufnahme eines Medizinstudiums an der Kaiser-Wilhelm-Akademie für das militärärztliche Bildungswesen, dort 1912 Promotion; nach dem Ausscheiden aus dem Militärdienst als Arzt in verschiedenen Berliner Krankenhäuser tätig; Freundschaft mit der *expressionistischen* Dichterin Else Lasker-Schüler; während des Krieges (bis 1917) als Militärarzt in Belgien, danach als Facharzt für Haut- und Geschlechtskrankheiten in Berlin tätig; ab 1935 wieder Tätigkeit als Militärarzt; Ausschluß aus der Ärztekammer und (1938) aus der Reichsschrifttumskammer; Schreibverbot; nach dem Krieg von den Alliierten aufgrund seiner kurzzeitigen Sympathien für den Nationalsozialismus erneut (bis 1949) mit Publikationsverbot belegt.

Bobrowski, Johannes: *9.4.1917 Tilsit, † 2.9.1965 Berlin; Kunstgeschichtsstudium in Berlin, dort auch Kontakt zur Bekennenden Kirche und zum kirchlichen Widerstand gegen den Nationalsozialismus; 1937 (noch vor Abschluß des Studiums) Einberufung zur Wehrmacht; bis 1949 in sowjetischer Kriegsgefangenschaft (Arbeit in einem Kohlebergwerk); ab 1950 als Verlagslektor und Schriftsteller (Gedichte, Romane, Erzählungen) in Ost-Berlin tätig; umfangreiche Herausgebertätigkeit; ferner als Übersetzer von tschechischer und russischer Literatur hervorgetreten.

Borchers, Elisabeth: *27.2.1926 Homberg/Niederrhein; verbrachte ihre Kindheit im Elsaß, später Studienaufenthalte in Frankreich und den USA; 1959 Mitarbeiterin von Inge Aicher-Scholl an der Volkshochschule Ulm, ferner an der dortigen Hochschule für Gestaltung tätig; 1960–1971 Lektorin beim Luchterhand-Verlag; seit 1971 Lektorin beim Suhrkamp/Insel-Verlag, wo sie später zur Cheflektorin aufstieg; ist außer als Lyrikerin auch als Verfasserin von Erzählungen und Kinderbüchern hervorgetreten.

Born, Nicolas: *31.12.1937 Duisburg, † 7.12.1979 Breese bei Dannenberg; 1950–1965 u.a. Tätigkeit als Chemigraph* in Essen; 1965 Umzug nach Berlin und Tätigkeit als freier Schriftsteller; 1972/73 als Stipendiat der Villa Massimo in Rom; seit 1974 Wohnsitz in Dannenberg; 1978 Stadtschreiber von Bergen-Enkenheim; Gastdozenturen in Iowa (1969/70) und Essen (1975).

---

*   **Chemigraphie**: Verfahren zur Herstellung von Druckplatten

Brecht, Bertolt: *10.2.1898 Augsburg, † 14.8.1956 Berlin; verbrachte seine Kindheit in großbürgerlichen Verhältnissen (Vater war Direktor einer Papierfabrik); während des Ersten Weltkriegs als Lazarettgehilfe in Augsburg eingesetzt; 1917 Aufnahme eines Studiums der Medizin und Naturwissenschaften in München (ohne Abschluß), gleichzeitig erste Versuche als Dramatiker; 1924 Umzug nach Berlin, dort (bis 1926) gemeinsam mit Carl Zuckmayer Dramaturg am von Max Reinhardt geleiteten *Deutschen Theater*; seit 1926 Entwicklung des *Epischen Theaters**; nach dem Reichstagsbrand 1933 Flucht nach Svendborg (Dänemark); 1939 kurz vor dem Einmarsch der deutschen Truppen Flucht nach Finnland; 1941 über Moskau und Wladiwostok Weiterreise nach Santa Monica (Kalifornien); 1947 wegen des Verdachts kommunistischer Betätigung von einem amerikanischen Senatsausschuß verhört, daraufhin Übersiedlung nach Zürich; aufgrund seiner marxistischen Überzeugungen Verweigerung der Einreise in die Westsektoren, deshalb 1949 Übersiedlung nach Ost-Berlin; dort gemeinsam mit seiner Frau Helene Weigel Gründung des *Berliner Ensembles*; seit 1950 im Besitz eines österreichischen Passes, den er sich besorgt hatte, um sich nicht auf einen der beiden deutschen Staaten festlegen zu müssen.

Brinkmann, Rolf Dieter: *16.4.1940 Vechta, † 23.3.1975 London (Verkehrsunfall); nach Abschluß des Gymnasiums zunächst Tätigkeit als Verwaltungsangestellter in Oldenburg; 1959–1962 Buchhändlerlehre in Essen; seit 1962 Wohnsitz in Köln, dort (ab 1963) auch Pädagogikstudium; danach freier Schriftsteller; 1972/73 mit Villa-Massimo-Stipendium in Rom, 1974 Gastdozent in Austin (Texas).

Britting, Georg: *17.2.1891 Regensburg, † 27.4.1964 München; nach Studium in Regensburg als Freiwilliger Teilnahme am Ersten Weltkrieg, schwer verwundet; seit 1920 als freier Schriftsteller in München; 1919–1921 Mitherausgeber der Zeitschrift *Die Sichel*; Reisen durch Europa und Afrika.

Buselmeier, Michael: *25.10.1938 Berlin; Besuch des Humanistischen Gymnasiums in Heidelberg; anschließend Ausbildung zum Schauspieler und Tätigkeit als Regieassistent; nach einem Studium der Germanistik und Kunstgeschichte 1972–1976 Lehrtätigkeit an verschiedenen Hochschulen; trat Ende der 70er Jahre durch kommunalpolitische Aktivitäten hervor; lebt heute als freier Schriftsteller in Heidelberg.

Celan, Paul (Anagramm* von Paul Ancel): *23.11.1920 Czernowitz (Bukowina), † 5.5.1970 (Selbstmord in der Seine); Sohn deutsch-jüdischer Eltern, die 1942 von den Nationalsozialisten deportiert und ermordet wurden; 1938 bis Kriegsausbruch Medizinstudium in Tours, seit 1939 Studium der Romanistik in

---

*   **Episches Theater** (wörtl. '*Erzählendes* Theater'): Theaterkonzeption, die den Zuschauer – in Abgrenzung zu dem *aristotelischen*, auf kathartisches (läuterndes) Mit-Fühlen ausgerichteten Theater – zum Mit-Denken (im Sinne einer Infragestellung der gegebenen gesellschaftlichen Strukturen) anregen will; zu diesem Zweck ausschnitthaft-exemplarische Darstellung der Handlung und kommentierende Verbindung der einzelnen Szenen – in diesem Sinne 'erzählendes' Theater
    Anagramm: durch Buchstaben- oder Silbenvertauschung innerhalb eines Wortes entstandenes neues Wort

Czernowitz; 1942 nach der Besetzung der Bukowina durch deutsch-rumänische Truppen Überführung in ein Arbeitslager; 1943 Rückkehr nach Czenowitz; 1945–1947 nach Aufenthalt in der Sowjetunion Lektor für russische Literatur in Bukarest; 1947 Ausreise über Wien nach Paris (1948), dort Studium der Germanistik und Linguistik, danach Tätigkeit als Übersetzer und Hochschuldozent; seit 1950 französischer Staatsbürger; ab 1968 Mitherausgeber der Zeitschrift *L'Ephémère*:

Delius, Friedrich Christian: *13.2.1943 Rom; verbrachte seine Kindheit in Hessen, anschließend Studium der Literaturwissenschaft in Berlin; 1970 Promotion; 1971/72 als Villa-Massimo-Stipendiat in Rom, 1973–1978 Verlagslektor in Berlin, danach freier Schriftsteller (zeitweise in Holland).

Eich, Günter: *1.2.1907 Lebus/Oder, † 20.12.1972 Salzburg; 1925 Abitur in Leipzig, anschließend Studium der Sinologie und Ökonomie (1930–1932) in Berlin; 1929 Studienaufenthalt in Paris; seit 1932 Mitarbeit an der Zeitschrift *Die Kolonne*, freier Schriftsteller und Tätigkeit für den Rundfunk; 1939–1945 Teilnahme am Zweiten Weltkrieg, danach (bis 1946) in amerikanischer Gefangenschaft; Gründungsmitglied der *Gruppe 47*; 1953 Heirat mit der Schriftstellerin Ilse Aichinger, mit der er in Lenggries/Obb. und später in Groß-Gmain bei Salzburg lebte; in den 50er und 60er Jahren vor allem für seine Hörspiele berühmt.

Enzensberger, Hans Magnus (Pseudonym für Andreas Thalmayr): *11.11.1929 Kaufbeuren; 1944/45 Einzug zum Volkssturm; 1949–1954 Studium der Literatur- und Sprachwissenschaft sowie der Philosophie in Erlangen, Hamburg, Freiburg und an der Sorbonne; 1955 Promotion über Clemens Brentano; 1955–1957 Tätigkeit als Redakteur beim Süddeutschen Rundfunk, daneben Gastdozentur an der Hochschule für Gestaltung in Ulm; 1960/61 als Verlagslektor in Frankfurt/M.; seit 1963 Mitherausgeber der Zeitschrift *Kursbuch*; 1964/65 Poetik-Dozentur in Frankfurt/M.; zahlreiche Auslandsreisen, u.a. in die USA (1957), die Sowjetunion (1963/64) sowie nach Kuba (1968/69); lebte zeitweise in Norwegen und Rom; Autor zahlreicher gesellschafts- und medienkritischer Essays, über die er Ende der 60er Jahre auch zum Mitinitiator der Außerparlamentarischen Opposition avancierte; umfangreiche Herausgebertätigkeit; war auch Mitglied der *Gruppe 47*.

Fels, Ludwig: *27.11.1946 Treuchtlingen; Malerlehre, danach als Hilfsarbeiter und in verschiedenen Berufen tätig; seit 1973 freier Schriftsteller (Romane, Erzählungen, Hör- und Fernsehspiele, Lyrik); 1986/87 mit Villa-Massimo-Stipendium in Rom.

Fried, Erich: *6.5.1921 Wien, † 22.11.1988 Baden-Baden; jüdischer Dichter, dessen Eltern 1938 nach dem Anschluß Österreichs an das Dritte Reich von den Nazis festgenommen wurden; nach dem Tod des Vaters bei Gestapoverhören noch im selben Jahr Emigration nach London, wo er bis zu seinem Tod lebte; in London anfangs als Arbeiter in verschiedenen Berufen tätig; seit 1950 Mitglied der Redaktion der Zeitschrift *Blick in die Welt*; seit 1952 ständiger Mitarbeiter der deutschen Abteilung der BBC, die er wegen politischer Differenzen 1968 verließ; hauptsächlich als Lyriker rezipiert, veröffentlichte aber auch Prosa, Hörspiele und Essays; bedeutende Übersetzungen englischer Dramen und Gedichte.

Gomringer, Eugen: *20.1.1925 Cachuela Esperanza (Bolivien); 1946–1950 Studium der Nationalökonomie und Kunstgeschichte in Bern und Rom; 1952 Mitbegründer der Zeitschrift *Spirale*; 1954–1957 Tätigkeit als Sekretär von Max Bill an der Hochschule für Gestaltung in Ulm; 1962–1967 Geschäftsführer des Schweizerischen Werkbundes; 1967–1982 Kulturbeauftragter der Firma Selb/Oberfranken; 1978–1990 Professor für Theorie der Ästhetik an der Staatlichen Kunstakademie Düsseldorf; Gastprofessuren in Bamberg und Fayetteville (USA); auch als Herausgeber wichtiger Anthologien zur *Konkreten Poesie* sowie der Schriftenreihe *konkrete poesie – poesia concreta* (1960–1965) hervorgetreten.

Grün, Max von der: *25.5.1926 Bayreuth; entstammt einer verarmten bayerischen Adelsfamilie; im Dritten Reich Diskriminierung aufgrund der Zugehörigkeit des Vaters zu den *Zeugen Jehovas*; Ausschluß aus dem Gymnasium, danach Absolvierung einer kaufmännischen Lehre; im Zweiten Weltkrieg kurze Zeit Fallschirmspringer, dann in amerikanischer Kriegsgefangenschaft; in den USA als Baumwollpflücker, Zuckerrohrschläger, Holzfäller und Bergarbeiter in einer Kupfermine tätig; nach der Rückkehr nach Deutschland zunächst Arbeit im Baugewerbe; 1951–1963 Schlepper und Grubenlokführer in Unna; 1956–1962 Presbyter* in der Gemeinde des Zechendorfes Heeren; aufgrund der Beschreibung eines Bergwerksunglücks in dem Roman *Irrlicht und Feuer* (1963) von einer Maschinenfabrik wegen angeblicher Schädigung ihres öffentlichen Ansehens verklagt, trotz Freispruchs fristlos entlassen; lebt seitdem als freier Schriftsteller in Dortmund; 1977 längere USA-Reise; Mitinitiator der *Gruppe 61*.

Grünbein, Durs: *9.10.1962 Dresden; Studium der Theatergeschichte in Ost-Berlin; seit 1987 freier Schriftsteller; Mitarbeit an verschiedenen Zeitschriften und Verlagsprojekten des *Galrev-Verlags*; Zusammenarbeit mit Aktionskünstlern, Schauspielern und Malern.

Hahn, Ulla: *30.4.1945 Brachthausen/Sauerland; Bürolehre, anschließend Abitur über den Zweiten Bildungsweg; seit 1965 Studium der Germanistik, Geschichte und Soziologie in Köln und Hamburg, dazwischen zweijährige Tätigkeit als Journalistin; 1978 Promotion, danach als Lehrbeauftragte an den Universitäten Hamburg, Bremen und Oldenburg tätig; seit 1979 Kulturredakteurin bei Radio Bremen und freie Schriftstellerin; 1981 als Villa-Massimo-Stipendiatin in Rom.

Heißenbüttel, Helmut: *21.6.1921 Rüstringen bei Wilhelmshaven, † 19.9.1996 Glückstadt; während des Zweiten Weltkriegs als Soldat in Rußland; schwere Kriegsverletzung (Amputation eines Armes); 1942–1945 Studium der Architektur, Germanistik und Kunstgeschichte in Dresden, Leipzig und Hamburg; 1954–57 Verlagslektor und Werbeleiter in Hamburg; 1959–1981 Leiter der Redaktion des *Radio-Essay* beim Süddeutschen Rundfunk, danach freier Schriftsteller in Borsfeld.

Herburger, Günter: *6.4.1932 Isny/Allgäu; studierte einige Semester Philosophie, Theaterwissenschaft und Sanskrit in München und an der Sorbonne; anschließend abwechselnde Berufstätigkeit in verschiedenen Ländern Europas und

---

*   **Presbyter**: in der evangelischen Kirche Vertreter der Gemeinde im Kirchenvorstand (Presbyterium)

Nordafrikas; einjährige Tätigkeit als Fernsehredakteur des Süddeutschen Rundfunks; seit 1960 freier Schriftsteller (zunächst in Stuttgart); 1964 Übersiedlung nach Berlin, 1969 Rückkehr nach München; 1975 Übernahme eines Lehrauftrags für deutsche Gegenwartsliteratur an der Gesamthochschule Essen; veröffentlichte außer Gedichten auch Prosa und trat auch als Autor von Hörspielen sowie Kino- und Fernsehfilmen hervor.

Hermlin, Stephan (Pseudonym für Rudolf Leder): *13.4.1915 Chemnitz, † 6.4.1997 Berlin; 1931 Beitritt zum Kommunistischen Jugendbund; 1933–1936 für diesen in Berlin im Untergrund aktiv; 1936 über Ägypten, Palästina, England und Spanien Emigration nach Frankreich; 1937 Teilnahme am Kampf der Internationalen Brigaden gegen den spanischen Faschismus; 1939/40 als Soldat der französischen Armee Beteiligung am Verteidigungskrieg gegen die deutsche Wehrmacht; nach der Besetzung Frankreichs von den Nationalsozialisten interniert; Flucht in die Schweiz, wo er in den letzten beiden Kriegsjahren – zeitweise abermals interniert – lebte (Mitarbeit an der Zeitschrift *Über die Grenzen*); 1945 Rückkehr nach Deutschland; Arbeit in Rundfunk- und Zeitungsredaktionen in Frankfurt/M.; 1947 Übersiedlung nach Ost-Berlin, seitdem dort als Übersetzer und freier Schriftsteller (Romane, Lyrik, Dramen, Hörspielen und Reportagen) tätig; in der DDR kulturpolitisch aktiv (u.a. als Sekretär der Akademie für Sprache und Dichtung sowie im Vorstand des Schriftstellerverbandes); geriet allerdings mehrfach in Konflikt mit der Staatsmacht, u.a. aufgrund seiner Unterzeichnung der Petition gegen die Ausweisung Wolf Biermanns (1976).

Hilbig, Wolfgang: *31.8.1941 Meuselwitz/Sachsen; Ausbildung zum Bohrwerkdreher, anschließend Tätigkeit als Heizer; 1967 Mitarbeit in einem *Zirkel schreibender Arbeiter* als Vertreter seines Betriebs (ohne sich allerdings in seinem schriftstellerischen Schaffen den Vorgaben des *sozialistischen Realismus* unterzuordnen); danach Tätigkeit in verschiedenen Berufen, u.a. als Werkzeugmacher, Hilfsschlosser und Tiefbauarbeiter; seit 1970 wieder überwiegend als Heizer tätig; 1978 im Anschluß an seine erste Publikation im Westen wegen angeblicher 'Devisenvergehen' in der DDR verurteilt; seit 1979 freier Schriftsteller (Lyrik und Prosa); 1985 Übersiedlung in die Bundesrepublik; lebt heute in Leipzig und Nürnberg.

Huchel, Peter: *3.4.1903 Lichterfelde bei Berlin, † 30.4.1981 Staufen (Baden); Studium der Literatur und Philosophie in Berlin, Freiburg und Wien; in den 20er Jahren Mitarbeit an den Zeitschriften *Literarische Welt* und *Kolonne*; nach 1927 längere Auslandsaufenthalte in Frankreich, der Türkei und auf dem Balkan (Tätigkeit als Übersetzer und Landarbeiter); 1940–1945 Soldat; sowjetische Kriegsgefangenschaft; 1945–1948 künstlerischer Leiter des Berliner Rundfunks; 1949–1962 Chefredakteur von *Sinn und Form*, der bedeutendsten Literaturzeitschrift der DDR; 1962 aufgrund von ideologischen Differenzen mit der Parteiführung Absetzung von seinem Amt; lebte danach zurückgezogen in Wilhelmshorst bei Potsdam, ehe 1971 seinem mehrfachen Antrag auf Ausreise in den Westen stattgegeben wurde; anschließend zunächst Ehrengast der Villa Massimo in Rom, seit 1972 als freier Schriftsteller in Staufen bei Freiburg i.Br.

Jandl, Ernst: *1.8.1925 Wien; nach dem Krieg Studium der Germanistik und Anglistik in Wien; 1949 Lehramtsprüfung, 1950 Promotion über Arthur

Schnitzler; seit 1949 Lehrer an Höheren Schulen in Wien, daneben Wahrnehmung von Lehraufträgen in Berlin, England und den USA; 1973 Gründungsmitglied der *Grazer Autorenversammlung*; seit 1991 Vorsitzender der *Internationalen Erich Fried Gesellschaft für Literatur und Sprache*; stand in den 50er Jahren der *Wiener Gruppe* nahe; seit dieser Zeit enge Freundschaft zu Friederike Mayröcker, mit der gemeinsam er 1968 den Hörspielpreis der Kriegsblinden erhielt; berühmt auch als Rezitator seiner *Sprechgedichte*.

Karsunke, Yaak: *4.6.1934 Berlin als Sohn eines Fabrikdirektors; 1953/54 3 Semester lang Jurastudium; 1955–1957 Ausbildung an der Abt. Schauspiel der Max-Reinhardt-Schule; 1957–1964 Hilfs- und Gelegenheitsarbeiter; 1964 Umzug nach München, dort 1965 Mitbegründer der politisch-literarischen Vierteljahresschrift *kürbiskern* (bis Januar 1969 Chefredakteur und Mitherausgeber); 1968 Sprecher der *Kampagne für Demokratie und Abrüstung*; seit 1969 als freier Schriftsteller und Übersetzer tätig; 1976–1979 Fachberater für 'Drehbuch und Dramaturgie' an der Deutschen Film- und Fernsehakademie; Lehraufträge an verschiedenen Universitäten; 1981 Ernennung zum Gastprofessor an der Berliner Hochschule der Künste (Fachbereich Schauspiel); ist auch als Autor von Prosa (u.a. Kinderbücher) sowie von Dramen, Hörspielen und Drehbüchern hervorgetreten.

Kirsch, Sarah (Pseudonym für Ingrid Bernstein): *16.4.1935 Limlingerode/Südharz; nach Ende der Schulzeit zunächst Tätigkeit in einer Zuckerfabrik, dann Biologiestudium in Halle; 1963–1965 Studium am Literaturinstitut Johannes R. Becher in Leipzig; anschließend freie Schriftstellerin in Halle und Ost-Berlin; lange Zeit verheiratet mit dem Schriftsteller Rainer Kirsch; 1977 nach Konflikten mit der Staatsmacht (infolge ihrer Unterzeichnung der Petition gegen die Ausbürgerung Wolf Biermanns) Übersiedlung nach West-Berlin; 1978 mit Villa-Massimo-Stipendium in Rom; 1985 Umzug nach Schleswig-Holstein; ist auch als Autorin von Erzählungen und Kinderbüchern hervorgetreten.

Kling, Thomas: *5.6.1957 Bingen; machte sich durch Inszenierungen seiner Gedichte in Kölner Szene-Kneipen einen Namen; 1983 mit einer Lesung in den Margareten-Sälen in Wien erstmals einer breiteren Öffentlichkeit bekanntgeworden; seit 1984 Mitarbeit am Düsseldorfer Literaturtelefon.

Krechel, Ursula: *4.12.1947 Trier; 1966–1971 Studium der Germanistik, Theaterwissenschaft und Kunstgeschichte in Köln, daneben Mitarbeit beim Westdeutschen Rundfunk und beim *Kölner Stadtanzeiger*; 1972 Promotion über den Theater- und Filmkritiker Herbert Ihering; 1969/70 und 1971/72 Dramaturgin an den Städtischen Bühnen Dortmund; seit 1972 als freie Schriftstellerin in Köln, später in Berlin, Darmstadt und Frankfurt/M.; Auslandsaufenthalte u.a. in den USA und in China; veröffentlichte neben Gedichten auch Prosa sowie Dramen, Hör- und Fernsehspiele.

Krolow, Karl: *11.3.1915 Hannover; Studium der Germanistik, Romanistik, Philosophie und Kunstgeschichte in Göttingen und Breslau; seit 1942 als freier Schriftsteller in Göttingen und Hannover; 1956 Umzug nach Darmstadt; 1960/61 Gastdozentur für Poetik an der Universität Frankfurt/M.; 1964 Gastdozentur an der Universität München; 1972–1975 Präsident der Deutschen Akademie für Sprache und Dichtung.

Krüger, Michael: *9.12.1943 Wittgendorf/Sachsen; verbrachte die Kindheit in Berlin; nach dem Abitur Lehre als Verlagsbuchhändler; 1963–1965 Buchhändler in London; ab 1968 Lektor beim Hanser Verlag in München, seit 1987 Leiter von dessen literarischer Abteilung; ab 1968 gemeinsam mit Klaus Wagenbach Herausgeber des Literaturjahrbuchs *Tintenfisch*; seit 1976 Herausgeber der Zeitschrift Akzente (bis 1980 gemeinsam mit Hans Bender); 1974 Mitinitiator des Petrarca-Preises, als dessen Generalsekretär er bis 1985 fungierte; umfangreiche Herausgebertätigkeit, auch Autor von Reiseberichten, Essays, Feuilletons und anderer Prosa.

Külmer, Klaus von (eig. Baader, Klaus; Name vom Patenonkel übernommen, der ihn nach einem Unfall der Eltern adoptierte): *22.4.1924 München, † Aug. 1996 ebd.; Teilnahme am Zweiten Weltkrieg; nach dem Krieg zunächst kaufmännische Tätigkeiten, danach Besuch der Münchner Journalistenschule; später als Journalist und Modefotograf tätig; gründete eine Firma zur Entwicklung von Glaskuppeln für Planetarien, deren Leitung er kurz vor seinem Tod seinem Sohn übergab.

Küther, Kurt: *3.2.1929 Stettin; 1942–1945 Besuch einer Handelsschule in Stettin; 1945 zum Volkssturm eingezogen; geriet in sowjetische Gefangenschaft, danach als Gärtnergehilfe in Schleswig-Holstein; 1948 Umzug ins Ruhrgebiet; Tätigkeit als Bergarbeiter (auf der Zeche Welheim in Bottrop); seit 1961 im Betriebsrat aktiv, in den Vorstand der IG Medien (Landesverband Nordrhein-Westfalen) gewählt; Kontakte zur *Gruppe 61*, seit 1962 eigene dichterische Produktion; 1968/69 Studium der Sozialwissenschaften an der Universität Dortmund; 1971–1984 technischer Angestellter auf der Anlage 'Nordstern' in Gelsenkirchen.

Kunert, Günter: *6.3.1929 Berlin; als Sohn einer jüdischen Mutter vom Besuch der Oberschule ausgeschlossen, ferner für 'wehrunwürdig' erklärt und deshalb nicht zum Volkssturm eingezogen; Textillehre, 1945–1947 Studium an der Hochschule für angewandte Kunst in Berlin, danach als freier Schriftsteller in Ost-Berlin; arbeitete nebenher für Rundfunk und Fernsehen; 1975 'Writer in Residence' an der Universität Warwick (Großbritannien); 1976 Unterzeichnung der Petition für Wolf Biermann, daraufhin 1977 Ausschluß aus der SED; 1979 Übersiedlung in die Bundesrepublik; seit 1980 Mitglied der Redaktion des *Literaturmagazins*; 1981 Poetik-Vorlesungen an der Universität Frankfurt/M.; Initiator der 1987 gegründeten Gesellschaft für Literatur in Schleswig-Holstein.

Kunze, Reiner: *16.8.1933 Oelsnitz/Erzgebirge; 1951–1955 Studium der Philosophie und Publizistik in Leipzig, danach dort (im Fachbereich Publizistik) wissenschaftlicher Assistent und Dozent; mußte 1959 aufgrund politischer Angriffe gegen ihn die Hochschule verlassen; 1959–1962 Hilfsarbeitertätigkeiten im Schwermaschinenbau und in der Landwirtschaft, daneben längere Aufenthalte in der Tschechoslowakei (Ehefrau tschechische Ärztin); ab 1962 als freier Schriftsteller und Übersetzer tschechischer Literatur in Greiz/Thüringen; 1977 Übersiedlung in die Bundesrepublik; 1989 Gastdozentur für Poetik an der Universität München; lebt heute in Obernzell bei Passau.

Langgässer, Elisabeth: *23.2.1899 Alzey, † 25.7.1950 Rheinzabern; nach Schulzeit und einjähriger pädagogischer Ausbildung ab 1928 als Lehrerin an verschiedenen hessischen Schulen tätig; 1929/30 Dozentin für Pädagogik und Methodik an der Sozialen Frauenschule in Berlin, danach freie Schriftstellerin; 1935 Heirat mit dem katholischen Philosophen Wilhelm Hoffmann; 1936 als 'Halbjüdin' von der

Reichsschrifttumskammer mit Publikationsverbot belegt; 1944 trotz schwerer Krankheit (multipler Sklerose) zur Zwangsarbeit verpflichtet; Deportation der Tochter nach Auschwitz (überlebte das KZ, von Langgässer – in *Märkische Argonautenfahrt* – zu einem *"Feuer der Reinigung"* verklärt); 1948 Umzug nach Rheinzabern.

Lehmann, Wilhelm: *4.5.1882 Puerto Cabello (Venezuela), † 17.11.1968 Eckernförde; verbrachte die Kindheit in Wandsbek bei Hamburg; Studium der Philosophie, Naturwissenschaften und neueren Sprachen in Tübingen, Straßburg und Berlin; 1905 Promotion über ein sprachhistorisches Thema, anschließend Tätigkeit als Lehrer in Kiel Neumünster, Wickersdorf und Holzminden; Teilnahme am Ersten Weltkrieg; 1923–1947 Gymnasiallehrer in Eckernförde; längere Reisen durch verschiedene westeuropäische Länder.

Maiwald, Peter: *8.11.1946 Grözingen; Studium der Theaterwissenschaft, Germanistik und Soziologie in München; 1968–1984 (Ausschluß) Mitglied der DKP; seit 1968 freier Schriftsteller (Romane, Erzählungen, Lyrik).

Marti, Kurt: *31.1.1921 Bern; 1940 zwei Semester Jurastudium; 1941/42 Rekrutenausbildung, danach (bis 1945) Militärdienst als Gebirgsjäger; 1942–1948 Theologiestudium in Bern; 1947/48 für 10 Monate als Mitarbeiter der Ökumenischen Kriegsgefangenenseelsorge in Paris; Bekanntschaft mit dem frz. Existentialismus; 1948/49 Vikar und Hilfspfarrer; ab 1950 Pfarrer im Industriedorf Niederlenz/Aargau; 1961–1983 Pfarrer in Bern; Mitarbeit bei verschiedenen Zeitungen; engagierte sich als Mitglied in mehreren Organisationen für Frieden, Abrüstung und Unterstützung der Länder der 'Dritten Welt', in den 70er Jahren verstärkt auch für Kirchenreformen; 1970 Austritt aus dem Schweizer Schriftstellerverband und gemeinsam mit anderen Autoren Gründung der *Gruppe Olten*; 1972 Verhinderung eines Lehrauftrags an der Universität Bern durch den Berner Regierungsrat wegen angeblicher 'linker Umtriebe' Martis; seit 1978 Mitarbeiter der *Kirchlichen Arbeitsgruppe für Atomfragen* in Bern; veröffentlichte auch Erzählungen, Romane und Essays sowie gesellschaftskritische Mundartgedichte.

Mayröcker, Friederike: *20.12.1924 Wien; Anglistikstudium ebd.; ab 1946 Englischlehrerin an einer Wiener Hauptschule, seit 1969 beurlaubt; seit 1954 Freundschaft mit Ernst Jandl; 1970/71 als DAAD-Stipendiatin in West-Berlin; 1972 gemeinsam mit Jandl Vortragsreise durch die USA, seitdem weitere Vortrags- und Lesereisen durch verschiedene europäische Länder; veröffentlichte auch Prosa, Kinderbücher, Bühnenstücke und Hörspiele, letztere teilweise gemeinsam mit Jandl.

Meister, Ernst: *3.9.1911 Hagen, † 15.6.1979 ebd.; 1930/31 Theologiestudium in Marburg, anschließend Studium der Philosophie, Germanistik und Kunstgeschichte in Marburg, Berlin, Frankfurt/M. und Heidelberg; 1939 Eintritt in die Firma seines Vaters als kaufmännischer Angestellter; 1940 von der Wehrmacht eingezogen, Kriegsteilnahme; nach dem Krieg (bis 1960) Fortsetzung der Arbeit als kaufmännischer Angestellter, danach freier Schriftsteller.

Miehe, Ulf: *11.5.1940 Wusterhausen/Brandenburg, † 13.7.1989 Kreuzpullach bei München; Buchhändlerlehre, danach Volontär und Lektor beim Sigbert Mohn Verlag sowie Schriftleiter der *blätter* des Bielefelder Jugendkulturrings; ab 1965 freier Schriftsteller und Regisseur; Autor anspruchsvoller Kriminalromane.

Mon, Franz (Pseudonym für Franz Löffelholz): *6.5.1926 Frankfurt/M.; 1943 als Flakhelfer in den Krieg eingezogen, geriet in ein Arbeitslager; nach Kriegsende Studium der Germanistik, Philosophie und Geschichte in Frankfurt/M.; 1955 Promotion über B.H. Brockes, anschließend Tätigkeit als Lektor in einem Frankfurter Schulbuchverlag; ist auch als Autor experimenteller Hörspiele hervorgetreten.

Novak, Helga Maria (Pseudonym für Maria Karlsdottir): *8.9.1935 Berlin; wuchs als Adoptivkind in Ost-Berlin auf; gegen den Willen der Eltern Eintritt in die FDJ; 1951 Aufnahme in ein Internat in der Märkischen Schweiz; 1954–1957 Studium der Philosophie und Journalistik in Leipzig, danach Tätigkeit als Buchhändlerin, Laborantin und Monteurin; 1961 Heirat mit einem Isländer und Übersiedlung nach Island; dort Tätigkeit in Fischfabriken und in einer Teppichweberei; Reisen nach Frankreich, Spanien und in die USA; nach der Rückkehr in die DDR Aufnahme eines Studiums am Literaturinstitut Johannes R. Becher in Leipzig; 1966 Aberkennung der DDR-Staatsbürgerschaft; 1967 über Island Übersiedlung in die Bundesrepublik; lebt seitdem als freie Schriftstellerin in Berlin; auch Autorin von (teilweise autobiographisch gefärbten) Romanen.

Papenfuß-Gorek, Bert: *11.1.1956 Stavenhagen/Mecklenburg; 1972–1975 Elektrofacharbeiterlehre; 1975–1980 als Beleuchter an verschiedenen Theatern tätig; seit 1980 freier Schriftsteller; 1982/83 Bausoldat.

Pirker, Theo: *2.3.1922 München, † 31.8.1995 ebd.; 1940–1944 als Fallschirmspringer Teilnahme am Zweiten Weltkrieg, mehrfach schwer verwundet; 1944–1947 Studium der Germanistik und Sozialwissenschaften in München, daneben Mitarbeit an der katholischen Zeitschrift *Ende und Anfang* (bis 1949); 1948/49 Dozent für Soziologie an der Lehrerbildungsanstalt München-Pasing; 1950–1956 Dozent für Sozialpolitik und Wirtschaftswissenschaften an verschiedenen Schulungseinrichtungen des DGB; 1957–1960 Untersuchungen zur Büroautomation im Auftrag des Rationalisierungskuratoriums der Deutschen Wirtschaft; 1959–1966 Reisen nach Nordafrika, Süd- und Südostasien, in den Mittleren Osten und in den sowjetischen Teil Zentralasiens (Reportagen, wissenschaftliche Untersuchungen); 1966/67 wissenschaftlicher Mitarbeiter beim Internationalen Arbeitsamt in Genf: Monographie über Entwicklungspolitik in Pakistan, wird später von der Universität Mannheim als Promotion anerkannt; daneben sozialpolitische Kommentare für den Rundfunk; 1968–1970 Mitarbeiter der Forschergruppe des Rationalisierungskuratoriums der deutschen Wirtschaft; 1972–1987 Professor für Soziologie an der Freien Universität Berlin; 1974–1987 Vorsitzender des Zentralinstituts für sozialwissenschaftliche Forschung ebd.

Reinig, Christa: *6.8.1926 Berlin; während des Krieges Buchbinderlehre, danach zunächst Tätigkeit als Bürogehilfin und Fabrikarbeiterin; 1949–1955 Mitglied in der Literatenvereinigung *Zukunftssachliche Dichter*, daneben Mitherausgeberin einer Zeitschrift; 1950–1953 Nachholen des Abiturs an der Arbeiter-und-Bauern-Fakultät in Ost-Berlin; 1953–1957 Studium der Kunstgeschichte und christlichen Archäologie an der Humboldt-Universität Berlin; 1958–1963 wissenschaftliche Assistentin am Märkischen Museum in Ost-Berlin; wurde in der DDR bereits 1951 mit Publikationsverbot belegt; 1964 nach einer Preisverleihung in Bremen nicht mehr in die DDR zurückgekehrt; 1965/66 als Villa-Massimo-Stipendiatin in Rom, danach als freie Schriftstellerin (außer Lyrik auch

Prosa sowie Hör- und Fernsehspiele) in München; Mitarbeit in der katholischen Bibelübersetzungskommission; Übersetzerin der Werke der russischen Dichterin Maria Zwetajewa.

Rosenlöcher, Thomas: *28.7.1947 Dresden; 1967 Ausbildung zum Handelskaufmann, danach Ableistung des Wehrdienstes in der NVA; 1970 Abitur an der Arbeiter- und Bauernfakultät Freiberg; 1970–1974 Studium der Betriebswirtschaft an der TU Dresden; 1976–1979 Studium am Literaturinstitut Johannes R. Becher; Mitarbeit am Kinder- und Jugendtheater Dresden; heute freier Schriftsteller (vornehmlich Lyrik).

Rühm, Gerhard: *12.2.1930 Wien; Sohn eines Kontrabassisten bei den Wiener Philharmonikern; Kompositions- und Klavierstudium an der Wiener Staatsakademie für Musik, daneben Privatunterricht bei dem Zwölftonkomponisten J.M. Hauer; während eines mehrmonatigen Aufenthalts in Beirut Beschäftigung mit orientalischer Musik; in den 50er Jahren Mitinitiator der *Wiener Gruppe*; 1964 Übersiedlung nach Berlin, 1972 Übernahme einer Professur für freie Graphik an der Hochschule für Bildende Künste in Hamburg; 1975 Umzug nach Köln; experimentierte auch mit literarischen Grenzüberschreitungen zu anderen Künsten, u.a. über die Technik des automatischen Zeichnens und Musikgraphiken, die er als *"visuelle Musik"* bezeichnete; daneben auch als Komponist tätig; umfangreiche Herausgebertätigkeit; schrieb auch experimentelle Hörspiele, Theatertexte und wichtige theoretische Arbeiten zur experimentellen Lyrik.

Sachs, Nelly (Leonie): *10.12.1891 Berlin, † 12.5.1970 Stockholm; einziges Kind wohlhabender jüdischer Eltern; erhielt in der Kindheit vorwiegend Privatunterricht, u.a. vom Vater; Plan, Tänzerin zu werden, scheitert an geschwächtem Gesundheitszustand; seit 1906 Briefwechsel mit der schwedischen Schriftstellerin Selma Lagerlöff, die ihr und ihrer Mutter 1940 zur Flucht vor den Nazis nach Stockholm verhilft; dort Bezug einer von der jüdischen Gemeinde bereitgestellten Wohnung, in der sie bis zu ihrem Tod lebte; 1960 Reise nach Zürich und Paris, dort Begegnung mit Paul Celan; 1965 Berlin-Reise; 1966 Literatur-Nobelpreis; setzte sich für die deutsch-jüdische Versöhnung ein, u.a. durch ihre Unterstützung für den Empfang von Günter Grass durch den Israelischen Schriftstellerverband; trat auch als Übersetzerin schwedischer Literatur hervor; veröffentlichte neben Gedichten auch Dramen.

Söllner, Werner: *10.11.1951 Horia/Neupanat (Rumänien); 1970 Aufnahme eines Studiums der Physik, Germanistik und Anglistik in Klausenburg (Cluj), das er mit einer Diplomarbeit über das Frühwerk Paul Celans abschloß; anschließend Tätigkeit als Gymnasiallehrer in Bukarest; 1976–1982 Lektor für deutschsprachige Bücher bei einem Bukarester Kinderbuchverlag; 1982 Übersiedlung nach Frankfurt/M.; 1983/84 Lehrbeauftragter an der Univesität Frankfurt/M., danach freier Schriftsteller.

Theobaldy, Jürgen: *7.3.1944 Straßburg, wuchs in Mannheim auf; absolvierte nach Ende der Schulzeit zunächst eine kaufmännische Lehre und arbeitete danach als Aushilfsbriefträger und Möbelpacker; 1966–1970 Lehramtsstudium in Freiburg und (ab 1967) in Heidelberg; 1970–1974 Studium der Literaturwissenschaft und Politologie in Heidelberg und (ab 1973) in Köln; 1974 Überwechslung zu Walter Höllerer an die TU Berlin; Entschluß, freier Schriftsteller zu werden; 1977 Aufenthalt in Rom; 1984 Übersiedlung in die Schweiz; war Mitglied im

Sozialistischen Deutschen Studentenbund; trat auch als Übersetzer amerikanischer Underground-Literatur hervor.

Timm, Uwe (Hans Heinz): *30.3.1940 Hamburg; nach Absolvierung einer Kürschnerlehre (Vater war Kürschner) 1960–1963 Nachholen des Abiturs am Braunschweig-Kolleg; anschließend Studium der Philosophie und Germanistik in Paris und München; 1971 Promotion über *Das Problem der Absurdität bei Albert Camus*, danach Studium der Soziologie und Volkswirtschaftslehre; 1971–1976 Mitherausgeber der *Literarischen Hefte*; 1972–1982 Mitherausgeber der *AutorenEdition*; Mitbegründer der *Wortgruppe München*; 1989 mit Stipendium des Deutschen Literaturfonds in New York; verheiratet mit der Schriftstellerin Dagmar Ploetz; lebt heute in Herrsching bei München als freier Schriftsteller (Gedichte, Romane, Kinderbücher, Bühnentexte, Hör- und Fernsehspiele).

Vesper, Guntram: *28.5.1941 Frohburg/Sachsen; 1957 Übersiedlung nach Westdeutschland; dort zunächst Tätigkeit als Hilfsarbeiter in der Landwirtschaft und am Bau; 1959–1963 Internatsschüler in Friedberg/Hessen; nach dem Abitur Studium der Germanistik und Philosophie in Gießen, anschließend (bis zum Physikum) Medizinstudium in Göttingen; 1978/79 als Stipendiat der Villa Massimo in Rom; 1986 Poetik-Dozentur an der Mainzer Akademie der Wissenschaften und der Literatur; 1986/87 Gastprofessur an der Universität Essen; lebt heute als freier Schriftsteller (Gedichte, Prosa, Hör- und Fernsehspiele) in Göttingen und Steinheim/Vogelsberg.

Wondratschek, Wolf: *4.12.1947 Rudolstadt/Thüringen; verbrachte die Kindheit in Karlsruhe; 1962–1967 Studium der Literaturwissenschaft, Philosophie und Soziologie in Heidelberg, Göttingen und Frankfurt/M.; 1964–1966 Redakteur bei der Zeitschrift *Text und Kritik*; 1971/72 Gastdozentur an der Universität Warwick (Großbritannien); 1977/78 Vortragsreise durch die USA; lebt heute als Kritiker und freier Schriftsteller (Gedichte, Prosa, Hörspiele, Filme) in München.

Zahl, Peter-Paul: *13.3.1944 Freiburg/Breisgau, aufgewachsen in Feldberg/ Mecklenburg und im Rheinland; absolvierte nach dem Schulabschluß zunächst eine Druckerlehre; 1964 als Kriegsdienstverweigerer Umzug nach Berlin, dort 1967 Gründung eines Verlags und einer Druckerei; 1970 wegen eines dort gedruckten Plakats mit der Aufschrift *"Freiheit für alle Gefangenen"* vor Gericht gestellt; 1972 nach einer Personenkontrolle mit anschließendem Fluchtversuch und Schußwechsel mit der Polizei verhaftet und zunächst zu vier, in der Revision 1976 zu fünfzehn Jahren Gefängnis verurteilt, was den Anstoß gab zur Gründung einer *Initiativgruppe Peter-Paul Zahl*, die sich für ihn und andere politische Gefangene einsetzte; 1980 Hafturlaub; 1981 Regie-Volontariat an der Berliner *Schaubühne*; 1982 vorzeitige Entlassung aus der Haft; Auslandsreisen nach Granada, Italien, Nicaragua und auf die Seychellen; 1985 Abschieds-Lesetournee durch die Bundesrepublik und Übersiedlung nach Jamaica; 1987 Gründung der *POrtland COmedians*; trat 1966 der Dortmunder *Gruppe 61* bei; in seinen Werken – außer Gedichten auch Prosa, Dramen und Essays – vielfach Verarbeitung der Situation des politischen Gefangenen.

10. Anhang

Literaturhinweise*

1. Lyriktheorie

1.1 Monographien und Aufsatzsammlungen

Anz, Thomas: Die Bedeutung poetischer Rede. Studien zur hermeneutischen Begründung und Kritik von Poetologie. München 1979.

Austermühl, Elke: Poetische Sprache und lyrisches Verstehen. Studien zum Begriff der Lyrik. Heidelberg 1981.

Bender, Hans / Krüger, Michael: Was alles hat Platz in einem Gedicht? Aufsätze zur Lyrik seit 1965. München 1977.

Domin, Hilde: Wozu Lyrik heute. Dichtung und Leser in der gesteuerten Gesellschaft. München [4]1981.

Höllerer, Walter: Theorie der Lyrik. Reinbek 1965.

Lamping, Dieter: Moderne Lyrik. Eine Einführung. Göttingen 1981.

Ders.: Das lyrische Gedicht. Definitionen zu Theorie und Geschichte der Gattung. Göttingen 1989.

Rey, William H.: Poesie der Antipoesie. Moderne deutsche Lyrik. Genesis – Theorie – Struktur. Heidelberg 1978.

Völker, Ludwig (Hg.): Theorie der Lyrik. Stuttgart 1986.

Zeller, Michael: Gedichte haben Zeit. Aufriß einer zeitgenössischen Poetik. Stuttgart 1982.

1.2 Sammlungen poetologischer Schriften einzelner Dichter

Allemann, Beda (Hg.): Ars Poetica. Texte von Dichtern des 20. Jahrhunderts zur Poetik. Darmstadt [2]1971.

Bender, Hans (Hg.): Mein Gedicht ist mein Messer. Lyriker zu ihren Gedichten. München 1961.

---

* Die Literaturhinweise sollen dem Leser lediglich den Einstieg in eine weitergehende Beschäftigung mit der Thematik erleichtern. Für ausführliche Literaturverzeichnisse sei insbesondere auf die unter Punkt 3.1 aufgeführten literaturgeschichtlichen Werke verwiesen.

Ewers, Hans Heino (Hg.): Alltagslyrik und Neue Subjektivität. Stuttgart u.a. 1994.
Kopfermann, Thomas (Hg.): Theoretische Positionen zur konkreten Poesie. Texte und Bibliographie. Tübingen 1974.
Schuhmann, Klaus (Hg.): Lyrik des 20. Jahrhunderts. Materialien zu einer Poetik. Reinbek 1995.
Völker, Ludwig (Hg.): Lyriktheorie. Texte vom Barock bis zur Gegenwart. Stuttgart 1990.

2. Gedichtinterpretationen

2.1 Bibliographien von Interpretationen

Schlepper, Reinhard: Was ist wo interpretiert? Eine bibliographische Handreichung für den Deutschunterricht. Paderborn [8]1991.
Schmidt, Heiner (Hg.): Quellenlexikon der Interpretationen und Textanalysen. 8 Bände. Duisburg 1987.
Segebrecht, Wulf (Hg.): Fundbuch der Gedichtinterpretationen. Paderborn u.a. 1997.

2.2 Interpretationssammlungen

Bekes, Peter u.a. Deutsche Gegenwartslyrik von Biermann bis Zahl. München 1982.
Domin, Hilde (Hg.): Doppelinterpretationen. Frankfurt/M. und Bonn [2]1966.
Geist, Peter / Hartinger, Walfried: Vom Umgang mit Lyrik der Moderne. Berlin 1992.
Greiner, Bernhard: Literatur der DDR in neuer Sicht. Studien und Interpretationen. Frankfurt/M. u.a. 1986.
Hinck, Walter (Hg.): Gedichte und Interpretationen, Bd. 6: Gegenwart. Stuttgart 1982.
Ders. (Hg.): Gedichte und Interpretationen, Bd. 7: Gegenwart II. Stuttgart 1997.
Kaiser, Gerhard: Geschichte der deutschen Lyrik von Goethe bis zur Gegenwart. Ein Grundriß in Interpretationen (3 Bde), Bd. 2: Von Heine bis zur Gegenwart. Frankfurt/M. 1988.
Ders. (Hg.): Augenblicke deutscher Lyrik. Gedichte von Martin Luther bis Paul Celan. Frankfurt/M. 1987.
Korte, Hermann: Lyrik von 1945 bis zur Gegenwart. München 1996.
Lermen, Birgit / Loewen, Matthias: Lyrik aus der DDR. Exemplarische Analysen. Paderborn u.a. 1987.
Reich-Ranicki, Marcel (Hg.): 1000 Deutsche Gedichte und ihre Interpretationen. 10 Bde:
    Bd. 8: Von Peter Huchel bis Paul Celan.
    Bd. 9: Von Erich Fried bis Hans Magnus Enzensberger.

Bd. 10: Von Sarah Kirsch bis heute.
Frankfurt/M. und Leipzig 1994.
Urbanek, Walter (Hg.): begegnung mit gedichten. 60 Interpretationen. Bamberg ³1977.
Wiese, Benno von (Hg.): Die deutsche Lyrik. Form und Geschichte (2 Bde), Bd. 2: Interpretationen von der Spätromantik bis zur Gegenwart. Düsseldorf 1956.

2.3 Methoden der Gedichtinterpretation und Formanalyse des Gedichts

Asmuth, Bernhard: Aspekte der Lyrik. Mit einer Einführung in die Verslehre. Opladen ⁶1981.
Binder, Alwin / Richartz, Heinrich: Lyrikanalyse: Anleitung und Demonstration. Frankfurt/M. 1984.
Breuer, Dieter: Deutsche Metrik und Versgeschichte. München 1981.
Herrmann, Manfred: Gedichte interpretieren. Modelle, Anregungen, Aufgaben. Paderborn 1979.
Knörrich, Otto: Lyrische Texte. Strukturanalyse und historische Interpretation. München 1985.
Ludwig, Hans-Werner: Arbeitsbuch Lyrikanalyse. Tübingen ²1981.
Staiger, Emil: Grundbegriffe der Poetik. Zürich ⁸1968.

3. Literaturgeschichte

3.1 Überblicksdarstellungen zur deutschen Literatur nach 1945

Arnold, Hans Ludwig (Hg.): Bestandsaufnahme Gegenwartsliteratur. Bundesrepublik Deutschland, Deutsche Demokratische Republik, Österreich, Schweiz (= Sonderband Text + Kritik). München 1988.
Ders.: Die westdeutsche Literatur von 1945–1990. Ein kritischer Überblick. München 1995.
Barner, Wilfried (Hg.): Geschichte der deutschen Literatur nach 1945. München 1994: Beck.
Bohn, Volker: Deutsche Literatur seit 1945. Texte und Bilder. Frankfurt/M. 1993.
Durzak, Manfred (Hg.): Deutsche Gegenwartsliteratur. Ausgangspositionen und aktuelle Entwicklungen. Stuttgart 1981.
Grimminger, R. (Hg.): Hansers Sozialgeschichte der deutschen Literatur:
Bd. 10: Fischer, Ludwig (Hg.): Literatur in der Bundesrepublik Deutschland bis 1967. München 1986.
Bd. 11: Schmitt, H.-J. (Hg.): Die Literatur in der DDR. München 1983.
Bd. 12: Briegleb, Klaus / Weigel, Sigrid: Gegenwartsliteratur seit 1968. München 1992.

Hermand, J. (Hg.): Literatur nach 1945. 2 Bde: Teil I: Politische und regionale Aspekte; Teil II: Themen und Genres (= See, K. v. <Hg.>: Neues Handbuch der Literaturwissenschaft, Bd. 21 und 22). Wiesbaden 1979.

Kaiser, Gerhard (Hg.): Gegenwart (= Best, Otto F. / Schmitt, Hans-Jürgen <Hg.>: Die deutsche Literatur. Ein Abriß in Text und Darstellung, Bd. 16). Stuttgart 1983.

Ders.: Geschichte der deutschen Lyrik von Goethe bis zur Gegenwart (s. 2.2.)

Knörrich, Otto: Die deutsche Lyrik der Gegenwart. Stuttgart 1987. (3. erw. Auflage von Ders.: Die deutsche Lyrik der Gegenwart. 1945–1970. Stuttgart 1971).

Korte, Hermann: Geschichte der deutschsprachigen Lyrik seit 1945. Stuttgart 1989.

Lattmann, Dieter (Hg.): Die Literatur der Bundesrepublik Deutschland (= Kindlers Literaturgeschichte der Gegenwart, Bd. 1 und 2). Frankfurt/M. 1980.

Schnell, Rolf: Die Literatur in der Bundesrepublik Deutschland. Autoren, Geschichte, Literaturbetrieb. Stuttgart 1986.

Schütz, Erhard / Vogel, Jochen: Einführung in die deutsche Literatur des 20. Jahrhunderts, Bd. 3: Bundesrepublik und DDR. Opladen 1980.

Thalheim, H.-G. u.a. (Hg.): Geschichte der deutschen Literatur von den Anfängen bis zur Gegenwart:
Bd. 11: Literatur der Deutschen Demokratischen Republik. Berlin 1976
Bd. 12: Literatur der BRD. Berlin 1983.

3.2 Darstellungen enger umgrenzter Zeitabschnitte und einzelner lyrischer Richtungen

Arnold, Hans Ludwig (Hg.): Handbuch zur deutschen Arbeiterliteratur. 2 Bde. München 1977.

Breuer, Dieter (Hg.): Deutsche Lyrik nach 1945. Frankfurt/M. 1988..

Hartung, Harald (Hg.): Deutsche Lyrik nach 1945. Tendenzen, Beispiele, Porträts. München 1985.

Hinderer, Walter (Hg.): Geschichte der politischen Lyrik in Deutschland. Stuttgart 1978.

Koebner, Thomas: Tendenzen der deutschen Gegenwartsliteratur. Stuttgart [2]1984.

Laschen, Gregor: Lyrik in der DDR. Anmerkungen zur Sprachverfassung des modernen Gedichts (= Allemann, Beda <Hg.>: Literatur und Reflexion, Bd. 4). Frankfurt/M. 1971.

Lützeler, Paul Michael (Hg.): Spätmoderne und Postmoderne. Beiträge zur deutschsprachigen Gegenwartsliteratur. Frankfurt/M. 1991.

Schöne, Albrecht: Über politische Lyrik im 20. Jahrhundert. Mit einem Textanhang. Göttingen [3]1972.

Theobaldy, Jürgen / Zürcher, Gustav: Veränderungen der Lyrik. Über westdeutsche Lyrik seit 1965. München 1976.

Weissenberger, Klaus (Hg.): Die deutsche Lyrik 1945–1975. Zwischen Botschaft und Spiel. Düsseldorf 1981.

Zürcher, Gustav: "Trümmerlyrik". Politische Lyrik 1945–1950. Kronberg/Ts. 1977.

4. Biographische Nachschlagewerke

Arnold, Heinz-Ludwig (Hg.): Kritisches Lexikon zur deutschsprachigen Gegen-
wartsliteratur. München 1978 ff. <fortlaufend ergänzte Loseblattsammlung>
Brauneck, Manfred (Hg.): Autorenlexikon deutschsprachiger Literatur des
20. Jahrhunderts. Reinbek 1995.
Grimm, Gunter E. / Max, Frank Rainer (Hg.): Deutsche Dichter. Leben und Werk
deutschsprachiger Autoren. 8 Bde:
Bd. 7: Vom Beginn bis zur Mitte des 20. Jahrhunderts. Stuttgart 1989.
Bd. 8: Gegenwart. Stuttgart 1994.
Moser, Dietz-Rüdiger (Hg.): Neues Handbuch der deutschsprachigen Gegenwarts-
literatur seit 1945. München 1993.
Munzinger, Ludwig (Hg.). Literaten. 250 deutschsprachige Schriftsteller der
Gegenwart. Lebensläufe aus dem Internationalen Biographischen Institut
Ravensburg. Ravensburg 1983.
Wilpert, Gero von: Deutsches Dichterlexikon. Stuttgart 1988.

5. Anthologien moderner Lyrik

5.1 Zeitlich und thematisch übergreifende Anthologien

Bender, Hans (Hg.): In diesem Lande leben wir. Deutschsprachige Gedichte der
Gegenwart. Eine Anthologie in zehn Kapiteln. München 1979.
Conrady, Karl Otto (Hg.): Das große deutsche Gedichtbuch. Frankfurt/M. 1987.
Drews, Jörg (Hg.): Das bleibt. Deutsche Gedichte 1945–1995. Leipzig 1995.
Enzensberger, Hans Magnus (Hg.): Museum der modernen Poesie. Frankfurt/M.
1982. (1. Aufl. 1960).
Theobaldy, Jürgen (Hg.): Gedichte vor und nach 1968. München 1978.

5.2 Enger umgrenzte Zeitabschnitte und einzelne lyrische Richtungen

Bender, Hans (Hg.): Widerspiel. Deutsche Lyrik nach 1945. München 1962.
Ders. (Hg.): Deutsche Gedichte 1930–1960. Stuttgart 1983.
Ders. (Hg.): Was sind das für Zeiten. Deutschsprachige Gedichte der achtziger
Jahre. München und Wien 1988.
Braun, Michael / Thill, Hans (Hg.): Punktzeit. Deutschsprachige Lyrik der achtziger
Jahre. Heidelberg 1987.
Buchwald, Christoph u.a. (Hg.): Luchterhand Jahrbuch der Lyrik. Darmstadt und
Neuwied 1984 ff.
Elm Theo (Hg.): Kristallisationen. Deutsche Gedichte der achtziger Jahre. Stuttgart
1992.
Ewers, Hans Heino (Hg.): Alltagslyrik und Neue Subjektivität (s. 1.2.).

Geist, Peter (Hg.): Ein Molotow-Cocktail auf fremder Bettkante. Lyrik der siebziger/achtziger Jahre aus der DDR. Leipzig 1991.
Gnüg, Hiltrud (Hg.): Liebesgedichte der Gegenwart. Stuttgart 1989.
Gomringer, Eugen (Hg.): Konkrete Poesie. Deutschsprachige Autoren. Stuttgart 1972.
Hage, Volker (Hg.): Lyrik für Leser. Deutsche Gedichte der 70er Jahre. Stuttgart 1980.
Hamm, Peter (Hg.): Aussichten. Junge Lyriker des deutschen Sprachraums. München 1966.
Hans, Jan / Herms, Uwe / Thenior, Ralf (Hg.): Lyrik-Katalog Bundesrepublik. Gedichte, Biographien, Statements. München 1978
Heukenkamp, Ursula / Kahlau, Heinz / Kirsten, Wulf (Hg.): Die eigene Stimme. Lyrik der DDR. Berlin und Weimar 1988.
Köpping, Walter (Hg.): 100 Jahre Bergarbeiterdichtung. Oberhausen 1995.
Lüth, Paul E. (Hg.): Der Anfang. Anthologie junger Autoren. Wiesbaden 1947.
Marsch, E. (Hg.): Moderne deutsche Naturlyrik. Stuttgart 1980.
Morawietz, Kurt (Hg.): Deutsche Teilung. Ein Lyrik-Lesebuch. Wiesbaden 1966.
Voigtländer, Annie / Witt, Hubert (Hg.): Denkzettel. Politische Lyrik aus den sechziger Jahren der BRD und Westberlins. Frankfurt/M. 1977.

6. Bibliographien moderner Lyrik

Paulus, Rolf / Stender, Ursula: Bibliographie zur deutschen Lyrik nach 1945. Frankfurt/M. 1974.
Schlütter, Hans-Jürgen: Lyrik – 25 Jahre. Bibliographie der deutschsprachigen Lyrikpublikationen 1945–1970. 2 Bde. Hildesheim u.a. 1974 und 1983.

7. Nachschlagewerke zu wichtigen Fachbegriffen

Best, Otto F.: Handbuch literarischer Fachbegriffe. Definitionen und Beispiele. Frankfurt/M. 1995.
Bußmann, Hadumod: Lexikon der Sprachwissenschaft. Stuttgart 1990.
Schweikle, Günther und Irmgard (Hg.): Metzler Literaturlexikon. Begriffe und Definitionen. Stuttgart 1990.
Wilpert, Gero von: Sachwörterbuch der Literatur. Stuttgart [7]1989.

Quellennachweis

Artmann, Hans Carl: *ein django der muß haben* ...; aus: *allerleirausch. neue schöne kinderreime* (1967); hier zit. nach Hans Carl Artmann: Das poetische Werk, hg. von Klaus Reichert, Bd. 7, S. 19. Berlin u.a. 1994: Renner.

Astel, Arnfrid: *Telefonüberwachung*; aus: *Kläranlage*. München 1970.

Ausländer, Rose: *Mysterium*; aus: *Mein Atem heißt jetzt* (1981); hier zit. nach Rose Ausländer: Gesammelte Werke in 7 Bänden, hg. v. Helmut Braun, Bd. 6, S. 107. Frankfurt/M. 1986: Fischer.

Bächler, Wolfgang: *Die Erde bebt noch*; aus: Lüth, Paul E. H. (Hg.): *Der Anfang*. Anthologie junger Autoren, S. 19. Wiesbaden 1947: Limes. © Bechtle Verlag in F.A. Herbig Verlagsbuchhandlung GmbH, München, 1981.

Bachmann, Ingeborg:
1. *Erklär mir, Liebe*; aus: *Anrufung des Großen Bären* (1956); hier zit. nach Ingeborg Bachmann: Gedichte, Erzählungen, Hörspiel, Essays, hg. von Christine Koschel u.a., S. 48f. München ³1993: Piper.
2. *Reklame*; aus: *Anrufung des Großen Bären* (1956); hier zit. nach ebd., S. 50.
3. *Lieder auf der Flucht VII*; aus: *Anrufung des Großen Bären* (1956); hier zit. nach ebd., S. 65f.

Bartsch, Kurt: *bernauer straße*; aus: *Poesiealbum* 13 (1968), S. 23.

Bayer, Konrad: *marie dein liebster wartet schon*; aus: *Konrad Bayer: Sämtliche Werke*, hg. v. Gerhard Rühm, Bd. 1, S. 86. Stuttgart 1985: Klett-Cotta.

Becker, Jürgen: *Das Fenster am Ende des Korridors*; aus: *Erzähl mir nichts vom Krieg*, S. 21. Frankfurt/M. 1977: Suhrkamp.

Bender, Hans: *Heimkehr*; aus: Bingel, Horst (Hg.): *Deutsche Lyrik. Gedichte seit 1945*, S. 49. Stuttgart 1961: Deutsche Verlags-Anstalt.

Benn, Gottfried: *Nur zwei Dinge*; aus: *Destillationen* (1953); hier zit. nach Gottfried Benn: Gesammelte Werke in vier Bänden, hg. v. Dieter Wellershoff, Bd. 3, S. 342. Wiesbaden 1960: Limes. © Klett-Cotta, Stuttgart, 1986.

Bobrowski, Johannes: *Kloster bei Nowgorod*; aus: *Schattenland Ströme*, S. 74. Stuttgart 1962: Deutsche Verlags-Anstalt.

Borchers, Elisabeth: *eia wasser regnet schlaf*; aus: *Gedichte* (1961); hier zit. nach Elisabeth Borchers: Gedichte, ausgewählt von J. Becker, S. 7f. Frankfurt/M. 1976: Suhrkamp.

Born, Nicolas: *Drei Wünsche*; aus: *Das Auge des Entdeckers* (1972); hier zit. nach Nicolas Born: Gedichte 1967–1978, S. 100. Reinbek 1978: Rowohlt.

Brecht, Bertolt:
1. *Der Radwechsel*; aus: *Buckower Elegien* (1964); hier zit. nach Bertolt Brecht: Gesammelte Werke, hg. von Elisabeth Hauptmann, Bd. 10, S. 1009. Frankfurt/M. 1967: Suhrkamp.
2. *Die Lösung;* aus: *Buckower Elegien* (1964); hier zit. nach ebd., S. 1009f.

Brinkmann, Rolf Dieter:
1. *Einen jener klassischen*; aus: *Westwärts 1 & 2* (1975), S. 25. Reinbek 1975: Rowohlt.
2. *Trauer auf dem Wäschedraht im Januar*; aus: ebd., S. 28.

Britting, Georg: *Sonnenblumen*; aus: *Unter hohen Bäumen* (1951); hier zit. nach Georg Britting: Gesamtausgabe in Einzelbänden, Bd. 2, S. 194. München 1957: Nymphenburger. © Ingeborg Schuldt-Britting.

Buselmeier, Michael: *Erkennungsdienstliche Behandlung*; aus: Hans, Jan / Herms, Uwe / Thenior, Ralf (Hgg.): *Lyrik-Katalog Bundesrepublik*. Gedichte, Biographien, Statements, S. 68. München 1978: Goldmann.

Celan, Paul:
1. *Todesfuge*; aus: *Der Sand aus den Urnen* (1948); auch in ders., *Mohn und Gedächtnis* (© Deutsche Verlags-Anstalt GmbH, Stuttgart, 1952); hier zit. nach Paul Celan: Ausgewählte Gedichte. Zwei Reden, S. 18f. Frankfurt/M. 1968/1996: Suhrkamp.
2. *Psalm*; aus: *Die Niemandsrose* (1963); hier zit. nach ebd., S. 79. © S. Fischer Verlag GmbH, Frankfurt/M.

Delius, Friedrich Christian: *Hymne*; aus: *Kerbholz* (1965); hier zit. nach Friedrich Christian Delius: Selbstporträt mit Luftbrücke. Ausgewählte Gedichte 1962–1992, S. 21. Reinbek 1993: Rowohlt. © F.C. Delius.

Eich, Günter:
1. *Inventur*; aus: *Abgelegene Gehöfte*. (1948); hier zit. nach Günter Eich: Gesammelte Werke, Bd. 1, hg. von Axel Vieregg, S. 35f. Frankfurt/M. rev. Neuaufl. 1991: Suhrkamp.
2. *Der große Lübbe-See*; aus: *Botschaften des Regens* (1955); hier zit. nach ebd., S. 84f.

Enzensberger, Hans Magnus:
1. *Middle Class Blues*; aus: *Blindenschrift* (1964); hier zit. nach Hans Magnus Enzensberger: Die Gedichte, S. 74. Frankfurt/M. 1983: Suhrkamp.
2. *Autobahndreieck Feucht*; aus: *Die Furie des Verschwindens*, S. 20f. Frankfurt/M. 1980: Suhrkamp.

Fels, Ludwig: *Alte Befehle*; aus: *Alles geht weiter*, S. 21. Darmstadt 1977: Luchterhand.

Fried, Erich:
1. *Rede in der Hand*; aus: *Warngedichte* (1964); hier zit. nach Erich Fried: Gesammelte Werke, hg. von Volker Kankoreit und Klaus Wagenbach, Bd. 1, S. 293. Berlin 1993: Wagenbach. © Carl Hanser Verlag, München/Wien, 1964.
2. *Beim Nachdenken über Vorbilder*; aus: *und vietnam und* (1966); hier zit. nach Erich Fried: Gesammelte Werke, hg. von Volker Kankoreit und Klaus Wagenbach, Bd. 1, S. 379. © Verlag Klaus Wagenbach, Berlin, 1966, NA 1996.
3. *Einbürgerung*; aus: *und vietnam und* (1966); hier zit. nach ebd., S. 380.
4. *Humorlos*; aus: *Anfechtungen* (1967); hier zit. nach ebd., S. 417.

Gomringer, Eugen:
1. *worte sind schatten*; aus: *33 konstellationen* (1960); hier zit. nach Eugen Gomringer: worte sind schatten. die konstellationen 1951–1968, hg. v. Helmut Heißenbüttel, S. 58. Reinbek 1969: Rowohlt.
2. *vielleicht*; aus: ebd., S. 90.
3. *schweigen*; aus: *33 konstellationen* (1960); hier zit. nach ebd., S. 27.

Grün, Max von der: *Unter Tag*; aus: Industriegewerkschaft Bergbau (Hg.): *Wir tragen ein Licht durch die Nacht*. Gedichte aus der Welt des Bergmanns, S. 59. Bochum 1960: IG Bergbau. © Max von der Grün.

Grünbein, Durs: *Alba*; aus: *Falten und Fallen*, S. 95. Frankfurt/M. 1994: Suhrkamp.

Heißenbüttel, Helmut: *Einfache grammatische Meditationen: c [konjunktivisch]*; aus: *textbuch 1*, S. 35. Olten und Freiburg 1960: Walter. © Ida Heißenbüttel.

Herburger, Günter: *Der Wirsing der Blumenkohl ...*; aus: *Ventile*, S. 20. Berlin 1966. © Günter Herburger.

Hermlin, Stephan: *Terzinen* (= *Die Erinnerung I*); aus: *Die Erinnerung*; hier zit. nach Stephan Hermlin: Gedichte und Nachdichtungen, S. 117f. Berlin und Weimar 1990: Aufbau-Verlag. © Verlag Klaus Wagenbach, Berlin, 1995 (1965).

Hilbig, Wolfgang: *Die Sommersee*; aus: *Die Versprengung*, S. 38. Frankfurt/M. 1986: Fischer.

Huchel, Peter:
1. *Das Zeichen*; aus: *Chausseen Chausseen* (1963); hier zit. nach Peter Huchel: Gesammelte Werke, hg. v. Axel Vieregg, Bd. 1, S. 113f. Frankfurt/M. 1984: Suhrkamp. © S. Fischer Verlag GmbH, Frankfurt a.M., 1963.
2. *Ophelia*; aus: *Gezählte Tage* (1972); hier zit. nach ebd., S. 175. © Suhrkamp Verlag, Frankfurt a.M., 1984.

Jandl, Ernst:
1. *schtzngrmm*; aus: *Laut und Luise* (1966); hier zit. nach Ernst Jandl: Gesammelte Werke, Bd. 1, hg. v. Klaus Siblewski, S. 125. Darmstadt 1985: Luchterhand.
2. *wien : heldenplatz*; aus: *Laut und Luise* (1966); hier zit. nach ebd., S. 124.
3. *die zeit vergeht*; aus: *Sprechblasen* (1968); hier zit. nach ebd., S. 345.
4. *urteil*; aus: *dingfest* (1973); hier zit. nach ebd., S. 642.

Karsunke, Yaak: *alternativ*; aus: *Kilroy & andere*. Berlin 1967: Wagenbach. © Yaak Karsunke.

Kirsch, Sarah: *Grünes Land*; aus: *Zaubersprüche* (1973), S. 53. Ebenhausen bei München 1974: Langewiesche-Brandt.

Kling, Thomas: *geschrebertes idyll*; aus: *geschmacksverstärker*. gedichte 1985–1988, S. 33f. Frankfurt/M. 1989: Suhrkamp.

Krechel, Ursula: *Jetzt ist es nicht mehr so*; hier zit. aus: *Nach Mainz!*, S. 24f. Darmstadt/Neuwied 1977: Luchterhand. © Suhrkamp Verlag, Frankfurt a.M. 1997.

Krolow, Karl: *Robinson I*; aus: *Fremde Körper* (1959); hier zit. nach Karl Krolow: Gesammelte Gedichte, S. 209. Frankfurt/M. 1965: Suhrkamp.

Krüger, Michael: *Um 1750*; aus: *Lidas Taschenmuseum*, S. 28. Pfaffenweiler 1981: Pfaffenweiler Presse.

Külmer, Klaus von: *Heute wie damals*; aus: *Der Anfang* (siehe *Bächler*), S. 29f.

Kunert, Günter: *Ikarus 64*; aus: *Verkündigung des Wetters*, S. 49f. München 1966. © Carl Hanser Verlag, München/Wien.

Kunze, Reiner:
1. *Erster Brief der Tamara A.*; aus ders.: *Zimmerlautstärke*, S. 14. Frankfurt/M. 1972: Fischer.
2. *Tagebuchblatt 74*; aus ders.: *auf eigene hoffnung*. Frankfurt/M. 1981: Fischer.

Küther, Kurt: *Tote Zeche*; aus: *Ein Direktor geht vorbei*, S. 45. Wuppertal 1974: Hammer.

Langgässer, Elisabeth: *Frühling 1946*; aus: *Geist in den Sinnen behaust* (1951); hier zit. nach Elisabeth Langgässer: Gesammelte Werke in 5 Bänden, Bd. 1, S. 58. Hamburg 1959: Claassen.

Lehmann, Wilhelm:
1. *Atemholen*; aus: *Noch nicht genug* (1950); hier zit. nach Wilhelm Lehmann: Gesammelte Werke in acht Bänden, Bd. 1: Sämtliche Gedichte, hg. von Hans Dieter Schäfer, S. 180. Stuttgart 1982: Klett-Cotta.
2. *Februarmond*; aus: *Überlebender Tag* (1954); hier zit. nach ebd., S. 212.

Maiwald, Peter:
1. *Feindbild*; aus: *Literarische Hefte* 41 (1972), S. 12. © Peter Maiwald.
2. *Kanaan*; aus: *Springinsfeld*, S. 89. Frankfurt/M. 1992: Fischer.

Marti, Kurt: *demokratisches modell*; aus: *republikanische gedichte* (1959); hier zit. nach Gomringer, Eugen (Hg.): konkrete poesie, S. 90. Stuttgart 1972: Reclam. © Verlag Nagel & Kimche AG, Zürich/Frauenfeld, 1996.

Mayröcker, Friederike: *im Gebirge, August*; aus: *Winterglück*. Gedichte 1981–1985, S. 12. Frankfurt/M. 1986: Suhrkamp.

Meister, Ernst: *Hirtin*; aus: *Pithyusa* (1958); hier zit. nach Ernst Meister: Sämtliche Gedichte, hg. v. R. Kiefer, Bd. 4, S. 49. Aachen 1985ff.: Rimbaud.

Miehe, Ulf: *Eine Sorte von Vätern*; aus: *Deutsche Teilung* (siehe *Delius*).

Mon, Franz: *panoptikum*; aus: *Lesebuch*, S. 31. Neuwied und Berlin erw. Neuausgabe 1972.

Novak, Helga M.: *Lernjahre sind keine Herrnjahre*; aus: *Ballade von der reisenden Anna* (1965); hier zit. nach Helga M. Novak: Grünheide Grünheide. Gedichte 1955–1980, S. 32. Darmstadt 1983: Luchterhand. © Schöffling & Co. Verlagsbuchhandlung GmbH, Frankfurt a.M., 1998.

Papenfuß-Gorek, Bert: *rasender Schmerts weiterlachen*; aus: *SoJa*, S. 51. Berlin 1990: Druckhaus Galrev.

Pirker, Theo: *Die Geißel*; aus: *Der Anfang* (siehe *Bächler*), S. 10.

Reinig, Christa: *Robinson*; aus: *Gedichte* (1963); hier zit. nach Christa Reinig: Sämtliche Gedichte, S. 18. Düsseldorf 1984: Eremiten-Presse.

Rosenlöcher, Thomas: *Die Neonikone*; aus: Buchwald, Christoph / Haufs, Rolf (Hgg.): *Luchterhand Jahrbuch der Lyrik 1989/90*, S. 29f. Frankfurt/M. 1989: Luchterhand.

Rühm, Gerhard: *eigentum ist diebstahl*; aus: *Gerhard Rühm: gesammelte gedichte und visuelle texte*, S. 176. Reinbek 1970: Rowohlt. © Gerhard Rühm.

Sachs, Nelly: *Chor der Geretteten*; aus: *In den Wohnungen des Todes* (1947); hier zit. nach Nelly Sachs: Gedichte, hg. von Hilde Domin, S. 27f. Frankfurt/M. 1977: Suhrkamp.

Söllner, Werner: *Der Schlaf des Trommlers*; aus: *Der Schlaf des Trommlers*, S. 25. Zürich 1992: Ammann.

Theobaldy, Jürgen:
1. *Abenteuer mit Dichtung*; aus: *Sperrsitz*, S. 25. Köln 1973: Palmenpresse (auch in *Blaue Flecken*, S. 9. Reinbek 1974: Rowohlt).
2. *Schnee im Büro*; aus: *Zweiter Klasse*, S. 23. Berlin 1976: Rotbuch.

Timm, Uwe: *Bundesdeutsche Berichterstattung*; aus: *Widersprüche*, S. 21. Hamburg 1971. © Uwe Timm.

Vesper, Guntram: *Die Gewohnheit zu zittern*; aus: *Die Inseln im Landmeer*. Pfaffenweiler 1982: Pfaffenweiler Presse.

Wondratschek, Wolf: *In den Autos*; aus: *Das leise Lachen am Ohr eines andern*, S. 10. München 1976: Selbstverlag (Vertrieb: 2001, Frankfurt/M.).

Zahl, Peter-Paul: *panhumanismus*; aus: Hüser, Fritz / von der Grün, Max / Promies, Wolfgang (Hgg.): *Aus der Welt der Arbeit*. Almanach der Gruppe 61 und ihrer Gäste, S. 137. Neuwied und Berlin 1966: Luchterhand.

Personenregister

Achleitner, Friedrich 79, 386
Adorno, Theodor W. 28, 31, 58, 95f.,
  100, 103f., 167, 299
Aicher-Scholl, Inge 387
Aichinger, Ilse 389
Andersch, Alfred 129, 131, 385
Anderson, Sascha 177
Artmann, Hans Carl 79, 81f., 205,
  385f.
Astel, Arnfrid 127, 207, 385
Ausländer, Rose 25, 30f., 69f., 187,
  207f., 247, 252, 369, 385

Bachmann, Ingeborg 47–51, 97,
  101, 104, 106, 122, 208, 211, 213,
  386
Bächler, Wolfgang 22, 215–217, 386
Bartsch, Kurt 134, 136, 144, 217, 386
Baumgart, Reinhard 28, 126
Bayer, Konrad 79f., 205, 217, 219, 386
Becher, Johannes R. 14, 26, 133, 143,
  386, 392, 395f.
Bechstein, Ludwig 193
Becker, Jürgen 162, 220f., 386
Bender, Hans 16f., 221f., 387, 393
Benn, Gottfried 42–45, 172f., 223–
  225, 387
Biermann, Wolf 134, 144, 386, 391–
  393
Bill, Max 88, 390
Bobrowski, Johannes 60, 62, 193, 226,
  371, 387
Böll, Heinrich 14
Borchers, Elisabeth 13, 23, 63, 216,
  223, 229, 387
Born, Nicolas 26, 122, 153f., 160,
  162, 221, 232, 241, 376f., 383, 387
Braun, Michael 168, 173f.
Brecht, Bertolt 91, 100–104, 111,
  123, 125, 133, 166, 235f., 329f., 388
Bremer, Claus 85, 131
Brentano, Clemens 39, 389

Brinkmann, Rolf Dieter 162–165, 237,
  239, 241, 388
Britting, Georg 40f., 241f., 388
Brockes, Barthold Hinrich 144, 395
Brunner, Constantin 69
Buback, Siegfried 129f.
Buselmeier, Michael 127, 158, 166,
  171, 243, 388

Camus, Albert 397
Celan, Paul 24–28, 31, 65–67, 69, 71,
  187, 193, 208, 244, 248, 252f., 272,
  368, 386, 388, 396
Czechowski, Heinz 144

Dante Alighieri 191
Delius, Friedrich Christian 118, 122,
  148, 160, 253, 389
Dietmar von Eist 121
Doutiné, Heike 132f.
Dutschke, Rudi 126

Eich, Günter 14, 17, 32f., 51–53,
  55f., 116, 122, 254, 257, 290–292,
  389
Eichendorff, Joseph von 56, 192, 290,
  370
Enzensberger, Hans Magnus 103f.,
  106, 119, 122, 133f., 168, 172, 258,
  262, 360, 389
Eschenbach, Wolfram von 190

Fels, Ludwig 114f., 265, 267, 389
Fischer, Ludwig 171f., 339
Forster, Friedrich 59
Freud, Sigmund 151, 232, 284f.
Fried, Erich 119, 122f., 129f., 132f.,
  187, 267–269, 329, 389, 392
Friedrich, Wolfgang 111
Frisch, Max 386
Fromm, Erich 299
Fühmann, Franz 146

Sachregister

UTB · Literaturwissenschaft

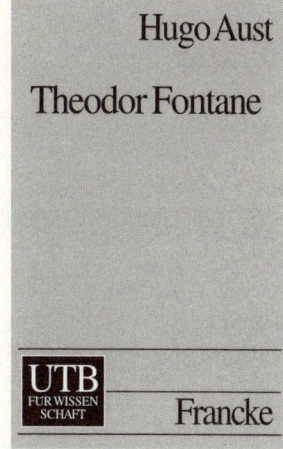

Hugo Aust

Theodor Fontane
Ein Studienbuch

UTB 1988, 1998, 250 Seiten,
DM 29,80/ÖS 218,–/SFr 27,50
UTB-ISBN 3-8252-1988-7

Das Studienbuch setzt sich die Aufgabe, über Leben und Werk
Theodor Fontanes bündig, übersichtlich und auf der Grundlage der
neueren Fontane-Forschung zu informieren. Im Wechsel zwischen
essayistischer und tabellarischer Darbietungsweise werden Daten,
Fakten, textanalytische Zugriffsweisen, Interpretationsergebnisse und
offene Probleme vermittelt, um einen raschen, aber auch sicheren
Einblick in die Forschungstradition, den aktuellen Erkenntnisstand
und zukünftige Aufgaben zu gewähren.
Im Mittelpunkt steht das Erzählwerk; doch werden auch Fontanes
Balladen und Gedichte in Auswahl berücksichtigt. Hauptsächlich
geht es um die Erschließung der mannigfaltigen Sinnschichten,
deren Horizont im Bann der Intertextualität immer breiter wird.

Preisänderungen vorbehalten

Francke

UTB · Literaturwissenschaft

Ehrhard Bahr (Hrsg.)

Geschichte der deutschen Literatur
Kontinuität und Veränderung
Vom Mittelalter bis zur Gegenwart

Bd. 1: Vom Mittelalter bis zum Barock
Unter Mitarbeit von Franz H. Bäumel, Friedrich Gaede und Gerd Hillen

UTB 1463, 1987, XI, 448 Seiten, DM 36,80/ÖS 269,–/SFr 34,–
UTB-ISBN 3-8252-1463-X

Bd. 2: Von der Aufklärung bis zum Vormärz
Unter Mitarbeit von Wulf Köpke, Klaus Peter, Hinrich C. Seeba und Wolfgang Wittkowski

UTB 1464, 2., vollst. überarb. u. erweit. Aufl. 1998, XII, 560 Seiten,
DM 36,80/ÖS 269,–/SFr 34,–
UTB-ISBN 3-8252-1464-8

Bd. 3: Vom Realismus bis zur Gegenwartsliteratur
Unter Mitarbeit von Otto F. Best, Roy C. Cohen, Horst S. Daemmrich, Anton Kaes, Hans Bernhard Moeller und Hugo Schmidt

UTB 1465, 2., vollst. überarb. u. erweit. Aufl. 1998, XII, 656 Seiten,
DM 36,80/ÖS 269,–/SFr 34,–
UTB-ISBN 3-8252-1465-6

Die dreibändige Geschichte der deutschen Literatur vom frühen Mittelalter bis zur unmittelbaren Gegenwart ist längst zu einem Standardwerk unter den Literaturgeschichten geworden. Jede einzelne Periode ist mit dem abgeschlossenen Beitrag eines Spezialisten vertreten. Die historische Interpretation der Hauptwerke bildet die Grundlage.

Preisänderungen vorbehalten

UTB
FÜR WISSEN
SCHAFT

Francke

Printed in Poland
by Amazon Fulfillment
Poland Sp. z o.o., Wrocław

82093228R00120

18 und startklar!

Was man mit 18 wirklich braucht, aber in der Schule nicht lernt

als Geschenk zum 18. Geburtstag

Copyright © 202   n Fried

ISBN 978-   )7-8

Inhaltsübersicht

Kapitel 5 - Beziehungen   81
& Freundschaften

Kapitel 6 - Auslandsreisen   101
& Freiwilligendienste

7

Vorwort

Geschafft! Deine Kindheit liegt hinter dir und vor dir liegt ein großes Abenteuer: dein Erwachsenenleben, das du endlich von A bis Z selber gestalten kannst. Sicherlich verdrücken deine Mama und dein Papa die eine oder andere Träne, und erinnern sich gerade jetzt voller Wehmut an die Tage, an denen du in Windeln durch die Wohnung gekrabbelt bist. Deine Tante oder dein Onkel lächeln heute, wenn sie an den Tag denken, an dem sie dich zum ersten Mal im Arm gehalten haben, und staunen nicht schlecht, wenn sie dich jetzt in voller Größe sitzen sehen. Plötzlich bist du 18 und ja, für dich ist das natürlich in erster Linie einfach nur pure Freude! Verständlich, denn jetzt kannst du alleine Autofahren – zumindest, wenn du deinen Führerschein bereits in der Tasche hast. Du darfst deine eigenen Verträge schließen, weil du voll geschäftsfähig bist. Und du wirst in der Welt endlich vollständig als erwachsen angesehen.

Der 18. Geburtstag ist in vielerlei Hinsicht ein Grund zur Freude, ein Meilenstein und der Beginn eines neuen Lebensabschnitts. Vielleicht planst du ja in nächster Zeit von Zuhause auszuziehen oder eine Ausbildung

zu beginnen? Oder vielleicht doch lieber ein Studium? Vielleicht möchtest du dir erst einmal Gedanken machen, welche Ziele du im Leben hast – und wie du sie erreichst? Oder dir ist jetzt schon klar, dass du stabile Finanzen und noch stabilere Freundschaften haben möchtest. Bei alldem möchten wir dich mit unseren Gedanken, Tipps und Infos unterstützen, die in der Schule nicht an erster Stelle standen, damit du deinen Weg im Leben findest.

Noch ein kleiner Hinweis: Damit keine Fragen offen bleiben, haben wir viele nützliche Links eingefügt, mit denen du dein Wissen vertiefen kannst. Scanne dazu einfach den jeweiligen QR-Code mit der Kamera oder QR-App auf deinem Handy.

Wir wünschen dir viel Spaß beim Lesen und an dieser Stelle alles erdenklich Gute zu deinem Geburtstag.

Die Autoren dieses Buches

Kapitel 1 - Glück & Erfolg

Auch wenn das Alter nur eine Zahl ist und man nur so alt ist, wie man sich fühlt (zumindest, wenn man den Sprüchen deiner Großeltern oder sonstiger Verwandtschaft Glauben schenken will), ändert sich so einiges mit deinem 18. Geburtstag. Du bist nicht nur wieder ein Jahr älter geworden, sondern hast damit auch einige Freiheiten und Rechte dazugewonnen, von denen du vorher sicherlich schon geträumt hast. Ob Autofahren, der Auszug von zu Hause oder der Besuch einer Disco - dir stehen nun zahlreiche Türen offen, dein Leben so zu gestalten, wie du es willst und endlich Sachen auszuprobieren, die deine Freunde vielleicht schon seit einiger Zeit machen dürfen. Kein Wunder also, dass der 18. Geburtstag etwas ganz Besonderes ist - noch besonderer, als alle Geburtstage, die du bisher gefeiert hast und in der Zukunft feiern wirst. Nie wieder kommen an diesem Tag immerhin so viele Veränderungen gleichzeitig auf dich zu, wie es jetzt der Fall ist. Mit Sicherheit hast du dich schon lange auf diesen Tag gefreut und wirst ihn noch lange in Erinnerung behalten. Immerhin wird man nur einmal 18. - Grund genug, um diesen Tag gebührend zu feiern und es dir so richtig gut gehen zu lassen!

Auch wenn dein 18. Geburtstag in erster Linie mit positiver Stimmung in Verbindung gebracht wird und es keinen Grund gibt, sich nicht auf diesen Tag zu freuen, wirst du sicherlich auch überfordert anhand der ganzen Möglichkeiten sein, die sich dir nun bieten. Immerhin steht dir nicht die Option offen, Dich erst Schritt für Schritt an dein neues Erwachsenendasein zu gewöhnen. Stattdessen wirst du mit deinem 18. Geburtstag mehr oder weniger ins kalte Wasser geworfen und bist plötzlich allein dafür verantwortlich, dein weiteres Leben zu planen und dir genau zu überlegen, welchen Weg du gehen willst. Keine Sorge: Was sich vielleicht beängstigend anhören mag, ist es nicht. Immerhin helfen dir deine Eltern sicher aus, wenn du Fragen haben oder Hilfe benötigen solltest. Dennoch bringt der 18. Geburtstag eine gewaltige Umstellung mit sich. Plötzlich ist alles ganz anders. Deine Freunde, die du während der Schulzeit Tag für Tag gesehen hast, ziehen in verschiedene Städte oder Länder, um zu studieren, zu arbeiten oder sich eine Auszeit zu nehmen, bei dir steht möglicherweise auch ein Umzug an und die Schule gehört nun auch der Vergangenheit an. Vor dir steht also ein ganz neues Kapitel, das wahrscheinlich aufregender wird, als dein Leben es zuvor war.

1.1 Glücklich sein und glücklich werden

Was erwartest du von deinem Leben und wo siehst du dich in den nächsten zehn oder 20 Jahren? Vielleicht hast du schon einen ganz genauen Plan, wie dein Leben aussehen soll und hast klare Ziele vor Augen, die du

nun verfolgen und nach Möglichkeit umsetzen willst. Vielleicht bist du aber noch völlig ahnungslos, wohin deine Reise gehen wird. Während andere schon genau wissen, was sie später einmal arbeiten, wo sie wohnen wollen und wie viele Kinder sie einmal haben möchten, weißt du noch nicht einmal, was du zu Mittag essen, geschweige denn, was du studieren sollst? Beides ist kein Problem. Immerhin wollen alle im Endeffekt nur eines: Glücklich werden. Egal wie deine Reise in Zukunft aussehen wird, ob du schon genaue Pläne hast oder dir nach der Schule erst einmal eine Auszeit nimmst, um zu sehen, wohin dich dein Weg verschlägt und worauf du Lust hast - solange du glücklich mit dem bist, was du tust, tust du genau das Richtige!

Was ist Glück eigentlich und was bedeutet es, glücklich zu sein? Wie Wut, Trauer und Freude ist Glück eine Emotion und wirkt sich damit direkt auf deinen Gemütszustand aus. Bist du glücklich, dann bist du innerlich zufrieden, im Einklang mit dir selbst und voller Freude in Bezug auf das, was gerade passiert, was geschehen ist oder was noch passieren wird. Glück ist daher völlig subjektiv und kann vieles bedeuten. Vielleicht erfüllt dich gerade der Pizzabote, der dir dein Abendessen bringt voller Glück, vielleicht ist es auch die gute Abschlussnote oder die Erkenntnis, dass es dich ganz schön gut getroffen hat mit deinem Leben. Wie du siehst, kann Glück ein kurzfristiges Erlebnis sein, jedoch auch eine langfristige Bedeutung für dich und dein Leben haben. Im Dänischen bedeutet Glück dabei ein ganz eigenes Lebensgefühl: Das Wort Hygge

meint einen Zustand der allgemeinen Geborgenheit, der Zufriedenheit und der Entspannung. Etwas greifbarer ist hingegen die medizinische Beschreibung von Glück: Glücklich sein zu wollen, bedeutet, nach dem Neurotransmitter Serotonin zu streben. Doch wie kann es dir gelingen, an diesen Botenstoff zu kommen und somit ein glückliches und erfülltes Leben zu haben?

Ein Stück Schokolade zu essen, die kitzelnden Sonnenstrahlen auf deiner Nase zu genießen oder endlich mal wieder ein gutes Buch zu lesen - im Alltag gibt es sicherlich viele Kleinigkeiten, die dich mit Glück erfüllen, auch wenn es dir in den entsprechenden Momenten vielleicht gar nicht einmal so bewusst ist. Wenn es darum geht, im Leben glücklich zu werden, dann gehört dabei in der Regel jedoch mehr dazu, als nur Schokolade zu essen oder sich die Sonne auf den Bauch scheinen zu lassen. Eine Familie zu gründen, eine tolle Wohnung zu haben oder einem Beruf nachzugehen, der einen voll und ganz erfüllt - häufig sind es die unbezahlbaren und grundlegenden Dinge, die im Laufe der Zeit immer mehr an Wichtigkeit gewinnen. Dass sich die Sichtweise mit den Jahren ändert, ist nichts Ungewöhnliches. Wahrscheinlich sind dir jetzt ganz andere Dinge wichtig, als es später einmal der Fall sein wird. Viel zu verdienen, deine Freiheiten zu genießen und Karriere zu machen - vielleicht schwebt dir genau das vor. Wie du dich auch entscheiden solltest - denke daran, dass Geld allein nicht alles ist. Zwar ist es schön, dir erst einmal alles leisten zu können, das du dir wünscht und zumindest finanziell gesehen keine Sorgen zu haben. Musst du dafür jedoch in einem Beruf arbeiten, der dir keinen Spaß macht und der womöglich auch noch von Überstunden geprägt ist,

Ein Test, der dir Aufschluss darüber gibt, wie glücklich du bist

https://www.therapie.de/psyche/info/test/weitere/lebenszufriedenheit/#_

LINK

wird dich das auf Dauer vermutlich nicht glücklich machen. Was glücklich macht, sind tolle Erfahrungen, die du im Laufe deines Lebens sammeln kannst, tolle Menschen, mit denen du dich umgibst und eine Arbeit, die nicht nur dafür sorgt, dass du deine Rechnungen bezahlen kannst, sondern die dich erfüllt und dir Spaß bereitet.

1.2 Warum Erfolg nicht nur mit der Karriere zusammenhängt

Wenn es darum geht, Glück zu definieren, dann gehört der Wunsch nach Erfolg für viele junge Menschen fest zu dieser Beschreibung dazu. Erfolgreich zu sein, bedeutet in der Regel immerhin nicht nur, eine ganze Menge Geld zu verdienen und sich damit teure Urlaube, ein tolles Auto und ein großes Haus leisten zu können, sondern auch, das Ansehen anderer zu

genießen, sich einen Namen gemacht zu haben und
anderen zu zeigen, dass man es geschafft hat. Ist es das,
was du dir unter Erfolg vorstellst? Bedenke, dass Erfolg
auch anders gedeutet werden kann - nicht immer
müssen Geld und Ansehen hierfür eine Rolle spielen.
Immerhin bedeutet Erfolg letztendlich nur, das zu
erreichen, was du dir vom Leben erhoffst. Erfolgreich
zu sein, kann also auch bedeuten, einen mittelmäßig
bezahlten Job auszuüben, der einen dafür mit purer
Freude erfüllt, um die Welt zu reisen, ohne überhaupt
einem festen Job nachzugehen. Solange du glücklich
dabei bist und deine Ziele verfolgst, bist du genau das,
was du sein wolltest - erfolgreich.

Vielleicht hast du daran gedacht, die Karriereleiter
so schnell wie möglich nach oben zu klettern, um
einen Beruf mit einem überdurchschnittlich guten
Verdienst zu ergreifen, während deines Studiums bei
deinen Eltern wohnen zu bleiben, um Geld für dein
späteres Leben anzusparen und die Bibliothek der

Studentenparty vorzuziehen. Wenn es das ist, was du wirklich tun willst, dann spricht natürlich nichts gegen diesen Lebensstil. Dich jedoch in der besten Zeit deines Lebens vollkommen einzuschränken und auf alles zu verzichten, was Spaß macht, um später einmal viel Geld verdienen zu können, ist jedoch weniger sinnvoll. Immerhin bist du nur einmal jung - und solltest die Zeit daher nicht verschwenden. Erfolgreich zu werden, hängt letztendlich auch nicht immer von den schulischen Leistungen oder deinem Studienabschluss ab. Auch Fähigkeiten, die du nicht unbedingt in Schule und Studium oder der Arbeit lernst, wie etwa Lebenserfahrung, Kreativität und Selbstbewusstsein gehören dazu. Immerhin sind Top-Verdiener wie Bill Gates oder Mark Zuckerberg das beste Beispiel dafür.

1.3 Wenn eine Tür sich schließt....

... öffnet sich eine, oder: Es kommt immer anders, als man denkt - vielleicht hast du diese Sprüche schon zur Genüge gehört, kannst damit jedoch nichts anfangen. Schließlich hast du feste Ziele vor dir, die du unbedingt erreichen willst und für die du bereit bist, einiges zu geben. Allerdings läuft das Leben nicht immer nach Plan und nicht immer hast du es selbst in der Hand, wie es läuft. Auch wenn du in erster Linie selbst für dein Leben verantwortlich bist, spielen immer andere Menschen eine Rolle - und manchmal sind diese es, die dazu führen, dass deine Pläne sich ändern. Doch wäre es nicht absolut langweilig, wenn dein Leben schon jetzt absolut vorhersehbar wäre und einem offenen Buch gleichen würde? Immerhin gäbe es keinen

Grund mehr, sich mehr anzustrengen, als notwendig, wenn der Ausgang ohnehin schon klar wäre. Stattdessen ist gerade das Unvorhersehbare so interessant und die Motivation dafür, immer sein Bestes zu geben und sich anzustrengen.

Auch wenn du dein Bestes gibst, ist das nicht immer ausreichend. Vielleicht hast du schon während deines Abiturs gemerkt, dass du einfach kein Mathe-Ass bist - immerhin konntest du vielleicht lernen so viel du nur wolltest, ohne dabei über fünf Punkte zu kommen. Dafür hast du deine Stärken wiederum in anderen Fächern. Das alles ist nicht schlimm - immerhin ist niemand perfekt und nicht in allem gut zu sein, ist nicht nur völlig legitim, sondern völlig normal. Wer kann schließlich von sich behaupten, ein absolutes Multitalent zu sein und alles gut zu können (Wenn man mal vom absoluten Klassenstreber und einigen wenigen anderen Ausnahmen absieht)? Eben! Damit gehört es jedoch auch dazu, zu scheitern. Eine Prüfung nicht auf Anhieb zu bestehen, schlechte Noten zu schreiben, eine Abfuhr vom Schwarm oder eine Absage für ein Studium oder den Traumjob zu erhalten - das alles sind Situationen, mit denen du in der Zukunft wahrscheinlich konfrontiert wirst und die zum Leben dazugehören (auch wenn du lieber etwas anderes hören würdest). Das sollte Dich jedoch nicht demotivieren, weiterhin dein Bestes zu geben - immerhin kannst du aus Fehlern lernen und Dich so beim nächsten Mal verbessern oder Situationen ganz anders angehen. Du wirst sehen: Nicht immer muss es der geradlinige Weg sein, um das zu erreichen, was du dir vorgenommen hast. Und vielleicht wirst du auf dem Weg sogar merken, dass es doch noch andere Op-

tionen gibt, mit denen du weitaus glücklicher bist, als du es je bei deinem Plan A gewesen wärst.

Universalwahrheiten, die dir garantiert zum Erfolg verhelfen

https://karrierebibel.de/universal-wahrheiten/

Kapitel 2 - Umzug & Haushalt

2.1 Ausziehen oder bei den Eltern bleiben?

Bist du volljährig, kommen eine ganze Menge Veränderungen auf dich zu. Allen voran dürfte die Möglichkeit stehen, endlich von Zuhause ausziehen zu können. Hast du dich für ein Studium oder eine Ausbildung entschieden, die du nicht so einfach von deinem Elternhaus aus erreichen kannst, und für die das Pendeln nicht in Frage kommt, kommst du um einen Auszug nicht herum. Vielleicht willst du aber auch lieber dein eigenes Dach überm Kopf haben, anstatt noch länger unter der Fuchtel deiner Eltern zu stehen. Wie dem auch sei: Ein Auszug ist ein riesiger Schritt – sowohl für deine Eltern als auch für dich. Auch wenn es zumindest rein theoretisch die Option gibt, irgendwann wieder zurück zu ziehen, entscheiden sich die wenigsten dazu. Kein Wunder: Wer einmal die Freiheit des Alleinseins geschnuppert hat, wird sich nur schwer wieder im Elternhaus mit all den vielen Regeln eingliedern können. Und wer weiß: Vielleicht sind deine Eltern dann ja selbst schon auf den Geschmack gekommen und wollen nicht, dass du wieder bei ihnen einziehst? Nicht nur aus diesem Grund ist es wichtig,

dir vorher ausreichend Gedanken darüber zu machen, ob du tatsächlich schon bereit dazu bist auszuziehen – und ob es das ist, was du wirklich willst.

Bei Mama wohnen zu bleiben zahlt sich in vielerlei Hinsicht aus

Auch wenn dir dein Umfeld das Gefühl vermitteln sollte – du bist nicht dazu verpflichtet, von Zuhause auszuziehen (sofern deine Eltern dich nicht unbedingt loswerden wollen). Zuhause wohnen zu bleiben hat sogar eine ganze Menge Vorteile. Zum einen sparst du Unmengen an Geld. Nicht nur die Mietkosten übernehmen im Regelfall deine Eltern, sondern auch die Kosten für Lebensmittel, Internet, GEZ und vieles mehr. Vielleicht war dir bisher gar nicht so bewusst, wie teuer das Alleinleben sein kann – umso schöner also, wenn deine Eltern dir unter die Arme greifen und dir eine kostenlose Möglichkeit bieten, bei ihnen zu wohnen, solange du deiner Ausbildung oder deinem Studium nachgehst. Solltest du Geld verdienen, steht es dir frei, dich an den Kosten für Miete und Co. zu beteiligen, anstatt alles auszugeben. Vielleicht nutzt du ja auch die Gelegenheit zum Sparen, um dann später bei deinem Auszug ein ordentliches finanzielles Polster zu haben, von dem du dir deine eigenen Möbel kaufen und deine Wohnung ganz nach deinem eigenen Geschmack gestalten kannst. Wie wäre es außerdem mit einem eigenen Auto oder einer Weltreise nach Ende deiner Ausbildung? Bleibst du im Elternhaus wohnen und jobbst während deines Studiums, müssen sol-

che Luxus-Wünsche keine Träume bleiben, sondern könnten schon bald in Erfüllung gehen. Allerdings bist du nicht darauf angewiesen zu arbeiten. Immerhin lässt es sich auch so ganz gut leben. Für alles Wichtige, wie ein Dach über deinem Kopf und etwas zu essen auf dem Tisch ist immerhin gesorgt. Auf diese Weise kannst du die Zeit nutzen, um deine Freizeit zu genießen – und natürlich für dein Studium oder deine Ausbildung zu lernen.

Selbst kochen, Wäsche waschen und einkaufen gehen – zwar steht im Elternhaus sicherlich die eine oder andere Pflicht an, der du regelmäßig nachgehen musst, allerdings ist das Leben bei den Eltern um einiges entspannter, wenn es um die Hausarbeit geht, als wenn du allein wohnen würdest. Immerhin erledigen deine Eltern sicherlich so manches für dich, sodass du dich in erster Linie um Studium oder Ausbildung kümmern kannst, anstatt dir noch Gedanken über den Wocheneinkauf oder die kaputte Waschmaschine machen zu müssen. Du hast keine Ahnung, wie man ein Spiegelei brät oder wie sich der günstigste Stromanbieter finden lässt? Kein Problem – wenn du nach der Schule bei deinen Eltern wohnen bleibst, hast du noch einige Jahre Zeit, um all diese Dinge zu lernen.

Ein Auszug kann für die langersehnte Freiheit sorgen

Mal ehrlich: So schön es jedoch sein mag, von Mutti umsorgt zu werden und sich weder mit lästigen Stromrechnungen noch mit dem Vermieter herumärgern zu müssen, so schön ist es auch, seine Ruhe zu haben und endlich die Freiheit genießen zu können, die die eige-

nen vier Wände mit sich bringen. Besuch endlich nicht mehr ankündigen (und dabei keine neugierigen Fragen über das eigene Liebesleben über sich ergehen lassen), kein Gemeckere mehr über das ungemachte Bett und deutlich häufiger Fastfood auf dem Speiseplan, als es die eigenen Eltern gutheißen würden – die Vorteile des Alleinelebens sind nicht von der Hand zu weisen. Kein Wunder also, dass eine ganze Menge Studenten und Auszubildende die Gelegenheit der Volljährigkeit direkt beim Schopf ergreifen und dem Elternhaus den Rücken kehren.

Vielleicht erübrigt sich ja die Entscheidung für dich, wenn du ein Studium oder eine Ausbildung weit vom Elternhaus entfernt beginnst und so ein Umzug unvermeidlich ist. Wenn nicht, dann solltest du dich trotzdem nicht von deinem Umfeld unter Druck setzen lassen. Schließlich muss deine Meinung auch nicht in Stein gemeißelt sein – eine Wohnung lässt sich je nach Wohnort schnell finden und gerade dann, wenn du noch keine oder kaum eigene Möbel besitzt, ist ein Umzug schnell organisiert.

2.2 Die verschiedenen Wohnformen

Willst du aus deinem Elternhaus ausziehen, gilt es, die passende Bleibe zu finden. Zunächst steht es dir natürlich frei, dir eine eigene Wohnung zu suchen. Außerdem kannst du, wenn du magst, mit deinem Partner oder deiner Partnerin zusammenziehen. Bist du Single und hast trotzdem keine Lust darauf, alleine zu wohnen, ist eine WG (Wohngemeinschaft) vielleicht das

Richtige für dich. Möglicherweise gibt es auch Studentenwohnheime, die für dich in Frage kommen.

2.2.1 In einer WG oder alleine wohnen?

Nicht für jeden ist das Alleinewohnen erstrebenswert. Auch wenn du eine Wohnung ganz für dich allein hast, dich vor niemandem rechtfertigen und dich mit niemandem absprechen musst, bringt eine eigene Wohnung dennoch auch Nachteile mit sich: Niemand wird auf dich warten, wenn du nach einem anstrengenden Tag nach Hause kommst, und hat am Wochenende keiner deiner Freunde Zeit, fallen Mitbewohner weg, mit denen man sich sonst spontan auf ein Glas Wein in der Küche trifft. Ob das gemeinsame Schauen von Fußballspielen, das Organisieren von ausufernden WG-Partys oder das Teilen von lästigen Haushaltsaufgaben und nicht zuletzt von Kosten wie Miete und Internet – wohnst du alleine, musst du darauf verzichten. Dafür musst du dich nicht darüber ärgern, dass deine Mitbewohner bis tief in die Nacht noch lautstarke Diskussionen in der Küche führen, während du am nächsten Morgen eine wichtige Klausur schreibst, für die du ausgeschlafen sein willst, dir Dein Joghurt schon wieder ohne Nachzufragen einfach entwendet wurde oder der Sinn eines Putzplans noch nicht bei allen angekommen ist. Weil all das, was sich in deiner eigenen Wohnung befindet, in der Regel dir gehört, musst du dich außerdem nicht darüber ärgern, wenn jemand ohne nachzufragen deinen teuren Thermomix benutzt oder einen Fleck auf deinen Lieblingssessel gemacht hat.

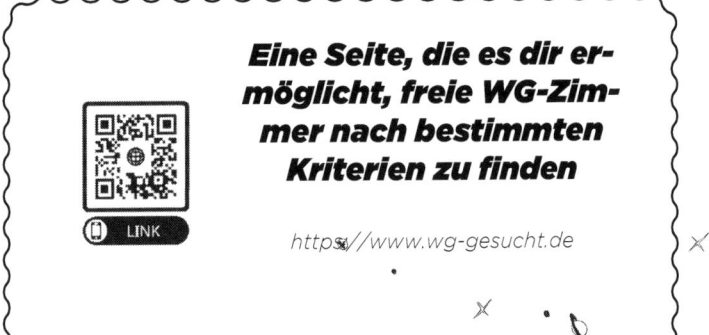

Eine Seite, die es dir ermöglicht, freie WG-Zimmer nach bestimmten Kriterien zu finden

https://www.wg-gesucht.de

Alleine wohnen

Bist du am liebsten alleine und hast kein Problem damit, dich selbst zu beschäftigen und für dich selbst verantwortlich zu sein? Oder wird dir die Anwesenheit anderer Menschen schnell zu viel? Dann bist du wahrscheinlich eher der Typ fürs Alleinewohnen. Brauchst du hingegen ständig Action, ist dir schnell langweilig und bist du sehr extrovertiert, könnte dir das Leben in einer WG mehr liegen. Viele WGs stellen dabei schon in der Suchanzeige klar, ob es sich um eine Zweck-WG handelt oder nicht. Eine Zweck-WG dient – wie der Name bereits verrät – einem bestimmten Zweck: Geld zu sparen, indem man sich nur ein einzelnes Zimmer mietet, anstatt eine ganze Wohnung für sich allein zu beanspruchen. Ein persönliches Miteinander wird hierbei nicht unbedingt großgeschrieben. Häufig wird aneinander vorbei gelebt – ein richtiges WG-Leben gibt es nicht. Ist das nicht das, was du dir vorstellst, dann solltest du darauf verzichten, in eine reine Zweck-WG zu zu ziehen. Allerdings gibt es auch bei Nicht-Zweck-WGs große Unterschiede: Sind deine

Mitbewohner eher einzelgängerisch veranlagt oder die meiste Zeit unterwegs, ist auch das WG-Leben möglicherweise nicht so, wie du es dir vorgestellt hast. Achte also unbedingt schon bei der Wahl deiner WG darauf, dass du mit deinen potenziellen Mitbewohnern auf einer Wellenlänge liegst – ein persönliches Kennenlernen ist dafür immer empfehlenswert. Je mehr Mitbewohner sich in einer WG befinden, desto mehr ist meistens auch los. Dies kann vorteilhaft für dich sein, allerdings auch seine Nachteile haben. Zwar hast du so immer jemanden zum Reden, allerdings geht es wahrscheinlich dafür öfter mal etwas lauter – und wahrscheinlich auch chaotischer – zu. Dafür ist es in einer größeren WG nicht ganz so schlimm, solltest du dich mit einem deiner Mitbewohner doch nicht so gut verstehen.

2.2.2 Die gemeinsame Wohnung als Paar

Möchtest du mit deinem Partner oder deiner Partnerin zusammenziehen, stellt sich das WG-Problem nicht – immerhin kennst du diese Person in der Regel schon etwas länger und weißt, dass du dich gut mit ihr verstehst (und das solltest du unbedingt, sofern du das Zusammenziehen überhaupt in Erwägung ziehst!). In eine gemeinsame Wohnung zu ziehen ist für viele Paare ein großer Schritt und ein wichtiger Meilenstein in der Beziehung. Wieso also nicht gleich Romantisches und Praktisches miteinander kombinieren, jeden Tag mit dem Freund oder der Freundin gemeinsam aufwachen und einschlafen und dabei auch noch alle Kosten und lästigen Haushaltsaufga-

ben miteinander teilen? Was fast zu schön klingt, um wahr zu sein, ist es leider häufig auch. Gerade dann, wenn ihr erst seit kurzem zusammen seid, werden Entscheidungen wie diese häufig überstürzt getroffen. Den Partner hin und wieder zu sehen oder tatsächlich mit ihm zusammenzuleben und dabei auch die weniger schönen Seiten des Zusammenlebens kennenzulernen (nicht zugeschraubte Zahnpastatuben, leere Milchtüten im Kühlschrank oder nicht heruntergeklappte Klodeckel!) ist ein großer Unterschied. Bist du dir sicher, dass eure Liebe schon bereit dazu ist? Gerade dann, wenn ihr beide zuvor noch bei euren Eltern gelebt habt, kann die erste eigene Wohnung ohnehin zur Belastung werden. Kommen noch stressige Prüfungsphasen und Leistungsdruck hinzu, ist die eine oder andere Streiterei vorprogrammiert. Allerdings gilt: Wenn eure Beziehung diese Hürde meistert, dann kann euch so schnell nichts mehr auseinanderbringen.

TIPP:

Gerade dann, wenn du und dein Partner oder deine Partnerin nicht nur zusammenwohnt, sondern auch noch an der gleichen Uni und womöglich sogar im gleichen Studiengang studiert, kann so viel Nähe schnell erdrückend werden. Gönnt euch ausreichend Freiheiten und versucht, euch darüber hinaus einen getrennten Freundeskreis

aufzubauen und in eurer Freizeit nicht alles gemeinsam zu machen. Auf diese Weise bekommt ihr die Möglichkeit, einander zu vermissen, euch auf gemeinsame Abende zu freuen und euch Dinge zu erzählen, die der andere nicht schon längst weiß.

2.2.3 Besonderheiten der Studentenwohnheime

Nicht jeder kann sich eine eigene Wohnung leisten und auch WG-Zimmer sind in beliebten Uni-Städten häufig teuer – vom Wohnungsmangel einmal ganz abgesehen. Abhilfe kann dabei ein Studentenwohnheim bieten. Keine Sorge: Ganz so extrem, wie es in amerikanischen Filmen und Serien gerne dargestellt wird, ist das nicht. Zwar gehören rauschende Wohnheimpartys durchaus hin und wieder zur Realität, allerdings musst du dir dein Zimmer meistens nicht mit anderen Studenten teilen (die du zu allem Übel noch nicht einmal kennst). Entscheidest du dich für ein Zimmer im Studentenwohnheim, so hast du im Normalfall dein eigenes Reich – lediglich Küche und Badezimmer teilst du dir meist mit den anderen Studenten, die mit dir auf einer Etage leben. Ein Studentenwohnheim vereint damit die Vorteile einer eigenen Wohnung mit denen einer WG: Du kannst dich jederzeit zurückziehen und bist für dich. Deine Sachen musst du dir mit niemandem teilen und wenn du allein sein willst, dann

musst du auch niemandem Rechenschaft ablegen. Sollte dir hingegen der Sinn nach Gesellschaft stehen, so findest du in den Gemeinschaftsräumen im Normalfall immer jemanden, mit dem du reden kannst. Noch dazu sind Zimmer in Studentenwohnheimen vergleichsweise günstig. Dafür darfst du jedoch mit keinem sonderlich großen Luxus rechnen – häufig sind die Zimmer sehr klein und nicht selten auch ein wenig schäbig.

2.3 So gelingt dein Umzug

So lästig und aufwendig Umzüge auch sein mögen, so vorteilhaft ist zumindest der Auszug aus dem Elternhaus: Hast du keine oder kaum eigene Möbel, die du mitnimmst und beschränkt sich deine Haushaltsausstattung auf einige wenige Dinge, geht ein Umzug schnell über die Bühne. Doch auch, wenn du gleich dein ganzes Kinderzimmer mitnimmst, sollte sich ein Umzug in der Regel schnell hinter sich bringen lassen. Du wirst merken: Je länger dein Auszug aus dem elterlichen Zuhause hinter dir liegt, desto mehr Kram wird sich ansammeln. Der Umzug aus dem „Hotel Mama" ist dabei im Gegensatz zu späteren Umzügen meist ein Klacks. Dennoch gilt: Je weniger du mitnimmst, desto einfacher läuft ein Umzug ab und desto stressfreier ist es für dich und deine Umzugshelfer. Mit Sicherheit wird deine erste eigene Bleibe nicht besonders groß und geräumig sein. Um keine Platzprobleme zu bekommen, lohnt es sich, dir gleich dreimal zu überlegen, was du wirklich mitnehmen willst. Solltest du etwas vermissen, hast du immerhin jederzeit die

Möglichkeit, die Sachen bei deinem nächsten Eltern-
besuch mitzunehmen. Nutze die Chance außerdem,
um auszumisten und dich von Dingen zu trennen, die
du schon lange nicht mehr benutzt hast oder einfach
nicht mehr brauchst. Vielleicht ist das ja auch endlich
deine Gelegenheit, dich näher mit der Aufräummeth-
ode von Marie Kondo auseinanderzusetzen, sofern du
das nicht schon längst getan hast. Dinge, die du nicht
brauchst, kannst du bei Ebay Kleinanzeigen oder auf
anderen Portalen verkaufen und auf diese Weise sogar
noch etwas Geld dazuverdienen.

Eine Alternative zu eBay, auf der Du deinen Krempel einfach verkaufen kannst

https://www.shpock.com/de-de

2.4 Transporter, Umzugsunternehmen und Helfer

Denke daran, dich rechtzeitig um ein Umzugsunternehmen oder um einen Transporter zu kümmern.
Gerade zum Semesterstart sind diese häufig schon
lange Zeit im Voraus ausgebucht. Je nachdem, wie
kurzfristig du buchst, fallen die Mietpreise für einen

Transporter unterschiedlich aus. Ebenso musst du für die Nutzung an Wochenenden meistens mit einem Aufpreis rechnen. Allerdings solltest du natürlich sicherstellen, dass deine Helfer auch Zeit haben – immerhin lässt sich ein Umzug nur in den wenigsten Fällen vollkommen alleine stemmen. Hast du Freunde oder Familienmitglieder, die dir unter die Arme greifen, kommst du deutlich günstiger weg, als wenn du ein professionelles Umzugsunternehmen engagierst. Sollten deine Freunde jedoch keine Zeit haben, kannst du versuchen mithilfe von Online-Anzeigen an kostengünstige Helfer zu kommen. Da ein Transporter in der Regel viel Platz braucht und Parkplätze gerade in Großstädten ohnehin rar sind, solltest du dich außerdem um die richtige Beschilderung für deinen Umzug kümmern: Gegen eine Gebühr kannst du dir Halteverbotsschilder für den Zeitraum deines Umzugs leihen, die dir einen Parkplatz vor der Haustür sicherstellen.

2.5 Der Mietvertrag

Bevor du einen Mietvertrag unterschreibst, gilt wie bei allen anderen Verträgen auch: Genaues Durchlesen verhindert unliebsame Überraschungen. Gerade dann, wenn du in eine WG ziehst, ist es wichtig zu wissen, ob du einen direkten Mietvertrag mit dem Vermieter abschließt, damit also auch Hauptmieter bist, oder ob du lediglich einen Untermietvertrag bei einem deiner Mitbewohner hast. Ist Letzteres der Fall, kann der entsprechende Mitbewohner dafür sorgen, dass du ausziehen musst, sofern euer Verhältnis nicht so ist, wie er es sich vorgestellt hat. Auch wenn er die Wohnung aus

privaten Gründen doch lieber für sich alleine haben will, kann er dir kündigen. Möchtest du ein bereits möbliertes Zimmer mieten, gibt es einiges zu beachten. Eventuelle Mängel an vorhandenen Möbelstücken sollten im Mietvertrag erwähnt werden, sodass dir im Zweifel keine Schäden angehängt werden können. Ist an Wohnung oder Mobiliar irgendetwas beschädigt und in deiner Aufenthaltszeit kaputt gegangen, kann es sein, dass du Teile deiner Kaution bei deinem Auszug nicht zurückbekommst. Daher sollte besonders bei möblierten Zimmern der Zustand der Möbel geklärt und schriftlich im Vertrag festgehalten werden. Auch die Kosten für Internet, GEZ und Co. sollten idealerweise im Vorfeld abgeklärt werden. Nicht immer sind diese Kosten nämlich in die Mietkosten des Zimmers eingerechnet, sodass du im unter Umständen am Ende mehr bezahlen musst, als zunächst angenommen.

Sind alle Hürden bewältigt, die ein Umzug so mit sich bringt, gilt es, sich umzumelden. Hierfür vereinbarst du einen Termin im Bürgerbüro, zu dem du deinen Personalausweis und deinen Reisepass mitbringst, sodass die neue Adresse eingetragen werden kann. Auch wenn Behördentermine lästig sind, solltest du diese Aufgabe nicht allzu lange vor dir herschieben: Du bist

verpflichtet, deinen neuen Wohnort innerhalb von zwei Wochen zu melden. Kommst du dieser Pflicht nicht nach, kann das schnell teuer werden. Keine Sorge, der Aufwand kann sich jedoch

sogar richtig lohnen: Viele Städte bieten Studenten attraktive Willkommenspakete bei der Anmeldung an. Gutscheinhefte und kostenlose Werbegeschenke sind hierbei üblich. Deinen alten Wohnsitz bei deinen Eltern musst du nicht unbedingt abmelden, sondern als zweiten Wohnsitz behalten.

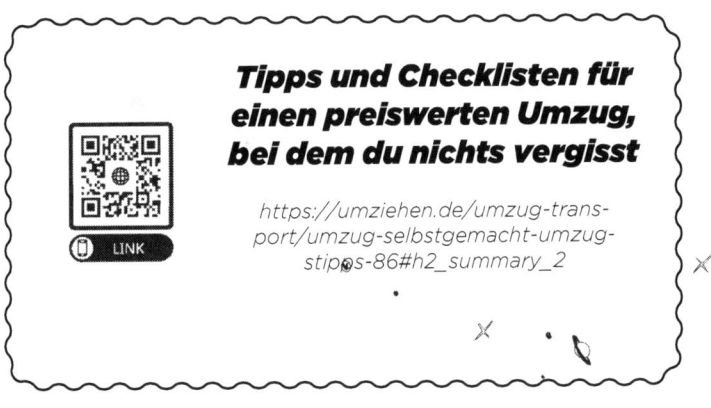

Tipps und Checklisten für einen preiswerten Umzug, bei dem du nichts vergisst

https://umziehen.de/umzug-trans-port/umzug-selbstgemacht-umzug-stipps-86#h2_summary_2

LINK

2.6 Sicherheit in deinem neuen zu Hause

Möglicherweise hattest du zuvor nicht besonders viel mit Versicherungen am Hut. Vielleicht abgesehen vom Vorzeigen der Versichertenkarte der Kranken-kasse beim Arztbesuch. Wenn du deine erste eigene Wohnung beziehst, ist es jedoch sinnvoll, dich mit den unterschiedlichen Versicherungsarten auseinander-zusetzen – immerhin geht es um dein eigenes Dach über dem Kopf. Ein echtes Must-have ist dabei eine Haftpflichtversicherung. Diese Versicherung greift bei Schäden an fremdem Hab und Gut. Solltest du also

zur Zwischenmiete irgendwo wohnen und versehentlich Rotwein über die Couch schütten, die nicht dir gehört oder beim Einzug versehentlich die Wände im Treppenhaus streifen und sichtbare Spuren hinterlassen, musst du dir keine Gedanken über die entstandenen Schäden machen – genau hierfür ist deine Haftpflichtversicherung zuständig. Oftmals kann die Haftpflichtversicherung der Eltern bis zum 25. Geburtstag des Kindes genutzt werden.

Möchtest du nicht nur fremdes Hab und Gut schützen, sondern auch dein eigenes Inventar abdecken, kommt eine Hausratversicherung für dich in Frage. Im Falle eines Diebstahls, eines Hagelschadens oder eines Wasserrohrbruchs kommt diese Versicherung für entstandene Schäden und Verluste auf, die du ansonsten selbst begleichen müsstest.

Auch wenn diese Versicherungen nicht deine Wohnung an sich betreffen, solltest du dir spätestens bei deinem Auszug dennoch Gedanken über eine Rechtsschutzversicherung oder eine Unfallversicherung machen – immerhin können diese dir gute Dienste erweisen. Doch auch, wenn du gut versichert bist, gilt: Mache es Einbrechern nicht zu einfach, sich an deinen Sachen zu bedienen. Besonders, wenn du im Erdgeschoss wohnst, sollten geschlossene Fenster und Balkontüren Pflicht sein, wenn du das Haus verlässt. Generell kann es nicht schaden, die Haustür in der Nacht abzuschließen, keine Wertgegenstände auf dem Balkon liegen zu lassen und in eine Alarmanlage zu investieren. Bedenke: Zwar mag der Gedanke beängstigend sein, doch auch WG-Mitbewohner können zu fiesen Dieben werden. Gerade am Anfang, wenn ihr

euch noch nicht gut kennt und noch kein Vertrauen zueinander habt, kann es sinnvoll sein, das Zimmer abzuschließen und wertvolle Gegenstände oder Bargeld nicht offen herumliegen zu lassen.

Die besten Tipps, um deine Wohnung vor Einbrechern zu schützen

https://www.mietwohnungen-vermietung.com/fachartikel-zum-wohnungsmarkt/tipps-wohnung-einbruchsicher-machen/

2.7 Tipps zur Haushaltsführung

Haben bisher deine Eltern dafür gesorgt, dass du saubere Wäsche und Essen auf dem Tisch hast, kann es eine große Umstellung für dich bedeuten, nun allein für dein Wohl zuständig zu sein. Vielleicht merkst du dann auch erst, wie anstrengend es sein kann, Studium oder Arbeit und Haushalt unter einen Hut zu bekommen – ganz zu schweigen davon, dass du sicherlich auch noch etwas Zeit für dich haben willst. Doch keine Sorge: Egal, wie unbedarft du dich anfangs anstellst, so schnell werden Erfahrung und Übung dafür sorgen, dass du schon bald eine richtige Routine entwickelst, die dir das Leben erleichtert. Mache dir also keinen Stress – vieles lernst du mit der Zeit von allein. Die

Gewissheit, dass es anderen Auszubildenden und Studenten nicht anders geht als dir, sorgt mit Sicherheit zusätzlich für eine entspannte Sichtweise.

Auch wenn Übung bekanntlich den Meister macht und Erfahrung mit der Zeit von allein kommt, lohnt es sich, dir ein wenig Hilfe bei der einen oder anderen Aufgabe zu holen. Hilf deinen Eltern doch schon vor deinem Auszug regelmäßig beim Kochen und bei anderen Haushaltsaufgaben, um dir wertvolle Tipps abzuschauen und dir einige Rezepte einzuprägen. Doch auch, wenn es nach dem Auszug doch nicht so laufen sollte wie gedacht, ist das längst kein Weltuntergang: Auf YouTube findest du zahlreiche Haushaltstipps und leckere Rezept-Videos, die unter anderem auch speziell für junge Leute mit kleinem Budget entwickelt wurden. Auch Kochbücher, die gerade für Anfänger konzipiert sind, können Dir dabei helfen, für dich selbst zu sorgen. Verzichte darauf – auch wenn es noch so verlockend erscheint – deine Wäsche regelmäßig zu Mama zu bringen, damit sie dir diese frisch gewaschen, gebügelt und gefaltet wiedergeben kann. Auch vom Mittagstisch bei Mama oder der Gewohnheit, dich regelmäßig mit Tupperboxen voller Essen bei deinen Eltern einzudecken, solltest du dich gar nicht erst abhängig machen. Zwar erscheint diese Art, dir Arbeit zu ersparen, angenehm, allerdings gilt: Selbstständigkeit erlangst du auf diese Weise garantiert nicht. Sollten deine Eltern verreisen oder aus irgendeinem anderen Grund nicht für dich zur Verfügung stehen, hast du spätestens dann ein Problem. Und mal ehrlich, wie viel von der Unabhängigkeit und dem Erwachsensein bleiben dir dann noch übrig?

Mit einem Putzplan den inneren Schweinehund austricksen

Putzen ist lästig – kein Wunder also, dass diese Aufgabe gerne vor sich hergeschoben wird. Damit keine Reibereien in einer WG entstehen, lohnt es sich, einen Putzplan zu erstellen. Dieser hilft dabei, Ordnung zu halten und die anfallenden Aufgaben fair zu verteilen. Je nach Plan kann eine Person einmal wöchentlich alles putzen oder alle Mitbewohner sind im Wechsel für bestimmte Räume und Aufgaben zuständig. Ein Putzplan ist dabei nicht nur in einer WG sinnvoll – auch in einer Partnerschaft kannst du davon profitieren. Sogar, wenn du alleine wohnst, ist ein Putzplan gut, um den Überblick zu behalten und dich dazu zu motivieren, regelmäßig zu putzen. Hast du feste Tage für die Hausarbeit, wirst du wahrscheinlich eher dazu bereit sein, dich tatsächlich daran zu halten – allein schon aus Pflichtbewusstsein.

Nicht nur Mama ist Herrin der Tupperdose

Deine Mama gibt dir öfter Essen in der Tupperdose mit, sodass du dir das lästige Kochen zumindest hin und wieder sparen kannst? Diesen Tipp kannst du doch auch ganz einfach für dich selbst verwenden. Nimm dir ab und zu ein Wochenende Zeit, um mehrere Gerichte in großen Mengen zu kochen und anschließend einzufrieren– so hast du zumindest für stressige Prüfungsphasen immer etwas Leckeres zu essen im Vorrat. Vielleicht kannst du dich ja auch mit deinen Mitbewohnern beim Kochen abwechseln, um auf diese Weise Zeit zu sparen.

Eine Waschmaschine richtig zu bedienen ist gar nicht so schwer

Wäsche richtig zu waschen hört sich vielleicht schwerer an, als es ist. Drehe Kleidung mit Aufdrucken vor dem Waschen grundsätzlich immer auf links, damit der Druck nicht verblasst. Für die meisten Textilien reichen Temperaturen von 30 beziehungsweise 40 Grad Celsius vollkommen aus. Auch ein Buntwaschmittel kannst du für nahezu alle Textilien verwenden. Möchtest du sicherstellen, dass weiße Wäsche keinen Grauschleier bekommt, kannst du diese mit einem Vollwaschmittel waschen – das enthält nämlich Bleiche. Gibst du bei jedem Waschgang ein Farb- und Schmutzfangtuch hinzu, verhinderst du, dass die Wäsche aufeinander abfärbt.

Einige Wäschestücke sollten heißer gewaschen werden, um Bakterien abzutöten. Hierzu zählen besonders Handtücher und Küchenlappen. Diese solltest du bei mindestens 60 Grad Celsius waschen.

Den Überblick über die ganzen Putzmittel behalten

Du bist schlichtweg überfordert beim Anblick der zahlreichen Putzmittel, die es in der Drogerie zu kaufen gibt? Keine Sorge, vieles davon ist gar nicht nötig! Glasreiniger kannst du beispielsweise nicht nur für Glas verwenden, sondern auch für nahezu alle anderen unempfindlichen Oberflächen. Auch Apfelessig ist eine echte Allzweckwaffe – in eine Sprühflasche gefüllt, kannst du damit ganz einfach Kalkablagerungen in Küche und Bad entfernen.

Kapitel 3 - Gesundheit & Ernährung

3.1 Ein gesundes Leben

Während dich der Spruch "Gegessen wird, was auf den Tisch kommt" in deiner Vergangenheit sicherlich das eine oder andere Mal zur Weißglut gebracht hat, kannst du in dieser Hinsicht nun erleichtert aufatmen - immerhin bist du spätestens jetzt allein dafür verantwortlich, was du essen möchtest. Was sich in erster Linie toll anhört (endlich kein Grünkohl mehr, dafür aber Pizza und Burger, so oft wie du möchtest!) hat jedoch auch seine Nachteile. Selbst zu kochen ist plötzlich doch anstrengender, als man zunächst meinen möchte - gerade dann, wenn man es im Idealfall jeden Tag machen sollte. Dabei zahlt sich eine gesunde Ernährungsweise gleich in vielfacher Hinsicht aus. Besteht dein Essensplan nicht zum großen Teil aus ungesundem Fastfood, sondern aus gesunden Speisen, wirst du vermutlich keine Probleme mit Übergewicht haben. Allerdings ist eine gesunde Ernährung nicht alles, auch wenn diese einen wichtigen Teil dessen ausmacht, was es für ein gesundes Leben braucht. Auch für ausreichend Schlaf, genügend Bewegung und eine gesunde Psyche solltest du sorgen, wenn dir dein eigenes Wohlergehen am Herzen liegt.

Wer sich ausreichend bewegt, kann in vielerlei Hinsicht davon profitieren

Gerade dann, wenn du aus deinem Elternhaus ausgezogen bist und plötzlich auf eigenen Beinen stehst, kommen einige Neuerungen auf dich zu. Plötzlich umsorgt dich niemand mehr, stellt dir kein Essen auf den Tisch, meckert nicht, wenn du das ganze Wochenende verschlafen solltest und achtet auch nicht darauf, dass du ausreichend frische Luft bekommst, anstatt in den Ferien die ganze Zeit vor dem Computer zu sitzen. Auch wenn die neugewonnene Freiheit zahlreiche Vorteile mit sich bringt, wirkt sie in vielfacher Hinsicht sicher auch überfordernd. Immerhin musst du plötzlich alleine herausfinden, was dir gut tut und wie du dein Leben in dieser Hinsicht am besten gestaltest, ohne dabei aber allzu viele Abstriche machen zu müssen, was Spaß und Genuss angeht. Diesen Spagat zu schaffen, ist gar nicht einmal so einfach und beinhaltet weitaus mehr, als lediglich die Ernährung. Möchtest du lange fit und gesund bleiben - und dabei auch einen Ausgleich zu einer fordernden Ausbildung oder einem Studium finden, bei dem du in erster Linie am Schreibtisch sitzt - so ist auch ausreichend Bewegung

von Notwendigkeit. Machst du Sport, sorgt das nicht nur für eine willkommene Abwechslung zu deinem sonstigen Alltag, sondern hilft dir außerdem dabei, neue Kontakte zu knüpfen und auf diese Weise Freundschaften außerhalb der Uni oder des Arbeitsplatzes zu schließen. Doch nicht nur das: Sitzt du besonders viel und bekommst sonst nur wenig Bewegung, kannst du durch die richtigen Sportübungen Rückenschmerzen, Nackenverspannungen, Migräne und andere durch das Sitzen bedingte Leiden vorbeugen, minimieren oder sogar ganz aus der Welt schaffen. Genügend Gründe also, dich am besten gleich nach einer passenden Sportart umzusehen. Auswahl hierfür gibt es mehr als genug, so dass garantiert das Richtige für dich dabei ist - egal ob du Sportmuffel oder voller Bewegungsdrang bist. Viele Fitnessstudios und Sportkurse bieten Vergünstigungen für Studenten und Auszubildende an, so dass du dafür noch nicht einmal besonders tief in die Tasche greifen musst. Möchtest du es hingegen kostenlos haben, kannst du dich unter Umständen fürs Radfahren oder Joggen begeistern.

Genügend Gründe, um mal wieder etwas länger im Bett zu bleiben

Nicht nur, wenn du viel Sport treibst, ist ausreichend Schlaf von besonderer Wichtigkeit. Genug zu schlafen, sorgt immerhin dafür, dass sich dein Körper und dein Geist regenerieren und du Kraft für deinen - sicherlich häufig anstrengenden - Alltag tanken kannst. Was sich vielleicht etwas esoterisch anhören mag, ist alles andere als das. Immerhin ist es wissenschaftlich erwiesen, dass zu wenig Schlaf auf Dauer nicht nur dick, sondern auch krank macht. Konzentrationsschwierigkeiten,

Müdigkeit und schlechte Laune sind nur einige wenige Folgen, die auf dich zukommen, solltest du über einen längeren Zeitraum deutlich zu wenig Schlaf bekommen. Auch Depressionen, Migräne und andere psychische Effekte können die Folge sein. Solltest du jedoch nach einer Ausrede suchen, weshalb du weniger lernen musst und die Wochenenden stattdessen fast vollständig schlafend im Bett verbringen kannst, sollte dich eine weitere wissenschaftliche Erkenntnis jedoch sicherlich enttäuschen: Zu viel Schlaf ist auf Dauer genauso schädlich. Achte also darauf, einen gesunden Mittelweg zu finden und auf etwa sieben Stunden Schlaf pro Nacht zu kommen. Dein Körper und deine Psyche werden es dir mit Sicherheit danken.

Regelmäßige Auszeiten sind unverzichtbar für das eigene Wohl

Um geistig fit zu bleiben und trotz stressiger Phasen nicht den Mut zu verlieren oder gar in Depressionen zu versinken, ist Schlaf zwar von großer Bedeutung, allerdings nicht alles: Achte unbedingt darauf, dir auch in fordernden Prüfungsphasen genügend Zeit für dich selbst zu nehmen. Kleine Auszeiten in Form von Kinobesuchen mit Freunden, einem gemütlichen Lesenachmittag oder einer Shoppingtour sollten genauso drin sein, wie ab und zu eine Pizza zur Belohnung. Auch wenn eine gesunde Ernährung wichtig ist und gute Noten nicht vom Himmel fallen, solltest du dir nicht alles verbieten und dir hin und wieder etwas gönnen - sei es Zeit für dich selbst oder etwas, was du dir schon lange gewünscht hast. Immerhin sorgt das für gute Laune und gute Laune führt wiederum zu mehr Motivation. Solltest du merken, dass all

das nichts bringt und du seelisch in einem tiefen Loch versinkst, dann zögere nicht und hole dir unbedingt Hilfe. Deine Freunde und Eltern haben mit Sicherheit ein offenes Ohr - ansonsten stehen dir zahlreiche Beratungsstellen zur Verfügung, an die du dich jederzeit wenden kannst.

Liste der Studentenwerke mit psychologischen Beratungsstellen

https://www.studentenwerke.de/de/ansprechpersonen-psb

LINK

3.2 Was bedeutet gesunde Ernährung?

Ernährst du dich gesund und ausgewogen und integrierst viel frisches Obst und Gemüse in deinen täglichen Speiseplan, wirkt sich das positiv auf dein Wohlbefinden aus: Eine gesunde Ernährung mit gesunden Fetten und vielen wichtigen Nährstoffen schützt dich vor Übergewicht und damit verbundenen Krankheiten wie Diabetes oder Herz-Kreislauf-Erkrankungen und einem vorzeitigen Verschleiß deiner Gelenke. Ernährst du dich gesund, profitiert jedoch nicht nur dein Körper dadurch: Auch auf deine Psyche sind die

Auswirkungen erkennbar. Besserer Schlaf, eine bessere Konzentrationsfähigkeit und bessere Laune sind an der Tagesordnung. Hast du dich zuvor eher ungesund ernährt und öfter zu Fastfood und Süßigkeiten gegriffen, wirst du schon bald eine große Veränderung feststellen können, solltest du deine Ernährung umgestellt haben. Doch was bedeutet es, sich gesund zu ernähren und wie kannst du im besten Falle deinen inneren Schweinehund überwinden?

Naturbelassene Produkte sind Fertiggerichten immer vorzuziehen

Grundsätzlich solltest du genügend Abwechslung in deinen Speiseplan bringen: Auch wenn Nudeln mit Tomatensauce schnell gemacht sind, ist es besser, immer wieder etwas anderes zu essen und die Vielfalt der verschiedenen Lebensmittel für dich zu nutzen. Immerhin kann kein einziges Lebensmittel dir all die Nährstoffe bieten, die dein Körper benötigt. In erster Linie sollte deine Ernährung dabei aus pflanzlichen Lebensmitteln wie Obst, Gemüse und Vollkornprodukten bestehen. Auch wenn du dich nicht vegan ernährst, sollten Milchprodukte, Fleisch und Fisch nur einen kleinen Teil deiner täglichen Ernährung ausmachen. Was Obst und Gemüse angeht, kannst du jedoch bedenkenlos zuschlagen: Rund fünf Portionen täglich davon empfiehlt die Weltgesundheitsorganisation. Je weniger stark verarbeitet Lebensmittel sind, desto besser sind diese auch für dich. Verzichte nach Möglichkeit also auf Fertigprodukte und versuche so oft wie möglich frisch zu kochen. Auf diese Weise hast du auch den besten Überblick darüber, was sich alles in deinem Essen befindet - häufig enthalten

verarbeitete Produkte neben einer Reihe ungesunder Geschmacksverstärker und Konservierungsstoffe auch jede Menge Salz und Zucker.

Zucker weist dabei nicht nur einen hohen Kaloriengehalt auf, sondern enthält auch keine Nährstoffe. Nimmst du dauerhaft zu viel Zucker zu dir, steigt dein Risiko, übergewichtig zu werden und mit dem Übergewicht verbundene Erkrankungen wie Diabetes zu bekommen. Und dass Zucker schädlich für die Zähne ist und zu Problemen wie Karies führen kann, hast du sicherlich schon gelernt, als du deine Milchzähne bekommen hast. Salz hingegen erhöht deinen Blutdruck und entzieht deinem Körper Wasser. Mehr als sechs Gramm pro Tag solltest du also im besten Falle pro Tag nicht zu dir nehmen. Unabhängig davon, ob du gerne salzig isst oder nicht, solltest du viel Wasser trinken. Diesen Hinweis hast du sicherlich schon zur Genüge gehört, allerdings ist eine ausreichende Flüssigkeitszufuhr unabdingbar für deinen Körper: Mindestens 1,5 Liter pro Tag an Wasser solltest du zu dir nehmen - wenn du Sport machst oder es sehr warm draußen ist, sollte es natürlich entsprechend mehr sein. Dein Körper braucht Flüssigkeit, um richtig zu funktionieren. Noch dazu wird Hunger häufig mit Durst verwechselt. Vielleicht braucht dein Körper einfach nur Wasser, wenn du wieder einmal das Bedürfnis hast, etwas zu snacken. Versuche also beim nächsten Mal, einfach ein Glas Wasser zu trinken, bevor du etwas isst. Einen Vorteil hat diese Vorgehensweise dazu noch: Trinkst du vor jedem Essen, so kannst du mit der Zeit einiges an Gewicht verlieren. Immerhin füllst du so vorher deinen Magen und verhinderst, dass du über deinen Hunger hinaus isst. Genau aus diesem Grund

ist es empfehlenswert, dir ausreichend Zeit beim Essen zu nehmen - das Sättigungsgefühl kommt häufig erst nach einer halben Stunde. Schlingst du deine Mahlzeiten nur so hinunter, dann isst du wahrscheinlich häufig mehr, als du eigentlich müsstest. Kaue also langsam und esse bewusst. Regelmäßig einen Salat, etwas Rohkost oder eine leichte Suppe als Vorspeise zu essen, gewährleistet außerdem, dass dein Körper genügend Zeit hat, um eine Sättigung zu signalisieren. Hast du mit Gewichtsproblemen zu kämpfen, könnte das die Lösung für dich sein. Achte dabei unbedingt darauf, dass du im Sitzen isst. Im Stehen oder gar unterwegs in Bewegung zu essen, mag zwar Zeit einsparen und praktisch sein, führt jedoch zu Magen-Darm-Problemen und löst Stress aus. Gönne dir wenigstens während des Essens eine ganz bewusste Auszeit nur für dich.

Ein rigoroser Verzicht führt häufig nur zum Gegenteil

Auch wenn du sicher weißt, dass Schokolade, Chips und Pizza in den meisten Fällen alles andere als gesund sind, musst du nicht vollkommen auf diese Leckereien verzichten. Sich ausgewogen und damit gesund zu ernähren, bedeutet nämlich genau das: Gesundes und Ungesundes hält sich die Waage, auch wenn du natürlich tendenziell mehr frische Lebensmittel essen solltest, als verarbeitete Produkte. Gönne dir also hin und wieder das, worauf du Lust hast, anstatt dir alles zu verbieten. Das ist nicht notwendig, wenn du deinen Körper fit halten oder abnehmen willst. Auf alles zu verzichten, was dir schmeckt, hat in den meisten Fällen sogar nur Nachteile: du förderst Heißhungerattacken

und bekommst noch dazu schlechte Laune, was wiederum dazu führt, dass du deine neue Ernährungsweise schon nach kurzer Zeit wieder über den Haufen werfen wirst. Ab und zu sündigen ist also erlaubt - auch wenn Naschkram und Fastfood natürlich nicht Überhand in deinem Speiseplan nehmen sollten.

3.3 Fitness im Alltag

Vielleicht bist du ja ein absoluter Sportmuffel und bewegst dich nicht mehr, als nötig. Um von A nach B zu kommen, nimmst du am liebsten das Auto und Wochenenden verbringst du nach Möglichkeit zu Hause vor dem Fernseher, anstatt raus zu gehen und etwas zu unternehmen. Vielleicht bist du jedoch auch jemand, der nicht still sitzen kann und am liebsten ständig in Bewegung sein würde. Wie dem auch sei: Dass Sport gesund ist, ist längst kein Geheimnis. Ausreichend Bewegung in den Alltag zu integrieren, sorgt für Ausgeglichenheit und führt dazu, dass du dich nicht nur fit fühlst, sondern tatsächlich auch fit bleibst. Gerade dann, wenn du einem klassischen Bürojob nachgehst oder aufgrund deines Studiums den Großteil des Tages am Schreibtisch verbringst, kommt Bewegung bei dir unter Umständen zu kurz. Dabei ist regelmäßige Bewegung in vielerlei Hinsicht wichtig und sollte daher nicht vernachlässigt werden. Doch wie kannst du Fitness am besten in deinen Alltag integrieren, auch wenn du deine ohnehin schon knappe Freizeit am liebsten mit angenehmeren Dingen verbringen würdest, anstatt schwitzend und keuchend herrliche Sommertage im Fitnessstudio zu verbringen

oder dich mit Sportarten herumzuplagen, Die dir noch nicht einmal Spaß bereiten? Keine Sorge - auch wenn Sport den einen sicherlich etwas mehr liegt als den anderen, gibt es garantiert für jeden das Richtige - und das, ohne dabei unbedingt viel Zeit in Anspruch zu nehmen.

Ein Drahtesel kann dir treue Dienste erweisen

Wie wäre es, wenn du in Zukunft auf Bus und Bahn oder Auto verzichtest und das Fahrrad nimmst, um zur Arbeit oder Uni zu fahren und auch alltäglichen Pflichten wie dem Einkaufen nachzugehen? Nimmst du das Fahrrad, kannst du auf diese Weise ganz einfach Bewegung in deinen Alltag integrieren, ohne viel Zeit aufwenden zu müssen. Das Beste: Mit dem Fahrrad bist du in fahrradfreundlichen Städten häufig nicht nur schneller, sondern auch noch unabhängig von den Fahrplänen der öffentlichen Verkehrsmittel. Noch dazu sparst du eine Menge Geld, wenn du kein Monatsticket mehr kaufen musst. Optional lassen sich viele Strecken natürlich auch zu Fuß erledigen. Wenn das nichts für dich ist, solltest du zumindest in Betracht ziehen, in Zukunft auf Aufzüge zu verzichten und besser die Treppen zu nehmen. Auch wenn es nur eine kleine Umstellung ist, kann diese auf Dauer eine Menge bewirken.

TIPP:
Gerade in Großstädten sind eine Menge Fahrraddiebe unterwegs. Je teurer dein Fahrrad, desto größer

die Gefahr, dass es Langfinger darauf abgesehen haben. Investiere also unbedingt in ein gutes Fahrradschloss. Günstige Fahrräder zu kleinen Preisen bekommst du im Internet, aber auch auf Fahrrad-Flohmärkten. Benötigst du nur ab und zu ein Fahrrad, kann es sich lohnen, eines zu leihen. Sharing-Angebote gibt es in nahezu jeder größeren Stadt.

Multitasking: So lässt sich Nerviges mit Schönem kombinieren

deinen Feierabend verbringst du am liebsten auf der Couch, indem du ein gutes Buch liest oder deine Lieblingsserie schaust? Viele Hobbys lassen sich tatsächlich auch mit dem Sport vereinbaren. Wie wäre es, wenn du beim Joggen ein Hörbuch hörst, den Fernseher einfach laufen lässt, während du zu Hause Fitnessübungen machst oder Telefonate mit Freunden dann führst, wenn du auf dem Hometrainer bist? Auf diese Weise musst du auf nichts verzichten und deine ohnehin knappe Freizeit nicht noch weiter reduzieren, um Sport zu treiben. So schlägst du zwei Fliegen mit einer Klappe - der Sport ist nicht mehr ganz so ätzend, sondern wird mit etwas Angenehmem verbunden und du kannst deinen Interessen weiterhin so nachgehen, wie du es gewohnt bist. Das Nützliche mit dem Angeneh-

men zu verbinden, klappt dabei in vielfacher Hinsicht. Nutze doch deine Mittagspause aus, um bei gutem Wetter einen kleinen Spaziergang zu machen und dir unterwegs etwas zu essen zu kaufen, anstatt die Zeit sitzend in der Mensa oder gar am Schreibtisch zu verbringen. Das sorgt nicht nur für zusätzliche Bewegung, sondern auch für gute Laune und einen klaren Kopf. Frische Luft hilft dir dabei, deine Konzentrationsfähigkeit zu steigern und einem Mittagstief vorzubeugen.

Vereinssport muss nicht immer langweilig sein

Klassische Sportarten wie Handball, Fußball, Leichtathletik oder Geräteturnen sind dir noch aus Schulzeiten verhasst und du bist nur zu froh, dich nun nicht mehr damit auseinandersetzen zu müssen? Keine Sorge, willst du dich auf freiwilliger Basis in einem Verein anmelden, dann stehen dir weitaus mehr Optionen zur Verfügung, die rein gar nichts mit dem unbeliebten Schulsport zu tun haben und selbst Anfängern oder Bewegungsmuffeln die Möglichkeit bieten, etwas Neues auszuprobieren. Wie wäre es mit einer Kampfsportart, einem Tanz oder dem Tauchsport? Garantiert findet sich das Richtige, was zu dir und deinen Interessen passt und was du nicht nur aus reinem Pflichtgefühl ausüben musst. Darüber hinaus bieten gerade Vereine eine ideale Möglichkeit, neue Leute kennenzulernen und auf diese Weise Freundschaften zu knüpfen. Bist du aufgrund deines Studiums oder deiner Ausbildung in eine andere Stadt gezogen, könnte das die perfekte Gelegenheit für dich sein, Anschluss zu finden.

Der Reiz des (zuvor) Verbotenen: Das stellen Alkohol und Drogen mit dir an

Auch wenn das Verhältnis zu deinen Eltern eher locker ist und du auf dem einen oder anderen Familienfest schon in den Genuss von Sekt und co. gekommen bist, freust du dich sicherlich auf die Freiheiten, die die Volljährigkeit (und im besten Falle auch noch eine eigene Wohnung) mit sich bringen. Dabei auch Erfahrungen mit Alkohol zu machen, ist zwar kein Muss, für viele junge Erwachsene jedoch normal. Immerhin sollte der Auszug aus dem Elternhaus, der bestandene Schulabschluss oder der 18. Geburtstag doch gebührend gefeiert werden, oder? Gründe zum Anstoßen gibt es jede Menge - und auch wenn nicht, dann sorgen zahlreiche Studenten- und WG-Partys dafür, dass du trotzdem deinen Spaß hast. Auch wenn sich eine ganze Menge Gelegenheiten bieten, um Alkohol zu trinken, wirst du wahrscheinlich selbst wissen, wie ungesund und gefährlich exzessiver Alkoholkonsum sein kann. Regelmäßiger Alkoholkonsum schadet der Leber und dem Gehirn und erhöht das Risiko, an Krebs zu erkranken - ganz abgesehen davon, dass dich ein fieser Kater unter Umständen so außer Gefecht setzt, dass der nächste Tag im Eimer ist und du mit Übelkeit und Kopfschmerzen im Bett liegen wirst. Natürlich bedeutet das nicht, dass du dir alle Partys entgehen lassen musst - allerdings solltest du dir genau überlegen, ob und wie viel du trinken willst - Spaß kann man immerhin auch ohne Alkohol haben. Trinkst du nicht oder nur wenig, ersparst du dir dabei auch noch peinliche Zwischenfälle, einen gefährlichen Filmriss und einen unerträglichen Kater.

Tu dir keinen Zwang an: An Partys teilzunehmen, heißt nicht automatisch, Alkohol trinken zu müssen

Gerade als Studenten-Neuling wirst du wahrscheinlich von Party-Einladungen überschüttet werden. Zahlreiche Partys zu Semesterstart und -ende oder auch zwischendurch bieten dir die Möglichkeit, in den Genuss von günstigen Drinks zu kommen und gerade dann, wenn du in einer WG wohnst, werden Spiele wie Bier-Pong, die du sonst nur aus Erzählungen kennst, zur Realität. Auch wenn regelmäßiger Alkoholkonsum für viele Studenten absolute Normalität ist, solltest du dich nicht unter Druck setzen lassen und nur dann etwas trinken, wenn du es auch willst. Immerhin musst du keinen Alkohol trinken, um dazuzugehören. Sollte dir jemand das Gefühl geben, dass es so ist, dann kannst du sichergehen, dass es sich hierbei um Personen handelt, auf die du getrost verzichten kannst - immerhin würden echte Freunde dir mit Sicherheit nicht so etwas abverlangen. Das betrifft dabei nicht nur Alkohol, sondern auch Zigaretten und illegale Drogen, wie Cannabis oder chemische Substanzen. Dass Zigaretten Lungenkrebs verursachen können und darüber hinaus noch zahlreiche weitere schädliche Auswirkungen auf deinen Körper haben, sollte dir nicht neu sein. Gewöhne dir die Glimmstängel also am besten gar nicht erst an - immerhin ist der Absprung nur zu schwer, auch wenn du "nur" mal probieren solltest. Genauso sieht es mit THC aus. Auch wenn die Wirkung von THC immer mehr verharmlost wird und zahlreiche Cannabidiol-Produkte sich

derzeit auf dem Markt befinden, so lässt sich nicht von der Hand weisen, wie schädlich das Kiffen sein kann. Da Joints in den meisten Fällen ohne Filter geraucht werden, gelangen mehr Nikotin und Schadstoffe in deine Lunge, als es bei normalen Zigaretten der Fall wäre. Außerdem wird der Rauch meist tiefer inhaliert und länger in der Lunge behalten. Neben einer eingeschränkten Wahrnehmung und verminderten Reaktionsfähigkeit als direkte Folge musst du mit Langzeitfolgen wie einer verringerten Aufmerksamkeit, einer eingeschränkten Lern- und Erinnerungsfähigkeit, Abhängigkeit und einer verminderten Fruchtbarkeit rechnen.

3.4 Gesund und günstig essen

Vielleicht liebäugelst du mit dem Gedanken, dich ausschließlich durch Lieferdienste, die Mensa oder Kantine deiner Uni oder Arbeit und die Gerichte zu ernähren, die dir deine Eltern bei deinen Besuchen in Tupperdosen mitgeben, um nicht selbst kochen zu müssen. Gerade dann, wenn du sehr eingespannt bist oder das Kochen nie richtig gelernt hast, ist die Küche unter Umständen nicht unbedingt der Ort, an dem du besonders häufig aufzufinden bist. Allerdings muss ein leckeres Essen nicht viel Zeit in Anspruch nehmen und auch nicht teuer sein. Achte darauf, möglichst wenige verarbeitete Produkte zu kaufen und stattdessen zu frischem Obst und Gemüse zu greifen. Gerade dann, wenn du regional und saisonal einkaufst, kannst du eine Menge Geld sparen. Nutze also die verschiedenen Jahreszeiten voll aus und passe deinen Essensplan

darauf an. Welches Obst und Gemüse wann Saison hat, lässt sich einfach im Netz herausfinden - passende Rezepte zu den entsprechenden Zutaten findest du im Internet noch dazu.

Kostenlose Saisonkalender zum Download für Obst und Gemüse

https://www.regional-saisonal.de/saisonkalender

LINK

Möchtest du nicht jeden Tag frisch kochen, lohnt es sich, größere Portionen auf einmal zu kochen und diese anschließend einzufrieren, um in Prüfungsphasen immer etwas auf Reserve zu haben. Vorgekochtes Essen kannst du übrigens auch mit zur Uni oder Arbeit nehmen um dir so nicht jeden Tag etwas kaufen zu müssen - in den meisten Unternehmen und Unis befindet sich eine Mikrowelle, so dass du dir dein Essen problemlos aufwärmen kannst. Wohnst du in einer WG, kannst du dich unter Umständen mit deinen Mitbewohnern abwechseln, was das Kochen angeht. Auf diese Weise kommst du nicht nur regelmäßig in den Genuss neuer Gerichte, die du so noch nicht kennst, sondern sparst dir auch noch Zeit.

Den Einkauf vorher zu planen, muss nicht spießig sein

Ein Wocheneinkauf lohnt sich in den meisten Fällen mehr, als täglich für einige wenige Kleinigkeiten loszuziehen - immerhin landet meistens doch mehr im Einkaufswagen als beabsichtigt. Achte darauf, nicht hungrig einkaufen zu gehen - auch wenn du diesen Tipp sicherlich schon oft gehört hast, ist es sinnvoll, erst nach dem Essen loszuziehen, damit nicht eine ganze Menge unnötiger Dinge in deinem Einkaufswagen landen, die nicht nur teuer sind, sondern die du dann doch nicht verwerten wirst, sobald du wieder bei klarem Verstand bist. Im Idealfall schaust du dir die Prospekte deiner Anlaufstellen schon vorher an, schaust gezielt nach Angeboten und schreibst dir eine Einkaufsliste. Was dir vielleicht aufwändig oder gar uncool erscheint, ist es nicht: Mithilfe von Einkaufs- und Prospekt-Apps kannst du diese Aufgaben erledigen, während du gerade im Wartezimmer beim Arzt sitzt oder auf deinen Bus wartest.

Diese Lebensmittel solltest du immer im Haus haben Gesunde Kohlenhydrate

Kohlenhydrate in Form von Nudeln, Reis, Kartoffeln und Brot sind nicht nur lecker, sondern darüber hinaus auch sättigend und günstig. Auch wenn Low-Carb-Diäten im Trend sind und böse Kohlenhydrate von gesundheitsbewussten Fitness-Gurus häufig verteufelt werden, lohnt es sich, einen kleinen Vorrat entsprechender Lebensmittel zu Hause zu haben. Zugegeben: Jeden Tag Nudeln und Pizza zu essen, ist nicht gerade gut für die Figur. Wählst du allerdings die Vollko-

rnvariante und integriert jede Menge frisches Obst und Gemüse in deine Gerichte, kann ein Essen trotz Kohlenhydrate gesund sein. Oder würdest du bei einem Vollkornbrot mit Frischkäse und Rohkost oder einer bunten Gemüsepfanne mit Couscous etwas anderes behaupten? Noch dazu sind Grundnahrungsmittel wie Reis und Nudeln günstig und lange haltbar.

Nüsse und Samen

Nüsse und Samen zählen nicht umsonst als Die gesunde Fettquelle schlechthin: Sie versorgen deinen Körper schnell mit Energie, steigern die Konzentrationsfähigkeit und enthalten wichtige Nährstoffe. Nicht nur als Topping über dein Müsli, sondern auch als Snack für zwischendurch (und vielleicht auch als Alternative zu Schokolade) sind Nüsse daher ideal.

Hülsenfrüchte

Hülsenfrüchte wie Bohnen, Linsen oder Kichererbsen sind echte Allrounder. Ob in Currys, Gemüsepfannen, für Chili con Carne oder Wraps - die Einsatzmöglichkeiten sind nahezu unbegrenzt. Noch dazu sind getrocknete Hülsenfrüchte oder in Form von Konserven ewig haltbar, günstig und eine perfekte Proteinquelle - nicht nur für Veganer. Sie wirken sich positiv auf die Verdauung aus und sättigen lange. Genug Gründe also, dich bei deinem nächsten Einkauf mit Hülsenfrüchten einzudecken!

Naturbelassene Tiefkühlprodukte

Auch wenn Tiefkühlprodukte einen schlechten Ruf haben, sind diese unter Umständen sogar richtig gesund - zumindest dann, wenn du nicht zu Pizza und Fertiglasagne greifst. Naturbelassenes Obst und Gemüse, unbehandelter Lachs und Kräuter - diese Produkte sind nahezu unbehandelt und damit richtig gesund. Da Produkte wie diese schockgefrostet werden, enthalten sie darüber hinaus oft noch mehr Vitamine, als die frische Variante. Außerdem halten sich tiefgekühlte Produkte lange Zeit und sorgen dafür, dass du dir jederzeit ein gesundes Gericht zaubern kannst.

Kapitel 4 - Führerschein & Auto

Du bist endlich 18? Glückwunsch! Dann kann der Traum vom selbstständigen Autofahren jetzt Wirklichkeit für dich werden! Denn mit 18 Jahren hast du innerhalb der Bundesrepublik Deutschland das Mindestalter zum eigenständigen Führen eines Personenkraftwagens (oder kurz: Pkw) erreicht. Doch bevor du mit deinen Freunden zu aufregenden Roadtrips startest oder werktags mit dem Auto zur Schule, zur Ausbildungsstätte, zur Uni oder zur Arbeit fährst, benötigst du natürlich noch eine entsprechende Fahrerlaubnis. Hierbei handelt es sich – wie du sicher weißt – um eine amtliche Bescheinigung zum Führen von Kraftfahrzeugen auf öffentlichem Verkehrsgrund. Einen solchen Führerschein kannst du in einer Fahrschule machen. Soweit so gut. Doch wie stellst du das überhaupt an und worauf musst du hier genau achten? Wir möchten dir innerhalb des nun folgenden Kapitels einmal ein paar nützliche Informationen zu den Themen Führerschein, Autokauf sowie Autoanmeldung und Autounterhaltung mit auf den Weg geben. Damit bist du dann auf jeden Fall fit für den alltäglichen Wahnsinn im Straßenverkehr!

4.1 Der entspannte Weg zum Führerschein

Wusstest du, dass der erste Führerschein in Deutschland im Jahre 1888 von der Stadt Mannheim ausgestellt worden ist? Der erste Inhaber eines Führerscheins in Deutschland war Carl Benz, der Erfinder des Automobils (und der Urvater von Mercedes-Benz). Seitdem haben sich die Voraussetzungen und Varianten des Führerscheins zigmal geändert. In puncto Pkw-Führerschein gibt es daher heute die folgenden Arten von Fahrerlaubnissen innerhalb der Klasse B:

Führerscheintyp

Was du mit diesem darfst

Voraussetzungen

BF17   das Führen von Personenkraftwagen bis 3 500 Kilogramm zulässiges Gesamtgewicht (inklusive Anhänger bis maximal 750 Kilogramm)   Mindestalter von 17 Jahren + Fahren mit einer Begleitperson (zum Beispiel mit deinen Eltern)

B   das Führen von Personenkraftwagen bis 3 500 Kilogramm zulässiges Gesamtgewicht (inklusive Anhänger, der auch mehr als 750 Kilogramm wiegen kann, wenn das Gesamtgewicht von 3 500 Kilogramm nicht überschritten wird) Mindestalter: 18 Jahre

BE   das Führen von Personenkraftwagen bis 3 500 Kilogramm zulässiges Gesamtgewicht (exklusive Anhänger, der zusätzlich bis zu 3 500 Kilogramm wiegen kann) Vorbesitz der Führerschein Klasse B und ein Mindestalter von 18 Jahren

Du wirst also – allen Anscheins nach – die Fahrerlaubnis der Klasse B benötigen, um deinem Traum vom selbstständigen Autofahren näherzukommen. Und wie du diese nun erhalten kannst, werden wir dir im Folgenden zeigen.

Schritt 1: Die geeignete Fahrschule finden

Dreh- und Angelpunkt deines Führerscheinerwerbs ist eine Fahrschule, bei der du nicht nur das notwendige Wissen und die Praxis zum Fahren erlernst, sondern über die du auch deine schlussendliche Fahrprüfung durchführen wirst. Du solltest dich daher zunächst über die fachliche Qualität, den Ruf sowie die Kosten deiner potenziellen Wunschfahrschule informieren und danach genau entscheiden, ob diese zu deinen Anforderungen passt oder eben nicht.

So erkennst du eine gute Fahrschule

- es handelt sich um eine transparente Fahrschule, die dir alle Informationen unkompliziert zur Verfügung stellt

- es werden dir kostenlose und unverbindliche Beratungsgespräche angeboten

- eine gute Fahrschule benötigt keine reißerische Werbung

- es sind öffentliche Bewertungen über die betreffende Fahrschule erhältlich (zum Beispiel bei Facebook, Instagram oder auf Fahrschulportalen wie drivolino)

- es befinden sich alle Schulungsfahrzeuge in einem guten Zustand

- alle Termine werden zuverlässig eingehalten

- die betreffende Fahrschule ist Mitglied im Fahrlehrerverband

- es werden dir keine unnötigen Kosten aufgedrängt (zum Beispiel in Form von zu vielen Fahrstunden)

- Du kommst persönlich gut mit dem Team der Fahrschule zurecht

TIPP:

Hole dir am besten unterschiedliche Angebote von vielen Fahrschulen ein und vergleiche diese zunächst in aller Ruhe miteinander!

Schritt 2: Anmeldung bei Fahrschule und Führerscheinbehörde

Du hast eine Fahrschule gefunden, bei der du dich auch wohlfühlst? Sehr gut! Dann geht es jetzt im nächsten Schritt an die Anmeldung bei der Fahrschule sowie bei der Fahrerlaubnisbehörde. Zunächst unterschreibst du deinen Ausbildungsvertrag bei der jeweiligen Fahrschule. Dieser wird dann zur zuständigen Fahrerlaubnisbehörde geschickt. Bevor du mit der Fahrschule starten kannst, benötigst du noch zwei weitere Nachweise:

- einen Sehtest

- einen Erste-Hilfe-Kurs

Einen Sehtest kannst du bei einem Optiker in deiner Nähe machen. Einen Erste-Hilfe-Kurs bieten hingegen das Deutsche Rote Kreuz, die Johanniter, die Malteser oder der ASB an.

hier kannst du dich über einen Erste-Hilfe-Kurs beim DRK informieren

https://www.drk.de/hilfe-in-deutschland/kurse-im-ueberblick/rotkreuzkurs-erste-hilfe/

LINK

Schritt 3: Die Fahrschultheorie

Bei der theoretischen Ausbildung erwarten dich in der Fahrschule mindestens 14 Doppelstunden Theorie von jeweils 90 Minuten pro Doppelstunde. Aufgeteilt sind diese in 12 Doppelstunden Grundstoff und 2 zusätzliche Stunden Extrastoff. Eine Dauer von 14 Fußballspielen, die abschließend von einer 90-minütigen Theorieprüfung gekrönt werden, klingen zwar erstmal nicht sonderlich erfreulich, sind aber insgesamt halb so wild. Auf der Webseite des TÜV Nord findest du beispielsweise kostenlose Lernunterlagen und praktische Tools für deine „Probe-Theorieprüfung".

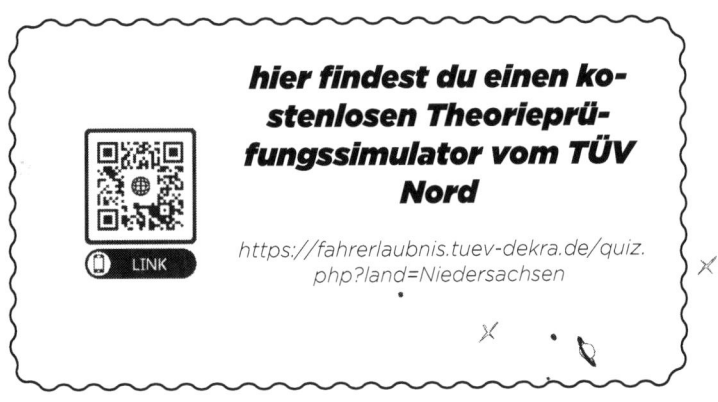

hier findest du einen kostenlosen Theorieprüfungssimulator vom TÜV Nord

https://fahrerlaubnis.tuev-dekra.de/quiz.php?land=Niedersachsen

LINK

Schritt 4: Die Fahrschulpraxis

Oftmals kannst du aber parallel zu deinem theoretischen Fahrschulunterricht bereits mit deine praktischen Fahrschule beginnen. Diese teilt sich wiederum in die gewöhnlichen Fahrstunden und in die praktische Fahrprüfung auf.

Übersicht praktische Fahrstunden

- Eine kurze Grundausbildung auf dem Übungsplatz der Fahrschule

- Mindestens 5 Überlandfahrstunden auf Landstraßen oder Bundesstraßen

- Mindestens 4 Autobahnfahrstunden auf Bundesautobahnen

- Mindestens 3 Nachtfahrstunden bei Dunkelheit

- Weitere Fahrstunden sind frei mit dem Fahrlehrer vereinbar, jedoch nicht zwingend erforderlich (!)

Eine Fahrstunde dauert in aller Regel 45 Minuten und du führst diese im Fahrschulauto und mit deinem Fahrlehrer auf dem Beifahrersitz durch. Dieser verfügt über ein zusätzliches Bremspedal und kann deshalb jederzeit eingreifen!

Sobald du alle obligatorischen theoretischen und praktischen Fahrstunden abgeschlossen hast, kann dein Fahrlehrer dich AUF DEINEN WUNSCH HIN zur Fahrprüfung anmelden. Bei dieser musst du dann gemeinsam mit deinem Fahrlehrer und einem offiziellen Fahrschulprüfer eine individuelle Runde durch die Stadt, über Landstraßen oder auf der Autobahn fahren und darfst dabei maximal 3 Fehler, aber keinen schwerwiegenden Fehler begehen (sonst wird die

Prüfung abgebrochen und gilt als nicht bestanden). Bestehst du hingegen die praktische Fahrprüfung, dann erhältst du die Fahrerlaubnis, also deinen Führerschein!

TIPP:

Es kann sich durchaus lohnen, vorab die ein oder andere Runde auf einem Verkehrsübungsplatz zu drehen. Ebenfalls ratsam ist es, sich nicht zu sehr von seinem Fahrlehrer beeinflussen zu lassen. Denn dieser verdient mit den Fahrstunden in erster Linie Geld und oftmals sind weitere Fahrstunden gar nicht notwendig und du kannst direkt zur Prüfung!

Hilfreiche Tipps für deine individuelle, praktische Fahrschulprüfung

LINK

https://www.tuvsud.com/de-de/ branchen/mobilitaet-und-automotive/ fuehrerschein-und-pruefung/fuehr- erschein-und-pruefung/rund-um-die-fuehr- erscheinpruefung/tipps-fuer-eine-erfolgre- iche-fuehrerscheinpruefung

Schritt 5: Führerscheinerhalt und Probezeit

Mit der bestandenen Praxisprüfung und der vorher bereits absolvierten Theorieprüfung gehört der Führerschein der Klasse B nun dir! In der Regel händigt dir der Fahrprüfer diesen auch an Ort und Stelle aus. Du darfst nun offiziell Auto fahren – und zwar im öffentlichen Verkehrsraum. Beachte jedoch, dass sich an deinen neuen Führerschein auch eine zunächst 2-jährige Probezeit anknüpft. In dieser darfst du keine schwerwiegenden Verkehrsdelikte begehen und auch keine Punkte in Flensburg sammeln. Auch gilt für dich in der Probezeit: kein Alkohol am Steuer! Hast du innerhalb der ersten zwei Jahre aber doch Fehltritte, so verlängert sich deine Probezeit automatisch oder dir wird die Fahrerlaubnis direkt wieder entzogen.

4.2 Die verschiedenen Kostenbestandteile

Und da kommen wir auch schon zum leidlichen Thema Geld! Denn der Erhalt des Führerscheins der Klasse B ist in Deutschland nicht billig. Im europäischen Vergleich ist der Führerscheinerwerb für das Führen von Pkws in Deutschland sogar fast am teuersten, nur in den Niederlanden kostet es noch mehr. Sofern alles glattgeht, musst du für den Erhalt deiner Fahrerlaubnis der Klasse B mit durchschnittlichen Kosten in Höhe von rund 2.000 Euro rechnen. Diese stückeln sich auf folgende Kostenblöcke auf:

Leistung	Durchschnittskosten
Grundgebühr der Fahrschule	circa 150 Euro
Lehrmaterialien (Bücher, Apps und Unterlagen)	circa 50 Euro
Fahrstunden	circa 1.500 Euro
Prüfungsgebühren (Theorie + Praxis)	circa 200 Euro
Führerscheinantrag bei der Behörde	circa 40 Euro
Sehtest, Erste-Hilfe-Kurs sowie Passbilder	circa 60 Euro

Die Kosten werden jedoch umso höher ausfallen, je mehr Fahrstunden du benötigst oder je öfter du die praktische Fahrprüfung wiederholen musst!

4.3 So findest du dein erstes Auto

Du hast nun deinen Führerschein, bist 18 und kannst damit schonmal die kompliziertesten Punkte auf deiner Liste für das freiheitliche Fahren abhaken. Nun brauchst du aber auch noch einen fahrbaren Untersatz. Natürlich kannst du hier und da auch deine Eltern fragen, ob ihr in der Familie flexibles Carsharing betreiben wollt und du dir hin und wieder

die Familienkutsche leihen kannst. Doch mal ehrlich: Ein echtes Cowgirl oder ein echter Cowboy ist doch stets mit eigenen Pferden unterwegs, oder? Also wird's nun Zeit für deinen ersten Autokauf. Auch hier lauern – du ahnst es bereits – ein paar Fallstricke, deren bestmögliche Vermeidung du innerhalb der folgenden Abschnitte erfahren wirst – viel Spaß dabei!

Wie und wo du dich am besten nach deinem ersten Auto umsiehst

Je nach deiner finanziellen Situation kannst du für den Start unterschiedliche Optionen wählen:

- Du kaufst dir einen Gebrauchtwagen von privat oder vom Händler

- Du finanzierst dir einen Neuwagen (oder ebenfalls einen Gebrauchtwagen) von privat oder vom Händler

- Du holst dir einen Leasingwagen vom Händler

Die häufigste Variante stellt für Fahranfänger sicherlich immer noch der Gebrauchtwagen dar. Bei diesen Autos steht oftmals schon der eine oder andere Kilometer auf der Uhr, was jedoch nicht schlimm ist, wenn technisch sonst alles in Ordnung ist. Gebrauchtwagen kannst du oftmals schon für wenig Geld kaufen (500 bis 5.000 Euro).

Du bekommst sie bei Privatanbietern oder bei gewerblichen Händlern. Die entsprechenden Inserate über die zum Verkauf stehenden Gebrauchtwagen findest du entweder im Internet, in Zeitungen oder Zeitschriften sowie auf Flugblättern im Aushangbereich von Supermärkten oder öffentlichen Gebäuden.

Günstige Angebote für Gebrauchtwagen von privaten Verkäufern

LINK

https://www.ebay-kleinanzeigen.de/s-autos/c216

Gebraucht- oder Neuwagen von privaten oder gewerblichen Anbietern

LINK

https://www.mobile.de/

Worauf du beim Autokauf unbedingt achten musst

Achte beim Autokauf unbedingt auf den technischen sowie optischen Zustand des Fahrzeugs. Denn kaufst du eine Rostlaube, die dir später stehen bleibt, ist das oftmals mit hohen Reparaturkosten und unangenehmen Rennereien verbunden. Nimm dir daher idealerweise einen Fachmann zum Autokauf mit – vielleicht hast du einen älteren Bruder oder jemandem im Bekanntenkreis, der etwas von Autos versteht? Auf jeden Fall solltest du eine Probefahrt machen!

Weiterhin: Hat das Auto deiner Wahl noch TÜV? Damit ist die TÜV-Plakette auf dem Hecknummernschild gemeint – dieser sollte idealerweise noch nicht abgelaufen sein. Verkauft dir der Verkäufer das Fahrzeug zudem mit Sommer- UND Winterreifen, die noch mindestens 3 Millimeter Profil (besser 6 Millimeter) aufweisen? Und beachte zudem: Wenn du einen Gebrauchtwagen von privat kaufst, so muss dir der Verkäufer keinerlei Gewährleistung bieten. Anders sieht das bei einem gewerblichen Händler aus – dieser muss dir beim Autoverkauf mindestens 1 Jahr Gewährleistung offerieren. Setze zudem unbedingt einen offiziellen Kaufvertrag auf, der dir die Zahlung und den Erhalt des Fahrzeugs bestätigt – zahlungstechnisch sind Zahlungen in Bar, per Überweisung oder per Rechnung üblich. Mache dir zu guter Letzt noch Gedanken, wie du das Fahrzeug deiner Wahl zu dir nach Hause, beziehungsweise zur Zulassungsstelle, bekommst. Im Zweifelsfall kannst du auch einen Zulassungsdienst mit der Fahrzeugzulassung beauftragen.

Checkliste mit allen Punkten, auf die du beim Gebraucht- oder Neuwagenkauf

https://www.adac.de/rund-ums-fahrzeug/auto-kaufen-verkaufen/gebrauchtwagenkauf/gebrauchtwagen-kaufen/

Musterkaufvertrag für PKW

https://www.mobile.de/magazin/toolbox/resource/blob/8368/0b000877a06bf31807b-f5ac6a826631d/kaufvertrag-pkw-von-privat-data.pdf

4.4 Alle Unterhaltungskosten für dein Fahrzeug

Leider ist es mit dem Fahrzeugkauf kostenmäßig noch nicht getan, da dein Auto auch entsprechend unterhalten werden will. Damit sind die Kosten gemeint, die dir zum einen aufgrund des Gebrauchs und zum anderen in Form von fixen Kosten entstehen, die

unabhängig vom Gebrauch des Fahrzeugs anfallen. Im Folgenden einmal alle Kostenarten, die du hinsichtlich der Fahrzeugunterhaltung im Blick behalten solltest:

- Kosten für die Anmeldung (nur einmalig)

- Kfz-Versicherungsbeiträge (monatlich, quartalsweise oder jährlich)

- Kfz-Steuern (jährlich, nur in Einzelfällen monatlich)

- Kosten für den Kraftstoff (nach Bedarf)

- Kosten für Wartungen und Reparaturen (nach Bedarf, beziehungsweise bei Service-Checks nach Intervallen)

- potenzielle Finanzierungs- oder Leasingkosten (monatlich)

Ziemlich viele Kostenblöcke, oder? Leider wirst du um diese nicht herumkommen. Deshalb solltest du sie am besten im Vorfeld genau kalkulieren – und damit prüfen, ob du dir das besagte Fahrzeug überhaupt leisten kannst. Idealerweise gibst du die zu erwartenden Kosten je nach Fahrzeugtyp und deiner individuellen Situation (Stichwort: Schadenfreiheitsklasse in der Versicherung) vorweg in einen kostenlosen und unabhängigen Autokostenrechner im Internet ein – die Werte hier sind immer sehr realitätsnah und berücksichtigen alle entstehenden Kosten.

Kostencheckportal für Autos, auf dem du deine individuellen Fahrzeugunterhaltungskosten berechnen kannst

https://www.autokostencheck.de/

4.5 Kfz-Haftpflicht-, Teilkasko- oder Vollkaskoversicherungen

Der Gesetzgeber sieht vor, dass du mindestens eine Kfz-Haftpflichtversicherung haben musst, wenn du ein Kraftfahrzeug im öffentlichen Verkehrsraum bedienen möchtest. Diese deckt alle Schäden ab, die du bei einem potenziellen Unfall deiner Umwelt, anderen Autofahrern, anderen Fahrzeugen sowie unbeteiligten Passanten zufügst. Alternativ kannst du noch zwischen einer Teilkasko- und einer Vollkaskoversicherung wählen. Eine Teilkaskoversicherung übernimmt im Schadenfall unter anderem Einbruchschäden, Diebstahl, Glasbruch, Wildschäden sowie Marderschäden und Steinschlag an deinem Fahrzeug (9). Eine Vollkaskoversicherung übernimmt sämtliche Leistungen der Teilkaskoversicherung und zusätzlich noch Schäden an deinem Fahrzeug aufgrund von Vandalismus, Schäden aufgrund von Fahrerflucht anderer Fahrer sowie Schäden aufgrund von selbstverschuldeten Unfällen.

Eine Kfz-Haftpflichtversicherung ist in der Regel die günstigste Variante und kostet für Fahranfänger – je nach Schadenfreiheitsklasse – oftmals zwischen 500 und 1.000 Euro pro Jahr. Teilkasko- und Vollkasko sind entsprechend teurer und lohnen sich oftmals nur bei teureren Gebrauchtwagen oder Neuwagen. Maßgeblich für den von dir zu erwartenden Versicherungsbeitrag ist aber deine individuelle Schadenfreiheitsklasse (oder kurz: SF-Klasse). Diese sagt aus, wie viele Jahre du insgesamt schon schadenfrei unterwegs bist. Als Fahranfänger startest du daher häufig in der teuren SF-Klasse 0 oder 1/2. Mit den Jahren steigst du dann auf und erhältst immer mehr Rabatte auf deine Versicherungsbeiträge. Das Ende der Fahnenstange markiert beispielsweise die SF-Klasse 26 (für 26 Jahre ohne Unfall) mit einem maximalen Rabattsatz in Höhe von 80 Prozent auf den ursprünglichen Beitrag. Natürlich kannst du bei deiner Kfz-Versicherung jede Menge Geld sparen, indem du zunächst viele Versicherungsangebote auf einem kostenlosen und unabhängigen Kfz-Versicherungsvergleichsportal miteinander vergleichst.

Der Abschluss einer zusätzlichen Kfz-Fahrzeuginsassenversicherung ist oftmals sinnlos, da die Kfz-Haftpflichtversicherung ohnehin die gleichen Leistungen übernimmt. Eine zusätzliche Verkehrsrechtsschutzversicherung kann sich aber oftmals als hilfreich erweisen, wenn zum Beispiel unberechtigte Verkehrsvergehen juristisch verfolgt werden sollen oder es beim Autokauf vom Händler zu Betrugsfällen oder der Nichteinhaltung von Gewährleistungspflichten kommt.

TIPP:

Bei einem Fahrzeugwert unter 5.000 Euro genügt oftmals eine reine Kfz-Haftpflichtversicherung. Teilkaskoversicherungen lohnen sich bei Fahrzeugen im mittleren Preissegment und Vollkaskoversicherungen sollten immer dann zum Einsatz kommen, wenn Fahrzeuge finanziert werden. Auch kannst du dich oftmals günstig über deine Eltern versichern lassen (beispielsweise als Zweitwagen) und nutzt so die günstigere SF-Klasse deiner Eltern.

4.6 TÜV, Zulassung und Anmeldung

Fast geschafft! Abschließend geht es noch zur Kfz-Zulassungsstelle, wo du dein erstes eigenes Auto auf dich zulässt. Hierfür musst du dich zur nächstgelegenen Kfz-Zulassungsstelle begeben und die Unterlagen für die Kfz-Anmeldung bereithalten.

Unterlagen für die Kfz-Anmeldung

1. Gültiger Personalausweis oder Reisepass

2. eVB-Nummer (elektronische Versicherungsbestätigungsnummer) von der Versicherung

3. Fahrzeugbrief (quasi die Besitzurkunde deines Fahrzeugs)

4. Fahrzeugschein (umgangssprachlich auch „Fahrzeugpapiere" genannt)

5. bei einem Gebrauchtwagen außerdem noch den

aktuellen Kilometerstand sowie die HU/AU-Bescheinigung (oder auch TÜV genannt)

6. Führerschein

Die Unterlagen zeigst du bei der Zulassungsstelle dem jeweiligen Beamten. Dieser wird dich dann zu einem beliebigen Schilderdienst schicken, bei dem du dir deine Nummernschilder herstellen lässt – hiervon befinden sich meist mehrere Anbieter in der unmittelbaren Umgebung der Zulassungsstelle. Mit den fertigen Schildern kehrst du dann zur Zulassungsstelle zurück, lässt dir deine TÜV-Plakette aufkleben und deine Fahrzeugpapiere umschreiben und kannst von nun an mit deinem neuen Auto fahren – geschafft!

Du hast noch keinen TÜV auf deinem neuen Fahrzeug? Dann solltest du dich im Vorfeld der Anmeldung noch zu einer Kfz-Prüfstelle begeben, wo du eine TÜV-Untersuchung durchführen lässt – das kostet dich je nach Anbieter zwischen 110 und 130 Euro. Die TÜV-Plakette gilt exakt 2 Jahre bei Gebrauchtwagen und 3 Jahre bei einem Neuwagen.

TIPP:
Fortan solltest du deinen Führerschein und deinen Fahrzeugschein immer bei dir führen, sobald du Auto fährst. Diese werden bei einer allgemeinen Verkehrskontrolle von der Polizei immer zur Überprüfung verlangt. Den Fahrzeugbrief solltest du hingegen stets zu Hause aufbewahren, da dieser die Besitzurkunde deines Fahrzeugs darstellt und auf keinen Fall gestohlen werden darf.

Kapitel 5 - Beziehungen & Freundschaften

Frisch verliebt, ewig befreundet, best buddies oder gute Kollegen – es gibt viele Arten von Beziehungen, die du mit anderen eingehst. Das beginnt bei Eltern und Verwandten, reicht über Schulfreunde und Arbeitskollegen bis zur großen Liebe. Konflikte bleiben da nicht aus. Manchmal sind es kleine Missverständnisse, die plötzlich einen großen Krach nach sich ziehen. Manchmal kommt es sogar zum Bruch.

Kommunikation ist ein weites Terrain, das im engeren Rahmen auch zum Minenfeld werden kann. Ein Patentrezept, wie man miteinander auskommt, gibt es nicht, doch einige Regeln haben sich bewährt und helfen weiter. Dazu zählen das Zuhören, Empathie, Achtsamkeit und auch das Streiten mit Respekt. Das Schönste daran ist, dass man sich wieder versöhnen kann und zueinander findet. Auf diese Weise wächst Vertrauen und die Beziehung festigt sich.

Aus der Familie solltest du das schon kennen. Du weißt dann auch, dass du dich auf deine beste Freundin immer verlassen kannst und dass dein Kumpel dich nicht im Stich lässt. Vor allem merkst du, dass ihr euch die

Wahrheit sagen könnt. Und selbst, wenn einer einmal falsch liegt oder eine schwierige Phase durchmacht, bricht die Freundschaft nicht auseinander.

Beziehungen sind wichtig im Leben. Sie bereichern dich auf vielen verschiedenen Ebenen, ermöglichen dir den Austausch mit anderen und machen dich glücklich. Schon allein darum solltest du sie pflegen und auch genießen, dass andere sich über deine Gesellschaft freuen.

5.1 Wie man miteinander umgeht – vom Zuhören und Streiten

Beziehungen können ganz schön anstrengend sein. Beziehungen können begeistern. Beziehungen sind kompliziert. Das Hin und Her hast du bestimmt auch schon erlebt. Beziehungen und Freundschaften begleiten dich im Leben von Anfang an. Manche halten schon ewig, andere fingen vielversprechend an und zerbrachen schnell. Die große Liebe hast du vielleicht schon gefunden oder du bist noch auf der Suche.

Bestimmt wünschst du dir, dass einige Beziehungen länger halten und nicht zerbrechen. Du möchtest die Menschen nicht verlieren. Sie sollen zu deinem Leben gehören. Du willst, dass sich Vertrauen aufbaut, dass ihr füreinander da seid. Doch wie gelingt das?

Jede Beziehung ist individuell und anders, dennoch kannst du selbst etwas dafür tun, dass sich das Zusammensein festigt und zu einem dauerhaften Verhältnis wird, auf das du dich verlassen kannst.

Ein wichtiger Punkt dabei ist der Umgang im Gespräch. Es gibt Zeiten, da hast du ganz viel erlebt und möchtest es sofort deiner besten Freundin mitteilen. Die Worte sprudeln nur so aus dir heraus. Doch Beziehungen sind keine Einbahnstraße. Ein Blick auf deine Freundin verrät dir, dass sie auch zu Wort kommen möchte. Achtsamkeit und Empathie (als Einfühlungsvermögen) sind Eckpunkte, auf die kein engeres Verhältnis dauerhaft verzichten kann. Dazu zählen die Wahrnehmung, wie es deinem Gegenüber geht, und deine Reaktion darauf. Bretterst du verbal einfach über deinen Freund hinweg und hältst stundenlange Monologe, hört dir bald niemand mehr zu. Erst recht nicht, wenn du nicht merkst, dass dein Freund vielleicht selbst gerade ein Problem hat, über das er sprechen möchte.

Das Gegenteil stabilisiert eine Freundschaft auch nicht gerade: Wer immer schweigt und sich nicht äußert, muss sich nicht wundern, wenn etwas passiert, was er gar nicht möchte. Du musst dich schon mitteilen, wenn du gehört werden willst. Das ist manchmal gar nicht so einfach, denn wie wir uns öffnen und nach außen geben, hängt mit unserer Kindheit und unseren Erlebnissen zusammen.

Spielt sich jemand ständig lautstark in den Mittelpunkt, kann das mit seiner Familiensituation zusammenhängen. Vielleicht hat er viele Geschwister, gegen

die er sich durchsetzen musste, oder seine Eltern beschäftigten sich nur mit ihm, wenn er Aufmerksamkeit erregte. Ist jemand sehr leise und bekommt kein Wort heraus, kann es sein, dass er immer an den Rand gedrängt und ihm oft der Mund verboten wurde. Mit diesen Prägungen kommt man schwer zurecht, man kann sich aber davon befreien.

Das geht nicht von heute auf morgen. Es ist ein Prozess, der damit beginnt, dass man sich selbst und seine Eigenheiten erkennt. Beobachte dich einmal in Gesprächen und beantworte dir selbst zunächst folgende zwei Fragen:

1. Wie lange habe ich gesprochen?

2. Kam ein Gespräch zustande, bei dem beide sich geäußert haben oder hat nur einer geredet?

Damit hast du schon viel herausgefunden und kannst dich einem Gesprächstyp zuordnen. Du weißt jetzt, ob du eher ein schweigsamer oder ein dominanter Gesprächsteilnehmer bist. Haben beide erzählt und wurde auf die Themen beider Personen eingegangen, kannst du dir gratulieren. Du bist bereits in der Lage, ein ausgewogenes Gesprächsverhältnis herzustellen.

Jetzt geht es ums Thematische. Bei manchen Gesprächen redet man aneinander vorbei. Danach bleibt ein schales Gefühl, so als hätte man seine Zeit verschwendet. Manchmal hat man auch das Gefühl, ein Thema „aufgedrückt" zu bekommen. Man möchte sich eigentlich gar nicht darüber unterhalten, macht es

aber dennoch, weil man mit dem anderen zusammen sein möchte. Auch hier solltest du dich fragen, ob

1. eine Person der rücksichtslose Themenvorgeber ist?

2. ein gemeinsames Thema gefunden wird oder abwechselnd Themen besprochen werden, die beide Gesprächspartner interessieren?

Wer versucht, andere zu dominieren, hat es schwer mit Freundschaften und erst recht mit Beziehungen. Entweder ordnet sich eine Person unter oder es kommt zu einer Auseinandersetzung. Ein Gespräch sollte beiden Seiten etwas bringen und die Beziehung stärken: Man versteht sich eben. Dazu gehört es auch, echtes Interesse am anderen zu haben und das auch zu zeigen. Dazu gehören das Nachfragen und das bewusste, aktive Zuhören.

So kannst du zum Beispiel deine Freundin besser kennenlernen und Missverständnisse ausschließen. Das Nachfragen kann sich auf Thematisches beziehen, wenn du merkst, dass dein Gegenüber angespannt, traurig oder fröhlich ist. Du signalisierst damit Interesse und zeigst, dass dir der andere Mensch wichtig ist. Doch das Nachfragen kann sich auch auf gerade Gehörtes beziehen.

Besonders beim Streiten ist es wichtig, genau zu verstehen, was der andere sagt und meint. Nur so kommt ihr zu einer gemeinsamen Lösung.

Beim aktiven Zuhören wiederholst du, was du ver-

standen hast und gibst dem anderen die Chance, seine Aussage zu konkretisieren. Dadurch bewegt ihr euch aufeinander zu und festigt eure Bindung. Das Tolle ist: Habt ihr einmal einen Streit so bewältigt und eine gemeinsame Gesprächskultur aufgebaut, fallen euch spätere Auseinandersetzungen leichter. Ihr entwickelt ein größeres Verständnis füreinander, weil ihr euch genauer kennt.

5.2 Besonderheiten bei Beziehungen im Beruf

In der Schule warst du unter Gleichen. Lange Zeit seid ihr verbunden gewesen. Es entwickelten sich Beziehungen und Freundschaften auf einem Level unter Menschen einer Altersstufe. Ein anderes Verhältnis hattet ihr nur zu den Lehrern.

Jetzt ändert sich das. Eine Testphase hast du vielleicht schon im Praktikum oder bei einem Schülerjob durchlaufen. Während Lehrer zwar Aufgaben erteilen und man auch mit Konsequenzen zu rechnen hat, wenn man sie nicht erfüllt, haben Chefs eine ganz andere Position. Vertraulichkeiten sind hier in der Regel tabu, auch wenn flache Hierarchien und das Duzen in vielen Firmen üblich sind.

Lass dich durch den lockeren Umgangston nicht verführen. Er kann leicht darüber hinwegtäuschen, dass sehr wohl ein Vorgesetztenverhältnis besteht und dein Chef, Ausbilder oder Teamleiter keinesfalls dein Kumpel ist. Du hast vielleicht bereits gemerkt, dass ein

Zuspätkommen in der Schule etwas anderes ist als ein verspäteter Arbeitsbeginn. Im Job hast du eine klare Arbeitsplatzbeschreibung und Zeiten, an die du dich halten musst.

Achte darauf, diese Formen einzuhalten, wenn du ein gutes Verhältnis zu deinem Chef und den Arbeitskollegen aufbauen willst. Das ist besonders wichtig, wenn du ein duales Studium beginnst und zwischen Arbeitsplatz, Geschäftsführung und Uni pendelst. Schnell kann einem da in den verschiedenen Bereichen ein Kommunikationsfehler unterlaufen.

Gleiche dich zu Beginn in Kleidung und Auftreten deiner Umgebung an, wenn bestimmte Dresscodes bestehen. Es könnte sein, dass es für dein Unternehmen wichtig ist ein bestimmtes Auftreten vor Kunden und Partnern zu pflegen. Vermeide protzigen Schmuck und alles Auffällige und achte darauf, was du sagst. Privates gehört nur bedingt an den Arbeitsplatz. Schnell machen Gerüchte die Runde und auf einmal

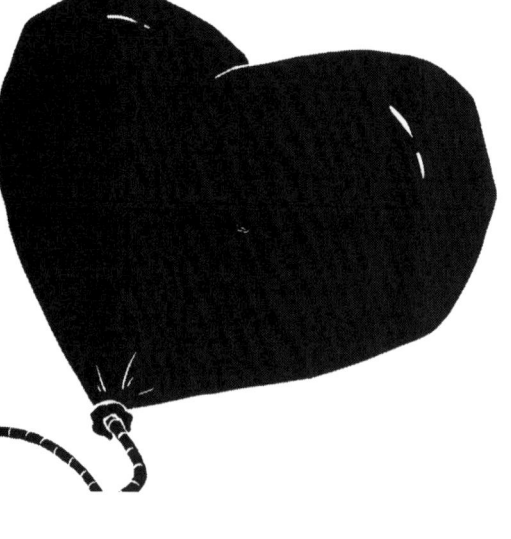

deine Beziehungsprobleme auch dem Chef bekannt. Das ist keine gute Grundlage, um über eine Beförderung, Gehaltsfragen oder ein neues Projekt zu diskutieren.

In der Kaffeepause, beim Mittagessen oder auf der After-Work-Party ist man immer noch im Dienst. Halte dich daher an allgemeine Themen oder Dinge, mit denen alle auf der Arbeit befasst sind. Achte auch darauf, Vertrauliches nicht publik zu machen, sonst bist du bei den nächsten Spezialaufträgen womöglich nicht dabei. Damit das klappt, ist Alkohol auf Betriebsfeiern und bei Teamevents wenn dann nur in Maßen empfehlenswert. Es ist tatsächlich wichtig, dass du dein Limit kennst, denn Alkohol löst bekanntlich die Zunge und rasch ist etwas ausgeplaudert, was du nicht mehr zurückgenommen werden kann.

Verliebt am Arbeitsplatz? Jetzt wird es kompliziert. In vielen Branchen sind Beziehungen unter Kollegen nicht gern gesehen. Doch nicht immer kann man sich aussuchen, wo die Liebe hinfällt. In jedem Fall solltest du im Büro Distanz wahren und auf absolute Diskretion achten. Händchenhalten und lange Gespräche während der Arbeitszeit sind absolute No-Gos. Auch bei Firmenveranstaltungen solltest du professionell auftreten.

Beruht das Verhältnis auf Beidseitigkeit, solltet ihr unbedingt klären, wie ihr euch in der Öffentlichkeit verhaltet. Niemand, der frisch verliebt ist, denkt an eine Trennung, doch ein Rosenkrieg im Büro wäre eine Katastrophe.

Am besten sorgst du für eine rein professionelle Atmosphäre im Büro und konzentrierst dich auf deinen Job. Achte auf höfliches, angemessenes Auftreten in Kleidung, Wortwahl und Ton. In Mitarbe-

itergesprächen überlässt man in der Regel zunächst dem Vorgesetzten das Wort und fragt an passenden Stellen nach, um Interesse zu signalisieren. Oberste Priorität hat das Ausredenlassen. Eine besonders gute Arbeitsatmosphäre kann entstehen, wenn man sich nicht gegenseitig unterbricht. Das passiert oft unbewusst und nicht immer in böser Absicht. Manchmal hat man eine Idee, die man schnell äußern möchte. Achte einmal darauf, ob du dazu neigst, andere zu unterbrechen und übe eventuell ganz bewusst das Abwarten, Ausredenlassen und anschließende Sprechen.

Wie gehst du bei Differenzen vor? Sie bleiben nicht aus und ergeben sich schnell einmal im Stress. Wichtig ist: Ruhe bewahren! Höre dir an, was kritisiert wird und gib es ruhig mit eigenen Worten wieder, um dem Gegenüber zu signalisieren, dass es bei dir angekommen ist. Ordne deine Argumente und bringe sie ruhig und sachlich vor. Das ist nicht immer ganz einfach, wenn man aufgeregt ist. Achtest du auf deinen Atem, kannst du etwas Stress abbauen und deine Unruhe bezwingen. So kann dir ein sachlicher, angemessener Gesprächsansatz gelingen.

5.3 Die Basis funktionierender Beziehungen

Jede Beziehung ist individuell und hat ihre eigene Geschichte. Fünf Gruppen von Beziehungen lassen sich grob unterscheiden:

1. die familiäre Beziehung zu deinen Eltern, zu

Geschwistern und Verwandten

2. die Beziehung zu Freunden

3. die Partnerschaft

4. berufliche Beziehungen

5. allgemeine Kontakte

Das Verhältnis zu deinen Eltern ist in der Regel das längste in deinem bisherigen Leben. Deine Art Beziehungen einzugehen, dich zu äußern und Konflikte zu lösen, resultiert zu großen Teilen aus dieser ursprünglichen Beziehung. Das kann überwiegend positiv sein, wenn du in sicheren Verhältnissen liebevoll umsorgt und geachtet aufgewachsen bist. Es fällt dir dann leichter, dich ebenso zu verhalten.

Bestehen hier Defizite, solltest du sie aufarbeiten. Das beginnt mit dem bewussten Benennen und dem schrittweisen Bearbeiten von Herausforderungen. Am Ende sollten das Verzeihen und die Aussöhnung mit den Eltern stehen.

Die Beziehung zu Freunden ist einerseits durch dein Wesen, also deinen Charakter, und deine Herkunft geprägt. Bist du in einem offenen Haus mit einem breiten sozialen Netzwerk aufgewachsen, wird es dir leichter fallen, Freunde zu finden und Freundschaften zu pflegen. Manche reichen bis in den Sandkasten zurück und sind mit jeder Bewährungsprobe immer enger geworden.

Andererseits veränderst du dich auch und damit wandeln sich auch deine Bezugsräume. Neue Interessen entstehen und du schließt neue Freundschaften.

Die Liebe hat ihre eigenen Gesetze. Sie kann aus dem Nichts entstehen, völlig gegensätzliche Partner zusammenführen oder fast homogene Persönlichkeiten verbinden. Manche Liebesbeziehungen zerbrechen schnell wieder, andere halten ein Leben lang. Das Geheimnis einer erfüllten Liebe sind nicht unbedingt gemeinsame Interessen. Vor allem ist es Vertrauen. Dieses Vertrauen solltest du im Elternhaus erlebt haben. Es gibt dir die Möglichkeit, dich zu öffnen, und auch die Stärke, für den anderen da zu sein. Dieses Vertrauen kann mit der Zeit wachsen und eine feste Verbindung schaffen. Dazu gehören auch Respekt und Achtung voreinander. Hast du diese Erfahrungen bisher nicht machen können, wird es dir schwerer fallen, dich auf andere einzulassen und eine gleichberechtigte Partnerschaft zu leben.

Hier helfen Gespräche und die bewusste Arbeit an sich selbst. Indem du lernst, dich mit dem geliebten Menschen auszutauschen und ihm zuzuhören, veränderst du dich und gibst deiner Liebe eine Chance.

Berufliche Beziehungen sollten eine professionelle Basis haben. Gründen sie auf Wahrhaftigkeit, Respekt und Achtung, bietet sich die Möglichkeit einer verbindlichen, produktiven Zusammenarbeit. Gerade in diesem Bereich gibt es viel zu lernen. Wer unerfahren ist, kann schnell zu vertraulich oder zu distanziert auftreten. Das verhindert effizientes, kreatives Arbeiten. Über die Verhältnisse im Büro solltest du

dir schnell im Klaren sein. Ein Arbeitskollege ist nicht unbedingt dein bester Kumpel. Vertrauen bezieht sich hier zunächst rein auf den professionellen Rahmen. Es geht vor allem um Verlässlichkeit und Loyalität.

Bist du schüchtern und fallen dir auch allgemeine Kontakte schwer? Damit bist du nicht alleine, denn jeder wünscht sich, bei anderen gut anzukommen. Ein sympathisches Auftreten ist aber glücklicherweise kein Hexenwerk. Je mehr du an dir arbeitest und dich selbst kennen- und schätzenlernst, umso selbstsicherer wirst du auch auftreten. Eine gewisse Distanz ist nie falsch, wenn du grundsätzlich freundlich bist. Das fällt dir leicht, wenn du über ein gesundes Maß an Selbstbewusstsein verfügst.

Oft verfallen Menschen in den Fehler, zu freundlich zu sein. Sie wollen ihre Umwelt milde stimmen und positionieren sich in einer Opferhaltung. Dabei werden sie schnell negiert oder tatsächlich zu Opfern von Ausfälligkeiten. Ein Zuviel an Entgegenkommen wirkt schnell plump vertraulich. Angemessenheit lernt man durch Erfahrung. Tatsächlich ist Selbstbewusstsein der Schlüssel zu einem ausgeglichenen, sympathischen Erscheinungsbild.

Indem du achtsam mit dir selbst umgehst, trägst du dazu bei, dass andere dich respektieren, dir zuhören und mit dir einen seriösen Kontakt eingehen.

Insgesamt ist es wichtig, ein ausgeglichenes Verhältnis zu sich selbst zu haben, damit du Beziehungen auf jeder Ebene erfolgreich und souverän gestalten kannst.

5.4 Konstruktives Streiten – wie geht das?

Die Zauberworte heißen lösungsorientiert denken, zuhören und miteinander sprechen. Ein Streit wird rasch persönlich. Oft hört man nur, was man hören möchte. Schnell entfernt sich das aufgeregte Gespräch vom eigentlichen Sachverhalt und in einem verbalen Schlagabtausch stehen sich zwei Parteien kämpferisch gegenüber.

Schon nach kurzer Zeit geht es dann nur noch darum, wer dominiert und Recht behält. Die Sache selbst wird nebensächlich. Dabei wird mit allen Mitteln gekämpft. Beide Parteien bewegen sich auf einem hohen Stresslevel, nicht selten wird geschrien.

Die meisten sind sich nicht bewusst, dass sie dabei zum Opfer archaischer Reflexe werden, die durch die Amygdala (das paarige Mandelkernorgan) ausgelöst werden. Dieser Bereich im Gehirn signalisiert Gefahr und kennt als Antworten nur Flucht oder Angriff.

Diese Reflexe stammen aus Urzeiten. Heute sind sie eher kontraproduktiv und führen zu keinem befriedigenden Ergebnis. Wer bereits als Kind gelernt hat, konstruktiv zu streiten, hat seine Impulse besser unter Kontrolle und kann sich beherrschen. Mit gewaltfreier Kommunikation kommt man deutlich weiter und kann in einem Streit sogar das Potenzial erkennen. Geht es um Nichtigkeiten oder Stressabbau, bei dem man ungewollt zum Blitzableiter wird, stellt sich das schnell heraus und die eigentliche Problematik, der Grund für den Stress, kann angegangen werden. Geht es um ein bestimmtes Thema, kommen Argumente auf den

Tisch, mit denen man gemeinsam zu einer Lösung findet.

Grundlage dafür ist, dass man sich gegenseitig mit Achtung begegnet und bereit ist, dem anderen zuzuhören. Aktives Zuhören hilft auch hier: Dazu gehört, dass man sich seinem Gegenüber zuwendet und den Ausführungen und Argumentationen folgt. Um das eigene Verständnis abzusichern, sollte man das Gehörte wiedergeben und nachfragen, ob man es richtig verstanden hat.

Wichtig ist außerdem, sich immer an der Sachebene zu orientieren und jede Vertiefung der persönlichen Auseinandersetzung zu meiden. So habt ihr die Chance, in einen argumentativen Bereich zu kommen und sachlich an einer Lösung zu arbeiten.

Achte dabei auf die Art der Ansprache. Sende Ich-Botschaften und vermeide Zuschreibungen durch ein Du. Fühlt sich der andere bevormundet, entsteht schnell ein Gefälle. Ein wichtiger Punkt ist, dass man sich gegenseitig achtsam wahrnimmt: Es bringt nichts, den anderen als Feind zu sehen und Gräben aufzureißen. Der Standpunkt des anderen sollte interessant sein. Dein Gegenüber wird seine Gründe haben, warum er sich so positioniert – darüber solltet ihr streiten und euch an den Gründen und dem Standpunkt des jeweils anderen sowie euren eigenen orientieren.

Weißt du bereits vorab, dass ein heikles Thema besprochen werden soll, ist es sinnvoll, sich konkret auf das Gespräch vorzubereiten. Der klare Vorteil für bei-

de Seiten: Ihr habt Zeit, Argumente zu sammeln und euch auf eine sachliche Diskussion einzustellen.

Um Missverständnisse zu vermeiden, solltest du immer mit einem Feedback arbeiten und damit zeigen, was bei dir angekommen ist. Das kann auch in der Partnerschaft hilfreich sein. Dein Gegenüber weiß dann, was dich verletzt hat oder wo etwas ungenau formuliert wurde, sodass es zu Fehlschlüssen und Missverständnissen führte.

Ziel sollte es immer sein, eine gemeinsame Lösung zu erarbeiten, mit der sich alle Beteiligten einverstanden erklären. Fühlt sich einer übervorteilt, ist der Lösungsansatz nicht tragfähig. Beim konstruktiven Streiten hilft es, achtsam und empathisch mit dem anderen umzugehen und gemeinsam eine Faktensammlung zu erstellen. Geht es um einen gemeinsamen Urlaub mit dem Partner, kann man sich am Budget orientieren, die Kosten gegenrechnen, den Zeitpunkt und das Wetter erwägen sowie die Ansprüche notieren, die jeder der Partner an einen Urlaub hat. Ihr könnt eure Ergebnisse anschließend vergleichen und schauen, welche Schnittmenge sich ergibt und welcher Kompromiss möglich ist.

Habt ihr einige Male Erfolg mit dem konstruktiven, lösungsorientierten Herangehen erzielt, werdet ihr innerlich gelassener. Jedem von euch fällt es dann leichter, mit Streitsituationen umzugehen. Ihr wisst nun, dass es möglich ist, sinnvolle Lösungen zu finden, die für alle ein Gewinn sein können.

5.5 Verzeihen und vergeben

Die Stärke von Bindungen erweist sich im Verzeihen. Nach einem Streit ist es gut, wenn man einander wieder zugetan ist. Bei einem Fehler hilft es beiden, wenn man sich entschuldigen kann und sich seiner Beziehung vergewissert. Wie in einer Familie sollte die Beziehung verbindlich sein, sodass man sich auf sie verlassen kann.

Manchmal fällt es nicht leicht, sich zu entschuldigen oder eine Entschuldigung anzunehmen. Man ist verletzt oder man erwartet mehr. Vorsicht ist geboten, damit nicht ein erneuter, sinnfreier Streit entbrennt. Der Sinn des Vergebens besteht nicht unbedingt in der Entschuldigung, sondern in der Annahme der Verzeihung trotz des Vergehens.

Keine Beziehung kommt ohne Verzeihung aus. Immer gibt es irgendeinen Grund, sich zu entschuldigen oder zu verzeihen. Diesen Raum sollte man sich bewahren. Oft wird ein verletzendes Wort gedankenlos ausgesprochen. Der andere fühlt sich getroffen und macht es zum Zentrum seiner Gedanken. Wird dann aber deutlich, dass die Ursache eine andere ist, keine böse Absicht dahintersteckte und die Bemerkung im Stress fiel, kann das Verzeihen leichter erfolgen.

Mit dem Verzeihen wird ein Abschluss gefunden. Auch du selbst musst nicht mehr grübeln, denn ihr seid euch wieder gut gesinnt und im Reinen miteinander. Das Zuweisen von Schuld wird beendet und Kopf und Herz sind wieder frei. In einer Partnerschaft kann man vereinbaren, dass man keinen Abend im Streit einschläft,

sondern sich immer verträgt. Das ist keine leichte Aufgabe, doch sie hilft euch, eure Beziehung zu festigen und euch auf das Wesentliche zu konzentrieren.

Ein Streit belastet, zieht dich innerlich herunter und bindet Energien. Du beschäftigst dich innerlich damit und setzt ein Gedankenkarussell in Gang, das sich immer weiterdreht. Wer Streit mit seinem Kumpel hat, weiß, wie belastend das sein kann. Der Streit mit der besten Freundin verfolgt dich. Manchmal reicht schon ein Anruf, um über den eigenen Schatten zu springen und den Stolz niederzukämpfen.

Dabei kommt es immer auch auf die Gewichtung an. Es gibt unverzeihliche Taten, mit denen alle ins Reine kommen müssen, doch für die meisten Streitigkeiten lässt sich eine einvernehmliche Lösung finden oder sie fallen sogar einfach nur in den Bagatellbereich. Niemand sollte dann auf seinem Stolz bestehen und eine ernstgemeinte Entschuldigung zurückweisen.

Überlege, ob die Tat es wert ist, dass du die Freundschaft oder die Partnerschaft aufgibst. Denke darüber nach, wie es in der Familie wäre und auch, wie du selbst in der Rolle des anderen gehandelt hättest. Achte darauf, nicht in Selbstgefälligkeit zu verfallen. Wer rigoros denkt und handelt, steht schnell allein da. Wer blauäugig alles verzeiht, tut sich selbst auch keinen Gefallen.

Es hilft, sich die Beziehung insgesamt zu vergegenwärtigen: Ist es eine einmalige Kränkung oder behandelt einen der andere permanent herablassend? Hat man selbst vorab gespiegelt, dass man das Verhalten nicht

gutheißt? Ein klärendes Gespräch kann eine konstruktive Wende mit sich bringen. Diese sollte man sich nicht entgehen lassen. Sie kann sogar helfen, die Beziehung auf eine neue Ebene zu bringen.

Ein Weg zu funktionierenden Beziehungen in Kurzform

- Freundschaften und Beziehungen sind in jeglicher Hinsicht wichtig. Einsam kommt niemand gut durchs Leben. Dein soziales Umfeld spiegelt dir dein Ich und hilft dir, dich zu entwickeln. Pflege daher die Beziehungen zu deiner Familie, zu deinen Freunden und zu deinem Partner.

- Achtsamkeitsmeditation und autogenes Training können dich für Stresssituationen stärken. Das trifft auf schüchterne Menschen, die sich nicht trauen ihre Meinung zu äußern, ebenso zu wie auf Menschen, die schnell einmal aufbrausen.

- Versetze dich immer wieder in dein Gegenüber - nicht erst im Streitfall. Du kannst das im Alltag üben. Damit bekommst du ein Gespür für Situationen, für andere Haltungen und Denkweisen.

Gestaltung von Beziehungen

https://www.weisses-kreuz.de/the-menuebersicht/beziehungen-gestalten/

Kapitel 6 – Auslandsreisen & Freiwilligendienste

6.1 Erstmal durchatmen

Das Abitur oder ein anderer Schulabschluss ist endlich in der Tasche und dir stehen alle Türen offen. Ob Studium, der direkte Start ins Arbeitsleben oder doch lieber eine kleine Auszeit – die Möglichkeiten sind nahezu unbegrenzt und sorgen daher nicht selten für Überforderung. Wann hatte man sonst je zuvor die Möglichkeit, sein Leben dermaßen aktiv zu gestalten? Während du wie die meisten anderen in deinem Alter sicherlich noch von deinen Eltern beeinflusst wurdest, was die Wahl der Schule anging, und wahrscheinlich auch noch bei Mama und Papa unter dem Dach wohnst, ändern sich diese Begebenheiten häufig mit dem Abschluss der Schule. Vor allem dann, wenn du auch noch volljährig bist und dir damit wirklich alle Optionen offen stehen. Doch was soll mit der neugewonnenen Freiheit angefangen werden?

Hast du quasi dein ganzes Leben die Schulbank gedrückt und die letzten Wochen und Monate deiner schulischen Karriere nahezu komplett am Schreibtisch verbracht, um zu pauken und zu büffeln, wirst du

unter Umständen keine Lust darauf haben, direkt mit der Uni weiterzumachen. Dann würdest du nämlich die nächsten Jahre ähnlich verbringen. Auch wenn das Studentenleben mit all seinen Partys noch so verlockend erscheint, hat es vielleicht noch ein bisschen Zeit – immerhin lässt sich der Studienstart flexibel gestalten, sofern du dein Abi erst einmal in der Tasche hast und alle Voraussetzungen erfüllst, die dein Wunschstudium erfordert. Dazu zählt bei manchen Studiengängen beispielsweise das Erreichen eines bestimmten NCs. Die Abkürzung steht für Numerus clausus und bezeichnet den Notendurchschnitt, der im vorangegangenen Jahr für den Beginn dieses Studiums als Voraussetzung galt.

Ein Studium und eine zukünftige Arbeitsstelle laufen dir jedoch nicht davon, während freie Zeit im Laufe deines Lebens tendenziell eher seltener wird. Nie wieder wirst du wahrscheinlich eine so gute Gelegenheit dazu bekommen, deine freie Zeit zu nutzen und so flexibel zu gestalten wie du es möchtest, bevor es wieder an den Ernst des Lebens geht. Warum also nicht den eigenen Horizont erweitern, Neues kennenlernen und Spaß haben, indem du eine Reise deiner Wahl machst, bevor du dich anschließend um die Uni- oder Arbeitsplatzbewerbungen kümmerst? Ob einfacher Urlaub, Work and Travel, Au-Pair-Jahr, Praktikum, Freiwilligendienst oder Weltreise – je nachdem, was du dir vorstellst, gibt es viele verschiedene Möglichkeiten. Überlege dir am besten wie lange du unterwegs sein möchtest, welches Reiseziel du anstrebst und wie viel Geld du zur Verfügung hast und ausgeben willst, und natürlich vor allem, ob du über-

haupt in die Ferne reisen magst. Auch Deutschland hat dabei einiges zu bieten – nicht nur in Bezug aufs Reisen, sondern auch wenn es um die zahlreichen unterschiedlichen Freiwilligendienste geht, mit denen du dich auseinandersetzen kannst.

6.2 Freiwilliges soziales Jahr / Freiwilliges ökologisches Jahr

Freiwilligendienste gibt es in Deutschland zur Genüge. Sicherlich hast du schon einmal von einem Freiwilligen Sozialen oder Ökologischen Jahr gehört (FSJ oder FÖJ). Auch wenn es sich dabei mitunter um die bekanntesten aller Freiwilligendienste handelt, sind das nicht die einzigen Möglichkeiten, dich sozial oder umwelttechnisch zu engagieren. Auch andere staatlich geförderte Dienste bieten dir die Option, dich auf freiwilliger Basis einzusetzen und Arbeit zu erbringen, um Gutes zu leisten. Doch was ist ein Freiwilligendienst eigentlich genau?

Freiwilligendienste werden in Deutschland unter § 32 Absatz 4 Nummer 2 Buchstabe d des Einkommensteuergesetzes (EStG) geführt. Entscheidest du dich dazu, einen Freiwilligendienst zu absolvieren und bist dabei jünger als 26 Jahre alt, wirst du weiterhin beim Kindergeld berücksichtigt. Rund 100.000 junge Menschen entscheiden sich Jahr für Jahr dafür, einen Freiwilligendienst zu zu machen. Dass diese Zahl so hoch ist, kommt dabei nicht von ungefähr: Wer dies tut, kann sich immerhin nicht nur ein Jahr vor der Entscheidung drücken, wie es mit seinem Leben weitergehen soll, sondern kann dabei auch Geld verdienen und einen wichtigen Beitrag für Mensch und Umwelt

leisten. Noch dazu hilft ein Freiwilligendienst dabei, neue Perspektiven kennenzulernen, die man in einem Studium oder innerhalb eines klassischen Bürojobs so nie erhalten würde.

Wie findest du den richtigen Freiwilligendienst?

Möchtest du einen Freiwilligendienst absolvieren, findet sich garantiert das Passende für dich: Innerhalb eines Freiwilligen Sozialen Jahrs engagierst du dich – wie der Name bereits sagt – sozial und setzt dich damit primär für andere Menschen ein. Ob im Kindergarten, im Pflegeheim, an einer Schule oder sogar im Museum – die Möglichkeiten sind hier nahezu unbegrenzt. Hast du Freude daran, mit anderen Menschen zu tun zu haben, bist hilfsbereit und hast Spaß, neue Kontakte zu knüpfen, könnte das also genau das Richtige für dich sein. Doch keine Sorge: Wenn du lieber für dich bleibst, eigenbrötlerisch veranlagt bist oder dich einfach mehr für Tiere als für Menschen interessierst, gibt es auch für dich das Passende: Leistest du ein Freiwilliges Ökologisches Jahr, so kannst du beispielsweise auf einem Bauernhof, in einem Tier- oder Naturschutzverein oder auch im Tierheim tätig werden. Wichtig ist, dass bei einem solchen Dienst der soziale beziehungsweise ökologische Faktor im Vordergrund steht. Auch wenn ein Freiwilligendienst bezahlt wird, sollte hierbei nicht das Geld einen Anreiz für dich bieten, um dich für eine solche Tätigkeit zu entscheiden. Immerhin gibt es andere Jobs, die weitaus besser bezahlt werden und die du ebenfalls kurzzeitig ausüben kannst, um Zeit zu überbrücken oder einfach etwas Neues auszuprobieren. Bei einem Freiwilligendienst steht hingegen deine

Hilfe im Vordergrund, die du erbringst, damit es anderen Menschen, Tieren oder der Natur besser geht. Über ein kleines Gehalt kannst du dich in vielen Fällen aber dennoch freuen. Noch dazu erhältst du unter Umständen einen wichtigen Einblick in dein späteres Berufsfeld. Schnupperst du bereits während eines Freiwilligen Sozialen Jahrs in den Beruf einer Pflegekraft, kannst du auf diese Weise direkt herausfinden, ob der Job das Richtige für dich ist und ob du es dir vorstellen könntest, langfristig in diesem Bereich zu arbeiten. Vielleicht wird dein Berufswunsch auf diese Weise ja gefestigt – oder du merkst, dass ein bestimmter Job entgegen deiner Erwartungen doch nichts für dich ist und du in einem anderen Bereich möglicherweise besser aufgehoben wärst. Da die meisten Freiwilligendienste zwischen sechs und 18 Monaten andauern – die meisten entscheiden sich übrigens für den Mittelweg von genau einem Jahr – hast du so genügend Zeit, um dir darüber klar zu werden, was du beruflich machen oder in welchem Bereich du später studieren willst. Vielleicht entscheidest du dich ja auch ganz bewusst dazu, den Freiwilligendienst in einem Bereich zu absolvieren, in dem du später garantiert nicht arbeiten möchtest, um deinen Horizont zu erweitern und auch neue Perspektiven dazuzugewinnen. Doch was machst du während eines Freiwilligendienstes überhaupt?

Warum sich (freiwillige) Arbeit lohnt

In einem Freiwilligendienst gehst du den Tätigkeiten nach, die auch Berufstätige in Vollzeitstellen leisten, die in diesem Bereich arbeiten. Natürlich wirst du nicht auf Anhieb alle Aufgaben erledigen können – nicht umsonst ist für die meisten Berufe schließlich eine langjährige Ausbildung erforderlich. Dennoch bekommst du die Möglichkeit, von Beginn an voll dabei zu sein und direkt mit anpacken zu können. Genau das sollte dir jedoch auch bewusst sein, wenn du dich für einen Freiwilligendienst entscheidest. In den meisten Tätigkeitsfeldern wirst du nicht etwa am Schreibtisch sitzen, wie du es von der Schule aus kennst. Stattdessen gehört in den meisten Branchen auch körperliche Arbeit dazu. Je nachdem, wo du angestellt bist, wirst du dir die Hände schmutzig machen, bei verschiedenen Witterungsbedingungen draußen sein und auch körperliche Kraft anwenden müssen. Doch keine Sorge: Auch wenn das anstrengend sein kann – und das wird es sicherlich, immerhin ist eine Arbeit in der Regel kein Zuckerschlecken – bekommst du eine ganze Menge zurück. Strahlende Kinderaugen, der Dank pflegebedürftiger Menschen, Tiere, die sich freuen, endlich wieder die Aufmerksamkeit zu erhalten, die ihnen auch zusteht oder die Natur, die in neuem Glanz erstrahlt – direkt sehen zu können, was du erarbeitet hast und was andere davon haben, bringt in der Regel nicht nur jede Menge Motivation ein, sondern sorgt für ein unbeschreibliches Gefühl, an das du dich dein ganzes Leben erinnern wirst. Etwas Sinnvolles getan zu haben und nicht etwa deine Zeit einfach zu verplempern, erfüllt dich im besten Fall mit Stolz und macht sich außerdem noch gut auf deinen Bewerbungs-

chreiben, mit denen du dich spätestens am Ende deines Freiwilligendienstes auseinandersetzen musst. Immerhin lernst du während deines Dienstes wertvolle Schlüsselqualifikationen, über die sich auch Unternehmen freuen. Dein Auftreten wird sicherer, du lernst mit Erwachsenen zu kooperieren, in einem Bereich Wissen anzusammeln und Verantwortung zu übernehmen. Arbeitserfahrungen gesammelt zu haben, zahlt sich besonders bei Bewerbungen immer aus – egal ob du diese durch ein Praktikum oder durch einen Freiwilligendienst erlangt hast.

Wichtige Informationen und Allgemeines zum Thema Freiwilligendienst

https://www.bmfsfj.de/bmfsfj/themen/ engagement-und-gesellschaft/freiwilli- gendienste

Eine Übersicht freier Stellen für deinen Freiwilligendienst

https://ich-will-fsj.de/bewirb-dich/ freie-stellen-suchen

Etwas Gutes tun, dich weiterbilden, Geld verdienen und dabei trotzdem in den Genuss eines Auslandsaufenthalts kommen? Das ist problemlos möglich, wenn du dich dazu entschließen solltest, einen internationalen Freiwilligendienst zu absolvieren, ein Au-Pair-Jahr zu machen, ein Praktikum zu leisten oder „Work and Travel" auszuprobieren. Mit all diesen Optionen verdienst du in der Regel Geld und kannst dir so nicht nur deinen Aufenthalt im entsprechenden Land finanzieren, sondern im besten Fall auch noch ein nettes Taschengeld dazuverdienen, das du an deinen freien Tagen für Ausflüge und Reisen in die Umgebung ausgeben oder für dein späteres Studium ansparen kannst. Darüber hinaus sammelst du auch hier wertvolle Erfahrungen, die sich nicht nur gut für dein späteres Arbeitsleben machen, sondern darüber hinaus auch dein gesamtes Leben bereichern. Kein Wunder also, dass immer mehr junge Erwachsene die Gelegenheit beim Schopf ergreifen und Job und Reisen auf diese Weise miteinander kombinieren. Bevor es jedoch losgeht und du mit dem Abenteuer beginnst, gilt es nicht nur herauszufinden, welches Land das Richtige für dein Vorhaben ist, sondern welche Möglichkeiten dir überhaupt offenstehen, um für kurze Zeit im Ausland zu arbeiten.

6.3 Internationale Freiwilligendienste

Genau wie auch in Deutschland sind Freiwilligendienste im Ausland für eine Dauer von mehreren Mon-

aten bis hin zu zwei Jahren ausgelegt – die meisten entscheiden sich für einen Zeitraum von einem Jahr. Auch wenn internationale Freiwilligendienste finanziell gefördert werden, reicht diese Förderung nicht immer aus, um die Kosten damit abzudecken. Das bedeutet, dass du unter Umständen einen Teil davon selbst tragen musst – zumindest aber die Kosten für deine An- und Abreise sowie gegebenenfalls auch die Unterkunftskosten. Um dich für ein bestimmtes Programm zu entscheiden, empfiehlt es sich, frühzeitig die Internetpräsenzen der vorhandenen Anbieter miteinander zu vergleichen und dich über den entsprechenden Ablauf zu informieren. Vielleicht findest du ja auch Rezensionen und Bewertungen anderer Menschen, die genau diesen Freiwilligendienst in der Vergangenheit bereits absolviert haben und dir einen guten Einblick in das geben können, was dir alles bevorsteht. Hast du dich dabei für einen Träger entschieden, geht es nun ans Bewerbungenschreiben. Wie bei allen anderen Bewerbungen auch gilt: Achte auf die Bewerbungsfristen und kümmere dich frühzeitig darum – häufig vergeht nämlich ein ganzes Jahr vom Abschicken deiner Bewerbung bis hin zum tatsächlichen Antritt deines Dienstes.

Wie auch in Deutschland kannst du im Ausland ein Freiwilliges Soziales Jahr, ein Freiwilliges Ökologisches Jahr oder ein Diakonisches Jahr machen oder als Missionar auf Zeit tätig sein.

Zwar sind solche Projekte in der Regel deutlich kosten-intensiver, bedeuten unter Umständen eine finanzielle Belastung für dich und kosten darüber hinaus schon beim Bewerbungsprozess eine Menge Zeit. Allerdings zahlen sich die Erfahrungen, die du auf diese Weise sammeln kannst, in jeglicher Hinsicht aus. Nie wirst du eine bessere Gelegenheit bekommen, eine Sprache zu lernen und in die Kultur eines Landes einzutauchen, als wenn du selbst vor Ort bist – und das nicht nur als Tourist.

6.4 Work and Travel

Sicherlich hast du schon öfter von Australien- oder Neuseeland-Urlaubern gehört, die sich ihren mehr-monatigen Aufenthalt durch das Arbeiten auf Feldern finanzieren. Work and Travel ist jedoch viel mehr als das: Natürlich ist diese Option, Geld zu verdienen und andere Länder kennenzulernen, nicht allein auf das Land der Kängurus beschränkt – und natürlich bleiben dir auch andere Möglichkeiten, als Kiwis zu ernten. Dennoch gilt: Um ein sogenanntes Work-and-Travel-Visum zu erhalten, das dich dazu berechtigt im Ausland zu arbeiten und dich während dieser Dauer dort aufzuhalten, musst du dich für ein Land entsc-heiden, das ein solches Visum auch ausstellt. Dazu gehören momentan neben Australien und Neuseeland auch Taiwan, Hongkong, Südkorea, Kanada, Japan, Israel und Chile. Um ein solches Visum beantragen zu können, solltest du einige Voraussetzungen erfüllen: Zum einen darfst du je nach Land nicht älter als 30 Jahre alt sein und zum anderen finanzielle Rücklagen

in Höhe von mindestens 2.000 Euro vorweisen können. Hast du dich für ein Land entschieden und das
Visum in der Tasche, kann es auch schon losgehen:
Klassische Jobs, die perfekt für Work and Travel ausgelegt sind, sind beispielsweise Hotel- oder Farmarbe-
iten. Als Reinigungs- oder Servicekraft oder als Feldar-
beiter hast du somit ideale Chancen. Entsprechende
Stellenangebote speziell für Work-and-Traveller findest
du im Netz, wobei du dich natürlich auch jederzeit
initiativ bewerben kannst. Beachte jedoch: Da du
während deines Auslandsaufenthalts selbst Geld verdienst, pausiert deine Kindergeldzahlung im Normalfall
für die Dauer deines Aufenthalts.

**Eine Seite, die Dich über
die Möglichkeiten von
Work and Travel aufklärt**

*https://www.wege-ins-ausland.de/
wege-ins-ausland/work-and-travel-im-
ausland*

6.5 Ein Au-Pair-Jahr

Möchtest du am liebsten direkt ins „reale" Leben
eintauchen, ohne dich wie ein Tourist zu fühlen oder
dich bei sengender Hitze bei der Ernte von Avocados
abzurackern, ist ein Au-Pair-Aufenthalt möglicherweise genau das Passende für dich. Als Au-Pair wohnst du
bei einer Familie im Ausland und kümmerst dich in

erster Linie um die Kinderbetreuung, erledigst dabei jedoch auch kleinere Aufgaben im Haushalt. Natürlich solltest du dafür gerne mit Kindern zu tun und kein Problem damit haben, den Abwasch oder die Einkäufe zu erledigen oder die Betten neu zu beziehen. Als Belohnung für deine Arbeit bekommst du nicht nur einen fantastischen Einblick in den Alltag eines echten Familienlebens im Land deiner Wahl, sondern erhältst darüber hinaus auch noch eine kostenlose Unterkunft. Noch dazu bekommst du einen tatsächlichen Lohn in Form von Geld, das du an deinen Urlaubstagen verprassen kannst – diese stehen dir nämlich wie bei jeder anderen Arbeit auch zu. Hast du unter der Woche oder am Wochenende frei oder nimmst dir Urlaub, kannst du dein Gehalt dafür nutzen, um die Umgebung kennenzulernen oder im Land umherzureisen. Klingt toll, oder?

Als Au-Pair arbeitest du im Normalfall etwa acht Stunden pro Tag und fünf Tage pro Woche – so also, wie in einem gewöhnlichen Vollzeitjob auch. Was sich vielleicht viel anhören mag, ist häufig jedoch entspannter, als es zunächst aussieht. Auch wenn Kinder anstrengend sein können und eine Menge Arbeit im Haushalt anfällt, bleibt sicherlich genug Zeit, um dich regelmäßig mit anderen Au-Pairs zu treffen, deine Wahlheimat zu besichtigen oder einen Stadtbummel zu veranstalten. Gehst

du mit „deinen" Kindern auf den Spielplatz oder unternimmst einen Zoobesuch mit ihnen, gilt das zwar als Arbeitszeit, die jedoch deutlich schlimmer ausfallen könnte, oder? Dich für ein Au-Pair-Jahr zu entscheiden, bringt eine Menge weiterer Vorteile mit sich: Du bist auf diese Weise nicht nur mitten im Leben und bekommst kaum je eine bessere Möglichkeit, den wahren und echten Alltag im Ausland kennenzulernen, sondern kannst außerdem ein relativ beschwerden- und sorgenfreies Leben führen: Für ein festes Gehalt ist genauso gesorgt wie für Unterkunft und Verpflegung. Solltest du Fragen oder Probleme haben oder überfordert mit deiner Arbeit sein, kannst du dich damit jederzeit an die entsprechende Agentur wenden, über die du deinen Au-Pair-Aufenthalt organisiert hast. In der Regel wird schnellstmöglich nach einer Lösung gesucht, um allen Beteiligten deinen Aufenthalt so angenehm wie nur möglich zu gestalten. Sollte jedoch alles gut gehen, wirst du im besten Fall ein wichtiges Mitglied einer neuen Familie, hast Spaß mit den Kindern und genießt gute Gespräche mit den Eltern. Du hast außerdem die Möglichkeit, über die Agentur mit anderen Au-Pairs in deiner Nähe in Kontakt zu treten oder neue Leute und damit auch Einheimische kennenzulernen. Damit gewinnst du nicht nur ein neues Zuhause und unter Umständen sogar Freunde und Bekanntschaften fürs Leben, sondern polierst auch deine Sprachkenntnisse ordentlich auf. Doch keine Sorge: In den meisten Fällen präferieren es Gastfamilien Deutsch oder Englisch mit dir zu sprechen, um selbst etwas von dir zu lernen. Im Gegensatz dazu erfährst du, was es heißt, selbstständig zu sein, Verantwortung zu tragen und dich auf verschiedene Situationen einzulassen und damit auch schwierige Konf-

likte zu lösen. Außerdem bereitest du dich so natürlich optimal auf dein eigenes Familienleben vor – oder merkst unter Umständen, dass Kinder doch nichts für dich sind.

Allgemeines und Wissenswertes rund um das Thema Au Pair

https://www.travelworks.de/au-pair.html

LINK

6.6 Praktika

Entscheidest du dich für ein Praktikum, kannst du auf diese Weise für einen Zeitraum deiner Wahl in den Beruf hineinschnuppern, der dich schon immer einmal interessiert hat. Ob klassischer Bürojob, im Kindergarten oder der Pflege: Wie auch in Deutschland stehen dir nahezu alle Türen offen, um ein Praktikum zu leisten. Je länger dein Praktikum gehen soll, desto besser sind deine Chancen im Normalfall, auch an eine der begehrten Stellen zu kommen – immerhin kostet allein die Einarbeitung für Firmen nicht nur jede Menge Geld, sondern auch Zeit. Somit lohnt es sich häufig nicht, Praktikanten für sehr kurze Zeiträume einzustellen. Mit etwas Glück kannst du bei einem

Praktikum eine Menge Geld verdienen. Allerdings gibt es deutlich mehr Stellen, bei denen die Bezahlung schlecht ist oder du vielleicht sogar gar nichts verdienst. Aus dem Grund gilt es, verschiedene Angebote miteinander zu vergleichen und dich letztendlich für eines zu entscheiden. Natürlich sollte die Bezahlung nicht im Vordergrund stehen, wenn es dir darum gehen sollte, einen echten Einblick ins Berufsleben und deinen Traumjob zu erhalten.

Wichtige Hinweise und weiterführende Infos für Auslands-Praktika

https://www.daad.de/de/im-ausland-studieren-forschen-lehren/praktika-im-ausland/

6.7 Entspannt und günstig verreisen

Hast du keine Lust auf Arbeit, sondern willst dich in erster Linie entspannen und die Seele baumeln lassen, bevor es früh genug wieder anstrengend wird, ist ein Urlaub möglicherweise die bessere Option für dich. Immerhin hast du so die Möglichkeit, Neues zu erleben, herumzukommen, andere Menschen zu treffen und deinen Horizont zu erweitern, ohne dabei irgendwelchen lästigen Verpflichtungen nachgehen zu

müssen. Was nur zu herrlich klingt, hat jedoch einen entscheidenden Haken: Ein Urlaub finanziert sich in der Regel nicht von allein und ist in den meisten Fällen alles andere als günstig. Mit den richtigen Tipps und Tricks musst du dennoch nicht auf deine Traumreise verzichten und bist nicht dazu gezwungen, schon nach wenigen Tagen beschämt ins Elternhaus zurückzukehren, weil dir überraschenderweise doch das Geld ausgegangen ist. Doch auch wenn ein Urlaub mit der richtigen Herangehensweise nicht unbedingt teuer sein muss, kostet eine Reise nun einmal doch: Um gewisse Kosten wie Flugtickets, Unterkunft und Verpflegung wirst du nicht gänzlich herumkommen. Aus diesem Grund lohnt es sich, schon frühzeitig mit dem Sparen zu beginnen und dir auf diese Weise ein finanzielles Polster anzuhäufen, das dir dein Leben nach der Schule umso mehr versüßt.

Damit dir das gelingt, kannst du die Ferien nutzen und dem einen oder anderen Ferienjob nachgehen. Auch wenn du dir sicher Schöneres vorstellen kannst, als deine wohlverdiente freie Zeit statt vor dem Fernseher oder bei Treffen mit Freunden in einer Fabrik oder in irgendwelchen Büros zu verbringen, lohnt sich dieser Aufwand und zahlt sich im besten Falle gleich in zweifacher Hinsicht aus: Du verdienst nicht nur Geld, das du natürlich sofort ausgeben, jedoch auch für einen Urlaub sparen kannst, sondern sammelst darüber hinaus auch noch wertvolle Arbeitserfahrung, die sich auf deinem Lebenslauf bezahlt machen wird – auch wenn es sich „nur" um lästige Hilfsarbeiten handelt, mit denen du in deinem späteren Leben womöglich nichts mehr zu tun haben möchtest. Auch Geld, das du zu besonderen Anlässen wie etwa zu Geburtstagen

oder zu Weihnachten bekommst, kannst du zurücklegen. Doch was tun, wenn du dir diese Chancen durch die Lappen gehen lassen hast oder das Geld dennoch vorne und hinten nicht für die Art von Urlaub reicht, die du nun einmal gerne machen würdest? Reist du am Ende doch wenige Tage durch Deutschland statt mehrere Wochen in der Karibik zu verbringen?

So klappt die Reise mit kleinem Budget

Gerade dann, wenn du vielleicht sogar das erste Mal ohne deine Eltern verreist oder einfach noch nicht so viele Erfahrungen damit gemacht hast, dich selbstständig um die Planung einer Reise zu kümmern, bist du möglicherweise überfordert. Das ist jedoch nicht weiter verwunderlich. Immerhin gibt es nicht nur unzählige verschiedene Reiseziele, sondern darüber hinaus auch noch eine ganze Menge Möglichkeiten, zu den entsprechenden Zielen zu gelangen und dort zu übernachten. Plane deine Reise daher nicht überstürzt, sondern lasse dir ausreichend Zeit, um dich über verschiedene Länder und Städte, Reisemöglichkeiten und vieles mehr zu informieren. Einen Kostenplan zu erstellen klingt zwar in erster Linie langweilig, zahlt sich jedoch garantiert aus. Auf diese Weise weißt du vorher schon, wie viel dich dein Urlaub in etwa kosten wird – und ob du ihn dir letztendlich leisten

kannst oder nicht. In einem einzigen Land zu bleiben ist dabei meist kostengünstiger als eine Weltreise zu veranstalten – immerhin kommen dann regelmäßig neue Anfahrts- und Reisekosten auf dich zu, die ordentlich zu Buche schlagen können. Je nachdem, wohin du reist, kann auch das jedoch vergleichsweise günstig sein. Eine Reise in Süd-Ost-Asien zu veranstalten und dabei mehrere Länder zu besuchen muss nämlich nicht zwangsläufig teurer sein, als es dir drei Wochen in Norwegen gut gehen zu lassen. Es gibt nun einmal günstige und teure Länder.

TIPP:
Stelle dir einen Kostenplan auf, in dem du die Lebenskosten verschiedener Länder gegenüberstellst (Unterkunft, Anreise, Reisen innerhalb des Landes, Lebensmittel und Unternehmungen), um herauszufinden, was du dir leisten kannst und willst.

Schon bei der Anreise tun sich immense Preisunterschiede auf

Genauso günstig oder teuer wie die Aufenthaltszeit in den verschiedenen Ländern sind auch die Anreisemöglichkeiten. Auch wenn dir in erster Linie sicherlich ein Flug in den Sinn kommt, solltest du überlegen, ob du nicht vielleicht sogar mit dem Auto oder öffentlichen Verkehrsmitteln an dein Ziel kommst. Häufig

sind diese Möglichkeiten nicht nur günstiger, sondern sogar schneller und entspannter. Gerade das Inter-rail-Ticket bietet jungen Menschen die Option, kostengünstig mit dem Zug durch Europa zu fahren und so viele verschiedene Ziele kennenzulernen. Flexibler geht es also kaum – auch wenn du dich spontan dazu entschließen solltest, den Ort zu wechseln oder länger in einem Land zu bleiben, in dem es dir besonders gut gefällt. Kurzfristige Planungsänderungen oder Zwischenstopps an schönen Orten sind somit kein Problem. Und wenn du in Begleitung deiner Freunde bist, wird es gleich noch günstiger. Doch nicht nur Interrail-Tickets, sondern auch Fernbusse oder Mitfahrgelegenheiten bringen dich zum kleinen Preis von A nach B und bieten dir dabei auch noch die Chance, neue Leute kennenzulernen. Nette Gespräche sind so garantiert vorprogrammiert! Natürlich sollte aber nicht nur die Anreise möglichst günstig sein – auch wenn es um Übernachtung und Verpflegung geht, lässt sich eine Menge Geld sparen.

Luxushotel oder einfaches Zelt: Hier liegt eine Menge Sparpotenzial

Entscheidest du dich dafür, in einem Luxushotel mit All-Inclusive-Angebot direkt am Strand zu residieren, dann wirst du dich nicht über die immensen Preise wundern müssen: Willst du viel, musst du in der Regel auch viel dafür ausgeben. Hast du jedoch nicht ganz so hohe Ansprüche und zeigst dich etwas bescheidener, kannst du deutlich günstiger davonkommen. Wie wäre es denn beispielsweise mit einem Hostel anstatt eines Hotels? Hostels bieten gerade jungen Menschen die Möglichkeit einer kostengünstigen Übernachtung.

Zwar musst du dir dabei wahrscheinlich mit anderen Menschen ein Zimmer teilen, zahlst dafür jedoch nur einen Bruchteil davon, was du für ein Hotelzimmer ausgeben müsstest. Reist du mit Freunden, könnt ihr euch auf diese Weise ein Zimmer teilen. Bist du hingegen allein unterwegs, könnte ein Hostel dennoch genau das Richtige für dich sein: Kaum eine andere Gelegenheit bietet sich so gut an, um neue Leute kennenzulernen, die genau das gleiche vorhaben wie du: herumreisen und Spaß haben. Und ist es nicht gleich viel schöner, den Urlaub mit anderen gemeinsam zu verbringen, anstatt seine Freude für sich allein zu behalten?

Wählst du ein Hostel, bist du in der Regel selbst für deine Verpflegung verantwortlich. Doch keine Sorge: In den meisten Fällen ist auch das deutlich günstiger, als täglich im hoteleigenen Restaurant zu speisen. Vielleicht findest du ja auch eine Unterkunft mit einer Gemeinschaftsküche, in der du mit anderen kochen oder deine eigenen Speisen zubereiten kannst. Vor allem Airbnbs bieten diese Möglichkeit an. Reist du mit anderen gemeinsam oder hast auf deiner Reise neue Leute in Hostels kennengelernt, könnt ihr diese Option für eure Übernachtungen in Betracht ziehen. Eine Wohnung über das Portal Airbnb zu mieten muss nicht zwangsläufig teurer sein als ein Hostelbett, lässt aber meist mehr Freiheiten zu: Gerade dann, wenn du eine ganze Wohnung mit Freunden mietest, kannst du die Küche mitbenutzen. Und mit etwas Glück gehört ja auch ein Pool oder zumind-

est ein Garten zur eigenen Anlage und überlässt dir ein Gefühl von Luxus. Wenn du es hingegen etwas einfacher magst und keine besonders hohen Ansprüche hast, ist möglicherweise auch ein Camping-Urlaub genau das Richtige für dich. Für die meisten Länder musst du zwar für deinen Aufenthalt auf Campingplätzen bezahlen, während du außerhalb dieser Plätze nicht campen darfst, allerdings gibt es auch Ausnahmen: Gerade in Skandinavien steht es dir frei, da zu übernachten, wo du möchtest, ohne dafür etwas bezahlen zu müssen – vorausgesetzt du achtest auf die Natur und fügst dieser keinen Schaden zu.

So kannst du dir den Traum vom Ausland mit wenig Geld erfüllen

- Arbeite schon in deiner Schulzeit in den Ferien und spare das Geld.

- Geburtstags- oder Weihnachtsgeld? Ab ins Sparschwein damit!

- Sei ein Pfennigfuchser: Preise zu vergleichen kann enorme Kosten einsparen.

- Checke die günstigsten Optionen – ob Flug, Bahn, Auto oder Mitfahrgelegenheit!

- Es gibt deutlich mehr Übernachtungsmöglichkeiten als Hotels – die noch dazu günstiger sind.

- Dich selbst zu versorgen spart eine Menge Geld.

6.8 Darauf solltest du bei der Reiseplanung achten

Ob einfacher Urlaub oder mehrmonatiger Auslandsaufenthalt, bei der die Arbeit im Vordergrund steht – eine Reise sollte immer gut geplant sein und nicht überstürzt stattfinden – dann zumindest, wenn du sichergehen willst, dass alles nach deinen Vorstellungen abläuft und du dich aufgrund deiner Vorbereitungen auch sicher fühlen kannst. Besonders, wenn du im Ausland arbeiten und nicht nur urlauben willst, solltest du dich frühzeitig um die Bewerbungen kümmern. Im Normalfall ist es nötig, dich schon mehrere Monate oder sogar ein ganzes Jahr vorher zu bewerben. Allein der Bewerbungsprozess kostet schließlich eine Menge Zeit. Solltest du darüber hinaus noch eine Unterkunft vor Ort und ein Visum benötigen, kann sich alles ganz schön in die Länge ziehen. Schreibe dir am besten eine Liste mit allen To-dos, die du nach und nach abarbeiten kannst. Auf deiner To-do-Liste sollten neben den Bewerbungen selbst auch das Organisieren einer Unterkunft und eines Visums sowie das Abschließen von passenden Versicherungen und Bankkonten stehen. Eine Auslandskrankenversicherung und ein Bankkonto inklusive Kreditkarte, das du problemlos und ohne zusätzliche Kosten auch im Ausland nutzen kannst, sind dabei absolute Pflicht. Informiere dich auch, ob du besondere Impfungen, einen internationalen Führerschein oder Vollmachten deiner Eltern benötigst.

Nicht nur in Bezug auf deine To-dos ist das Anfertigen einer Liste praktisch – auch wenn es um das Gepäck geht. Du kannst alle Kleidungsstücke und Utensilien, die du während deines Aufenthalts benötigen könntest,

daraufsetzen. So stellst du sicher, dass du garantiert nichts vergisst und auch vor Ort nichts vermisst. Gerade bei längeren Aufenthalten ist es jedoch sinnvoll, dich beim Gepäck etwas zurückzuhalten: Sicherlich willst du dir auch vor Ort etwas Neues kaufen und wenn du nicht gerade mitten im Nirgendwo verweilst, kannst du dir jederzeit das kaufen, was du benötigst. Schweres Gepäck behindert besonders beim Umherreisen enorm und kann sich als äußerst lästig erweisen. Lediglich eine gut ausgestattete Reiseapotheke, feste Outdoorkleidung, elektronische Geräte und eine Menge Sonnencreme solltest du auf jeden Fall mitnehmen – diese Sachen wirst du vor Ort garantiert ständig brauchen und gerade Sonnencreme ist im Ausland häufig besonders teuer.

Eine Packliste, die dir dabei hilft, an alles Wichtige zu denken

https://www.urlaubsguru.de/reisemagazin/checkliste-fuer-den-sommerurlaub/

Eine Liste mit allen wichtigen Erledigungen, die du vor deinem Auslandsaufenthalt beachten solltest

https://www.auslandsaufenthalt.org/auslandsaufenthalt-checkliste.php

Kapitel 7 - Ausbildung & Studium

7.1 Wie findest du heraus was du beruflich machen möchtest?

Du hast deinen Schulabschluss in der Tasche und damit steht es dir frei, selbst zu entscheiden, wohin deine weitere Lebensreise gehen wird. Falls du dich dagegen entscheidest, eine Auszeit zu nehmen und beispielsweise ein Freiwilliges Soziales Jahr zu absolvieren oder die Welt zu bereisen, wirst du dich vermutlich mit den Möglichkeiten eines Studiums oder einer Ausbildung auseinandersetzen. Hierbei solltest du dich unbedingt nach deinen eigenen Interessen und Fähigkeiten richten und nicht danach, welcher Berufsweg das beste Gehalt oder die besten Aufstiegschancen verspricht. Immerhin dauert eine Ausbildung meist drei Jahre, ein Studium häufig noch viel länger. Dich durch diese Zeit durchzuquälen, obwohl du keinen Spaß an dem hast, was du machst, wird dich nicht weiterbringen. Entscheidest du dich für eine Ausbildung oder für ein Studium, dann vermutlich aus dem Grund, dass du auch nach deinem Abschluss in diesem Bereich weitermachen möchtest. Das ist allerdings nur dann sinnvoll, wenn dich deine Arbeit oder

dein Studium auch erfüllen. Orientiere dich also am besten an deinen Interessen. Dein Zeugnis kann dir hier vielleicht einen Hinweis geben: Zwar sind Noten nicht immer aussagekräftig, doch sie können dir unter Umständen als Entscheidungshilfe dafür dienen, wie es weitergehen soll. Bist du konstant schlecht in Mathe gewesen, sind eine Ausbildung oder ein Studium in diesem Bereich womöglich nichts für dich. Dazu zählt nicht nur ein reines Mathematikstudium – bei zahlreichen Studiengängen und Ausbildungsarten spielt Mathe eine wichtige Rolle, auch wenn es anfangs nicht danach aussieht. Gerade im Bereich BWL wirst du vermutlich viel mit Mathe zu tun haben, doch auch als Informatiker wirst du nicht darum herumkommen, die eine oder andere Matheaufgabe zu lösen. Informiere dich also genau darüber, welche Fähigkeiten gefordert werden, wenn du dich für einen Studien- oder Ausbildungsplatz entscheidest. Viele Studiengänge und Ausbildungsarten sind so vielschichtig, dass dir auf den ersten Blick sicher nicht bewusst ist, was alles dahintersteckt und welche Aufgaben dich dabei tatsächlich erwarten. Hilfreich ist es auch, sich mit anderen Auszubildenden oder Studenten in Verbindung zu setzen und diese nach ihrer ganz persönlichen Meinung zu fragen. Vielleicht kennst du ja Leute, die du um Rat fragen kannst. Wenn nicht, bietet das Internet Wege, um bestimmte Studenten oder Auszubildende ausfindig zu machen. Gegen das Ausgeben eines Kaffees oder bei einem gemeinsamen Bier wird dir die eine oder andere Person sicher bereitwillig Auskunft erteilen. Im Internet vermittelt dir die Webseite wayweiser.de direkt Studierende als Ansprechpartner, die dir deine Fragen beantworten.

Praktika helfen dabei, Arbeitsluft zu schnuppern und einen realen Eindruck zu erhalten

Was in der Theorie einfach klingt, muss es in der Praxis nicht sein. Den besten Eindruck erhältst du also nicht nur, indem du dich tiefergehend über die Inhalte verschiedener Studiengänge oder Ausbildungen informierst, sondern dann, wenn du in den Alltag eines entsprechenden Studenten oder Auszubildenden hineinschnupperst. Praktika sind dafür ideal. In einem Praktikum kannst du selbst mitanpacken und die eine oder andere Aufgabe meistern, die dir möglicherweise auch in Zukunft bevorsteht. Doch nicht nur das: In den meisten Fällen ist ein Praktikum nicht das reine Arbeiten für lau, (viele Praktika sind unbezahlt oder bringen zumindest nur ein kleines Taschengeld ein) sondern auch die Möglichkeit, jede Menge dazuzulernen. Da du aufgrund mangelnder Arbeitserfahrung nicht direkt voll einsteigen kannst, bedeutet das, dass du zunächst einmal einen Überblick über die verschiedenen Aufgabenbereiche eines Unternehmens und eine ausführliche Einweisung in den Job erhältst. Außerdem hast du die Chance, jede Menge Fragen zu

stellen, die dir unter den Nägeln brennen. Je nachdem, wie lange dein Praktikum geht, lernst du dabei auch wichtige Fähigkeiten, die dir im weiteren Berufsleben zugute kommen. Auch macht sich ein Praktikum immer gut in deiner Bewerbung: Zukünftige Arbeitgeber erkennen, dass du dich vorher schon mit dem entsprechenden Job auseinandergesetzt hast und weißt, was auf dich zukommt. Die Wahrscheinlichkeit, dass du deine Ausbildung abbrichst, ist damit deutlich geringer, was bedeutet, dass du vielleicht sogar bessere Chancen hast, den Job überhaupt zu bekommen.

TIPP:

Auch wenn Praktika bei den meisten Studiengängen und auch in der Schule Pflicht sind, ist es immer eine gute Idee, Schul- oder Semesterferien dazu zu nutzen, um ein freiwilliges Praktikum zu absolvieren. Auf diese Weise hast du die Möglichkeit, deutlich mehr Praktika zu machen als vorgesehen. Hinzu kommt, dass du die Dauer und deinen Praktikumsort so selbst bestimmen kannst, ohne an irgendwelche Bedingungen gebunden zu sein. Freiwillige Praktika machen sich besonders gut in deinem Lebenslauf: Dein zukünftiger Vorgesetzter sieht auf diese Weise, dass du dich wirklich für den Job interessierst – und zwar so sehr, dass du dafür wertvolle Freizeit opferst und auf einen Teil deiner wohlverdienten Ferien verzichtest.

Auch als Nicht-Student in den Genuss von Vorlesungen kommen

Während du mithilfe eines Praktikums herausfinden kannst, ob ein bestimmter Ausbildungsplatz das Richtige für dich ist, sieht es bei einem Studium anders aus. Immerhin ist es nicht möglich, einfach ein Praktikum in der Uni für einen bestimmten Studiengang zu absolvieren. Allerdings ist es an vielen Unis und Fachhochschulen üblich, als Gasthörer an Vorlesungen teilzunehmen. Wenn du dich dafür mit der entsprechenden Hochschule oder Uni in Verbindung setzt, bekommst du sicher die Chance, schon vorher in den Genuss der einen oder anderen Vorlesung zu kommen und zu schauen, ob dich die entsprechenden Themen wirklich interessieren oder ob das Studentenleben überhaupt etwas für dich ist.

Das Tool der Agentur für Arbeit hilft dir dabei, ein für dich passendes Studium oder eine Ausbildung zu finden

LINK

https://www.arbeitsagentur.de/bildung/welche-ausbildung-welches-studium-passt

7.2 Lieber studieren oder eine Ausbildung beginnen?

Vielleicht weißt du schon während deiner Schulzeit, dass du nach Abschluss unbedingt studieren willst. Nicht jeder fühlt sich immerhin gleich nach Beendigung der Schule bereit dazu, voll ins Berufsleben zu starten. Die Uni oder eine Fachhochschule bieten dir deutlich mehr Freiheiten, als du sie als Schüler gewohnt warst. Trotzdem funktionieren sie nach einem ähnlichen Prinzip: Du lernst, schreibst Prüfungen und verbringst abgesehen von einigen praktischen Stunden jede Menge Zeit am Schreibtisch. Sicherlich hast du schon vom angenehmen Studentenleben gehört, das neben der Büffelei auch noch von Studentenpartys, einem wilden WG-Leben und langen Semesterferien geprägt ist. Vielleicht hast du aber auch das Gefühl, dass du mit Abschluss deiner Schulzeit mehr als genug Zeit mit Lernen verbracht hast und nun lieber etwas Praktisches tun und dabei auch dein erstes eigenes Geld verdienen willst. Möglicherweise weißt du aber auch noch nicht, für was du dich entscheiden sollst. Was also tun?

Entscheidungsunfreudig zu sein ist nicht zwangsläufig schlecht

Egal, wie du dich entscheiden solltest – deine Entscheidung muss nicht dein ganzes Leben beeinflussen. Im Gegenteil: Hast du eine abgeschlossene Ausbildung oder ein abgeschlossenes Studium in der Tasche, stehen dir deutlich mehr Möglichkeiten offen, als es davor

schon der Fall war. Solltest du dich nach Beendigung deiner Ausbildung also dafür entscheiden, doch noch zu studieren, ist das kein Problem. Häufig zahlt sich diese Wartezeit sogar aus. Startest du nach der Schule direkt ins Berufsleben, kannst du dir diese Zeit als Wartesemester anrechnen lassen. Falls du dich später für einen Studiengang entscheidest, für den ein bestimmter NC notwendig ist – also der Notendurchschnitt deines Abiturs – hast du unter Umständen deutlich bessere Karten. Jedes Semester, das du „wartend" verbringst – und ja, dazu zählt auch eine Ausbildung, solange du eben nicht studierst – verbessert sich dein Notendurchschnitt in der Theorie. Wartest du also lange genug mit dem Studium, kannst du so vielleicht sogar ein Studium aufnehmen, für das deine Noten eigentlich zu schlecht gewesen wären. Sich später also umzuentscheiden und nach Beendigung der Ausbildung doch noch zu studieren, hat noch weitere Vorteile: Hast du zuvor beispielsweise in der Krankenpflege gearbeitet und absolvierst später ein Medizinstudium, können dir deine zuvor gesammelten Erfahrungen enorm weiterhelfen. Dadurch verstehst du den Stoff nicht nur schneller oder besser, sondern kannst dein Studium sogar um ein paar Semester verkürzen. Auch wenn du dich für den umgekehrten Weg entscheidest, kannst du nur profitieren. Hast du ein Studium angefangen oder sogar abgeschlossen und möchtest dann eine Ausbildung beginnen, kannst du auch hier durch deinen Erfahrungsschatz

mit besonders guten Leistungen glänzen oder deine
Ausbildung verkürzen. Und auch, wenn du in einem
ganz anderen Bereich arbeiten oder studieren solltest
als zuvor, ist das noch lange kein Grund, an sich zu
zweifeln – immerhin hast du noch alle Zeit der Welt,
bis es wirklich an der Zeit sein sollte, mit beiden Bein-
en im Berufsleben zu stehen.

Ein Studium erfordert eine Menge Disziplin, entschädigt jedoch auch mit zahlreichen Vorteilen

Entscheidest du dich für ein Studium, solltest du in
jedem Fall bereit dazu sein, viel Zeit am Schreibtisch
zu verbringen – deutlich mehr, als es schon während
deiner Schulzeit der Fall war. Auch wenn du viel
vom ausschweifenden Studentenleben gehört hast
und es dir vorkommen sollte, als wenn ein Studium
lediglich aus Partys und gemeinsamen WG-Abenden
bestünde, ist das nicht der Fall. Je nach Studiengang
ist das Studium extrem fordernd. Nächtelang durch-
zulernen oder Wochenenden in der Bibliothek statt im
Fitnessstudio oder auf der Couch zu verbringen, sind
also keine Seltenheit. Natürlich lässt jedes Studium
Zeit frei, um sich mit Freunden zu treffen oder auch
mal nichts zu tun, doch gerade dann, wenn es auf
die Prüfungsphasen zugeht, kann es schnell stressig
werden. Anders als es in deiner Schulzeit vielleicht der
Fall war, reicht es dann nämlich nicht mehr aus, am
Abend vorher für einen Test zu lernen oder sich die
Unterlagen für eine Klassenarbeit auf der Busfahrt
zur Schule oder in den Pausen schnell anzusehen und

dennoch eine gute Note zu schreiben. Viele Prüfungen verlangen eine intensive Vorbereitung, was bedeutet, dass du wochenlang dafür büffeln musst. Kannst du dir vorstellen, wie anstrengend es dann ist, wenn du mehrere Prüfungen in einem relativ kurzen Zeitraum hintereinander schreibst?

Auch wenn ein Studium extrem anstrengend und kräftezehrend sein kann, so besonders ist diese Zeit trotzdem. Auch wenn du wie zu deiner Schulzeit viel Zeit in Seminarräumen verbringst, die große Ähnlichkeit mit einem Klassenzimmer haben, lernst und über blöde Stundenpläne fluchst, hat ein Studium natürlich nicht nur Nachteile. Häufig kannst du dir deine Stundenpläne selbst zusammenstellen und hast zumindest eine kleine Auswahl, was die Fächer angeht, die du belegen möchtest. Abgesehen davon studierst du im Gegensatz zur Schulzeit genau das, was dich auch wirklich interessiert und musst dich nicht mit Fächern herumärgern, die dir absolut keinen Spaß bereiten. Eine Anwesenheitspflicht gibt es dabei für Vorlesungen häufig nicht. Solltest du am Vortag also doch mal zu lange gefeiert haben, kannst du also die eine oder andere Vorlesung auch mal sausen lassen – sofern du das mit deinem Gewissen vereinbaren kannst und trotzdem gut mit dem Stoff hinterherkommst.

Auch wenn es je nach Beruf nicht besonders viel sein mag, verdienst du während einer Ausbildung bereits dein eigenes Geld. Diesen Vorteil wirst du während eines Studiums nicht genießen können, sofern du dich nicht für ein Duales Studium entscheidest. Stattdessen kostet ein Studium eine ganze Menge. Auch wenn die klassischen Studiengebühren in Deutschland

schon längst der Vergangenheit angehören, gibt es jede Menge Kosten. Neben deinem Studium kannst du zwar jobben, um dir etwas Geld dazuzuverdienen, deine Eltern sponsern vielleicht sogar deinen akademischen Werdegang oder du zählst zu den Glücklichen, die sich über Bafög freuen können – trotzdem bedeutet ein Studium meist leider auch finanziell zurückzustecken. Große Reisen, ausgiebige Shoppingtouren oder teure Restaurantbesuche sind meistens nicht drin. Dafür kannst du im besten Fall all das aufholen, wenn du mit deinem Studium fertig bist und voll ins Berufsleben startest. Im Gegensatz zu einer Ausbildung kannst du dich dann nämlich direkt über ein normales Gehalt freuen, das mit den entsprechenden Fachkenntnissen deutlich höher liegen kann, als es allein mit einem Schulabschluss der Fall wäre.

Ideal für Lernmuffel und alle, die praktisch veranlagt sind: Eine Ausbildung

Machst du eine Ausbildung, kannst du dich von Beginn an über ein regelmäßiges Gehalt freuen. Häufig reicht ein Ausbildungsgehalt allein aber nicht aus, um dir eine eigene Wohnung zu leisten und nebenher noch alle Kosten zu begleichen, die anfallen, wenn du nicht mehr bei Mama und Papa wohnst. Warst du zuvor noch auf das Taschengeld deiner Eltern oder das heimliche Zustecken von Geld von Oma angewiesen, kann das jedoch eine Menge Geld für dich sein. Neben dem Ausbildungsgehalt sollten aber auch das Interesse an dem Inhalt und dein Wissen, das du aus der Schule mitbringst, endlich in die Tat umgesetzt werden. Du

kannst Neues erlernen und vor allem endlich praktisch tätig werden. Im Gegensatz zu einem Studium verbringst du während einer Ausbildung nämlich weitaus mehr Zeit damit, selbst mitanzupacken und tatsächlich zu arbeiten – und das nicht nur mit deinem Kopf. Allerdings sollte dir bewusst sein, dass du auch hier nicht gänzlich um das Lernen herumkommst. Auch wenn eine Ausbildung in den meisten Fällen einen deutlich geringeren Lernaufwand bedeutet als ein Studium, wird diese im Regelfall dennoch einen schulischen Teil beinhalten. Wie auch bei einem Studium gilt aber: Machst du eine Ausbildung, die dich thematisch interessiert und die du gerne und voller Leidenschaft absolvierst, dann wirst du vermutlich auch nur das lernen, was dir keine großen Probleme bereitet.

Eine sinnvolle Pro- und -Liste für Ausbildung und Studium

LINK

https://www.arbeitsagentur.de/bildung/ausbildung-oder-studium

7.3 Von Uni bis Berufsakademie: Die verschiedenen Hochschularten

Möglicherweise kommt dir in Bezug auf ein Studium direkt die Universität in den Sinn. Das ist vollkommen richtig – eine Universität ist die häufigste Art der Hochschule und bietet dir die Möglichkeit, nahezu jedes Studium aufzunehmen. Dennoch gibt es noch einige weitere Einrichtungen, die du in Betracht ziehen solltest, wenn du studieren möchtest. Neben Universitäten gibt es auch Fachhochschulen, Pädagogische Hochschulen, Musik- sowie Kunsthochschulen und weitere fachliche Ausrichtungen, Berufsakademien und vieles mehr. Doch wie gelingt es dir, den Überblick über all diese Möglichkeiten zu behalten und dich letztendlich für das Richtige zu entscheiden?

7.3.1 Die Universität

Das breiteste Fächerangebot findest du an der Universität. Egal ob Jura, Medizin, Sprachwissenschaften oder Lehramt – hier findest du garantiert einen Studiengang, der zu deinen Interessen passt. Im Gegensatz zu anderen Hochschularten ist das Studium an einer Universität vergleichsweise theoretisch. Auch wenn Praktika bei vielen Studiengängen dazugehören, wirst du die meiste Zeit in Vorlesungen und Seminaren verbringen, wenn du nicht gerade in der Bibliothek zu finden sein wirst. Praxisorientierte Veranstaltungen sind eher eine Seltenheit und vor allem in den naturwissenschaftlichen Studiengängen zu finden. Studierst du hingegen ein ohnehin schon theoretisches Fach, wie

etwa eine Sprache, wirst du möglicherweise nur theoretisches Wissen vermittelt bekommen. Wenn dir das sowieso besser liegt und du möglichst frei sein willst, was die Wahl deiner Fächerkombination und deines Stundenplans angeht, ist die Universität die richtige Wahl.

Nicht bei allen Studiengängen ist es notwendig, dich für ein Haupt- und ein Nebenfach zu entscheiden, bei den meisten Bachelor-Studiengängen allerdings schon. Kannst du dich nicht zwischen zwei völlig unterschiedlichen Fächern entscheiden, bietet sich hierbei die Möglichkeit, beide Fächer zu wählen. Genauso kannst du dich jedoch auch für zwei ähnliche Fächer entscheiden, um dir ein übergreifendes Wissen anzueignen. Studierst du an einer Universität, hast du vergleichsweise viele Freiheiten. Das bedeutet, dass du nicht nur zwischen verschiedenen Seminaren und Vorlesungen wählen, sondern auch den Schwerpunkt in deinem Studium individuell setzen kannst. Du willst unbedingt Geschichte studieren, interessierst dich aber nur für bestimmte Epochen? Kein Problem – in den meisten Fällen lässt sich das Studium so anpassen, dass du zumindest in den Hauptseminaren nur die Themen lernst, die dich wirklich ansprechen. Da Veranstaltungen mit Anwesenheitspflicht eher eine Seltenheit sind, steht es dir frei, dir verschiedene Themengebiete im Selbststudium anzueignen. Falls deine Professoren ohnehin dazu neigen, ihre Präsentationen lediglich vorzulesen, kannst du die Zeit nutzen und zu Hause oder in der Bibliothek lernen.

Während für Seminare häufig nur eine maximale Teilnehmerzahl vorgesehen ist, ist das bei Vorlesun-

gen nicht der Fall. Hier kommen je nach Vorlesung Studenten unterschiedlicher Studiengänge zusammen. Kein Wunder also, dass Professoren nicht immer den Überblick darüber behalten können, wer alles anwesend ist. Das gleiche gilt jedoch auch für dich: In den Vorlesungen und Seminaren triffst du immer wieder auf neue Leute und tust dich vielleicht schwer, bekannte Gesichter auszumachen. So ist es gerade am Anfang nicht besonders leicht Freundschaften zu schließen. Hinzu kommt dann, dass du vielleicht ohnehin nur wenige Wochenstunden auf deinem Stundenplan stehen hast und oft nur wenige Tage vollständig in der Uni verbringst. Viele Studenten lernen an den anderen Tagen Zuhause oder in der Bibliothek und du merkst, dass du auf dich allein gestellt bist. Studentenpartys, WGs mit bereits erfahrenen Studenten und von der Uni organisierte Freizeitveranstaltungen können dir jedoch dabei helfen, Bekanntschaften zu knüpfen und Anschluss zu finden.

TIPP:

Nicht für jeden ist das Studium an der Universität das Richtige. Brauchst du eine klare Struktur, fixe Fristen und feste Vorgaben, um nicht den Faden zu verlieren, orientierungslos zu sein oder Aufgaben immer wieder vor dir herzuschieben, ist ein Studium an einer Fachhochschule möglicherweise die bessere Wahl. Anders als in der Universität hast du dann nämlich einen festen Stundenplan mit nur wenig Auswahlmöglichkeiten. In den meisten Veranstaltungen herrscht

Anwesenheitspflicht und da völlig überfüllte Hörsäle mit teilweise Hunderten von Studenten eher eine Seltenheit sind, ist auch das Betreuungsverhältnis deutlich enger.

7.3.2 Die Fachhochschule

Studierst du an einer Fachhochschule, ist dein Studium deutlich verschulter, als es bei einer Universität der Fall ist. Besonders viele Freiheiten bei der Gestaltung deines Stundenplans – individuell nach Deinen Wünschen und Interessen – bleiben hierbei also nicht. Dafür sind alle Lehrveranstaltungen praxisorientierter. Auch Praktika nehmen einen hohen Stellenwert bei einem Fachhochschulstudium ein. Vielleicht ist sogar ein ganzes Praxissemester vorgesehen, in welchem du Vollzeit in einem Unternehmen oder einer anderen passenden Einrichtung tätig bist. Möchtest du an einer Fachhochschule studieren, stehen dir jedoch nicht ganz so viele Fächer zur Verfügung, wie es bei einer Universität der Fall ist. Im Normalfall umfasst das Fächerangebot von Fachhochschulen die Bereiche Architektur, Ingenieurwesen, Wirtschaft, Land- und Forstwirtschaft, Gestaltung und Design sowie Übersetzung.

7.3.3 Fachliche Hochschulen

Möchtest du nach Beendigung deiner Schulzeit die Rollen wechseln und selbst als Lehrer einsteigen, dann wirst du um ein Lehramtsstudium nicht herumkommen. Hier stehen dir verschiedene Möglichkeiten zur Verfügung. Neben der Universität, an der du verschiedene Fächer auf Lehramt studieren kannst, stehen dir in Baden Württemberg auch Pädagogische Hochschulen zur Verfügung. Diese sind den Universitäten gleichgestellt und haben sich darauf spezialisiert, Studenten zu Lehrern auszubilden. Auch hier kannst du wie an einer Universität Fächerkombinationen deiner Wahl auf Grund-, Haupt-, Real- oder Sonderschullehramt studieren. Wenn du dich zwar für Fächer wie Kunst oder Musik interessierst und am liebsten etwas in diesem Bereich studieren willst, ohne später aber an einer Schule tätig zu sein, bist du womöglich am besten an einer Kunst- oder Musikhochschule aufgehoben. Das Studium unterscheidet sich dabei stark von dem an einer Universität. Auch wenn du auch hier nicht um theoretischen Unterricht herumkommen wirst, liegt der Schwerpunkt natürlich auf der Praxis. Zu musizieren oder anderweitig künstlerisch tätig zu sein, wird also zu deinen täglichen Aufgaben gehören. Um nachzuweisen, dass du dem Studium tatsächlich gewachsen bist, gibt es meistens strenge Aufnahmeverfahren. Häufig ist es notwendig, eine Arbeitsmappe mit verschiedenen Arbeitsproben einzureichen. Auch eine Aufnahmeprüfung und ein Aufnahmegespräch sind völlig normal. Gegebenenfalls musst du sogar eine gewisse Vorbildung nachweisen. Auch wenn du sehr begabt sein solltest, ist es sinnvoll, sich hierfür entsprechend gut vorzubereiten. Immerhin geht es um deine Zukunft.

Bist du dir sicher, dass du beruflich unbedingt im theologischen Bereich arbeiten möchtest, bietet es sich an, an einer kirchlichen oder theologischen Hochschule zu studieren. Auch hier gilt: Theologie gehört mittlerweile zur Fächerauswahl zahlreicher Universitäten, sodass kirchliche Hochschulen mit der Zeit immer weniger werden. Bevorzugst du aber einen festen Lehrplan und eine Hochschule, die sich genau darauf spezialisiert hat, bist du hier vermutlich am richtigen Ort. Kirchliche Hochschulen sind nicht nur den Universitäten gleichgesetzt, sondern auch der Abschluss ist damit staatlich anerkannt. Das gilt auch für Hochschulen mit anderer fachspezifischer Richtung. Medizinische, tierärztliche oder filmische Hochschulen bieten Studenten eine für sie passgenaue Ausbildung an.

7.3.4 Private Hochschulen

Hast du das nötige Kleingeld und willst dieses unbedingt in deine Bildung investieren, hast du dir vielleicht sogar schon einmal überlegt, an einer privaten Hochschule zu studieren. Im Gegensatz zu staatlichen Hochschulen ist das Studium kostenpflichtig und schlägt mit enormen Studiengebühren zu Buche. Mit Kosten von rund 500 Euro pro Monat oder auch mehr musst du rechnen. Allerdings bekommst du dafür meist einiges geboten: Da vergleichsweise wenige Studenten an privaten Hochschulen studieren, ist das Betreuungsverhältnis deutlich kleiner, als es bei staatlichen Universitäten und Hochschulen der Fall ist. Kleine Klassen, eine individuelle Betreuung durch die Professoren sowie eine ideale Lernumgebung sorgen dafür,

dass du all das hast, was es zum optimalen Lernen braucht. Überfüllte Hörsäle, das Warten über mehrere Semester auf den gewünschten Kurs, kaputte Computer oder fehlende Lehrbücher sowie Dozenten, die ihre Studenten namentlich nicht kennen – all das wirst du an einer privaten Hochschule vermutlich nicht erleben. Stattdessen steht bei privaten Hochschulen die Qualität der Bildung im Vordergrund – und das kostet nun einmal eine ganze Menge.

7.3.5 Berufsakademien

Möchtest du während deines Studiums lieber jede Menge Geld verdienen, anstatt irrsinnig viel Geld auszugeben, ist die Berufsakademie möglicherweise die beste Wahl. Eine Berufsakademie oder Duale Hochschule, wie diese Hochschulart noch genannt wird, verbindet Studium und Ausbildung miteinander. Im Wechsel studierst du an der Hochschule und absolvierst eine dazu passende Ausbildung in einem Unternehmen. Damit hast du nach drei Jahren beides in der Tasche: Einen Hochschulabschluss sowie eine abgeschlossene Ausbildung. Im besten Fall hast du während dieser drei Jahre außerdem so gut verdient, dass du keine oder kaum Schulden machen musstest. Klingt perfekt? Ist es auch – sofern du die Abwechslung magst und bereit dazu bist, dich den Herausforderungen zu stellen, die Studium und Ausbildung mit sich bringen. Nach Beendigung des Studiums bleiben die meisten Absolventen in dem Unternehmen ihrer Wahl angestellt, sodass du dir am besten schon zu Beginn deines Studiums sicher sein solltest, was du wirklich machen

willst. Diese Sicherheit ist auch notwendig, um das Studium durchziehen zu können – immerhin ist diese doppelte Belastung nicht für jeden zu stemmen.

Ein Test, der dir Aufschluss darüber gibt, welche Hochschulart die Richtige für dich ist

https://www.studis-online.de/StudInfo/ welcher-hochschultyp.php

7.4 So kannst du dein Studium finanzieren

Für viele Studenten bedeutet das Studium eine Zeit des finanziellen Verzichts. Je nachdem, wie lange dein Studium geht und ob du nach deinem Bachelorabschluss vielleicht sogar noch den Master dranhängen möchtest, kann das bedeuten, lange Zeit zurückzustecken. Ausgiebige Shoppingtouren und teure Reisen sind also eher eine Seltenheit. Stattdessen stehen bei den meisten Studenten einfache Gerichte auf dem täglichen Speiseplan, statt eigener Wohnung gibt es eine WG und Urlaube sind häufig eher kurz gehalten. Wie viel Geld dir während deines Studiums zur Verfügung steht, hängt jedoch von vielen Faktoren ab: Befindet sich die Hochschule in der Nähe deines Elternhauses, sodass du die Möglichkeit hast, weiterhin bei deinen Eltern zu wohnen, fallen die Kosten für die Miete unter Umständen weg. Besuchst du eine Berufsakademie, verdienst du

außerdem Geld, anstatt eine Menge Geld ausgeben zu müssen, wie es beispielsweise bei einer privaten Hochschule der Fall ist. Dennoch kann es nicht schaden zumindest ein wenig finanzielle Unabhängigkeit zu erlangen und schon während des Studiums zu jobben. Gerade für Studenten gibt es zahlreiche Möglichkeiten, an gut bezahlte Jobs zu kommen, die sich problemlos mit dem Studium unter einen Hut bringen lassen.

Werkstudentenjobs sind gut bezahlt und lassen sich an das Studium anpassen

Bist du immatrikulierter Student, stehen dir Werkstudentenjobs zur Verfügung, mit denen du nicht nur für ein regelmäßiges Einkommen neben deinem Studium sorgen kannst, sondern außerdem auch noch Praxiserfahrung erlangst und schon einmal erste Kontakte zu verschiedenen Unternehmen und Unternehmern knüpfst. Diese Arbeitserfahrung erleichtert dir den Schritt ins Berufsleben enorm: Viele Werkstudenten werden nach Beendigung ihres Studiums von den entsprechenden Unternehmen übernommen. Das erspart dir nicht nur eine stressige Einarbeitungszeit, sondern auch noch langwierige Bewerbungsphasen. Zudem arbeitest du in einem Team, das du dann nicht nur gut kennst, sondern im besten Falle auch noch gerne magst. Ein Werkstudentenjob muss aber nicht zwangsläufig etwas mit deinem Studium zu tun haben, auch wenn das natürlich jede Menge Vorteile bringt. Im Normalfall kannst du dich über ein Gehalt freuen, das deutlich über dem Mindestlohn liegt. Außerdem hast du geringe Abgaben – genügend Gründe also, um dich frühzeitig um einen

Werkstudentenjob zu kümmern, sofern du neben deinem Studium die Zeit dafür aufbringen kannst.

Nicht umsonst so beliebt: Das Bundesausbildungsförderungsgesetz (BAföG)

Das wohl beliebteste finanzielle Hilfsmittel – neben hilfsbereiten Eltern – ist wohl BAföG. Wahrscheinlich hast du schon öfter von dem Bundesausbildungsförderungsgesetz gehört, wie BAföG ausgeschrieben heißt – und sicherlich nicht nur Gutes. Zugegeben: Einen BAföG-Antrag zu stellen gleicht einer Wissenschaft. Eine ganze Menge Regeln und Ausnahmen machen Studenten das Leben nicht unbedingt leicht, wenn es darum geht, diese finanzielle Unterstützung zu erhalten. Solltest du dich aber erfolgreich durch den Formular-Dschungel gekämpft haben und erhältst Anspruch auf diese Förderung, so kannst du dich über bis zu 752 Euro pro Monat freuen. Als Voraussetzung gilt noch, dass du unter 25 Jahre alt bist und nicht bei deinen Eltern lebst. Natürlich gibt es dieses Geld nicht geschenkt (leider), aber lohnend ist BAföG dennoch allemal: Immerhin musst du nach Beendigung deines Studiums lediglich 50 Prozent deiner erhaltenen Förderungssumme zurückgeben. Keine Sorge: Unendlich hohe Schulden kannst Du auf diese Weise nicht anhäufen, denn die Kosten sind auf

10.000 Euro begrenzt. BAföG zu beziehen lohnt sich also in mehrfacher Hinsicht. Allerdings kann es eine Menge Gründe geben, weshalb die Förderung nicht für alle bewilligt wird. Hast du ein bestimmtes Alter überschritten, verdienen deine Eltern zu gut oder hast du mehrmals den Studiengang gewechselt, können das Gründe sein, die dir den BAföG-Anspruch entziehen. Somit bist du gezwungen, dir eine andere Möglichkeit zur Finanzierung deines Studiums zu überlegen: Eine Option hierfür könnte ein Stipendium sein.

Nicht nur Hochbegabte haben die Chance auf ein Stipendium

Es gibt zahlreiche Begabtenförderungswerke und Stiftungen, die begabte Studenten finanziell unterstützen. Das Deutschlandstipendium beispielsweise, das einkommensunabhängig ist, unterstützt Studenten mit einem Betrag von 300 Euro pro Monat. Hierfür bewirbst du dich direkt an einer Hochschule, die das entsprechende Stipendium anbietet. Doch auch andere Förderungen und Stiftungen können dir eine große finanzielle Hilfe bieten. Keine Sorge: Auch wenn im Normalfall außergewöhnlich gute Leistungen gefordert werden, hast du auch dann reelle Chancen, wenn dein Abiturzeugnis nicht nur aus lauter Einsen besteht. Viele Stipendien werden nämlich gar nicht erst vergeben, weil es schlichtweg nicht genügend Bewerber gibt. Dich für ein Stipendium zu bewerben kostet außerdem nichts und bedeutet nur einen minimalen Aufwand, es kann dir aber eine große finanzielle Entlastung bieten. Also gilt: Unbedingt einmal ausprobieren!

Ob als Nachhilfe oder Babysitter – die Optionen sind vielfältig

Zählst du weder zu den Glücklichen, die sich über BAföG freuen können, noch hast du ein Stipendium ergattert? Und für einen Werkstudentenjob mit regelmäßigen Arbeitszeiten fehlt dir neben deinem Studium die Zeit? Gerade als Student kannst du dir ein mehr oder weniger großes „Taschengeld" verdienen, indem du als Babysitter jobbst oder Schülern Nachhilfe gibst. Hierfür gibt es eine Menge Bedarf und gerade dann, wenn du ein klassisches Schulfach studierst, stehen deine Chancen gut, dir mithilfe von Nachhilfe eine kleine Finanzspritze zu verschaffen. Babysitter- oder Nachhilfejobs sind meist deutlich weniger zeitaufwendig, als die meisten Werkstudentenjobs, können aber dennoch einiges an Geld einbringen. Außerdem lassen sich Arbeitszeiten meistens spontan ausmachen. Vielleicht hast du ja auch großen Spaß daran, mit Kindern zusammenzuarbeiten? Dann wären Jobs wie diese ohnehin ideal für dich. Und: Wenn du ohnehin auf Lehramt studierst, ist ein Nachhilfejob die beste Chance für dich, schon zu Beginn deines Studiums herauszufinden, wie es sich denn tatsächlich als Lehrer arbeitet – und das ganz ohne Praktikum.

7.5 Von der Bewerbung bis zur Festanstellung

Möchtest du dich bei einem Unternehmen bewerben, spielt es im Normalfall keine Rolle, welchen Schul- oder Hochschulabschluss du in der Tasche hast, ob

du dich für einen „richtigen" Vollzeitjob bewirbst, ob du eine Ausbildung absolvieren möchtest oder ob du lediglich nach einem Werkstudentenjob suchst – alle Bewerbungen sollten nach einem bestimmten Prinzip aufgebaut sein:

- Anschreiben

- Lebenslauf

- Zeugnisse (Schule, Studium, Ausbildung)

- Zertifikate und Bescheinigungen

- Praktikums- und Arbeitszeugnisse

Je nachdem, wie viel Berufserfahrung du bereits gesammelt hast und wie deine schulische und akademische Laufbahn aussieht, ist deine Bewerbungsmappe mehr oder weniger umfangreich. Die Bewerbungsmappe wird dabei zwar als solches bezeichnet, meint heutzutage allerdings meist nicht mehr als eine zusammengefügte PDF-Datei, die du per E-Mail verschickst. Die wenigsten Institutionen und Unternehmen bevorzugen heute noch eine Bewerbung in Papierform. In der Regel schickst du Bewerbungen per E-Mail ab oder nutzt direkt das entsprechende Formular, das auf der Bewerbungsseite von Universitäten und Unternehmen zu finden ist. Gibt es ein solches Formular nicht, verfasst du deine Unterlagen auf dem Computer. Alle wichtigen Dokumente werden eingescannt und Lebenslauf und Anschreiben per Computer geschrieben. Am besten wählst du ein einheitliches und schlichtes

Design für beides. Hier kannst du selbst kreativ werden oder eine entsprechende Vorlage aus dem Internet nutzen. Viele Internetseiten bieten dir die kostenlose Möglichkeit, Vorlagen zu nutzen und lediglich den Text anzupassen. Mithilfe eines PDF-Konvertierers reihst du anschließend alle Dateien aneinander und schickst diese als ein Dokument ab – fertig!

Solltest du Erfolg haben und stoßen deine Bewerbungsunterlagen auf Begeisterung, erhältst du eine positive Rückmeldung und wirst zum Vorstellungsgespräch eingeladen. Um dich optimal auf ein Vorstellungsgespräch vorzubereiten, empfiehlt es sich, sich zunächst ausreichend über die entsprechende Stelle und das Unternehmen zu informieren. Was weißt du alles über das Unternehmen und wofür ist es bekannt? Was motiviert dich dazu, eine solche Stelle anzunehmen und wieso gerade bei diesem Unternehmen? Fragen wie diese sind alles andere als eine Seltenheit. Bereite dich also gut vor und überlege dir am besten schon im Vorfeld mögliche Fragen, die dir gestellt werden könnten, um direkt eine Antwort parat zu haben.

Alles Wichtige zur Bewerbungsmappe - Was unbedingt mit rein muss und was besser nicht

LINK

https://karrierebibel.de/bewerbungsmappe/

7.6 Worauf kommt es wirklich an im Berufsleben?

Steigst du nach Beendigung der Schule oder der Uni ins Berufsleben ein, wird sich dein Leben grundlegend ändern. Nicht nur, dass du (endlich) dein wohlverdientes Gehalt verdienst, einem geregelten Tagesablauf nachgehst (im Gegensatz zur wilden Studentenzeit) und plötzlich doch seriös wirken musst, sind Fähigkeiten gefragt, mit denen du zuvor möglicherweise kaum zu tun hattest. Umso wichtiger ist es also, sich darüber bewusst zu werden, welche Skills in den meisten Jobs heutzutage wirklich gefragt sind – und wie du sie dir aneignen kannst, sofern du sie nicht schon längst beherrschst.

Gestehe dir und anderen deine Fehler ein

Fehler gehören zum Berufsweg dazu. Gerade am Anfang deiner beruflichen Karriere wirst du eine ganze Menge Fehler machen. Keine Sorge: Das ist auch

vollkommen richtig und gut so. Nur, wer Fehler macht, kann daraus lernen und es beim nächsten Mal anders machen. Fehler zu machen muss dir also nicht unangenehm sein. Dafür solltest du jedoch dazu stehen und nicht versuchen deine Fehler zu vertuschen oder gar auf andere abzuwälzen. Gib zu, wenn du etwas falsch gemacht hast, entschuldige dich und lass dir die Aufgabe noch einmal erklären.

Lasse keine Gelegenheit aus, um Kontakte zu knüpfen

Sicherlich hast du schon öfter von der Wichtigkeit des Vitamin B im Berufsleben gehört. Fehlen dir noch wichtige Kontakte, weil du nicht mit wohlhabenden Eltern oder einem riesigen Freundeskreis glänzen kannst? Bedenke: Kontakte fallen den wenigsten in den Schoß, stattdessen kann jeder selbst entscheiden, wen er kennenlernt. Nutze also Praktika, Jobs, Messen und Veranstaltungen, um mit Menschen aus verschiedenen Branchen in Kontakt zu treten. Auf diese Weise kannst du dir so früh wie möglich ein großes Netzwerk aufzubauen, von dem du dein ganzes Leben lang profitieren kannst.

Scheitern gehört unbedingt dazu

Genauso wie Fehler dazugehören, gehört auch das Scheitern auf deinem Berufsweg dazu. Nicht bestandene Prüfungen, keine Rückmeldungen auf

Bewerbungen oder eine Absage nach einem vielversprechenden Vorstellungsgespräch – im Laufe deines Lebens wirst du häufig scheitern. Anstatt den Kopf in den Sand zu stecken und dir Vorwürfe zu machen oder aufzugeben, solltest du dich über die Erfahrung freuen, die du machen konntest. Und auch, wenn du auf diese Weise vielleicht nicht den Weg gehen solltest, den du dir für dein Leben immer erträumt hattest, ist das kein Weltuntergang. Nicht umsonst heißt es schließlich, dass sich neue Türen öffnen, wenn andere sich schließen.

Sei teamfähig und offen gegenüber anderen Personen

Auch wenn du vielleicht gerne mal für dich allein bist und nicht immer jemanden um dich herum brauchst, solltest du in den meisten Jobs offen auf andere zugehen können und bereit sein, im Team zu arbeiten. Eigenbrötelei wird meist nicht gerne gesehen und gerade Personaler bevorzugen Bewerber, die Eigeninitiative zeigen, sich schnell in vorhandene Teams eingliedern und mit Menschen unterschiedlicher Art umgehen können. Eine Vielzahl von Aufgaben lässt sich nicht nur deutlich schneller im Team lösen, sondern macht dabei auch noch mehr Spaß. Versuche also, aus dir herauszukommen und aktiv den Kontakt zu anderen zu suchen.

Ruhe dich nicht auf deinen Lorbeeren aus

Du hast einen tollen Schul- oder Studienabschluss in der Tasche und deinen Traumjob ergattert? Herzlichen Glückwunsch! Auch wenn du scheinbar alles erreicht hast, was du wolltest, ist das aber noch längst kein Grund, dich auf deinem Erfolg auszuruhen. Möchtest du weiter auf der Karriereleiter hochklettern, dann musst du aktiv etwas dafür tun. Jahrelang auf einem konstanten Niveau zu bleiben bringt weder dir noch dem Unternehmen einen langfristigen Nutzen. Ergreife also die Chance und bilde dich weiter. Fortbildungen bieten eine gute Möglichkeit dafür.

TIPP:

Verschiedene Fähigkeiten, die im Berufsleben von Notwendigkeit sind, erlangst du im Laufe der Zeit sicherlich von selbst – dann nämlich, wenn du immer mehr Erfahrung sammelst und darauf aufbauen kannst. Dennoch ist es ratsam, sich schon während der Schul- und Studienzeit mit verschiedenen Skills auseinanderzusetzen, die du später brauchen wirst. Praktika, Präsentationen, Auslandsaufenthalte, Nebenjobs und fachfremde Veranstaltungen wie Sprach- und Computerkurse – es gibt eine Menge Möglichkeiten, wie du deinen Berufseinstieg vorbereiten kannst und das noch, bevor es soweit ist.

Kapitel 8 - Rechte & Pflichten

Du hast die magische Schwelle des 18. Geburtstags hinter dich gebracht und kannst dich nun zu den Erwachsenen zählen. Deswegen hast du auch allen Grund, dich zu freuen! Das Leben als Volljähriger bietet dir eine Fülle an Vorteilen: Du darfst nun allein Auto fahren, du darfst wählen gehen, du kannst dir eine eigene Wohnung mieten und noch viele weitere Dinge stehen dir bevor. Wie du siehst, erwartet dich mit 18 ein breites Repertoire an neuen Rechten, dir werden zwangsweise aber auch neue Pflichten auferlegt. Du bist nun beispielsweise vollständig strafmündig. Außerdem darfst du ab sofort 40 Stunden pro Woche arbeiten. Die entsprechende gesetzliche Verankerung zur Volljährigkeit findest du übrigens im § 2 BGB (oder auch: Bürgerliches Gesetzbuch). Diese besagt, dass du mit der Vollendung des 18. Lebensjahres offiziell nicht mehr als Kind giltst, sondern als Erwachsener. Allerdings war es bis 1974 noch nicht so, dass du mit 18 bereits volljährig bist. Bis dahin lag die Altersgrenze noch bei 21 Jahren. Insgesamt kannst du dich also erst einmal deines Lebens freuen und genießen, dass du jetzt endlich deine eigenen Entscheidungen treffen kannst. Beachte aber auch, dass du dich ab sofort auch

für dein Handeln rechtfertigen musst! Wir möchten dir innerhalb der nun folgenden Abschnitte gern einmal alle neuen Rechte und Pflichten aufzeigen, die dich als frischgebackener Volljähriger erwarten. Gleichzeitig möchten wir dir ein paar hilfreiche Tipps und Tricks zum Thema Eigenverantwortung mit auf den Weg geben – wir wünschen dir viel Spaß beim Lesen!

8.1 Das Erwachsensein aus juristischer Sicht

Zunächst einmal: Mit 18 Jahren steht dir ab sofort ein umfassender Katalog an Rechten zur Verfügung, die du bis dahin nicht genossen hast. Du bist ab sofort vollständig geschäftsfähig, zum anderen aber auch komplett strafmündig. Weiterhin bist du ab sofort zur Eheschließung berechtigt und kannst außerdem das alleinige Sorgerecht für deine Kinder erhalten. Wir zeigen dir in den nun folgenden Unterabschnitten zunächst, was es mit dem Erwachsensein aus juristischer Sicht auf sich hat.

Mit 18 bist du vollständig geschäftsfähig

Mit 18 Jahren erreichst du nun die unbeschränkte Geschäftsfähigkeit und bist für dein finanzielles Tun und Handeln komplett selbst verantwortlich! Das heißt unter anderem, dass du nun Kaufverträge oder Mietverträge abschließen darfst. Gleichzeitig kannst du nun auch selbstständig Kreditverträge abschließen

oder Girokonten eröffnen, Aktien kaufen und weitere Geschäfte eigenständig durchführen – doch zu dieser Thematik an späterer Stelle noch weitere Informationen. Aber aufgepasst! Hat dich das vielleicht bis dahin vor potenziellem Schaden bewahrt, so zählt deine Unterschrift unter Kaufverträgen ab sofort – und zwar unwiederbringlich!

TIPP:
Lies dir alle wichtigen Kauf- oder Mietverträge unbedingt vollständig durch und frage nach wenn erwas unklar ist! Denn wenn du hier wichtige Punkte übersiehst, die dir vielleicht zum Nachteil werden könnten, kann das ab sofort schwerwiegende finanzielle Folgen für dich haben!

Mit 18 bist du vollständig strafmündig

Mit 18 erreichst du zudem die vollständige Prozessfähigkeit und bist im Sinne des Strafrechts ab sofort strafmündig. Das heißt konkret, dass du ab sofort für dein eigenes Tun und Handeln verantwortlich bist und folglich auch gerichtlich dafür zur Verantwortung gezogen werden kannst. Bis zum Erreichen des 21. Lebensjahres wirst du strafrechtlich aber weiterhin als Heranwachsender eingestuft und wirst entsprechend noch nach dem Jugendstrafrecht behandelt.

Mit 18 bist du sorgeberechtigt und kannst heiraten

Dies gilt vor allem für junge Frauen: Mit Vollendung des 18. Lebensjahres erhalten unverheiratete Mütter in der Regel alleinig das Sorgerecht für ihre Kinder. Du kannst deine Kinder also ab sofort selbstständig erziehen! Auch kannst du ab dem 18. Geburtstag selbstständig – und ohne die Zustimmung deiner Eltern – entscheiden, wann und wen du heiraten möchtest. Sind beide Partner entsprechend volljährig, so sind diese zum Führen einer Ehe berechtigt.

8.2 Das sind deine neuen Rechte von A bis Z

Der 18. Geburtstag ist für dich in vielerlei Hinsicht etwas Besonderes, da du ab sofort Dinge darfst, die dir bis dahin vielleicht verwehrt geblieben sind. Das betrifft unter anderem sämtliche Rechtsbeschränkungen, die für dich als Minderjährigen noch gegolten haben. Da deine Eltern nun nicht mehr deine gesetzliche Vertretung sind, kannst du viele Dinge ab sofort selbst entscheiden. Das bezieht sich vor allem auf sogenannte Personen- und Vermögenssorgen, aber auch auf ganz banale Dinge. In den nun folgenden Unterabschnitten zeigen wir dir daher einmal sämtliche Vorteile, die du durch das Erwachsensein nun genießen kannst.

A wie Arbeitszeiten

Das bis zum 18. Geburtstag geltende Jugendarbeitsschutzgesetz fällt für dich nun komplett weg. Du darfst dir nun in allen Jobs etwas nebenbei dazu verdienen – Egal ob Kellner, Tankwart oder hinter der Bar. Dabei darfst du nun auch mehr als 40 Stunden in der Woche arbeiten.

E wie Erben

Mit dem Erreichen des 18. Geburtstags bist du nun auch vollständig erbfähig. Denn durch die Erlangung der vollständigen Geschäftsfähigkeit bist du per Gesetz dazu berechtigt, ein potenzielles Erbe anzutreten. Dabei kann es sich um Geld- oder Sachwerte handeln, die dein Erblasser dir nach seinem Tod hinterlassen hat. Wurde das Erbe bis zu deinem 18. Geburtstag noch von einem Vormund verwaltet, hast du nun vollen Zugang zum Erbe und kannst frei darüber verfügen. Natürlich steht dir auch jederzeit frei, das potenzielle Erbe auszuschlagen.

F wie Führerschein

Wobei wir auch gleich beim Thema Autofahren wären. Denn hast du deinen Führerschein bereits in der Tasche, so kannst du ab dem 18. Geburtstag auch ohne Begleitung deiner Eltern Auto fahren. Die Voraussetzung dafür ist natürlich, dass du den

Führerschein überhaupt schon gemacht hast. Für den Pkw-Führerschein als solchen kannst du dich mit 18 auch ohne Zustimmung deiner Eltern entscheiden. Unabhängig vom Alter gilt jedoch, dass du den Führerschein in aller Regel zunächst auf Probe erhältst – erst nach 2-jähriger Probezeit bekommst du eine unbeschränkte Fahrerlaubnis.

J wie Jugendschutz

Du bist nun 18 Jahre alt und kannst ganz nach eigenem Geschmack Videospiele spielen oder Filme schauen! Warum? Ab dem 18. Geburtstag findet das Jugendschutzgesetz keinerlei Anwendung mehr für dich. Egal, ob es sich dabei um altersbegrenzte Filme, Zeitschriften oder Spiele handelt – du kannst diese fortan alle anschauen beziehungsweise zocken!

S wie Schule

Auch in puncto Schule erwarten dich mit Eintreten der Volljährigkeit einige Neuerungen. So darfst du deine Verweise, Klausuren oder gar Zeugnisse ab sofort selbst unterschreiben. Ferner darfst du ab da auch selbst über deine Schulform entscheiden. Die generelle Schulpflicht – sofern du denn bei einer Schule eingeschrieben bist – gilt allerdings weiterhin.

T wie Testament

Mit 18 Jahren kannst du nun auch dein eigenes Testament verfassen. Denn mit 18 Jahren erreichst du auch die volle Testierfähigkeit gemäß § 2229 BGB. Da du per Gesetz nun im Vollbesitz deiner geistigen Kräfte bist, kannst du entscheiden, was mit deinem Vermögen nach deinem Ableben passieren soll. Das deckt unter anderem Erbeinsetzungen, deine Vermächtnisse, aber auch deine Anordnungen zur Testamentsvollstreckung mit ab. Hierfür stehen dir insgesamt zwei Formen zur Verfügung: das notarielle Testament und das handschriftliche Testament. Solltest du mit zarten 18 Jahren bereits verheiratet sein, kannst du natürlich auch ein gemeinschaftliches Testament mit deinem eingetragenen Ehepartner aufsetzen.

V wie Verein gründen

Das Erlangen der vollständigen Geschäftsfähigkeit bedeutet auch, dass du ab sofort deinen eigenen Verein gründen kannst. Gemäß § 56 BGB kannst du dies ab 18 Jahren und zusammen mit mindestens sechs weiteren Gründungsmitgliedern. Es gibt insgesamt zwei Arten von Vereinen: den wirtschaftlichen Verein und den nicht wirtschaftlichen Verein. Hast du dich für die entsprechende Vereinsart entschieden, kannst du dich mit den etwaigen Gründungsvorbereitungen befassen und eine Gründungsversammlung ins Leben rufen. Bei dieser wird das Gründungsprotokoll und damit auch die Vereinssatzung bestimmt. Alternativ kannst du dich

mit 18 Jahren aber auch selbst zum Vereinsvorstand in einem bereits bestehenden Verein wählen lassen.

Hilfreiche Tipps, wie du eine Vereinsgründung easy umsetzen kannst

https://gruenderplattform.de/rechtsformen/verein-gruenden

W wie Wahlrecht

Mit 18 kannst du endlich auch mitentscheiden, wer bei der Kommunal-, Landtags- sowie Bundestags- oder Europawahl gewählt werden soll. Du kannst also ab sofort nach Belieben deine Kreuze bei verschiedenen Wahlen setzen! Gleichzeitig kannst du dich als Volljähriger natürlich auch selbst zur Wahl aufstellen lassen und entsprechend gewählt werden. Übrigens: Mit 18 kannst du dich auch in Unternehmen in den Betriebs- oder Personalrat wählen lassen!

TIPP:
Mache unbedingt Gebrauch von deinem Wahlrecht, da nur eine genutzte Demokratie eine starke

Demokratie ist! Du magst zwar nur einer von vielen Wählern sein, doch jede Stimme bewirkt etwas in deine gewünschte Richtung.

Z wie (Pkw-)Zulassung

Zu guter Letzt kannst du mit 18 dein Auto ab sofort auf dich selbst zulassen, da du mit 18 zum Führen und Halten von Kraftfahrzeugen befähigt bist. Voraussetzung ist aber auch hier wieder das Vorhandensein des jeweiligen Führerscheins!

8.3 Deine neuen Pflichten als Volljähriger

Dass dir ab deinem 18. Geburtstag mehr Rechte eingeräumt werden, bedeutet auf der Kehrseite aber auch, dass du ab sofort mehr Pflichten zu erfüllen hast. Die logische Konsequenz lautet daher: Da du jetzt volljährig bist, musst du für dein Tun und Handeln komplett selbst einstehen! Vorbei sind die Zeiten, in denen deine Eltern für dich gehaftet haben, sofern du beispielsweise gegen das Gesetz verstoßen hast. Denn mit 18 bist du nun auch vollständig schadenersatzpflichtig, im Falle, dass du deinen Mitmenschen einen körperlichen oder finanziellen Schaden zufügst.

Befindest du dich noch in einer Ausbildung, kannst und darfst du zudem auf die Unterstützung deiner Eltern hoffen. Das gilt als Volljähriger aber nicht, wenn du bereits deine Ausbildung abgeschlossen hast.

Finanzielle Unterstützung mit 18 ist demnach „nice to have", aber seitens deiner Eltern kein Muss mehr! Eine gewisse „Orientierungsphase" räumt der Gesetzgeber Jugendlichen zwar ein, bemüht sich dieser aber nicht ernsthaft um eine Ausbildung oder einen Aushilfsjob, muss dieser nicht mehr von den Eltern finanziert werden – was aber in den meisten Fällen glücklicherweise dennoch geschieht.

Ferner unterstehen (männliche) Volljährige der sogenannten Wehrpflicht. Damit ist die Ableistung deines Wehrdienstes bei den Streitkräften der Bundesrepublik Deutschland gemeint. Zwar gilt seit dem Jahre 2011 nun mehr nur noch die beschränkte Wehrpflicht, jedoch wäre diese im Spannungs- und Verteidigungsfall des Landes immer noch aktuell.

8.4 So geht Verantwortungsbewusstsein

Eng mit dem Begriff der Volljährigkeit ist natürlich auch der Begriff des Verantwortungsbewusstseins verbunden. Doch was bedeutet das überhaupt?

Verantwortungsbewusstsein beschreibt zunächst die Fähigkeit, Verantwortung übernehmen zu können – und zwar in jeder Lebenslage. Wer Verantwortung übernimmt, der sieht ob wichtige getan werden muss und kümmert sich darum, dass sie erledigt werden. Weiterhin ist damit das Wissen um sämtliche Auswirkungen gemeint, die durch das eigene Handeln verursacht werden. Das schließt natürlich auch mit ein, nebst seinen eigenen Rechten auch die eigenen Pfli-

chten „auf dem Radar" zu haben. Somit ist Verantwortungsbewusstsein nicht nur eine einzelne Fähigkeit, sondern vor allem auch eine Tugend. Wer verantwortungsbewusst ist, wird demnach seinen individuellen Pflichten bestmöglich nachkommen. Mit dem Begriff des Verantwortungsbewusstseins gehen Eigenschaften wie zum Beispiel Zuverlässigkeit, Pflichtbewusstsein sowie Gewissenhaftigkeit und auch Verpflichtung eng einher.

In den folgenden Unterabschnitten erfährst du daher einmal sämtliche Dinge, die Verantwortungsbewusstsein für dich als Volljährigen nun bedeuten. Gleichzeitig möchten wir dir zahlreiche Vorteile aufzeigen, die das Streben nach mehr Verantwortungsbewusstsein mit sich bringen kann.

So wirst du insgesamt verantwortungsbewusster

Verantwortungsbewusstsein entsteht überall dort, wo Eigenverantwortung übernommen wird. Sprich: Wer Verantwortung übernimmt, der regelt seine Angelegenheiten selbst und sorgt selbst und ständig für sich. Weiterhin ist ein verantwortungsbewusster Mensch in der Lage, sich eigene Ziele zu setzen und nach diesen zu streben. Damit kann er sein Schicksal gewissermaßen selbst in die Hand nehmen. Natürlich heißt das auch, die potenziellen Konsequenzen des eigenen Handelns oder der eigenen Entscheidungen abschätzen zu können. Gleichzeitig schult dies die Fähigkeit zur individuellen Risikoeinschätzung. Wer

demnach falsche Entscheidungen getroffen hat, der sollte im Nachhinein auch dazu stehen und sich um Entschuldigung oder Wiedergutmachung bemühen. Doch Verantwortungsbewusstsein muss sich in diesem Kontext nicht nur auf die eigene Person beziehen – es kann sich auch auf deine Mitmenschen ausweiten. Zum Beispiel kannst du auch für deine Kinder entsprechend Verantwortungsbewusstsein entwickeln und die Verantwortung übernehmen, ebenso wie für Mitarbeiter als Führungskraft oder für Gesellschaft und Umwelt!

So lernst du, verantwortungsbewusster zu werden

https://www.selbstbewusstsein-staerken. net/verantwortung-uebernehmen/

Die umfassenden Vorteile des Verantwortungsbewusstseins

Wenn du dich ab sofort mehr dem Verantwortungsbewusstsein verschreibst, dann hat das auch zahlreiche Vorteile für dich, die wir dir natürlich ebenfalls nicht länger vorenthalten wollen.

Mehr Verantwortungsbewusstsein macht dich nämlich in erster Linie auch selbstbewusster! Denn wer sein Leben in seine eigenen Hände nimmt, der fühlt sich

von niemandem mehr abhängig und steht damit quasi selbstbewusst über den Gedanken, beziehungsweise den Erwartungen anderer Menschen. Somit lässt du dich durch nichts und niemanden mehr aus der Ruhe bringen, weil du damit anderen Menschen automatisch die Fähigkeit nimmst, Macht über dich auszuüben. Das stärkt vor allem deine Eigenmacht sowie deine Selbstwirksamkeit. Und wer selbstwirksamer wird, der wird automatisch auch immer stärker, stabiler und souveräner und damit auch handlungsfähiger. Wer hingegen nicht verantwortungsbewusst agiert, der ist häufig weniger selbstbewusst und damit tendenziell eher unsicher und fühlt sich fremdbestimmt.

Mehr Verantwortungsbewusstsein macht dich für deine Mitmenschen weiterhin interessanter. Menschen schätzen verantwortungsbewusste und reife Persönlichkeiten, die dadurch oftmals größeren Erfolg und Wertschätzung im Leben erfahren. Wenn du dich verantwortungsbewusster verhältst, werden sich mehr Menschen auf dich verlassen können und sich dadurch mehr zu dir hingezogen fühlen.

Kapitel 9 -
Finanzen & Vorsorge

Du hast die Volljährigkeit endlich erreicht! Aber du weißt noch nicht so genau, wie du künftig mit deinem Geld umgehen sollst, beziehungsweise ob und wie du überhaupt fürs Alter vorsorgen willst? Dann ist der 18. Geburtstag genau der richtige Zeitpunkt dafür, dass du dich auch mit diesen Themen einmal gründlich auseinandersetzt. Denn dein Übergang ins Erwachsenenleben ist für dich vor allem aus finanzieller Sicht ein wichtiger Stichtag. Vermutlich gar nicht mal unbedingt, weil dir jetzt auf einmal Reichtümer direkt ins Haus flattern, sondern vor allem aus rechtlicher Sicht. Denn ab diesem Zeitpunkt bist du offiziell dazu befähigt – auch ohne die Zustimmung deiner Eltern – Girokonten oder Aktiendepots zu eröffnen, potenzielle Versicherungspolicen abzuschließen oder eine Wohnung zu mieten. Du bist also ab da vollständig geschäftsfähig, wie es im Juristenjargon auch heißt. Dir werden demnach mehr Rechte eingeräumt, aber auch mehr Pflichten auferlegt – aber alles ganz entspannt! Mit dem Erwachsenwerden sollte sich vor allem auch deine Einstellung zum Geld etwas domestizieren. Sprich: Der richtige Umgang mit dem guten Geld will gelernt sein! War es bis dahin vielleicht deine Präfer-

enz, dein Geld vollständig für Spaß und Unterhaltung auszugeben, solltest du ab jetzt auch etwas nachhaltiger mit deinem Geld umgehen. Wenn du das bereits in diesem vergleichsweise jungen Alter schaffst, wird es dir im Leben quasi nie an finanziellen Mitteln fehlen. Gleichzeitig hast du mit zarten 18 noch dein ganzes Leben vor dir, weshalb sich kluge Entscheidungen, die du jetzt fällst, später doppelt und dreifach auszahlen können! Wir möchten dir daher auch in puncto Finanzen und Vorsorge ein paar Ratschläge sowie einige praktische Tipps und Tricks mit auf den Weg geben, wie du das Level „Erwachsensein" auch in diesen Bereichen meistern wirst!

9.1 Das richtige Mindset zum Thema Geld

Zunächst brauchst du die richtige Einstellung zum Thema Geld. Sie bildet die Basis für jeden finanziellen Erfolg. Speziell in der deutschen Gesellschaft gilt Geld oftmals als etwas, worüber man einfach nicht großartig redet. Ein Thema also, über welches gern geschwiegen wird, oder sogar manchmal leicht negativ behaftet ist. Doch um vermögend zu werden und ein finanziell abgesichertes Leben zu führen, kann man Geld viel mehr als ein Mittel zum Zweck sehen. Geld bietet dir folgende Vorteile:

- Freiheit

- Die Möglichkeit, am soziokulturellen Leben teilzunehmen

- Du kannst dir eine gesunde und ausgewogene Ernährung leisten

- Du kannst dich bestmöglich absichern

- Du kannst dir eine gute gesundheitliche Versorgung leisten

- Du kannst deinen Mitmenschen helfen

- Du kannst dir kleinere und größere Wünsche erfüllen

Geld ist also grundsätzlich etwas Vorteilhaftes, weswegen du klug damit umgehen solltest. Und hast du das einmal verinnerlicht, wirst du eher nach Mitteln und Wegen suchen, mehr Geld zu verdienen, als wenn es dir vollständig egal wäre. Gleichzeitig sorgt ein positives Mindset zum Tauschmittel Geld auch dafür, dass du sparsam und nachhaltig mit Geld umgehst. Dein Geld solltest du daher geschickt und clever einsetzen, um es zum einen für dich arbeiten zu lassen und zum anderen Freiheit dadurch zu gewinnen. Anstatt beispielsweise mehr auszugeben, als du verdienst, solltest du eher mehr beiseitelegen, als du ausgibst. Es ist dabei gar nicht mal so wichtig, ob du 500, 5.000 oder gar 500.000 Euro pro Monat verdienst – nur wer weniger ausgibt, als er verdient, wird langfristig wohlhabend!

Übe dich im Überflussdenken! Anstatt dir zu sagen: „Ach, hier kann doch eh nirgends Geld verdient werden!", solltest du eher im Hinterkopf behalten, dass Geld nahezu überall und im Überfluss vorhanden

ist. Du musst einfach nur nach Möglichkeiten suchen, es zu verdienen beziehungsweise geschickt einzusetzen!

Von nun an solltest du also folgende Dinge zum Thema Geld beherzigen: Geld ist eine schöne Sache, die dir Wohlstand, Freiheit und ein sorgenfreies Leben verschaffen kann. Es ist ein wertvolles und nützliches Tool, mit welchem du geschickt umgehen solltest. Geld ist nicht schlecht, da es für gute Dinge eingesetzt werden kann. Wer Geld zu schätzen weiß und nachhaltig damit umgeht, der wird auch zu immer mehr Geld kommen! Wer viel Geld hat, der kann sich und seiner Umgebung Gutes tun!

9.2 Das 1 x 1 des Sparens

An den Grundregeln des Sparens hat sich seit Jahrtausenden eigentlich nicht viel geändert. Um eine große Menge Geld zu sparen, musst du folglich mehr Geld beiseitelegen, als du ausgibst. Leichter gesagt, als getan! Die schicke Jeans aus der Mall, das neueste Smartphone, der stylische Motorroller, der Sommertrip mit den Freunden nach Mallorca – die Verlockungen des täglichen Lebens lauern nahezu überall und oftmals ist am Ende des Geldes noch zu viel Monat übrig. Aber eigentlich ist das Sparen doch so einfach: Du hast ein bestimmtes Budget, welches du ausgeben kannst und an das must du dich theoretisch einfach halten. Die größte Schwierigkeit beim Sparen ist aber unsere Psyche selbst, die uns hier oft und gern einen Streich spielt! Diese muss quasi mit geschickten Mechanismen überlistet werden. Erfahre in den folgenden

Unterabschnitten die besten Lifehacks zum Thema Sparen und, wie du dem ständigen Pleitegeier den Kampf ansagst!

Einen Überblick über die eigenen Finanzen verschaffen

Damit du überhaupt ansatzweise einschätzen kannst, wie viel du ausgeben und wie viel du sparen kannst, solltest du deine ungefähren Einnahmen in Erfahrung bringen. Diese trägst du dir am besten in eine App, ein Excel-Sheet oder in ein ganz altmodisches Haushaltsbuch ein. Als Einnahmen können sämtliche Geldströme bezeichnet werden, die dir zufließen und die du für dich zur Verfügung hast:

- Lohn- und Gehaltszahlungen (von deinem Arbeitgeber, deiner Ausbildungsstelle, deinem 450-Euro-Nebenjob)

- Sozial- und Transferzahlungen vom Staat oder anderen Einrichtungen (zum Beispiel Wohngeld, Kindergeld, BAföG oder andere Sozialgelder)

- Zivildienstgeld oder Wehrsold

- Taschengeld oder Geldgeschenke (von deinen Eltern oder Verwandten)

- Einkünfte aus einer Selbstständigkeit

- Kapitalerträge (Zinsen, Ausschüttungen, Dividenden)

Zähle und beobachte zunächst all deine Einnahmen über einen längeren Zeitraum (etwa 3 bis 6 Monate), damit du ein Gefühl für deine durchschnittlichen monatlichen Einnahmen bekommst. Schreibe dann deinen Durchschnittswert auf, der nun als Referenzwert für dein weiteres Vorgehen dient.

Praktische Apps zum Verwalten deiner Einnahmen und Ausgaben

https://praxistipps.chip.de/ein-nahmen-und-ausgaben-verwal-ten-die-besten-apps_9562

Erstelle dir ein Budget

Nachdem du jetzt deine potenziellen Einnahmen kennst, kannst du dir ein individuelles Budget aufstellen. Damit ist der Anteil deiner Einnahmen gemeint, den du fortan fürs Ausgeben zur Verfügung hast. Da du aber sicherlich bereits die ein oder andere Ausgabe hast, solltest du diese ebenfalls erst einmal aufschreiben. Es kann sich dabei zum Beispiel um folgende Kosten handeln:

- Kosten für Essen & Weggehen

- Kosten fürs Feiern oder Hobbys

- Kosten für den Handyvertrag

- Kosten für öffentliche Verkehrsmittel

- Kosten fürs eigene Auto

- Mietkosten

- Raten für laufende Kredite

- Sonstige Kosten

Erfasse dabei alle Kosten, die du im Verlauf von ebenfalls 3 bis 6 Monaten zu tragen hast. So bekommst du ein Gefühl für deine durchschnittlichen monatlichen Ausgaben.

Dann machst du Folgendes:

Einnahmen - Ausgaben = Sparbetrag

Im Idealfall sollte dein Sparbetrag positiv sein. Ist dieser hingegen negativ, dann lebst du über deine Verhältnisse und solltest an deinen Ausgaben feilen und diese senken (was zunächst einfacher zu realisieren sein wird, als das Einkommen zu erhöhen).

So einfach funktioniert das Führen eines Haushaltsbuchs

https://www.test.de/Haushaltsbuch-fuehren-So-klappt-die-private-Buch-haltung-5600647-0/

Plane dir einen festen monatlichen Sparbetrag ein

Gleichsam wie dein Budget, sollte auch dein Sparbetrag eine feste Größe darstellen, sodass monatlich konstant und zuverlässig eine Summe beiseitegelegt wird. Verdienst du zum Beispiel monatlich 1.000 Euro und erlaubst dir davon ein Budget in Höhe von 750 Euro, so beträgt dein monatlicher Sparbetrag genau 250 Euro, den du fortan monatlich nicht mehr anrühren solltest.

Zieh das einfach mal eine Weile durch und gewöhne dich zunächst erstmal daran, weniger Geld auszugeben, als du verdienst. Es ist gar nicht so einfach, wie es scheint, da du am Anfang ständig dazu neigen wirst, an dein gespartes Geld zu gehen und dir Dinge damit zu kaufen. Dieser Drang wird jedoch Stück für Stück nachlassen und irgendwann wird dir das Sparen in Fleisch und Blut übergegangen sein!

TIPP:

Spare dir z.B. durch Ferienjobs eine eiserne Reserve in Höhe von 2.000 bis 5.000 Euro zusammen, die du auf deinem Girokonto – oder besser noch: auf einem separaten Tagesgeldkonto – parkst. Diese Summe soll dir fortan nur für Notfälle oder längere Durststrecken ohne Geld zur Verfügung stehen und stellt damit dein finanzielles Polster für den Fall der Fälle dar.

So setzt du dir nachhaltige Sparziele

https://n26.com/de-de/blog/wie-kann-ich-mir-sparziele-setzen

LINK

9.3 Vermögensaufbau für junge Erwachsene

Das Prinzip, weniger Geld auszugeben als du einnimmst, hast du nun vielleicht verinnerlicht. Aber allein Geld zu sparen wird dich auf lange Sicht nicht voranbringen beziehungsweise dir ein sorgenfreies Leben bescheren. Vielmehr musst du dein Geld auch langfristig für dich arbeiten lassen! Und das ist auch notwendig, da die zu erwartenden Rentenbeträge innerhalb der kommenden Jahre stetig sinken werden. Schon heute lautet die durchschnittliche Erwartung, dass wir mit 50 Prozent unseres letzten Nettolohns

in Rente gehen werden. Individuelle Vorsorge wird daher zur Pflicht, weshalb wir dir auch diese unbedingt ans Herz legen wollen! Wir zeigen dir in den nun folgenden Abschnitten, wie du zum einen clever sparst, zum anderen nachhaltig investierst und dir damit ein ordentliches Vermögen, auch für die Altersvorsorge aufbauen kannst. Let's go!

Warum sparen allein nicht viel bringt

Nehmen wir den obigen Fall als Beispiel: Du bist fleißig am Sparen und sparst jeden Monat 250 Euro. Und zwar über Dekaden hinweg. Legst du 250 Euro monatlich für 30 Jahre auf ein Tagesgeldkonto mit Nullverzinsung, so hättest du nach 30 Jahren theoretisch 90.000 Euro angespart. So weit so gut! Doch da gibt es leider noch einen Gegenspieler: die Inflation! Hierbei handelt es sich quasi um einen negativen Zinssatz, der dein hart erspartes Geld Jahr für Jahr ein Stückchen mehr entwertet. Die durchschnittliche Inflationsrate der Bundesrepublik Deutschland lag in den vergangenen 50 Jahren bei rund 2,00 Prozent pro Jahr. Daraus ergibt sich folgendes Rechenbeispiel:

250 Euro x 360 Monate x -2,00 % = 67.552,39 Euro

Wie du siehst, hast du zwar über 30 Jahre hinweg eisern gespart, dein Geld ist im gleichen Zeitraum aber mal eben 67.500 Euro, also 25 Prozent weniger wert geworden! Diesem Effekt solltest du unbedingt entgegenwirken – und zwar mit dem Investieren!

Investieren ist der natürliche Feind des Pleiteseins und der Inflation

Idealerweise steckst du einen großen Teil deiner Ersparnisse also in etwas, das dir mehr Geld einbringt, als dich die Inflation unterm Strich kostet. Du kaufst also Vermögenswerte, die dir einen positiven Geldfluss bescheren – auch Cashflow genannt. Bei diesem kann es sich etwa um Zinsen, Dividenden, Ausschüttungen oder Beteiligungszahlungen sowie Mietzahlungen handeln. Es sind damit alle Zahlungsströme gemeint, die dir aus deinen Geldanlagen zufließen, ohne dass du diese zwischenzeitlich verkaufst.

Bestens dafür geeignet ist der regelmäßige Kauf von breit diversifizierten Wertpapieranlagen in Form von Aktien oder ETFs. Letztere eignen sich besonders gut für den Vermögensaufbau, da diese einen Korb aus verschiedenen Aktien abbilden (oder auch: indizieren) und damit Schwankungen bestmöglich ausgleichen. Es ist zudem besser, lieber regelmäßig zu kaufen, als einmal quasi „All-in" zu gehen. Innerhalb der vergangenen 150 Jahre erzielte die Börse eine durchschnittliche Jahresrendite in Höhe von 7,00 Prozent. Natürlich gab es zwischenzeitlich Aufs und Abs, Korrekturen oder auch mal Börsencrashs. Doch die Börse hat sich immer wieder erholt und es im Betrachtungszeitraum eben auf die besagte Durchschnittsrendite gebracht.

Klingt schon deutlich besser, als die -2,00 Prozent auf deinem Tagesgeldkonto (inklusive Inflation), oder?

TIPP:
Investiere am besten 10 Prozent deines durchschnittlichen monatlichen Nettoeinkommens in einen breit diversifizierten ETF und reinvestierte die Ausschüttungen, die du regelmäßig von diesem erhältst, gleich wieder!

Kleines Rechenbeispiel:

250 Euro x 360 Monate x (7,00 % (-2,00 % Inflation)) = 203.884,21 Euro

Schon ein simpler Strategiewechsel (anstatt auf dem Tagesgeldkonto zu sparen, lieber in ETFs zu investieren) kann am Ende einen Riesenunterschied machen! Und mit 203.884,21 Euro bist du fürs Alter schon einmal wesentlich besser aufgestellt, als mit 67.552,39 Euro!

die Anlageklassen Aktien und ETFs waren in den vergangenen 100 Jahren nahezu konkurrenzlos!

https://fairvalue-magazin.de/aktien/

**berechne hier
deinen individuellen
Vermögensaufbau mit
deiner eigenen Sparrate**

*https://www.zinsen-berechnen.de/spar-
rechner.php*

Trotzdem ein paar Barreserven sparen und nix auf Pump kaufen

Nichtsdestotrotz solltest du neben dem Investieren in Aktien, in ETFs, in Anleihen, in Privatkredite, in Edelmetalle oder in Festgeldanlagen immer noch die ein oder andere sofort verfügbare Barreserve besitzen. Wähle hierfür am besten einen kleinen monatlichen Sparbetrag, den du dir einfach auf dein Tagesgeld-konto überweist. Hierbei handelt es sich um die oben bereits angesprochenen etwa 3.000 bis 5.000 Euro Barreserven als Notgroschen. Diese sorgen dafür, dass du nicht immer gleich einen teuren Kredit aufneh-men musst, wenn beispielsweise die Waschmaschine mal ihren Dienst quittiert, du Geld für die Fahrschule brauchst oder dir ein altes, gebrauchtes Fahrzeug kau-fen möchtest.

TIPP:
Kaufe nach Möglichkeit nichts auf Kredit! Es sei denn, es handelt sich dabei um Vermögenswerte.

Umzugskredite, Urlaubskredite, Autokredite oder anderweitige Verschuldungen wie beispielsweise teure Dispokredite solltest du meiden wie der Teufel das Weihwasser! Denn zum einen kosten diese viel Geld (teilweise bis zu 12 Prozent Dispozinsen) und zum anderen verlieren die damit erworbenen Dinge auch stetig an Wert (sogenannte Verbindlichkeiten). Ein Haus, eine Aktie oder ein anderweitiges Investment verliert dagegen nicht an Wert, sondern steigt stattdessen und stellt daher einen Vermögenswert dar.

hier lernst du den Unterschied zwischen Vermögenswerten und Verbindlichkeiten

https://geldarchitekt.de/vermogenswerte-verbindlichkeiten/

Zusammenfassung: So gestaltest du dir solide Finanzen

- Erfasse zunächst deine durchschnittlichen monatlichen Einnahmen

- Erfasse dann deine durchschnittlichen monatlichen Ausgaben

- Erstelle dir unter Berücksichtigung deiner Einnahmen und Ausgaben ein Budget

- Spare dir in regelmäßigen Beträgen einen Notgroschen in Höhe von 2.000 bis 5.000 Euro zusammen und lege diesen auf ein Tagesgeldkonto

- Investiere monatlich 10 Prozent deines Nettoeinkommens in breit diversifizierte Anlagen (zum Beispiel in ETFs)

- Meide teure Konsumkredite

9.4 Konten & Karten - So verwaltest du deine Finanzen

Um das bereits beschriebene System ganz easy umzusetzen, beziehungsweise es zu automatisieren, brauchst du natürlich auch die entsprechenden Tools dafür. Diese erlauben es dir zu sparen, zu investieren, zu bezahlen oder auf Rechnung zu buchen. Im Folgenden daher einmal die wichtigsten Tools in puncto Konto, Depot und Kreditkarten:

- Eröffne ein Girokonto mit zwei separaten Unterkonten (für deine Fixkosten, für deine variablen Kosten sowie zum Sparen/Investieren)

- Eröffne ein Tagesgeldkonto für deinen Notgroschen

- Beantrage eine Kreditkarte (zum Bezahlen von Urlauben oder anderweitigen Dingen,

bei denen nur eine Kreditkarte als Zahlung-
smethode akzeptiert wird)

- Eröffne ein Aktiendepot bei einem Broker
deiner Wahl

In den folgenden Abschnitten erfährst du noch weitere
Informationen darüber, wofür du die einzelnen Tools
nun genau benötigst.

Tool 1: Das berühmte „3-Konten-Modell"

Mit dem „3-Konten-Modell" geht dir das Sparen und
Investieren ganz leicht in Fleisch und Blut über. Hierfür benötigst du einfach nur 3 verschiedene Konten,
die du für jeweils unterschiedliche Zwecke verwend-
est. Bei vielen Banken kann man dafür ein Girokonto
eröffnen und sich einfach darunter zwei Sub-Konten
anlegen.

1. Ein Konto benutzt du zum Bezahlen deiner Fixkosten (also beispielsweise Handyvertrag, Kfz-Versicherung, Miete usw.).

2. Ein Konto benutzt du für deine variablen Kosten (also beispielsweise Essen,
   Hobbys, Freizeit, öffentliche Verkehrsmittel, Sprit usw.)

3. Ein Konto benutzt du zum Sparen und
   Investieren (du überweist hier deine angestrebten Spar- und Investitionsbeträge hin).

Dein Lohn, Gehalt oder deine anderweitigen Einkommensströme werden in der Regel auf einem der 3 Konten eintreffen – von hier aus verteilst du diese dann automatisiert und genau nach deinem individuellen Budget auf die jeweiligen Unterkonten. Und zwar am besten monatlich! So musst du dir um dein Budget keine Gedanken mehr machen, da du ja jedem Bereich automatisch die entsprechende Summe zuweist. Falls dir das doch zu viel Verwaltungskram ist, kannst du im ersten Schritt natürlich auch nur ein oder zwei Konten anlegen und dein Tagesgeldkonto als Spar-Konto mitnutzen.

so setzt du das vorteilhafte „3-Konten-Modell" unkompliziert in die Praxis um

https://finanzentdecker.de/3-konten-modell/

Hier kannst du aktuelle Girokonto-Angebote unabhängig miteinander vergleichen

https://www.check24.de/girokonto/

Tool 2: Das Tagesgeldkonto

Ein Tagesgeldkonto bietet dir zwar aktuell in den wenigsten Fällen einen nennenswerten Zinssatz, sorgt aber dafür, dass dein Notgroschen etwas abgegrenzter von deinen regulären 3 Girokonten aufbewahrt wird – er soll dir eben nur im Notfall dienen. Dafür kannst du dir bei deiner Hausbank oder bei einer Direktbank im Internet ganz bequem ein eigenes Tagesgeldkonto eröffnen. Ein Tagesgeldkonto kannst du folglich nur für Geld-Ein- oder -Auszahlungen von deinem Referenzkonto nutzen (dabei kann es sich um ein normales Girokonto von dir handeln). Du kannst aber jederzeit an dieses Geld ran, falls du es benötigst.

Tool 3: Eine Kreditkarte

Eine Kreditkarte ist zwar grundsätzlich erstmal nichts, was du ausreizen solltest, ist heute aber nahezu unumgänglich. Du möchtest beispielsweise deinen nächsten Urlaub buchen oder dir einen Mietwagen leihen – in beiden Fällen wird eine Kreditkarte benötigt. Suche dir auch hier auf einem der vielen Vergleichsportale im Internet entsprechend eine Karte mit günstigen Konditionen aus.

TIPP:
Rande: Beantrage am besten eine sogenannte Prepaid-Kreditkarte, die du vor dem Benutzen erst mit Geld „aufladen" musst und bei der du nichts überzie-

hen kannst. Das schützt zum einen vor einem potenziellen Kreditkartenmissbrauch, zum anderen kommst du nicht in Versuchung, deine Kreditkarte teuer zu überziehen und Schulden anzuhäufen. Alternativ kannst du bei der Bank einen „Stop" festlegen, damit dein Limit nicht überzogen wird.

Verschiedenen Kreditkarten-Angebote im Vergleich

LINK

https://www.cardscout.de/vergleich

Tool 4: Das Aktiendepot zum Investieren

Zu guter Letzt benötigst du natürlich noch ein Aktiendepot, über welches du deine Investitionen tätigst. Auch hier lockt der Markt für Online-Broker mit einer großen Auswahl an attraktiven Depotangeboten, aus denen du dir das beste Angebot für deine individuellen Anforderungen rauspickst. Möchtest du beispielsweise monatlich feste Geldbeträge in breit diversifizierte ETF-Produkte investieren, so ist ein Aktienbroker interessant für dich, der niedrige Gebühren für das Ausführen von Sparplänen verlangt und auch sonst keine nennenswerten Ordergebühren veranschlagt.

Außerdem sollte der Broker über ein großes Angebot an besparbaren ETFs verfügen. Deine monatlichen Investitionsbeträge kannst du dir quasi per Dauerauftrag von deinem „Spar-Girokonto" hierhin überweisen lassen und vom Broker dann per Sparauftrag in ETFs umwandeln lassen – so geht das Investieren fast wie im Schlaf! Vergiss aber nicht, dir einen Freistellungsauftrag für dein Depot einrichten zu lassen. Dabei handelt es sich um eine steuerliche Freistellung deiner Kapitalerträge (also Zinsen, Dividenden oder Ausschüttungen) bis zur Höhe des Sparerpauschbetrags in Höhe von 801 Euro pro Jahr für Alleinstehende, beziehungsweise 1.602 Euro für Verheiratete. Kapitalerträge bis zu dieser Höhe sind für dich dann steuerfrei.

Hhier gibt's wertvolle Informationen zum Thema Depotauswahl

https://www.finanztip.de/wertpapierdepot

9.5 Versicherungen – so bist du perfekt fürs Leben abgesichert

Das Leben ist ein einziges Risiko, weshalb du nebst eines effektiven Vermögensaufbaus und dem klugen Umgang mit Geld auch potenzielle Risiken absichern solltest. So kannst du im Extremfall auch

Worst-Case-Szenarien finanziell begegnen, ohne dass das einen Weltuntergang für dich bedeutet. Solche schwierigen Lebenslagen gibt es leider öfter, als du glauben magst:

- Du wirst durch einen Unfall oder eine Krankheit berufsunfähig

- Du verursachst unabsichtlich einen großen Schaden

- Du verletzt einen anderen Menschen unabsichtlich körperlich

- Du gerätst in einen Rechtsstreit und benötigst teuren juristischen Beistand

- Du wirst im Ausland krank

Eine Berufsunfähigkeitsversicherung ist grundsätzlich sinnvoll, da sie dich gegen die Eventualität absichert, arbeitsunfähig oder teilweise arbeitsunfähig zu werden. Das kann durch einen Unfall oder z.B. durch eine psychische Krankheit passieren. Bist du dann nicht mehr arbeitsfähig, hast du folglich kein Einkommen mehr oder musst dein bis dahin erarbeitetes Vermögen aufbrauchen – nicht jedoch mit einer Berufsunfähigkeitsversicherung (oder kurz: BU). Diese solltest du am besten sofort mit Eintritt ins Berufsleben abschließen. Denn Fakt ist, dass ca. 30% aller Arbeitnehmer im Laufe Ihres Lebens berufsunfähig werden. Je geringer dein Alter beim Abschluss der Versicherung, desto günstiger sind die zu erwartenden Versicherungsbeiträge, die monatlich zu zahlen sind.

Ebenfalls zu den Basics gehört eine Privathaftpflicht-
versicherung. Durch diese sicherst du dich quasi gegen
Sach- und Körperschäden ab, die du deiner Umwelt
zufügst. Du lässt versehentlich das teure Smartphone
deines besten Freundes fallen oder verursachst einen
Fahrradunfall, bei dem eine Passantin verletzt wird
– in beiden Fällen kommt deine Privathaftpflichtver-
sicherung für die dabei entstehenden Vermögenss-
chäden auf.

Eher „nice to have" sind da noch die (dennoch vergleichsweise günstigen) Rechtsschutzversicherungen
sowie Auslandskrankenversicherungen, die dir einen
praktischen Zusatzschutz bieten und dich vor unangenehmen Kosten bewahren. Benötigst du beispielsweise juristischen Beistand in Form eines Anwalts, so
übernimmt deine Rechtsschutzversicherung die üblicherweise sehr hohen Kosten dafür. Hast du während
einer Urlaubsreise im Ausland einen Unfall oder
wirst krank, so übernimmt deine Auslandskrankenversicherung nicht nur die entstehenden Behandlung-
skosten, sondern sorgt auch für deinen zuverlässigen
Rücktransport nach Hause.

Weitere Versicherungen wie beispielsweise eine
Lebensversicherung, eine Handyversicherung oder
eine Brillenversicherung werden in der Regel nicht
benötigt, da diese zum einen überholt und nicht mehr
rentabel sind und zum anderen schlichtweg nicht oder
zu selten benötigt werden.

Grundlegende Sozialversicherungen wie beispielsweise
die Krankenversicherung, die Rentenversicherung, die
Pflegeversicherung sowie die Arbeitslosenversicherung

sind nebst Versicherungen wie beispielsweise der Kfz-Versicherung für Arbeitnehmer beziehungsweise Autohalter ohnehin obligatorisch.

TIPP:

Verschaffe dir auf einem unabhängigen Versicherungsvergleichsportal einen Überblick über günstige Versicherungsverträge verschiedener Anbieter. Hier lohnt ein regelmäßiger Vergleich, um vorteilhafte Geld- oder Sachprämien vom Versicherer zu erhalten!

9.6 So einfach geht eine Steuererklärung

Sobald du ein festes Einkommen in Form von Lohn, Gehalt oder Ausbildungsvergütung hast, solltest du dich auch mit der Anfertigung einer jährlichen Steuererklärung befassen. Diese bietet dir die Möglichkeit, zu viel gezahlte Einkommenssteuern vom Staat zurückzuerhalten. Hierbei handelt es sich oftmals um einige hundert Euro, die dem durchschnittlichen Arbeitnehmer pro Jahr rückerstattet werden und für diesen einen zusätzlichen Geldsegen darstellen.

Steuererklärungen lassen sich heute ganz bequem über das ELSTER-Portal der deutschen Steuerverwaltungen abwickeln.

In die einzelnen Bögen (du benötigst den Hauptmantelbogen sowie die Anlagen N sowie Vorsorgeaufwand) trägst du dann deine Einnahmen gemäß Lohn- und

Gehaltszettel ein und gleichzeitig die dir dafür entstandenen Kosten. Diese werden auch als Werbungskosten bezeichnet. Folgende Werbungskosten kannst
du beispielsweise angeben, um deine Steuerlast zu
senken:

- Fahrtstrecke von deiner Wohn- zur Arbe-
  itsstätte (0,30 Euro pro gefahrenen Kilometer auf der Hinstrecke mal die Anzahl der
  Arbeitstage pro Jahr)

- Kontoführungsgebühren

- Kosten für deine Berufskleidung

- Kosten für Bewerbungen

- Spenden und Mitgliedsbeiträge für wohltä-
  tige Vereine und Organisationen

Aber auch noch weitere Kosten wie beispielsweise
haushaltsnahe Dienstleistungen kannst du steuer-
wirksam ansetzen. Dabei handelt es sich um einzelne
Posten aus deinen Nebenkostenabrechnungen, die dir
dein Vermieter jährlich zukommen lässt.

Hier findest du noch weitere Posten, die du ganz
selbstverständlich bei deiner Steuererklärung angeben
kannst und die dir legal dabei helfen werden, Steuern
zu sparen und mehr Rückerstattung zu erhalten:

**Auflistung möglicher
Werbungskosten für
Arbeitnehmer**

*https://www.test.de/Werbungskos-
ten-in-der-Steuererklaerung-5193081-0/*

LINK

TIPP:

Eine Steuererklärung ergibt zwar in den meisten Fällen
Sinn, um aber tatsächlich von Rückzahlungen profitieren zu können, müssen dennoch die Rahmenbedin-
gungen stimmen. Sprich: Es muss dir auch tatsächlich
Aufwand in Form von Arbeitsweg oder anderen Werbungskosten entstanden sein. Gleichzeitig benötigst
du natürlich ein Einkommen, für welches du auch
tatsächlich Einkommensteuer gezahlt hast – für einen
450-Euro-Job ist dies grundsätzlich nicht der Fall!

9.7 Das alles findest du auf deinem Gehaltszettel

Damit du überhaupt weißt, wie du deine Lohn-
und Gehaltszettel beziehungsweise deine Ausbildungsvergütungsnachweise richtig in deine Steuererklärung eingibst, solltest du natürlich auch im Lesen

der Gehaltszettel entsprechend fit sein. Grundsätzlich findest du die folgenden Informationen darauf:

- Sozialversicherungsnummer (oder auch: SV-Nummer genannt)

- Deine Krankenkasse

- Steuer-ID (oder auch: Steuer-Identifikationsnummer)

- Deinen individuellen Urlaubsanspruch (sowie noch bestehenden Resturlaub)

- Deinen Bruttoverdienst (der unversteuerte Betrag, den dein Arbeitgeber dir zahlt)

- Deinen Nettoverdienst (was nach Abzug aller Kosten auf dein Konto überwiesen wird)

- Sämtliche Lohn- oder Gehaltsposten (also beispielsweise Festbezüge, Boni, Urlaubs- oder Weihnachtsgeld, vermögenswirksame Leistungen, Zuschüsse vom Arbeitgeber usw.)

- Deine steuerlichen Abzüge (aufgeteilt in: Lohnsteuer, Kirchensteuer und Solidaritätszuschlag)

- Deine Sozialversicherungsabzüge (aufgeteilt in: Krankenkassenbeiträge, Rentenversicherungsbeiträge, Arbeitslosenversicherungsbeiträge, Pflegeversicherungsbeiträge)

- der Arbeitgeberanteil deiner Sozialver-
  sicherungsbeiträge

- Deine für dieses Jahr aufsummierten Lohn-
  und Gehalts-, Steuer- sowie Sozialver-
  sicherungszahlungen

Der Auszahlungsbetrag gibt dann in aller Regel den
Betrag an, den du auf das bei deinem Arbeitgeber
angegebene Girokonto überwiesen bekommst.

TIPP:
Nutze deine (einmal pro Kalenderjahr) eintreffende
Jahresendabrechnung für die Anfertigung deiner
Steuererklärung. Auf dieser findest du alle übers Jahr
aufgelaufenen Lohn- oder Gehaltszettel, beziehungsweise Ausbildungsvergütungsnachweise, zusammenge-
fasst in einer Endabrechnung.

Detaillierte Erklärung sämtlicher Posten auf deiner Lohn- und Gehaltsabrechnung

*https://www.spiegel.de/wirtschaft/
service/gehaltsabrechnung-so-verste-
hen-sie-ihre-lohnabrechnung-a-1234761.
html*

Eine kleine Bitte an dich

Eine Frage von dir ist nicht zufriedenstellend beantwortet? Du kannst uns jederzeit gerne eine Email an horizont.media@gmx.net senden. Unsere Expertinnen und Experten werden sich umgehend bei dir melden.

Du hast das Buch gerne verschenkt oder gerne gelesen? Wir freuen uns, wenn du hier eine Bewertung hinterlässt, du hilfst anderen Lesern damit sehr bei ihrer Kaufentscheidung:

https://www.amazon.de/review/create-review/?&a-sin=3000701079

Vielen Dank!!!

Haftungsausschluss

Dieses Buch enthält Meinungen und Ideen des Autorenteams und hat die Absicht, Menschen hilfreiches und informatives Wissen zu vermitteln. Die enthaltenen Vorschläge und Strategien passen ggf. nicht zu jeder Leserin / zu jedem Leser. Es wird keine Garantie für Aktualität, Korrektheit, Vollständigkeit und Qualität der bereitgestellten Informationen übernommen.

Haftung für externe Links

Das vorliegende Buch enthält Links zu Webseiten Dritter, auf deren Inhalte kein Einfluss genommen werden kann. Für die Inhalte der verlinkten Seiten ist stets der jeweilige Anbieter oder Betreiber der Seiten verantwortlich. Die verlinkten Seiten wurden zum Zeitpunkt der Verlinkung überprüft.

Impressum

Urheberrechte der Texte:

Sophia Friedrich

ThomasL89 / Textbroker.de

A-069420 / Textbroker.de

Booknerd / Textbroker.de

Sophia Friedrich wird vertreten durch:

Julia Eid & Alexander Eid GbR

c/o Block Services

Stuttgarter Str. 106

70736 Fellbach

Email: horizont.media@gmx.net

Covergestaltung und -konzept: alehandro Petrovic / 99designs.de

Zeichnungen: goderuna / fiverr.com

Satz & Layout: karolinametrak / fiverr.com